福清市文化体育和旅游局组织编写

文化福清

史迹福清

毛胤云◎编著

WUHAN UNIVERSITY PRESS
武汉大学出版社

图书在版编目（CIP）数据

史迹福清/毛胤云编著. —武汉：武汉大学出版社，2015.12
文化福清
ISBN 978-7-307-16718-6

Ⅰ. 史…　Ⅱ. 毛…　Ⅲ. 福清市—地方史—史料　Ⅳ. K295.74

中国版本图书馆CIP数据核字（2015）第204758号

责任编辑：王小倩　郭　芳　　　责任校对：方竞男　　　装帧设计：张希玉

出版发行：武汉大学出版社（430072　武昌　珞珈山）
（电子邮件：whu_publish@163.com　网址：www.stmpress.cn）
印刷：武汉市金港彩印有限公司
开本：787×1092　1/16　印张：10.75　字数：220千字
版次：2015年12月第1版　2015年12月第1次印刷
ISBN 978-7-307-16718-6　定价：69.00元

小　序

福清历史悠久、人文荟萃，中原文化、闽越文化和海洋文化在这片土地上交汇融合，早在四千多年前的新石器时期就有先民在这里生活劳动、繁衍生息，更留下了“唐陂、宋桥、元佛、明塔、清寨”等一大批名胜古迹，孕育出福清人慷慨豪迈、矢志创业的群体特性，铸就了开放融和、拼搏争先的福清精神。

文物史迹是祖先聪明智慧的结晶，是历史留给我们的宝贵资产，它承载着辉煌的过往，又启示着灿烂的未来。福清现存数百处地面文物是千余年来自然侵蚀和人为损毁的劫后余生，尤为珍贵。在当今社会经济飞速发展，人民群众文化需求日益提升的形势下，如何记住历史，留住乡愁，便成为了现代人不可回避的议题。因此，有效地保护这些珍贵的文化遗产，便成了我们这一代人义不容辞的历史担当。

《史迹福清》所选 180 多处文物古迹，主要采撷于历次文物普查成果，较为系统、全面展示福清现存文物古迹的概貌，望能抛砖引玉，引领社会关注，增强广大群众文物保护的意识，激发人们弘扬优秀传统文化与爱国爱乡的热情。

目　录

◎第三章　古建筑/35

第一章 古遗址

第一节　聚落遗址、窑址

东张新石器时期遗址

东张新石器时期遗址位于福清市东张镇南侧东张小学附近，现已淹没在东张水库之中。

1957 年 1 月福建省文物管理委员会在福清境内进行文物调查时发现该遗址，同年 12 月复查确认该处为古文化遗址。1958 年初为修建东张水库，对遗址进行抢救发掘，遗址总面积约 10000 平方米。下层出土石锛、石刀、石镞、石纺轮、骨器和灰色泥质陶、黄褐色泥质陶、夹砂灰陶、泥质磨光陶，均为新石器时代晚期遗存，距今 4500 年左右。中层出土橙黄泥质陶、彩陶和灰硬陶，为新石器时代晚期遗存，距今 3500~4000 年。上层以硬纹灰硬陶为主，并有釉陶及残青铜器，为青铜器时代遗址，属黄土仑文化，距今 3000 年左右。东张新石器时代遗址上中下叠压的文化层堆积，代表了福建闽江下游

及沿海地区新石器时代晚期、夏商、商周三个时期的地方遗存，为确定福建东部沿海地区史前考古学文化序列，建立该地区考古学编年提供了可靠的考古地层学依据。

2004年5月，由于长期干旱，东张水库水位下降，部分库底露出水面，福建省博物院考古人员在东张新石器时代遗址发现了31座史前墓葬，共出土随葬物品123件（其中陶器99件，石锛16件，石镯2件，石戈2件，玉器2件，石环1件和石耳珰1件），并在墓葬周围地表采集到石器、陶器共38件。

东张宋窑遗址

东张宋窑遗址位于福清市东张镇境内，这里自然条件较好，自古以来就有人类在此繁衍生息，因此地上、地下古文化遗存十分丰富。在这些遗存中，有两处较为重要的瓷窑遗址——岭下窑和石坑窑。据翦伯赞主编的《中国史纲要》记载，东张宋窑是南宋时福建四地（同安、泉州、福清、连江）主要生产窑之一。1996年12月，福州市考古队曾组织人员对两处窑址进行调查，初步断定窑存在的时代主要在宋元时期，元代之后窑可能逐步废弃。

岭下窑位于东张镇岭下村岭下宫的后侧，分布在连绵的几个山头上，包括十余座窑，窑产品按釉色可分为青绿釉、黑釉和灰白釉，以清绿釉为主；石坑窑位于香山村石坑自然村周边数座山头上，现已探明窑址10余处，分布在约10000平方米的山坡上。满山遍野都散布着瓷片和窑具，有的地方堆积高度达3米左右。该窑产品按釉色可分为黑釉、酱釉、青绿釉及青灰釉等，以黑釉与青绿釉为主，更为特别的是该窑烧制的黑釉其制形风格与建阳水吉窑所出的瓷器极其相似，产品包括各式的碗、盏、碟、盘等。

东张宋窑遗址于1981年被公布为福清第一批县级文物保护单位。另外，近年来文物工作者在东张镇的三星、道桥及半岭等村庄又发现了多处古窑遗址。

第二节　军事设施遗址

万安所城

万安所城位于东瀚镇万安村东南部，明洪武二十年（1387），由江夏侯周德兴调集福、兴、漳、泉四府匠役，费时10年修建成包括万安所城在内的10余座福建海防重镇。万安所城依山傍海，城墙全部用花岗岩方石构筑而成，其周长1773米、高5.3米，上有女墙827个、警铺13座、敌楼18座、城门4个，其东、西、南3门城楼雄视海面，易守难攻。正如邑人、明代内阁首辅叶向高论福清各城时所说："镇东坚而实，万安小而险，故难破也。"古城因地势状如葫芦，故旧称"葫芦城"，城内设军士多达千余名，其海防位置十分重要。清代邑人涂之尧在《故乡风物记》中说："万安城既以海为地，以山为郭，故刘香、郑芝龙盛时，连樯数万，兵甲曜日，屡攻万安不能一克。"

据传，万安所城内原建有天后宫、文昌祠、观音阁、海潮庵等，现仅遗存祝圣庙、关圣殿、城隍庙及所城墙3段，其中东段城墙长约45米、高5.3米、厚4.5米；西边南段长约70米、高4.8米；西边北段长约80米、高6.2米、厚4米。

万安所城遗址是福清现存最完整的古城墙遗址之一，于1981年被公布为福清第一批县级文物保护单位。

海口民城遗址——通江门

海口民城遗址位于福清市海口镇海口村旧街，明嘉靖三十四年（1555）冬到三十九年（1560）夏建，城墙为块石垒砌而成。据记载，古城周长840丈，有堞垛1605个、警铺24个、敌台7个。有5座城门：东“通江”，匾曰“澄江如练”；西“起龙”，匾曰“风云会合”；南“攫桂”，匾曰“裕日天香”；北“镇安”，匾曰“乔岳钟灵”；西北“嘉猷”，匾曰“势壮辅车”。清顺治四年（1647）清兵攻破海口城时被毁。民国初年，美国传教士在此建教堂、孤儿院和医院，城墙大部分被拆。抗日战争时期，当局下令拆毁城墙，现仅存东门，即通江门。

通江门，俗称“通河门”，建于明嘉靖三十六年（1557），现仅存拱形花岗岩砌门洞，门洞上方嵌有一规则条石，上阴刻着“通江门”三字。初建时因其临江而立，故城门顶上竖“澄江如练”匾，现匾额已遗失。通江门现存城墙高约4米、宽3米，门洞高约2.5米，已成为海口民城的标志性建筑，于1987年11月被公布为福清县级文物保护单位。

福清故城旧址

福清故城旧址位于福清市玉屏街道。福清唐代设县，但未有城郭。至明正德八年（1513）改为4个：东门名“文兴”、西门名“双旌”、南门名“龙江”、北门名“玉屏”。至明嘉靖三十三年（1554），为防止倭寇入侵才修筑城墙。城墙高6米、厚4.6米、周长3310米，并有女墙2300个、警铺24座、门楼4座。明嘉靖三十七年（1558），城墙增高1.3米。明万历二十二年（1594）大规模重建，西北设凤仪门（又称大北门），东北设玉屏门（又称小北门），东、西、南三门仍按旧名。这次重修，移旧城墙1300多米，增加新城墙600多米并铺舍若干。明天

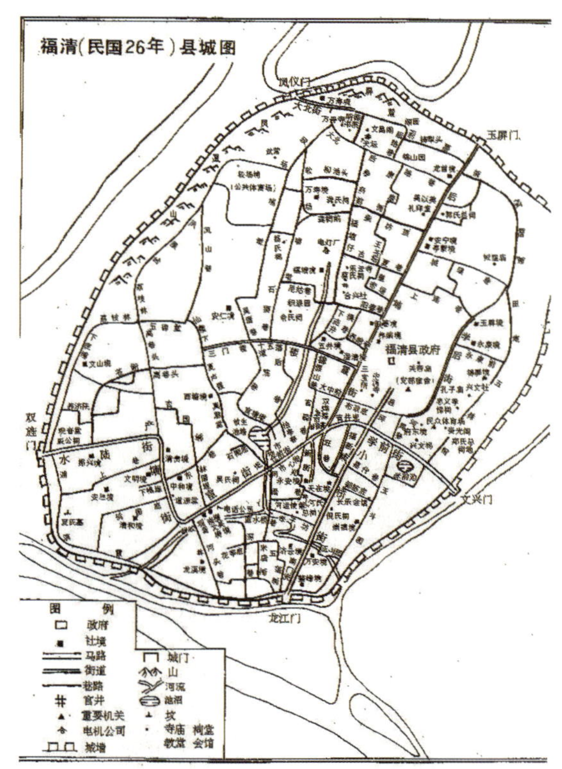

启四年（1624），在东北处增筑敌台5个，西北城墙增高1米多并覆以堞楼数百米。明崇祯七年（1634）、清乾隆十年（1745）修葺。1938年，国民党政府以利于抗战为由，把城墙全部拆除。据当地老人回忆，城墙拆除下来的石头堆积如山，部分用于铺设后埔街及利桥街，其余大部分被城外乡民搬去修建房舍。

镇东卫城遗址

镇东卫城遗址位于福清市海口镇城里村，西距县城约15千米。明洪武二十年(1387）由江夏侯周德兴督造。镇东卫城是一座石头城。据记载，城周长约3千米，连女墙高7.7米、厚3米多；4个城门都建有城楼，设警铺43个、女墙1349个。明永乐十三年(1415）增设战楼31处，并筑4门月城，皆高约7米。民国27年(1938）城墙毁坏，现城垣的基址还依稀可见。

岐阳城遗址

岐阳城遗址位于福清市三山镇前薛村，距县城30多千米。岐阳城又名化南民城，明嘉靖三十九年(1560），为防倭寇，邑人、时任广西布政使司的薛曾请旨建城。据记载，城为石砌，周长约1500米、高约5.5米，基宽3.8米，墙顶宽2米多，女墙高出墙顶0.7米，建东、西、南、北四大城门，另于北、西门之间辟一矮门，门外有20余级石阶通向码头。城门高4.2米、宽1.5米，顶为拱形，以青石刻匾。清末，自南门始，先后倒塌，现尚存城基遗址及“南薰门”匾一块。

抗倭指挥所遗址

抗倭指挥所遗址位于福清市龙田镇上一村，为当地施姓村民的祖厝，该厝面阔七间，坐北向南，占地面积约300平方米，俗称“八扇厝”。该厝前座已垮塌，仅余后座，仍有村民居住。据清乾隆版《福清县志》记载，明嘉靖年间，戚继光率军驻扎龙田镇，以此厝为指挥所，歼灭倭寇200多人，史称“牛田战役”。

戚继光抗倭遗迹

戚继光抗倭遗迹位于福清市海口镇瑞岩山后岩。

明嘉靖三十七年（1558），戚继光组建“戚家军”。明嘉靖四十一年（1562）后两度入闽抗倭，并多次登临福清海口瑞岩山。据考证，直到明隆庆元年（1567）戚继光率军北上，他在5年内多次率军驻于瑞岩山一带。据清乾隆版《福清县志》记载：“戚继光将军于山（即瑞岩山）北辟大洞天、宜睡洞、归云洞、振衣台、望阙台诸胜，各有咏题……”戚继光还给新开辟的景点命名，记有蓬莱峰、醉仙岩、醒心亭、独醒石、双龙洞、望阙台等33景。

2008年7月，为了缅怀戚继光的丰功伟绩，福清市人民政府将戚继光抗倭遗迹公布为“爱国主义教育基地”。在这里，可以看到与戚继光驻军有关的戚井、醉石、点将台、蹲虎石、报恩寺等遗迹，戚继光以“孟

诸子”署名题写于岩壁之上的摩崖石刻，以及重修戚继光撰写的《瑞岩开山记略》《瑞岩寺新洞碑》《瑞岩山宜睡洞》等碑刻。

万安烽火台遗址

明嘉靖年间，倭寇经常到福清沿海骚扰，当时福清沿海共建有27座烽火台，万安烽火台为现存规模最大、保存最完好的烽火台。

万安烽火台遗址位于福清市东瀚镇万安村寨山之巅。该烽火台为块石垒筑而成，保存较为完整，整体形状为覆斗形，南、北底边长11.6米，东、西底边长12.3米，顶部南、北边长10米，东、西边长11米，顶部有一长方形灶坑，深约0.5米、宽0.65米、长2.30米，主要用于遇险时燃放烟火报警。该烽火台的东南角由于年代久远及近期游客攀爬而坍塌。在烽火台的南壁下有石垒窝铺2间，现已坍塌，为古人住宿及存放燃料之用。

金鸡山烽火台遗址

金鸡山烽火台遗址位于福清市东瀚镇莲峰村峰前自然村金鸡山。该烽火台为覆斗形结构，方形，四墙为块石垒砌而成，台中央为小石块混合红土夯砌。每底边长约12米，上部边长约10米，现残高约3米。东、南、西三侧保存较好，北侧完全坍塌，烽火台顶部也坍塌严重。金鸡山烽火台距万安烽火台约3千米，有敌情时，两座烽火台可遥相呼应。

锦城烽火台遗址

锦城烽火台遗址位于福清市沙埔镇锦城村烟墩兜自然村烟墩山顶，当地村民称“烟墩”，三面临海，地理位置极其重要。现遗址毁坏严重，块石散布面积约 250 平方米，东西长约 15 米、南北长约 17 米，遗址呈圆形分布，烽火台为方形，底边长约 10 米，是一座实心覆斗式墩台。

下石烽火台遗址

下石烽火台遗址位于福清市江阴镇下石村鼎脐山顶，山高约 70 米，下石烽火台为明嘉靖年间当地军民防倭而建，用块石垒砌而成，遗址占地面积约 200 平方米，底座为方形，层层上垒，可见到 6 层；6 层以上已倒塌。底边长约 12 米，是一座实心覆斗式墩台。

第三节　寺庙及书院遗址

少林院遗址

少林寺是我国著名的禅宗佛教寺院。有关南北少林寺之说，由来已久，北少林寺在河南省嵩山，世人皆知。但因南少林湮没时间太久，其具体地点争议颇多。1993 年 6 月 4 日，在福清市东张镇少林村，发现了少林院遗址，这是福建省内唯一有书证、物证，最有说服力的少林院遗址。

福清少林院遗址的发现引起了省市相关部门的高度重视。1995 年 7 月，由福建省博物馆、福州市考古工作队与福清市文化体

育和旅游局联合组成了“福清少林院遗址联合考古队”，并分两期对少林院遗址进行考古发掘。发掘总面积达 5945 平方米，发现了房屋、护坡、水沟、天井、台阶、廊道、墙基、墓葬等五代至清代互相叠压的建筑遗迹数座，采集和出土了大量的梁架、柱础、石柱、板瓦、瓦当等建筑构件和陶瓷器、石器、铜钱等文物。为明确福清少林院遗址的建筑布局、规模及年代、名称、性质等提供了珍贵的资料。

福清东张少林院遗址发掘的消息披露后，引起了学术界的强烈关注，该遗址发现的建筑遗迹之完整、规模之宏伟、遗址延续时间之长久、出土文物内容之丰富，在福建省乃至全国都是罕见的。特别是从遗址出土大量带有“少林院”文字的文物可以看出：福清历史上确实存在过少林寺；它与史籍上记载的福建少林寺内容相符，应该就是历史上的南少林无疑。2005 年 5 月，福建省人民政府将福清少林院遗址公布为省级文物保护单位。

紫阳书院遗址

紫阳书院遗址位于福清市新厝镇江兜村草堂山。紫阳书院俗称“朱熹草堂”，相传南宋黄伯谷先生曾在这里修建草堂隐居，边研修学问，边收徒授业。据传，朱熹路过此地时，曾上山探访黄伯谷先生，并在这里住了一段时间，日夜与黄伯谷先生切磋学问。因闻流水之声如奏韶乐，朱熹便将山间小溪命名为“韶溪”，草堂也因此得名“韶溪草堂”。现草堂已荡然无存，唯留下一块明崇祯元年（1628）刻有“紫阳朱先生书院”字样的石碑立于山中。江兜村民在修建通往草堂山的村道时，又挖出了 4 块与“紫阳朱先生书院”石碑一般大小的古碑，这 4 块石碑的镌刻时间分别是明崇祯十四年（1641）春、清乾隆二十七年（1762）仲秋、清嘉庆十三年（1808）三月及清同治十三年（1874），石碑虽已断裂，但碑文尚清晰可辨，分别详细记载了书院的由来及重建等事件。

第四节　码头及其他遗迹

郎官古渡遗址

郎官古渡遗址位于福清市渔溪镇后岐村郎官自然村郎官境大埕前，地临兴化湾西港，苏溪由此入海。传该渡口为北宋祥符年间任福清知县的临安人郎简所建，故称“郎官渡”。因福清沿海一带自古缺水，遇干旱之年，颗粒无收、民不聊生，诸多沿海乡民毅然背井离乡，远渡南洋谋生。

郎官古渡港宽水深，适合船只停泊，为明清以来渔溪乃至福清城区周边通往江阴、高山、兴化、厦门等地的渡口。据记载，古代下南洋的乡民十有六七是从这里启程的。乡民的频繁远渡，造就了郎官渡的繁荣，郎官古渡原有巨石砌筑的码头直伸入海，岸上原有凉亭、商号、客栈等，十分繁荣。后来由于陆路交通的发展、港口淤塞，且近海多被围垦，使古渡逐渐衰废，现仅存部分石梁、石台阶伸入海中。

海口码头旧址

海口码头旧址位于福清市海口镇旧街。海口，曾有“小上海”之称，在公路未建造、陆运未畅通之前，是全县的吞吐咽喉，中小型客货轮可直达港内。然后用木帆船溯龙江而上，把物资接运至融城利桥的水南码头。民国年间，海口港建有5个码头，分别是大成码头、水巷道码头、海关道码头、宏林道码头及桥头道码头。新中国成立后，海口港建设4个码头，分别为客运码头、红旗码头、石油码头及水产后船坞码头。

20世纪80年代后期，由于河道淤塞及元洪码头的兴建，海口码头已失去了从前的繁华，逐渐被废弃。

一都状元厝遗址

一都状元厝遗址位于福清市一都镇一都村，旧时为南宋状元黄定及第后，回乡兴建的宅第，现遗址占地面积约 1000 平方米，有一条石铺古道直通大门口。据传，原来有一对状元黄定手书的布帛联贴在状元厝的正厅木柱上，上书“青山御史第，乔木状元家”，大厅上镶挂“状元及第”匾额，可惜这些文物均毁于新中国成立后的“破四旧”运动。现状元厝历经岁月沧桑，已破败不堪，仅余下部分精美的石构件，述说着当年的辉煌。

五龙村宋代墓葬遗址

五龙村宋代墓葬遗址位于福清市城头镇五龙村拱辰山，共有2座年代相近的古墓葬，占地面积约100平方米，相传为五龙村林氏祖先林球的墓。2座古墓均为夫妻合葬，墓穴共分上、下两层，底层为石构墓室，上层为砖构券顶，现券顶已坍塌。

经考古挖掘，在其中一座墓穴内出土有陶罐、执壶、铜镜10余枚铜钱等遗物，铜钱大多为北宋铜币“天圣元宝”。在古墓旁的一处岩石上刻有“亲孙林丛其于嘉祐七年壬寅五月十五日结亲翁林十郎婆王十一娘墓两所翁忌五月十日婆忌十二月初四日永记”字样。

第二章 古墓葬

第一节 名人墓葬

薛曾墓

薛曾墓位于福清市三山镇前薛村西浒山。薛曾，生卒年不详，明嘉靖三十五年（1556）进士，官至广西布政司参政，邑人、明代内阁首辅叶向高为之撰写墓志。墓坐东北向西南，原规模颇大，现墓丘已毁。仅存文武石翁仲1对（文臣像高2.2米，武将像高2.25米），石马1对（长1.75米、高1.45米），石羊2只（长0.9米、高0.75米），卧狮1对（长1米、高0.75米）。这些石雕工艺精细，线条清晰，粗犷中蕴含着细腻，神态逼真。1987年11月，薛曾墓被公布为福清第二批县级文物保护单位。

黄有才墓

黄有才墓位于福清市上迳镇油塘村黄厝自然村殷山之麓，新中国成立后遭受严重破坏，现仅存墓碑及石人、石兽。

黄有才，生卒年不详，清乾隆年间任广东提督，死后加赠左都督。该墓占地面积约2000平方米，坐东向西，民国时期被毁，墓内除葬品被洗劫一空。墓前立有一块墓碑，碑高2.87米，宽1.5米，刻汉、满两种文字，上横刻“广东提督加赠左都督黄有才墓”，下刻黄有才生平业绩。墓坪呈长方形，长约60米，宽12米。墓道沿山而上，共13级，两边分别排列文、武石翁仲一对（文臣像高2.65米、武将像高2.75米）、蹲狮一对（高0.95米）、石马一对（高1.8米、长1.5米）、石羊一对（高0.75米、长0.8米）、卧狮一对（高1米、长0.9米）。

黄有才有三子，皆附葬于墓旁。提督墓建成之后，除官府出告示护卫外，黄府也派人在山脚下安家驻守。当时建有两座房屋，并划给守墓人土地供其耕作养家，“黄厝”因此而得名。1987年11月，黄有才提督墓被公布为福清第二批县级文物保护单位。

黄定墓

黄定墓位于福清市一都镇下倪山。墓为近年重修，石构，占地面积约 150 平方米，平面呈“凤”字形，有两级墓坪及墓道。现仅后挡墙正中一长方形墓碑为旧物，碑上阴刻“宋状元祭酒黄公墓”，其余构件均为新置。

黄定（1130—1198），字泰之，号龙屿，晚号巩溪居士，南宋乾道八年（1172）壬辰科进士第一（状元）。官至广东提举，主管广东路所属州县学校和教育行政。

李馥墓

李馥墓位于福清市三山镇安前村圆满自然村西安水库旁，墓为三合土构成，平面呈“凤”字形，面朝东北。大墓在新中国成立后已遭受破坏。据当地老人回忆，当年墓室被打开，墓内的随葬品金银器、玉器及少量的瓷器当场被瓜分，现已不知所踪。

大墓上的石头，包括墓道碑、墓碑及石供桌等都被抬去修建水库。现大墓仅剩三合土框架，墓穴内杂草丛生，墓埕也被开垦为农田。墓前 50 米处原为大墓的墓道，后被修成水库。2010 年 4 月文物普查时，水库中仍然遗存有石翁仲 2 尊（文、武各 1 尊），高约 2.5 米；石马 2 尊（其中一尊倒在地上），高约 2.2 米；石虎 1 尊，高约 1.2 米。2013 年 2 月武官石翁仲遭窃。

另外，在三山镇东埔村西里自然村的李氏祠堂内，还保留着一块李馥的墓志铭，墓志铭长 0.75 米、宽 0.55 米、厚约 0.15 米，铭额有篆书“皇清诰封赠通奉大夫崇祀乡贤凤坡李公偕”，正文为楷书阴刻，下笔苍劲有力，详细记载了李馥的生平事迹。

李馥，字汝嘉，号鹿山，又号信天居士，福清三山镇东埔村西里自然村人，清康熙二十三年（1684）中举人，官至工部员外郎，出任浙江巡抚。清乾隆甲子年重宴鹿鸣。

施千祥墓

施千祥墓位于福清市龙田镇二村龙东中学附近，墓坐东朝西，占地面积约500平方米。原墓为三合土构筑，现已用水泥修葺一新，平面呈“凤”字形。龟背形墓丘前立一弧顶卧碑，上刻“施公千祥德配薛氏安人、长男尔举公、高楼次男尔章公、长媳林孺人、次媳黄孺人、寿域”，上款为“明嘉靖进士广西参政”，下款为“岁次甲戌孟夏”。墓碑前为祭台，台前为墓坪和屏风。屏风外神道两侧竖石将军（右）、石文官（左）和石马各1尊。通面阔15米，通进深30米。墓已被重修，2尊石马马腿已被毁坏，现用砖墩垫起。

施千祥为龙田高楼人氏，明嘉靖十四年（1535）进士，官至广西参政。

薛世晅墓

薛世晅墓位于福清市龙田镇上薛村大真线东侧1千米处，墓葬规模宏大，占地面积约500平方米，由石望柱、石像生、碑亭及墓穴等组成。石望柱仅余1根，直径约0.40米、高约4.50米；石像遗存有石

翁仲（文官）1对，石马、石虎各1只，左侧的马、虎和望柱已无存，石像生已严重风化。碑亭为石构，方形四柱单间式、歇山顶、鱼龙吻正脊，亭内竖立一块墓碑，墓碑铭文：“明进士中顺大夫临江郡守薛公墓”14字，楷体，字径0.25米左右；上款为“弘治吉旦立”，下款为“赐进士朝列大夫薛锦书”，落款中部分字迹及额枋上的刻纹，因石材风化而模糊不清，碑座为覆斗形；碑亭台基为圭脚，石柱为抹角方形连础。碑亭后为墓穴，于近年重修。墓穴后侧为多块大型岩石组成的天然屏障。

薛世晅，字惟焯，号城斋，明天顺年间进士，官至临江知府、中顺大夫。

林则徐祖墓

林则徐祖墓位于福清市海口镇晨光村东埔自然村鲎山，是林则徐六世祖林榕山夫妇和林榕山的儿子林开泰夫妇的坟墓。该墓坐北朝南、背靠鲎山，占地面积约50平方米，平面呈“凤”字形，三合土结构，龟背形墓丘前嵌一方形墓碑，碑为石构，上刻“待赠文林郎榕山林公墓、玄孙斌立”等字；墓碑前为祭台，台前为墓坪。墓葬历代均有整修，保存较好。

林则徐，祖籍福清岑兜，出生于侯官（今福州市），字元抚，又字少穆、石麟，晚号俟村老人、俟村退叟、七十二峰退叟、瓶泉居士、栎社散人等，是清朝末期的政治家、思想家和诗人，曾任湖广总督、陕甘总督和云贵总督，两次受命钦差大臣；因其主张严禁鸦片、抵抗西方列强的侵略，在我国有“民族英雄”之誉。

第二节　普通墓葬

三塔墓

三塔墓位于福清市东张镇灵石山国家森林公园内，又称“金刚幢”。自唐大中元年（847）灵石寺开创后，历代灵石寺住持的骨灰均安葬于此。明初曾被毁，明万历年间复兴，集成三塔，规模颇大。三塔墓前有两个振文台，为天然钟乳石，上刻篆体“豁光台”三字，台下设莲花坐垫；3座钟形舍利塔，中间大（直径1.84米，通高2.7米），两边小（直径1.44米，通高分别为2.35米和2.45米）。中间大塔刻“金刚幢”三个大字，上刻小字“唐开山惠胜和尚墓”。清康熙二十四年（1685）重修，后墙上嵌有《灵石修建三塔记》碑，高2.2米、宽1.36米，上刻金刚幢的历史沿革及重修概况。1987年11月被公布为福清第二批县级文物保护单位。

灵石山官墓

灵石山官墓位于灵石山国家森林公园内，墓主身份不详，墓丘已毁，神道两侧尚竖立有石雕文官、武将各 1 对，石马、石虎、石狮各 1 对及石羊 1 件。神道为石砌，残长约 26 米、宽约 4.5 米，墓碑已丢失。墓丘在新中国成立后被灵石林场拆毁，辟为柑橘园，据传有出土部分文物，包括瓷器、铜镜、石俑及金银器等，现已全部遗失。因当地村民传说此墓的主人为驸马，故又称“驸马墓”。

灵石山曹源大师塔墓

灵石山曹源大师塔墓位于福清市东张镇灵石山国家森林公园内，灵石寺正对面 1 千米处的山丘上。该塔墓平面呈“凤”字形，坐东北朝西南，面阔 11 米、进深 18 米，有二级墓埕，占地面积约 200 平方米。

墓丘中央有一座石塔，石塔由六角圭脚（每边长 1 米）、六角须弥座、六角莲瓣覆盆座、六角攒尖顶和桃形塔刹等构件组成，通高 2.8 米。塔身正面阴刻楷体铭文“开法当山曹源大师之塔”。石砌后护墙正中嵌一通林之蕃撰文楷体“灵石曹源禅师溢公打和尚塔铭”。

灵石山幻生文禅师塔墓

灵石山幻生文禅师塔墓位于福清市东张镇灵石山国家森林公园内林场居民区附近的山丘上。整座塔墓平面呈“凤”字形，坐西朝东，塔位于墓丘的正中央。大墓面阔 10 米、进深 14 米，有两级墓埕，占地面积约 150 平方米，周边为石砌护墙。塔为石结构，基座为八角形，边长 0.65 米，上由八角须弥座、八角莲瓣覆盘座、八角形塔身、八角攒尖顶和桃形塔刹等构成，通高约 2.4 米。塔身正面阴刻楷体铭文“嗣祖沙门幻生文禅师塔”，背面阴刻楷体铭文“康熙甲寅孟春立”。据林场老工人介绍，此塔可能为附近已毁的毫端寺住持之墓。

黄檗山万福寺僧人墓

黄檗山万福寺僧人墓位于福清市渔溪镇黄檗寺大门东侧500米处的山坡上，该墓平面呈“凤”字形，坐北朝南，有二级墓埕，占地面积约50平方米，由3座结构相同的僧人藏骨塔构成。3座石塔位于墓丘中央，均为石构，由六角圭脚（边长0.9米）、六角须弥座、六角莲瓣覆盆座及三层圆形塔身等组成，通高约1.9米。正中一座塔身正面阴刻铭文“历代尊宿”，两边阴刻有“前藤菴辉法师”“前代妙湛和尚”“前坦翁参法师”“前蒙菴达禅师”等字样。左侧僧塔塔身正中阴刻铭文“诸方耆德”；右侧僧塔塔身正中阴刻铭文“本山勤旧”。此处塔墓始建年代不详，但根据塔的形状及圭角的雕刻风格，可推断其建造年代为清代早中期。

另外，在寺内隐元堂后还保存有3座古僧塔，其中，荆岩禅师藏骨塔为元代修建；一座为明崇祯年间修建；另一座落款为“万韧寿塔”，始建年代不详，根据其建造风格可推断其应为明末清初建造。

海口义塚

海口义塚位于海口镇塔顶山瑞峰寺旁，"义塚"当地民间又称"义祖墓"，占地面积约50平方米，墓丘为三合土构筑而成，前侧用块石做挡墙，正中置一石碑，高约1.5米，圆首长方形，碑顶部刻有太阳及火云图案，下方阴刻有繁体"義塚"两个大字。据传，海口"义塚"是清初海口举人谢名世献地近百亩收埋海口抗倭军民烈士骸骨而建立的公墓。海口"九境十三村"的村民，每年清明节祭扫祖墓之前，都要先祭"义祖墓"。这一风俗，从1647年清兵屠杀海口两城后直至1949年，延续了300多年，新中国成立后该风俗中断。

李恭墓

李恭墓位于福清市高山镇北垞村村口牌坊附近，保存较为完整，坐北朝南，由碑亭及墓穴构成。碑亭为石构，歇山顶四柱单间式，高2米、顶宽1.05米、进深0.65米，前柱圆角方形。碑亭内竖立有墓碑，墓碑为圆首，高1.85米、宽0.60米、厚0.13米，

上阴刻楷体碑文，多已漫漶。据重修碑时记载：我族十七世祖仲方公、讳恭号南山，明嘉靖年间，倭犯我村，公为护谱捐躯、气贯长虹、德垂千秋。嗣曾为其建坟立碑，并称为石轿。

施溶波墓

施溶波墓位于福清市龙田镇上一村新厝巷，保存完好，占地面积约1000平方米，坐东朝西，平面呈“凤”字形，大墓由三合土及花岗岩板材构筑而成。后护坡、护墙、龟背形墓丘等均为三合土构筑，墓碑及其前面祭台的栏杆、墓坪、屏风、四周护栏等均为石构。花岗岩卧碑上刻“玉井、清邑庠生溶波施先生寿域”，上款“嘉庆岁次戊寅，仲冬吉旦泐石”。祭台外沿刻“坐巽向乾兼辰戌三分”。两旁栏板上有大量的行、隶、篆诸体题词。该墓规模宏大，构筑布局规整、石刻精细、保存完好，为福清地区清代民墓的典范之作，具有较高的历史文化及艺术价值。

石竹山僧人墓

石竹山僧人墓位于福清市石竹山风景区进山门附近子煌亭南侧，僧人墓平面呈“凤”字形，占地约 50 平方米，墓原由三合土构筑而成，现已重新用水泥修葺。后墙正中央

位置镶嵌一通石刻，长约 1.3 米、宽 0.3 米，上刻有墓主身份及详细年代。墓正中央为一圆形石塔，高约 1.3 米，塔由八角圭脚、须弥座及圆弥顶塔身（由 3 段条石切成）组成。这座古塔为清康熙年间修建的石竹寺历代住持的藏骨塔，具有重要的考古研究价值。

林厝陈洪宇墓

林厝陈洪宇墓位于福清市江镜镇林厝村，古墓建于清乾隆年间，平面呈“凤”字形，有三级墓埕，占地约 100 平方米，坐北朝南，三合土构筑。龟背形墓顶前的祭台上竖立有一通墓碑，长约 0.7 米、宽约 0.8 米，上阴

刻有“雍进士洪宇陈公妣夏氏、次男武德郎荆峰妣倪氏、三郎处士楚玉妣林氏、钱塘寿域、乾隆岁次丁亥秋九月吉旦立”等字样，石祭台长约 2.2 米、宽约 0.6 米。在墓埕西南侧 20 米处竖立有一通墓道碑，碑身高约 2.6 米、宽约 0.7 米，碑座为新砌，高约 0.2 米，砖构，碑身上侧浮刻有“恩荣”二字，两侧有双龙浮雕，其下阴刻有铭文“清勅授儒林郎候补直隶同知州加一级洪宇陈公墓道”，字径约 0.15 米，铭文苍劲有力、字迹清晰。

第三章　古建筑

第一节　传统民居

东关寨

东关寨位于福清市一都镇东山村后的山坡上，始建于清乾隆元年(1736)，由当地何姓村民历经十载修建而成。东关寨坐东向西，依山势而建，气势恢宏，建筑风格与闽西客家土楼有异曲同工之妙。其总进深约76米、宽约55米、占地面积约4500平方米，寨墙基座和墙体的下半部分均用块石垒砌而成，高10米多。石墙之上为夯土墙，墙厚2米多，寨内设哨廊，供跑马巡逻。外墙开有小窗，可作瞭望兼射击用。寨前有宽阔的

石铺大埕，自南向北拾级而上，折东便进入寨门，门顶有出水口，防备大火烧门。寨墙左右两侧各开一个大门，为石框木板门，板门用重阳木制成，门顶设数个出水洞，可防火攻。

寨房为土木结构，沿长方形中轴线对称三进布局，由门楼厅、正厅、后楼院及两侧附院组成，共上、下两层，有 99 个房间，规模宏大。寨内房屋用防火墙及防火通道分隔成若干个单元，防火墙高过屋面约 1.5 米，防止火势蔓延。寨的中心点位于第二进正厅部分，面阔五间，有左右披榭、回廊，堂前游廊两端设门通左右附院，并通向南、北的侧寨门。这里是全寨集中活动的场所，遇有婚、丧、嫁、娶及祭祀活动，都在此进行。后楼院紧随其后，独成院落，楼上后廊与寨墙间也设有廊道、瞭望口。

据考证，东关寨为典型的家族聚居式的山区古民居，寨内成员聚居场所规制严谨，主从有序，寨内家族人口又能以家庭为单位分住各个单元，日常生活互不干扰。同时，各单元之间设有通道，又有上下廊道环贯全寨，便于生活照应和防火、防匪。寨内可住一个家族数代 100 多口人，至今还有家族成员居住。寨内尚存泉井一口，大旱不竭。2001 年 1 月，福建省人民政府将东关寨公布为省级文物保护单位。

林则徐祖居

林则徐是中国近代“放眼看世界第一人”，他出生于福建侯官（今福州），但他的祖籍地却是福清市海口镇岑兜村。在那里至今还保留着林则徐的五世祖林存素和林存素的父亲林榕山的旧居。林氏祖居始建于明末清初，原为两进，现仅存一进。祖居占地面积约400平方米，坐北朝南，面阔五间，土木混合结构，双坡顶。因年久失修，祖居已破败不堪。1998年，由福清市政府牵头，多方筹措经费数十万元，对其进行全面修缮。修缮后的林氏祖居仍然保留原有的建筑格局，并在室内陈列了林则徐的生平事迹，现为福清市青少年爱国主义教育基地。离祖居大门口30米处有一口古井，井深约4米，八角井栏用整石凿成，高0.48米、厚0.16米。1999年，林则徐祖居及古井被公布为福清县级文物保护单位。

另外，在岑兜村的后山还遗存有林则徐的祖墓，是林则徐六世祖林榕山和林榕山的儿子林开泰的坟墓。林则徐的五世祖林存素怀念祖地，遗嘱中嘱咐死后要将其葬在故乡海口岑兜村。现该墓已遭破坏，仅余下一墓碑被后人收藏。

豆区园

豆区园位于福清市融城向高街官驿巷内，始建年代不详，为明万历年间邑人、内阁首辅叶向高的花园兼书院。豆区园小巧玲珑，婉约秀雅，全园面积近300平方米，园内有书院、亭阁、假山、鱼池、拱桥等，种有佳树名花，景物错落有致，有假山、池壁景物，如鱼蛇相会、百猴柱、观音送子、鲤鱼跳龙门等，多为各种奇异的石头构成。其中百猴白石柱高达3米多，立于池畔，是钟乳石天然造型的珍品。还有形同八仙圆桌的扁石垒于水面，上竖一大理石，状如垂钓老翁，人称此石为“姜太公钓鱼”。假山上有一凉亭，亭下有洞，名“眠云”。亭旁一古樟树，径数围，枝繁叶茂，已有300余年历史。1981年2月25日，豆区园被公布为福清第一批县级文物保护单位。

1997年，福清市政府斥资近300万元对豆区园进行大规模修缮，使融城这一重要历史景观得以重现光芒。现叶向高书院暂时辟为福清市博物馆展厅及办公室。

阳下北亭陈氏古民居群

阳下北亭陈氏古民居群位于福清市阳下街道北亭村村道东侧，约建于清中晚期，坐北朝南，有4座年代相近的古居构成一组规模宏大的古建筑群。其中正中的一座古民居规模最大，做工最精细。该厝为四合院式民居，正座由门楼（带轩顶）、石板铺天井、

左右厢房组成。正座面阔五间，穿斗式木构架，进深十五檩，前有船篷式轩廊，檐柱出三跳插栱承托檐桁；廊轩用月梁、花栱、花斗，前檐斗栱上的雀替等构件及槅扇窗雕刻精美；正座两侧还有附堂及花厅各一座。正座前有石铺大埕，大埕的右前方凿有一口六

角古井，井圈为青石整石凿成，高约0.7米，现仍可使用。

阳下作坊陈氏民居群

阳下作坊陈氏民居群位于福清市阳下街道作坊村中部，为当地陈姓村民的祖厝，始建于清代晚期，坐北朝南，由五座合院式民居及陈公支祠并排而立，构成一组规模宏大的清代民居建筑群。其中，昌言陈公支祠右

侧的一座最为精美，该厝面阔五间（六扇厝），为封火山墙二坡顶，穿斗式木构架，前后共二进。大门前有石铺大埕，前墙的下半部分为规整条石构筑，上半部分为红砖垒砌；正中开石框大门，门内为轩顶门廊、屏门、天井及两厢；前座进深十五檩，中三间用大阑额减柱，前部辟为轩廊；明间用六柱，后部设屏门隔为前后厅；后厅为鳖壳回顶；后廊有轩顶和垂莲柱。次间用七柱，后廊之后为后天井和两厢。后座进深十七檩，中三间前

部为轩廊。明间用七柱，后部设屏门。前后两座边缝均省去而由两山承托。轩顶梁枋及各处斗栱、枋、垫板、驼峰、雀替、垂莲柱等构件均精雕细刻人物、瑞兽、花卉等纹样，是福清地区清代木构民居建筑的典型范例。

磨石黄氏民居

磨石黄氏民居位于福清市镜洋镇磨石村黄氏宗祠西侧，约建于清代晚期，为福清传统的两进四合院式民居模式，俗称“六扇厝”。

黄氏民居依山而建，坐北朝南，总面阔40米、总进深约60米；封火山墙二坡顶，穿斗式木构架，前院宽40米、进深14米，由土墙围住，左前角有大门，右侧有侧门。第一进前座面阔五间，进深十一檩，明间开大门，门上有三脊顶门罩，大门内设屏风门，其廊下有天井及左右厢房。正座面阔五间，进深十五檩，前有轩廊。正座后廊下有后天井及左右厢房，后座面阔五间、进深十三檩，明次间前部辟为前廊，左右两侧均有附堂，大门上均建有门罩。主座明间及廊铺六角红地砖。保存尚好，槅扇雕刻和格花制作精细。

瑟江翁氏民居群

瑟江翁氏民居群位于福清市三山镇瑟江村村道旁，大厝面朝东南，共有 7 座相近年代的民居连成一片，占地约 5000 平方米，构成一组规模宏大的清代古民居群，当地百姓俗称“七门槛”。其中门牌为 14 号的民居建筑风格最为典型，该厝为合院式二进民居，头进封火山墙二坡顶，前有石铺大埕，大埕右侧埕墙边有古井一口。大门内为屏门及回廊，廊下为天井及两厢，正座为穿斗式木构架，面阔五间（六扇厝），进深十七檩，用六柱，前有轩廊，用大阑额横贯明次间，明间后部设插屏门。后门外为后廊，廊下为后小天井，有甬道与后墙门连接通后进，左右两旁各一列附厝。后进由天井和面阔五间的后座组成，后座为穿斗式木构架，面阔五间，进深十一檩用五柱；明间后部设插屏门，隔为前后厅。民居头进正座轩廊梁枋及各处斗栱、雀替等木构件雕刻精美，保存较好。

渔溪泉顺大厝

渔溪泉顺大厝位于福清市渔溪镇双墩村米粉楼小组，为四合院式民居，坐北朝南，始建于清光绪三年（1877），为封火山墙二坡顶、穿斗式木构架。大厝前有三合土铺大埕，六扇带双附堂。前座进深九檩，用五柱，

明间开大门，并设屏门，后廊下有天井，并左右两厢和回廊，后座进深十三檩，用七柱。前后座屏门上方花板雕刻精美，保存完好。

大厝的前墙上灰塑较精美，可惜雕塑的人物在“文革”期间均被毁坏，屋顶上的两只石狮子也于近年被盗。在大埕左前侧埕墙边有一水井，井圈为石构、覆斗形，井壁为块石垒砌而成，井水清澈，村民现仍在使用。

据传泉顺大厝的原主人为清代武举人，在后院遗存有长方形练功石一块，重约100千克，上阴刻有文字。

大山食菜厝

大山食菜厝位于福清市南岭镇大山村，当地村民俗称“食菜厝”，又称“十扇厝”。该大厝为合院式民居建筑群，又类似山区“古堡式”建筑。大厝约建于清代中晚期，为封火山墙二坡顶，穿斗式木构架，二进三落附带左右两附厝。大厝前有石板铺大埕，块石垒砌成堡墙。大埕左右两边设有石砌拱顶堡门，堡门上方石匾上分别刻“松风”“竹雨”

楷字；大埕右侧建有右厢房，下方建有地下室三间。

古堡平面呈前圆后方，前座面阔九间（十扇厝），进深十一檩，用五柱，明间后部设屏门。后廊下为天井和左右边门。上石台阶为三座并列，各有封火山墙，面阔各三间。其中间一座进深九檩。后廊下有天井，中有甬道通后进墙门。后进门内有回廊、天井和两厢。后座面阔五间，进深十一檩，用六柱，明间后部设屏门；中三间前部辟为前廊。

食菜厝规模宏大，布局别具一格，是福清少见的堡寨式民居建筑。同时，因食菜厝地势险要，易守难攻，解放战争时期中共闽中游击队曾长期在这里驻扎，据村里老人回忆，最多时有 100 多名游击队员生活在大厝内，吃住全由村民无偿提供。床铺不够用，

就把八仙桌拼凑起来当床铺。还是不够用，村民又把门板拆下给游击队员当床铺。当地村民为闽中地区的革命事业作出了卓越的贡献，因而，食菜厝具有重要的革命文物价值。

洋埔叶氏民居群

洋埔叶氏民居群位于福清市音西街道洋埔村下洋埔自然村，面朝西南，共有 3 座民居并排，构成一组清代民居群。古民居前有石铺大埕，进深约 20 米。其中东侧第一座民居建筑风格最为典型，该民居始建于清末，

后毁于火灾，民国初年重修，由门廊、天井、左右厢房、主座、后座等部分构成，周以封火山墙。前墙之中设有石框大门，门内为插屏门，插屏门内中为天井，左右两侧为厢房，前带门廊。屋面设止水墙，上有灰塑，雕工精美。石铺天井上三踏步至主座，主座面阔

五间，进深十五檩，明间后侧设插屏门，屏门上方斗拱雕刻精美，门扇上下花板雕有花卉图案，槅心阴刻有家训。前廊卷棚、月梁、矮柱雕刻精美；左右次间窗户上花板雕有“琴棋书画”等字样；后座中为天井、三面环廊、左右带厢房，厢房已被改建，天井上三踏至后座，后座面阔五间，进深十五檩，明间后侧设插屏门，屏门上方斗拱雕刻精美，明间后侧有灯杆，前廊卷棚、前檐雀替及垂莲柱雕刻精美；后天井左右带厢房。

茶山方世培故居

茶山方世培故居位于福清市镜洋镇西边村茶山自然村，始建于清代晚期，背靠大化山，面朝东北，为四合院式民居，封火山墙二坡顶、穿斗式木构架。民居前有红砖铺设的大埕，进深约 10 米。前座面阔五间（六扇厝），进深十檩，前墙下半部为规整条石垒砌，上半部为红砖堆砌，正中开石框大门，大门并设屏风门，其后即为石板天井及左右厢房。正座面阔五间（约 20 米），进深十一檩（约 12 米），前有轩廊，檐檩以四跳斗拱承托。大厅地面为三合土铺设，天井上设有石制花架和数块练功石。

该民居为宗鹤拳的创始人方世培（1834—1886）的故居。宗鹤拳是福清市遗留下来的一个优秀的传统武术项目，有着广泛的群众基础，被公布为省级非物质文化遗产保护项目。

新厝峰头翁氏祖屋

新厝峰头翁氏祖屋位于福清市新厝镇峰头村侨峰小学附近，约建于清道光年间，坐北朝南，面向兴化湾。祖屋为四合院式二进式民居，由门楼、前院、两厢、前座、天井、后座组成。门楼为悬山顶清水脊，宽一间、进深五檩，左右厢房悬山顶清水脊，面阔三间、进深一间；前座面阔三间并左右耳房各两间，进深九檩，用四柱。以上均悬山顶清水脊，各间檩枋多由夯土墙承托。古建筑整体用材较大，斗拱、雀替等构件雕刻精美，为清代莆仙式民居的典型范例。

高山院西青乐仔民居

高山院西青乐仔民居位于福清市高山镇院西村，始建于民国初期，为二进三落合院式民居，坐北朝南。前座为二层洋楼，大门前出二柱阳台。面阔五间，明次间二坡顶，梢间平顶，隔墙承重。进深 14 米，带前后廊，明间开大门，后部设屏门，梢间前凸出为八角形前墙。后廊梢间置楼梯。

中、后两座为封火山墙二坡顶，穿斗式木构架二层楼房。面阔五间。中座前有石板铺天井和二层左右厢房，中座进深二十一檩，大阑额贯连明次间，明间带前后廊用

八柱，次梢间前后廊用四柱，其他檩枋由墙承托。明间后部设屏门。后廊下为后天井和单层西厢。后座进深十七檩带前轩廊，明间用七柱，次梢间前轩廊用二柱，其余檩枋由墙承托。明间后部设屏门一道。明间、梢间后檐外接建穿斗架二坡顶后屋各一间，后屋之间为小天井。

中座前后廊上置椭圆形藻井和海棠形天花，后座轩廊及各处梁、枋、斗拱、垂花柱、驼峰等木构件雕刻精美。但因年久失修，后座损坏严重，部分屋顶已塌，屏门上方木雕多已破坏，前座左八角楼屋顶已塌。

镜洋张桥头古民居群

镜洋张桥头古民居群位于福清市镜洋镇波兰村张桥头自然村，共有 3 座民国时期修建的民居，构成一组规模宏大的民居群，整体构架保存较好。该处民居为四合院式，面朝西南，封火山墙二坡顶，穿斗式木构架，前有大埕，地面为红砖铺设，周以埕墙。前座面阔五间，俗称“六扇厝”，进深十一檩。前墙下半部为规整条石垒砌，底部设圭角，上半部为红砖砌筑。明间开大门并设屏风门，两侧设回廊及厢房，中间为石铺天井。拾级而上为主座，主座面阔五间，进深十一檩，前设轩廊，明间檐檩下有垂莲柱，后廊下有小天井及后座。后座面阔五间，进深一间。左侧有小园林，右侧另外建一组平房，现已改建。民居的西南角建有一座三层方形红砖铳楼，居高临下，用于防范土匪侵扰，现保存尚好。

渔溪陈白林氏侨厝

渔溪陈白林氏侨厝位于福清市渔溪镇侨丰村陈白自然村。这座建筑由当地旅居印尼万隆的华侨林元干先生出资建造，始建于1916年，历时三年修建完成。整座建筑傍山而建，与前面两座古民居连成一体。侨厝坐北朝南，为前后三座二进式，封火山墙双坡顶。前座明间开大门，面阔五间、进深十三檩，尽间为梯间，与后座连接处为石铺天井、左右回廊及厢房；中座面阔五间、进深十五檩，前廊建有轩顶；中座与后座之间同样为条石天井及厢房，后座面阔五间，进深十一檩，楼上设栏杆、前后厢房及明间建有美人靠。正座两侧建有护厝，左侧护厝主要为厨房和放置生产工具，右侧护厝部分毁于火灾。在正座周围分布有四座方形铳楼，为四层砖土结构、水泥粉刷外墙，据屋主介绍，由于当时国内没有生产水泥，为防御土匪，特地从南洋运回。

侨厝共有大小房屋99间，整体建筑华丽、气派，所有厢房的门窗上都画有造型各异、栩栩如生的古代人物、飞禽走兽及名言佳句。在正厅中央悬挂有两块牌匾，上书有“见义勇为”“利物和义”烫金大字，为民国二十五年时任福建省主席陈仪所赠。

渔溪苏田三对排

渔溪苏田三对排位于福清市渔溪镇苏田村渔溪车站西侧，民国 26 年（1937）建，为四合院式二进楼房民居，面朝东南，三座

并排（分别为郭、刘、李氏三家所有），中隔长弄，前有大埕、封火山墙二坡顶，三座民居布局、梁架结构相同，保存完好。其中西侧第一座郭氏民居最为典型，该民居主要由前座、正座、后座及前后天井组成，左右角建有三层方形碉楼一座，民居的右侧尚存花园遗址。民居面阔五间（六扇厝），前座明间开大门，并设屏门，进深十三檩，后有廊；正座进深十五檩；后座为单坡顶，进深六檩。前座前后厢房二楼均设美人靠；正座

明次间前部为轩廊，轩顶和大厅屏门上方木构件雕刻及各处槅扇格心制作均较精巧。除前座后廊、正座前廊、轩廊及前两廊回廊外，其他梁枋均用夯土墙承托。

上迳岭脚三对排

上迳岭脚三对排位于福清市上迳镇岭脚村，始建于民国初，20 世纪 80 年代重修，由三座大小、构架和布局都相同的四合院民

居东西并列而组成，坐北朝南，背山而建。民居大门前有大埕，每座民居之间隔一条长弄。均为封火山墙二坡顶，面阔五间（六扇厝）。前后两座均带后院，前座进深九檩，除二步宽的后廊为穿斗式外，其余各檩和灯杠直接由隔墙承托。后廊下为石板铺天井和

左右厢房。正座进深十一檩，除二步宽的前廊为穿斗式外，其余各檩和灯杠均直接由隔墙承托。大厅（明间）后部设屏门，分隔大厅为前后厅，屏门上方花板浮雕人物、花卉。前两座次、梢间均隔成二层。后院有小天井，后廊和面阔一间、进深两间的后厢房。建筑群西北侧建有一座三层方形铳楼，保存尚好。

阳下溪头林氏三对排

阳下溪头林氏三对排位于福清市阳下街道溪头村村部大楼左侧，始建于清末民国初，由三座大小相近的二进三落四合院式民居构成。东边正座面阔五开间（六扇厝），进深十七檩，前有轩廊，封火山墙二坡顶、穿斗

式木构架。大厅前有石板铺天井、大门、门廊及左右厢房，该民居做工精细，槅扇窗门雕刻的花卉等较精美，现被设为溪头村民俗陈列展馆，陈列各类民俗用品数百件。西侧民居为著名侨贤林文镜先生的故居，与东侧民居建筑结构相同，现开辟为林文镜事迹陈列馆及孝廉文化展示馆。

在三对排民居前为石铺大埕，在大埕的左前侧有一八角石井，井栏外壁阴刻有铭文，该井保存完好，现仍可使用。

沁园林氏六扇邸

沁园林氏六扇邸位于福清市海口镇石溪村的后山脚下，始建于 1922 年，为当地旅居印度尼西亚泗水华侨林逢贻、林逢良与林逢仁三兄弟历时三年兴建而成。该民居依山势而建，坐北朝南，规模宏大，占地约 1500 平方米，包括前埕和正、侧两落宅院。正落面阔五开间，前后两进院落，中轴对称，主次分明。在建筑结构形式方面，以穿斗式木构架为主，局部采用大扛梁减柱造，并具有典型的当地晚清民国初期的民居建筑风格；六扇邸取材上乘，做工精湛，特别是木雕、石雕、砖雕及灰塑等题材丰富、华丽细腻、精妙绝伦，为福清地区民国时期传统民居的优秀代表作品。

第二节 祠　堂

叶氏宗祠

叶氏宗祠位于福清市港头镇后叶村，始建于明万历四十三年（1615），是明万历年间内阁首辅叶向高第一次告老返乡后亲自主持兴建的。祠堂占地面积约1300平方米，坐北向南，由戏台、天井、厅堂等组成。祠堂前设有石铺大埕，竖立有十二条旗杆碣。祠堂的外墙为砖石结构，共设四重门，一重石框大门顶上的门楣阴刻有“叶氏宗祠”四个大字，二重门刻有“元辅乡”三个字。厅堂面阔三间，进深七柱，穿斗式木构架，双坡顶。梁架及斗拱雕刻有人物、花卉及鸟兽等图案。内原有数十方匾额和数十副楹联，除万历皇帝御赐的“天恩存问”竖匾外，其余均在“文革”期间遭毁。1985年，叶氏后裔出资进行修缮，现祠堂内有多幅柱联，相传有三幅为万历皇帝御赐，即“天子享无

疆之庆，相臣树不朽之功”“八载独持魁栋，万方共奠安磐”及“布袍开华衮，筚路启沙堤”；另外，万历皇帝又赐叶氏行第十六字：“向成益进、善积有庆、传世弥永、立诚存敬。”字十六字：“卿汝君子、惟德是昌、能志文士、宗支耀光。”

叶氏宗祠于 1987 年 11 月被公布为福清第二批县级文物保护单位。

玉塘吴氏祠堂

玉塘吴氏祠堂位于福清市龙山街道玉塘村村口，始建于明崇祯十一年（1638），坐南朝北，祠堂原为三进两落，面阔五间，土木结构，硬山顶，因年代久远、风雨侵蚀，虽经1686年及1948年两次大修，仍破损严重。玉塘祠堂为福清的革命事业作出了巨大贡献，大批的共产党地下革命工作者曾长期在此活动。1930年，中共福清县委多次在此秘密召开会议；1948年，南下的解放军以吴氏祠堂为指挥部，向据守在瑞云塔上的国民党军队发起进攻。2003年，玉塘吴氏乡亲筹资420万元，对古祠堂进行修缮。重修后的祠堂仍为三进两落，带双副厝，面阔五间，俗称“六扇厝”，总进深约58米、宽约40米、总建筑面积约2400平方米。1999年2月被公布为福清第三批县级文物保护单位。

文武名祠

文武名祠位于福清市渔溪镇旧街，又称昭应庙。据记载，该祠始建于南宋，祀五代闽国虞雄将军和宋理学家林希逸。虞雄将军战殁于渔溪，民立庙祀之，号通感王。南宋绍兴二十年（1150），赐额“昭应庙”。南宋乾道二年（1166），加封惠济。南宋咸淳二年（1266），改封德显。清代重建。祠占地面积1000多平方米，坐东向西，共二进，前座面阔三间，进深五间，抬梁，穿斗式木构架，双坡顶。

文武名祠在新中国成立后曾经作为渔溪镇政府文化站的办公场所，后因损毁严重，废弃多年。近年多次重修。并于1987年2月被公布为福清第二批县级文物保护单位。

漈头陈氏祠堂及漈阳书院

漈头陈氏祠堂及漈阳书院位于阳下街道漈头村村口，约建于清代晚期，总建筑面积约500平方米，由陈氏祠堂与漈阳书院两座建筑构成。陈氏祠堂为一进抬梁式土木结构，前墙正中开石框大门，两侧开边门。大门内

设插屏门、石铺天井及三面环廊；拾级而上为正座，正座面阔五间（六扇厝），进深七

柱，为抬梁式木构架；正座后侧为神龛，供奉陈氏先祖。漈阳书院位于祠堂的右侧，面阔三间（四扇厝），进深五柱，建筑结构与祠堂相同。

民国30年（1941）4月，中共福建省委委员陈金来在漈头村建立一支抗日游击队，指挥部就设在陈氏祠堂内，因此，该祠堂具有较高的革命历史价值。

硋灶霞川陈氏祠堂

硋灶霞川陈氏祠堂位于福清市新厝镇硋灶村霞川自然村，面朝西南，左侧为霞川宫，始建年代不详，清嘉庆二十三年（1818）重建，清道光二十年（1840）重修。祠堂面阔三间，四合院式，悬山顶、清水脊、抬梁式木构架，由大埕、前座、天井、回廊、后座等组成。前座四步梁，前后乳栿用四柱，进深九檩；后座四步梁，前后三步梁用四柱，进深十一檩，后部及次间枋桁直接由后檐墙及两山承托。祠内尚存两块清代重修碑。大埕两边有两对夹杆石，保存完好，油漆一新，右侧为霞川宫。

新厝岭边郭氏祠堂

新厝岭边郭氏祠堂位于福清市新厝镇新厝村岭边自然村，始建于清代中期，背靠大山，坐西朝东，为四合院式，由门楼、前院、前座、天井、左右厢房、后座组成，封火山墙二坡顶，燕尾脊，面阔五间。前座进深十一檩，带前后廊用五柱，除前后廊外，其他枋桁由隔墙承托。两厢面阔小三间，进深六檩；后座明间抬梁式梁架，四步梁前后栿带前廊用四柱，后墙承托后二步梁，进深十一檩；前廊为轩顶；次间、梢间均由墙体承托。祠堂的斗拱、驼峰、雀替等木构件雕刻精细，前廊门面壁画精美，保存尚好。祠堂右侧有一民居建筑群，俗称“百二间”，保存较差，多已坍塌，正座前有夹杆石两对，厅堂内还悬挂有进士牌匾。

新厝双屿王氏宗祠

新厝双屿王氏宗祠位于福清市新厝镇双屿村村委大楼旁，坐北朝南，为四合院式祠庙建筑风格，悬山顶，面阔五间。前座前有廊（廊下有大埕），进深一间（七檩），明间抬梁架，次间穿斗架用五柱，为墙承重。祠规模宏大，结构保存较为完整，斗拱、雀替、垂莲柱等木构件雕刻精细。祠内现存有两块清代维修碑，其中一块为清康熙庚午年倡建宗祠碑，另一块为清嘉庆十二年建祠记碑，为覆斗形碑座，落款为“嘉庆十二年冬季吉旦族长常朝立石”。

龙田上薛薛氏宗祠

龙田上薛薛氏宗祠位于福清市龙田镇上薛村中部，坐北朝南，为四合院式祠庙建筑，始建于明正统年间，历代有修复，现基本保存清末建筑风格。祠堂前后两进，头门与大门间为大埕，立有旗杆石四个；二门内为回廊及石铺天井，天井中央有连接门楼与前厅的石板通道，后期在天井上加盖戏台，在回廊上加建戏楼。前厅面阔五间并左右两弄，进深十五檩，硬山顶，木构架，明间为抬梁式，五步梁后接单步梁，带前后轩廊，用五柱，其余为穿斗式木构架、用七柱。后座面阔五间并左右两弄，进深卷棚八檩，明间为抬梁式，用三柱，后部设神龛，其余为穿斗式，用四柱，后檐柱和枋桁由后墙承重。前后座间建四柱悬山顶过亭连接，过亭两侧为左右天井和走廊。

祠堂的门口有一口古井，井圈为瓜楞形，整石雕凿而成，井水清澈，现仍可使用。

港头高东高氏祠堂

港头高东高氏祠堂位于福清市港头镇高东村高东小学左侧，始建年代不详，现存建筑为清末民国时期祠堂建筑风格。祠堂为四合院式，坐北朝南，封火山墙二坡顶，面阔五间，前座穿斗式木构架，进深七檩带后廊，廊下为长方形天井和左右两厢。正厅进深十五檩，明间抬梁架，四步梁对前后单步梁前带轩廊用五柱，大阑额贯透明次间。其余为穿斗架，用七柱。明次间后部均辟为神龛。

前座除明间外，次梢都被隔为二层楼。祠堂前有大埕，大埕前墙两边护墙墙脊前端各有石雕坐狮一只，为古代遗存。

港头杭下林氏宗祠

港头杭下林氏宗祠位于福清市港头镇杭下村中部，面向西南，为四合院式祠堂建筑，封火山墙二坡顶，面阔五间。大门前有大埕，前座明间改建为戏台，次间及天井两旁走廊建为戏楼。天井上加盖歇山顶四柱过亭。正座明间为抬梁式木构架，进深十七檩，用五柱并前廊。次间为穿斗式构架，用七柱，明次间前部辟为轩廊。正座梁架尚保留清末民初风格，其他为后期新构。该宗祠为福清现存保存最为完好的清末民国时期祠堂之一，具有较高的文物价值。

海口东阁林氏宗祠

海口东阁林氏宗祠位于福清市海口镇东阁村，面朝东南，抬梁式木构架、封火山墙

二坡顶。大门前为石铺大埕，前座为石铺天井，中间辟为过道，上有后期加建的一过亭，顶部修有藻井，两侧回廊边为后期新修。正座面阔五间，进深七柱，第四柱上阴刻有一对联，落款为“民国丁卯年吉旦立”，大厅后辟为神龛。该祠堂始建于清代，民国时期

重修，新中国成立后又多次修缮，现基本构造保持民国初期风格，其柱子用料粗大、做工精美，斗拱、雀替、垂莲柱等雕刻极为精细，具有较高的文物价值。

海口牛宅李氏宗祠

海口牛宅李氏宗祠位于福清市海口镇牛宅村，坐北朝南，为四合院式祠堂建筑，整座建筑由门楼、两厢、天井和正座组成。门楼和正座面阔五间，厢房面阔两间，门楼与两厢均已改建。封火山墙二坡顶，进深十三檩，明间抬梁式用五柱，次、梢间穿斗式，次贴用五柱，边贴用六柱，檐柱与金柱之间为轩廊。檐柱上用三跳插栱承托撩檐檩。石柱础均为鼓式。据祠内保存的石碑记载，原祠始建于元代，后经明代倭乱、族人迁徙，年久失修"飘摇风雨历久倾颓"，现存建筑为清光绪二十三年（1897）重建的。

高山北垞李氏宗祠

高山北垞李氏宗祠位于福清市高山镇北垞村东侧，约建于清代中晚期，背山面海，为四合院式祠庙建筑。祠堂前有大埕，大门前有回廊、天井，天井上加建四柱二坡顶八角藻井顶棚的过亭，亭内搭戏台。大厅面阔五间，进深十五檩前带轩廊，明间抬梁架用四柱，次间穿斗架用七柱，边贴五柱，檩枋由山墙承托。明间后部设插屏门，隔大厅为前后厅，后厅设神龛，后廊下为后院和左右后厢房；前天井两旁的戏楼为1990年在左右回廊上新搭建的。

在祠堂后山大路旁竖立有一通石碑，长2米、宽0.35米，上阴刻碑文：“万历甲寅年孟秋月二十世孙方绿捨路……”

第三节　寺庙宫院

万福寺

万福寺位于福清市渔溪镇梧瑞村，又称“黄檗寺”。唐贞元五年（789），禅宗弟子正干自曹溪回闽，忆师偈语“遇苦而止”，结庵于此，初名“般若堂”。八年后，在寺东大建堂宇，德宗赐额“建福禅寺”。寺院闻名闽中，元代后寺院开始衰落。明洪武二十三年（1390）重兴，明嘉靖三十四年（1555）遭倭犯，佛寺焚毁殆尽。明

隆庆元年（1567），正圆和尚恢复寺业。明万历四十二年(1614),赐额“万福禅寺”。明崇祯十年（1637），住持隐元重建大雄宝殿于旧址，以旧殿复为法堂，重建斋堂、钟鼓楼、山门、云厨、库房和诸寮舍，并增置寺田。清顺治十一年（1654），隐元应日本长崎崇福、兴福诸寺邀请，带领弟子 30 人东渡，在京都宇治，建造“黄檗山万福寺”，成了日本黄檗宗的开山鼻祖，把中国的建筑、雕塑、书法、印刷、医药、音乐等传入日本，被誉为“黄檗文化”。

1989 年重修后的黄檗山万福禅寺，占地约 30000 平方米，建筑面积约 15000 平方米，主要有总门、开山亭、历史亭、山门、放生池、天王、钟鼓楼、西归堂、功德堂、祖师殿、伽蓝殿、法堂、观间殿、隐元纪念堂、回向堂、斋堂、僧寮、黄檗亭、费隐亭、观音亭等建筑。1981 年 2 月，万福寺被公布为福清县级文物保护单位。

灵石寺位于福清市东张镇灵石山国家森林公园内，始建于唐大中元年（847），林、赵二姓舍地，沙门元修建庵。唐大中四年（850）始创精舍，名“翠石院”。唐懿宗赐额“灵石俱胝院”，古寺以此得名。北宋天圣间，施主林图南献田宅建寺养僧，灵石寺开始兴盛。古刹历经沧桑，各朝屡有修建，清末寺院逐渐荒废，僧徒流散。民国30年（1941）由地藏寺德钦法师率领大觉寺、双溪庵女尼来此，和尚寺成为女众丛林。“文化大革命”期间，寺院再遭劫难，损毁严重。1979年后，相关部门逐步归还寺产。

1984年4月，请回妙贤法师重振道场，福清市人民政府拨款，整修大雄宝殿，各种佛像由侨僧、法师、信士捐资雕塑。1986年建起一座新山门。1987年殿宇整修一新，塑造的释迦牟尼佛、地藏菩萨、伽蓝菩萨、十八罗汉等佛像也告竣工。竣工后的寺院以山门、大雄宝殿为中轴线，左右侧为宽敞的回廊，两廊旁有法堂、钟鼓楼、禅房、客房等，构成了一组规模宏大的寺院建筑群，占地面积13000多平方米，建筑面积达8000多平方米。1981年2月25日被公布为福清第一批县级文物保护单位。

石竹禅寺

石竹禅寺位于福清市石竹山天子峰半山腰上，始建于唐大中元年（847）。初名“灵宝观”，北宋宣和三年（1121）改名“灵宝道观”。南宋乾道九年（1173），曾任福清县令、后累官至丞相的史浩重修时，因山上竹林并茂，遂改名石竹寺。南宋淳熙九年（1182），有寺产一贯六百六十文，规模亦算宏大。此后又经历代修建、续建，现有建筑物百多间，总占地533360多平方米，形成一片规模宏大的宗教建筑群。从山下进山大门拾级而上，到达海拔约360米处，便是石竹寺主体建筑，建筑面积约6000平方米。建筑群横搁在半山腰上，所有建筑物都紧贴峭壁，依山就势，凌空雄峙，布局协调，错落有致。石竹寺山门刻有“石竹禅寺”四个

大字的石质横匾，主殿为观音大士殿，歇山顶石木结构，面阔五开间，进深四间，大厅有五个佛龛：中供观音大士，左祀韦陀、地藏王，右祀达摩祖师、伽蓝；西侧为土地厅、玉皇阁、仙君楼。1981年2月25日被公布为福清县级文物保护单位。

龙卧寺

龙卧寺位于福清市城头镇湖美村五龙山下。相传宋时有一老翁常来寺中与僧子郊对弈，一天，老翁倦卧禅房，化龙飞去，故名“龙卧寺”。该寺创建于唐咸通五年（864），初名伽蓝寺，位于今寺址西北 1500~2000 米的伽蓝山，现寺废址存。现存的寺窕建于南宋乾道三年（1167），由檀越捐助和广募众缘，修建了佛刹、藏殿、法堂、门庑、寝室，改称“龙卧禅寺”。

龙卧寺经历代修缮后，现为三进中轴式建筑，前一进有弥勒佛厅及僧房，大门上有“龙卧禅寺”4 个字的巨匾。中进为大雄宝殿，曾有释迦牟尼金身和重约千斤大铜钟，钟、鼓楼建在大殿前面的石埕两边。后进有法堂、父母堂、祖师厅、帝爷厅、西厨房等。正屋东边有监斋厅、东厨房、土地堂及僧房，都是四扇平屋结构；正屋西边有方丈室、上下客厅及僧房，也是四扇平屋结构。龙卧寺环境清幽宜人，景物神圣，邑人、明万历内阁首辅叶向高曾到此游览，并题写“山盘沧海龙名寺，境入珠林石是莲”的联句。1987 年 11 月，龙卧寺被公布为福清第二批县级文物保护单位。

瑞岩寺

瑞岩寺位于福清市海口镇瑞岩山前岩，始建于北宋宣和四年（1122），初名“团亲庵”，明洪武三年（1370）重建寺院时改名为瑞岩寺，后因年久失修，至明泰昌元年（1620）邑人、内阁首辅叶向高组织重建寺院。

该寺院面对龙江出海口，背依奇峭山崖，依山势而筑，规模虽然不大，但布局和结构紧凑合理。相传叶向高小时候曾在寺里读书，当官后念念不忘，谢政归来又长住寺里，这个寺院当年重建重修均由他亲手募捐、策划

和设计。明、清两代，该寺院住僧众多，香火极盛。每逢“迎神”“普度”等活动，善男信女成群结队到寺里焚香礼拜。

“文化大革命”期间，该寺院被砸，寺内设施毁于一旦。1996 年，爱国华侨林先生捐巨资，把这座废置多年、破损不堪的老寺院修葺一新，现寺院面积约 1000 平方米，主要由山门殿、大雄宝殿、左右钟鼓楼、仙君楼及厢房等组成。1981 年 2 月 25 日被公布为福清第一批县级文物保护单位。

瑞峰寺

瑞峰寺位于福清市海口镇塔顶山之巅，始建于唐僖宗乾符年间，原名“妙贞观”。北宋元丰元年 (1078) 经扩建，改观为寺，始名“瑞峰寺”。北宋宣和六年 (1124)，寺后建有七级佛塔，现已圮。元至正年间，瑞峰寺因在龙山山顶，更名为“龙山寺”。明万历十二年 (1584) 重修，恢复今名。清乾隆二十九年 (1764)、清同治四年 (1865)，瑞峰寺曾有过大规模修建。后由于地震及风雨侵蚀，逐渐衰落。民国 2 年 (1913)，瑞峰寺被台风刮倒。

1985 年，侨贤捐资合力重修，历时近 10 年。重修后的瑞峰寺依山起势，中轴线上有七重殿堂，从妈祖殿沿多层台阶层层升高，直通最后一殿观音阁。除殿堂外，尚有寺门、戏台、谯楼、暗室等。瑞峰寺建筑规范宏大，佛像雕塑精美，每天都有大批的善男信女来此游览观光、进香礼佛。

五峰禅寺

五峰禅寺位于福清市龙田镇东峰村五峰林场西侧，寺院规模宏大，占地面积约1000平方米。大殿面阔三间，当心间抬梁，五步梁前后乳栿用四柱带前廊，次间穿斗架进深十五檩，用七柱。现梢间为后建。前檐柱为抹角方柱，四角石础，为明代原式，柱上以三跳插栱承托撩檐檩，前廊雀替、驼峰、斗拱等构件雕刻精美。后金柱外部分木构件已脱落散失，已被改建为钢筋水泥结构。大殿两旁后期附建伽蓝殿和三圣殿。寺院大门口竖立有三通重修碑，两通为“重修五峰寺”碑，分刻两通同样规格的碑石上，花岗岩，抹角首，高2.00米、宽0.63米、厚0.09米。“五峰始于万历之元年……”“乾隆岁在囗(“囗”指文字因年代久远，已磨无或不清，无法考证)戌年。”另一通为“兴建文昌祠”碑，花岗岩，高1.92米、宽0.65米、厚0.10米。“都缘首倪仲乾奉缘叁拾伍两正，副缘首陈囗珠拾柒两……”“嘉庆岁次戊午孟夏吉旦立”。

福庐禅寺

福庐禅寺位于龙田镇西南的福庐山上，北宋时福庐山就有寺庙，后几度兴衰。明万历年间山上还有旧寺院，而现在残存的福庐寺则是明万历四十二年(1614）叶向高主持创建的。

福庐寺自清末开始衰败。民国初年，由于军阀混战，对名胜古迹保护不力，景物渐被破坏，寺庙常被盗。民国17年(1938）世盛和尚在龙田镇和近村信士的赞助下，募缘重修寺庙，并树碑表彰捐助者，现石碑尚存。“文化大革命”期间，佛寺的门窗、椽、柱、砖瓦被人窃走，铜佛、钢仙、铜钟被砸盗卖。20世纪80年代以来，龙田周边信众筹措数百万元经费进行修建，使这一古刹得以重生。

显济庙

显济庙位于福清市一都镇龙屿溪上游北岸，原名“安宫”，后称“协济庙”，内供奉的神灵是唐代协力同心、急赈济民的张大郎、季大敷两位先贤。南宋状元黄定，儿时曾游戏于庙，中进士后重修庙宇并撰记。而后历代均有修缮，现存建筑为清末建筑风格，占地面积约100平方米，坐东向西，前临赤鲤河。呈复合院式布局，穿斗式木构架，歇山顶，门墙正中为石框大门，大门上方“协济庙”三个楷体大字，苍劲有力，镌刻在坚硬的花岗岩石匾额上。庙内结构精巧，门墙后为戏台，中为天井、香亭、雨亭，后为大殿，周以封火墙。戏台为石木结构，抬梁式梁架，正上方设有圆形穹窿状藻井，以小斗拱旋迭而成，顶为太极图案，戏台上悬挂有一清道光年间的匾额，上书“作如是观”四个大字；戏台前为香亭，香亭上方也设有藻井，为八角形，顶为木雕牡丹。两厢男女宾楼，宾楼前壁绘有状元黄定和进士黄龟年的生平。

大殿为穿斗式木构架，面阔三间，进深七柱，正厅设三尊神像，中为大王公，张、季二神分列两侧。殿前有两副既描景又忆昔的楹联：“安宫潭浮蔚奇观形成二十八宿，协济庙环山增秀色福荫万千家。”东西两侧厢房也奉祀有神明。显济庙于1981年2月被公布为福清县级文物保护单位。

新厝镇昭灵庙

新厝镇昭灵庙位于福清市新厝镇江兜村，昭灵庙的历史记载最早见于宋梁克家的《三山志·公廨类三·诸县祠庙》，一直沿用南宋绍兴八年（1138）赐额之名至今，现庙宇占地约100平方米，大门上方悬挂“昭灵庙”匾额，主殿面阔三间，进深七柱，正中供奉“真君”，即“赵真君”—— 赵昇，前厅设有回廊及小天井。庙内的立柱有一副楹联为“恩膏敷四境民康物阜着枝鞭，道法备当躬海阔江长浮铁片”。其中“浮铁片”更印证史志仙师“乘铁舟”的记载。另外，神厅(神龛)的木雕构件有“嘉庆元年昭灵庙制造……”题刻，显然为嘉庆朝重修时物件。昭灵庙是一处宋代海洋交通遗迹与海洋性宗教信仰的庙宇，具有重要的历史文化价值。

灵溪宫

灵溪宫位于福清市新厝镇凤迹村的村口锦溪之畔，据灵溪宫重修碑记，该宫始建于清乾隆二十七年（1762），清嘉庆五年（1800）扩建重修，坐北朝南，宫宇分为前后两殿，均为硬山顶木构建筑，雕梁画栋、富丽堂皇。宫宇前两厢青色花岗石壁上分别浮雕“空城计”和“文王求贤”的故事，形象逼真，雕

工精细。最为珍贵的是前后殿的两对盘龙青石柱，刻工更是高超，每根石柱上都镂刻着一条盘龙，大部分龙体都离开柱体，只有小部分附着石柱上，大有动欲腾空之势，龙口里还含着一颗可以转动的石珠。龙柱下方的柱础上雕刻着水波纹，水波纹衬托着一条跃

跃欲试的鲤鱼，蕴涵着鲤鱼跃龙门的含义。灵溪宫的其他雕刻也都十分精致，无论是柱础的花瓣、屋顶的翘脊，还是垂柱的镂刻都达到巧夺天工的地步。

灵溪宫于 1987 年 11 月被公布为福清第二批县级文物保护单位。

龙田天妃宫

龙田天妃宫位于福清市龙田镇下一村，占地面积约300平方米，坐西北向东南，由前照墙、戏台、天井、大厅组成，周以围墙。前照墙下半部分为块石垒砌，部分青石雕凿成荷花、蜻蜓、折扇、葫芦及鲤鱼等形状，十分逼真；上半部分为红砖垒砌；墙顶上附有“双龙戏珠”“八仙过海”“麒麟呈瑞”等彩色灰塑，做工精细、栩栩如生。前照墙正中设石框大门，门顶有一石匾，阳刻楷体“天妃宫”三字，红漆大门，门上两门神手持兵刃，威武庄严。前厅设有木质戏台，抬梁式梁架，正上方设有圆形穹窿状藻井；大殿面阔三间，进深三间，穿斗式木构架，双坡顶，正中供奉天妃娘娘；大殿的廊沿处，镶嵌有一通青石龙雕，为镂空透雕，形象逼真。

在天妃宫大埕的左侧有一口古井，为圆形井栏，青石构造，整石凿成，高约0.60米。古井内径约1.4米，外径约1.8米，整体占地约10平方米，井水清澈，现仍可使用。

武当别院

武当别院位于福清市新厝镇蒜岭村，明天启五年（1625），由蒜岭村村民集资兴建，大门匾“武当别院”四字为明天启年间

礼部尚书莆田人周如磐题写。1980年以来，蒜岭村海内外乡亲捐资数百万元重修武当别院，修葺后的寺院基本上保持了原建筑的风格。门墙上方镶嵌着周如磐亲笔题写的“武当别院”石刻门匾，门墙的两旁，六幅山水动物壁画鲜艳夺目。寺院内古戏台、玄元上帝殿和大雄宝殿前后蝉联，古朴别致。从寺院大门进内即为古戏台。戏台为重檐歇山顶结构，屋顶由四根磨光剔滑的石柱支撑，台外石栏围护，造型精美。武当别院为庑殿顶

建筑，进深两间，面阔四柱三开间，内间用帷幕间隔，显得庄严肃穆。殿顶两端为腾龙翘檐，中间屋脊上有七级宝塔坐镇。寺院最后是大雄宝殿，也是四柱三开间，进深两间，重梁迭栋，梁枋饰以各种彩绘或木雕的鸟兽、人物图案，形态逼真，形象生动。

武当别院门外即古驿道，一小巧玲珑的小桥架在小溪上。桥头有一座凉亭，为武当别院平添一分古朴的韵味。武当别院于1987年2月被公布为福清第二批县级文物保护单位。

第四节 古塔、牌坊

瑞云塔

瑞云塔位于福清市龙山街道瑞云社区利桥街南侧，始建于明万历三十四年（1606），竣于明万历四十三年（1615），费时10年。由叶向高之子、府丞叶成学与知县凌汉聊募捐鸠工，名匠李邦达负责设计施工。传说卜基之日，五色云自太保山来覆其上，故塔建成后名为“瑞云塔”。

瑞云塔用雕琢精致的花岗石砌建而成，塔高34.6米，七层八角，仿木构楼阁式，底基为单层八角须弥座，周长24米。第一层北面开门，塔门额竖匾上镌刻“凌霄玉柱”四个遒劲大字，其余七面设佛龛。第二至第七层两面开门，六面设佛龛。各层转角倚柱成海棠状，并有曲尺形登临石阶，供游人拾

级而上。柱顶斗拱二层，叠涩出层檐，檐面浮雕瓦垅，顶为葫芦塔刹。塔身内外每层皆有浮雕，内容丰富多彩，有武士、比丘、罗汉、菩萨、力士等浮雕和佛教故事图案，还

刻有花卉、龙、麒麟、狮子、鹿、凤凰、奔马、兔、猴、鹤等飞禽走兽浮雕共四百多幅，大小不一，大的高达1.5米，小的只有20厘米，这些浮雕千姿百态，形象逼真，栩栩如生，具有较高的艺术价值。原来每层进出口处左右均有两尊精雕细凿的守门神，现仅存第一层入口处两尊，这两尊守门神披坚执锐，威武雄壮。更为别致的是，每层八角檐端各坐镇一尊镇塔将军，共48尊，大小、披挂、神情都相似，端庄肃穆，俯视下界，平添了几分神秘感。瑞云塔于1965年被福建省人民政府公布为第一批省级文物保护单位。

龙山祝圣宝塔

龙山祝圣宝塔位于福清市龙江街道下梧村水南，又名“水南塔”。建于北宋宣和元年(1119)，南宋建炎三年(1129)遇台风而垮塌，仅余下四层，南宋绍兴十一年(1141)修复。后因年代久远再次毁坏，明代再次修缮。塔高约22米，仿木构楼阁式用花岗岩砌建，七层八角，下有须弥座，

座径5.4米，周长14.8米，转角用倚柱，柱头用斗拱出铸。塔下四层为北宋建筑，上三层为明代建筑，风格迥异。第一层塔门口置两尊浮雕武士。塔腹系直筒式，一至四层，石级呈螺旋状，盘旋而上，古朴庄重，属北宋建筑风格；五至七层，双向

正方形门，塔内曲尺形石阶直达塔顶，属明代建筑风格。塔壁各面设佛龛，龛内各坐浮雕像一尊。现在龙首昂、塔檐、佛像等石刻大部分已损坏。1981年2月被公布为福清第一批县级文物保护单位。

鳌江宝塔

鳌江宝塔位于福清市上迳镇上迳村东南侧塔山之巅，明万历二十年（1592）建，八角七层楼阁式石塔，通高25.3米，须弥座。

底层东南设门，二至六层各设两门，塔门处有两尊石雕镇塔将军。一、三、五、七层门旁均镌刻“大方广佛华严经，大乘妙法莲华经”“愿四海宁谧，愿五谷丰登”“愿天常生好人，愿人常行好事”等联句。各层有均平座、腰檐，六面设佛龛并内置佛像。塔壁有各种浮雕和镂雕，转角圆柱上刻捐资人姓氏及捐资数。

相传，明朝万历年间，上迳村林氏有十八家子弟漂洋过海谋生，18年未归，18位望夫心切的贤妻合议捐银造塔，望夫归来，每晚轮流上塔点灯，为海上行船导航。年复一年，终不见夫君归舟，相继抱恨死于塔上，故后人又称之为“望夫塔”。1981年2月被公布为福清第一批县级文物保护单位。

紫云宝塔

紫云宝塔位于福清市东张水库老蛇山上，始建年代不详，为明代石塔建造风格。

塔为八角七层仿楼阁式，高约26米，塔廊宽0.65米。须弥座呈“工”字形，雕有鲤鱼、麒麟、荷花等图案。塔门口有两尊石雕武士，高1.35米、宽0.60米，威严肃穆。原塔内每层均安放石雕观音佛像，现已全部失窃。第三层门顶置阴刻“紫云宝塔”石匾，第七层塔壁上凿刻“梵天清吹”。塔的周围

有石柱、石狮等。近年，两尊守塔神及大部分佛像接连失窃。1981年2月被公布为福清第一批县级文物保护单位。

迎潮塔

迎潮塔位于福清市三山镇泽岐村东侧海滩，面海而立，又名“泽岐塔”，明嘉靖二年（1523）建，明崇祯七年（1634）重修。塔为八角七层楼阁式实心石塔，原高约17米，底座每边长1.9米。塔心用条石交叠垒砌，卵石塞缝。二层塔壁上刻“凌霄玉柱”。塔壁设有佛龛，内雕数尊佛像。塔向东南倾斜

15度左右，又称“斜塔”。2000年8月，古塔因遇台风且连降暴雨而倒塌，现仅剩两层，残高约5米。

1981年2月被公布为福清第一批县级文物保护单位。

万安祝圣宝塔

万安祝圣宝塔位于福清市东瀚镇万安村东北角塔山之巅，三面环海。塔为八角七层楼阁式石塔，通高约 18 米，塔内有曲尺形石阶可盘登而上。须弥座周围浮雕有莲花、狮子戏球等图案。底层的塔门左右有两尊塔神，通高 1.2 米、宽 0.4 米，二层置“万安祝圣宝塔”一石匾；从第二层开始，各层第一面都镶有浮雕罗汉一尊，神态各异；塔顶葫芦顶刹。塔下寺庙旁立一石碑，通高约 2 米，碑上依稀可见篆文“明刘侯建塔碑记”，风化较为严重。1981 年 2 月被公布为福清第一批县级文物保护单位。

湖美村月岭塔

湖美村月岭塔位于福清市城头镇湖美村东山月岭。始建年代不详，据清代《方成里志》

记载："月岭塔，在五龙东山。"塔为石构、七层八角实心塔，由塔基、塔座、塔身等部分组成。塔高约4.5米，塔座为八角须弥座，直径2.2米。塔身由七层八角主体和八角塔檐垒迭而成，第七层塔檐和塔刹已散失。第一层塔身正面浅龛内浮雕佛像一尊。其他各层均光素无纹。

石竹山灵宝飞升塔

石林山灵宝飞升塔位于福清市石竹山风景区石竹山道院西侧仙桥旁，始建年代不详。该塔为七层实心石制宝塔，通高2.7米，由塔基、七层塔身及葫芦型塔刹三部分构成。塔基直径为0.9米、高0.15米，束腰高0.35米、直径为0.7米，每层塔身浮刻有八尊形态各异、憨态可掬的道人像，并带有六层塔檐。

天峰塔

天峰塔位于福清市海口镇海口龟山顶。明崇祯七年（1634），海口人都给事林正亨和举人黄见泰募缘鸠工兴建。该塔为八角七层实心花岗岩石塔，垒建于一块巨岩之上，塔高约7.5米，仿木楼阁式，每层塔壁设佛龛，龛内雕刻佛像。须弥座雕有花卉，动物图案。后塔毁于台风，1997年，海口乡民集资重修古塔。

瑞岩山小石塔

瑞岩山小石塔位于福清市海口镇瑞岩山观音阁前，为实心石塔，总高约3米，由六边形塔座、宝瓶形塔身、塔檐及葫芦状宝瓶构成。塔座高约1.25米，共分七层，底层每边长约1.3米；宝瓶状塔身高约1.5米，环绕塔身阴刻有“唵、嘛、呢、叭、咪、吽”六字大明咒，这句话是大慈大悲观世音菩萨咒，源于梵文，象征诸菩萨的慈悲与加持，每字字径约0.4米；塔刹部分由六角形宝盖及葫芦状宝瓶构成，高约0.25米。该塔保存完好，做工简约精妙，为福清少有的佛教经幢塔。

黄阁重纶坊

黄阁重纶坊位于福清市龙山街道利桥街东端，与瑞云塔遥相呼应，雄伟壮观，雕工精美，是叶向高后人为纪念他两次入阁主政，于明末建成的。全坊由一色黛青色花岗石构成，仿木楼阁式重四坡顶，通高约 10 米，面阔三间（11 米），带四柱，进深二间（3 米），带三柱。石坊分三层：顶层正中嵌一块长方形龙饰竖匾，阴刻楷书“恩荣”二字，左右各盘绕飞龙一条，绕附在匾旁，昂头向上；中层为一横匾，横向阴刻楷书“黄阁重纶”四字，笔锋刚劲有力；低层亦是一横匾，竖行阴刻楷书 22 行，前 21 行，每行 6 字，铭记叶向高曾祖叶仕俨以下四代的诰封官衔，最后一行 8 字，记载重刻该匾的长房裔孙叶长青名讳。匾缘飞龙花纹，如镶如缕。匾下及两旁共有 11 组剔空镂刻的人物雕像，或抚琴，或阅卷，或骑射，集中表现了叶向高的生平事迹。其下方是磨光的四方形坊柱 8 根，立于坊座之上。全坊结构错落有致，匀称稳重，精雕细琢，巧夺天工，是明代石构建筑艺术的精品，也是福清规模最大、保存最为完整的石坊。1986 年，被福建省人民政府公布为第二批省级文物保护单位。

“两京文衡”坊

“两京文衡”坊位于福清市阳下街道中亭村，为花岗岩石构筑而成，四柱三门牌楼式，高 4 米、面阔 3.8 米，现仅余中间一门，左右两门均被当地村民砌入自家房屋墙体内。牌坊顶部正脊处置一石葫芦，两侧柱顶各立一只石狮子。坊的正面横匾上阴刻楷书“两京文衡”四字，并竖刻阴文“巡按福建监察御史胡文静、知府汪文盛、知县陈逅，为戊辰进士、河南道监察御史陈伯谅立”；坊的背面横匾上阴刻楷书“恩封豸史”四字，竖行阴刻“建于明嘉靖丁亥年”等字。

据考，该牌坊为朝廷于明嘉靖六年（1527）为旌表陈伯谅的功绩而建的。陈伯谅，字执之，明弘治十七年（1504）进士，曾任河南道监察御史，官至两京学政提督。牌坊正面横匾上的“两京文衡”四字即褒扬其任两京学政时公正和善于发现人才；背面横匾上阴刻“恩封豸史”四字，为表彰其任监察御史期间，不畏权贵、惩办奸吏、廉洁清明。

1981 年 2 月“两京文衡”坊被公布为福清第一批县级文物保护单位。

琯口昇平人瑞坊

琯口昇平人瑞坊位于福清市镜洋镇琯口村中街，人瑞牌坊为石构、四柱三门五楼式，南北走向，横跨于琯口古街之上，古街为古代莆仙及闽南地区通往省城福州的必经之路；牌坊通面阔约 8.5 米、通高约 6.6 米；明间阔约 3 米、高 3.3 米，次间阔 1.2 米、高 2.8 米；石柱为方形委角柱，每边长 0.4 米。牌坊为庑殿顶、鱼形鸱尾，脊正中置宝瓶。坊顶用十字斗拱承托。坊顶下方悬挂有圣旨匾，两旁为梅、荷浮雕；平板坊下为“昇平人瑞”横匾，两旁为马、象等动物浮雕；下为小额，其下为铭文及文官透雕，再下为小额及大阑额；两次间有平身科和柱头科、平板枋和浮雕人物的文花板及大额枋；牌坊四柱均有夹柱石加固。

牌坊明间正反面上方横匾各有“乾隆五十四年福清县潘月三现年一百三岁题请旌奖建坊特恩赏给内币纹银一十两正上用酱色大缎一匹”字样。牌坊结构匀称、雄伟壮观，令人叹为观止。

坊里进士坊

坊里进士坊位于福清市龙山街道坊里村，始建于明代嘉靖年间，为一间二柱三楼式牌坊，石构，通高约 4.5 米，明间面阔约 2.5 米，歇山顶屋面，檐下正中置“恩荣”牌匾，两侧为瑞兽浮雕。大额上方字碑上阴刻有“进士”二字，两侧铭文已遭毁坏，无法辨读，但依稀可见“大明嘉靖”等字。其下侧阴刻有“广东按察司佥察原问甬监察御史俞璟”等字；两石柱下部有夹杆鼓墩，上枋下侧被砌入墙体。

南宅贞节坊

南宅贞节坊位于福清市龙山街道南宅村口。牌坊为石构，四柱三门三楼式，通高约5米、面阔约6.3米，檐口上刻出瓦垄、滴水、勾头，正脊正中置葫芦，四方柱顶上置方栌斗，柱下部有夹杆鼓墩，大额浮刻龙戏珠图像，额上方字版上阴刻楷书“贞节流芳”四字。边楼字版上刻字甚多，已漫漶，仅可见落款中有“雍正”等字样。

城头村节孝坊

城头村节孝坊位于福清市城头镇城头村村部南侧，牌坊为石构，四柱三门五楼，通面阔 3.8 米、通高约 6 米。额枋浮雕双龙戏珠,之上为字牌 ,上阴刻“节孝”两个大字，上下款：“道光乙巳年□月吉旦奉礼部题请”“旌表故儒士李有列发妻王增宋建”。上枋之上为圣旨牌及双童柱，童柱承托歇山顶。正脊中间为葫芦顶。明间额枋高 4.1 米。次间门高 2 米，额枋上各有字牌，上刻李国轩等文人诗赞。四柱上均刻有柱联，柱底设夹杆石加固。牌坊的部分构件为近年重修时新置。

晨光节孝坊

晨光节孝坊位于福清市海口镇晨光村赤屿，建于清嘉庆八年（1803），为故儒士陈开武妻林荣宋建，牌坊为两柱一间一楼仿木楼阁式，花岗岩石构筑而成，通高约 4 米、明间宽约 2.2 米。牌坊为庑殿顶、鱼形鸱尾，脊正中置宝瓶；坊顶下方悬挂有圣旨匾，匾下设字碑，碑正中阴刻“节孝”两个大字，两侧阴刻小字“嘉庆癸亥季冬吉旦奉礼部提请旌表为故儒士陈开武妻林荣宋建”；再下为小额及大阑额；左侧雀替丢失，两柱柱底设夹杆石加固。

南充节孝坊

南充节孝坊位于福清市城头镇南田村南充自然村，坊前为古代当地人前往长乐县的交通要道。节孝坊面向西北、背靠大山，为石构，四柱三门、庑殿顶仿楼阁式，通高4.9米、通面阔约7米。牌坊上方的圣旨牌、两侧字碑及雀替等构件已缺失，圣旨牌下方的“节孝”字碑保存完好，牌坊的4条石柱上分别刻有“直与松筠争气节、可知巾帼胜须眉”及“三载后分钗力肩重任、卌年中茹檗生受荣封”两幅柱联；牌坊横梁上刻有花卉、瑞兽及凤凰等图案，雕工精致。据传，该牌坊为朝廷旌表南充村一位陈姓妇女守节持家四十年的事迹而建，始建年代不详。

第五节　古　　桥

龙江桥

龙江桥位于福清市海口镇海口旧街，又称海口桥。横跨龙江下游，是福清规模最大的一座古代石梁桥。它与龙海江东桥、泉州洛阳桥、晋江安平桥合称福建省古代四大桥梁，是省内目前保存最完整的宋代石梁桥之一。

北宋政和三年(1113)，太平寺僧人惠图、守恩等倡议造桥，后乡人林迁、林霸、陈侈、僧人妙觉等继续募缘建造，于北宋宣和六年(1124)建成，初名螺江桥。南宋绍兴三十年(1160)，少师林栗根据“江南沙合接龙首”的古谶语，更名为“龙江桥”。

龙江桥是座梁式结构的石桥，上至石栏及独具匠心的横铺石板，下至填基架梁，均以石为材。现龙江桥有40孔，孔径9~13米，桥宽4.2~5.2米，全长476米。桥墩高6米，成舟形，两分水尖间长为10米，墩宽3.3~4.2米。6条石梁并排铺设在墩顶帽石上。石梁宽60~75厘米、厚60~90厘米，每条石梁约重15吨。桥南侧还建造镇桥塔两座，分列左右，为六角七层石塔，塔上雕刻有大量的佛像，现已风化严重。

龙江桥历史久远，由于洪水、飓风、海潮的频频袭击，自明嘉靖二十三年(1544)至民国近400年间，可考的修缮就有十余次，平均每二三十年大修一次。当地绅衿、耆民为表其功绩，立碑纪念，石碑现仍立在桥头。新中国成立后，政府多次拨款维修，先后把第六、七、二十六孔的木桥面改修为石桥面，石梁断折也随毁随修。1961年5月，龙江桥被公布为福建省第一批省级文物保护单位；2013年5月，被国家公布为第七批全国重点文物保护单位。

龙首桥

龙首桥位于福清市龙山街道利桥街瑞云塔下，原址在县城南门外，是龙江上游第一座古桥，故名“龙首桥”。初系木桥，北宋天圣五年（1027），灵石寺和尚洞然募缘，改造为石桥，正对旧县衙门，初名“通海桥”。北宋元祐二年（1087）僧显光和林日进募缘再改建，更名“坦履”。南宋绍兴二十年（1150），知县黄童、邑人刘允恭募缘扩建，长 233 米多，始更名“龙首桥”。

明万历三十四年（1606），因堪舆家们说“桥如箭，直射衙门，于风水不利”，为此，叶向高之子叶成学与县父老诸生呈请知县凌汉翀出面倡缘移建于小孤山，即现桥址。龙首桥为石砌墩台的石梁桥，全长约 183.3 米、宽约 5 米，共 19 门，桥墩宽 2 米、长 5.2 米，两端设分水铗。清康熙、乾隆年间两次重修。后因年代久远，西南端八门圮毁。1949 年，因机动车通过，西南端石板折断。1958 年，在石板上架设木梁桥通行，压缩了八孔，成为现在的十孔桥。1980 年 4 月 14 日，政府拨款重修，将桥面铺成水泥。目前在桥下面仍可看出明代桥梁的建筑风格。1987 年 11 月 23 日，被列为福清第二批县级文物保护单位。

明、清以来，每年正月十五和清明节，男女老少成群结伴过桥踏青，以取吉利，故该桥又俗称“利桥”。

蹑云桥

蹑云桥，又名上迳桥，位于福清市上迳镇上迳村，横跨迳江上端，为上迳及渔溪两地的交通要道。为便利两处通行，北宋元丰四年（1081），由翠林寺僧宋思与乡人李诚募缘兴建。桥身原长120米、宽4米，梁15根，为石构梁桥。南宋淳熙年间，福清一都人状元黄定立石，兴化知府潘畤书写碑文，并把仙游陈伟书写的“亨龙桥”三字刻在石上。清顺治年间重修，用大石板平铺为梁，跨孔径为6.8~8米，每孔平铺5~8块花岗石石板，石板搁架在倒置的梯形帽上。桥墩用条石砌筑，并在上下游设分水铁，最大墩高为4.8米。数百年来，由于江中泥沙沉积，江面渐窄，桥梁被泥沙埋没3孔。民国初年，北端圮毁1孔；民国27年（1938），桥北又被日本飞机炸毁2孔。现尚存9孔，长71米。每墩之间的梁架皆以5块青石条并排直铺，两侧石砌护栏，结构与海口龙江桥相似。该桥古朴壮观，与江东面的鳌江宝塔遥相辉映。1981年2月，被公布为福清第一批县级文物保护单位。

波澜桥

波澜桥位于福清市镜洋镇波澜村，横跨波澜溪，为当地古驿道的重要组成部分。明成化十九年 (1483) 建，传明万历年间邑人、内阁首辅叶向高曾奏请朝廷拨款修缮此桥。清乾隆元年 (1736) 重修。该桥是一座单孔的石拱桥，净跨 6.6 米、宽 2.15 米、拱高 3.3 米、拱矢比为 1/2、拱圈厚 0.37 米。桥面中间最高点比桥的两端路面高，因此，站在桥的一端看不见桥的另一端。

关于波澜桥，有个有趣的传说：相传福清十年九旱，又经常受到台风袭扰。台风带来暴雨，破坏性极强。有一年，地处交通要冲的波澜桥被洪水冲垮，需要重修。为此，地方官员上书叶向高，请求减免福清赋税。叶向高上折子说，重修波澜桥，耗资巨大，请求减免福清三年赋税。万历皇帝问，波澜桥有多长，需要花这么多的钱？叶向高说，此桥站在桥头看不见桥尾。万历派太监去查看。其实，波澜桥不过是一座数丈长的拱桥，因为坡度特别大，站在桥头当然看不到桥尾。太监不是傻瓜，但他明白阁老的良苦用心，向皇帝汇报说，此桥果然是站在桥头看不见桥尾。万历皇帝会心一笑，免了福清三年的赋税。

1987 年 11 月 23 日，波澜桥被公布为福清第二批县级文物保护单位。

桥尾桥

桥尾桥位于福清市新厝镇桥尾村，是福清与莆田分界的桥梁，曾名“迎仙桥”“上洋桥”。始建于北宋元祐五年（1090），用花岗石平铺为梁，桥墩呈舟形。明代重建。清雍正元年（1723），国学生魏明昌捐款重建。民国时期，损坏严重。新中国成立后，政府多次拨款修缮，1962年在原桥墩上铺设钢筋混凝土桥面，改成公路桥，成福（清）（莆）田两地交通要道。现桥长97米、宽4.8米，9墩10孔，条栏式护栏。桥头竖立有一尊护桥武官石像，高约1.2米，站立于圆形石墩之上，石像前有一石制香炉。

1987年11月23日，桥尾桥被公布为福清第二批县级文物保护单位。

五龙塔桥

五龙塔桥位于福清市城头镇五龙村西北处，北宋治平四年（1067）建，三孔石梁桥。古桥为南北走向，跨于大坝溪的下游，通长 22.3 米、宽 2.95 米，2 个舟形墩。石梁桥大石板长 5.64 米、宽 0.3 米、厚约 0.5 米。桥面的大石板上阴刻有“治平四年造”字样，桥栏已毁。桥头有一座八角七层实心阁式石塔，为镇桥塔，高 6.2 米，须弥座、葫芦刹顶，塔壁每面浮雕佛像一尊。

1987 年 11 月 23 日，五龙塔桥被公布为福清第二批县级文物保护单位。

东张石坑碇步桥

东张石坑碇步桥位于福清市东张镇石坑自然村，当地村民称之为“马齿桥”。桥长约70米，由108个石墩组成，石墩上部呈长方形，长约0.5米、宽约0.4米、高约0.4米，排列规整。碇步桥风格朴素、简约，一块块石头独自竖立在溪水中，彼此约隔0.5米，溪水从石间流淌。每隔几米，桥墩旁就多出一个方形石块，这一石块被称为“避人墩”。据村民介绍，原来在石桥的桥头放置着一尊石雕弥勒造像，于“文化大革命”期间被毁坏。

石坑碇步桥是东张古驿道的重要组成部分，向西翻过两座山就是南少林寺遗址，向东200米就是石码头，当年宋窑瓷器就是从石码头向外运输的，而再走2千米是东张古镇区，连接福清县城。

一都村矴步桥

一都村矴步桥位于福清市一都镇一都村小学旁，建于明清时期，当地人称“马齿桥”，东西走向，蜿蜒于当地龙溪之上，桥的东端为古街，西端为龙溪宫，为古代一都街的交通要道。马齿桥全长约100米,共有两段八十墩，底部及中间为天然岩石层，桥墩用青石垒砌而成，每墩长约0.6米、宽0.3米、高0.5米，并建有三个避人墩。马齿桥造型墩厚古朴、工艺精湛、坚固实用，为福清市重要的一处古文化遗迹。

一都大招桥

大招桥位于福清市一都镇东山村大招街末端，龙屿十八溪中游，有新旧两座桥，为古代当地交通要道。据《永福县志》记载，大招旧桥建于清乾隆二年（1737），为石构拱形桥，历经百年风雨磨砺，现已成为断桥，余长约 35 米、宽约 2.5 米、高约 3 米；桥头遗存两块清代维修碑保存尚好，碑高约 3 米、宽 0.5 米。另外，距旧石拱桥 50 米处的河面上，还遗存有一座三孔、四墩石构平梁桥，建于民国 2 年（1914），石桥保存较好，桥长约 45 米、宽约 3.5 米，桥头也有两块建桥石碑。

少林下洋桥

少林下洋桥位于福清市东张镇少林村少林院遗址前的溪流之上，为单门石板桥。桥长约 10 米，桥面用四条长约 4 米、宽约 0.6 米的花岗岩石板并列铺设，桥的两端为块石铺设。桥面的石板上阴刻有铭文“少林院沙门谨募众缘，共发心德，捨银造下洋桥一间 ……”

另外，因少林院位于崇山峻岭之间，僧人们为了出行方便，还在寺院周边建造了十余座桥梁，这些桥梁依据地形的差异与溪流的大小，其造型和规模大小各异，现存的桥梁除下洋桥外，还有薇洋桥、南岭宫桥及石拱桥等。

城头龙亭桥

城头龙亭桥位于湖美村龙卧寺东侧的大山之中，龙亭水库入水口，古代福清至长乐的驿道上，南北走向，为梁墩桥，三孔，桥面以五块石板顺向铺设，宽 2.3 米，设三段，总长约 25 米，桥面两侧设有石栏，一边已缺失。该桥始建年代不详，驿道旁有一间简易小亭，为古代路人远足歇脚之处，亭壁上有两通石碑，一通为“桥铭记”，从其内容可看出该桥的倡建者为附近寺院的出家人，但仅记录“戊戌八月日”，无法判断古桥确切的始建年代；另一通石碑记载该桥重修于明嘉庆二十三年（1818）。

城头彭洋古桥

城头彭洋古桥位于福清市城头镇彭洋村北侧大王宫前。古桥为梁墩桥，双孔，东西走向，横跨于小溪之上。桥面两侧护栏保存较完好，桥总长约13米，桥面长约10米、宽1.8米，护栏高0.57米，桥栏柱0.78米，其中东侧两个桥柱保存完好，其余缺失。

该桥造型古朴、保存较好，为福清市明清时期小型石梁桥的典范之作。

城头首溪古桥

城头首溪古桥位于福清市城头镇首溪村西侧，始建年代不详，横跨于首溪之上，为石构两墩三孔平梁桥，东西走向，加引桥全长13.2米，孔跨2.5米。桥面以五块石板顺向并列铺设而成，共有三组，桥面宽1.8米，舟形桥墩，两侧依地势而建。新中国成立后，村民在桥面上建造灌溉水渠。

城头新楼古桥

城头新楼古桥位于福清市城头镇新楼村林氏宗祠左前侧，始建年代不详，为石构单墩双孔平梁桥，桥栏已缺损。古桥为西南、东北走向，全长约 13 米，桥面宽 1.45 米，每孔各用三块石板为梁铺就，孔跨约 4.5 米，舟形墩，宽 1.4 米、长 2.65 米、高约 2 米，迎水有分水尖。桥面有铭文，较为模糊，无法辨认。

五龙爱坐桥

五龙爱坐桥位于福清市城头镇五龙村，古桥位于涌泉寺旁，为石构单孔平梁桥，桥长约 3.5 米，桥面为两块石板并列平铺而成，宽约 0.8 米，石板上阴刻有铭文。桥头有一天然石壁，高约 1.5 米、宽约 1 米，刻有“爱坐”二字，为上下排列，小篆阴刻，字径约 0.2 米。据清代《方成里志》记载，在五龙涌泉山麓，宋释子郊爱坐处，因勒石“爱坐”二字于桥前之石。

南岭梨洞宋桥

南岭梨洞宋桥位于福清市南岭镇梨洞水库西北部，水位高时即被淹没。古桥为石构平梁桥。东西走向，长 8 米，宽 1.7 米，两岸桥墩用长方形石块垒砌，桥面以三块石条顺铺，架于桥墩之上，高约 1.5 米，石条长约 5 米，宽约 0.45 米，厚约 0.35 米。北侧第一块石条上有题刻“绍圣元年十月日重造题”等文字。该桥古朴简约，有确切建造年代，是宋代平梁石桥的重要实例。

南岭七社桥

南岭七社桥位于南岭村七社自然村的梨洞水库支流上，桥为石构、一墩二孔平梁桥，南北走向，长约 15 米、宽 1.7 米、高约 2 米。条石迭砌舟形墩，每孔桥面以三块条石顺铺为梁。每块条石长约 4 米、宽约 0.5 米、厚约 0.35 米。在北侧的条石面上阴刻有“皇祐辛卯岁仲冬月”等字样。该桥虽短小，但结构规整，且有确切的建造纪年，是此类宋代石桥的重要实例，为研究宋代古桥梁提供了翔实、生动的实物标本。

琯口石桥头

琯口石桥头位于福清市镜洋镇琯口村南侧河道上，古桥为当地古驿道的重要组成部分，南北走向，连接琯口与上店两村庄，为石构单孔平梁桥，桥总长约7米、宽约2.7米，桥面由四块长6.6米、宽约0.6米、厚约0.35米的石板条并列拼接而成；桥墩为舟形，由块石垒砌而成、高约2.2米。因古桥上无铭文，无法推断准确年代，但据当地80多岁老人介绍，该桥至少为明清时期建造，因为在明清时期当地这条古驿道就已存在，是厦、漳、泉、莆四地通往省城福州的主要通道。

东山边古桥

东山边古桥位于福清市镜洋镇东风村东山边自然村，古桥横跨于东山边村西南侧的小溪流上，当地人称“古桥头”。古桥为石构平梁桥，通长约18米、宽约1.1米，四墩三孔，各墩桥面均为两块长约5米的石板并列铺设而成。桥墩为块石垒砌而成，舟形墩，高约2米。因洪水侵袭，古桥第二墩向北侧倾斜，致使古桥桥面弯曲。在古桥东侧

的田埂边遗存有一块“捨钱名字”碑，仅遗存碑身，碑座缺失。碑身为长方形，长1.5米、宽0.8米、厚0.15米，抹角首，石碑字迹模糊，大致内容为当年造桥的经过与捐资名录，具体年代待考。

渔溪东漈宝财桥

渔溪东漈宝财桥位于福清市渔溪镇东漈村刘厝自然村村口处，该桥为石构、单孔拱桥，两端为石垒引桥，全长约 33 米，下宽 1.8 米，桥面宽 1.4 米、拱顶距桥面约 2 米，孔跨 1.4 米、高 3 米，全部用块石堆砌而成。桥头建有一座小庙，庙墙上嵌有清光绪二十四年（1898）建造保财桥石碑一通。

第六节 堤坝水井

天宝陂

天宝陂位于福清市音西街道霞盛村，横跨龙江之上。始建于唐天宝元年（742），为福清最早的农田水利灌溉工程，也是福建省最为古老的水利设施之一。用大量的条石及鹅卵石砌筑成长约 220 米，高约 3.5 米的拦水坝。工程于唐天宝十四年（755）竣工，为周边民众解决了农耕用水问题。宋祥符年间知县郎简重修天宝陂，后为洪水所毁。北宋熙宁五年（1072），知县崔宗臣鸣鼓兴筑，后又毁。北宋元符二年（1099）知县庄柔正主持重修，熔铜汁锢其基，宽 33.3 米，灌溉田亩如昔，更名为元符陂。到了明代，明洪武二十四年（1391）按察司事陈又募众重修。明万历年间，知县欧阳劲、王命卿先后主持修复。此间明代内阁首辅叶向高曾为修陂撰文立碑，碑文至今可考。清咸丰十年（1860）秋，山洪暴发，天宝陂被冲决。直到清咸丰十五年（1865）始修复，曾改名“咸丰坝”。

民国时期，天宝陂曾多次决堤，至 1949 年春，十三洋水利协会筹集经费折谷二百担、黄金二两，在决口处抛筑块石，天宝陂才得以修复，使灌溉得以维持。1950 年秋，大雨连日，山洪暴发，天宝陂新修补的块石大部分被冲毁，并殃及老坝，决口长达 10 余米，万亩农田被淹，国家出资重修，

大坝外坡改为浆砌条石滚水坝，次年5月，天宝陂堵口工程竣工。

1959年，东张水库建成后，天宝陂上游流域面积减少200平方千米，水源大为缩减。1963年，政府投资8.5万元，加高大坝0.5米，砌筑副坝70米，延长渠道至东阁农场，使场内2.67平方千米耕地受益。2003年被福建省人民政府公布为省级文物保护单位。

东瀚村防风堤

东瀚村防风堤位于福清市东瀚镇东瀚村东北侧海岸线上，当地村民称“防风堤”，南北走向，部分坍塌，现存长300多米，用块石垒砌而成，石墙高约5米、厚约1.2米，筑有墙门两扇，门高约2米、宽约1.5米，原门上装有木门扇，现已毁。据文史专家推测，东瀚村城墙式堤坝可能是明代嘉靖年间，倭寇侵袭沿海地区，当地百姓修建用于防范倭寇的古城墙。

利桥宋井

利桥宋井位于福清市龙山街道利桥街中段，建于北宋大中祥符元年(1008)，北宋政和七年(1117)重修。该井用淡赭色花岗石砌栏，为榫卯结构，呈六角形，每边长1.1米、高0.7米、厚0.15米。井深约10多米，井水清冽甘甜，现附近居民仍在使用。该古

井为研究宋代福清城区规模与居民生活提供了宝贵的实物资料。1981年2月，利桥宋井被公布为福清第一批县级文物保护单位。

城头凤屿村龙涎井

城头凤屿村龙涎井位于福清市城头镇凤屿村新建卢氏宗祠右侧。古井为石构，块石垒砌圆井壁，方形井台，上置整石凿成的鼓形井圈。井圈高0.33米、外径0.72米、内径0.29米，外壁阴刻楷体“龙涎”二字，字径约0.1米。此井圈造型为福清少见，具有较高的文物价值及艺术价值。

东瀚万安五目井

东瀚万安五目井位于福清市东瀚镇万安村口关圣殿左侧约50米处。古井为石构，块石垒砌圆筒状井壁，直径约2.10米，深不详。井台系石板铺成，近似圆形，直径约4.00米。井口用六块石板（每块厚0.15米、宽0.35米）铺盖，呈圆形，直径2.50米，上凿五眼圆形小井口，直径约0.35米，保存完好。据传该井凿于明代时期，是明代万安所城重要水源井之一。

后叶四目井

后叶四目井位于福清市港头镇后叶村叶氏宗祠右侧，叶氏六扇厝前，井为长方形井台，长为1.15米、宽1.07米，井圈高约0.6米，有四个井眼，每个井眼直径约为0.3米；井台为条石砌成。

埔尾宋井

埔尾宋井位于福清市音西街道埔尾村西部，古井为青石井圈，外径0.85米、内径0.65米、高0.65米。井口沿处阴刻有“元祐六年 开吉至已丑年久修”等字样，口沿内壁留有数十道井绳磨痕。井圈外壁刻有“林卷捨地基造井一口并石 子系林茂庆元丁已重命工精砌”。井台为石条铺设，面积约10平方米。井南侧10米处有一石槽，内径0.65米、外径0.85米、高0.45米，槽深0.35米，口沿刻有铭文。

后坂宋井

后坂宋井位于福清市阳下街道后坂村，井圈由整石凿成，由卵石堆砌成圆形井壁，深约5米，石刻外六角内圆形井栏。井栏侧面刻“本院僧智恭为四恩三文法界含生捨钱二十五贯文造井一眼永镇宝方顺传良因治平四年岁次丁未三月日住持主沙门亚昂题”。井栏高0.6米、内径1米、外径1.2米。

屿边宋井

屿边宋井位于福清市阳下街道屿边村村道旁，当地百姓称之为“宋井”“官井”，由条石迭砌成六角形井壁，六角形井栏用六块带榫卯的大石板拼成，其中三面刻有铭文，已漫漶。有“劝首囗囗囗题”“陈元祐捨三十五贯”“父女造囗未五月”等字迹。井台后修石铺圆形。井栏通高 0.75 米，六角形，外径 1.4 米（井壁内径同），深约 8 米。在井圈左侧约 5 米处，还保存有一石盂。

梧岗八瓣瓜形井

梧岗八瓣瓜形井位于福清市上迳镇梧岗村旧厝前，井圈为青石构造，由整块青石刻凿而成，井圈通高约 0.6 米、内径 0.4 米。古井雕工精细，呈八瓣瓜形，每瓣长约 0.2 米，通周长 1.6 米，井深约 5 米。现仍可使用。

玉瑶双目井

玉瑶双目井位于福清市龙田镇玉瑶村翁厝 42 号大门前，井深约 8 米，井水清澈，井壁为硬土层、椭圆形，直径约 1.2 米，方形井台为规整块石平铺而成，占地约 4 平方米，后期又加修井台，为水泥筑成，占地约 10 平方米。井栏为长方形，双眼。底座为块石垒砌，上加盖一双眼青石板，通高约 0.55 米、长 1.3 米、宽 0.7 米，井口孔径为 0.3 米。井栏东侧有一石盂，通高 0.6 米、外径 0.9 米、内径 0.7 米、为整石凿成。据当地老人介绍，该井在 20 世纪 80 年代以前为该村唯一的水井。

南湾杨氏二房井

南湾杨氏二房井位于福清市上迳镇南湾村东侧，井深约 5 米，井水清澈，井壁为块石垒筑而成，圆形，直径约 1 米。井栏为鼓形，青石凿成，内径 0.36 米、外径 0.58 米、通高约 0.52 米，井栏外壁阴刻有铭文“金鳌杨太和积和置，嘉庆乙丑荔月吉旦立”。

井台为后期新修，水泥浇筑，该井原为南湾村唯一的水井。

东巷官井

东巷官井位于官塘前市场南侧东巷41号民居前，清乾隆版《福清县志》县城图上标明为“官井”。井圈为整石雕凿而成，六瓣瓜楞形，高0.50米、外径0.83米、内径0.57米，为典型宋代井圈造型。井台为三合土铺设，井壁为块石垒砌而成，井水清澈，附近居民现仍在使用。

河后巷古井

河后巷古井位于河后巷41号民居前，井圈为整石雕凿而成，六瓣瓜楞形，高0.40米、外径1米、内径0.67米，为典型宋代井圈造型，外壁阴刻有大量文字，现已漫漶，井圈口沿处凿有方形卯口，上横放有一条石，现附近居民在井口上加装铝合金井盖；井壁为块石垒砌而成，井台被后人使用水泥浇筑，井水浑浊，已废弃。

后埔街官井

后埔街官井位于后埔街街心公园旁。清乾隆版《福清县志》县城图上标明为“官井”，井圈为整石凿成，瓜楞形，高0.55米、外径1.00米、内径0.66米，口沿上凿有方形卯口，以便加盖，井圈外壁阴刻有文字，依稀可见“元祐”二字，其余已漫漶。井壁为块石迭砌成圆形。该井现已干涸废弃。

新厝双屿村古井

新厝双屿村古井位于福清市新厝镇双屿村大里底，为石构、石板垒砌六角形井壁，边长约 0.40 米，整石凿成罐形井圈，外径 0.90 米、内径 0.32 米、通高 0.50 米，罐沿下对称各钻一孔，为福清唯一的一处罐形井圈，极具艺术价值。井台为方形，占地面积约 10 平方米。该井现已弃用。

海口官路古井

海口官路古井位于福清市海口镇海口社区官路自然村章氏宗祠旁。古井占地约 10 平方米，井栏为青石整石凿成，内径 0.45 米、外径 0.65 米、高 0.3 米，井深约 8 米，井水清澈，现仍可使用。在章氏宗祠的右墙上镶嵌有一通“石敢当”石刻，高约 1.5 米、宽 0.3 米，石碑顶部浅浮雕有一尊狮形瑞兽，下阴刻有“石敢当”三字。

高山王厝井

高山王厝井位于福清市高山镇高山村王厝 5 号民居左侧。古井为石构、石条垒砌六角形井壁，深约 5 米。井上建六角形井台，井台边设六角形石栏杆（石栏板已无存，仅余六根栏柱），井台上用六块方形石板（厚 0.12 米），拼接成六角井栏，高 0.55 米、边长 0.70 米、外径 1.25 米、内径 1 米，一面井栏上阴刻楷体 “王厝井” 三字，字径 0.13 米，右边一面栏上刻小字“嘉庆十八年重修”。1978 年，印尼华侨翁绳官重修井台。该处古井保存完好，为 20 世纪 80 年代以前附近村民的唯一生活水源，现已淤塞弃用。

第四章 石刻

第一节　石　雕　像

瑞岩弥勒造像

瑞岩弥勒造像位于福清市海口镇牛宅村瑞岩山前岩，俗称“弥勒岩”。据传，该造像开凿于元至正年间，是我国现存最大的立体坐式弥勒造像，也是福建省最大的元代佛教造像，与泉州清源山宋代老君岩造像并称古代福建石雕二绝。

瑞岩弥勒造像由福清县吕伯恭等人鸠工，由整块花岗岩雕琢而成，造像身着袈裟，项挂念珠，足穿草履，盘腿打坐，袒胸露腹，圆头宽嘴，两耳垂肩，双眼平视，笑容可掬，左手念珠，右手托腹，神态慈祥。像高 6.8 米、身宽 8.9 米、厚 8 米，其中头部高 2.3 米，耳长 1.3 米、嘴阔 1.1 米，腰腿之间还雕有 3 尊小罗汉。

明洪武二十三年（1390），僧悟普建堂覆盖之。明万历十一年（1583）重建，明泰昌元年（1620），叶向高募缘重建，并增建魁星楼，名石佛阁。清同治元年（1862），阁毁圮。现仅存 10 根善缘石柱，柱上刻楷书“愿天常生好人，愿人常行好事”等柱联。保存石碑 3 通，一为明万历十一年（1583）重建弥勒阁时刻，余风化不清。

弥勒造像十分精巧，最巧之处在于它的肚脐。整尊石像由石质相对疏松的白色花岗岩雕琢而成，唯独小碗一般大小的肚脐却是最为坚硬的青色花岗岩，人称“石胆”。当地人相传：“墩（敲打）腹塞，会发财”，所以每逢节日，许多善男信女便前往烧香拜佛，都会去敲打弥勒造像的肚脐，许下愿望，祈求平安。历经数百年的敲打，造像的肚脐已深陷进去。现如今，政府为了保护文物，已禁止游人攀爬，更不允许敲打弥勒造像的肚脐。

瑞岩弥勒造像于 1996 年被国家公布为第四批全国重点文物保护单位。周边环境由当地侨贤一林姓先生斥资近千万元改造，并免费对外开放，现已成为福清旅游休闲、参禅礼佛的主要景点之一。

石仙造像

在龙田镇福庐山上，端坐着一尊明代道教石刻造像——石仙，高 3.15 米、宽 4.06 米、厚 2.8 米。石仙屈膝盘坐，袒腹含笑。右手作拊耳状，意为“耳听北方好消息”。

据记载，原来在福庐寺右边有一块巨石酷似人状，后经人工雕琢成石仙造像。石仙造像造型匀称，线条流畅，形神兼备，惟妙惟肖，为福庐山重要一景，亦堪称石雕艺术珍品。当地人相传，只要用石头敲击石仙的腹部，便可飞黄腾达、日进斗金，于是不少人前往仿效，以致其腹部早已千疮百孔、伤痕累累。相传，有一次，叶向高正在指挥开山劈石，突然朝廷来了一道圣旨，宣他进京。叶向高凶吉未卜。有一个石匠闻讯后，乃凿石以志吉。叶向高后来逢凶化吉，官复首辅之位，算是应验了石匠开凿石仙的原意。后来，有一个叫张德濬的人，看到石仙后不禁触景生情，赋诗《石仙》抒怀：“羽化何时不记年，耳听消息总茫然。只从林麓相朝暮，不管桑田几变迁。石里泉流沙里汞，烟中霞见火中莲。为询世上熙熙者，何似山间一醉仙？”

1999 年 3 月，石仙造像被公布为福清第三批县级文物保护单位。

瑞岩山华严三圣石雕像

瑞岩山华严三圣石雕像位于福清市海口瑞岩山香山洞口，佛龛为石构，由神龛、底座（底座边长约 0.7 米）上下两部分构成，总高约 2.45 米，宽约 1.88 米，总进深约 1.06 米。佛龛内雕琢有佛教“华严三圣”像，正中为释迦牟尼佛的法身毗卢遮那佛，像高 1.18 米，螺形佛髻、面目慈祥，右手呈“说法印”，左手自然安放于左膝之上，跏趺于莲花宝座之上，莲花宝座高约 0.32 米。毗卢遮那佛的左侧为普贤菩萨，像高约 1 米，头戴佛冠，身披袈裟，面目慈祥，左手呈“说法印”，右手自然安放于右膝之上，跏趺

于莲花宝座之上，莲花宝座下为普贤菩萨的坐骑六牙白象。毗卢遮那佛的右侧为文殊菩萨，像高约 1 米，头戴佛冠，身披袈裟，面目慈祥，右手呈“说法印”，左手自然安放于左膝之上，跏趺于莲花宝座之上，莲花宝座下为文殊菩萨的坐骑青毛狮子。

瑞岩山“华严三圣”像凿刻于南宋到元朝，全龛造像形体古朴，精雕细琢，为不可多得的佛教艺术珍品，也是福建省现存历史最悠久的“华严三圣”像之一。

瑞岩山观音石雕像摩崖雕像

瑞岩山观音石雕像摩崖雕像位于福清市瑞岩山石塔南侧巨型花岗岩之上，雕像置于佛龛之中，佛龛呈长方形，上圆下方，高约 1.53 米、下宽约 1.2 米、上宽约 0.95 米、进深约 0.4 米。正中雕琢有观音菩萨像，面朝东方，线条柔和，像高约 1.36 米、宽约 0.4 米、厚约 0.1 米；观音菩萨头部外围刻有一圆形光环，头戴佛冠，身披袈裟，左手托钵，右手呈“说法印”，赤裸双足，立于莲花宝座之上；观音雕像头部左侧佛光旁刻有一只翱翔的神鸟，长约 0.45 米。观音雕像的右下侧雕琢有一童子石像，高约 0.5 米，正双手作揖，聆听菩萨说法。此处摩崖雕像，开凿于南宋至元朝时期，具有重要的历史文化价值。

在观音菩萨佛龛的外围，古人用条石砌筑成一个防木构建筑的亭阁，称“观音阁”，通面阔约 3.4 米、进深 2.2 米、高约 2.5 米。观音阁前置有一石塔。

瑞岩山九仙君摩崖雕像

瑞岩山九仙君摩崖雕像位于福清市瑞岩山九仙阁内，九仙君神像雕凿于一天然巨型花岗岩之上，长约6米、高近3米，像一巨幅壁画，其中雕琢有四位仙君驾鹤云游，另有五位仙君腾云驾雾，在左上角阴刻有楷书“祈梦园”三字，下方雕琢有各种梦中情景，供善男信女祈梦之用。九仙君摩崖雕像雕琢年代不详，后期信众在这块巨岩上加盖一座二层楼阁，取名“仙君楼”。

在九仙君摩崖雕像前有一石制香炉，为整石打凿而成，长0.42米、宽0.26米，口沿厚约0.05米，香炉正面阴刻有“九仙阁”及“民国丁巳年”等字样。

泗洲佛造像

泗洲佛造像位于福清市海口镇桥头村泗洲佛堂内，这尊泗洲佛像为坐姿石雕像，年代不详，容相端肃，双耳下垂，戴头巾、穿天衣，衣褶纹理粗朴自然。佛像结痂趺坐，双手仰放于下腹前，右手置于左手上，两拇指的指端相接。造像高0.8米，底座宽0.55米，肩部宽0.45米、厚0.4米，因年代久远，佛像左眼、鼻尖等面部有明显的风化腐蚀痕迹。泗洲佛为唐代著名高僧，法号僧伽，中宗皇帝尊其为国师，圆寂后，许多寺院供奉他的像，为目前为止福清地区发现了唯一一尊古代泗洲佛像。

在泗洲佛堂的神龛上，泗洲佛造像旁还安放着一尊木雕彩绘真武大帝坐像，佛像高0.2米、宽0.1米、厚0.08米，为明清时期雕刻风格。真武大帝又称玄天上帝，为道教神仙中赫赫有名的玉京尊神。民间称荡魔天尊、报恩祖师、披发祖师。明朝以后，在全国影响极大，近代民间信仰尤为普遍。

五龙村石翁仲

五龙村石翁仲位于福清市城头镇五龙村涌泉寺旁，为南宋淳熙年间兵部侍郎邑人林栗墓道遗物，现古墓、碑亭及墓道均已毁坏，仅余下部分石像生及碑亭的石柱，石像生也大多损毁严重，仅有一尊武官石翁仲保存完好，其余均残缺不全。武官石翁仲通高约 2.75 米，方形底座高约 0.35 米，石像高约 2.4 米、肩宽约 0.8 米、厚约 0.5 米。该武官石翁仲左手握剑，右手置于左手上，肃穆而立；其神态逼真、栩栩如生，身上盔甲及雕饰十分拙朴，具有较高的历史文化价值。

下梧村石翁仲

下梧村石翁仲位于福清市龙江街道下梧村水南塔附近，为当地村民 20 世纪 90 年代自五马山运回，现竖立于民房走廊下。该石翁仲为武官造型，保存完好、雕工精细，通高约 2 米，肩宽约 0.6 米、厚约 0.5 米；头戴盔帽，身披铠甲，右手按剑，左手置于右手之上，目视前方，器宇轩昂。另外，在水南塔旁南涧寺的大门前还横卧着一尊文官石翁仲，高约 2 米，与民房前的武官石翁仲风格迥异。这两尊石翁仲出自何人墓葬现已无法考证，但仍然具有重要的文物价值。

第二节　摩崖题刻

瑞岩山摩崖题刻群

瑞岩山摩崖题刻群位于福清市海口镇瑞岩山上，有100多处摩崖题刻群，大多集中于前岩崖壁上。自北宋宣和四年(1122)瑞岩山开辟以来，前往探幽览胜的文人名士络绎不绝，留下了丰富多彩的文字和书法珍品，为后人提供了研究历史和书法艺术的重要资料。

任子宁游瑞岩题刻位于前岩的观音洞旁。题刻为长方形，长1.9米、宽1.1米，共5行55字，楷书："鄜延任子宁驻军瑞岩，拉王嵓起、阮图南、叶嗣忠杖屦游石门，而汲泉煮茶，清赏终日，超然有物外之趣，回首尘劳，良可叹也。绍兴丙辰中秋题。"其为瑞岩山现存年代最早的摩崖题刻。

叶向高的"谢政归来"诗题刻位于前岩，登山道旁。长方形，四边有框，长2米、宽1.5米，共9行104字，每字长约0.15米、宽0.1米，行书："谢政归来，钦命礼部主事熊文灿护行，因邀同汪令尹泗论、吴指挥应珍登瑞岩有赋：使节相将万里遥，名山还喜驻征轺。青梦洞里扪残碣，绿树亭边看晚潮。花鸟总知春事好，林泉偏觉圣恩饶。扶筇更上层台望，缥缈彤云护紫霄。万历乙卯仲春，邑人大学士叶向高书。"

思州府知府郑天佑“登瑞岩诗”题刻长方形，长1.3米、宽1米，共7行58字，楷书：“登瑞岩诗，朝爽喜登临，层崖积翠侵。岚光涵海色，雁影下秋阴。白社忘轩冕，青山逐尚禽。幽幽象外意，花雨石潭深。万历壬辰秋日，登瑞岩，思州府知府郑天佑题。”

另外，还有抗倭名将戚继光题“望阙台”“瑞岩山新洞碑”及林汝翥、徐霞客、陈经邦等名人题刻。瑞岩山摩崖题刻与弥勒造像一起于1995年被福建省人民政府公布为省级文物保护单位。

石竹山叶向高题刻

石竹山叶向高题刻位于福清市石竹山上。为邑人、内阁首辅叶向高书写，明万历四十五年（1617）刻，字幅高1.9米，宽1.45米，行书，诗文10行共112字：“董大理见龙招同吴太学伯孚，登石竹岩时，石孝廉应相新辟径路，甚奇绝；嶙峋石竹插青霄，病起欢从胜侣招；萝径曲穿云外洞，榕门斜接涧边桥；苍崖月冷仙坛静，碧海天空鹤驭遥；一自名山传梦后，只今玉带愧横腰。万历丁巳春，邑人叶向高书。”

翌年，叶向高再次登石竹山时题行书，字幅高3.95米、宽3.34米，诗文11行共189字：“春暮同陈泰始柱史、洪海含中舍登石竹崖，时二君祈灵无梦，且愈促归。半岭仙宫一径微，紫云长日护崖扉。凌云翠壁形如削，桂树苍藤势如飞。夜静尘缘难入梦，春深游客易思归。相逢好共寻丹诀，回首人间万事非。”“同王康圃司理、陈来献孝廉登石竹，下观无患溪。来献粤人，过吾邑，将北上。丹灶重寻事渺茫，青山晚眺郁苍苍。千盘蹬道迷游履，一路林光近客床。人世有情尘梦短，溪流无水患声长。应知聚散从难定，共向壶中醉不妨。万历四十六年戊午，邑人台山叶向高书。”1981年2月被公布为福清第一批县级文物保护单位。

另外，在石竹山上，还保存有多处明清时期的摩崖题刻，其中保存最为完好的是明代“赐进士出身王锡侯”的题刻，该题刻位于道院附近的巨岩之上，长2.5米、宽约1.4米，字径约0.12米，共8行，每行约15个字。这些摩崖题刻保存较好，为石竹山风景区悠久、深厚的文化底蕴增添不少色彩。

欧阳修题刻

欧阳修题刻位于福清市一都镇东山村狮头坑的岩壁上。题刻共12个字，分刻两处：一处向西岩壁刻“遗照台”，篆书，每字宽0.3米、长0.5米，落款“欧阳永叔”，小楷字；另一处向北岩壁刻“三生石”，字径与前一样，篆书“永叔”，小楷字。篆体苍劲有力，具有书法艺术价值。据传欧阳修南下游玩，途经一都，感怀坎坷身世，又见一都风光无限，男耕女织，犹如世外桃源一般，百感交集下才写下了“三生石”三字。1987年被公布为福清第二批县级文物保护单位。

磨石仙井岩摩崖题刻

磨石仙井岩摩崖题刻位于福清市镜洋镇磨石村北，山上怪石林立，古松参天，岩壁上有名人叶向高、黄梦麒、林汝翥、施起元等的摩崖题刻多处。在笏石上有林汝翥的行书诗刻，字幅高2.2米、宽0.83米，全文：“仙人遗玉佩，亭立碧山墟。曾辱红日驭，每挂白云倨。雨雪集还散，天风疾仍徐。谁云石作笏，不向帝王居。”另外，在陡峭的岩壁上，刻有叶向高草书，字幅高3.5米、宽1.5米，文字已看不清。在岩石绝顶刻“聚仙台”三个大字，字高1.5米、宽0.5米。“聚仙台”旁，有一幅邑人施起元（号罗浮仙史，官至广东督学）的题刻，字幅高16米、宽0.98米，全文：“康熙乙巳蒲月，自黄檗、石竹、石岩游至仙井，直至绝顶，因步叶文忠公翠壁间韵，用纪胜迹。游遍融山屐齿忙，聚仙石上泛蒲觞。台依北斗凌高阁，笏立中天壮大荒。授我丹砂颜未老，惊人诗句兴犹狂。壶峰别有蓬莱境，醉倚栏杆也不妨。”1987年11月23日，其被公布为福清第二批县级文物保护单位。

灵石山摩崖题刻

灵石山摩崖题刻位于东张镇灵石山国家森林公园的入口处附近，灵源溪西岸，共有4通，其中最为著名的是相传为朱熹所题的“灵石山”三字，该题刻位于灵源溪河床之上的“母石”上，长约2.8米、宽约0.8米，字径约0.6米。另外还有一处道光年间的“福”字题刻，长约4米、高约3米。在大门口附近还有一通“香石”题刻，以及近代仿叶向高手迹题刻。

三山瑟江村八仙山题刻

三山瑟江村八仙山题刻位于福清市三山镇瑟江村八仙山城山寺后的山顶上，该题刻镌刻在一块天然巨型花岗岩上，全文是：“隆庆六年，叶相国读书处，光绪二十一年贡生郭永清题”。其中“叶相国读书处”六字为由右自左横向排列，字径约0.35米。其余文字为竖向排列，字径约0.15米。据当地老人介绍，此处题刻为当地百姓纪念明万历年间邑人内阁、首辅叶向高出仕前在城山寺读书所作的题刻。

梨洞摩崖题刻

梨洞摩崖题刻位于南岭镇大山村梨洞水库西北岸边的一块大山岩上，摩崖面向西南。长3.4米、高3米，上浅浮雕“龙津”楷书二字。据清代《方成里志》记载：龙津石，在方成里梨洞村前，宋朱夫子书“龙津”二字勒于石，古迹犹存。该题刻字大、体正，苍劲有力，为福清市不可多得的书法艺术珍品。

齐云山摩崖题刻

齐云山摩崖题刻位于福清市镜洋村下施村石子垒自然村。顺峡谷河床行至龙潭瀑布，共有四处摩崖题刻。据文字分析，这四处摩崖题刻均与“祈雨”有关，该峡谷应该为福清古代大旱之年主要的祈雨场所。其中一处题刻内容与明万历内阁首辅叶向高有关，内容为：“天启五年三月二十九日邑人太师大学士叶向高同太学生吴需静安二人来此，祈雨有应”，此处题刻高约 2 米、宽约 0.5 米，字径 0.15 米，共分 2 列，位于龙潭右侧峭壁上。另一处摩崖题刻为南宋时期所刻，内

容为：“淳祐辛亥三月十八日知县事方棫祷雨至此，住山慈榕立”，这处摩崖高约 1.5 米、宽约 0.5 米，字径 0.2 米，共分 3 列，位于龙潭左侧峭壁上。经过考证，方棫是莆田人，字景楫，端平二年进士，淳祐年间在福清担任知县。其余两处摩崖题刻因地势陡峭，且长满青苔，无法辨读。

另外，在渔溪镇黄檗山的珠帘瀑布旁有四处历代摩崖题刻，相传为汉代何九仙人楷书题刻“观涛”；宋绍兴癸丑年冬赵公卞隶书题刻“灵渊”；明代名人林汝翥行书题刻“潜龙”；明崇祯乙亥年夏，费邑侯的篆书题刻“振鹭之瀑”，落款“黔中费衢用题——崇祯乙亥”。

在江阴镇双髻峰还遗存有宋理学名家朱熹题刻一副，传南宋淳熙年间，朱熹带四个门生到江阴，为双髻峰书写“天开图画”四个字，他的门生以“万、千、百、十”四个字各占一句：“天连万顷兴化湾，开拓千里占泽洋。图描百丈双髻峰，图绘十通飞渡船。”

第三节　碑刻及其他石刻

闲云石

闲云石位于福清市玉屏街道官驿巷豆区园内，系明万历年间邑人、内阁首辅叶向高建园时移入，石上阴刻的文字为叶向高自铭。闲云石高约 4.9 米、宽 2.35 米、厚 0.35 米，石色呈青灰间白，状宽扁如鲤，正面凿刻篆书“闲云”二字，背面右下方刻五行楷书曰：“此石来自海上，酷似一片云。或谓似鲤，鲤能化龙。云从龙耶，爰为之铭：为云为龙，变化何穷，起沧海，升层穹，壁立乎此中。”此石相传为当年越南国王进贡给万历皇帝，共有两块，万历皇帝将其中一块赐给了叶向高。该石造型美观，为罕见“奇石”，为先人留下的重要珍宝，1981 年被公布为福清第一批县级文物保护单位。

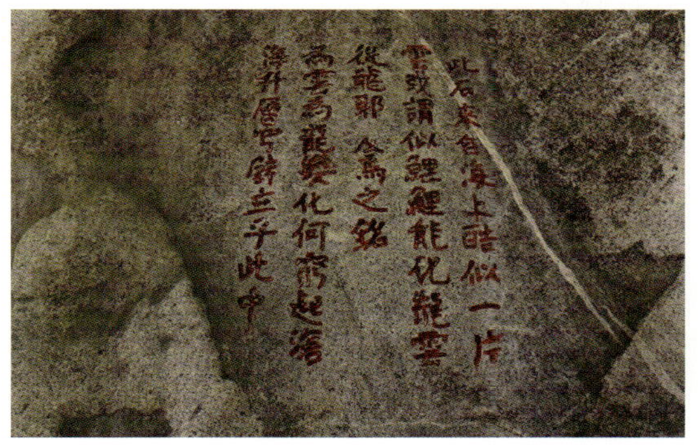

灵石山宋代碑刻

灵石山宋代碑刻位于福清市灵石山国家森林公园入口处，该碑通高约 2.5 米、宽 1.2 米、厚 0.2 米，长方形条石凿刻而成，抹角首，为北宋政和三年（1113）住持灵石寺大师倡建灵源桥碑铭，于清康熙二十九年（1690）仲春重竖。

薛廷宠神道碑

薛廷宠神道碑位于龙田镇上薛村薛氏宗祠右侧边门口，碑刻平倒于地面上，为青石构，现断为两截，碑座缺失，碑身为圆首长方形，长 2.6 米、宽 0.8 米、厚 0.17 米，上部浮雕为太阳状纹饰，其下阴刻有四行铭文，大字两行，刻有“明赐一品服文林郎吏科都给事中萃轩薛公神道”；小字两行，已损毁严重，较难辨读，但依稀可见“嘉靖□□冬十二月吉旦”等字。

薛廷宠（生卒年月不详），字汝承，福清龙田上薛村人。幼年家境贫寒，生活艰难，但聪明勤奋，怀有大志。明嘉靖十一年 (1532) 中进士，任行人，掌传旨、册封等事，后入选为吏部给事中。时值高丽（今朝鲜）新主嗣位，明世宗派遣薛廷宠为使节前往高丽庆贺。事毕回京，擢升为都给事中。

西坑薛公墓道碑

西坑薛公墓道碑位于福清市龙田镇西坑村村道旁，碑刻通高 2.95 米、宽 0.8 米、厚 0.18 米，由覆斗式碑座及长方形圆首碑两部分组成。石碑顶部竖刻有篆书“皇清”二字，其下竖刻“钦赐蟒袍授骁骑将军陕西西交副总兵凤山薛公墓道”等两行 22 字，字径 0.15 米。墓位于东北侧 200 米处山坡上，损毁较严重，墓主为清康熙年间的陕西西安副总兵薛起受。

江阴芝山圣旨碑

江阴芝山圣旨碑位于福清市江阴镇南曹村芝山自然村翁氏祠堂大厅正中，为花岗岩质地，圆首长方形，高 1.9 米、宽 0.55 米，碑刻额浮雕双龙圣旨牌，碑身阴刻楷体碑文九行，碑座为圭脚形，高 0.17 米、宽 0.84 米。该碑为清雍正元年（1723）重修李素娥坟墓时所立。

圣旨碑是为纪念闽国王审知朝中宰相翁承赞曾孙媳、丞相李维伦之女李素娥修建的，具有很高的文物价值。据清乾隆版《福清县志·节妇》记载，北宋景德元年（1004），李素娥的丈夫翁仲潜病危时劝李改嫁，李坚决拒绝，甚至砍断手指以示贞洁。翁死后，李将断指放入丈夫棺中，并将自己的画像挂在丈夫墓前，一挂就是三年。她住在墓旁搭的草棚里守墓。后来，她丈夫的坟台奇迹般长出一颗灵芝草。李素娥将灵芝献给朝廷。当时皇后正好生病，服下灵芝后病就好了。为此，朝廷封李素娥为“佳懿夫人”，并把当地地名改为芝山。

江阴霞堂寺石香炉及重修碑

江阴霞堂寺石香炉及重修碑位于福清市江阴镇庄前村前林自然村霞堂寺。石刻石炉为六角形，现仅余圭脚、下枭、下混及束腰等构件，残高 0.40 米，束腰边长 0.22 米，下混长 0.30 米，圭脚六足为如意头形，下枭为覆莲瓣，束腰柱作竹节状，其中一面阴刻铭文“皇宋嘉定九年岁在丙子中元前三日书”，一面作“张坑境陈振僖与室捨石炉一座祈保平安”；其余两面阴刻海棠纹壶门；另两面浮雕狮子戏球图像，束腰以上构件缺失。另外，寺内墙壁上还嵌有两块清代石碑，其中一块为清道光四年移建寺殿碑，花岗岩质地，长方形方首，高 1.78 米、宽 0.58 米；另一块为重修本寺所题缘金碑，花岗岩质地，长方形抹角平首，高 1.74 米、宽 0.65 米，落款：“道光式拾伍年岁在乙巳臈月吉旦董事陈……仝敬立。”

江阴岭口锦埔建祠碑

江阴岭口锦埔建祠碑位于福清市江阴镇岭口锦埔后山老爹墓前，由青石刻成，由悬山顶碑顶与二柱单间式长方形碑身组成，前檐隐刻出勾头滴水，檐下刻出横匾，匾上阴刻篆体“山会水夹”四字。碑身上阴刻碑文：“明锦埔翁仰台公讳志均征仕郎参军致仕前祥符县治河有功士民保留建祠碑记”。

城头黄墎郑公墓道碑

城头黄墎郑公墓道碑位于福清市城头镇黄墩村村部大楼后侧100米处榕树下，碑刻通高2.2米、宽约0.72米、厚为0.13米，为长方形石碑，现平倒在村道旁的榕树下，碑座已遗失。碑上阴刻有“昛乡进士文林郎湘潭令东冈郑公墓道”，下有“嘉靖”等字样。该文物对研究福清历史名人及明代风俗具有重要意义。

新厝漆林翁氏重建谏议祠记碑

新厝漆林翁氏重建谏议祠记碑位于福清市新厝镇漆林村村北翁氏总祠内。碑为青石长方形、圆首，植于覆斗状碑座上。碑通高1.40米、宽0.58米。碑座高0.33米、上宽0.68米、下宽0.74米。碑额浮雕瑞云、日纹，碑身阴刻楷体碑文十二行，落款为“乾隆叁拾柒年岁次壬辰季冬吉旦阖族公立”。

重建武庙碑

重建武庙碑现存放于瑞云塔下。碑为花岗岩石板所刻，长2.8米、宽0.75米、厚0.12米，额为大篆阴刻“重建武庙碑记”，碑文为楷书阴刻，400余字，字径约2.5厘米。

从碑文中可知，乾隆皇帝为关羽易谥“神勇”后又加封“忠义神武灵佑关圣大帝”，福清知县加通判衔卓异，节省薪俸倡修关帝庙，而同城文武士官和绅士之中的好义者，纷纷响应，齐心协力，推选举人王瑞澜、贡生叶长青等人监督管理重修事宜，工程从清乾隆三十三年（1768）六月开始至清乾隆三十四年（1769）十月竣工，庙貌宏伟壮观。清乾隆三十五年（1770），奉升台湾府理番同知的山东人李本楠赴任之前，为重修关帝庙作碑记，立了这块“重建武庙碑”。

音西古路村山界碑

音西古路村山界碑位于福清市音西街道埔尾村古路自然村井兜，山界碑被当作“地基石”铺设在水井旁的水沟上，为长方形抹角首，仅遗存碑身，长约0.8米、宽0.45米、厚0.15米，碑座已缺失。石碑的文字如下：“魏方伯案：山蒙本县主张审详立界，东边断留穿身十八步给予俞姓坟地，俞姓只许祭扫，不许接葬，并不许持锄执斧上山妄锄寸土、妄砍一木。蒙大老爷李如详此行，理合遵断，立石以垂久远，雍正十一年七月口日立。”碑文所指魏方伯为明代福清名臣魏体明，字用晦，号瀛江，东瀚后瀛人，官至四川左布政使。

应峰寺进山门石柱

应峰寺进山门石柱位于福清市东张镇三星村刘湾自然村，东张水库东南侧，应峰寺始建于唐大中年间，现存建筑为近代修缮。山门位于寺院大埕正中，毁于新中国成立初期，现仅存三根石柱，柱为瓜棱形，通高约4米、柱径约0.5米，在每根石柱上都阴刻有当年捐赠者的名号，东侧第一根石柱正面刻有“当山比丘崇宾捨老石柱一根”，其余两根雕刻字迹较为模糊，无法辨读。在山门柱底下，遗存有一块石斗，上刻有“景佑”二字。

在应峰寺北侧50米处，有龙峰书院遗址，占地面积约500平方米，现仅存地基，龙峰书院大门石匾上记载，书院为清道光十九年（1839）建。

第五章　近现代重要史迹及代表性建筑

第一节　重要历史事件及人物活动纪念地

福清市革命烈士陵园

福清市革命烈士陵园位于福清市利桥街瑞云塔附近，建于1957年12月。陵前左右两侧各建有一方亭，亭内有水泥磨光桌和石鼓椅。坟碑为青石细琢，上面镌刻着第二次国内革命战争、抗日战争和解放战争等时期牺牲的烈士姓名197人。墓左右雄踞一对雕刻玲珑的石狮。墓后耸立高达10米的“革命烈士纪念碑”，碑顶塑有红五星一颗，碑座四面有福清县党、政、军团体等的题词。碑文大意为：福清老区人民在中国共产党领导下，自第二次国内革命战争开始，坚持20多年的英勇斗争，赢得了“红旗不倒”的赞誉。

新中国成立后，福清各界人民饮水思源，缅怀先烈，特建墓立碑，泐姓名石上，与瑞云塔、五马山峰长相辉映。为革命而牺牲的烈士们的伟大精神、光辉形象，将永远留在人民心里，成为推动建设祖国、保卫祖国的无穷力量。1981年2月25日，福清市革命烈士陵园公布为福清第一批县级文物保护单位。

龙高革命烈士纪念碑

龙高革命烈士纪念碑位于福清市高山镇东公园内的小山丘上，1957 年 7 月为纪念 1931 年“龙高暴动”和 1949 年解放平潭岛牺牲的革命烈士而建。纪念碑坐北向南，碑身呈棱形，高 8 米，顶缀五星，南面凿刻“龙高革命烈士纪念碑”；东面凿刻“千古流芳，永垂不朽”；西面凿刻“生的伟大，死的光荣”；碑座正面凿刻龙高地区革命烈士 76 人姓名；碑座背面有中国共产党福清县委题词“为共产主义和人类解放事业付出自己生命，我们将永远纪念他们”；碑座左面有福清县人民委员会题词“发扬先烈优良传统，为建设社会主义而奋斗”；碑座右面有中共高山区委和高山区公所题词“烈士千古，浩气长存”。纪念碑的下方为三合土墓葬，供台两侧凿刻一副对联“辟土名勋垂万世，烈碑纪绩慰忠魂”，对联中间凿刻 10 位高山籍烈士姓名。1987 年，龙高革命烈士纪念碑被公布为福清第二批县级文物保护单位。

余长钺烈士纪念碑

余长钺烈士纪念碑位于福清市阳下街道阳下村东侧400米处的山坡上。余长钺（1918—1937），原名长秋，化名啸秋、澎秀，福清县阳下镇人。1931年参加中国共产主义共青团，1932年加入中国共产党。曾任中共福清特委委员、福州工委书记、中共闽中特委委员。1937年6月23日被国民党杀害于福州鸡角弄。

纪念碑于1984年2月福清人民为纪念余长钺而建，1998年异地重建。现陵园占地面积400平方米，碑高6米，正面竖刻“余长钺烈士纪念碑”，背面刻程序同志题写的记述余长钺烈士生平碑文。碑后为余长钺的衣冠冢。1987年，余长钺烈士纪念碑被公布为福清第二批县级文物保护单位。

福清抗日游击队联络站旧址——东漈寺

福清抗日游击队联络站旧址位于福清市阳下街道西亭村龙王坑东漈寺，是原中共福建省委委员、福清中心县委书记陈金来等革命先烈创建的福清抗日游击队的联络站。东漈寺始建于清嘉庆二十年 (1815)，背靠玉岭山，依山势而建，寺院由大雄宝殿、仙君楼、暗室等组成。大殿面阔三间，进深二间，是硬山顶木构架土木混合建筑；大殿后有暗道通向暗室。民国 30 年 (1941) 后该暗室是中共地下党抗日游击队会场和联络站。暗室有窗可以监视山下道路，发现敌情可及时转移。1987 年，东漈寺被公布为福清第二批县级文物保护单位。2005 年附近乡民集资重修，现古寺基本保留原有建筑风格。

罗汉里闽中游击队旧址

罗汉里闽中游击队旧址位于福清市一都镇普礼村罗汉里自然村，是经中央军委确认的南方八省十五个独立游击根据地之一，是闽中游击第一支队的驻地，也曾是中共闽中特委之驻地，在闽中地区的三年游击战争中，发挥了巨大的作用。现遗存有游击队队部旧址（双福寺）、宿舍、伙房、茅厕及古道等遗迹，具有较高的革命历史文物价值。

罗汉里地处福清、永泰交界地区，这里山高林密，人烟稀少，国民党统治鞭长莫及，有建立游击根据地的天然条件。在城市党组织被破坏后，唯一出路是扎根农村打游击，上级决定把福清县委改为中心县委，统一领导福清、长乐、闽侯、永泰等县交界地区的斗争，建立中国工农红军福清游击大队，随即开辟罗汉里游击根据地。闽中特委恢复后，秘密到根据地周围游击区，宣传发动群众，建立党支部，公开组织农会，领导群众开展抗租、抗税和反霸斗争，同时组建了武装自卫队，负责站岗放哨，保卫村庄，为游击队搜集情报，运送粮食，且发动了一连串对国民党地方势力的军事打击行动。1938年4月，闽中（包括罗汉里）游击队开赴皖南前线，编入新四军军部特务营。

余长钺烈士故居

余长钺烈士故居位于福清市阳下街道阳下村中部，始建于清末民国初，为四合院式六扇大厝，穿斗式木构架，前后共两进。第一进由大门、屏门、门廊、天井及左右厢房组成；第二进（正座）面阔五间，进深十七檩，檐柱内有轩廊；后进前有天井及左右厢房。第一进右侧原有花厅与附堂，现已被改建，附堂前10米处有水井一口。

余长钺烈士，出身于富裕家庭，1931年加入中国共产主义青年团，同年进入县城明义中学就读，积极参加抗日救亡运动，曾任福建人民政府福清特派员、共青团福清县委书记、中共闽中特委执委。曾领导“南西亭”暴动，1937年2月16日，因叛徒告密，在莆田被捕，解往福州关押，狱中表现英勇顽强，大义凛然，1937年6月23日，慷慨就义。

陈振先烈士故居

陈振先烈士故居位于福清市海口镇斗垣村陈氏宗祠后侧，始建于清代晚期，是一座建筑面积约 150 平方米的砖木结构的旧四扇厝。1991 年，为纪念陈振先烈士，福清市相关部门筹措专项经费，将其故居进行修缮，建成纪念室，把陈振先家人、战友及革命领导人的相片、信件等陈列其中，供人们参观缅怀。

陈振先(1922—1947)，福清市海口镇人。1936 年，加入中国共产党；1940 年，初中毕业后参加福清抗日游击队；1945 年 12 月，任中共第二福州市委书记；1946 年 2 月，回闽中工作，历任中共闽中地委委员、宣传部长，兼任福（清）长（乐）平（潭）县委书记等职，深入福清龙田、高山一带领导“江德暴动”，组建闽中游击队福清大队。1947 年，因叛徒出卖，在福州被捕入狱，受尽严刑，忠贞不屈。同年 10 月 30 日，国民党保安司令部押送陈振先前往福清处决，途经长乐蕉岭，陈振先越狱未成，壮烈牺牲。

福清县委机关诞生地和驻地旧址——陈氏支祠

福清县委机关诞生地和驻地旧址位于福清市阳下街道漈头村革命历史纪念馆北侧的陈氏支祠内，建筑面积约200平方米，为典型清末民国福清宗祠建筑风格。1934年1月，何文成、陈炳奎、余长钺等在陈氏支祠组建中共福清县委，何文成担任第一任县委书记，陈炳奎、陈金来、余长钺、何胥陶等人任委员，这里成了中共福清县委的第一个驻地。县委书记何文成曾在陈氏支祠墙壁上题写刚劲有力的四个大字——“勤朴刚毅”，以此勉励广大群众为革命事业艰苦奋斗。

1981年，村民集资翻修，将屋顶全面改建，现辟为该村戏院。

中共闽中抗日先遣队福清支队旧址—— 聚福堂

中共闽中抗日先遣队福清支队旧址——聚福堂位于福清市江镜镇酒店村何氏宗祠南面，始建于元朝末年，历代均有修缮。新中国成立后，因年代久远破损严重，20世纪80年代附近村民集资修建，现存建筑面积约450平方米，为穿斗式砖木结构，目前保存状况良好，辟为酒店村老人活动场所。

1938年，何胥陶接受地下党领导人陈亨源派遣，任江德乡酒后保长，翌年2月出任江德乡乡长，以合法身份为掩护，秘密从事革命活动。何胥陶十分关心农民群众的疾苦，出任乡长第一天，就在聚福堂明确地向各乡保、甲长宣布：各呆摊派捐税，要经他同意，不得擅自加重百姓负担。1944年10月，根据中共福建省委在长乐南阳会议的部署，陈亨源、何胥陶带领部分武装人员，在聚福堂竖起抗日大旗，开展抗日活动，这里成为龙高一带抗日大本营。为了扩大武装，何胥陶与江德乡民众自卫队队长何齐迟谈判，达成合作抗日协议，把自卫队与游击队合并，成立福建抗日先遣队福清支队，何胥陶任支队长，刘家煌任副支队长，队员100多人，聚福堂就是抗日先遣队福清支队旧址。

中共闽中地委龙高暴动指挥部旧址——泰山寺

中共闽中地委龙高暴动指挥部旧址——泰山寺位于福清市江镜镇酒店村东北角，又名福兴堂，始建于明代，1998年，当地村民集资重修，现寺院占地面积约1500平方米，为穿斗式砖木结构，中轴线上从南至北依次为山门、泰山殿、关帝殿、文昌殿，东侧为戏台。

1931年冬，共产党员何胥陶在江镜地区参与组织救乡团、保民团抗暴，12月26日，抗暴群众到泰山寺里集中，开进龙田，围攻国民党省防军林靖部队。战斗歼敌700多名。1941年上半年，日寇侵占闽海，福清沦陷。面对日寇烧杀抢掠暴行，何胥陶发誓与日寇血战到底。他以乡长名义，在江镜发动近百名热血青壮年组建抗日游击队，编为"福平沿海抗日游击第三大队"，队部设在泰山寺。1947年2月，中共闽中地委委员、福平县委书记陈振先带一部分游击队在泰山寺准备举行龙高暴动，泰山寺成为福平县委指挥部与武装暴动据点。

龙高地区地下党主要活动据点——福兴寺

龙高地区地下党主要活动据点——福兴寺位于福清市港头镇后卓村，又称福兴院、融南禅寺，始建于北宋庆历四年（1044），以后历代均有修缮。1933 年 2 月，在第四次反“围剿”即将取得胜利时，中共福州中心市委作出“关于发动群众，组织武装，开展分量抗捐斗争”的决定。原福清地下党领导人何文成、陈行福等多次到龙田地区秘密宣传、发动群众，以瑶山村为基地，组织了“瑶山人民自治会”。印发《告人民书》等传单，号召贫苦农民团结起来，抗租抗捐，打倒土豪劣绅。在此期间，福兴寺成为福清县龙田、高山地区中共地下党武装斗争的活动据点之一。同年 10 月，瑶山自治会从 80 多名正式会员中挑选了一批革命立场坚定的会员，秘密成立武装队伍进驻福兴寺，日间训练，夜里打土豪、凑经费，打击封建剥削势力。民国 22 年（1933）11 月，国民党反动派纵火焚烧寺院，致使 108 间殿舍毁于一旦。1998 年，附近乡民集资 650 万元人民币重修寺院，现寺院占地面积约 18 亩，建筑面积 13 亩，从而使千年古刹重现当年风采，革命遗址喜获重光。

龙高地区革命据点——龙潭寺

龙高地区革命据点——龙潭寺位于福清市沙埔镇西叶村，始建年代不详，现寺内保存有三块清代维修碑。1995年正月，附近村民集资重修，修缮后的寺院为砖混结构，占地面积约5000平方米，建有山门、大殿及附属建筑等。

龙潭寺是福清市地下游击队在龙高地区主要的革命据点之一。据记载，1944年初冬，中共福清中心县委书记陈亨源与何胥陶把八十名地下游击队员带到高山潭下寺（即龙潭寺），组织了“龙高暴动”，收编了高山翁廷木自卫队，建立了200多人的人民抗日自卫武装队伍。暴动后，部分中共地下党员和游击队员继续隐蔽下来，仍以龙潭寺为据点，开展地下斗争。1947年，龙潭寺复办了龙潭小学，叶在源兼任校长，王源达等担任教员，继续开展地下革命活动。他们还组织几十名游击队员，到龙田协助兄弟队伍攻打国民党96军，并多次袭击国民党连保盐兵缉私队等，直到新中国成立。

中共福清县委扩大会议会址——云中洋戴氏宗祠

中共福清县委扩大会议会址——云中洋戴氏宗祠位于福清市音西街道云中洋村岭口自然村，戴氏宗祠为四合院式祠庙建筑，约建于民国早期。前后落均封火山墙二坡顶，面阔五间，大门前有大埕，前座已改建为水泥结构的戏台，台前为小天井，两厢为二层看楼。正座进深十三檩，前部为轩廊，明间抬梁架，次间穿斗架，中三间用大阑额减柱，后部设神龛，明间用二柱，次间用四柱，边缝由两山承托。

民国38年（1949）2月，福清县委扩大会议在云中洋戴氏宗祠召开，俞洪庆、沈祖澄主持会议，参加会议的有县委领导和各区骨干100多人。会议根据闽中地委溪尾洋会议精神，作出如下决定：扩大队伍，发展党组织；继续发动群众 开展反“三征”、减租、反霸、缴枪和筹款等工作。会议宣布成立东、西、南、北4个区委，江阴岛划归南区区委领导。

陈遵盘烈士纪念碑

陈遵盘烈士纪念碑位于福清市海口镇立新村元载大桥北侧，青石凿成，由覆斗形碑座及长方形抹角首碑身两部分构成。碑座高约 0.3 米，碑身高 1.5 米、宽 0.6 米、厚 0.1 米。碑身正面阴刻有“陈遵盘烈士纪念碑”等铭文。

陈遵盘烈士，海口镇斗垣村人。1957 年 3 月，参加中国人民解放军；1958 年，在参加解放金门战役中光荣牺牲，遗体葬于同安马巷。

陈英烈士墓

陈英烈士墓位于福清市南岭镇西溪村西北侧思亲堂旁，烈士墓平面呈“凤”字形，面向东南，有两级墓埕，墓丘位于正中央，设有供桌、墓碑，碑后竖立一大理石纪念碑，高约 2 米、宽 0.40 米，上刻有“陈英烈士永垂不朽”8 个大字。该烈士墓为 1998 年 7 月福清市人民政府出资重修。

陈英烈士，1926 年 4 月出生于南岭镇西溪村的一贫苦家庭。1948 年入党，生前是闽中游击队司令部警卫班班长。1949 年 3 月 21 日，在长乐县南阳村的一次反围剿战斗中，为保卫陈亨源司令安全脱险，献出了年仅 24 岁的生命。

第二节　典型风格建筑物及其他古迹

瑞亭天主堂

瑞亭天主堂位于福清市龙山街道利桥街宋井巷，始建于清光绪二十三年（1897），为西班牙传教士倡建，整体呈巴洛克式建筑风格，占地面积约1000平方米，周以围墙，北侧开大门，门口有石铺小路直通利桥街。大堂占地面积约为500平方米，大门为石框，门额为尖拱顶，额上嵌有一青石门匾，上书“天主堂”等字，门匾上方镶嵌有一块青石圣旨牌，门窗两侧铸刻有两副长联。屋顶建有钟鼓楼，造型奇特。大堂内部高旷，气势庄严，可容纳数百人朝拜。

柯琳·约翰逊纪念堂

柯琳·约翰逊纪念堂位于福清市第三中学内，始建于清光绪三十四年（1908），原福清县融美中学堂堂长方鲍赴美后劝募美国嫠妇柯琳·约翰逊女士捐款兴建，占地面积约300平方米，共有三层楼，总建筑面积约900平方米，面朝西南向，为石构欧式建筑，堂前为半月形埕地，四周树木青葱，阶上栏柱风格迥异，堂上走廊悬挂铜钟，早期为融美中学教学楼及办公楼。于2002年由海外校友捐资维修，现辟为福清三中医务室、校史馆及教师活动中心。

里美水松

里美水松位于福清龙山街道里美村坊里自然村，是福清仅存500多年的水松，为国家一级重点保护植物。树皮呈灰褐色，裂成不规则条片，树干几乎枯死，树高近5米，左侧树梢泛着翠绿的嫩芽。据里美俞氏族谱记载，这株古水松是其八世孙俞璟于明成化二十年（1484），在广东任按察司佥事时，从广东带回八株稀世珍贵的水松树苗栽种，现今只活两株。1987年，里美水松被列为福清第二批县级文物保护文物。

高等职业教育艺术设计类专业系列规划教材

产品体验设计

主　编　王斌贝　何　立

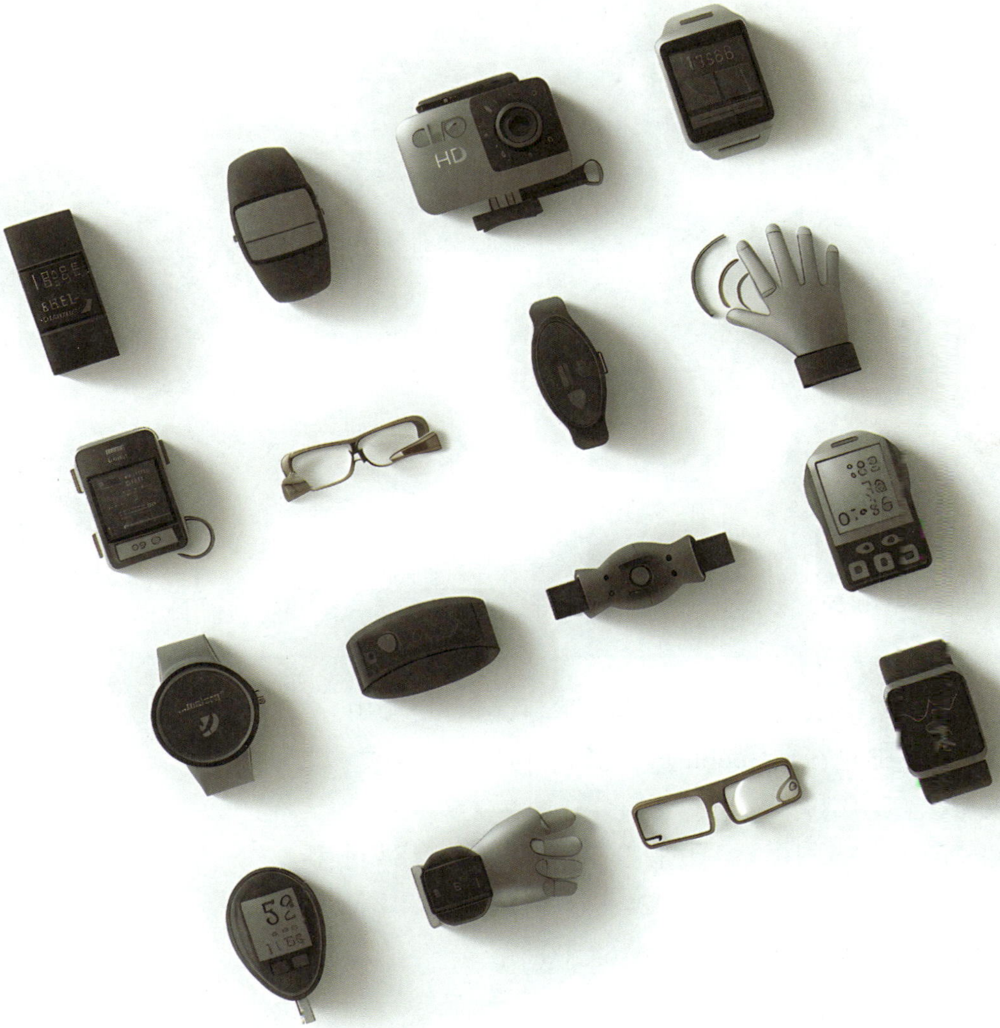

武汉大学出版社

图书在版编目(CIP)数据

产品体验设计/王斌贝,何立主编.—武汉:武汉大学出版社,2024.1
高等职业教育艺术设计类专业系列规划教材
ISBN 978-7-307-24195-4

Ⅰ.产…　Ⅱ.①王…　②何…　Ⅲ.产品设计—高等职业教育—教材　Ⅳ.TB472

中国国家版本馆 CIP 数据核字(2023)第 247192 号

责任编辑:刘小娟　刘　杨　　　责任校对:刘紫娟　　　装帧设计:吴　极

出版发行:**武汉大学出版社**　(430072　武昌　珞珈山)
(电子邮箱:whu_publish@163.com)
印刷:武汉雅美高印刷有限公司
开本:880×1230　1/16　印张:9.75　字数:184 千字
版次:2024 年 1 月第 1 版　　2024 年 1 月第 1 次印刷
ISBN 978-7-307-24195-4　　定价:68.00 元

前言

必须承认，我们已经步入体验经济的时代。1999 年，B. 约瑟夫·派恩二世（B. Joseph Pine Ⅱ）和詹姆斯·H. 吉尔摩（James H. Gilmore）撰写的《体验经济》（*The Experience Economy*）被认为是正式提出“体验经济”这一概念的专著。近年来，“体验”成为消费者、制造商和设计师不断提及的词语，其影响也深入制造业、设计行业、学术研究等领域。在工业设计领域，用户体验设计发轫于计算机软硬件的界面开发，“用户体验”“以用户为中心”等概念随着智能设备的普及逐渐深入人心，越来越多的设计师和产品开发者将“用户体验”作为产品设计的核心。随着“互联网思维”的扩散和深入，用户体验设计思维和方法也渗透到传统工业产品的创新和开发中。其实，纵观人类的造物史不难发现，“使产品更好用”“让使用者更方便舒适”一直是人们追求的目标。石器时代原始人对自然物进行改造与信息时代人们对交互方式进行改良具有共通之处——增强使用者的体验感。因此，从广义上讲，产品体验设计贯穿人类的造物史，大多数设计都离不开增强使用者体验感这一终极目标。

本教材从产品的物理层面出发，讨论产品设计过程中人机工学、交互式界面等基于人类生理和行为的体验设计，进而深入产品的价值层面，讨论产品设计过程中感性工学、服务设计等基于心理学和社会文化的体验设计。整体来说，本教材涵盖了产品体验设计过程中的基本问题，尽可能涵盖近年来工业设计师普遍讨论的体验设计方法，目的有两个：一是向设计类专业学生介绍产品设计中增强用户体验感的常见理论和方法，帮助学生掌握理论和方法；二是为设计师提供参考，帮助其提高工作效率。内容上，从人机工学、感性工学到界面设计，再到服务设计，从实体产品延伸到虚拟服务，遵循工业技术和经济发展的规律。本教材借鉴了大量设计同人的理论成果和实践经验，从设计概念和原理、设计流程、设计案例赏析等方面进行讲解和剖析,并配以图表,便于阅读和理解，能够满足工业设计专业和产品设计专业的教学需求。

在本教材编写过程中，得到了上海工艺美术职业学院各部门领导、同事的鼓励、支持与指正，在此致以衷心的感谢!

随着行业的发展，新理论和新思路层出不穷，设计师对设计实践的探索越来越深入，跨学科、跨行业的跨界研究已成为设计行业的常态。囿于编者能力，本教材还无法囊括体验设计领域所有设计理念、方法和观点，难免有疏漏或不当之处，望读者批评指正。

编　者

2023 年 9 月

目　录

1 产品体验设计概述

chapter

1.1

何为产品体验设计

我们对周围的事物有着自己的体验与感受，有时会抱怨，有时会赞不绝口。在物质丰裕的今天，人们已不满足于物质层面的需求，深层次的精神感受成为当下及未来人们关注的焦点。当你通过实体店或网络商店购买商品，从你踏入商场大门或打开购物网站的那一刻开始，你便踏上了“购物体验”的旅程；当你决定使用某一款产品，从你拆开包装的那一刻起，你便开启了一场“使用体验”之旅；当你通过网络平台预约私家车出行，从你坐进车里的那一刻起，你的“出行体验”之旅便开始了……生活中，人们享受着各种各样的服务，这些服务或来自人，或来自产品，不管怎样，当你接受某一项服务的时候，你的“体验之旅”便开始了。你有可能感到幸福和快乐，也有可能感到沮丧与憋屈，甚至害怕或者恐惧。好的体验能够让人感到舒适、愉悦，并且期待再次获得，而不好的体验会让人产生糟糕的情绪甚至给人造成心理阴影。“体验”在各行各业有不同的内涵，例如互联网行业的用户体验主要是指用户对网站或移动应用的使用感受，金融行业的理财体验是指客户对某一款理财产品收益的感受。

正因为人们对体验十分重视（这种重视可能是有意识的，也可能是无意识的），企业（或服务商）对客户（或用户）体验的关注成为商业服务的重要环节。

广义的用户体验是指用户在使用产品或享受服务的过程中的主观感受，涉及用户对企业所经营的产品或提供的服务的所有体验，包括与客服的沟通、购买产品、使用产品、享受的售后服务等环节。狭义的用户体验主要是指用户与某一款产品的相互作用，包含用户使用产品的经历和主观感受，如该产品是否实现目标功能，操作的舒适性和方便性怎样，用户感受如何，是否满足了用户的喜好和预期，对用户产生怎样的影响等。本教材前 4 章所讨论的产品体验基于狭义的用户体验，在第 5 章中，将其扩展到广义的用户体验。

在产品设计领域，产品体验设计是指在产品的设计和制造过程中，以满足用户需求为目标，充分考虑产品使用的舒适性、便捷性、高效性、娱乐性等特性。例如，米家 LED 智能台灯从用户日常使用台灯的各种需求和习惯出发，解决了眩光、均匀度不足等问题，实现了色温、亮度、使用模式的灵活切换，台灯和App界面（图1-1）的设计均在很大程度上增强了用户的体验感。

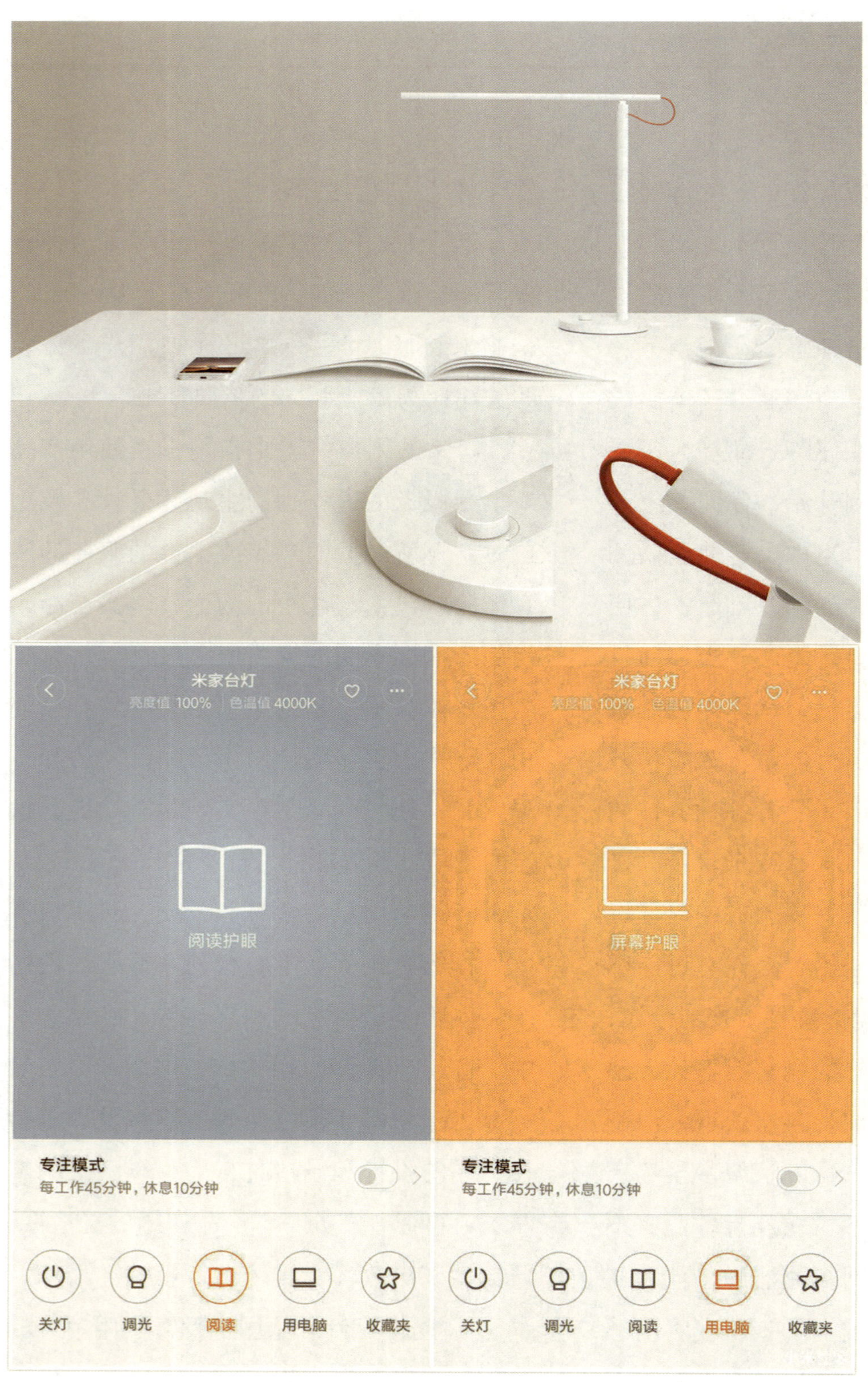

图1-1　米家LED智能台灯及App界面

1.2

产品体验设计的原则

用户体验具有主观性，受性别、年龄、心情、环境等因素的影响。对于某一类人群或某一种习惯性行为而言，这种主观性里隐含着共性，我们可以通过分析归纳出共性，对相关产品进行设计，以满足用户需求。设计师的责任便是挖掘共性，通过专业性设计，实现产品的某种既定的目标功能（或商业目的）。

当然，产品本身也受到科技、文化、政治、经济等因素的影响，设计师需要深入了解这些因素，以保证产品的可实现性。

与传统以满足工艺、材料、商业等方面的需求为设计和制造的原则不同，产品体验设计以用户为中心，追求产品价值。我们将产品体验设计的原则归纳如下：

（1）满足需要

产品设计和制造的初衷是解决用户所面临的问题，产品能否满足用户的需要是判断其功能是否有用的标准之一。用户对不同的产品的功能需求不一样，例如对吹风机的功能需求是能吹干头发，对汽车的功能需求是运输。除了功能需求，人们对心理需求也越来越重视，如衣服不仅要合身还要漂亮，家具不仅要结实耐用而且要契合室内装修风格，女包不仅要方便携带而且要时尚等。

（2）易于使用

好的产品必定是符合人的生理特征和使用习惯的。我们常说某个产品很好用，是指这个产品易于使用。好用的产品符合人机工学原理，操作高效，不会让用户产生困惑，不会带来安全风险。例如“二战”时期，美国设计师运用人机工学原理设计飞机的显示仪表、操纵工具和飞行员座椅等部件，有效解决了驾驶飞机过程中的人机协调问题。

（3）关注细节

细节决定成败，好的设计离不开设计师对细节的关注。关注细节既要求设计师对生活细节认真观察，又要求对产品设计和制造过程中的每个环节精准把握。从标识字体的编排、型面的衔接到材质的处理，无不体现了设计师严谨的态度。优秀的产品设计师及制造者会通过产品细节向用户传递其对用户体验的重视。小米对于细节的“苛刻”众所周知，诸如通过对尺寸和厚度的控制来提升手机使用的舒适性，研究摄像头的最佳设置位置以实现最好的拍摄效果等。正是因为深究细节，小米才能够在手机市场的一片“红海”中崛起并取得成功。

（4）注重用户感受

用户感受包含多方面的内容，从生理层面来看，产品的外形、色彩、气味等特征会对人们的触觉、视觉、嗅觉器官等产生刺激；从心理层面来看，人们对产品糟糕的或良好的使用体验都会对其心理产生影响，包括产品的使用过程是否顺畅，是否让人身心愉悦，是否给人好的联想或回忆等。著名家居品牌宜家非常注重用户感受，其通过优质的产品设计（图 1–2）、愉悦而舒适的购物场景和周到的服务，使用户获得良好的购物体验，宜家也因此成为家居市场的常青树。

（5）体现用户价值

这里的用户价值是指用户自我价值的实现。根据马斯洛需求层次理论，人类需求中，自我实现是所有需求的最高级。这一理论也适用于设计领域。好的设计，应该能够让用户在使用的过程中充分感受到被尊重，产生自我价值认同，不会因使用不便或文化差异而产生挫败感。以用户为中心进行设计，帮助用户提升产品使用效率，增强用户使用产品的舒适感等，都是体验设计应该考虑的内容。以支付宝“蚂蚁森林”为例（图 1–3），用户通过消费、

图1–2 宜家家居产品

运动等行为，在“蚂蚁森林”中换取能量，并最终将能量转化为现实世界中种植的树。游戏社交的互动形式增强了用户黏性，其中的环保理念也大大激发了用户做公益的热情，使其能够在使用产品的过程中实现个人价值和社会价值，掀起全民“种树”热潮，该产品也深受用户喜爱。

图1-3 支付宝“蚂蚁森林”小程序界面及“蚂蚁森林”314号林

1.3

产品体验设计的发展

从“人类创造工具和使用产品”的实践来看，使产品使用更方便、更舒适似乎是人类一直追逐的目标。设计本来就是立足人的需要而对自然事物进行改造使之变成人为事物的过程，体验设计的诞生是设计史长期孕育的结果。体验设计经历了四个发展阶段，即人机工学之前阶段、人机工学阶段、用户体验设计阶段、产品体验设计阶段。[①]

（1）人机工学之前阶段

人机工学之前阶段几乎贯穿了手工艺时代。从原始工具的制造到传统手工艺的逐渐成熟，人类都是为了更好地适应生存环境和更好地生活。石器时代的原始工具实现了自然物的工具化，帮助人类在恶劣的自然环境中摄取食物、自卫。随着文化和技术的不断发展，传统手工艺逐渐成熟。传统手工艺品不仅能满足人类基本生存和生活需求，而且能部分满足审美价值、身份象征、娱乐等方面的精神需求。

（2）人机工学阶段

工业革命促使批量化大生产成为现实。技术的不断进步，市场需求的不断扩大，为进一步提升产品的使用性能提供了契机。人们不再满足于产品的基本功能，而是更加注重产品的高效性、安全性、舒适性和美观性。人机工学、感性工学等科学化研究理论和工具逐渐受到设计师的重视，这些理论和工具将人的生理、心理特征与人体工程学科相结合，通过科学方法设计出更加合理、优质的产品，以满足用户的需求，如罗技 MX Vertical 鼠标（图 1–4）、Cosm 办公椅（图 1–5）等。但受材料和技术的限制，大多数产品仍以满足基本生活需求为主，还无法达到“体验”的高度。

（3）用户体验设计阶段

1988 年，唐纳德 · A. 诺曼在《设计心理学》（*The Design of Everyday Things*）一书中提出了“以用户为中心的设计”，随后成为用户体验设计的指导思想。用户体验设计是 21 世纪以来备受瞩目的设计理念和方法。最开始是人机交互界面设计引

① 代福平 . 设计体验的历史与逻辑 [J] . 装饰，2018（12）：92-94.

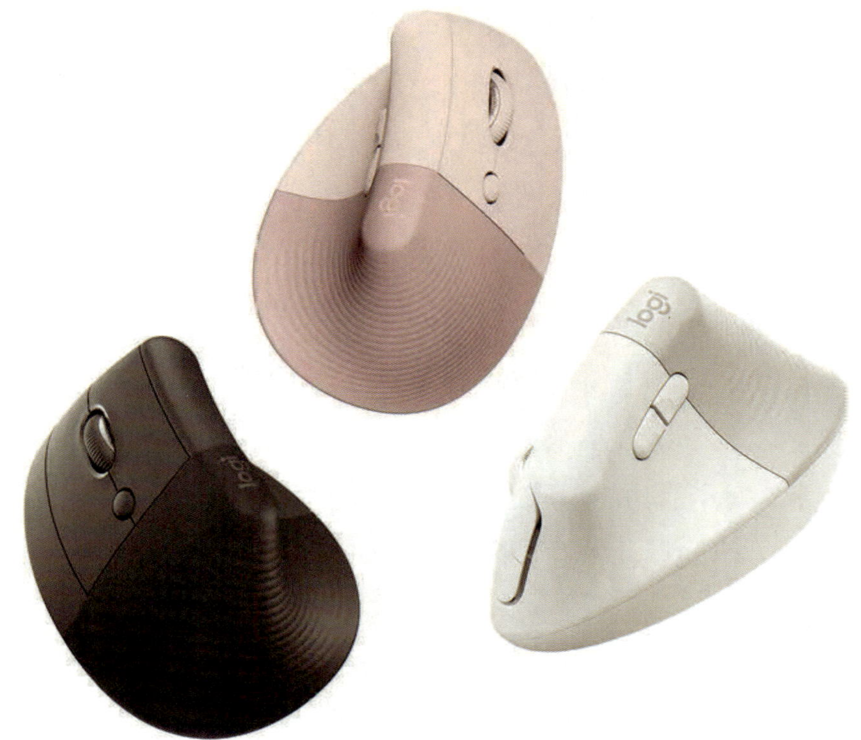

图1-4 罗技MX Vertical鼠标

图1-5 Cosm办公椅

起业界对用户体验的持续关注，产品的提供者逐渐发现用户体验对产品市场有着重要的影响。最终，用户体验设计不再局限于人机交互设计领域，逐步拓展到整个设计领域，它戳中了物质丰裕时代人们的痛点——体验。以小米旗下米家生态链产品（图 1-6）为例，米家产品注重用户的使用习惯，从产品细节出发，结合小米智能家居的互联互通技术，对产品功能、形态、使用方式等进行了全方位的设计，凭借高性价比深受用户喜爱。

（4）产品体验设计阶段

产品体验基于用户体验，但突破了“用户”的局限，其理念、方法延伸到诸多行业。人们逐渐意识到，需要设计的不仅仅是某一产品，还包括体验过程本身；体验的主体也并不限于用户，而是所有利益相关者。服务设计、社会设计、转型设计等新的设计领域逐渐被开拓，多学科知识与设计专业相结合，服务于不同行业，不断开拓出新的试验场。以肯德基旗下概念餐厅 KPRO（图 1-7）为例，KPRO 餐厅以消费者喜好为出发点，从时尚、创新的门店，到精心设计与制作的菜单与餐品，再到用餐过程中的服务，都关注“体验”，旨在为消费者提供新鲜、美味、健康的餐品，贴心、便捷的服务，以及数字化、自在、有趣的餐饮体验。

图1-6　小米旗下米家生态链产品

图1-7 探索“自在、有趣”的娱乐餐饮模式的KPRO餐厅

1.4

产品体验设计师的基本素养

（1）沟通能力

设计师不仅要负责调研、挖掘创意、测试等事情，还要与利益相关者和开发人员合作，以完善设计方案并准确实施。在工作中，高效的沟通有利于团队成员建立信任、扩大共识和消除盲区、达成一致的设计目标、增强方案的说服力，提升设计效率（图1-8）。团队成员之间应该清楚地表达自己的想法，并积极接受和提供反馈。

图1-8 沟通视窗

（2）设计思维

IDEO设计公司总裁兼首席执行官蒂姆·布朗（Tim Brown）认为，设计思维是以人为本的设计精神与方法，考虑人的需求、行为，也考量科技或商业的可行性。设计思维能够帮助设计师将观察转化为洞察，将洞察转化为产品。斯坦福大学D. School（Hasso Plattner Institute of Design）提出了五阶段设计思维模型（图1-9），五阶段分别是共情、定义、创意、原型和测试。设计思维不应该被理解为一种做设计的思考方法，设计流程只是设计思维的表象，是设计思维的一个具象化的表现。运用设计思维能够激发出自身的想象力和创造力，创新性地解决所面对的问题。从本质上讲，设计思维是迭代的、灵活的，专注于设计师和用户之间的协作，强调根据用户真实的需求将想法变为现实。

（3）批判性思维

批判性思维除了可以帮助设计师理解、确定并最终解决设计问题外，还可以帮助设计师清晰地表达自己的想法。一些研究机构将设计师置于不同的情境中，测试其是否具有批判性思维，以此来判断设计师处理问题的能力。批判性思维要求设计师能够针对设计问题提出更具思辨性的观点，以做出更全面、更系统的决策。

（4）解决问题的能力

对于设计师来说，解决问题的能力是必备的职业素养，因为设计本质上是一个帮助用户解决问题的过程。设计师要挖掘出工作中的关键问题，结合实际，输出最优方案。

（5）接受反馈

提高设计有效性的最佳方法是寻求高质量的设计反馈。接受反馈是每个设计师职业生涯中的日常要求。设计是主观的，对其他人的意见持开放态度对优化设计来说至关重要。反馈可能以正面或负面的形式出现，在接受反馈时，设计师应该首先学会判断，始终对反馈持开放、包容态度。

图1-9　D. School提出的五阶段设计思维模型

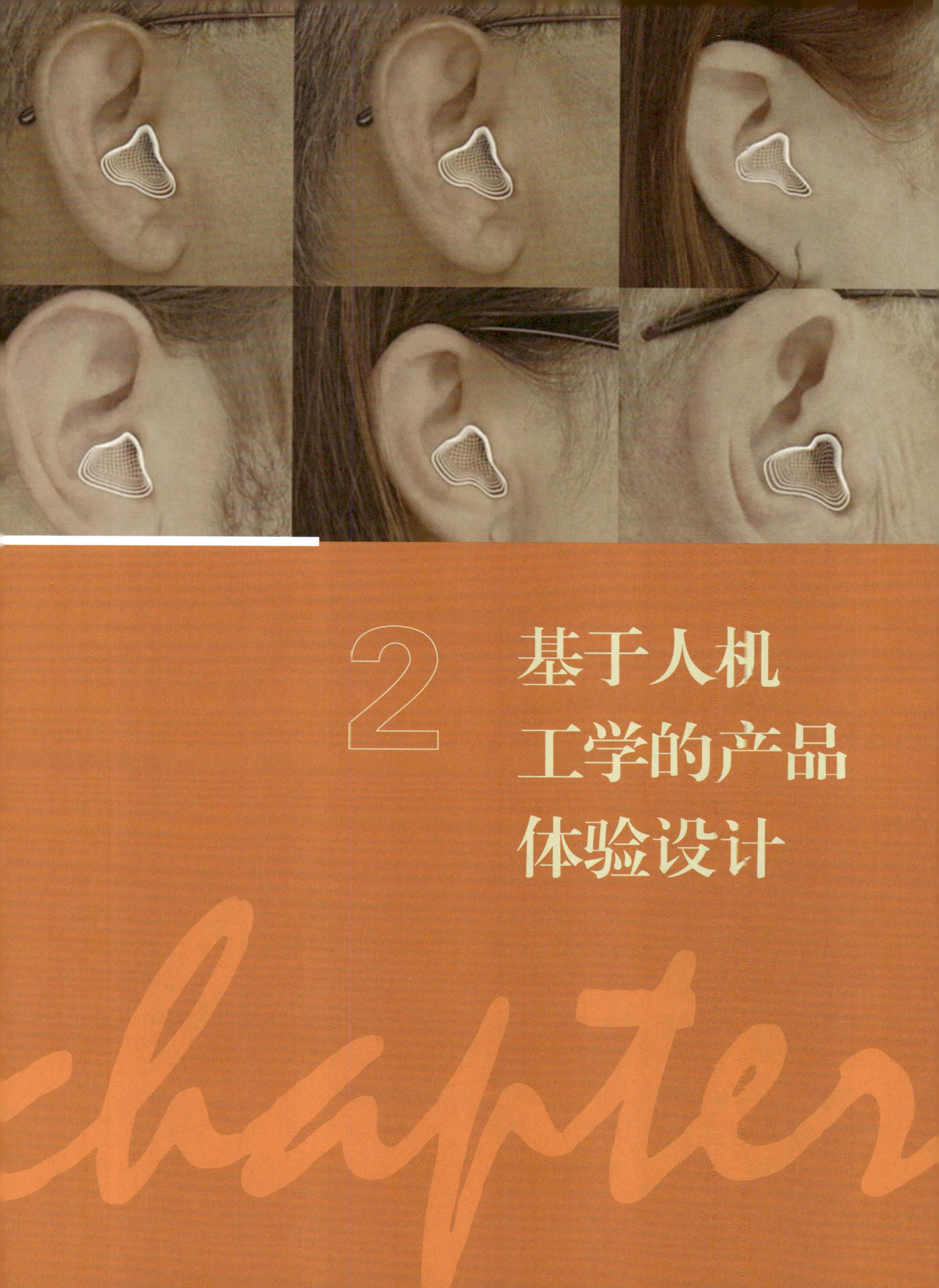
2
基于人机
工学的产品
体验设计
chapter

2.1

何为人机工学

合理的设计能帮助用户提高产品使用效率，避免伤害，养成良好的使用习惯和保持正确的姿势，例如桌椅的高度、靠背的角度等参数符合人的身体尺度才能使人产生舒适感（图 2–1、图 2–2）。对于设计师而言，若想使产品符合这一要求，便需要用到人机工学的相关知识。

人机工学（ergonomics）是一门研究如何应用人的生理和心理特征信息来设计供人使用的设备和系统的学科，也称为人机工程学、工效学、人因工程学（human-factors engineering）或人类工程学（human engineering）。根据国际人机工学协会（International Ergonomics Association，IEA）的定义，人机工学是一门研究人与系统中其他元素之间相互作用的学科，是一门运用理论、原则、数据和方法进行设计，以增进人类福祉和增强整体系统性能的专业。

“ergonomics”一词是由波兰学者沃伊切赫·贾斯特泽博斯基［图 2–3（a）］于1857年创造的，这个词由希腊词“ergon”和“nomos”组成，意思是“工作”和“法

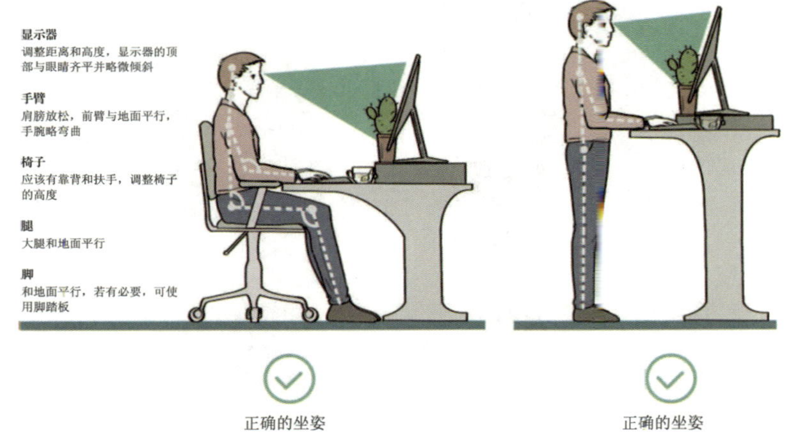

图2–1　符合人机工学的正确坐姿和站姿

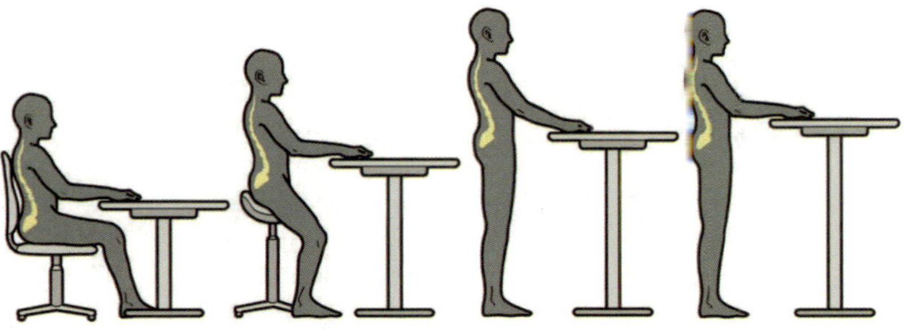

图2–2　正常姿势下人体的脊柱形态

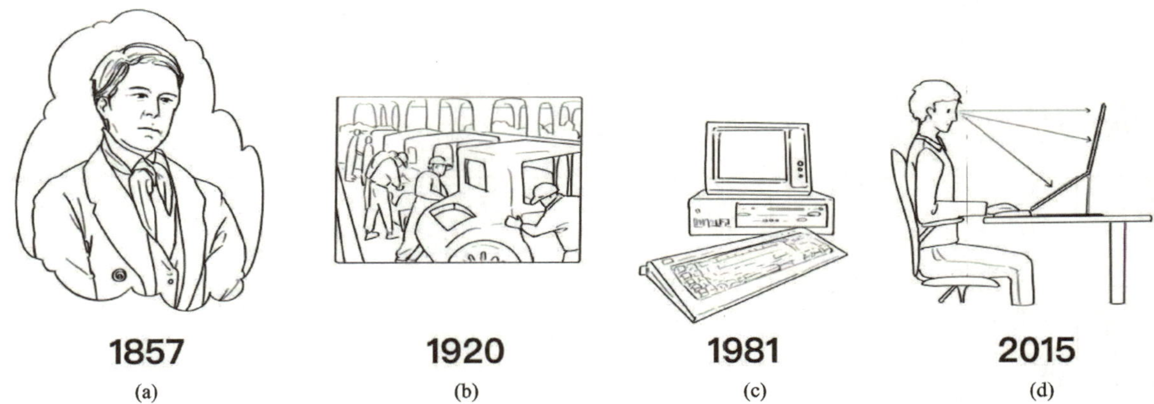

图2-3 人机工学的发展

律”。1997 年，他的波兰文著作《人机工学或工作科学的大纲》（*An Outline of Ergonomics, or the Science of Work*）（图 2-4）英译本重印后，这个词逐渐为人们所熟悉。

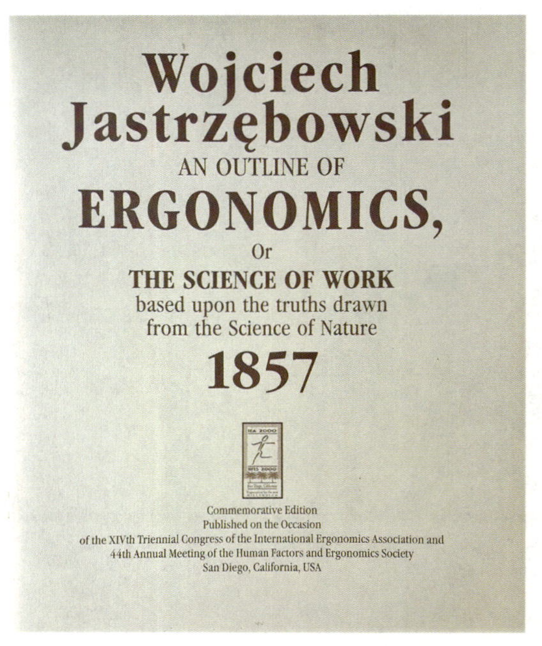

图2-4 《人机工学或工作科学的大纲》英译本

人类和工具间的“良好配合”并不只是现代科技发展的结果，这种“良好配合”的重要性可能在人类发展的早期就已经被认识到。原始人尝试制造最初级的工具以满足生存需要，工具必须易于使用并符合人的身体尺度。由此可见，人机工学的历史似乎可以追溯到石器时期。锤子、斧头和犁等工具的发明，使得人类劳动效率得以提高。纺纱机等机器的出现，改进了工作方式及流程。

我国古代的造物哲学体现了朴素的人机工学思想。譬如，《考工记》在论“察车之道”时强调车辆尺寸与人、马的关系，云：“轮已崇，则人不能登也；轮已庳，则于马终古登阤也。兵车之轮六尺有六寸，田车之轮六尺有三寸，乘车之轮六尺有六寸。六尺有六寸之轮，轵（车轴端）崇三尺有三寸也。加轸与轐焉，四尺也。人长八尺，登下以为节。”① 又如，荀子在论人与物的关系时，提出“重己役物”的思想，强调人的主体意识，主张用积极的态度来处理人与物的关系。

① 车轮太高，将影响乘车者登车；车轮太低，则影响马拉车的力点。鉴于这些相互制约的功能关系，兵车之轮应高六尺六寸，田车之轮应高六尺三寸，乘车之轮应高六尺六寸。六尺六寸高的车轮，轵高三尺三寸，加上轸木和车輹就是四尺。人的高度一般为八尺，这个高度恰好方便乘车者上下。

20世纪初，工业生产在很大程度上仍然依赖于人力。为了提高生产力，企业致力于科学管理以提高工人工作效率。弗雷德里克·温斯洛·泰勒（Frederick Winslow Taylor）是科学管理的先驱。在伯利恒钢铁公司，泰勒进行了著名的“搬运生铁块试验”和“铁锹试验”，改进了生产方法，提高了工人的日工作量和工资。

第一次世界大战结束后，人机工学在汽车生产领域得到重视［图2–3（b）］，并进一步延伸到航空领域。在第二次世界大战期间，设计师结合人机工学的原理对军事装备（如战斗机）的操作界面进行了改进，增强了操作安全性并提升了士兵的作战效率。这引起了民用产品制造商对人机工学的重视。1981年，第一台个人计算机［图2–3（c）］诞生，人机工学正式进入人机交互的相关领域。随着技术的发展和社会需求的变化，更多的行业运用人机工学使产品和工作环境更加人性化［图2–3（d）］，如舒适的家居产品、合理的无障碍设施等。

2.2

人机工学的主要内容

作为一门研究人与系统中其他元素之间相互作用的学科，人机工学以人－机－环境为研究内容（图2–5），通过揭示人、机、环境之间相互作用的规律，为人类的造物活动提供依据，以确保人－机－环境系统总体性能的最优化。这种最优化包括效率、安全性、舒适性、可持续等方面。

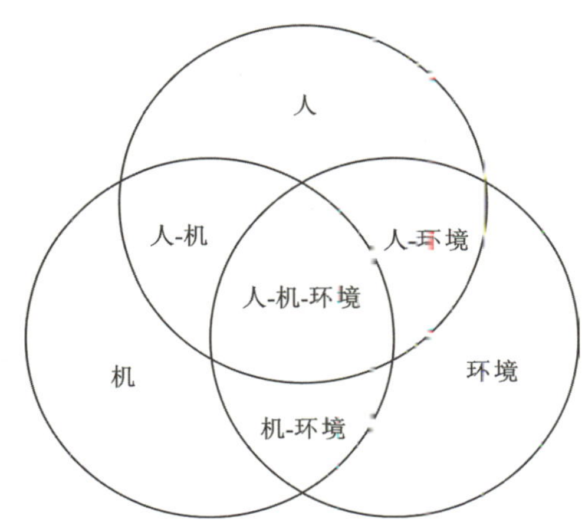

图2–5　人机工学的研究内容

作为一门交叉型学科，人机工学借鉴人体科学、系统工程学等学科的研究方法，包括实测法、观察法、实验法、分析法、模拟试验法、调查法、计算机仿真法等。其中，实测法是借助设备仪器进行实际测量以获得相关参数；观察法是通过人的感官或观察仪器测定并记录操作过程；实验法是通过系统控制变量，对研究对象进行多次观察以得到实验数据；分析法是在获得了一定数据和资料后，通过分析来了解人机工作状态；模拟试验法是通过模拟试验，获得现实中难以获得的数据；调查法是通过问卷调查、考察或访谈等方式获得与研究对象相关的信息；计算机仿真法是在计算机上搭建系统的数学模型进行仿真性实验研究。

设计师必须充分考虑人的因素，以确保设计的“物”能够符合人的生理、心理需求和行为习惯。因此，对人体的结构特点、人与外部环境的关系等进行研究是设计的关键环节。

2.2.1 人体尺寸概述

1. 影响人体尺寸数据的因素

不同人群，身体尺寸数据存在较大差异。针对某一个群体，我们可以运用统计方法，得到相对合理的数据，以确保设计的产品能够满足大多数人的需求。通常情况下，为了获得设计所需的群体尺寸，必须对测量的个体值进行统计分析，使统计数据能够反映该群体的特征。其中运用到的统计参数包括但不限于均值、样本方差、抽样误差，根据对象的特点，选择合理的参数进行统计处理，最终得到合理的人体尺寸数据。

当然，统计分析得出的人体尺寸数据并不能反映所有人类或群体的特征。对人体尺寸产生影响的因素主要有：

（1）地域差异

因生活环境、生活方式不同，不同国家和地区的人，身体尺寸存在差异。表 2-1 为 2019 年部分国家和地区 19 岁男性和女性身高平均值。同一国家，因地理位置不同，人的身高也存在差异。比如美国，男性平均身高 176.9cm，女性平均身高 163.3cm。

表 2-1　2019 年部分国家和地区 19 岁男性和女性身高平均值

国家	平均身高/cm	男性平均身高/cm	女性平均身高/cm
荷兰	177.1	183.8	170.4
德国	173.2	180.3	166.2
丹麦	175.7	181.9	169.5
冰岛	175.5	182.1	168.9
拉脱维亚	175.0	181.2	168.8
法国	171.5	178.6	164.5
捷克	174.6	181.2	168.0
新西兰	171.2	177.7	164.7
美国	170.1	176.9	163.3
中国	169.6	175.7	163.5

（2）种族差异

受地理环境、生活习惯、基因特质等因素影响，不同种族的人，身体尺寸存在差异。以美国为例，最高的人种是白种人，平均身高为 177cm；其次是非洲裔美国人，平均身高为 176.4cm；墨西哥裔美国人和西班牙裔美国人的平均身高都是 171cm；亚裔美国人是 170cm。①

（3）时代差异

人体尺寸数据具有较强的时效性。不同时代，因生活条件不同，人体尺寸也会不同，比如第二次世界大战时期，入伍的士兵平均身体尺寸超过了第一次世界大战时期士兵平均身体尺寸；通常子女比父母长得高。设计师在开展设计工作时，若使用多年前的人体尺寸数据的话，出现不适配的可能性非常大。近几十年来，随着人们生活理念的变化和城市化进程的加快，我国居民身体尺寸也在发生变化。目前我国人机工学基础数据相对滞后，可供查阅的人体尺寸数据资料相对老旧，设计师在开展设计工作时，可根据实际情况选择参考数据或亲自测量和统计。

（4）年龄差异

人体尺寸随着年龄增长而变化。儿童期身体处于不断生长中，青春期后生长逐渐减缓，如图 2-6 所示。一般认为，女性的生长在 18 岁左右结束，男性在 20 岁左右结束。

（5）性别差异

儿童期，特别是 3 ～ 10 岁时，男女身体尺寸差别较小。步入青春期后（约 10 岁以后），男女身体尺寸出现明显差别。一般男性肩部宽、骨盆窄，肌肉起伏显著，脂肪少，腰部以上发达，具有上大下小的体型特征；女性肩部窄，骨盆宽，脂肪较多，肌肉起伏不明显，腰部以下发达，具有上小下大的体型特征。在设计中应注意这些性别差异。

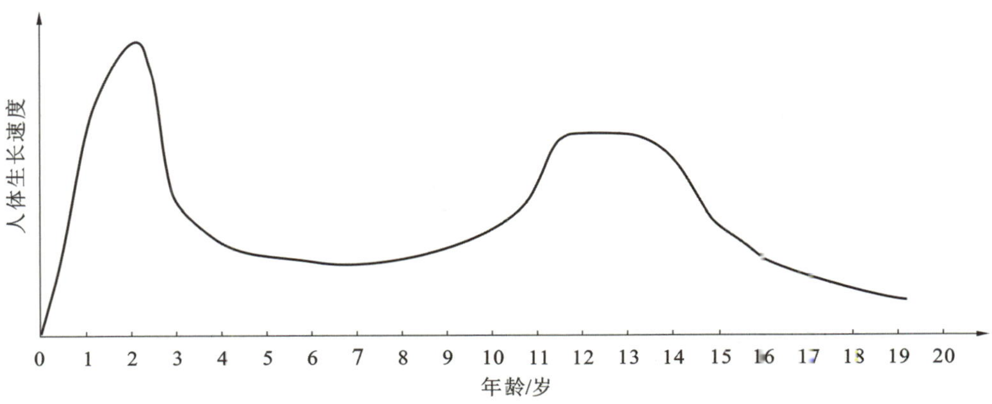

图2-6 人体生长图

①FRYAR C D，GU Q，OGDEN C L，et al.Anthropometric reference data for children and adults：United States, 2011-2014[J].Vital and health statistic,2016(39):1-46.

（6）职业差异

由于部分职业具有特殊性，从事不同职业的人，形体上存在差异，如篮球运动员通常比较高大，所以在为从事特定职业的人群提供设计服务时，应充分考虑该职业的特殊性。

（7）其他差异

地理环境、社会发达程度、饮食习惯等因素均会对人体尺寸产生影响，如我国北方居民的平均身高通常高于南方居民，城镇居民平均身高通常高于农村居民。

2. 常见的人体测量内容及方法

在绝大多数领域，人体尺寸数据受到工程师和设计师的重视并得到运用。在设计领域，我们更关注数据的来源和运用场景，比如建筑与室内设计中门洞、走廊、楼梯的尺寸和房间的空间尺寸及视觉尺寸，服装设计中衣服的尺寸，机器设备操作过程中人的肢体范围等都和人体尺寸有着直接或间接的关系。专业的人体测量涉及常用术语、测量的工具和方法、统计方法等内容。国家标准《用于技术设计的人体测量基础项目》（GB/T 5703—2023）中规定了人体测量工具、测量项目、测量方法等内容。这些内容不作为获取人体测量数据的准则，但可为设计师提供在解决任务时需要用的有关测量原则方面的资料。常用的人体测量工具有直脚规（图 2–7）、弯脚规（图 2–8）、角度计（图 2–9）、三脚平行规（图 2–10）、测高仪、软尺。常见人体测量项目见图 2–11。

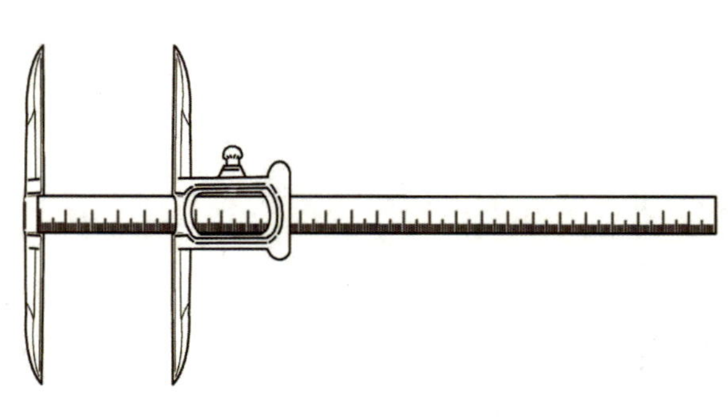

图2–7 直脚规

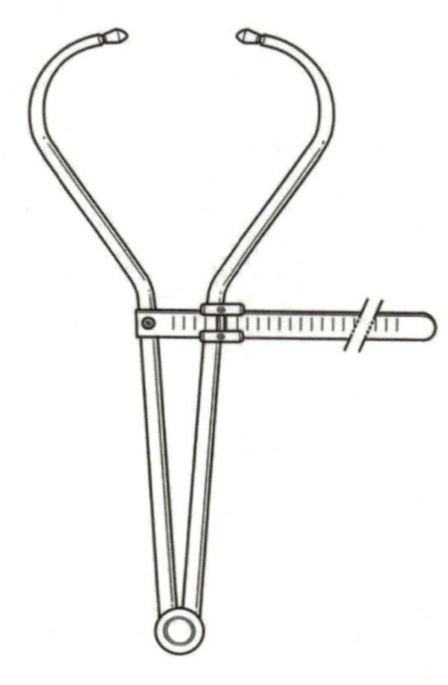

图2–8 弯脚规

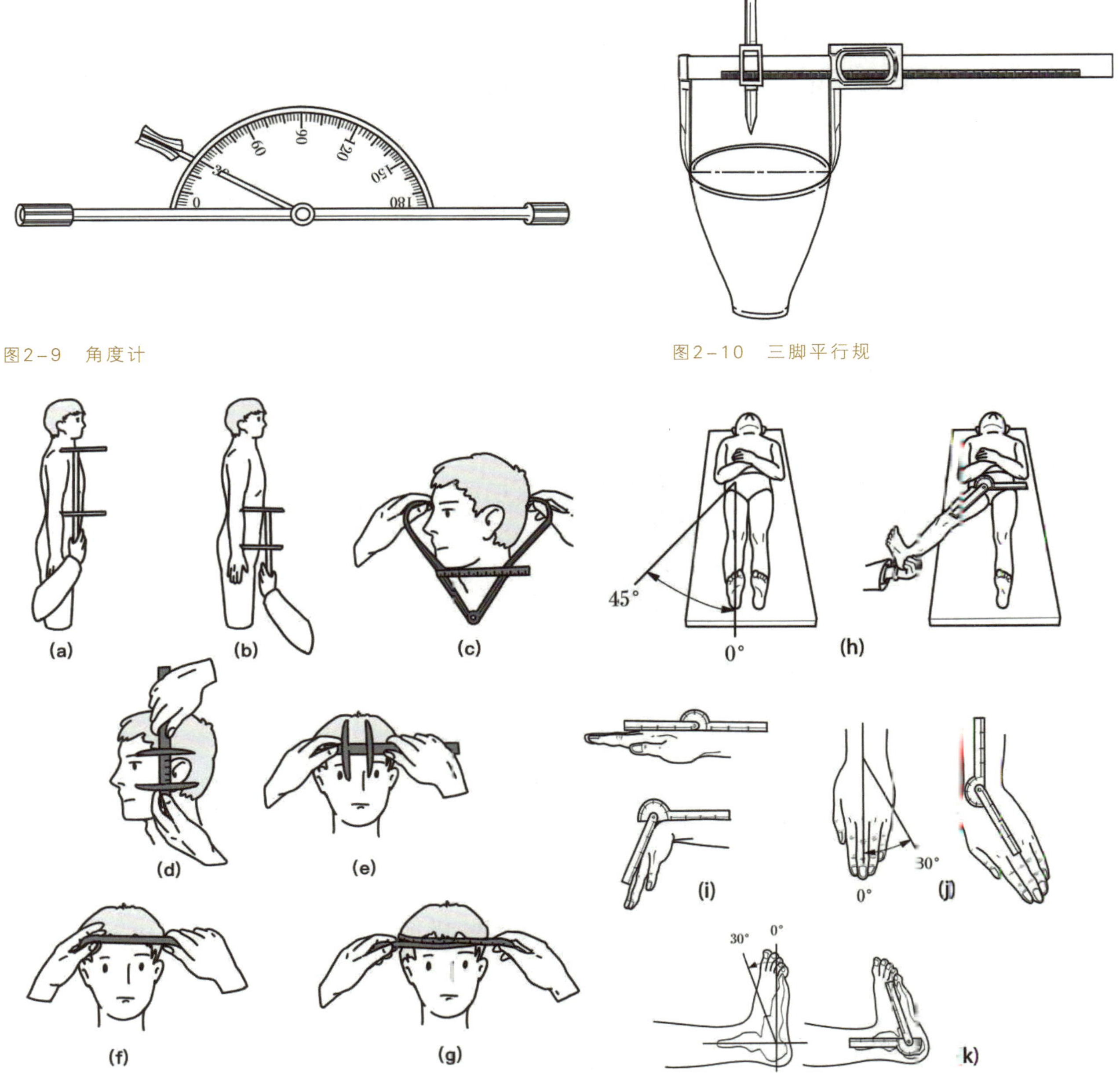

图2-9 角度计

图2-10 三脚平行规

图2-11 常见人体测量项目

直脚规可以测量两点间的直线距离，尤其适用于测量不规则部位的宽度或厚度，如测量耳、脸、手、足等部位的尺寸；弯脚规能直接测量直尺不能测量的两点间的距离，如测量胸厚、肩宽等；角度计用来测量人体关节可活动角度范围，如以腕关节为轴心，手掌上下活动的角度。

人体测量的主要方法有：①普通测量法。通过直脚规、弯脚规、三脚平行规、测高仪、软尺等测量工具测量人体尺寸。这一测量方法成本低廉、操作简便，但是耗时长且数据出错率高。②摄像法。使用照相机或摄影机等设备作投影进行测量。③三维数字化人体测量法。随着计算机技术和三维扫描技术的发展，三维人体扫描仪可以更加精准地对人体数据进行无接触式测量。目前这种测量方法在多个领域被广泛运用，如服装三维设计、三维虚拟试衣、服装定制、三维动画设计、三维雕刻、逆向工程等。

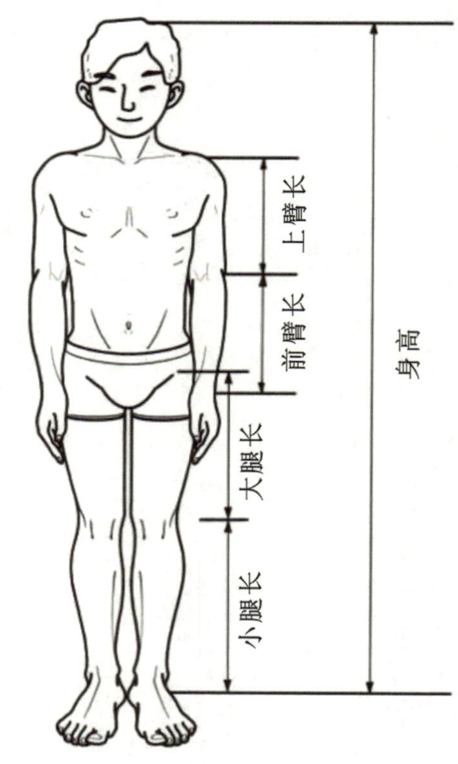

图2-12 成年人人体的主要尺寸

3. 一些主要的人体尺寸

人体尺寸主要包括人体结构尺寸和功能尺寸。前者是指人体的静态尺寸，是人体处于固定的标准状态时测量的尺寸；后者是指人的动态尺寸，是人在进行某种功能活动时肢体所能达到的空间范围。国家标准《中国成年人人体尺寸》（GB/T 10000—2023）包含52项人体尺寸基础数据，代表了18～70岁中国成年人的身体尺寸，图2-12和表2-2所示为我国成年人人体的主要尺寸。

表2-2 我国18～70岁成年人人体的主要尺寸

测量项目	男性							女性						
	百分位数													
	P1	P5	P10	P50	P90	P95	P99	P1	P5	P10	P50	P90	P95	P99
身高/mm	1528	1578	1604	1687	1773	1800	1860	1440	1479	1500	1572	1650	1673	1725
上臂长/mm	277	289	296	318	339	347	358	256	267	271	292	311	318	332
前臂长/mm	199	209	216	235	256	263	274	188	195	202	219	238	245	256
大腿长/mm	403	424	434	469	506	517	537	375	395	406	441	476	487	508
小腿长/mm	320	336	345	374	405	415	434	297	311	318	345	375	384	401
体重/kg	47	52	55	68	83	88	100	41	45	47	57	70	75	84

在设计中，除了考虑人的结构尺寸外，还应充分考虑人的功能尺寸，以保证动作的协调，如人体手臂能达到的范围受到肩的运动、躯体的转动等因素影响。因此，在家具设计或空间设计中，人的动态尺寸应大于人的身体尺寸。图2-13为某时装商店用于展示服装的衣架设计，图2-14为某图书馆目录柜空间设计。

图2-13 某时装商店用于展示服装的衣架设计（单位：mm）

图2-14 某图书馆目录柜空间的设计（单位：mm）

人体各关节的活动范围有限，超过限度，会造成损伤。人体处于各种舒适姿势时，关节必然处在一定的舒适调节范围内。表2-3为人体重要活动范围和身体各部位舒适姿势调节范围，该表中的身体部位及关节示意见图2-15。

表2-3 人体重要活动范围和身体各部位舒适姿势的调节范围

身体部位	关节	活动	最大角度/（°）	最大范围/（°）	舒适调节范围/（°）
头至躯干	颈关节	低头，仰头 左歪，右歪 左转，右转	+40，−35 +55，−55 +55，−55	75 110 110	+12～25 0 0
躯干	胸关节 腰关节	前弯，后弯 左弯，右弯 左转，右转	+100，−50 +50，−50 +50，−50	150 100 100	0 0 0
大腿至髋关节	髋关节	前弯，后弯 外拐，内拐	+120，−15 +30，−15	135 45	0（+85～+100） 0
小腿至大腿	膝关节	前摆，后摆	+0，−135	135	0（−95～−120）
脚至小腿	踝关节	上摆，下摆	+110，+55	55	+85～+95
脚至躯干	髋关节 膝关节 踝关节	外转，内转	+110，−70	180	−0～+15
上臂至躯干	肩关节 （锁骨）	外摆，内摆 上摆，下摆 前摆，后摆	+180，−30 +180，−45 +140，−40	210 225 180	0 （+15～+35） +40～+90
下臂至上臂	肘关节	弯曲，伸展	+145，0	145	+85～+110
手至下臂	手腕关节	外摆，内摆 弯曲，伸展	+30，−20 +75，−60	50 135	0 0
手至躯干	肩关节 肘关节 手腕关节	左转，右转	+130，−120	250	−30～−60

注：给出的最大角度适用于一般情况。年纪较大的人大多低于此值。此外，在穿厚衣服时角度要小一些。

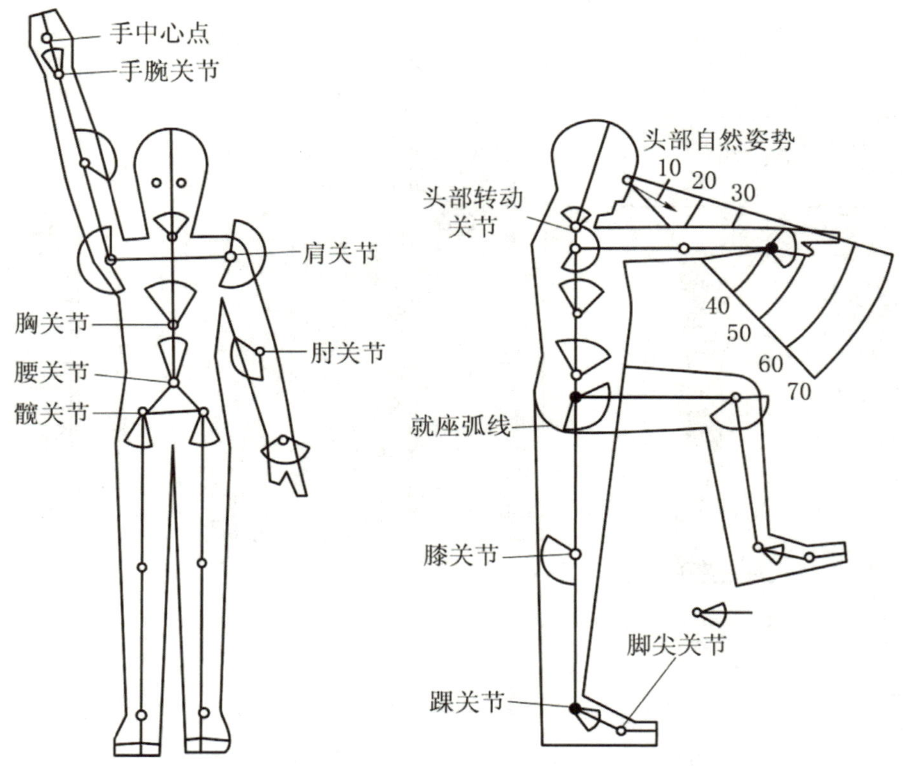

图2-15　人体各部位及关节示意图（单位：cm）

4. 人体尺寸数据的应用

在确定所设计的产品类型及等级后，选择人体尺寸百分位数的依据便是满意度，即所设计的产品在尺寸上能够满足多少人使用，通常以百分率表示，即适合使用该产品的用户数与目标用户总数的比值。产品类型、等级、百分位数与满意度的关系见表 2-4。

表 2-4　产品类型、等级、百分位数与满意度的关系

产品类型	产品等级	百分位数的选择	满意度
I型产品	涉及人的健康、安全的产品	选用P99、P1作尺寸上下限值的依据	98%
	一般工业产品	选用P95、P5作尺寸上下限值的依据	90%
ⅡA型产品	涉及人的健康、安全的产品	选用P99、P95作尺寸上限值的依据	99%或95%
	一般工业产品	选用P90作尺寸上限值的依据	90%
ⅡB型产品	涉及人的健康、安全的产品	选用P1、P5作尺寸下限值的依据	99%或95%
	一般工业产品	选用P10作尺寸下限值的依据	90%
Ⅲ型产品		选用P50作尺寸设计的依据	
成年男女通用产品		选用男性P99、P95或P90作尺寸上限值的依据	
		选用女性P1、P5或P10作尺寸下限值的依据	

以上数据是产品设计中常用的参考数据，特殊情况下，可灵活使用。有时，一种规格的产品无法满足用户需求，可通过搭配其他附件、设计多种可选尺寸等方式作为补充。例如在设计电脑屏幕的放置位置时，如果有可调节性，就能覆盖从第 5 百分位到第 95 百分位或更大范围，同时，设计过程中还要考虑座椅高度、座椅弹性等因素。

此外，人体模型（图 2-16）亦可作为一种重要的系统设计的工具。设计师可根据设计需要，自制或通过专业渠道购买人体模型。

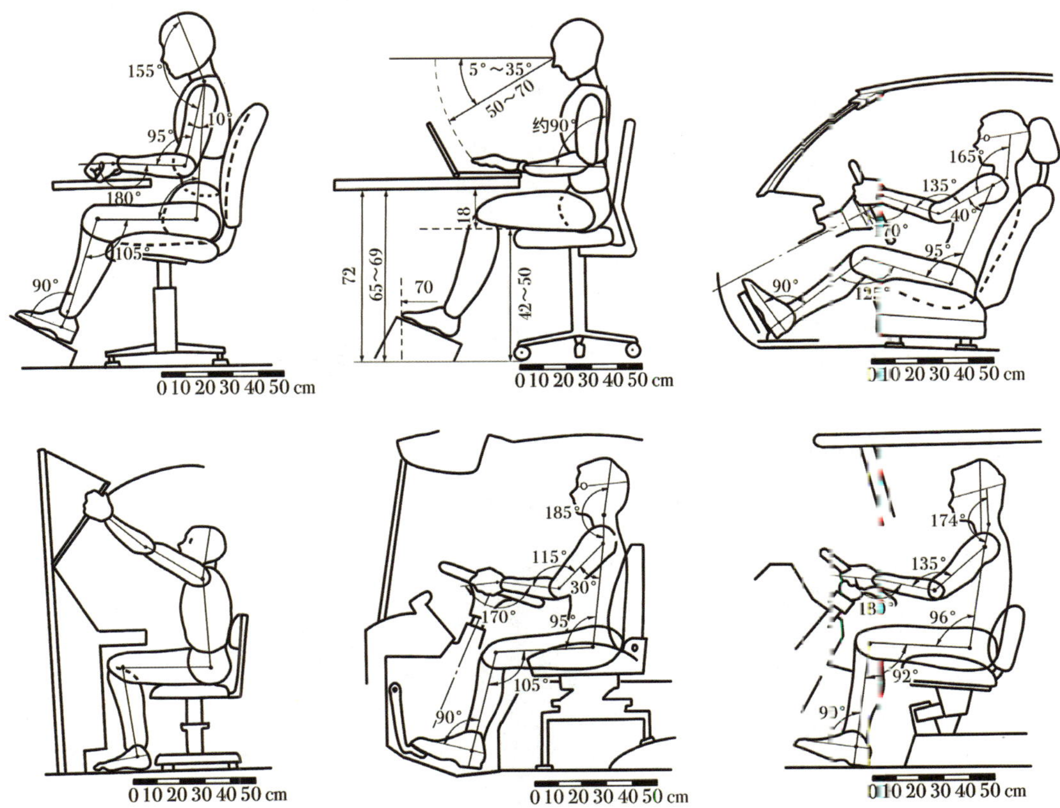

图2-16　几种典型作业的人体坐姿模型

2.2.2 人的生理感觉

感觉是人脑对直接作用于感觉器官的客观事物的个别属性的反映，如视觉、听觉、肤觉、嗅觉等。

感觉的基本特征包括：①适宜刺激，即感觉器官对某种能量形式的刺激产生感觉，如视觉的适宜刺激为可见光，听觉的适宜刺激为一定频率的声波等。②感受性，即感觉器官对适宜刺激的感受能力，用感觉阈限来衡量，如人类一般可以听到的声音频率为 20 ～ 20000Hz，健听人一般可听到上述频率内强度在 0 ～ 25dB 的声音。③适应，即感觉器官受到连续刺激后，在刺激不变的条件下，敏感性降低的一种表现。如用较强的噪声持续作用于人，人会出现听觉感受减弱的现象，这便是听觉适应。④相互作用，即在一定条件下，各种感觉器官对其适应刺激的感觉能力都将因受到其他刺激的干扰而减弱的一种现象。如熟食店的暖色灯光会刺激人的食欲，微光刺激可提高听觉的感受性，强光刺激会降低听觉的感受性。⑤对比，即感觉器官在不同条件下受到同一刺激时，感受性发生变化的现象，如视错觉现象。⑥余觉，即刺激消失后，感觉依然会持续一段时间的现象。

1. 视觉

人的感觉器官中，眼睛是接收外界信息最多的器官。视觉由眼球、视神经和视觉中枢的共同活动产生。眼睛接收光刺激，将感受到的光波刺激转变为神经冲动，神经冲动经视神经传导至大脑的视觉中枢，从而产生视觉。眼睛的构造类似于照相机，视网膜相当于感光胶片，角膜和晶状体相当于调焦系统，瞳孔相当于光圈，虹膜调节瞳孔大小，光线通过角膜和晶状体折射，聚焦在视网膜上形成图像，如图 2–17 所示。

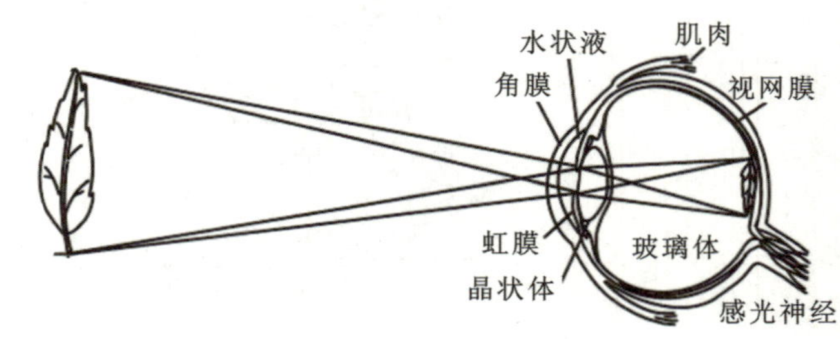

图2–17 视网膜成像原理图

视野是指人所能看到的空间范围，用视角表示（图 2–18）。在人的头部和眼球固定不动的情况下，人能看到的空间范围叫作直接视野；在头部固定而眼球转动的情况下，人眼注视某中心点能看到的空间范围叫作眼动视野；在头部和眼球自由转动的情况下，人能看到的空间范围叫作观察视野。视野与照明条件有一定关系，照明充分，则视野相对较大。

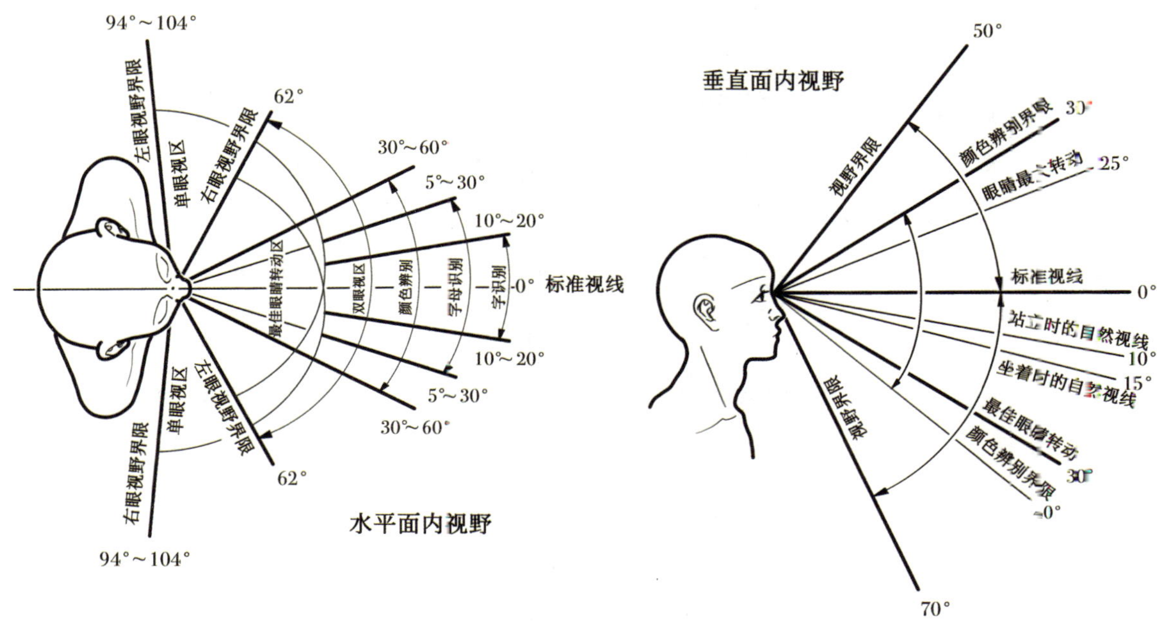

图2-18 视野示意图

人眼为什么能区别不同颜色？这一问题常用光的“三原色学说”来解答。该学说认为红、绿、蓝是组成光的三种基本色，其余的颜色都可由这三种颜色按照比例混合而成。同时，视网膜中有三种锥状细胞，含有三种光的感光色素；三种基本色引起三种锥状细胞产生复杂的光化学反应，最终将信号传输给大脑皮层，视觉感受由此产生。不同颜色对人眼的刺激不同，因此色觉视野也不同。图2-19所示为水平和垂直方向的几种色觉视野。

光的亮度不同，视觉器官的感受性也不同，亮度的变化会引起感受性的变化。当人从亮处进入暗处时，需要经过一段时间的适应才能看清周边物体，这种适应过程为暗适应。暗适应需要约30min。与暗

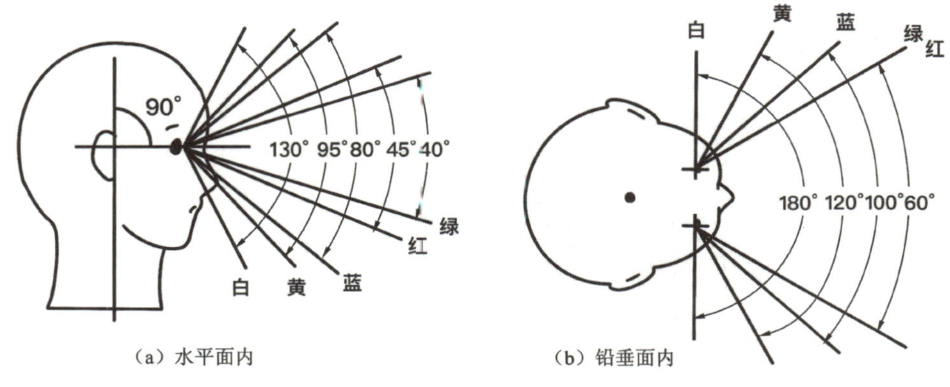

图2-19 色觉视野示意图

适应相对应的是明适应，明适应仅需 1min 左右。在明暗急剧变化时，人眼无法快速适应。另外，频繁地适应各种不同亮度，会引起视觉疲劳甚至引发事故，我们可以通过调节光亮度或佩戴专业设备来避免亮度变化带来的不便。

2. 听觉

耳朵是仅次于眼睛的重要感觉器官，其适宜的刺激是声音。一般人可听到的声音频率为 20 ～ 20000Hz，若不计个体差异，影响听觉最重要的因素是年龄。人到 25 岁左右时对 15000Hz 以上声音的敏感度开始降低，随着年龄的增长，听力降低；但对 1000Hz 以下声音的敏感度不受影响，最敏感的声音频率范围是 1000 ～ 3000Hz。人耳对声音频率的敏感度高于对声音强度的敏感度。人耳刚好能听到的最小声音强度称为听阈，让人耳产生疼痛感的极限声强为痛阈，介于听阈和痛阈之间的范围称为听觉区域。一般情况下，人耳最高可承受 120dB 的声音强度，若超过该强度，会产生压痛感。

一个声音被另一个声音掩盖的现象，称为掩蔽。一个声音的听阈因另一个声音的掩蔽作用而提高的效应，称为掩蔽效应。掩蔽效应与掩蔽声的主体声的相对频率和相对强度有关。两个声音同时出现时，耳朵选择声音强度大的那一个；两个声音强度相同而频率不同时，耳朵容易选择低频声。当噪声声压级超过语音 20dB 时，交谈困难；超过 25dB 时，基本无法交谈。掩蔽效应在掩蔽声消失后还会延续一段时间的现象称为听觉残留或残余掩蔽。

3. 嗅觉

空气中的物质微粒作用于鼻腔上的感受细胞，刺激人体产生神经冲动，神经冲动经嗅神经等传入大脑皮层，从而产生嗅觉。嗅觉的适应速度比较快，但有选择性。对于某种气味，经过一段时间后嗅觉感受性会下降。正如古语所说的“入芝兰之室，久而不闻其香”“入鲍鱼之肆，久而不闻其臭”。

嗅觉的可记忆性强，可唤起强烈的情绪反应，可增强学习效果和回忆能力。

4. 肤觉

皮肤具有调节体温，帮助分泌、排泄等功能，由皮肤感觉器官产生的感觉叫肤觉，包括触觉、痛觉、温度觉等，肤觉的变化会引起情绪的波动。

触觉和视觉一样，是人们获得空间信息的主要感觉通道。触觉感受器引起的感觉是非常精准的，能够帮助人们辨别物体的硬度、光滑程度以及表面肌理等。在人机系统的操纵装置设计中，经常利用人的触觉特性，设计具有各种不同触感的操作装置，以便操作者能够依靠触觉准确地控制各种不同功能的装置。皮肤的不同区域对触觉感受性有相当大的差别，这种差别主要与皮肤的厚度、神经分布状况有关。指尖和舌尖能够相对准确地给触觉刺激点定位，其平均误差仅 1mm 左右。

温度觉是感受不同温度范围的感受器受外界环境中的温度变化刺激所产生的感觉。人的皮肤温度在 32℃左右，故 32℃左右的温度刺激不会让人产生冷热感，称为生理零度。当皮肤受到的温度刺激低于 −10℃或超过 60℃时，人会产生痛感。

2.2.3 人的心理知觉

虽然感觉和知觉都是人脑对直接作用于感觉器官的客观事物的反映，但二者又是有区别的，感觉反映客观事物的个别属性，而知觉反映对客观事物的整体认识。以人的听觉为例，听知觉反映的是一段曲子、一首歌或一种语言，而听觉反映的只是一个个高高低低的声音。所以，感觉和知觉是人对客观事物的两种不同层面的反映。在生活或生产活动中，人都是以知觉的形式反映事物，感觉是知觉的组成部分，存在于知觉之中，很少有孤立的感觉存在。

知觉具有以下特征：

（1）整体性

在知觉对象时，把由许多部分或多种属性组成的对象看作具有一定结构的统一整体，这一特性称为知觉的整体性。例如，观察图 2–20（a）时，不是把它感知为不规则的黑色斑点，而是感知为由黑色斑点组成的一只可爱的小狗形象。同样，在观察图 2–20（b）时，最初会感知到一些深浅不一的黑灰色斑点，而后很快会通过其浅色色块感知到一个长方形。

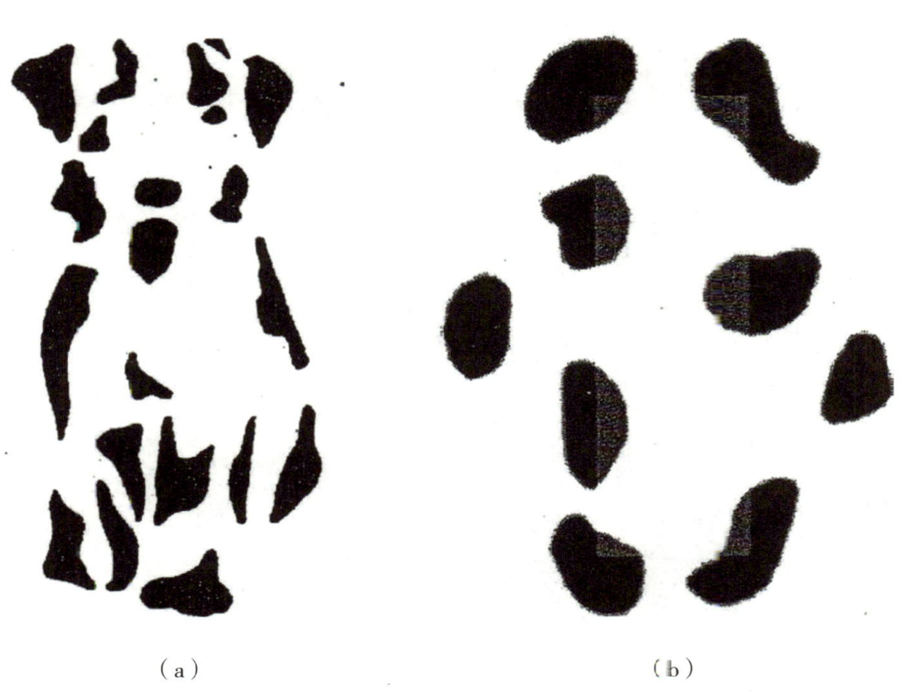

（a）　（b）

图2–20　知觉的整体性示意图

（2）选择性

在知觉对象时，把某些对象从某背景中优先区分出来，并予以清晰反映的特征，称为知觉选择性特征。从背景中区分出知觉对象，一般受下列因素影响：

①对象和背景的差别。对象和背景的差别（包括颜色、形态、刺激强度等）越大，对象越容易从背景中区分出来，并优先突出，得到清晰的反映；反之，则越难以区分。例如，重要新闻用红色套印或用特别的字体排印就非常醒目，特别容易区分。

②对象的运动。在固定不变的背景中，运动的刺激物容易成为知觉对象。例如，航道的航标用闪光作信号，更能引人注意，提高知觉效率。

③主观因素。人的主观因素对于选择知觉对象相当重要，当任务、目的、知识、经验、兴趣、情绪等因素不同时，选择的知觉对象便不同。例如，情绪良好、兴致高涨时，知觉对象的选择面就广；而处于抑郁状态时，知觉对象的选择面就窄，会出现视而不见、听而不闻的现象。

知觉对象和背景的关系不是固定不变的，而是可以相互转换的。如图 2–21 所示，

图2–21　双关图

这是一张双关图。在知觉这种图形时，既可知觉为黑色背景中的白色花瓶，又可知觉为白色背景中的两个黑色侧面人像。

（3）理解性

在知觉对象时，用以往所获得的知识和经验来理解当前的知觉对象的特征，称为知觉的理解性。正因为知觉具有理解性，所以在知觉一个事物时，与这个事物有关的知识、经验越丰富，对该事物的知觉就越丰富，对其认识也就越深刻。例如，同样一幅画，艺术鉴赏水平高的人，不但能理解画的内容和寓意，还能根据自己的知识、经验感知画中的许多细节；而缺乏艺术欣赏能力的人，无法知觉到画中的细节。语言提示能唤起人们已有的知识和经验，使人对知觉对象的理解更迅速、完整。例如，图 2–22（a）提示为立体的东西，观察者可以知觉到向内凹或向外凸的立体图形。对于图 2–22（b）所示的简单图形，当提示为小动物时，观察者注视左侧，看到的是鸭子；观察者如果再注意右侧，则看到的是兔子。在观察图 2–22（c）所示图形时，没有语言提示的情况下，观察者可能仅在黑色几何图形上找答案，当提示为英文字母时，观察者会迅速从背景中区分出“DYL”字母。

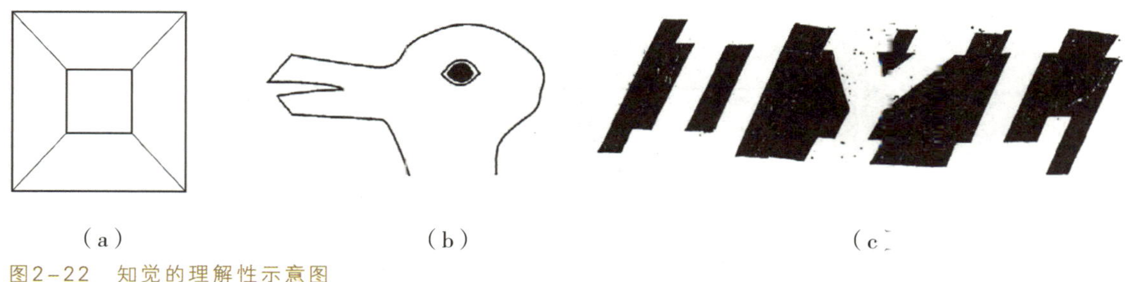

图2-22　知觉的理解性示意图

2.3

基于人机工学的产品体验设计原则、流程

2.3.1　基于人机工学的产品体验设计原则

人机工学的主要研究目的是使产品的设计适应人，以确保人使用产品时简便省力、迅速准确、安全舒适，充分发挥人机效能，使人-机-环境系统获得最佳效益。我们一般从以下几个方面来评价产品人机工学的合理性。

①产品与人体的尺寸及用力是否配合。

②产品是否方便使用。

③是否能避免使用者在操作时出现意外伤害和错用时产生危险。

④各操作单元是否实用，元件是否容易识别。

⑤能否向使用者提供视觉、触觉感官反馈。

⑥产品是否便于清洗、保养和修理。

运用人机工学相关知识解决产品设计中的问题，保证使用者能安全使用和舒适体验是设计师的职责所在。结合人的使用习惯和人机工学的内容，我们将基于人机工学的产品体验设计原则归纳如下。

1. 确保使用者保持中性姿势

中性姿势是指完成某个动作的时候，身体能保持自然或平衡状态，并承受最小的压力，确保关节的转动符合人体生理特点。保持中性姿势使肌肉、肌腱、神经和骨骼所承受的压力最小，肌肉能够产生最大的力量。当一个关节不是处于中性姿势时，肌肉和肌腱要么收缩要么伸长。与中性姿势相对的则是“尴尬姿势”。尴尬姿势给人带来不舒适的感受，同时给人的肌肉骨骼系统带来较大的压力（图 2-23）。人长时间保持尴尬姿势，对产品使用的舒适感会降低，造成肌肉骨骼失调（MSDs）等，因此应该避免长时间保持尴尬姿势。

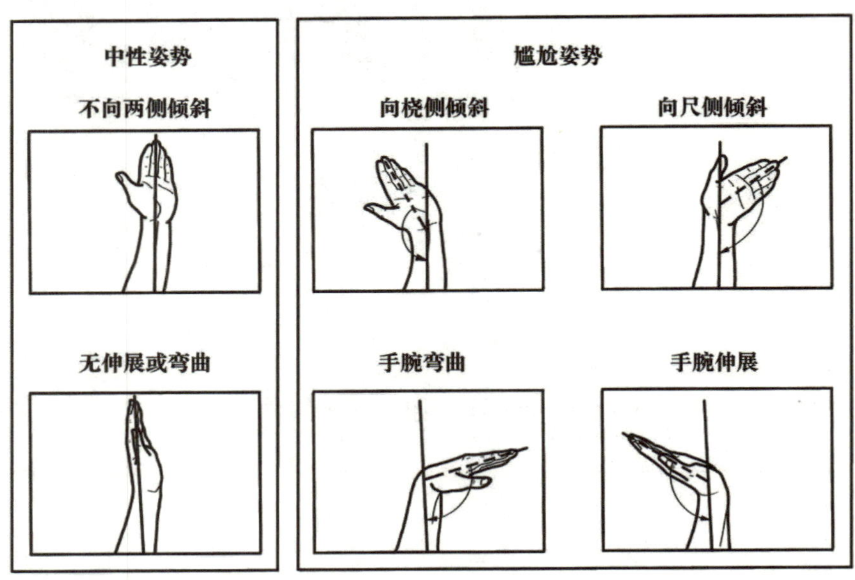

图2-23 手腕的中性姿势和尴尬姿势

2. 消除过度用力

过度用力是操作设备的主要危险因素之一。许多工作需要使用较大的力量来完成。为了满足高强度工作要求，不得不过度用力，这增加了肌肉疲劳和损伤的风险。

当完成一项工作需要过度用力时，设计师应寻求方法来避免这种情况。消除过度用力能够减少肌肉疲劳和损伤的风险。通常，可使用平衡系统、可调节高度的升降台、动力设备等辅助工具来减少力量的消耗。

3. 减少多余的动作

多余的动作会消耗产品使用者的体力和精力，降低产品使用的舒适度，甚至分散人的注意力，带来危险。设计师在设计产品时，应考虑到产品使用时可能出现的多余动作，尽量减少以提升产品的使用效率和安全性，如可采取整合功能、简化操作流程等方法。有些重复性动作也属于多余动作，若难以避免重复性动作，可通过减少过度用力和保持中性姿势来减少风险。

4. 保证合理的工作区域

保证合理的工作区域，是避免受伤、提升效率的有效方式之一。设计师应确保操作人员在合理的工作区域内工作。例如，在需要搬运物体时，设计师应设计合理的工作区域（图 2–24），使操作人员的施力区域处于大腿中部和胸部中间的高度范围内，因为这个高度便于手臂和背部发力。

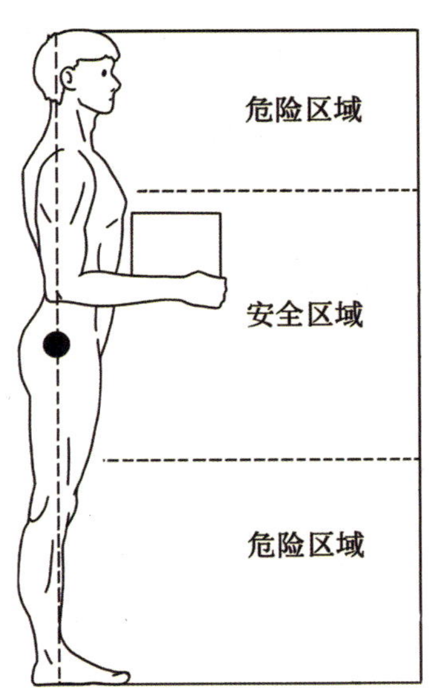

图2-24 人体在搬动物体时的工作区域

5. 避免疲劳

身体不同部位的耐力不同。长时间过度用力、保持某一静态负荷、重复性动作、连续震动或长时间集中注意力等行为均会引起身体疲劳。在产品设计过程中，避免使用者身体疲劳的方法有很多，比如提供充足的空间，使人们能够通过伸展四肢来放松身体。

6. 减小接触应力

接触应力是指两个接触物体相互挤压时在接触区及其附近产生的应力。当坚硬或锋利的物体表面与敏感的身体组织之间持续接触或摩擦的时候，比如将肢体放在尖锐边缘上、将工具手柄压入手掌、用手敲击硬物等，接触应力过大。设计师可通过圆滑处理边缘、增加缓冲垫、使用软性材料等方式减小产品的接触应力。

7. 确保清晰的视野范围

光线昏暗、视线被遮挡、操作区域处于视野之外等均是不良的操作环境。设计师应充分考虑外界的光线强弱、人的视觉特征、视野盲区等因素，确保使用者的视野范围清晰。

8. 提供舒适的工作环境

人的视觉、听觉、嗅觉、肤觉等感觉均会影响人对周围事物的感知和判断。工作环境不仅包括工作区域和视野范围，还包括周围噪声、空气质量、气味、温度、湿度甚至环境美感等。设计师可以创造舒适的工作环境以帮助工作人员或使用者在执行任务的过程中保持良好的身心状态，避免产生焦虑、恐惧、烦躁等不良情绪。

在产品设计中，设计师应运用人机工学原理，确保产品符合人的身体特点，并且能够针对不同人群进行相应的调整。同时，人们对产品的需求处于动态变化中，设计师应注重细节、不断改进、查漏补缺，不断完善产品功能，使产品与时俱进。

2.3.2 基于人机工学的产品体验设计流程

一般的产品设计，在从开发的初期就会考虑人机工学，以确保产品尺寸能够符合人体尺寸。在本章所讨论的基于人机工学的产品体验设计中，我们主要从以下几个步骤来完成设计目标。

1. 任务分析：确定设计目标

在人机工学的产品体验设计之初，设计师需要全面了解产品的现状和未来发展空间，结合人机工学原理分析产品功能的优劣，与管理部门、运营部门、市场部门等部门的同事共同商定产品的可行性设计方向和策略，最终确立明晰的设计目标。

设计师需要根据项目诉求收集相应的产品和市场信息。可以通过问卷调查、产品反馈、查找资料、统计数据、分析竞品等方式收集信息。收集信息可以帮助设计师了解用户喜好、用户期望和用户痛点，挖掘设计的机会点，寻求设计目标。设计师需要根据已掌握的信息，结合企业目标、市场现状等内外环境因素，与团队共同分析设计任务，最终制定出可实现的、可量化的设计目标。

完成设计目标的制定，意味着团队对设计任务达成了共识。下一步应该尝试建立一个有用的信息库，并将其纳入人机工学设计过程。

2. 用户画像：确定目标用户

每一种产品都有目标用户，如尿不湿是为婴幼儿设计的，轮椅是为行动不便的人设计的。确定产品的目标用户非常重要——通过挖掘产品的目标用户，设计师可以调整自己的设计过程。

如果只针对一般群体设计产品，即使它符合人机工学，也可能会失败，因为可能会忽略从根本上改变该设计的重要因素。比如设计一款园艺修剪器，用户群体应包含 70 岁以上的老年人。设计师若没有考虑到这一点，可能会设计一款需要较强握力的年轻人使用的硬挺的剪刀——这并不适合老年人使用。必须将老年群体纳入使用范畴，他们或有关节炎或握力不大，应该设计一款只需较小的握力便可使用的剪刀。

要围绕目标用户，设计符合人机工学的产品，满足目标用户需求。一般情况下，通过年龄、性别、职业等信息来确定目标用户，并以用户画像的方式进行分析。

下面是一个基于人机工学的产品设计用户调研的用户画像示例。

姓名：Jane Smith

年龄：32 岁

性别：女

职业：市场营销专员

工作环境：办公室

身高：165cm

体重：60kg

健康状况：良好，无明显体态异常

工作时间：每周 5 天，每天 8h

工作姿势：长时间坐姿，偶尔站立工作

电脑使用：经常使用台式电脑输入文

本数据，进行数据分析和撰写报告

手部活动：频繁使用鼠标和键盘

眼睛状况：长时间盯着电脑屏幕，偶尔感觉眼睛疲劳

痛点：久坐和长时间使用电脑引起背部和颈部不适；频繁使用鼠标和键盘引起手腕疲劳；眼睛疲劳和干涩

需求和期望：希望产品能支撑背部和提供足够的腿部活动空间，减轻久坐引起的不适；希望在使用键盘和鼠标时手部感觉自然、舒适，减少手腕疲劳；希望产品具有可调节高度和角度的功能，以适应不同的身体尺寸和姿势需求；希望产品的材质优良，不会引起皮肤过敏或不适；希望产品能考虑到眼睛疲劳问题，具有防蓝光、调节亮度等功能；希望产品耐用、功能稳定

愿意支付的价值：愿意为提高工作舒适度和保持身体健康支付合理的价格

以上用户画像可以帮助设计团队更深入地了解目标用户 Jane 的痛点、需求和期望，从而设计出更符合人体工学原理的产品。

3. 行为观察和人体测量：收集整理或测量人机工学的重要数据

确定好目标用户后，便要开始收集整理或测量与设计相关的人机工学数据——人体尺寸和空间尺寸。对于常用的人体尺寸数据，我们可通过查阅相关文献资料来获取，如身体舒适姿势调节范围等。但因人体尺寸受时代、地域、年龄、性别、种族等影响，一般的文献数据并不能完全满足设计需求，因此设计师需要根据具体情况，对已获得的数据进行调整，或者自行测量。在测量时，应满足设计调研和人体尺寸测量的基本要求，如样本的选择和数量、测量工具、统计方法等方面的相关要求。

针对不同的产品，需要收集整理或测量的数据也不同。设计师可以通过网络、书籍等参考资料获取一些常用的人机工学数据，例如扶手椅设计中，坐姿人体尺寸等数据，也可通过查阅相关国家标准获得，见图 2–25 和表 2–5。

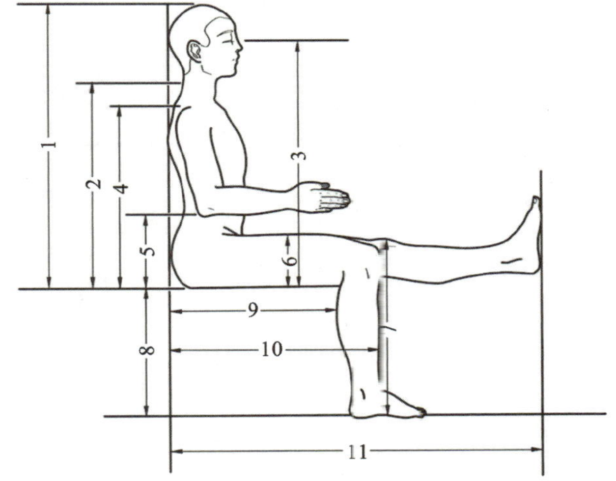

1—坐高；2—坐姿颈椎点高；3—坐姿眼高；4—坐姿肩高；5—坐姿肘高；6—坐姿大腿厚；7—坐姿膝高；8—坐姿腘高；9—坐深；10—臀膝距；11—坐姿下腿长

图2–25　坐姿人体尺寸图

表 2-5 我国 18～70 岁成年人坐姿人体尺寸表

测量项目	男性							女性						
	百分位数													
	P1	P5	P10	P50	P90	P95	P99	P1	P5	P10	P50	P90	P95	P99
坐姿颈椎点高/mm	585	611	621	661	700	711	733	570	589	599	635	668	680	704
坐姿眼高/mm	679	715	729	776	820	830	852	689	708	719	758	795	809	831
坐姿肩高/mm	520	538	556	599	639	650	675	513	531	539	574	610	621	643
坐姿肘高/mm	180	202	213	253	289	300	329	199	220	227	256	292	300	318
坐姿大腿厚/mm	108	119	123	141	162	166	173	105	116	119	137	155	162	173
坐姿膝高/mm	438	456	466	496	527	536	561	424	439	448	478	511	520	542
坐姿腘高/mm	358	374	383	406	434	442	462	348	357	363	389	418	427	449
坐姿两肘间宽/mm	360	381	397	450	504	525	563	300	321	330	369	426	448	507
坐姿臀宽/mm	292	306	317	347	378	385	402	285	303	311	339	372	381	403
坐姿臀-腘距/mm	403	422	435	468	502	513	536	393	416	427	461	495	506	536
坐姿臀-膝距/mm	507	522	531	562	593	603	627	489	508	516	547	582	592	621
坐姿下肢长/mm	800	854	877	941	1002	1029	1067	813	848	861	918	977	995	1043

设计师可基于以上数据，结合使用场景，进行扶手椅产品的设计。扶手椅的基本形式如图 2-26 所示，具体尺寸见表 2-6。

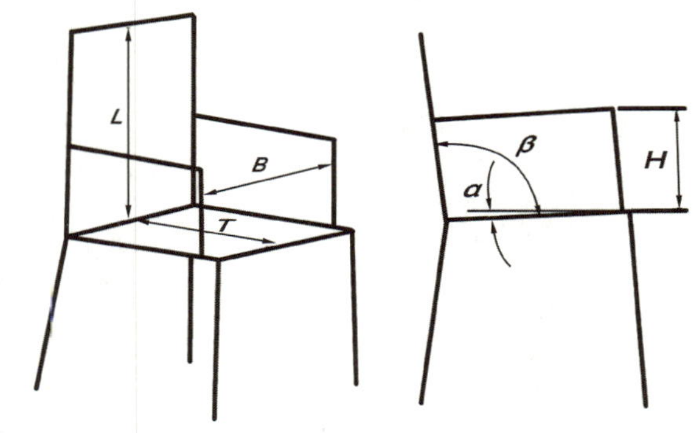

图2-26 扶手椅的基本形式

表 2-6 扶手椅的尺寸表

扶手内宽 B/mm	座深 T/mm	扶手高 H/mm	背长 L/mm	背斜角 β/(°)	座斜角 α/(°)
≥480	400～480	200～250	≥350	95～100	1～4

对于一些特殊的人体数据，则需要设计师亲自测量，例如著名科技公司苹果在进行 EarPods 及 AirPods 系列产品设计的时候，为了使耳机可以舒适地放入耳中，对数百双耳朵进行三维扫描来寻找共性，以确定人们通常的耳道容积（图 2-27），研发广泛适合各种耳型的耳机，最终设计出广受消费者青睐的革命性产品，在商业上获得巨大成功。

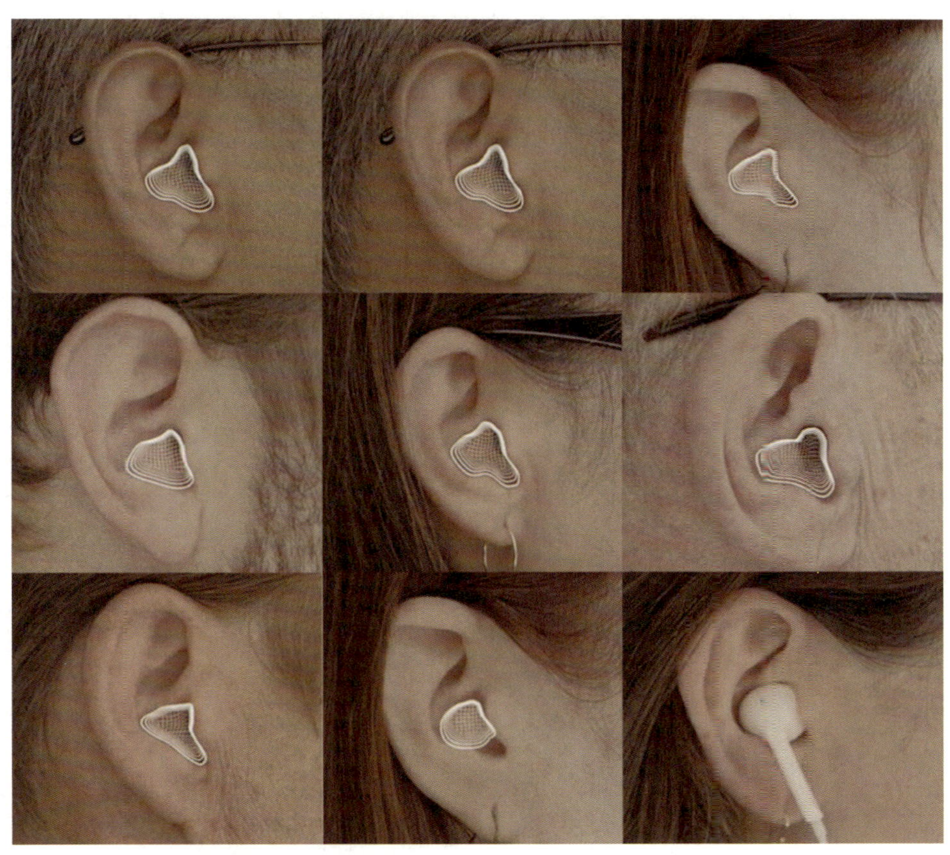

图2-27 苹果公司耳道三维扫描实验

4. 数据模型：绘制人机工学数据模型

当收集了足够的人体尺寸数据的时候，可以以该数据为基础，绘制人机工学数据模型，将数据可视化，并利用该模型来指导设计。人机工学数据模型可以帮助设计师在符合人体作业尺寸的范围内开展设计工作，以确保产品能够合理地为用户所用。

人机工学数据模型可以图表式呈现，如图 2-28 和表 2-7 所示，图 2-29 为人体尺寸和产品形态相结合的示意图，图 2-30 为汽车驾驶座人体尺寸模型。

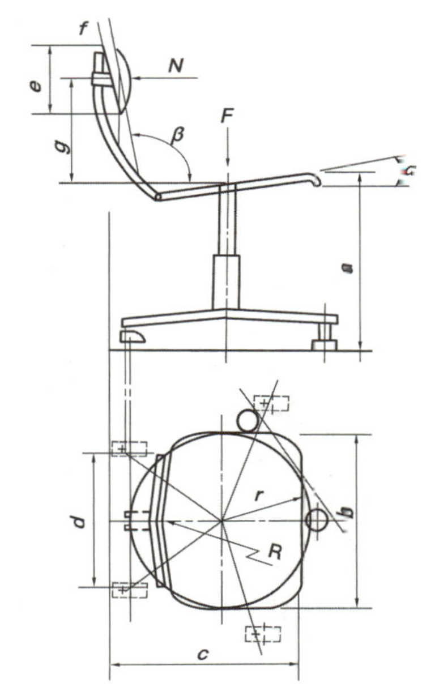

图2-28 一般座椅结构图

表 2-7　工作椅主要参数表

测量项目	符号	数值	测量要点
座高	*a*	360～480mm	在座面上压以60kg、直径350mm半球状重物时测量
座宽	*b*	370～420mm 推荐值400mm	在座椅转动轴与座面的交点处或座面深度方向二分之一处测量
座深	*c*	360～390mm 推荐值380mm	在腰靠高210mm处测量，测量时为非受力状态
腰靠长	*d*	320～340mm 推荐值330mm	
腰靠宽	*e*	200～300mm 推荐值250mm	
腰靠厚	*f*	35～50mm 推荐值40mm	在腰靠上放置直径400mm半球状物，并施以250N力时测量
腰靠高	*g*	165～210mm	
腰靠圆弧半径	*R*	400～700mm 推荐值550mm	
倾覆半径	*r*	195mm	
座面倾角	a	0°～5° 推荐值3°～4°	
腰靠倾角	b	95°～115° 推荐值110°	

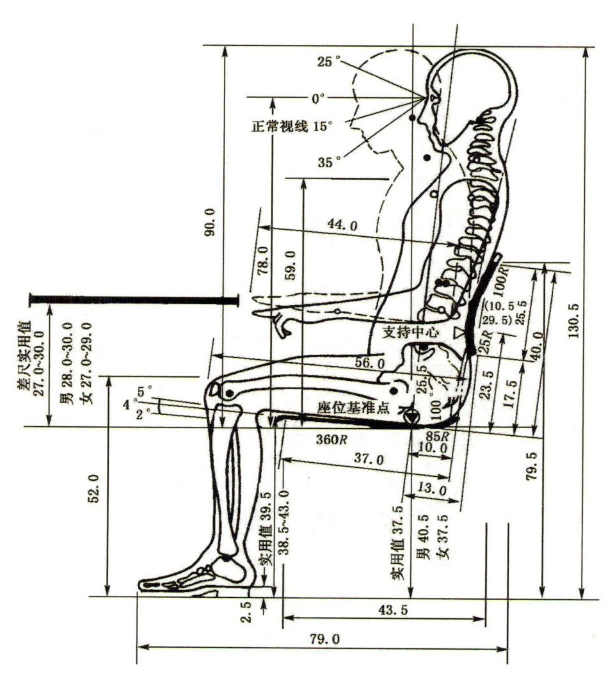

图2-29　应用日本人体测量数据所设计的办公椅尺寸示意图（单位：cm）

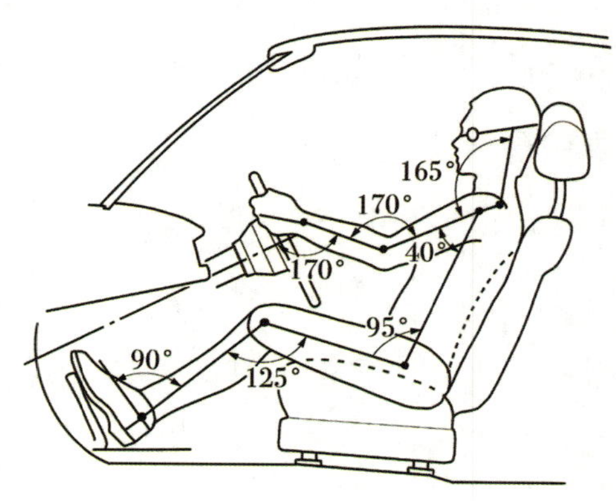

图2-30　汽车驾驶座人体尺寸模型

5. 概念设计：设计符合人机工学的产品

在此阶段，设计师可利用前期获得的市场数据、用户反馈、人体工学数据等信息进行创意概念设计。设计师要善于洞察用户需求和市场趋势，以此作为创意的来源。不同的产品有不同的缺陷：园艺工具可能太重，椅子可能会引起背部不适，一张桌子可能缺乏足够的腿部活动空间，显示器可能缺乏旋转和倾斜功能。理解产品现有的缺陷是必要的，设计师可以从人机工学的角度来分析产品的优点和缺点，避免缺陷并加以改进。这不仅有利于提升产品体验，还可以帮助设计师创造出革命性的产品。

6. 仿真模型：创建及测试产品原型

创建产品原型是人机工学设计过程中不可缺少的一个环节。通过创建产品原型，可以对产品进行测试，评估产品的功能、适用性等。

今天，利用科技创建产品原型比以往任何时候都更容易。3D 打印技术可以用很少的费用创建一个产品原型。

当使用原型来测试产品的可行性时，必须考虑以下几点。

可用性：能按预期使用它吗？

舒适性：使用时会有愉快的体验吗？

方便性：产品容易使用还是难以使用？

花时间使用原型。记录使用过程，并与最初的产品目标进行比较。如果与设计预期相比还有差距，则需要修改设计方案，提高产品可用性。如此往复，将得到满意的产品（图 2–31）。

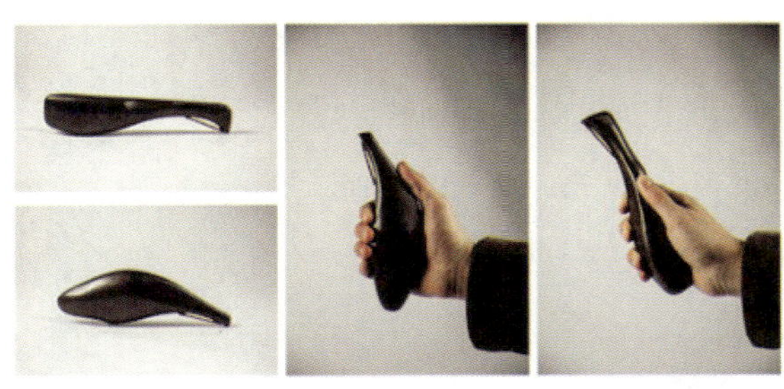

木质模型
研究形态和手部定位
反馈：光滑的、符合人机工学的，但笨重的

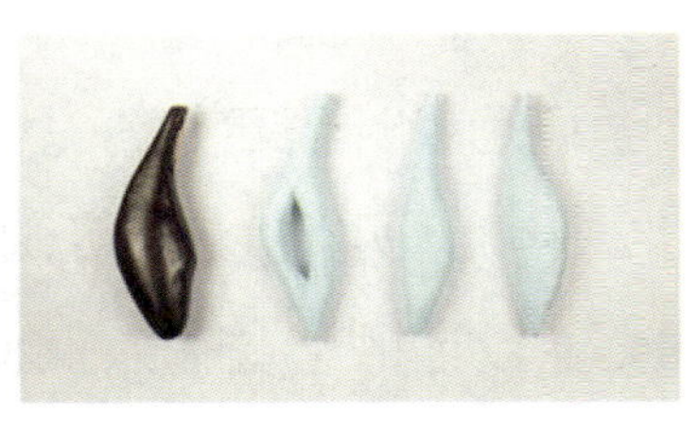

泡沫模型
进一步降低复杂性和视觉重量
反馈：简单的、活力的、符合人机工学的，但是没有跟用户群体对话

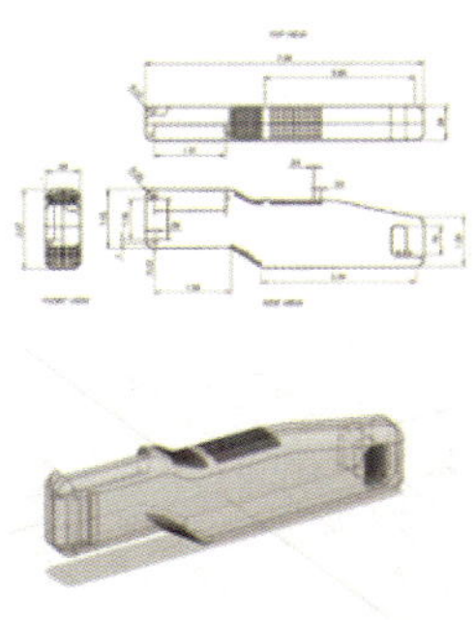

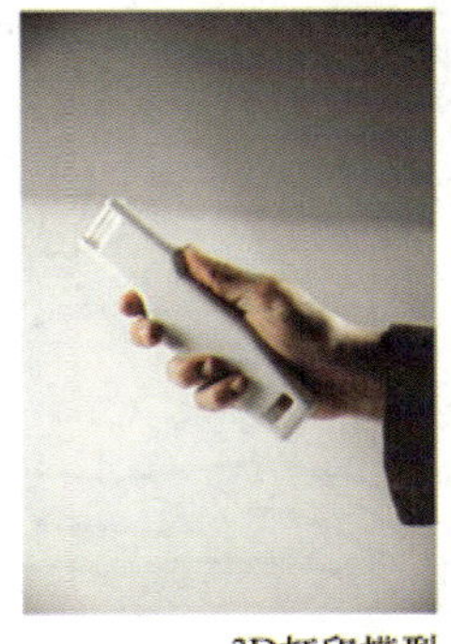

3D打印模型
挖掘CAD模型和数字化制作
反馈：结实的、双刀刃、质地良好、符合人机学

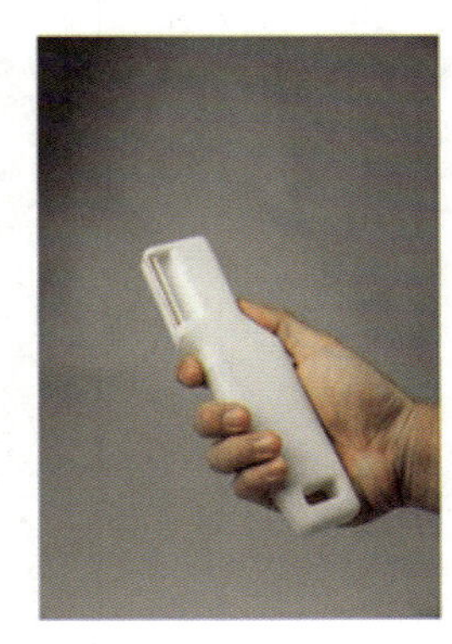

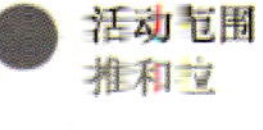

最终模型

图2–31 原型测试过程

7. 其他

在以上步骤的基础上，可通过可用性测试、用户调查反馈等方法对产品进行改进和迭代，以实现用户体验的提升。

2.4

基于人机工学的产品体验设计案例赏析

2.4.1 人机工学键盘设计

键盘是电脑重要的数据输入设备，很多情况下，我们对键盘的依赖程度不亚于屏幕。目前，标准的电脑键盘在一定程度上提供了便捷的输入方式，但是其过于平板化的布局与人肢体匹配度并不高，长期使用普通键盘，手腕和肩部会产生不适，甚至出现劳损。因此，基于人机工学的键盘设计应运而生。微软、罗技等电脑品牌均结合人机工学原理设计了更加舒适、适合长时间使用的电脑键盘（图 2-32 ～图 2-34）。另外，市场上还有针对职业电竞人、工程师、会计师等特殊职业设计的电脑输入设备。

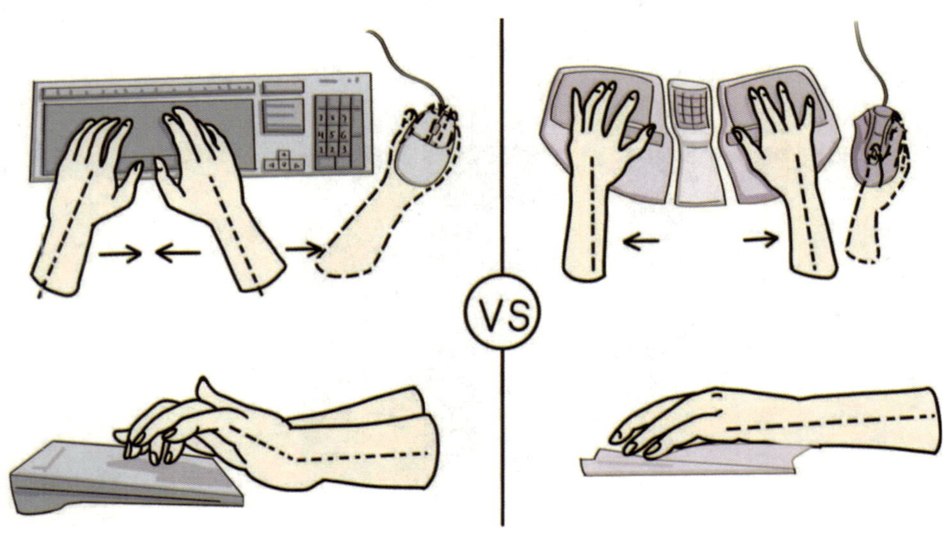

图2-32　普通键盘与人机工学键盘概念图

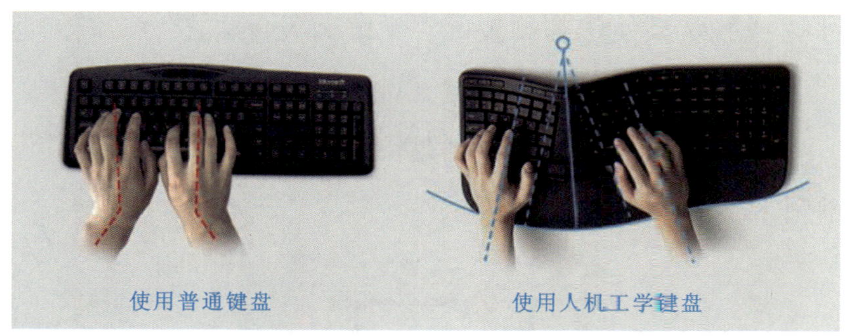

图2-33 普通键盘与人机工学键盘操作对比

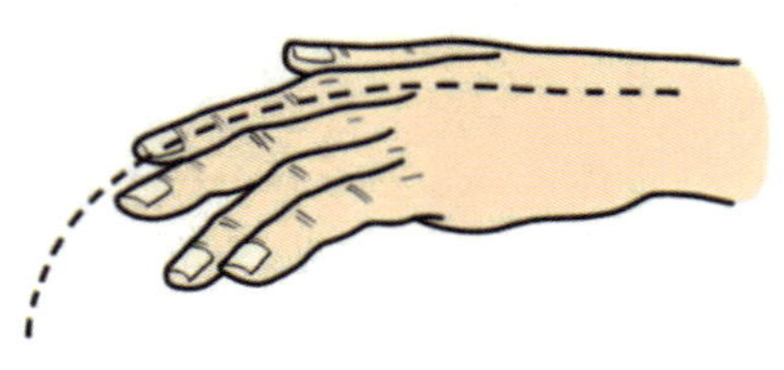

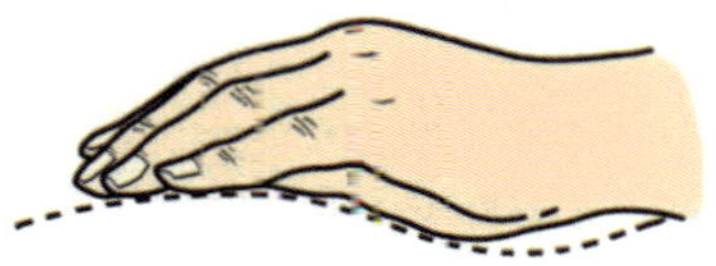

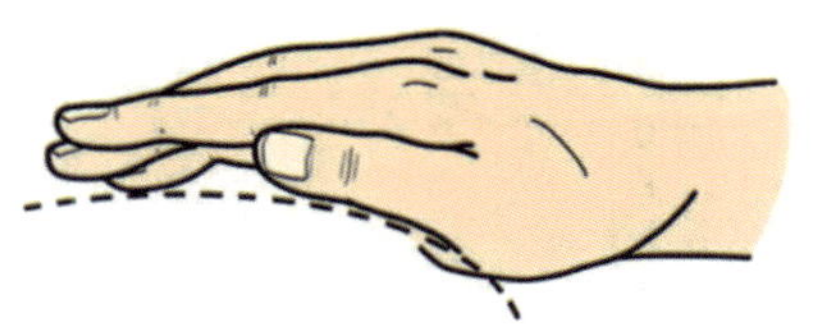

当手处于放松状态时，手的姿势犹如放在膝盖上一样自然。利用这种自然、中性、放松的手掌曲率来设计键盘表面。

图2-34 人机工学键盘设计原理

2.4.2 无障碍设计

人体尺寸及活动空间，是确定道路与建筑设计的主要依据。过去设计的许多公共设施不适合残疾人、老年人及幼儿使用，给他们参与社会生活带来了许多困难，甚至造成不可逾越的障碍。近年来，部分设计师和建设者面对现实情况，全方位考虑人体尺寸与活动空间及人的行为特点，真正体现了“对人的关怀”这一崇高的设计理念。

无障碍设计充分考虑具有不同程度生理缺陷者和日常活动能力衰退者（如老年人）的使用需求，在使用操作上清除那些让使用者感到困惑、困难的“障碍”，为使用者提供极大的便利。无障碍设计常见于建筑、交通、环境设施、指示系统等领域。

近几年，无障碍设计更多地出现在城市的公共设施建设及小区建设中，人行道上设置了坡道和盲道，公共卫生间也增加了专供老年人或残疾人使用的厕位等。无障碍设计力图为人们创造更加人性化、更舒适的环境。

图 2–35 和图 2–36 分别是针对乘轮椅者设计的公共设施和私人设施。

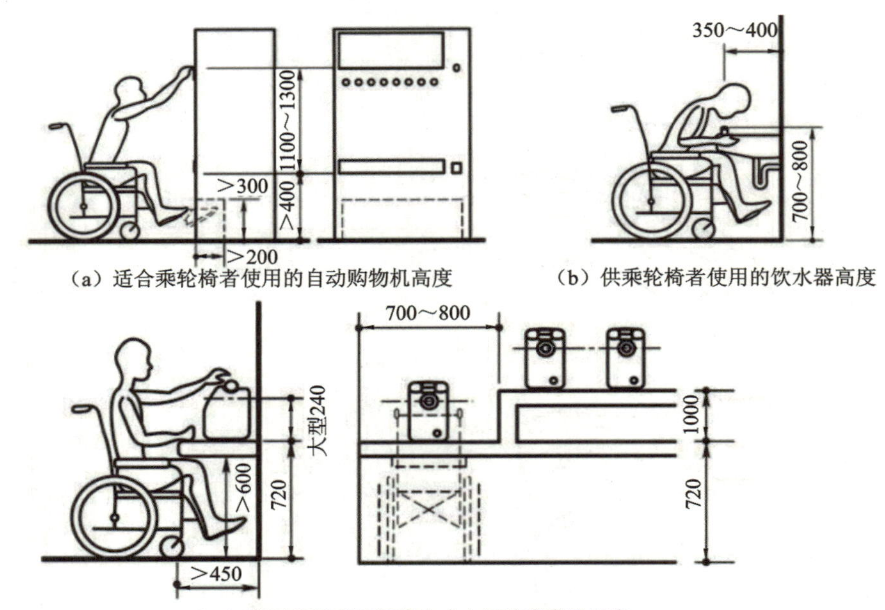

图2–35　乘轮椅者使用的公共设施（单位：mm）

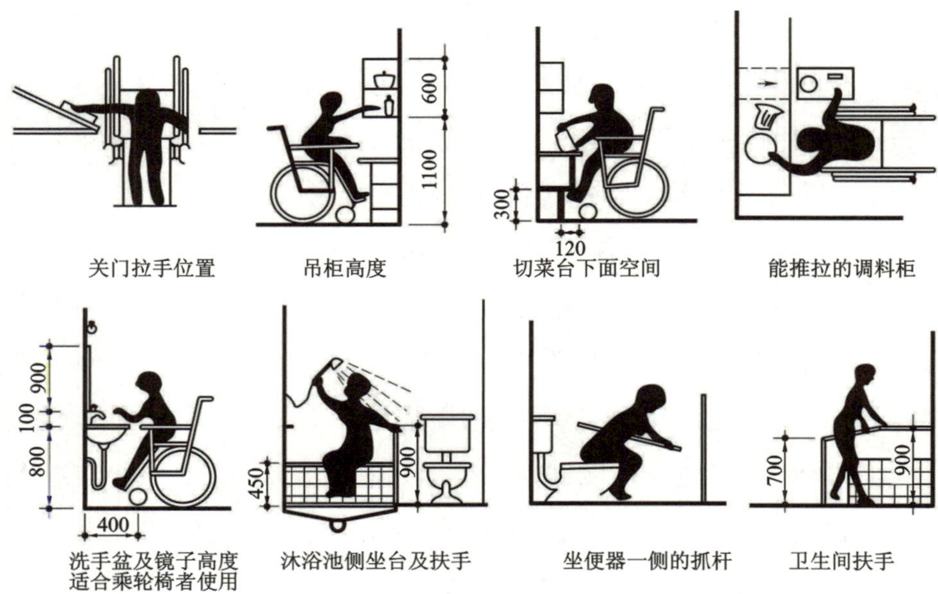

图2–36　乘轮椅者使用的私人设施（单位：mm）

3 基于感性工学的产品体验设计

chapter

3.1

何为感性及感性工学

3.1.1 感性

《现代汉语词典》(第7版)中对“感性”一词的解释为“指属于感觉、知觉等心理活动的(跟‘理性’相对)”。感性是一种自然的、自由的、无规则的意识状态，我们可以从动态和静态两个方面来理解：动态的感性是指人的认识心理活动，是对事物的感受能力，对未知的、多义的、不明确的信息从知觉到判断的过程；静态的感性是指人的感情和产生的某种印象。

心理学家结合人们看见一朵红色牡丹花（图3-1）时的反应过程对动态的感性概念进行了说明。

图3-1 红色牡丹花

①花朵本身所具有的物理特性使部分光进入人的感觉器官——眼睛。

②视网膜接收光刺激并对其进行处理。

③经处理的信息随即传递至大脑，人产生“是红色的，整体是圆的”等色彩和形状上的感觉。

④人对这些感觉情报与之前学习或经验中所积累的知识相互对照后，认出它是“红色的牡丹花”。

⑤在认识的同时，衍生出如热情、喜欢、感动等心理反应。

⑥将产生的感性认识，用语言、表情或是行动表达出来。

在这一过程中，步骤③和④是引起感性的基础，对于感性认识产生具有辅助作用。步骤⑤和⑥是人们认识对象物后产生的心理反应与表现，属于感性的主要范畴。

感性具有主观性，不同的人对相同的事物可以有不同的感性印象，如好看的与丑陋的、复杂的与简单的、温暖的与寒冷的，等等。感性也是一种多重感官体验的综合性表达，包含五感、经历等，如食物的色香味，衣服的触感、板型和舒适度，空间的温度、亮度、噪声强度，等等。感性亦带有不确定性，情感会随着时间的推移而变化，利用不同工具和方法得到的感性数据亦有差异。

虽然感性难以把握和量化，但具有相同经历的人会有类似的感性需求，如中国人春节时常用红色饰品进行装点，少女往往青睐各种小饰品。

3.1.2 感性工学

感性工学（kansei engineering）是感性与工程学学科相结合的技术。这是一个通过分析人类情感并将其纳入产品设计，开发出给人类带来幸福感和满足感的产品的领域。随着社会的发展，市场上的产品琳琅满目，消费者不再满足于产品的耐久性和功能性，更加关注产品能否满足其情感需求。

图 3-2 左列显示了消费者的期望，而右列显示了企业的相应活动。为了生存，企业必须开发与消费者情感变化相适应的产品，采用一种能够预见消费者情感需求的产品开发策略。

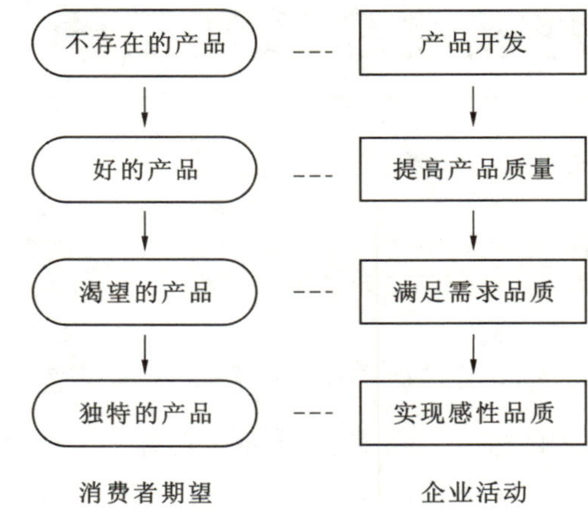

图3-2 消费者期望与企业活动关系图

在感性工学实践中，研究人的感性是很重要的。感性信息经恰当地收集和分析后，就可以转化为一种技术设计。即使在工程领域，也有需要新技术来满足人们感性需求的情况。基于感性工学的产品体验设计，不仅能研发出对人友好的多样化产品，还能成为新技术开发的动力。

3.2

感性工学的发展

3.2.1 国外感性工学的发展

感性工学的诞生与发展是社会生产力、信息发展、消费文化等因素共同作用的结果。人们物质需求得到满足后日益增长的情感需求，使得以制造为导向、以产品为中心的生产设计理念转化为以市场为导向、以用户为中心的生产设计理念。人们对那些冰冷而机器味十足的产品失去兴趣，而希望得到更加符合自身需求的令人赏心悦目的产品。相应地，制造商也开始向以用户为中心的多样化生产的产品制造方向靠拢。信息时代，制造商关注的焦点不再是生产产品实体本身，而是更加重视用户的体验以及与用户对话。这种对用户体验的关注使得产品越来越关注人的内心。

20 世纪 80 年代，美国卡耐基梅隆大学赛门教授提出“人性科学”的概念，认为设计学、心理学以及信息学等学科的发展，必将给工程学的发展再次创造机会。与此同时，日本物理学界出现了感应工学、诱导工学、人间工学、感觉工学、情绪工学、生理工学、生体工学等的研究。德国保时捷汽车公司、意大利菲亚特汽车公司、美国福特汽车公司、韩国现代汽车公司和三星电子等企业，均开展了感性工学的应用研究。目前，全球范围内感性工学的研究方兴未艾，理论研究、实际应用和培训教育等越来越受到人们的重视。

日本在感性工学发展之初的贡献尤为突出，长町三生是感性工学研究的重要人物之一。长町三生在 1963 年获广岛大学文学博士学位后，进入该校工学部研究人机工学和安全工学。他在 1970 年开始感性工学研究，撰写了《汽车的感性工学》《感性工学与新产品开发》《感性工学及其方法》等重要论文，著有《感性工学》《快适科学》《感性商品学——感性工学的基础和应用》等书籍，这一系列为感性工学发展所作出的贡献使他成为感性工学研究的权威人物。

日本感性工学发展最大的特点是将理论实践化。20 世纪 90 年代，日本的产业界全面导入感性工学技术和理念，家电产品、体育用品、汽车以及陶瓷、漆器等领域都将感性工学技术应用于新产品的开发研究。其中，纤维产业的感性工学学术研究与应用超过了汽车产业，处于领先地位。1993 年，日本文部省开始研究感性工学发展的可能性，由政府投入财力支持学术界开展调研。1995 年，日本召开首届“感性工学研讨会”，两年后，日本感性工学学会正式成立。

日本感性工学学会成员多来自各大学、研究所和设计制造公司。该学会每年都会举办 40 个主题的分会议，议题诸如“感性心理学”“气候技术”“吸引力”“感性商务”“感性商品”“感性和新产品研发”“感性设计”“感性交互”等。这些会议为感性工学的发展提供了动力。该学会出版了 3 种感性工学专刊，为日文专刊《感性》《日本感性学会》和英文学术专刊《国际感性工学》（*Kansei Engineering International*）。

经过 20 多年的研究与发展，感性工学在日本已经应用于各种领域并取得了成功。比如马自达利用感性工学研发的跑车 Miata（在欧洲被称为 MX-5，图 3-3），推出后连续十多年都是世界上最畅销的跑

图3-3　马自达MX-5 Miata

车（吉尼斯世界纪录，2001）。20 世纪 90 年代初，日本内衣公司华歌尔利用收集到的感性数据对其产品进行了改进，最终其产品在日本内衣市场占据了 42% 的份额。

3.2.2　国内感性工学的发展

在全球范围内，感性工学研究方兴未艾。在国内，学者们已经意识到感性工学研究的重要性，近年来，我国各大院校也在加快开展关于感性工学的研究。

清华大学、中国美术学院、浙江大学等院校将“感性工学”作为设计类专业的必修课，对学生进行感性设计思维的训练，以促进学生在设计过程中熟练运用感性工学知识。课程中安排了许多以感性设计思维为主题的有趣练习，如触觉认知、户外造型、涂鸦解读、情绪表达、内省认知模拟等。

台湾地区的许多高校对感性工学相关研究的重视程度日益提高，这些学校拥有许多研究室，开展长期的实验性设计研究。如台湾成功大学工业设计学系、台北科技大学创新设计研究所等主要致力于复合式感性工学应用于产品开发的整合性研究；云林科技大学的“影像与色彩实验室”“人因设计研究室”“设计评价研究室”等，将视觉、触觉、振动觉、听觉和知觉等与环境事物的关联性作用作为研究重点；台湾交通大学将感性工学列为该校产品设计专业五个研究方向之一，将感性工学运用于产品声音与造型的配对研究作为研究重点。除此之外，台湾明志科技大学主办《工业设计》杂志，一年两刊，学术性较强，多刊登感性工学领域的学术论文，从中可了解到台湾地区感性工学的研究情况。

3.3

感性工学设计中的研究方法

3.3.1 感性工学设计中的定量研究

1. 定量研究概述

定量研究是运用数学工具对现象的数量特征、数量关系与数量变化进行分析的方法，也称量化研究。在定量研究中，信息都是用数字表示的。例如，通过问卷调查、访谈等定量研究方法收集信息，得到数值形式的分析结果，用以预测产品的未来发展并辅助产品的改进。

在设计研究中，定量研究是把设计数据定量表示，通过统计分析，将结果从研究样本推广到研究总体的方法，也就是先将设计资料转化为数值形式，再进行分析的一种研究。

定量研究有以下优势（图 3–4）。

①收集的数据可靠、准确。随着数据的收集方法和工具不断成熟，获得的结果将越来越能反映真实情况。数据不会撒谎，它们为所进行的研究提供了真实描述，研究人员可通过分析揭示数据背后的真相。

②数据收集快速。采用问卷调查或其他定量研究方法，统计和分析结果非常简单，耗时更少。

③更广泛的数据分析范围。通过定量研究可获得更广泛的数据分析范围，例如，在问卷调查中，通过扩大调查对象的范围，

图3–4 定量研究的优势

可收集到数量庞大的信息，获得更广泛的数据分析范围。

④消除偏见。定量研究没有个人评论或对结果的偏见。得到的结果是数字，因此在大多数情况下是客观的。

2. 常用的定量研究方法

定量研究方法有很多，如访谈法、问卷调查法、实验法、观察法、专家评估法、社会测量法、描述法、预测法等，各种方法在应用时都有一定的步骤。以下将结合感性工学原理在各种产品设计中的应用来介绍如何使用这些方法。

（1）访谈法

访谈法就是研究性交谈法，是指根据受访者的答复来收集客观的、不带偏见的事实材料，以准确说明样本所要代表的总体的一种方法。访谈法收集信息资料是通过访员与受访者面对面直接交谈的方式实现的，具有较高的灵活性和适应性。访谈既有事实的调查，也有意见的征询，多用于个性、个别化研究。

访谈有正式的，也有非正式的。以一人对一人为主，也可以开小型座谈会，进行焦点小组访谈。访谈法运用面广，能够简单而迅速地收集多方面的资料，因而深受研究者的青睐。

（2）问卷调查法

问卷是一种研究工具，使用问卷进行调查旨在从被调查者那里获取信息。问卷通常是封闭式问题和开放式问题的混合体，开放式问题为被调查者提供了表达其想法的广阔空间。

使用问卷调查法，首先，研究者要按照一定的目的编制问卷，对于被调查的问题，研究者可以不提供任何答案，也可以提供备选的答案，还可以对答案的选择作出某种要求。之后，研究者根据被调查者对问题的回答进行统计分析，作出某种总结性的论断。问卷调查法广泛应用于青年研究、教育心理学研究等领域，由于其具有可靠性、直观性、可操作性（图 3–5），在感性工学设计的研究中，也是一种基本常用方法。

在进行问卷设计时，需要注意以下事项。

①明确调查目的。

在开始设计问卷之前，认真思考调查目的。明确调查目的至关重要，它决定了问卷内容的有效性。一旦明确了调查目的，就可以开始设计问卷。

②问题便于理解。

所设计的问题必须易于理解。如果问题不清楚，被调查者可能随意选择答案，那么收集到的数据可能就没有价值。

③一次只问一个问题。

有时，可能会想添加两个类似的问题，这似乎是整合相关问题答案的绝佳方式，但这可能会使被调查者产生困惑或导致收集的数据不准确。如果问题包含“和”一词，那么这个问题可能出现多个答案，这

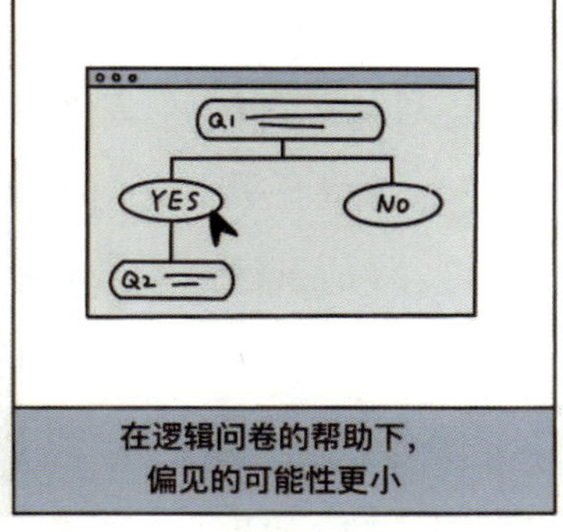

图3-5 问卷调查的优势

会影响数据质量。所以，为保证数据质量，一次只问一个问题。

④灵活处理答案选项。

在设计问卷时，要保持选项灵活性。被调查者不一定想从问卷提供的答案选项中进行选择，这时，“其他”选项有助于被调查者作答。

⑤灵活设计开放式问题和封闭式问题。

如果需要被调查者详细说明他们的想法，设计开放式问题是最好的方式。如果想要获得具体的回复，那么设计封闭式问题应该是最好的方式。提出封闭式问题有利于提取答案并将其转换为数据、图表等形式以进行进一步分析。

⑥了解被调查者。

研究人员应该了解被调查者，包括被调查者使用什么语言、是否理解行业术语、年龄分布等，必要时还要了解被调查者的心智状况、生活习俗等。例如，如果被调查者主要讲西班牙语，则以其他任何语言发送问卷，都将降低问卷的回复率和准确性；如果被调查者不理解行业术语，则应使用他们能理解的简单语言。

（3）实验法

实验法是指有目的地控制一定的条件或创设一定的情境，以引起被试者的某些活动进而进行研究的方法。作为一种特定的研究方法，实验法涉及三对基本要素：自变量与因变量，前测与后测，实验组与控制组。

实验室实验法和自然实验法是两种基本的实验法。实验室实验法是指在实验室内利用一定的设备，控制一定的条件，并借助专门的实验仪器探索自变量和因变量之间的关系的一种方法。实验室实验法便于严格控制各种因素，通过专门仪器进行测试并记录实验数据，一般具有较高的准确度，多用于研究心理过程和某些心理活动的生理机制等方面的问题。自然实验法是在日常生活等自然条件下，有目的、有计划地创设和控制一定的条件来进行研究的一种方法。它易于实施，又兼有观察法的优点，所以被广泛用于研究教育心理学、儿童心理学和社会心理学的大量课题。

实验法案例一：眼动仪实验。

在设计领域，通过眼动仪实验获取被测对象的注视信息，从中推断人们感兴趣或能引起人们注意的内容。比如，有研究者运用眼动追踪技术对网站的邮箱界面进行可用性研究，对产品的形态进行关注度的研究，对平面设计作品进行评估研究，对城市导向系统进行识别研究等。

研究者希望被试者可以在完全自然的状态之下进行眼动测试，以保障测试结果的准确性。现在眼动追踪技术中运用最为广泛的是非接触式眼动仪。眼动仪显示屏会出现各种预设的画面，只需被试者像注视电脑显示屏一样注视眼动仪显示屏，即可准确地收集被试者的眼动轨迹。接着，眼动仪的分析软件自动生成热点图（heat map）和焦点图（gaze plot）等。研究者结合所收集的信息按照研究目的对被试者的心理需求进行分析。图 3-6、图 3-7、图 3-8 分别是使用瑞典 Tobii 眼动仪对 App 界面样本进行眼动追踪的焦点轨迹图、热点图和热区图。

图3-6 眼动仪焦点轨迹图

图3-7　眼动仪热点图

图3-8　眼动仪热区图

实验法案例二：工程车人机交互感性实验。

工程车人机交互感性实验可以通过动态模拟的形式，模拟工程车行驶的场景，进行眼动实验和分析，研究车辆运行对驾驶员视觉的影响。还可以在驾驶室安装摄像头，捕捉驾驶员在车辆行驶时的行为，并利用计算机进行用户行为分析，研究车辆行驶过程中驾驶员行为的变化。通过客观实验及主观调查相结合的方法，研究感性的量化数据。

按照人机交互关系，为了研究车辆驾驶的情况，从三个研究层面安排了不同实验，见表 3–1。

表 3–1　工程车人机交互感性实验

研究层面	实验项目	研究目的
视觉分析	眼动轨迹捕捉实验	驾驶室仪表盘信息传递有效性研究
行为分析	驾驶员行为分析实验	驾驶员操作效率及失误分析研究
动静态感性分析	动静态模拟对照实验	研究车辆行驶过程中对人的影响

（4）观察法

观察法是观察者有目的、有计划地在一定条件下，通过感官或借助一定的科学仪器，对被观察者的各种资料进行收集的一种方法。科学的观察具有目的性、计划性、系统性和可重复性。观察法包括以下几种。

①自然观察法。观察者在一定环境中（包括超市、展示地点、服务中心等）观察被观察者的行为举止。

②设计观察法。观察者在一个已经设计好的并接近自然的环境中观察被观察者的行为举止。所设置的场景越接近自然，被观察者的行为就越真实。

③掩饰观察法。如果被观察者知道自己被观察，其行为可能会有变化，观察的结果也就不同，所获得的数据也会出现偏差。掩饰观察法就是在不为被观察者所知的情况下观察他们的行为举止。

④机器观察法。在某些情况下，用机器观察替代人观察是有必要的。在一些特定的环境中，机器观察可能比人观察更精确、更方便。

观察法是定量研究中最为便捷的方法之一。观察法在市场调研中用途很广，比如调研人员可以随时随地地通过观察消费者的行为来测定品牌促销的效果，但需要注意的是，不要只侧重于观察消费者的真实行为特征、对品牌和价格的态度，展示界面对消费者的购买吸引力等外部现象，应选择具有代表性的消费者和最合适的调查时间、地点，多观察消费者的选择意向等，同时要注意消费者的隐私问题。

（5）专家评估法

专家评估法是出现较早且应用较广的一种评价方法，它是在定量和定性分析的基础上，以打分等方式作出定量评价，其结果具有数理统计特性。其最大的优点在于，能够在缺乏足够统计数据和原始资料的情况下作出定量估计。专家评估法的主要步骤：首先根据评估对象的具体情况选定评估指标，对每个评估指标定出评估等级，每个等级的标准用分值表示；然后以此为基准，由专家对评价对象进行分析和评价，确定各个指标的分值，采用加法评分法、乘法评分法或加乘评分法求出各个评价对象的总分值，从而得到评价结果。

以现代数字餐桌设计中感性词汇的评估（感性词汇的筛选）为例，此次评估邀请专家对现代数字餐桌感性词汇的重要程度进行评估，要求专家从11个感性词汇中筛选出7个（实际项目中感性词汇的数量一般多于这个数量）。

①邀请专家：首先，邀请的专家在相关领域要具有较高的知名度，有代表性和较高的权威性，保证评估结果的准确性。其次，在进行评估时，专家以匿名的方式参与整个评估过程。这样可以减轻专家的心理负担，使结果更准确、客观。

②设置问卷：在专家评估法中，专家评估表格如表3-2所示（问卷等级上采用7分制并且都为正值）。

表3-2　专家评估表格

感性词汇	分值						
	7	6	5	4	3	2	1
时尚							
简洁							
舒适							
科技							
人性							
流畅							
安全							
细节							
柔和							
通用							
耐用							

③数据统计：对得到的数据进行统计，如表3-3所示。

表3-3　专家评估法的数据统计

感性词汇	第一轮平均分值	第二轮平均分值	第三轮平均分值	总分
时尚	5.4	4.6	4.3	14.8
简洁	5.1	4.9	5.0	15
舒适	4.1	4.5	5.4	14
科技	5.2	5.6	6.5	17.3
人性	5.8	6.5	5.5	18.2
流畅	4.6	4.0	4.6	13.2
安全	5.8	5.6	4.8	16.2
细节	5.4	5.5	4.0	14.9
柔和	4.3	4.5	3.5	12.3
通用	5.4	4.7	5.6	15.7
耐用	3.4	4.2	4.2	11.8

由表3-3可知，时尚、简洁、科技、人性、安全、细节、通用等7个感性词汇总分较高，入选；舒适、流畅、柔和、耐用等4个感性词汇总分相对较低，落选。

（6）定量研究的其他方法

社会测量法：向团体中的每个成员提出针对某项活动的问题，让他们选择自己喜欢或不喜欢的团体成员，然后根据选择结果用数字和图表来表示团体人际关系的方法。

描述法：研究人员可以通过对组织在未来某一时期的有关因素的变化进行描述或假设，从描述、假设、分析和综合中对将来环境及人员的需求进行预测、规划。

预测法：根据比较完备的历史和现状统计资料，运用数学方法对资料进行科学的分析、处理，找出预测目标与其他因素的规律性联系，从而推算出未来的发展变化情况。

3.3.2 感性工学设计中的定性研究

1. 定性研究概述

定性研究基于普遍承认的公理、演绎逻辑和大量的历史事实，从事物的矛盾性出发，描述、阐释所研究的事物。这类方法主要适用于社会调查、文献研究等。进行定性研究的关键是，依据一定的理论与经验，直接抓住事物特征的主要方面，将事物在数量上的差异暂时略去。

定性研究有两类，一是没有或缺乏数量分析的纯定性研究，结论往往具有较浓的思辨色彩与概括性；二是建立在定量分析基础上的、更高层次的定性研究。在实际研究中，定性研究与定量研究常搭配使用。

定性研究是一种探索性、解释性的研究，以归纳为主，得出的结论或研究结果需通过设计实践检验。而研究过程，包括采访、分析等，必须有详尽的描述，这也是定性研究的特征之一。

2. 常用的定性研究方法

（1）归纳分析法

归纳分析法是指从许多个别事例中得出概括性结论的方法，包括简单枚举归纳法、消除归纳法、逆推理方法和类比法等。在设计研究中，归纳的主要任务是找出设计事物和现象的因果联系，找出设计规律。透过复杂现象抓本质，将特殊的、个别的设计事实和现象过程归入某一范畴，寻求它们的规律性，通过分析、比较、综合以及探究因果关系等一系列逻辑推理方法，推出一般性假说，再反复对其进行修正、补充，直至完成对主题的归纳。

例如，在现代数字餐桌设计中对感性词汇的归纳分析（图3–9）。从餐桌样本

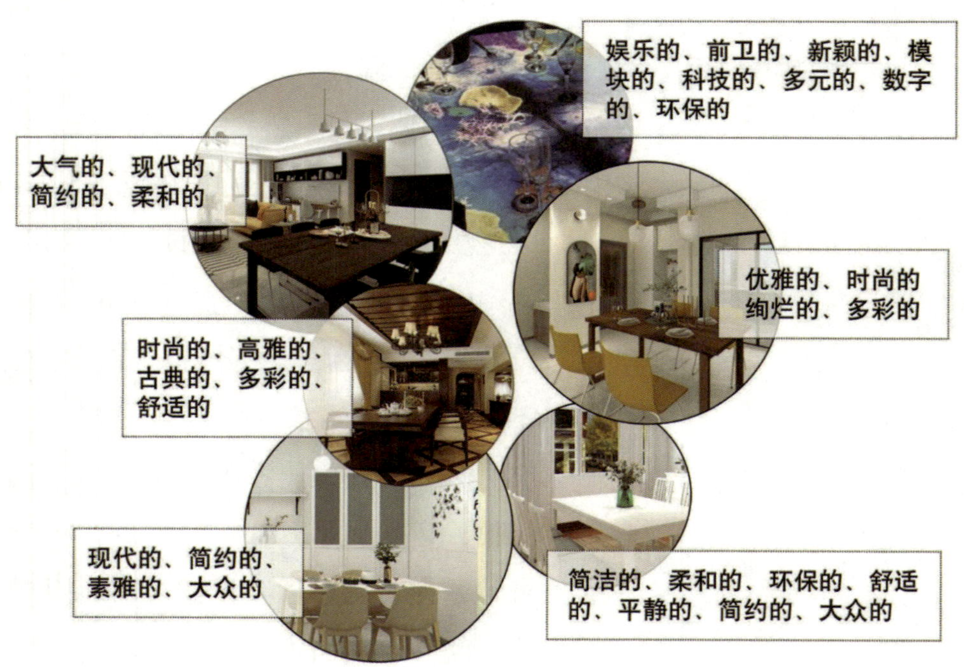

图3–9 现代数字餐桌设计中对感性词汇的归纳分析

中挑选具有代表性的样本，依据餐桌造型的特点，将餐桌造型分为六大类，分别归纳每一类的设计特点，进而生成对应的感性词汇。

（2）演绎分析法

演绎分析法即演绎推理，是从事物的已知部分推知事物的未知部分的思维方法，是由一般到个别的认识方法，是认识“隐性”知识的方法。从一般到特殊，演绎分析法的优点是由根本规律等出发一步步递推，逻辑严密、结论可靠，且能体现事物的特性；缺点是缩小了范围，使根本规律的作用得不到充分的发挥。演绎是一种必然性推理，其结论的正确性取决于前提的正确性，以及推理形式符合逻辑规则。

例如，利用感性工学原理设计现代数字餐桌。经过目标市场调查、访谈等，确定餐桌设计的主题为“科技时尚”，为了实现餐桌“科技时尚”的目标，设计师从感性词汇中分出多级，如舒适感、安全感、美感、娱乐感为 1 级感性词汇，1 级感性词汇又可细分出 2 级感性词汇，如舒适感可划分出轻松感、洁净感……如此不断细分，并从第 3 级到第 5 级，寻找对应的设计切入点，关注设计上的细节，如图 3–10 所示。

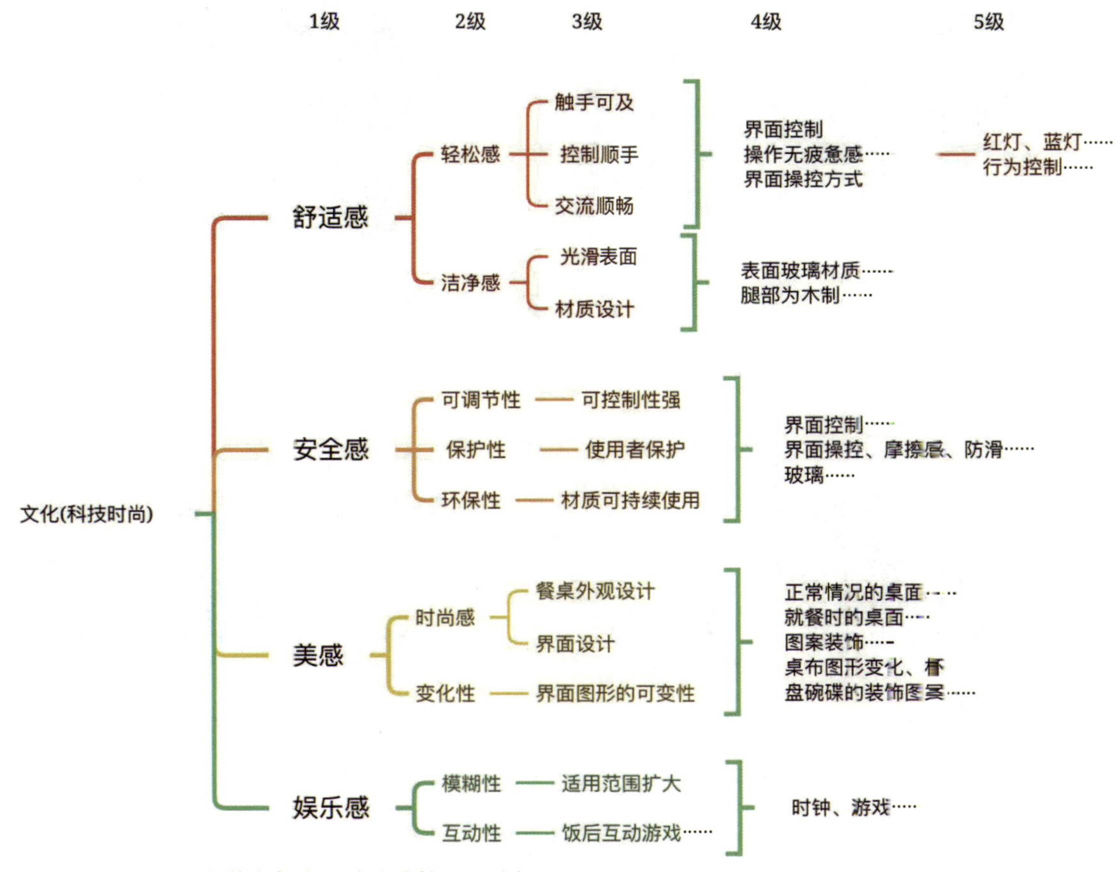

图3–10 现代数字餐桌设计的感性词汇分析

（3）比较分析法

比较分析法就是把客观事物加以比较，以认识事物的本质和规律并作出正确的评价。比较分析法通常是对两个相互联系的对象进行比较，从数量和特性上说明和展示研究对象规模的大小、水平的高低、速度的快慢，以及各种关系是否协调。在对比分析中选择合适的对比标准是十分关键的步骤，只有选择了合适的对比标准，才能作出客观的评价，否则可能得出错误的结论。

比较分析法在感性工学设计的样本分析中体现出鲜明的特点，比如在激光治疗仪的样本分析中，对外观感性词汇进行比较和筛选，能够建立起产品外观和人的感性认识的直接联系。激光治疗仪的感官性主要成分，主要受“安全的”和“灵巧的”这两个感性词汇的影响；使用性主要成分，主要受“亲切的”和“先进的”这两个感性词汇的影响。可以从众多样本中分别找出“安全的”“灵巧的”“亲切的”“先进的”，与对应的“危险的”“笨拙的”“冷漠的”“落后的”样本，进行比较分析（图3-11～图3-14）。

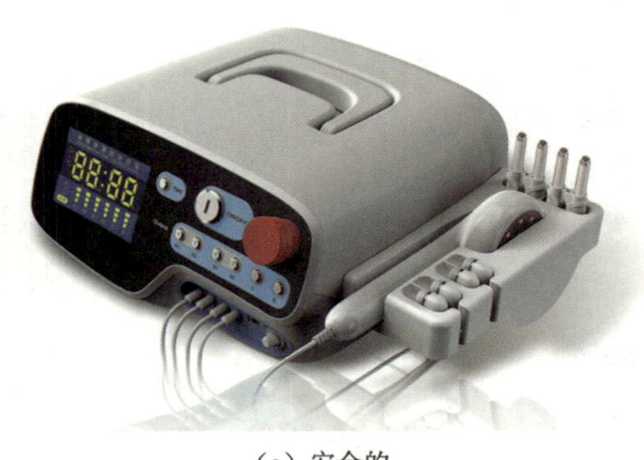

（a）安全的

（b）危险的

图3-11 “安全的”与“危险的”比较示意图

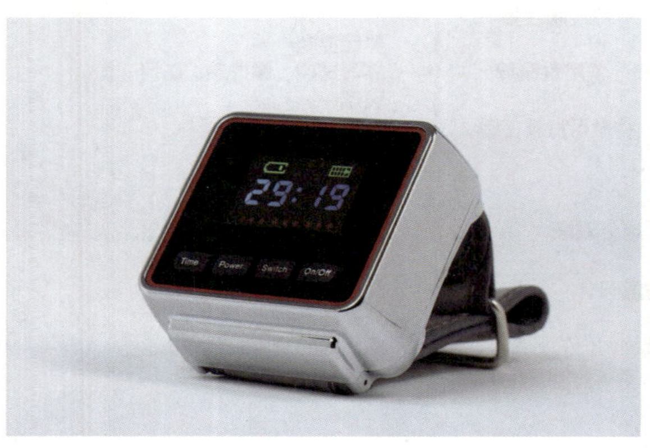

（a）灵巧的

（b）笨拙的

图3-12 “灵巧的”与“笨拙的”比较示意图

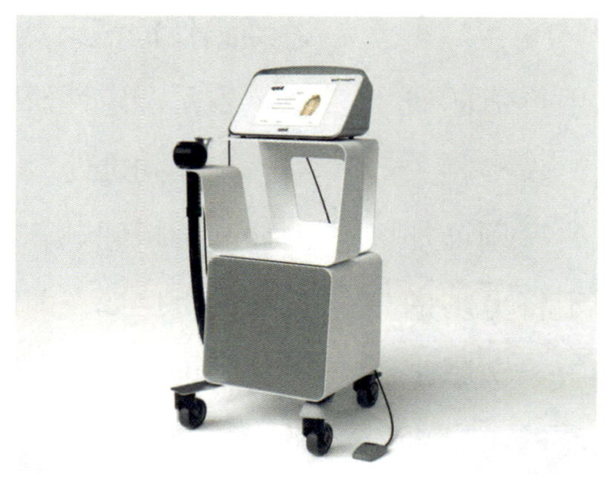

(a) 亲切的

(b) 冷漠的

图3-13 “亲切的”与“冷漠的”比较示意图

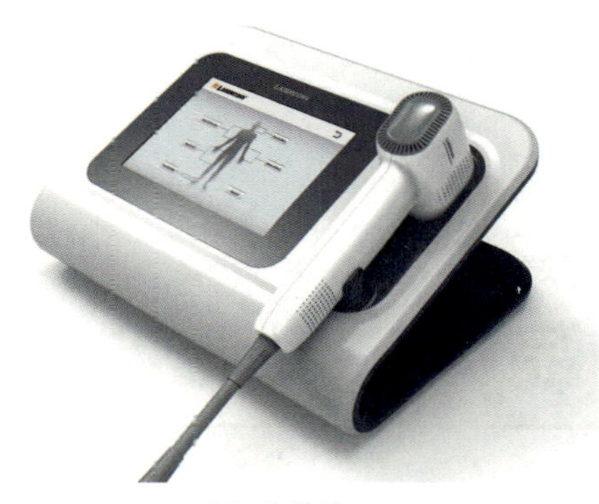

(a) 先进的

(b) 落后的

图3-14 “先进的”与“落后的”比较示意图

(4) 结构分析法

结构分析法是在统计分组的基础上，计算各组成部分所占比重，进而分析某一总体现象的内部结构特征依时间推移而表现出的变化规律性的统计方法。结构指标是结构分析法的基础。

在感性工学设计中，为了有针对性地深入了解用户的需求，应当掌握更加完整、全面的用户信息，分析目标用户的类型和特征。如现代数字餐桌设计中，利用结构分析法对消费人群的职业、收入等进行统计和分析，进而对消费人群进行划分，如图 3-15 所示。

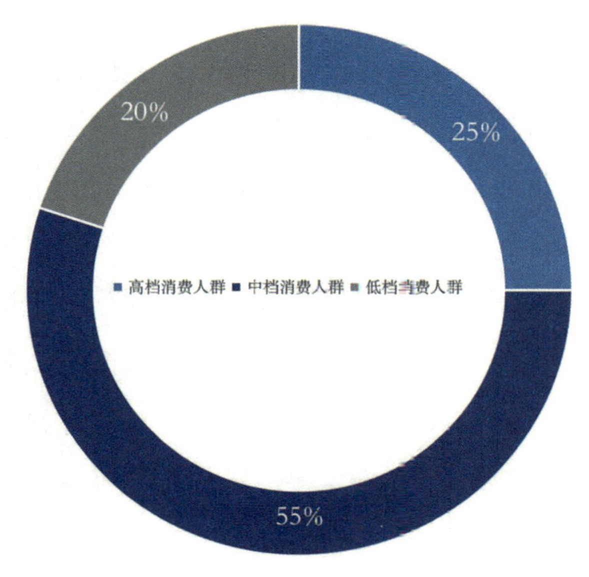

图3-15 消费人群划分

（5）文献阅读法

文献阅读法是一种具有实用价值的研究方法。选择文献，捕捉信息，收集相关资料或者其他间接资料，选取典型例证加以重新组织并得出结论，有利于将更多的精力投入科学预测和研究工作中。文献来源广泛、类型多样，可以是纸质的，也可以是电子的。

比如在感性词汇的收集环节，可以通过网络、书籍等搜集设计目标相关资料，总结感性词汇，然后对感性词汇进行筛选。

定量和定性研究方法各有特点，二者具有一个共同之处，即它们一般都是通过比较、对照来分析问题和说明问题的，往往是搭配使用的。例如在前面针对现代数字餐桌设计的感性词汇收集和筛选中，既有定量研究中的专家评估法（表 3–2、表 3–3），又有定性研究中的归纳分析法（图 3–9）和演绎分析法（图 3–10）。

3.4

基于感性工学的产品体验设计流程

3.4.1 确定研究对象

在基于感性工学的产品体验设计过程中，设计师在接到设计任务后，首先要确定的是研究对象，即确定产品设计的主要方向，包括用户定位和产品定位。确定研究对象是对设计任务的进一步细化。设计师在确定研究对象时既要对相关产品及其功能有较为宏观的把握，也要对设计目标有清晰的认识。

3.4.2 感性词汇的收集和筛选

在确定了研究对象之后，接下来要做的就是收集和筛选感性词汇。感性词汇是一系列用来描述产品的词语，通常是形容词，也可以是其他词性的词汇，比如动词和名词。感性词汇一般成对出现，如好的—坏的，适时的—不合时宜的，善良的—邪恶的，成功的—失败的，重要的—不重要的，真的—假的，聪慧的—愚蠢的，大的—

小的，坚固的—柔软的，阳刚的—阴柔的，强壮的—虚弱的，主动的—被动的，快的—慢的，热的—冷的，锐的—钝的，尖锐的—圆润的，等等。

1. 感性词汇的收集

感性词汇代表用户的主观感受，是用户对产品感知的表达。为了反映用户对产品的感性认知，应尽可能多地收集产品感性词汇。根据涉及领域的不同，感性词汇一般收集 50 ～ 600 个。收集感性词汇常用的方法有 5 种：设计调研，采用实地调查和访谈等方式（如与用户和营销人员对话），获取部分感性词汇；通过查看相关文献、产品使用说明书、词典等资料，总结出部分感性词汇；通过网络搜集关于产品的介绍和评价，总结出部分感性词汇；通过头脑风暴法，获得部分感性词汇；通过实验和用户访谈相结合的方式来获取感性词汇。产品感性词汇的确定是基于感性工学的产品设计研究中关键的一步，感性词汇收集的数量及准确性都会影响研究数据的质量。

2. 感性词汇的筛选

筛选感性词汇是基于感性工学的产品体验设计的一个关键步骤。在大量的感性词汇中，去除语意模糊、重复、不准确的词汇，筛选最具代表性的词汇作为进一步研究的词库素材。可通过专家评估法、逐层分析法、语义差异分析法等方法进行筛选。逐层分析法是对词汇进行分组，然后去除意思相同和相近的词汇，最后选取每组中最有代表性的词汇，见图 3–16。

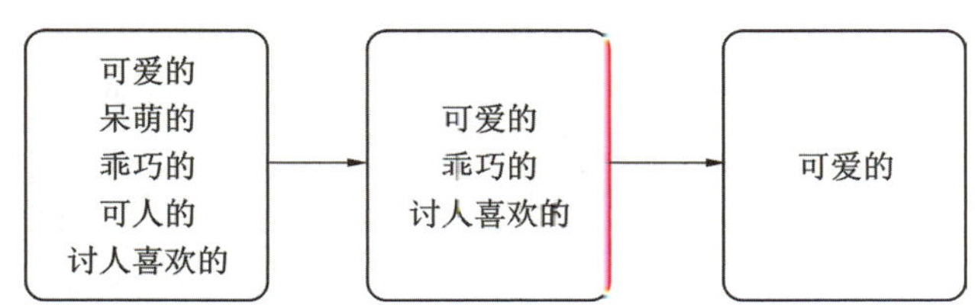

图3–16 逐层分析法筛选感性词汇

例如在激光治疗仪的设计中，运用了专家评估法、访谈法和问卷调查法三种方法进行感性词汇的收集和筛选。通过专家评估法来挑选感性词汇，完成感性词汇收集表（表 3–4）。但是专家的主观理解会对感性词汇的取舍造成误差，影响最终的设计结果，所以采用了访谈法结合问卷调查法来进行感性词汇的筛选。首先把意思相同和相近的词汇及与实验不太相关的词汇剔除，保留 20 组对应的感性词汇。针对这 20 组感性词汇，对 6 所医院的部分医生和患者总共 20 人以及调查小组中的 10 位受访者进行问卷调查，将这 20 组词汇按照被选择次数的多少进行排列（图 3–17），选出被选择次数最多的 6 组（表 3–5）作为语义差异法分析的感性词汇。

表 3-4 专家评估法感性词汇收集表

灵巧的	笨拙的
安全的	危险的
高档的	低端的
创新的	守旧的
固定的	移动的
耐用的	易损的
昂贵的	便宜的
协调的	突兀的
舒适的	难受的
理性的	感性的
圆润的	尖锐的
方正的	流线的
简洁的	复杂的
个性的	大众的
现代的	传统的
干净的	肮脏的
亲切的	冷漠的
高效的	低效的
先进的	落后的
环保的	污染的

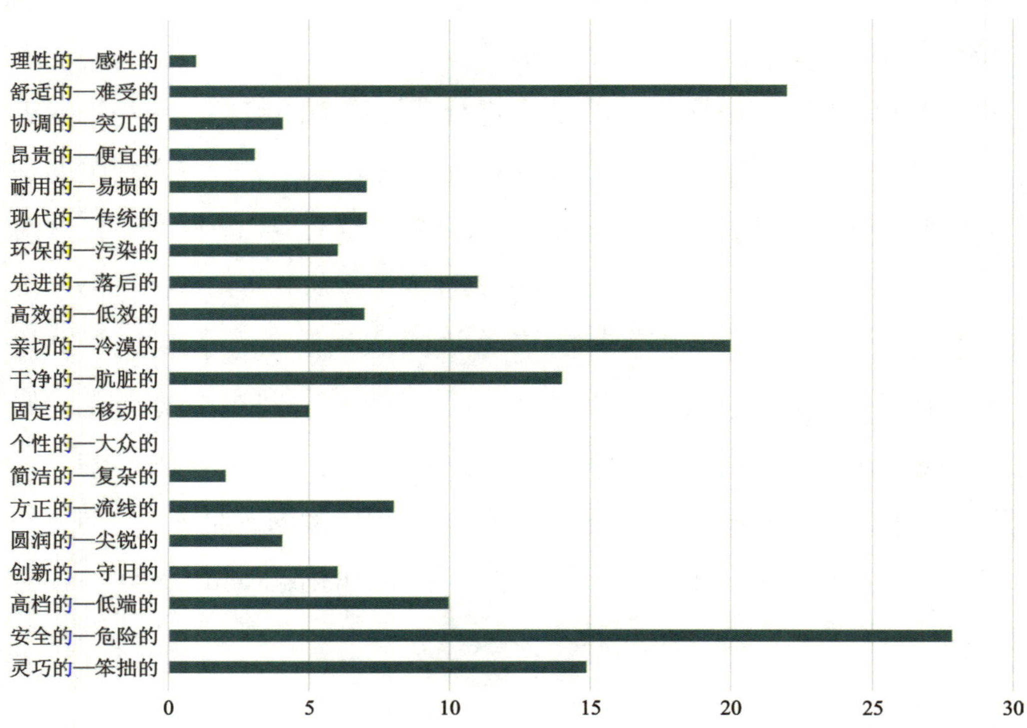

图3-17 感性词汇的排列

表 3-5 终选的感性词汇

安全的—危险的	灵巧的—笨拙的
舒适的—难受的	干净的—肮脏的
亲切的—冷漠的	先进的—落后的

3.4.3 典型产品样本的选择

人们对不同的产品有不同的感性认识，有些感性认识只针对特定的产品。在进行感性工学调研时，特别是为开发新产品而进行的调研，应该将产品样本限制在特定的产品领域。否则，具有不同特性的产品会混合在一起，在分析中造成混乱（图 3-18）。以汽车产品为例，针对乘用车设计相关的感性分析不能与卡车或其他类型车辆混合，同时乘用车涵盖轻型汽车、普通汽车，排量也从 1L 的小排量到 3L 以上的大排量不等。如果希望专注于普通汽车的小型细分市场，就将样本选择的范围限制在 1 ～ 1.5L 排量的乘用车。也可以只针对内部构件进行分析，如方向盘、座椅、口控系统等。重要的是要明确设计目标，并尽量缩小样本选择的范围。

图3-18 不同特性的产品混在一起容易产生混乱

典型产品样本的选择对于感性词汇语义评价和数据分析的科学性有重要的影响。选取的样本来源要尽可能广，类型要尽可能多，基数要尽可能大。可通过浏览产品相关网站、走访商场、查阅文献资料等方式广泛收集样本，建立样本库，分析并筛选出典型产品样本。对于结构复杂的产品，可分类收集，如形态样本、屏幕样本、按钮样本、颜色样本、材料样本等。除了特殊情况，典型产品样本最好是可触摸的实际产品，尽量不要用缩小的模型或者图片来代替。对于样本的筛选，建议让有相关经验的被调查者或者专业人士完成，样本数量控制在 50 个以内。

3.4.4 感性评价

感性评价是通过被调查者对样本的感性评价来获得产品相关感性数据的过程。为了保证感性评价结果的合理性和公正性，被调查者数量通常要在 50 人以上，人数越多，统计数据越合理。前期典型产品样本的筛选、参加评价的被调查者的专业素养，都直接影响评价结果（图 3-19）。

图3-19 典型产品样本筛选和被调查者对评价结果的重要性

1. 感性评价量表

在基于感性工学的产品体验设计中，会运用到一种以语义差异量表为基础的态度量表（图 3-20）来进行评价。为确保词汇被充分理解，态度量表左右两端分别设置一对意义相反的形容词，中间一般被分为 7 ～ 11 个区间。被调查者在量表两端范围内的任一位置上标注自己的意见，以此表示自己对某件产品的态度。

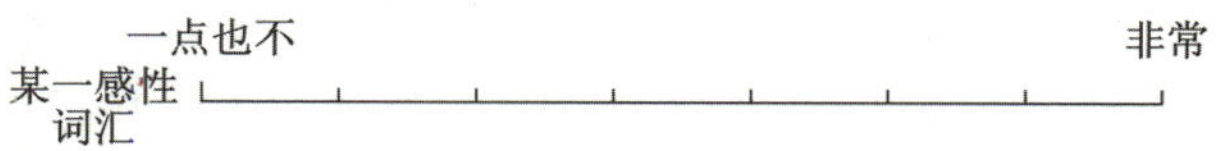

图3-20 感性评价方法中运用的态度量表

态度量表的改进版是，被调查者不仅要在同一个态度量表上标注对多件待评价产品（如产品 A、B、C）的态度，还要对产品做一个“理想”感性评价（X），也就是以“最适合自己的条件和要求”为评分标准进行评价（图 3-21）。

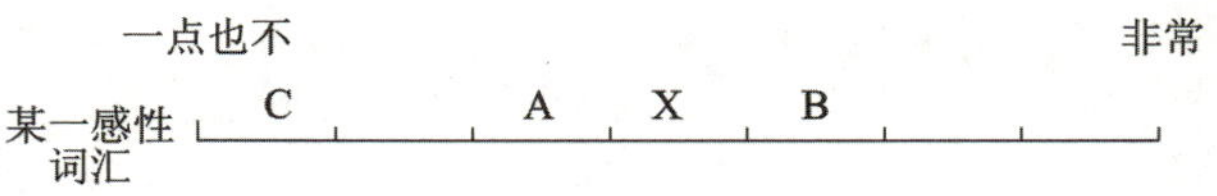

图3-21 感性评价方法中运用的改进版态度量表

2. 感性评价问卷

基于感性工学的产品体验设计需要了解消费者对产品的感性评价。所以获取消费者对产品的感性评价就是很重要的一个步骤。在这一步中，需要有足够数量和类型的被调查者填写调查问卷，完成感性评价问卷调查。问卷的设计应遵循“简洁、易懂”的原则，让被调查者能够在最短的时间内回答最多的问题，以方便调查。

运用前述的语义差异量表测评消费者与产品之间的情感关系，以进行消费者的感性调查，一般常用的是 7 阶尺度。表 3-6 所示为针对儿童眼部护理仪器的语义差分法量表，表 3-7 为针对某图标设计的语义差分法量表。针对用户设计并发放感性评价问卷，对参与评价的被调查者做严格筛选，一般为 50 ～ 200 人。通过问卷获取用户对产品的感性评价，进一步量化处理结果。

表 3-6 针对儿童眼部护理仪器的语义差分法量表

正面感性词汇	非常	比较	稍微	一般	稍微	比较	非常	反面感性词汇
有趣的	3	2	1	0	-1	-2	-3	乏味的
安全的	3	2	1	0	-1	-2	-3	危险的
温暖的	3	2	1	0	-1	-2	-3	冰冷的
柔软的	3	2	1	0	-1	-2	-3	坚硬的
卫生的	3	2	1	0	-1	-2	-3	污浊的
圆润的	3	2	1	0	-1	-2	-3	尖锐的
易用的	3	2	1	0	-1	-2	-3	难用的

表 3-7 针对某图标设计的语义差分法量表

意向调查	喜好度调查
坚硬的 □□□□□□□ 柔软的 厚重的 □□□□□□□ 轻巧的 光滑的 □□□□□□□ 粗糙的 现代的 □□□□□□□ 传统的 独特的 □□□□□□□ 一般的 朴实的 □□□□□□□ 华丽的 科技的 □□□□□□□ 手工的 冰冷的 □□□□□□□ 温暖的	非常喜欢 喜欢 没意见 不喜欢 非常不喜欢 视觉质感 □ □ □ □ □ 形态表现 □ □ □ □ □

3.4.5 数据整理和分析

1. 数据整理

对感性评价中的数据进行整理，得到数据关系表，如表 3-8 所示，利用 SPSS 软件计算平均值得到其中的数据，设计师也可通过该软件对每一个样本的感性词汇的得分进行求和并计算平均值。

表 3-8 典型样本感性词汇的数据关系表

感性词汇	样本1	样本2	样本3	样本4	样本5	样本6
坚硬的—柔软的	-1.333	-1.200	-0.600	-1.200	0.600	0.533
厚重的—轻巧的	-1.267	-0.267	1.200	-0.333	0.400	1.133
光滑的—粗糙的	-0.933	1.133	1.067	1.067	0.667	0.933
现代的—传统的	1.067	1.538	0.467	0.733	0.467	1.200
独特的——般的	0.667	0.067	0.067	0.400	0.267	1.133
朴实的—华丽的	-1.467	1.333	1.200	0.800	0.333	0.400
科技的—手工的	-1.400	-1.467	-0.067	-0.667	0.333	0.667
冰冷的—温暖的	0.067	0.400	-0.267	-0.533	0.867	-0.667
高雅的—低俗的	-0.533	-0.600	-0.667	-0.733	-0.200	-0.333

2. 数据分析

数据分析是指用适当的统计方法对收集到的大量第一手资料和第二手资料进行分析，对数据加以详细研究和概括总结的过程，以求最大化地开发数据资料的功能，发挥数据的作用，从而提取有用信息和形成结论（图 3-22）。首先通过各种方式收集数据，其次整理、甄选有效数据，再次对有效数据进行定量分析，最后诠释数据，形成结论。此处主要介绍两种常用的数据分析方法，设计师可根据项目需求选择其中之一或组合运用。

图3-22 数据分析的必要性

（1）基于 SPSS 软件的数据分析

在分析数据的过程中，常常会用到计算机软硬件。利用计算机进行数据分析具有客观、真实、便捷的特点，能够处理各种复杂的数据，生成直观的图表来反映问题。

SPSS 软件是 IBM 公司设计的用于数据挖掘、数据分析，为决策分析预测提供数据支持的统计产品与服务解决方案软件。该软件操作界面清晰，可以把数据分析结果用统计表和统计图直观地呈现出来。在基于感性工学的产品体验设计中，常用 SPSS 软件对典型样本感性词汇语义评价结果数据进行因子分析和主成分分析。在完成软件相关数据的设置后，可得到调查数据的公因子方差图、碎石图、解释的总方差表和成分矩阵表，从而总结出影响产品设计的主要感性词汇，指导产品设计。

以下是激光治疗仪设计中针对前期数据进行的数据分析案例。

经过前期的感性词汇数据收集，统计得出激光治疗仪感性评价表，将评价表导入计算机，利用 SPSS 软件进行激光治疗仪设计要素的因子分析，如图 3-23 所示。

文件(F) 编辑(E) 查看(V) 数据(D) 转换(T) 分析(A) 图形(G) 实用程序(U) 扩展(X) 窗口(W) 帮助(H)

	样本	安全的	灵巧的	舒适的	干净的	亲切的	先进的		FAC1-1	FAC2-1
1	样本1	2.167	0.400	1.000	1.067	2.600	1.700		0.673	112887.000
2	样本2	0.667	-0.167	0.833	1.000	-0.667	1.633		1.480	-1.330
3	样本3	1.133	-0.667	0.567	0.600	-0.500	0.333		0.065	-0.515
4	样本4	1.367	1.033	0.933	0.967	1.367	1.500		0.463	0.734
5	样本5	0.533	-1.333	-0.500	0.567	1.200	0.667		0.231	-1.550
6	样本6	1.167	0.100	-0.267	0.933	-0.933	1.033		0.143	-0.099
7	样本7	0.800	0.333	-0.333	0.233	0.167	-0.067		-1.464	0.409
8	样本8	0.200	-1.000	-1.033	-0.167	-1.733	-0.633		-1.853	-0,67181
9	样本9	1.433	0.233	0.300	0.700	0.433	0.633		-0.332	0.540
10	样本10	1.800	1.400	0.967	1.000	2.067	2.267		0.587	1.354
11										
12										

图3-23 利用SPSS软件进行因子分析

通过统计软件 SPSS 可得到碎石图，如图 3–24 所示，纵轴代表特征值，横轴代表因子个数。当折线由陡峭突然变得平稳时，对应的因子个数即为参考提取因子个数。从图中可以看出，当提取前两个因子时，变化较明显，对解释原有变量的贡献较大，之后变化较小，对原有变量贡献相对较小，所以应提取前两个因子作为主成分。这与表 3–9 总方差解释表数据分析结果一致。

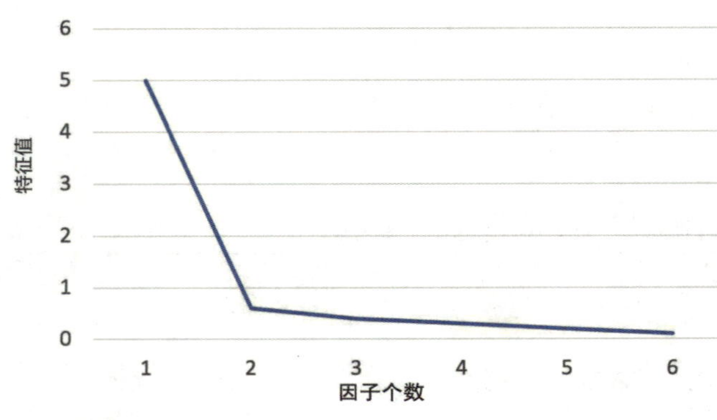

图3–24 碎石图

表 3–9 是关于各个主成分方差百分比的统计。在主成分分析法的总方差解释表（总体方差是一组资料中各数值与其算术平均数离差平方和的平均数）中，各主成分方差百分比的大小体现了与之对应的感性词汇和主成分之间的权重关系，可以看出，使用者的评价受激光治疗仪两个主成分的影响比较大。在成分矩阵表（表 3–10，矩阵是指纵横排列的二维数据表格）中，两个主成分的数值说明了各个感性词汇与主成分之间的相互系数，系数越大说明它们之间的联系越紧密。在表 3–10 中，主成分 1 的相关系数数值较大的两个感性词汇是“亲切的”和“先进的”；主成分 2 的相关系数数值较大的两个感性词汇是“灵巧的”和“干净的”。这四个感性词汇被认为是影响人们对激光治疗仪感性认知的主要因素，因此也成为后期指导设计的感性要素。

表 3–9 总方差解释表

成分	初始特征值			提取平方和载入			旋转平方和载入		
	合计	方差百分比	累积贡献率	合计	方差百分比	累积贡献率	合计	方差百分比	累积贡献率
1	4.835	80.576%	80.576%	4.835	80.576%	80.576%	2.795	46.590%	46.590%
2	0.561	9.343%	89.919%	0.561	9.343%	89.919%	2.600	43.329%	89.919%
3	0.320	5.333%	95.252%						
4	0.201	3.347%	98.599%						
5	0.074	1.230%	99.829%						
6	0.010	0.171%	100.000%						

表 3-10　成分矩阵表

感性词汇	成分	
	1	2
安全的	0.906	0.276
灵巧的	0.811	0.420
舒适的	0.903	0.180
干净的	0.899	0.381
亲切的	0.943	0.202
先进的	0.918	0.300

（2）基于对比归纳的数据分析

通过对比归纳来进行数据分析是将感性词汇平均得分中最高值与最低值予以统计整理，对不同感性词汇、不同样本的相互关系进行分析，从而得出规律。

以下是针对儿童眼部护理产品进行感性评价的数据分析。表 3–11 为形态样本感性评价分析，图 3–25 是不同样本感性词汇的平均分分布图。

表 3–11　形态样本感性评价分析表

样本		数据分析与评价	平均分
样本1		卫生的、安全的、易用的得分较高，圆润的、柔软的、有趣的、温暖的得分较低	0.75
样本2		有趣的、圆润的得分较高，安全的、卫生的、温暖的、易用的、柔软的得分较低	1.76
样本3		卫生的、安全的、易用的得分较高，有趣的、圆润的、温暖的得分较低，柔软的为负分	0.57

续表

样本		数据分析与评价	平均分
样本4		圆润的、安全的、卫生的、易用的、有趣的得分较高，温暖的、柔软的得分较低	1.27
样本5		安全的、易用的、卫生的、得分较高，圆润的、有趣的、柔软的、温暖的得分较低	0.75

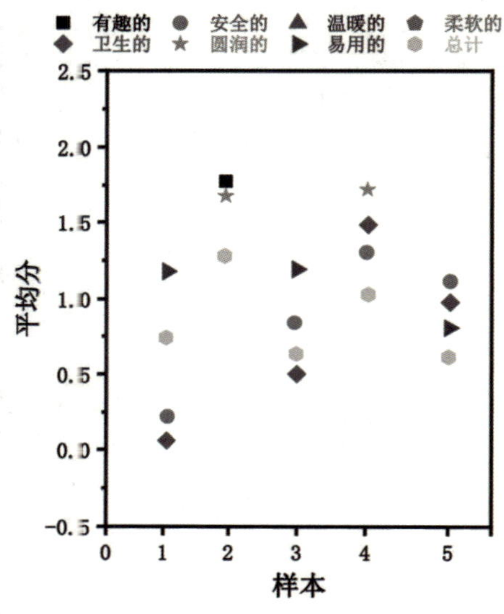

图3-25　不同形态样本感性词汇的平均分分布图

从表3-11可清晰地看到，样本2的平均分最高，说明消费者更加喜爱具有新颖外观和流畅线条的产品。同时，根据排名前两名样本2、样本4可以推断圆润、卡通形态的产品更受儿童喜爱。在儿童眼部护理产品的特征中，产品的外部造型对于使用者“有趣的”感受影响最大。

（3）其他数据分析方法

①坐标轴分析。

坐标轴分析是收集调查样本图片和感性意象语意，通过代表性样本选取、感性意象语意筛选、感性意象评分，进行统计分析，最终得到样本的感性词汇空间分布图（图3-26）。

这种分析方法的优点是得出的结果很直观，每个产品都有对应的空间尺度。缺点是意向尺度的内容需要手动修改，这使得实例的表达不够精确，而且当样本的数量过多时，直观这个优势也就不存在了。

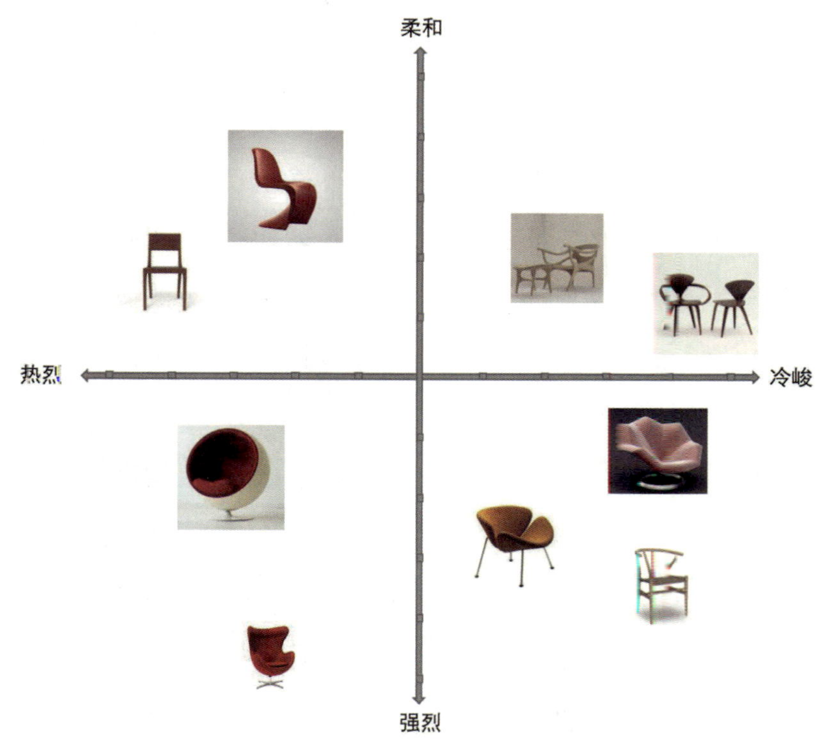

图3-26 坐标轴分析得出的感性词汇空间分布图

②柱状图分析。

柱状图分析是以感性工学中的感性定量方法为依据，建立某要素与感性词汇之间的定量联系。图3-27为产品色彩要素（白色）与9组感性词汇的柱状图分析，从图中可见，对于白色产品而言，素雅、明亮、素净、平静等感性词汇表现突出。

柱状图的优点是非常全面、直观，每个感性词汇的数值都能体现出来。缺点是不适合计算机的存储，而且很难提炼出最有代表性的词汇，即意象表达不够精确，不适合检索。

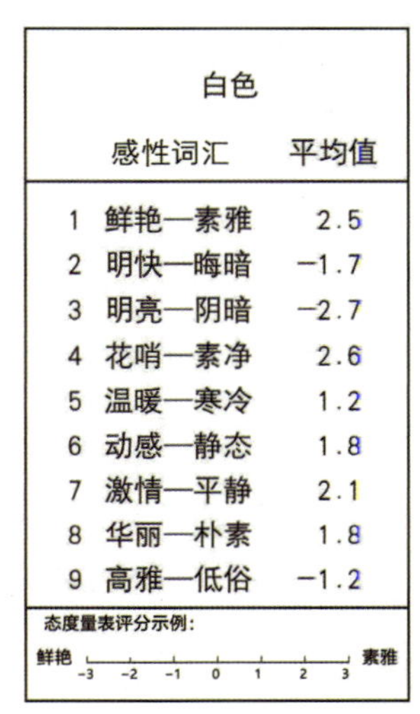

白色

	感性词汇	平均值
1	鲜艳—素雅	2.5
2	明快—晦暗	−1.7
3	明亮—阴暗	−2.7
4	花哨—素净	2.6
5	温暖—寒冷	1.2
6	动感—静态	1.8
7	激情—平静	2.1
8	华丽—朴素	1.8
9	高雅—低俗	−1.2

态度量表评分示例：

鲜艳 −3 −2 −1 0 1 2 3 素雅

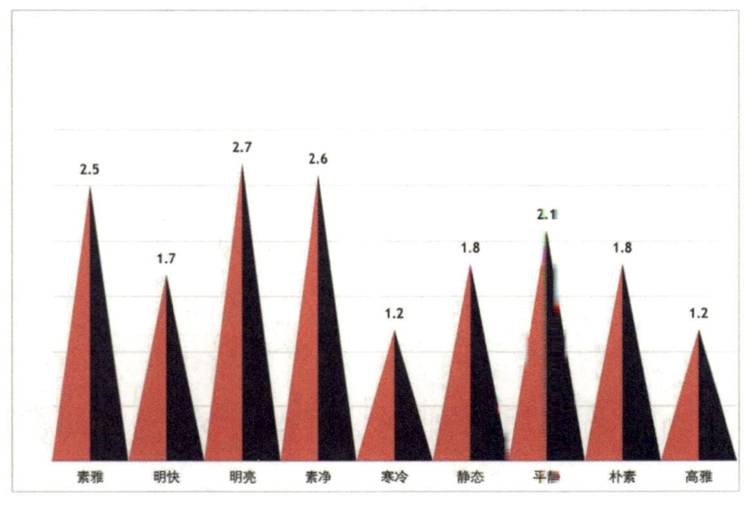

图3-27 柱状图表示感性意向

3.4.6 确定设计要素

通过用户调查和数据分析可得到感性词汇，但因为感性词汇有着较大的不确定性，所以还不能将它直接用于设计，需要利用演绎分析法绘制阶层图，把这些感性词汇逐一转化为可量化使用的或具有物理性质的设计要素，如图 3–28 所示。

3.4.7 设计实践

根据以上分析结果，进行设计方案的制订与产品原型的设计开发。在后续设计实践过程中，应紧扣感性评价实验中总结的感性词汇和设计要素。根据产品设计项目需要，在设计草图或产品原型的初期阶段，反复进行感性评价实验，对方案的合理性做评估，以便选出最优方案。

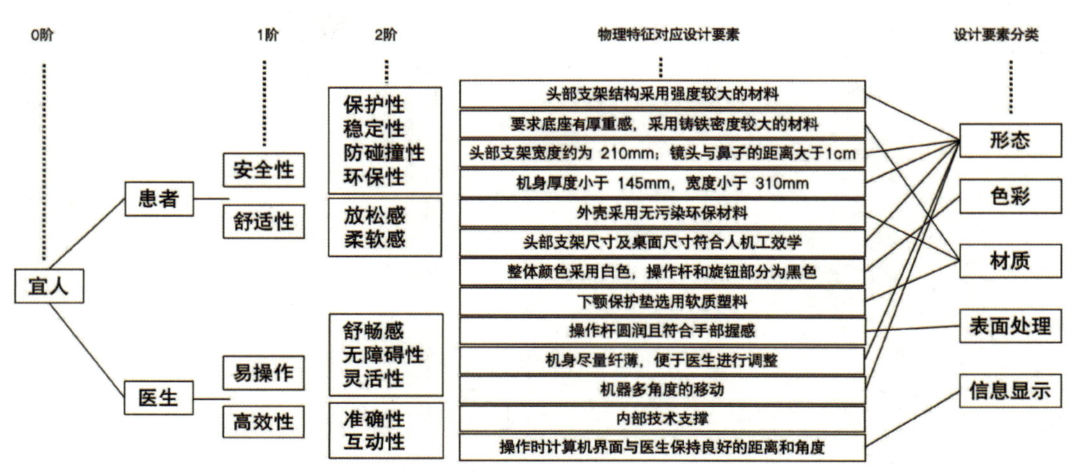

图3–28 激光治疗仪设计的阶层图

3.5 基于感性工学的产品体验设计案例赏析

1. 问卷调查与数据分析

设计师制作调查问卷，让被调查者对产品形态、色彩、材料等进行感性评价。通过问卷调查得到统计数据，对数据进行分析，进而从产品形态、色彩、材料等元素中确定设计要素。

2. 设计要素确定

结合数据分析结果，所得设计要素可概括为：形态方面，外形设计影响儿童的性格发展，要倾向于圆润、新颖、有趣等造型；色彩方面，选择温暖、明快的黄、橙、绿色系搭配；材料方面，主要选择塑料以及安全、柔软的硅胶（表 3–12）。

表 3-12 设计要素

设计要素	设计定位	设计意向
形态	圆润、整洁，无棱角感、锋利感，造型新颖、有趣，能够满足儿童以及家长的审美期待	
色彩	以黄、橙、绿色系为主，黑、白、灰搭配	
材料	外部以硅胶、塑料材料为主，皮革、布或木为搭配，尽量少使用金属	

3. 设计草图及筛选方案

根据确定的设计要素进行手环、机器人、儿童护眼仪设计，制作设计草图，每种产品各设计 3 种方案（图 3-29）。

为保证产品设计更加符合用户的感性意象，设计师需要通过感性评价进一步筛选用户喜爱的设计方案。

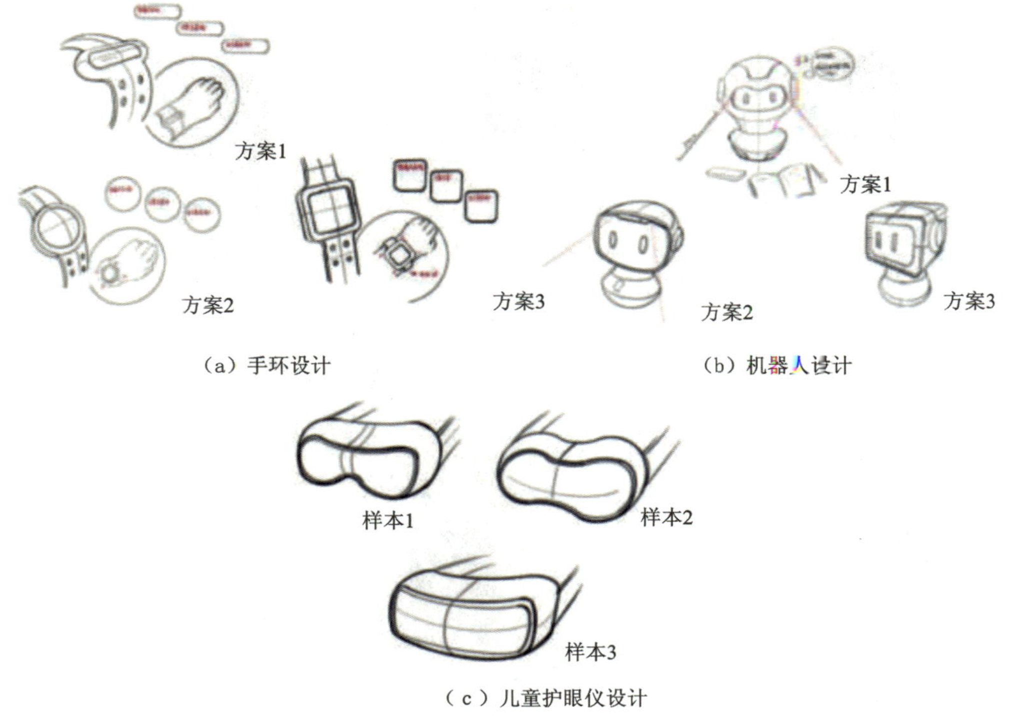

图3-29 儿童产品设计草图

4. 确定设计方案

①形态方面（图 3–30）。优化传统儿童产品的设计，护眼仪设计注重科技感；机器人憨厚、可爱，配置触控大屏，功能可任意设置；手环轻薄且屏幕运用了突出的弧形设计，增加抗摔、抗摩擦能力，造型圆润、可爱，适合儿童佩戴。

②色彩与材料。采用明度二级的黄色、绿色与橙色三种配色方案（图 3–31）。材料选择 ABS 塑料，保证产品的安全性与环保性。亲肤部分采用市场上大部分护眼仪产品使用的皮革，易清洁且符合感性意象调研的结果。手环采用硅胶材料，安全、柔软、卫生（图 3–32）。

图3–30 儿童眼部护理产品形态设计

图3–31 儿童产品色彩设计

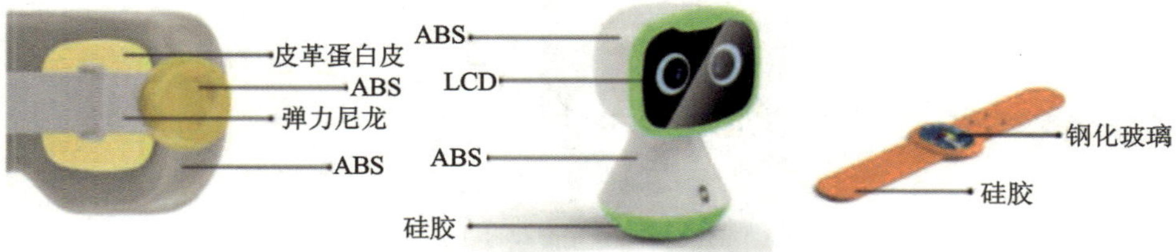

图3–32 儿童产品材料选择

③功能的考虑。在科技飞速发展的时代，产品智能化与互联网服务功能在儿童产品中不可缺失。主要围绕儿童眼部护理问题提出解决方案，根据儿童行为特点以及感性需求，结合层次分析法进行分析得出较为重要的用眼监督、按摩舒缓以及户外活动提醒功能，进行产品功能操作的设计。护眼仪只有开关与功能调节按钮，通过简单学习即可掌握操作方法；机器人以及手环屏幕配备操作模块，可直接点击，直观、方便，如图 3-33 所示。

图3-33 儿童产品功能

4 基于交互式界面的产品体验设计

4.1

何为交互设计及界面设计

4.1.1 交互设计

交互即交流与互动，既有人与人的交互，亦有人与物的交互。人类的世界离不开交互行为。人与人的交互构成了人类社会，属于社会学、心理学等领域的研究范畴；人与物的交互主要探索人如何认识世界、改造世界，即人如何使用物品满足自身需求，物品如何反作用于人类行为。原始人狩猎、自卫等离不开与物的交互，譬如制造和使用工具等。随着社会和技术的不断发展，人类不再满足于对自然物的简单改造（图 4–1），而是利用科技制造复杂的设备，相应的交互行为也变得更加复杂和多样。

以电炉为例，过去使用电炉非常简单，把旋钮拧到适当的位置，相应的功能便实现了。随着科技发展，电炉的功能趋于复杂，烘焙、蒸、煮、加热、定时等功能被整合到一起，产品内置有芯片，外设有 LCD 显示屏，按钮越来越多，比如“开始”“取消”“设置”等。

随着科技和社会的发展，市场上可供选择的产品越来越多，消费者不再满足于可用的产品，而是追求更加好用和易用的产品。基于人体工学、感性工学以及传统设计的诸多理论和技术，产品的可用性、易用性有了大幅提升。计算机的普及使人们更加注重与计算机的交互，“交互设计”应运而生。值得注意的是，交互设计并不是计算机或互联网行业的专有名词，它在被正式定义和提出以前便已存在，只是因为计算机和互联网的不断普及而被重视和完善，并最终成为一门专门的设计学科。

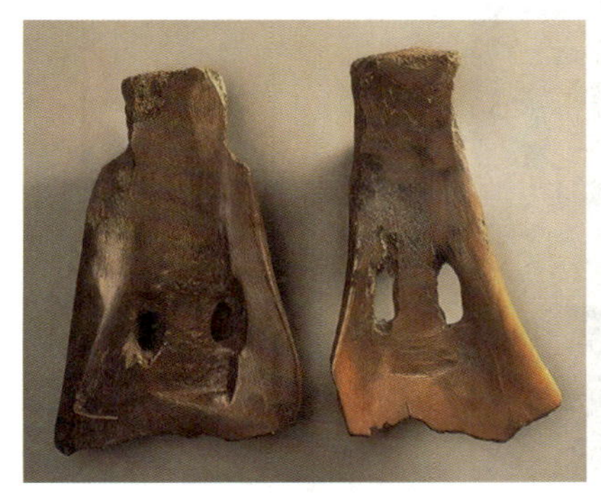
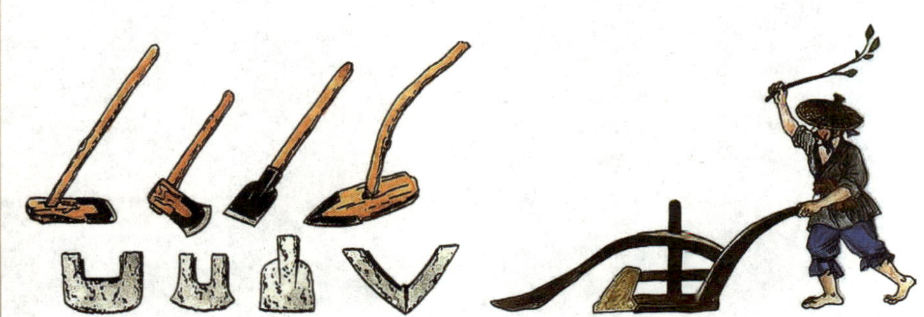

图4–1 人类对自然物的简单改造

20世纪70年代末80年代初，美国旧金山湾区有一支由研究者、工程师和设计师组成的梦想家队伍，他们致力于研究未来人们如何与计算机交互。其中两位工业设计师——比尔·莫格里奇（Bill Moggridge）和比尔·韦普朗克（Bill Verplank），发明了世界上第一台笔记本电脑——“GRiD Compass”，并创造出“交互设计”这个词语来描述他们的工作。自此，交互设计慢慢流行起来。

20世纪90年代以来，互联网的快速发展进一步促进了交互设计的流行。突然间，“易用”成了挂在每个人嘴边的口头禅。传统设计师纷纷涉足数字产品设计，新的设计师头衔大量涌现，如信息设计师（information designer）、信息架构师（information architect）、用户体验策略师（user experience strategist）、交互设计师（interaction designer）等。企业中也出现了专门关注用户中心产品和服务的职务，比如首席体验官（chief experience officer）。

4.1.2 界面设计

界面是人与物交互和进行信息交换的媒介。界面设计是通过协调界面各构成要素，优化人与物信息交换手段及交流过程，以提高人与物交互的效率，满足用户需求的系统性设计。随着计算机技术的不断发展，界面设计在电脑端、手机端得到了前所未有的重视，它涉及界面的人机交互、操作逻辑、界面美观等内容，如手机操作界面、网页界面等。

计算机诞生之初，并没有用户界面一说——人们通过输入指令来实现对计算机的操作，如图4-2所示的微软DOS系统。此时的计算机只能被专业人士使用，普通人没有使用能力。1973年，美国施乐公司

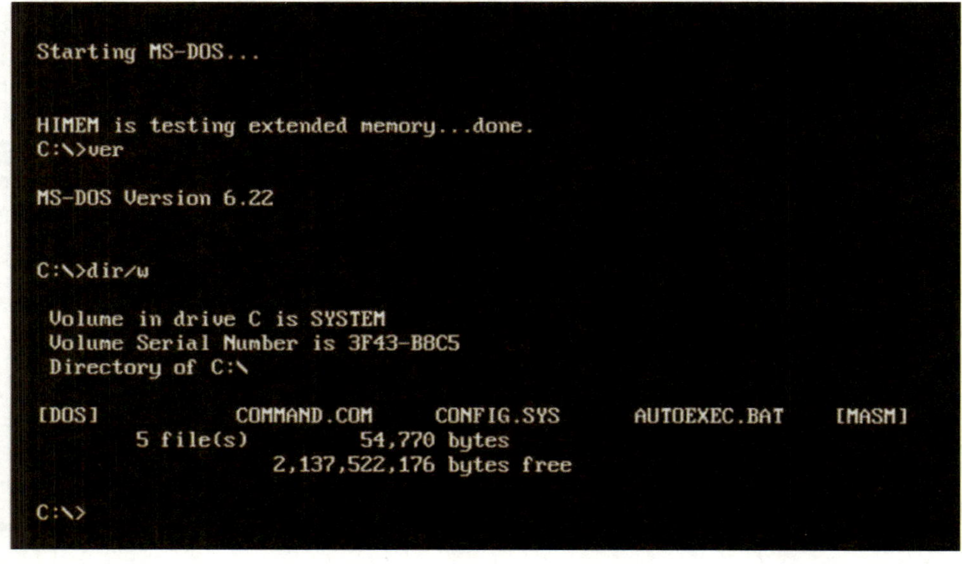

图4-2 微软DOS系统

发明了世界上第一台运用图形用户界面操作系统的微型电脑，取名阿尔托（Alto）。该电脑的操作界面实现了“所见即所得”的功能，成为后期设计图形用户界面的基础，如图 4-3 所示。

1983 年 1 月，经过苹果公司的不懈努力，Apple Lisa 成为世界上第一台采用图形用户界面的商业化个人电脑，并首次将图形用户界面和鼠标结合在一起，减轻了使用者的认知负担，实现了电脑的人性化操作。同年 11 月，微软公司正式发布 Windows 1.0 系统（图 4-4），拉开了 Windows 系统统治电脑市场的序幕。

1983 年，第一款民用移动电话问世，通过按键的输入来实现信息的交互。2007 年，苹果公司发布 iPhone（图 4-5），以触控代替按键，从此，手机步入触控时代。

图4-3 世界上第一台运用图形用户界面操作系统的微型电脑

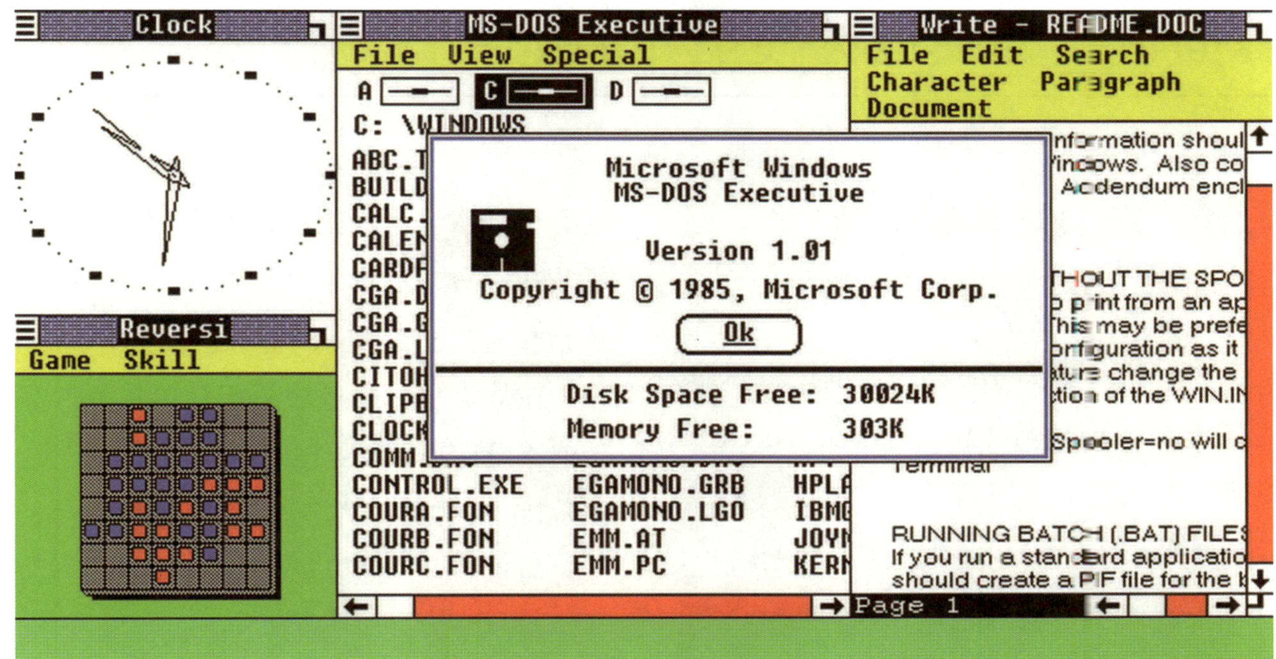

图4-4 微软发布的Windows 1.0系统

图4-5 iPhone

界面设计的发展与计算机技术的发展密不可分。2007 年 iPhone 诞生，界面设计尤其是手机界面设计进入新的纪元。界面设计不仅仅是为了让界面看起来更漂亮，更重要的是便于用户浏览和使用。过于杂乱的网页或软件界面会使企业失去宝贵的潜在用户。要想用户持续使用产品，就需要设计出出色的用户界面，给用户带来好的产品体验。

广义的界面设计包含了界面的视觉设计和交互设计，狭义的界面设计则主要指界面的视觉设计。本教材所说的界面设计指广义的界面设计，涉及手机端和电脑端的界面视觉设计和交互设计。

4.2

界面设计相关理论模型和原则

4.2.1 界面设计相关理论模型

1. 用户体验要素模型

被业界广为认可的最经典的用户体验要素模型由加瑞特（Jesse James Garrett）提出，他在模型中提到了用户体验要素的五个层次（图 4-6），即战略层（strategy）、范围层（scope）、结构层（structure）、框架层（skeleton）、表现层（surface）。这五个层次自下而上，从抽象到具体，层层相扣，每一层都不是相互独立的，而是互相影响的。

在战略层，通过分析用户价值和产品价值，设计师可以更清晰地思考产品定位。在范围层，挖掘功能需求、业务需求等，探讨需求的可行性以及优先级。在结构层，关注用户行为与系统响应，通过交互设计、信息架构，规划功能交互组建的基本逻辑。

在框架层，通过导航布局、内容展示等方式，进一步完善交互原型和界面线框图设计。在表现层，通过完成高保真原型的视觉呈现，实现信息的有效传达并保证风格统一。

2. 双钻设计模型

双钻设计模型（图 4–7）由英国设计委员会（British Design Council）在 2005 年提出，是一套运用设计思维来解决问题的思路和方法，适用于从产品需求定义到设计成果产出的整个过程。在这个过程中，双钻设计模型的这两个“钻”，能够帮助设计师达到两个目的：一是洞察和挖掘产品真正的问题，即做正确的事情；二是通过恰当方法找到设计最优解，即把事情做正确。通过双钻设计模型，设计师能够将一个未知的、不确定的事件，变成已知的、确定的事件。

双钻设计模型在界面设计、产品设计、服务设计领域被广泛应用。它将设计过程进行拆解，并划分为“发现期、定义期、发展期、交付期”四个阶段，使问题具象化，让研究更具逻辑性。在双钻设计模型的指导下，设计团队能够注意到过去容易被忽略的问题环节，更好地进行设计演绎，并使得设计验证有迹可循。双钻设计模型构建了界面设计的基本框架，在具体实施过程中，可依据项目大小、资源平台差异、时间急缓等，有所侧重。

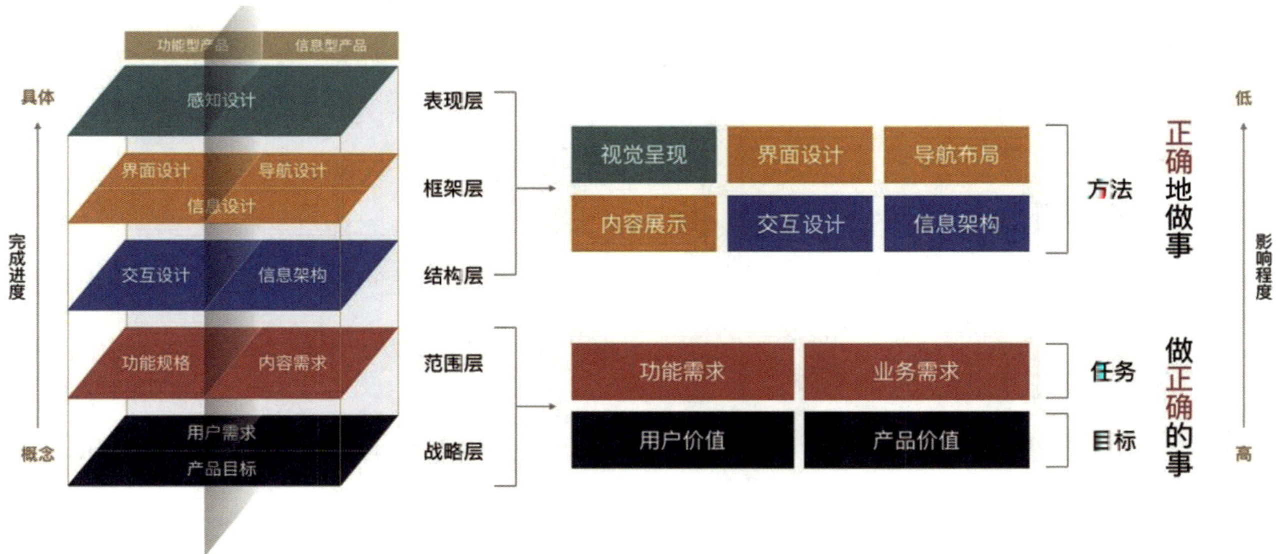

图4–6 用户体验要素的五个层次

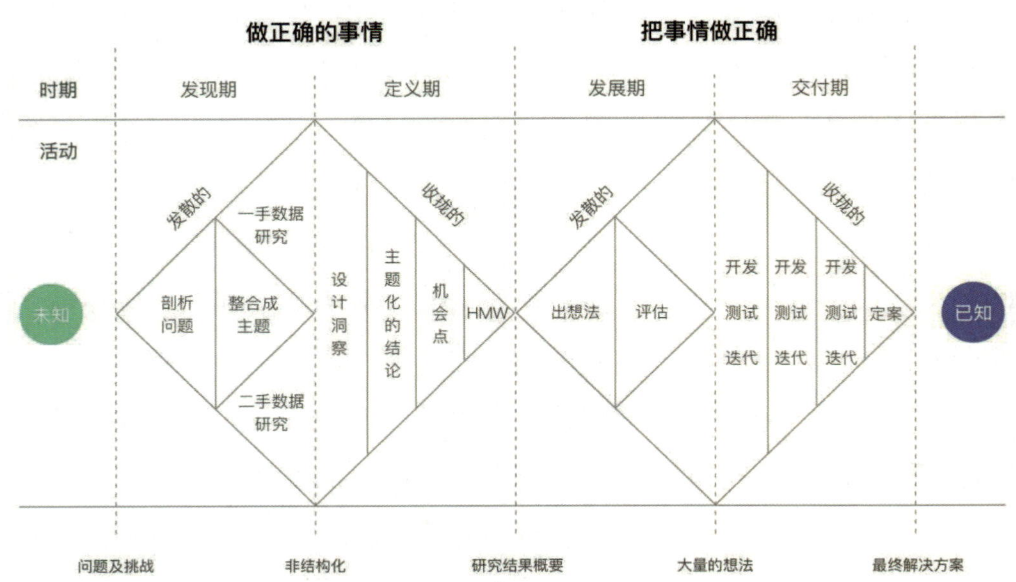

图4－7 双钻设计模型

4.2.2 界面设计原则

1. 匹配用户期望和经验

通过将步骤顺序、信息布局和使用的术语与用户的期望和先前经验相匹配，设计师可以减少学习新系统的时间和不适感。

2. 一致性

通过一致的视觉界面元素、一致的交互方式和一致的功能使用方式，帮助用户提升使用效率和对产品的适应能力。将用户之前的经验从应用程序的一个部分重新应用到另一个部分，能够保证用户在使用过程中行为方式和心理预期的一致性，减少困惑或障碍的产生。设计一致性也有助于实现直观的界面。

3. 功能极简主义

爱因斯坦曾说过："一切都应该尽可能简单，但不要太简单。"这句话也适用于界面设计。提供太多的选项会削弱主要功能，并降低可用性。为了践行功能极简主义的宗旨，应避免不必要的特性和功能，将复杂任务分解为可管理的子任务，简化功能，提升用户体验。

4. 减少认知负荷

认知是一个思维过程。用户在使用产品时，需要通过认知能力来完成对信息的处理。产品向用户传达了什么，用户应该如何使用产品，用户与产品如何交互，这些理解和判断的过程都依赖于用户的认知能力。过多的信息会超出用户的认知范围，导致操作效率降低、操作失误等不良后果。

通过简化视觉元素、减少使用步骤、使用常见交互等方式可以减少认知负荷。

5. 给予用户参与感

参与感是指在产品生产及传递过程中，用户提供心理、时间、情感、行为等方面的活动或资源，从而获得的产品使用感受。良好的体验不仅令人心情愉快，而且能够增强用户使用产品的意愿和积极性，从而提升产品的用户黏性。提升用户参与感的途径有很多，如奖励、趣味游戏等。

6. 控制、信任和可探索性

良好的界面设计必须具备良好的交互设计，应包含对任何系统的控制、信任和可探索性。如果用户获得了掌控感，他们会更自在地使用该系统。如果用户感到舒适且有控制力，他们会信任系统，并相信该应用程序将防止他们犯错。信任激发信心，有了信心，用户更乐意自由探索。

7. 可感知性

界面设计师必须避免隐藏常用的交互功能，因为这会降低产品可用性和用户体验。换句话说，不应该让用户寻找互动的机会。在开发产品时，要确保用户能够查看产品界面以及找到交互功能。设计过程中，注意提供按钮、图标等提示和指标，让用户发现这些线索，知道可以点击。

8. 可学习性

直观的界面设计使用户不费吹灰之力就能学会使用方法，并给他们带来一种成就感。这种成就感能够帮助他们快速适应和利用新的界面。简而言之，产品设计师应该让用户在使用界面时感到自信。

9. 预防和减少错误的发生

避免用户在使用过程中误操作的最佳方法是预测可能出现的错误，并从一开始就防止它们发生。如果错误不可避免，我们需要使它们易于发现，并帮助用户快速解决问题，避免产生不必要的摩擦。可以从以下方面降低错误的发生率：关闭无用服务；使用适当的控件来限制输入（例如单选按钮、下拉菜单等）；提供明确的说明和帮助指南；作为最后手段，提供明确的警告信息。如果特定操作不可逆，应该将其标记为“关键”，并让用户先确认，以防止误操作。例如，在不保存的情况下关闭文档，这可能不是用户有意的行为，产品会自动保存或发出提示。

10. 及时反馈

界面应该在合理的时间内给出适当的反馈，始终让用户了解正在发生的事情。如果用户操作正确，那么系统应该作出相应反馈，以告知操作的有效性。相反，如果用户操作错误，系统应提示用户检查操作是否有误。当然，反馈提示不应该干扰用户的操作流程。

4.3

基于交互式界面的产品体验设计流程

4.3.1 用户需求分析

了解用户需求，平衡商业需求与用户需求，是尤为重要的。设计师一般通过文献收集、问卷调查、用户访谈等方法来了解用户需求。用户需求分析包括前期调研、产品阐述与用户角色模型创建、竞品分析、用户场景与用户体验地图创建、需求验证。

1. 前期调研

通过前期调研，要明确以下内容：①为哪些用户设计什么产品；②用户当前的行为模式是什么样的；③用户当前面临哪些问题；④用户的需求是什么。

2. 产品阐述与用户角色模型创建

在产品阐述阶段，设计师需要对市场产品进行分析，并结合产品设计目标提出若干建议，最终由团队共同商讨确定。如"企鹅背单词"小程序，通过对应试教育、项目需求、产品目标等信息进行归纳，结合产品逻辑，总结产品描述与产品需求如下：①单词应试小程序，教材需求；②企鹅辅导下的产品分支，需要与企鹅辅导有一致性；③构建新的用户池；④将线上用户转化为班课用户，需要有班课场景；⑤基于AI识别，开发语音识别功能，可进行学习与记忆曲线记录。

一个成功的产品，设计之初就要了解目标用户。产品不可能满足所有用户的需求，针对所有用户进行产品设计会导致目标不集中。在完成产品阐述之后，开始创建用户角色模型，以进一步确定目标用户的特点和需求。

用户角色模型也称人物模型，是交互设计中一个独特而强有力的工具。用户角色模型并非真人，是一个抽象出来的用户信息全貌，一个拥有真实的用户信息标签的虚拟人物，可以用来研究真实用户的行为和动机。由于客户端产品用户非常复杂，用户角色模型也会随着版本更新迭代。一般情况下，用户角色模型建立在真实的用户研究数据之上。

用户角色模型一般将角色和设计目标结合在一起，使用定性和定量数据来定义设计观点，在创建时应考虑用户的个性特征、行为动机，围绕用户需求而设计。如果考虑更多的元素，例如用户的感知或兴趣，则可以创建更真实、更全面的用户角色模型。用户角色模型越真实，设计方案越贴合目标用户的感知和需求。用户角色模型的创建是一个相对严谨的过程，主要步骤为：确定调研对象→确定行为变量→

将访谈主题和行为变量对应起来→界定重要的行为模型→总结特征→检查和修正→展开描述→完成模型的创建。常见的用户角色模型如图 4–8、图 4–9 所示。

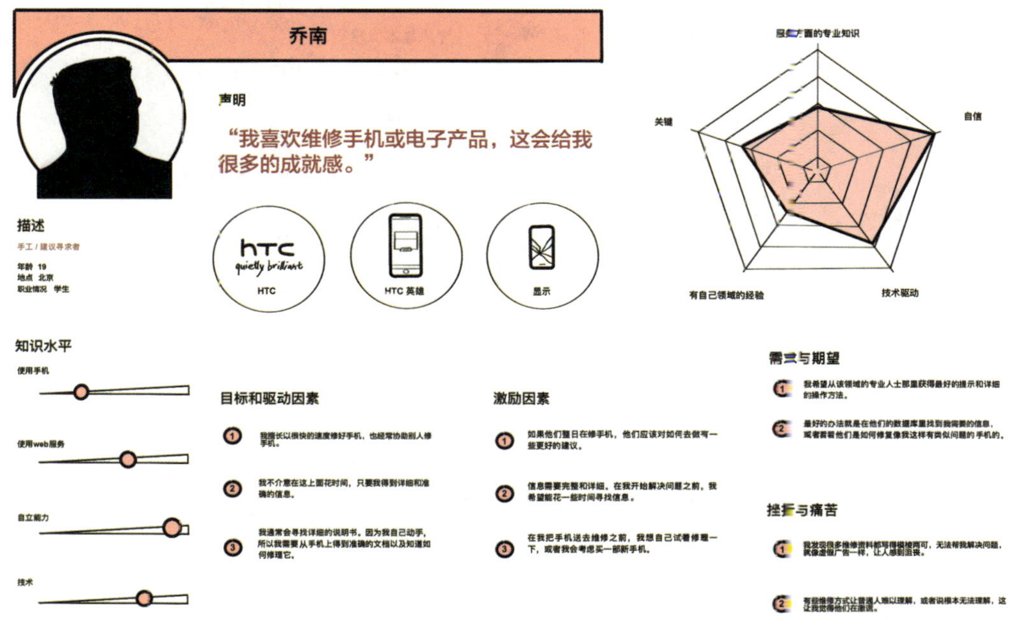

图4–8　用户角色模型一

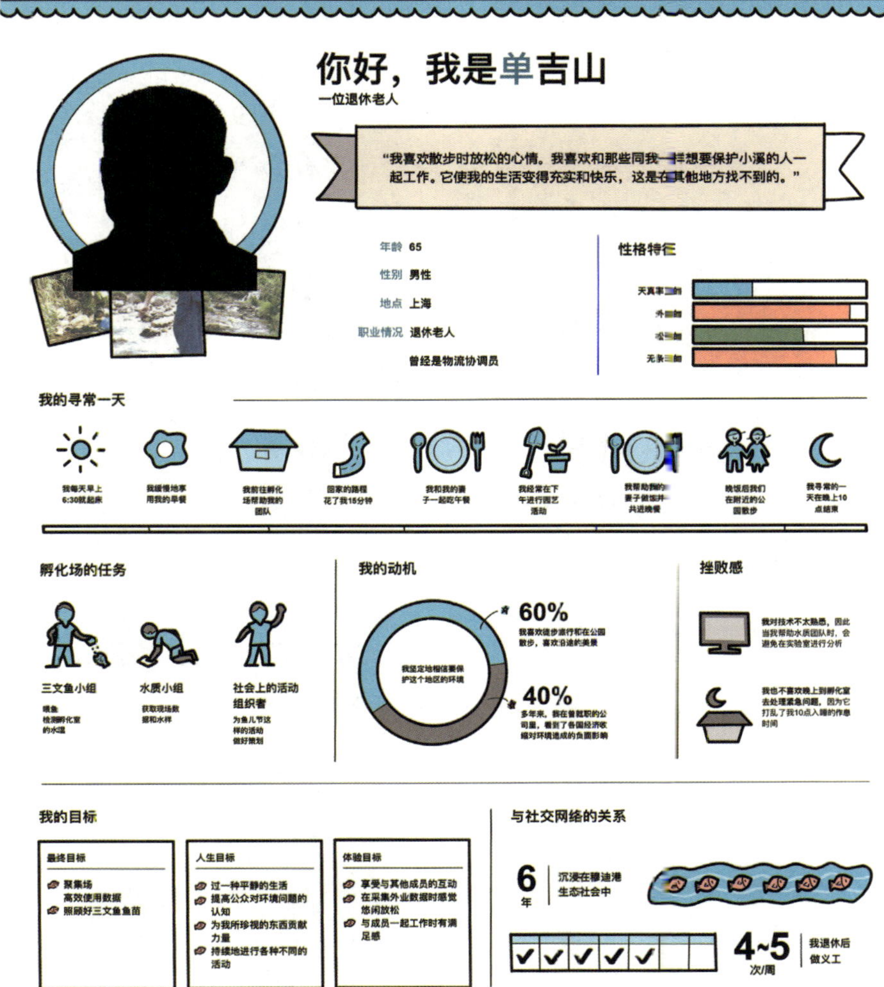

图4–9　用户角色模型二

用户角色模型由用户资料和使用场景两个方面的内容组成（图 4-10）。

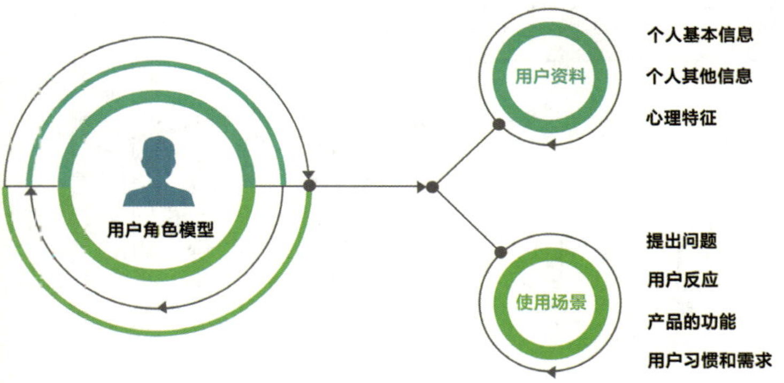

图4-10 用户角色模型的组成

用户资料能增加模型真实感，探索用户需求，增强同理心，主要包括：个人基本信息（年龄、性别、受教育程度、家庭情况等），个人其他信息（职业、收入、兴趣、爱好等），心理特征（需求、动机、愿望等）。

使用场景能提高用户角色模型的有效性，主要概括用户的行为特征，可以从以下几个环节进行挖掘：提出一个问题或一种情况，描述用户对问题的反应，阐述产品在场景中的功能（在这种情况下用户如何与产品交互？用户为什么使用产品？目标是什么？），总结用户使用产品的习惯和需求。

创建用户角色模型可以提高决策效率，在用户研究阶段获取的用户数据越多，越容易提高用户角色模型的精准度，能够有效消除设计团队在设计开发流程中的分歧，可以确保参与设计开发的人员在共同的设计方向上。

3. 竞品分析

竞品分析，是在产品概念设计阶段，对同类竞争产品（竞品）的优势与劣势进行主观和客观分析，了解竞品是如何满足用户需求的，以及用户在使用竞品过程中的满意程度。要完成竞品分析，首先要明确分析的目标，循着目标去做竞品分析，为后续的工作提供支持。竞品分析包含以下几个方面：竞品定位分析，竞品设计分析，竞品策略分析。

（1）竞品定位分析

竞品定位分析主要是对竞品的用户群体、市场价位、用户需求等进行分析。图 4-11 ～图 4-13 列举了某款竞品的用户群体，从中我们可以看出该竞品在 24 岁以下和 36 ～ 40 岁人群中占有主要市场，女性用户多于男性用户，并且中消费者和中高消费者是主要用户。

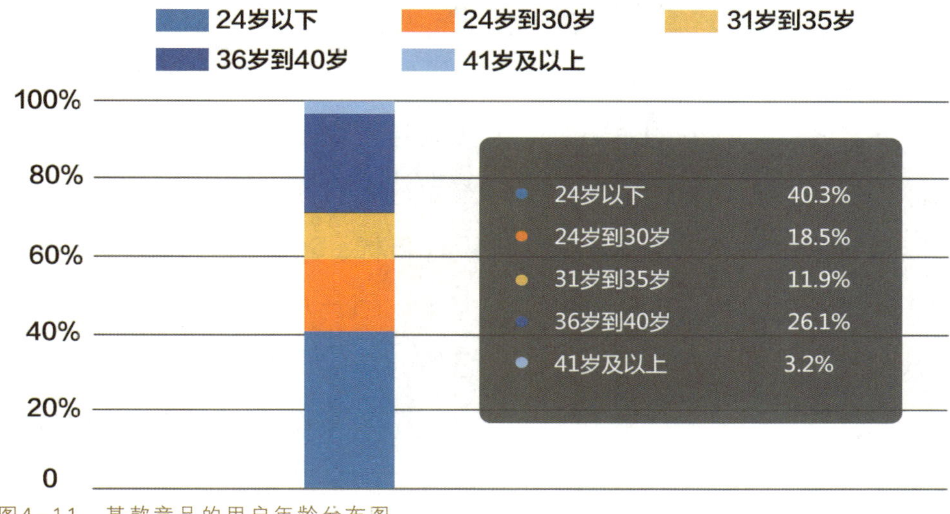

图4-11 某款竞品的用户年龄分布图

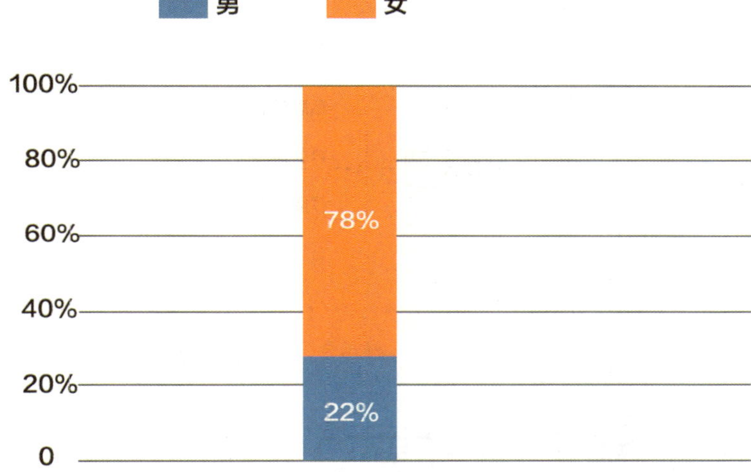

图4-12 某款竞品的用户性别分布图

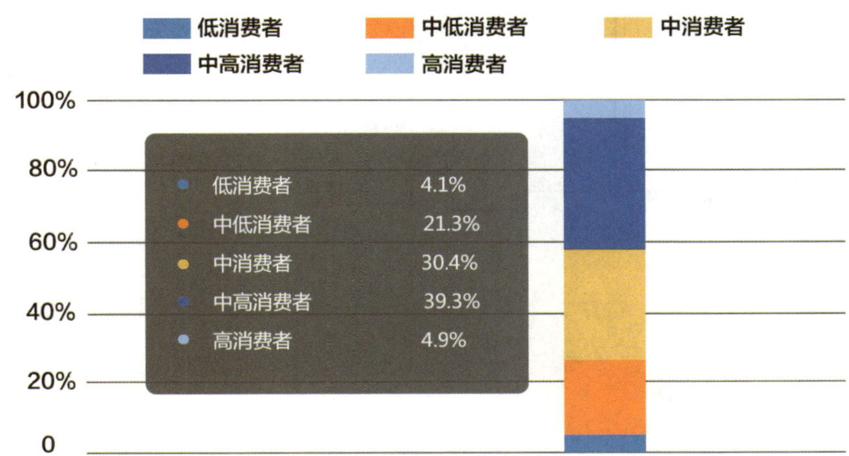

图4-13 某款竞品的用户消费能力分布图

竞品定位分析时，需要进行数据统计，并总结产品提供的功能价值。如通过对扇贝单词 App 的用户需求分析可知，其满足了用户以下需求。

①基础需求：高效记忆，通过考试。

②期待需求：适合自己的学习节奏，符合自己兴趣的英语素材，提高听说读写能力。

③精神需求：有学习伙伴，结交优秀的朋友，能感知自己的进步速度快。

（2）竞品设计分析

竞品设计分析主要是对竞品的形态、功能与逻辑架构、交互设计、视觉设计等方面进行分析。设计师可根据业务需要和设计目标，进行有针对性的分析。图 4–14 为设计师针对微信绘制的信息架构图。从微信的功能层级不难发现，微信的功能庞大，导致操作入口过多，操作趋于复杂，且为了满足海量用户需求在个性化上有所欠缺。

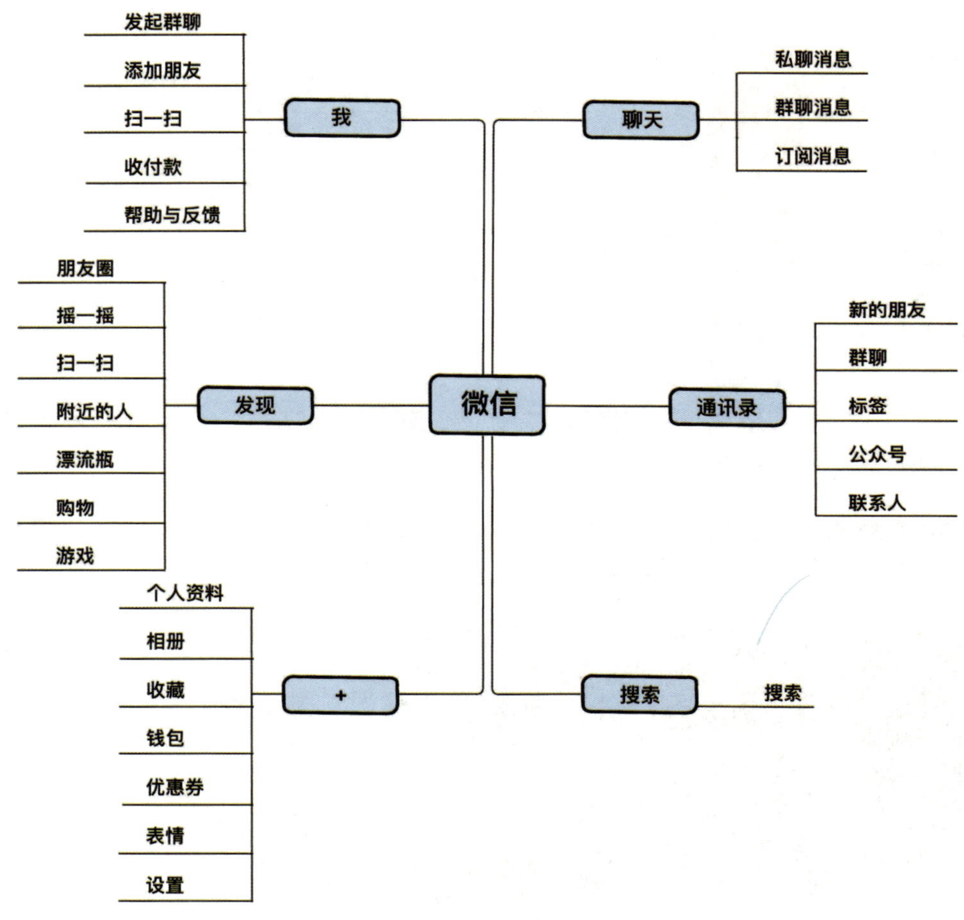

图4–14 微信信息架构图

（3）竞品策略分析

竞品策略主要包括竞品的盈利模式、运营模式、战略分析等，具体根据公司业务、市场需求做进一步分析。

4. 用户场景与用户体验地图创建

（1）用户场景

用户场景即用户在使用产品时的场景。进行产品设计，不仅要为用户解决问题，还要考虑用户使用时的真实场景。比如家里、办公室的网络环境相对较良好，但到了地铁上，网络状况就变得很不稳定。针对这一情况，视频类产品增加缓存功能，在网络状况好的时候，优先缓存视频，以保证用户在网络环境欠佳时可以顺利播放已缓存好的视频。再比如线上转账，针对收款方没有及时接收转账这一情况，微信转账设定 24 小时内没有操作接收即原路退给付款方，考虑到了现实中用户碍于面子不好意思收款的场景；而支付宝的逻辑完全相反，收款方收到的款项是实时到账的，避开了碍于面子的尴尬场景。微信和支付宝提供了不同解决方案。

用户场景的变化直接影响产品的设计。设计师应从何时、何地、什么人、有什么需求、怎么满足需求五个方面来考虑用户场景，使产品设计回归现实，以此来审视产品的合理性、需求的重要性和优先级。

（2）用户体验地图

确定了用户场景，则可以创建用户体验地图（表 4–1 和图 4–15），以讲故事的形式，从用户视角出发，记录用户在使用产品时的一系列行为，包括从开始使用产品到满足目标需求的全部过程。创建用户体验地图，需要考虑以下几个方面的内容。

①一般每张用户体验地图都有一个对应的用户角色，便于清晰地讲故事。

②确定用户场景。如前文所述，用户场景决定了产品功能和用户行为方式的合理性。

③用户体验地图中的故事核心内容——行为（用户在做什么）、想法（用户是怎么想的）和情绪（用户的感受如何）等以定量研究数据为基础，会用到实地考察、情景调研等方法。

④行为触点，涉及用户完成该行为时产生的结果。

⑤洞察问题，这也是创建用户体验地图的目的，也就是发现用户在体验过程中存在的问题，然后提出优化方案。

表 4-1 用户体验地图表

阶段	用户期望/目标	行为	想法	情绪曲线	痛点	满意点	感受	体验	机会点
阶段1									
阶段2									
阶段3									
阶段4									
阶段5									
阶段6									

设计师在绘制用户体验地图时，既要代入用户视角，又要以全局思维去思考解决方案，做到多角色参与，达成充分共识，高效推进项目。用户体验地图能够帮助设计师有效、全面地发现用户痛点和需求点，作出决策。

5. 需求验证

在需求验证阶段，要注意甄别真实需求与伪需求。

实际情况是，在进行用户访谈时，用户往往会提出一些解决方案，这时候设计师一般先表示认同，让用户感知共情，然后做好记录。在头脑风暴时，应分享这些信息供团队讨论。对于产品设计团队而言，在初始阶段一般要先把问题提出来，然后思考解决方案，而不是直接使用访谈时用户提出的解决方案。甄别真假需求一般是产品经理的必修课，但设计师也要掌握这一技能。用户提出需求和解决方案，常常是出于他们当时的主观认知，这会对设计决策产生干扰。设计师要能够理解用户思维的过程，切忌过分依赖用户访谈的结果。

设计师需要经常参与用户研究工作，了解定性研究，配合项目工作人员完成用户访谈、问卷调查等。参与这些工作时需要学习并习惯一层层剥掉用户假想的解决方案，不断发问，探寻用户的本质需求，直达用户的最初动机与目标。一般伪解决方案可能有如下特征。

①无法满足大部分用户需求。

②不是解决大部分用户需求的最佳方案。

③离核心需求很远。

需求验证包括以下几个步骤：

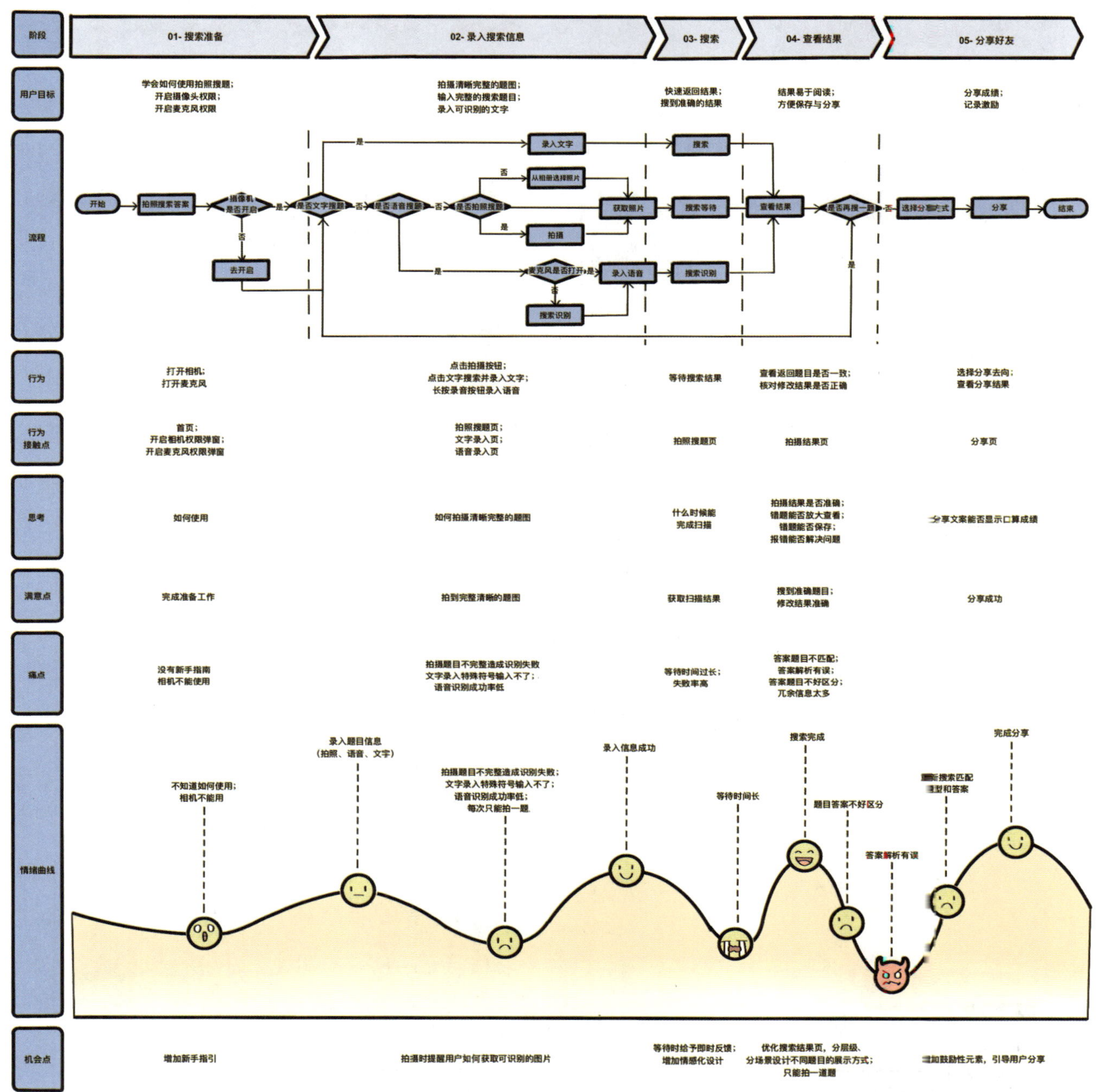

图4-15 用户体验地图示例

①这是不是用户的最本质需求？一定要在受访用户不反感的情况下适度刨根问底。注意观察用户的情绪变化，择机结束话题。在参与用户研究时，要进行笔录，在取得用户同意的情况下进行录音。最后在进行头脑风暴时，不加任何修饰地展示。

②这个本质需求是不是必须满足？设计师要通过以下问题辨别需求的紧急与重要程度：有该需求的用户占多大比例？该场景是否高频出现？在商业目标下，该需求的收益如何？用户是否愿意为该功能付费？用户可以接受的价格区间是多少？

③什么方案最能满足用户的本质需求？针对某一需求，设计师一般会得出很多方案，这时需要从以下方面进行考量：现在的产品功能是否满足需求？是否有产品市场？实现成本如何？是否有更简单的方式？是否可以通过合并功能来满足需求？

④什么样的方案符合产品商业价值？在设计中，设计师要避免因过度关注用户需求而忽略产品商业价值。商业价值如何体现在设计中，需要更深入的思考。

在需求验证的阶段，设计师需要理解需求并参与甄别真假需求的工作，先从问题的源头开始，多问为什么，了解目的是什么，明确有多紧急、有多重要。列出产品功能优先级，排序后再考虑做不做，什么时候做，怎么做。

4.3.2 产品概念设计

界面设计师要与交互设计师一起完成产品的概念设计，包括信息架构图、产品界面线框图、产品界面逻辑图、移动端视觉设计规范和交互设计规范。这项任务要求设计师熟悉并运用用户体验地图，分析产品的信息架构与交互逻辑，确定产品设计风格与设计规范细节，思考用户需求并从用户角度提出用户可感知的、可落实的解决方案。内容包括：①绘制信息架构图；②绘制产品界面线框图与界面逻辑图；③设计验证。

1. 绘制信息架构图

在这一阶段，设计师还没有对产品的各个功能进行整理和归类，很难直接绘制信息架构图。因此，在绘制信息架构图之前，可以对前面分析的结果进行整理，根据需求的优先级对产品的功能模块进行描述，以厘清产品整体的逻辑关系，继而绘制出产品功能结构图。图 4-16 为某阅读书籍产品功能结构图。

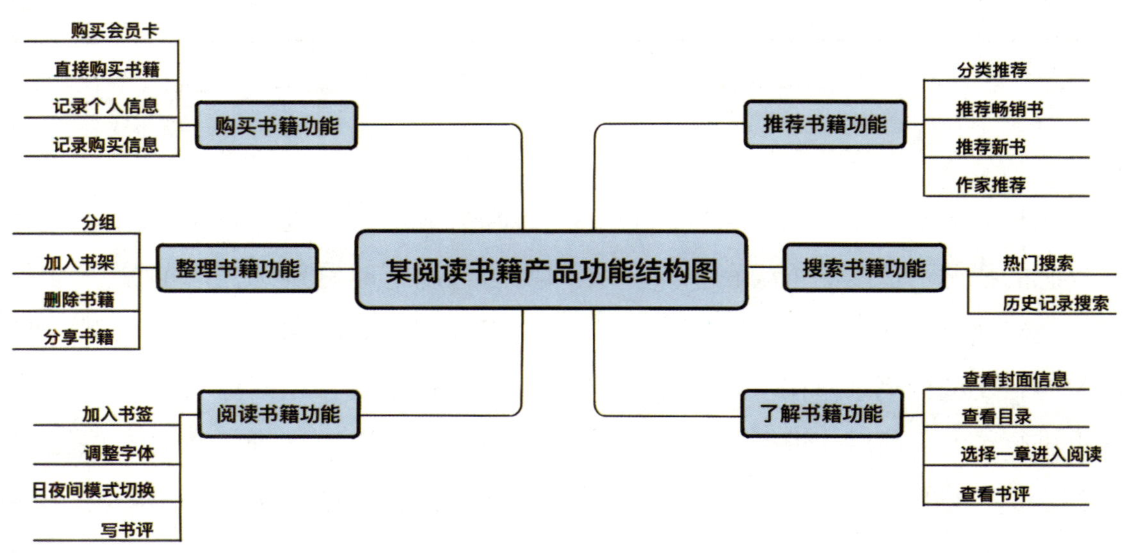

图4-16 某阅读书籍产品功能结构图

基于功能结构图，完成信息架构图的绘制。此时要求对产品信息结构进行分析设计，梳理复杂内容的信息组成，避免信息遗漏、混乱，以作为设计师建立数据库的参考依据。图 4–17 为某阅读书籍产品信息架构图。

2. 绘制产品界面线框图与界面逻辑图

产品界面线框图，也称为产品界面布局图，是产品较清晰的骨架，能够帮助设计师明晰具体产品的界面层次和导向。一般的线框图使用线条、方框和灰色阶色彩填充，属于低保真布局图，用来布局用户交互界面元素和呈现信息层次。界面线框图是在产品功能结构图和信息架构图的基础上，建立产品设计逻辑。界面线框图的绘制非常方便，绘制工具很多，如 Sketch、Adobe XD、Axure、PPT，也可以直接手绘。过去，不少产品设计团队还使用界面线框图来制作产品纸上原型，以进行设计验证。

在绘制产品界面线框图之初，可以使用手绘草图（即纸上原型）的方式来进行产品构思和创意，如图 4–18 所示，目的是提炼设计要素和整理设计思路，高效完成初期草图绘制。这种方式成本低、方便调整、无门槛。

草图定稿后，就可以运用软件绘制更加清晰规范的产品界面线框图（也称为桌面原型），如图 4–19 所示。需要注意的是，针对不同的运行系统和设备，设计师需要选择合适的文件格式、尺寸来设置产品界面线框图的展示规格。

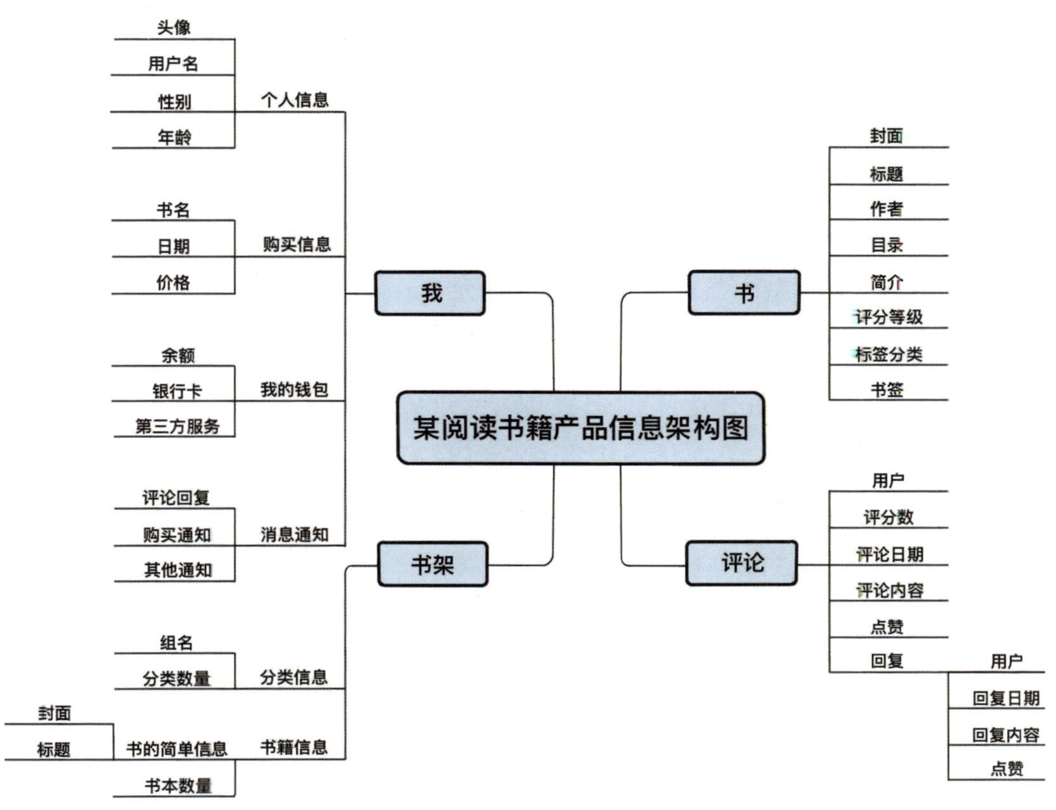

图4–17 某阅读书籍产品信息架构图

图4-18 手绘版产品界面线框图

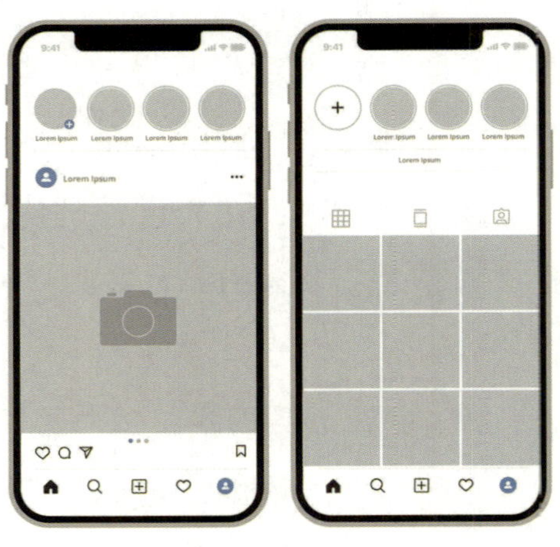

图4-19 利用软件绘制的产品界面线框图

在完成产品界面线框图绘制之后，建议邀请用户协助验证交互流程是否有缺漏或者过分冗长，并做好反馈记录。

经过验证的产品界面线框图即可使用连线和标注来呈现界面的跳转关系，绘制出产品界面逻辑图（图4–20）。界面逻辑图也被称为页面流程图，展示的是用户进行的操作、页面的跳转关系等。基于界面线框图绘制的产品低保真原型，如图4–21所示。之前制作的线框图是粗糙的，效果也是灰阶、静态的。此时低保真原型依然属于概念设计图，但相对纸上原型而言比较详细，且补充了页面说明和基本逻辑。很多情况下，设计师会将界面逻辑图和产品低保真原型结合起来，如图4–22所示，这样既能清楚地反映产品页面的逻辑关系，又能够体现页面中的交互与设计细节。

3. 设计验证

设计验证是对设计进行审视的过程，是一项重要的工作技巧，也是一个很好的总结工作的机会。设计验证可以贯穿整个设计过程，设计师应根据工作进度及时自查。对于新人设计师来说，可以在完成过半设计工作时及时审视自己的工作，避免后面工作因考虑不全面而产生疏漏。对于设计验证，不同的设计团队和项目有不同的验证方法，比如很多团队会将产品界面线框图打印出来用于自查和团队讨论。整体而言，设计师要认真反思前期的设计概念是否满足设计目标，是否真正以用户为中心而设计，信息架构和流程是否清晰合理，页面元素是否一致等。

4.3.3 高保真原型制作

1. 高保真原型制作前期工作

完成前期设计验证后，便可以进入高保真原型制作阶段。在完成高保真原型制作之前，需要先完成以下工作：

（1）基于产品界面线框图，完成基础页面的界面视觉设计

在完成低保真原型制作之后，要选出基础页面（或者重要页面）进行界面视觉设计。这里可以先设计组件，然后完成基

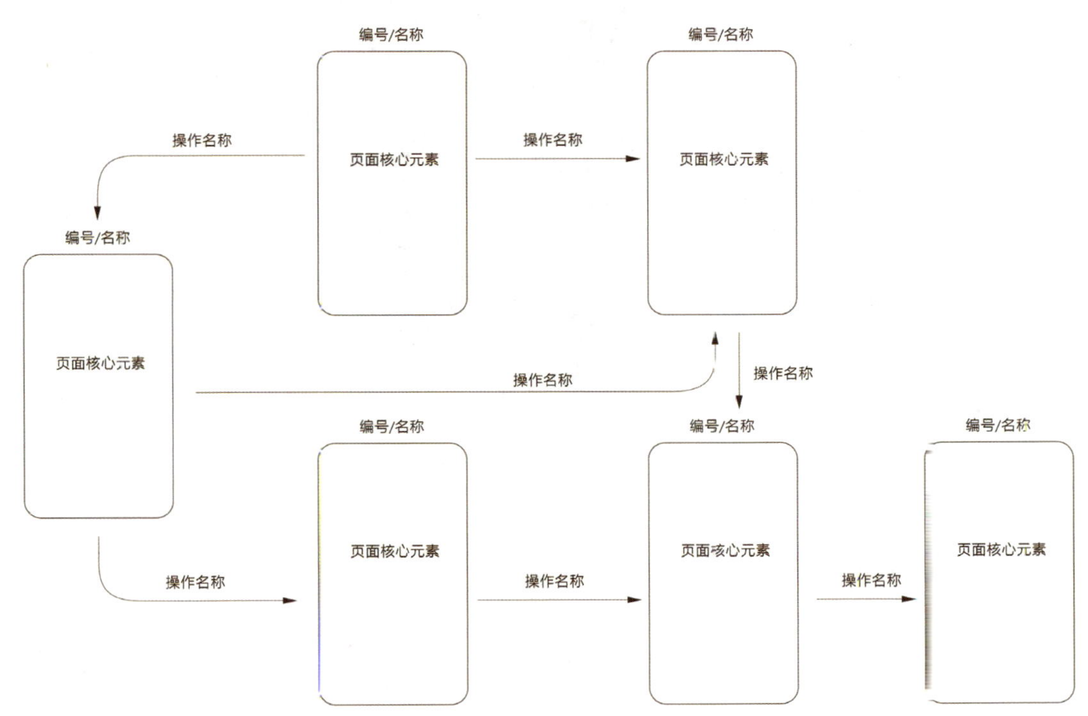

图4-20　产品界面逻辑图

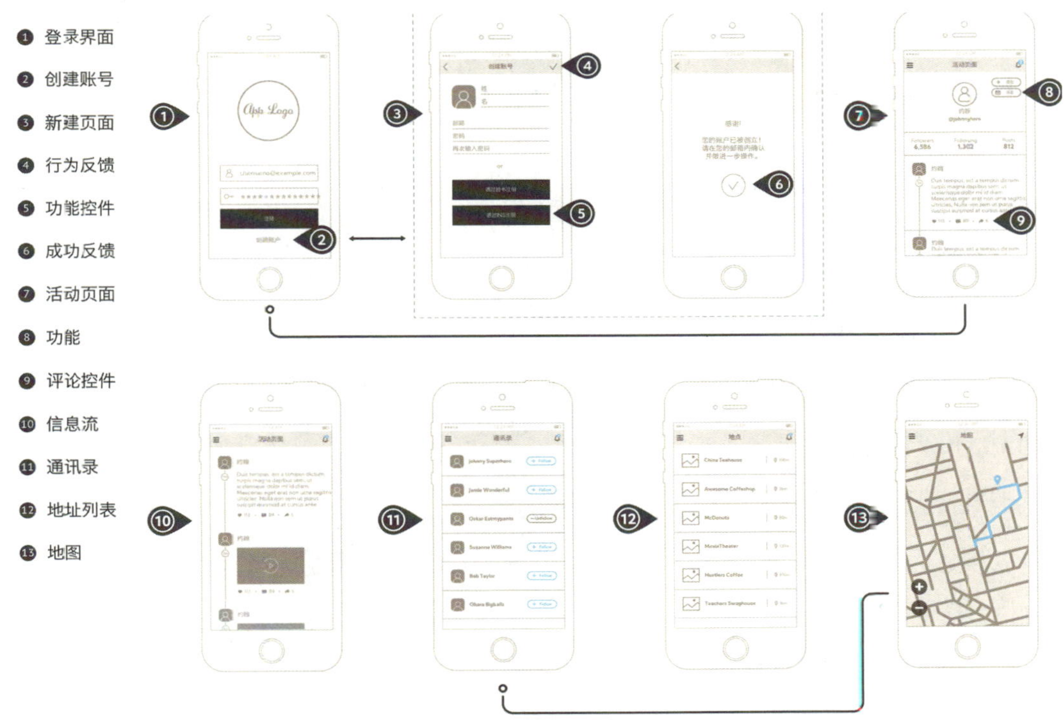

图4-21　某社交产品低保真原型

图4-22 某社交产品的低保真原型-交互逻辑图

础页面的高保真界面视觉设计。

（2）撰写产品的设计规范文档

在完成基础页面的界面视觉设计后，产品的基本元素已经确定，可以着手撰写设计规范文档，以保证后续设计在统一的标准下进行。需要注意的是，设计规范文档并不是一锤定音的，而是在后续的设计工作中不断完善和调整的。良好的设计规范可以保证产品设计团队与开发团队的沟通效率与产出效率。设计规范包含了界面的基本控件、布局与流程，能使页面风格一致，元素属性统一，便于识别，防止出现严重的错误，可以节约产品设计与推广期间的投入成本。

产品设计规范文档一般包括以下内容。

①页面布局类：栅格布局、色彩搭配、排版字体等。

②导航：顶部导航、侧边抽屉导航、顶部导航栏、底部标签栏、分页器、面包屑、步骤条、tab 标签、分段控制器。

③基础组件：按钮、单行文本框、多行文本框、搜索框、下拉框、段落文本等。

④表单组件类：输入框、单选框、复选框、滑动开关、输入校验规则、文件上传、图片上传、图片查看、日期选择器、级联选择器等。

⑤数据展示类：图表、列表、步骤条、九宫格等。

⑥提示组件类：tip、标签、对话框、吐司提示等。

⑦业务组件：根据当前产品业务的需要而设计出的一些特殊类型的组件。

⑧文字排版：样式表、字体、度量单位、字重、字色、字距、行高、行宽、段落间距、等宽数字。

图 4-23 为产品设计规范文档的局部示意图。

对于不同的产品，不同的设计团队对

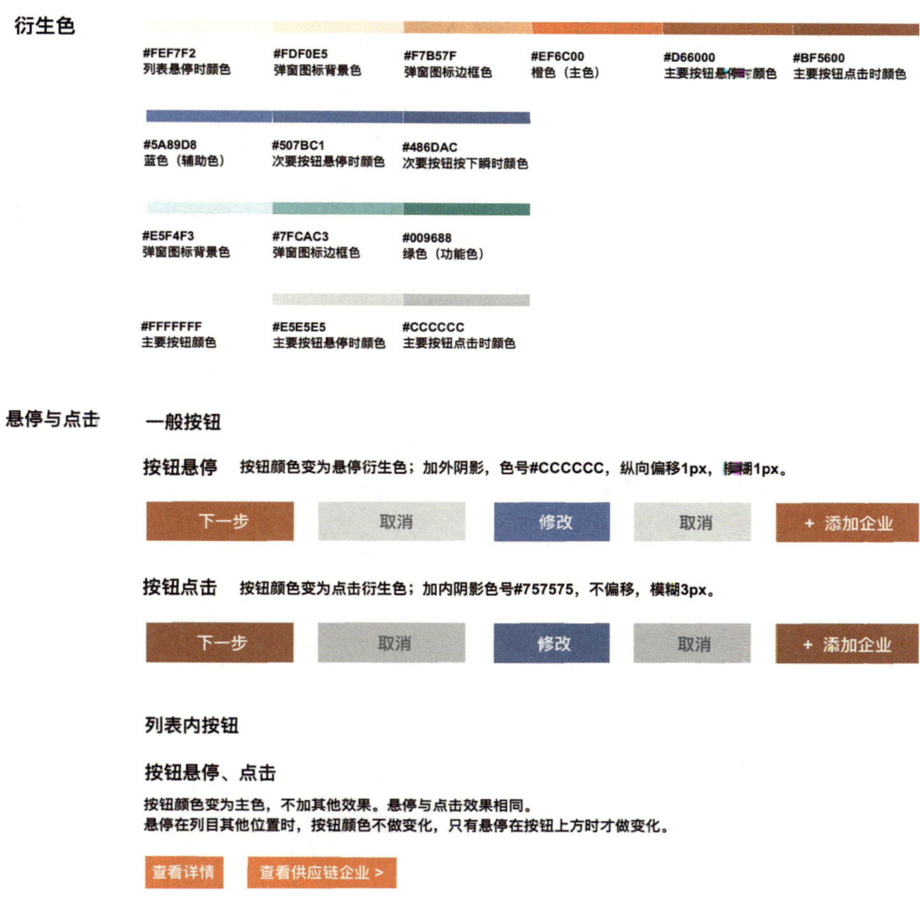

图4-23 产品设计规范文档示意图（局部）

设计规范文档的要求略有差异，但基本要求与内容基本固定。设计师可根据业务需求撰写设计规范文档。设计师要经常阅读业界优秀的设计规范文档，同时不断积累学习成果，提升设计能力。优秀的设计规范案例都具有灵活、可拓展、系统化和标准化的特点，并可升级为设计语言。在没有特殊说明的情况下，产品设计规范包括视觉设计规范与交互设计规范，用于规范统一的视觉风格和交互方式。完成高保真原型制作之后，设计规范文档将会进一步迭代。迭代的设计规范文档将作为对接前后端开发以及测试人员的技术规范文档。

需要注意，实际工作中有先出规范再出产品的，有先出产品再总结设计规范的，也有一边出产品设计一边出设计规范的，要视实际情况而定。

（3）添加界面交互说明

在低保真原型制作中，对交互细节进行说明与备注，详细阐述各个页面间的关系、设计目的、注意事项等。有利于减少设计师与其他人员（包括项目主管、产品开发人员等）的沟通成本，提高产品设计效率。

添加界面交互说明有以下注意事项。

①使用文字进行说明，且要精简和便于阅读。

②页面内容真实，符合逻辑。

③充分考虑内容元素的特殊状态。

④页面间的跳转逻辑清晰，且关联性强。

⑤将多个控件整合为一个组件以提高工作效率。

⑥说明要根据产品与业务需要而迭代。

（4）添加界面交互动效

交互动效通常与特定的行为响应和状态相关，用于引导和响应用户交互行为，起到帮助用户理解产品、提供操作反馈、提升感知流畅性的作用，包括引导窗口切换、反馈用户的操作、显示对象间的层级感和空间感、减少用户等待时的焦虑感、增强产品美感和趣味性。设计师可以在以下三种场景中添加交互动效来提升用户体验。

①页面切换，如发生在页面间的转场或页面内的转场。

②内容新增或减少，如页面中的模块、组件或其他元素新增或减少。

③元素属性发生变化，例如页面元素的位置变化、状态变化、数据变化等。

添加交互动效一般遵循以下规则。

①为了保持响应，保证过渡切换流畅，一般情况下，网络动画里面的延迟在 300ms 左右，短动画为 150 ～ 200ms。例如下载进度条一般采取先慢后快的动效设计，给月户一种下载自然的感觉。

②交互动效应该是简单易懂的，良好的动效能够帮助用户理解操作前后产品的功能变化。

③增强操纵感和体验感，“直接操纵”是移动产品用户体验中很重要的一个概念，它要求产品与用户交互尽量接近真实世界的互动。

④动效要目的明确，传达给用户准确且特定的信息。例如，点击按钮触发一个面板，较好的动态效果是让面板从按钮处出现并渐入。

⑤不要让一个相同概念的元素在画面中的两个地方出现，避免用户产生误解与困惑。

⑥在进行网页开发时，尽量多使用 Opacity 和 Transform-3D 属性的动画组合，其他属性会导致网页渲染速度变慢，影响用户体验。

⑦使用压缩和拉伸效果，制造视觉假象，突出效果。

2. 制作高保真原型

（1）完成界面视觉设计

在之前的基础页面视觉设计、产品设计规范文档撰写、界面交互说明和界面交互动效添加的基础上，完成剩余界面的视觉设计，其中包括部分动效设计。需要注意的是，在界面视觉设计过程中，要严格遵循操作系统和设备的界面尺寸要求。

（2）完成高保真原型制作

低保真原型用于做前期规划和设计验证，高保真视觉设计和低保真原型以设计图纸的方式展示了设计方案的基本样式，为了达到更加逼真的模拟效果，还需要制作高保真原型。高保真原型极为接近产品的最终形态，除了没有动态数据，几乎呈现了产品视觉表现层的所有可感知的功能，是在进行产品开发之前全盘审视产品的一个重要工具。高保真原型可以用来开展产品演示、可用性测试、设计评估等工作。

能够完成高保真原型制作的工具有Axure、Adobe XD等。表4-2罗列了部分现在市场上常见的设计交互工具、设计协作平台以及设计管理平台。

表4-2 常见设计工具

设计交互工具	设计协作平台	设计管理平台
蓝湖	蓝湖	Asana
Abstract	Abstract	Atlassian
Adobe XD	Avacode	Basecamp
Avocode	Cage	Concept Draw
Flawless	Conceptboard	Caravel
Figma	Concept Inbox	Confulence
HTML/CSS/JS	Craft	Marvel
InVision	Evrybo	FeatureMap
Marvel Handoff	Figma	Invision Cloud
Sketch Measure	GoVisually	Jira
UXPin	ideaflip	MeisterLabs
Zeplin	Lingo	Outplanr
	Lookat	Miro
	iDoc	Trello
	InVision	Teambition
	Milanote	
	Miro	
	MURAL	
	Ora	
	PINKTOCHART	
	Red Pen	
	WAKE	

3. 产品原型的自查

与产品概念设计阶段的设计验证环节一样，在针对高保真原型进行可用性测试之前，团队需要对产品的各个环节进行自查，包括架构、布局、内容和行为等方面，以确保原型的合理性。

4.3.4 产品可用性测试

可用性测试，即对产品“可用性”进行评估，在产品生命周期的每个阶段都要进行，其目的是检验产品是否达到可用性标准。产品的生命周期可分为探索期、成长期、成熟期和衰退期。

1. 何为产品可用性测试

可用性测试通过观察具有代表性的用户使用产品完成典型任务，发现产品存在的与可用性有关的问题。可用性大师雅各布·尼尔森（Jakob Nielsen）提出可用性5个常用测试指标（图4-24）：易学性（learnability）、效率（efficiency）、易记性（memorability）、错误数（errors）、满意度（satisfaction）。产品只有在每个指标上都达到较高的水平，才具有较高的可用性。国际标准《人－系统交互工效学第11部分：可用性：定义和概念》（ISO 9241-11：2018）定义的可用性是指在特定环境中，产品被特定用户有效、高效和满意地使用以达到特定目标的程度。

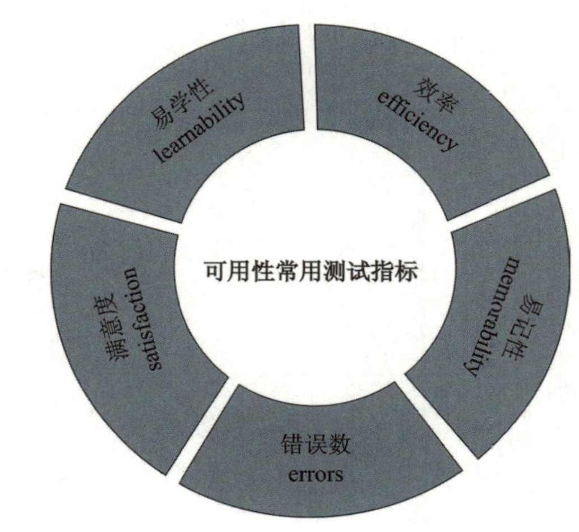

图4-24 可用性常用测试指标

2. 产品可用性测试流程

产品可用性测试一般流程如图4-25所示。

（1）测试准备

产品可用性测试的前期工作准备主要包括制作测试原型，撰写测试任务和脚本，招募测试者，搭建测试环境和准备测试工具。这些过程不分先后，在人力、物力允许的情况下，可以同时进行。

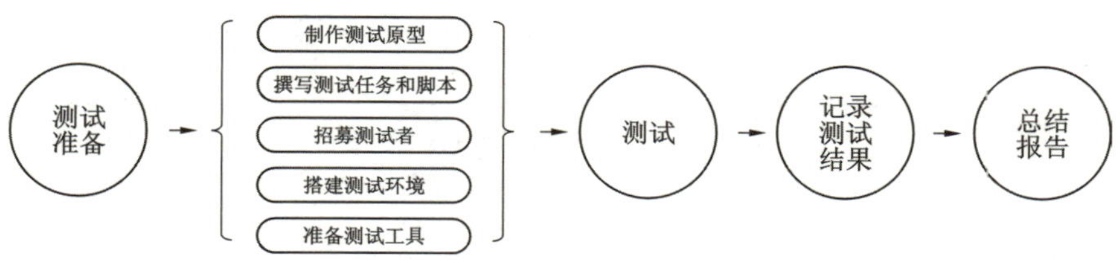

图4-25 产品可用性测试一般流程

①制作测试原型。我们已经有纸上原型、低保真原型和高保真原型，在产品设计的不同阶段，可对不同的原型进行测试。

②撰写测试任务和脚本。任务的设计需要产品经理、设计师与产品开发人员一起讨论确定。撰写的脚本包括任务完成度、完成时间、错误数、用户情绪、用户偏好和建议。

③招募测试者。理想的测试者就是与用户画像特征相符的测试者，要求招募的测试者的特征尽量包含所有类型的用户特征。关于测试者的人数，Jakob Nielsen 提出，5 人参加的测试，结果最好，可发现 85% 的产品可用性问题。

④搭建测试环境及准备测试工具。专业的产品可用性测试一般在实验室内进行，实验室有观察室与操作室。若没有实验室，也可在安静的会议室进行，测试人员观察测试者的行为并记录结果。测试环境应该尽可能还原用户的使用场景，方便后期的分析；不同的产品，还要配以不同的测试工具。针对电脑端软件的测试，需要在电脑端安装录播或直播设备，便于测试人员观察测试者操作的流程与表情；针对手机端软件的测试，可使用同屏功能，便于测试人员在电脑端观看测试者的操作；还可以用眼动仪和摄像头，记录测试者的热点图、行为动作、表情等。可用性测试工具有很多，不影响测试且便于测试人员观察即可选用。

除了测试环境和测试工具，还需要准备任务所需的相关资料，包括测试剧本、人物提示卡、数据收集表（用于记录任务是否完成、任务完成的时间、关键时间和在测试过程中观察到的测试者体验问题）等。对于更专业的测试者，可在测试前与其签署知情同意书、可用性测试说明文件、保密协议等。

3. 测试

可以邀请其他产品研发人员来观察测试，测试者要在安静的环境下进行操作，测试人员只负责观察和记录其行为，尽量不去干扰测试者。当测试者对操作有疑问时，可以让测试者根据自己的想法进行操作，而不是由测试人员进行引导或干预。同时，测试人员可结合用户体验地图客观地记录测试者行为、操作结果及反馈。

4. 记录测试结果

测试结束后，及时复盘测试结果，因为此时测试人员对整个测试过程的印象最清晰、最全面。必要时，也可以调用录音和录像，根据撰写测试脚本时形成的总结大纲来整理内容，记录现场发现的问题。测试人员可通过表 4-3 来记录测试结果。

测试人员可以对测试中发现的可用性问题进行分类或等级界定，以确定问题的优先级。常用的分类方法有三级划分法和三级划分法。具体的实施方法因产品和团队的不同而有差异，不过目的一致——找出问题并分级。这里分解为以下步骤。

①根据关键词、相关性、位置、任务进行分类。

②厘清不明确区域。

③给问题评优先级：排在前 10 位的为较严重问题，需要优先修复。

④结果存档。

5. 总结报告

分析测试数据并进行分类整理，把整个测试任务的问题以及测试中测试者提出的问题，按照关键问题、重要问题、次要问题进行分类整理，输出可用性测试报告，反馈给产品开发人员、设计师等。

表 4-3 可用性测试结果记录表

用户角色	用户体验目标	用户体验测量	测量方法（任务）	用户体验度量	基准值	目标值	观测时间	是否实现目标

4.4

基于交互式界面的产品体验设计案例赏析

Mummy Hi 是一款针对离异女性而设计的 App，目的是让该群体能够更好地享受当下生活并帮助她们实现未来的人生目标。以下为设计的分析调研和最终设计方案（局部展示）。

4.4.1 前期调研

1. 目标用户调查

此次设计的目标用户为离异女性。对女性离异的原因、离异后的生活状态、幸福元素等进行调查（图 4-26 ～图 4-28），结合用户访谈，此次设计目标聚焦于如何提升离异女性的幸福指数。从幸福元素入手，将目标用户潜在需求概括为健康的体魄、建立生活目标、精神健康、社交圈、温暖的家庭关系、经济保障、孩子的健康成长。

2. 用户角色模型创建

此次设计以年龄为主要分类指标，创建两个用户角色模型：莉莉（30 岁）和刘琪（42 岁）。她们都有未成年儿女需要抚养，但各自有不同的生活状态和需求，如图 4-29、图 4-30 所示。

3. 竞品分析

设计师首先对市场上常见女性 App 做

了调研和分类（图 4-31），结合此次目标用户的特殊性——离异并带小孩，设计师发现目前市场上并没有直接服务于离异女性的 App，因此只能将竞品范围扩大至具有相似服务的产品上，最终选择了三款适合单身女性日常社交和娱乐的 App 和一个网站，并对它们进行优劣势分析，如图 4-32、图 4-33 所示。

2015 China Statistics divorce rate

Data: Sichuan Provincial Department of Civil Affairs 2014

- China's divorce rate rose 12 consecutive years. Experts say 50% divorces are caused by extramarital affairs

- 造成夫妻离婚的原因
- 1. 婚后容忍不了彼此
- 2. 婆媳矛盾
- 3. 婚姻责任感缺失
- 4. 女方太娇惯或男方太霸气
- 5. 对婚姻生活中的琐碎事感到厌烦
- 6. 双方不能同步成长
- 7. 多疑吃醋婚内出轨

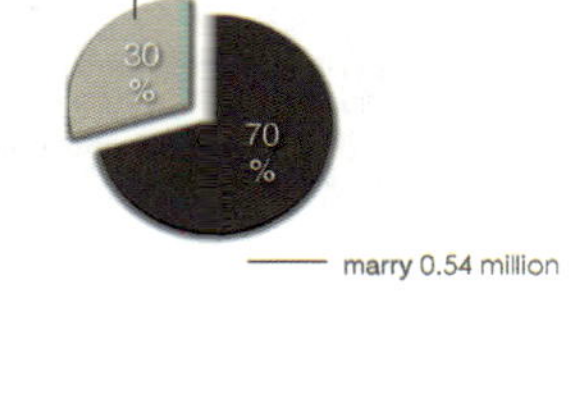

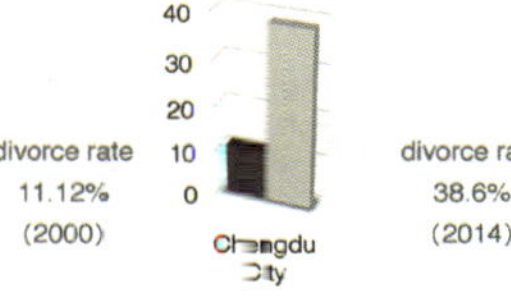

图4-26　离婚原因调查

How a woman lives after divorce

- 女人离婚后的生活分几个阶段：

- 1. 花3～6个月悲伤（或回忆好的跟不好的）
  2. 花1～2年充实自己，别让自己与社会脱节
  3. 后面的路肯定比之前的路好走，所以勇往直前，目标只有“幸福”
  4. 之前青春的付出换来将来幸福的回报

图4-27　离婚后的生活状态

Seven elements of divorced women's happiness

1. physical health
2. goals and expectations for life
3. mental health
4. social circle
5. warm family relationship
6. guaranteed economic base
7. healthy growth of children (if she has)

图4-28　幸福的七个元素

Lily

Current age: 30
Occupation: Taobao store owner
Child: Lucy, 3 years old
Location: Shanghai

Personality:
Beautiful and independent
Divorced with her husband for 1year
Advocating freedom
Love entertainment
Like record her life on the website
Hope change in her life

Objectives:
Entertainment
Self-improvement
Incentive
Life-work balance

Function:
Group activity
Record life easily
Funny club
Sell and buy

Scenarios:

- She is a very active and have many hobbies, but she can't find the same hobby friends around, she often use this App to launch activities (e.g. parent-child travel/book club/goods exchange...)at this time, then many new friends will join.
- She have 2 happy circles and some friends that they also use the App, and they often communicate and chat with each other by this App. They also use this to organize activities on their club.
- She likes record her own life by photo/shot word and shot videos through this App, and she will share to her friends.
- She also find some good products on the App because these are made by other mothers and relatively cheaper than others.

图4-29 用户角色模型（Lily）

Liu Qi

Age: 42
Child: Liu Ming,15 years old boy
Occupation: Administrator
Location: Shanghai

Personality:
Focuses on the child
Her job is stable but income is low
Mild and do not pay much attention to her appearance
Sacrifice for the success of her ex-husband
Monotonous life style
A little garrulous

Objectives:
Economic improvement
Self-improvement
Encourage
Child achievement

Function:
Enlarge social network
Household
Education tips

Scenarios:

- She finds interest activities on the Mummy Hi and attend it at spare time. She meets many new friends through these activities (e.g. traveling, playing ping-pong...).
- She is skilled at knitting beautiful sweater, and sometimes she will put her works on the Mummy Hi. Her fans will give her thumbs up and even buy her sweaters through this App. These tings give her great encouragement and self-confidence.

图4-30 用户角色模型（Liu Qi）

Women's mobile applications Top100 show diversified female market segments

Top100 Apps for female users in Feb ,2015

图4-31 竞品分析1

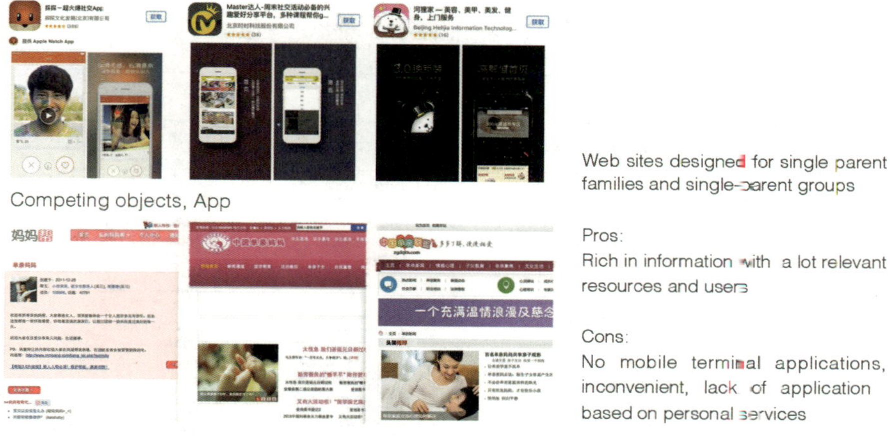

图4-32 竞品分析2

Based on the various interests of the charming moms, different sections is formed to help charming mothers to establish platform for emotional communication, social activities, and life moments sharing.

Pros:
Diversified sectorcations meet different demands.

Cons:
Not for the single mother group,
lack of target help guide function

图4-33 竞品分析3

4.4.2 设计案例展示

在完成用户需求调研和分析后，设计师完成了产品信息架构图（图 4-34）绘制，并对产品功能层次的权重做了深入规划。最终制作的主要页面的高保真原型如图 4-35 ～图 4-38 所示。

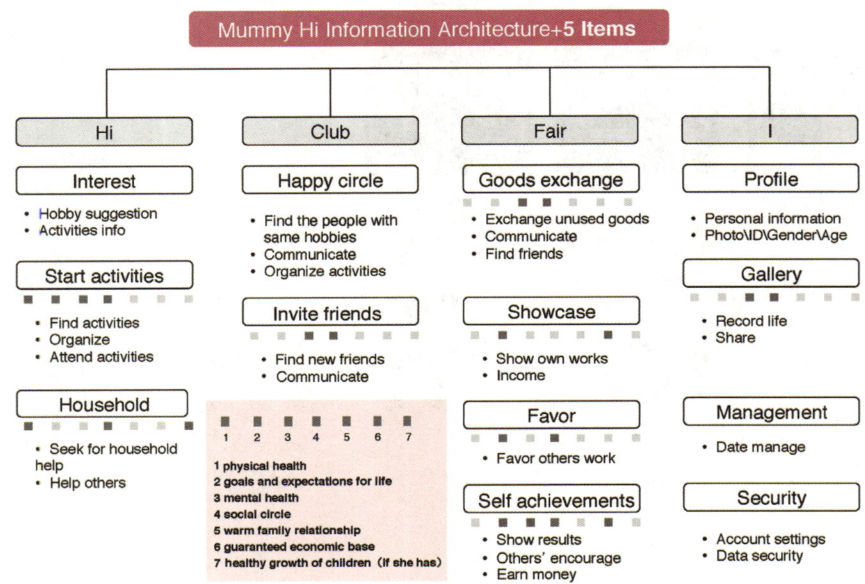

图4-34　产品信息架构图

图4-35　高保真原型示例1

图4-36　高保真原型示例2

图4-37 高保真原型示例3

图4-38 高保真原型示例4

5 基于服务设计的产品体验设计

5.1

何为服务设计

在过去几十年里，无论是消费观念还是技术发展，都发生了重大转变：大部分企业从制造产品过渡到提供服务。这一转变催生了以服务为重点的创新潮流。以手机为例，经历了从硬件产品向软件服务的转型。20 世纪 60 年代，随着西方发达国家陆续进入服务经济时代，以实体产品为基础的营销观念及管理研究的主导地位被动摇，曾作为实体产品附属物的服务开始成为服务营销及管理领域学者关注的焦点。1960 年，美国市场营销协会将“服务”定义为可以独立出售或与商品共同出售的一些行为、利益或满足感。“现代营销学之父”菲利普·科特勒（Philip Kotler）认为，服务能够提供无形的活动或利益，服务的产生会与某种或某些有形商品联系在一起，但不涉及物品的所有权问题。以星巴克为例（图 5-1）。除了售卖咖啡，星巴克也是介于工作和家庭之间的社交场所，为消费者提供了多重创新体验，被视为消费者的“第三生活空间”。在星巴克，商品和服务的分界线被淡化，消费者在喝咖啡的同时也享受了服务体验，可以在周末去普通门店和亲朋好友边喝咖啡边聊聊天，抑或是在工作日去办公主题店边喝咖啡边开会办公。在注重服务体验的道路上，星巴克的创新脚步从未停止。不同的服务选择能让消费者享受满足特定需求的产品，比如咖啡爱好者在臻选店体验手冲咖啡的同时，还可以品尝到一般门店没有的臻选咖啡豆制作的咖啡。有不少白领或自由职业者习惯在咖啡厅办公或者开会，一边享受口感醇厚的咖啡，一边享受相对无压且自由的空间氛围，尤其对于创作型工作者，良好舒适的环境更能够激发创意与想象力。为了提升办公人群的服务体验，星巴克通过提供隐私包厢、单人座位、付费私人包厢、共享会议桌、共享电源等方式满足消费者享用咖啡以外的体验需求。

图5-1 星巴克商店

有关服务设计的研究最早出现于服务营销与服务管理领域。国外学界普遍将服务营销视为服务管理的一个研究领域，认为服务营销对服务管理理论体系的形成起到了重要的作用。服务营销领域的学者认为，服务是一种行为过程，服务提供者和服务接受者会参与提供服务过程的每一环节。因此，在服务行为发生之前，必须进行服务设计以保证服务质量。服务设计主要包括流程设计、工作设计、人员安排以及服务系统规划、设施选址与布置等。由此可见，对服务设计的研究一开始就不是从单个物体或某个方面入手，而是围绕服务进行全方位的思考与筹划。

服务设计是一种有别于产品设计和用户体验设计的设计实践。在早期，由通信和信息设计师、产品设计师、用户体验设计师与服务研究人员和企业合作，以开展这种新实践。他们借鉴了传统实践的方法和流程，并创设了更注重系统和生态的新方法。后来，人们发明出更方便的服务设计绘图工具，如服务蓝图（service blueprint）（图 5–2）和用户旅程图（customer journey map）——这两者也越来越多地用于用户体验设计。

由国际设计研究协会(Board of International Research in Design）主持出版的《设计词典》（*Design Dictionary*）给服务设计下的定义是：“从客户的角度来设置服务的功能和形式。它的目标是确保服务界面是顾客觉得有用的、可用的、想要的；同时服务提供者觉得是有效的、高效的和有识别度的。”服务设计通过建立以用户为中心的服务立场，追踪体验流程中的所有接触点，致力于打造完美的用户体验。由此可见，服务设计是基于用户体验的系统化设计。营销学研究者席欧多·李威特(Theodore Levitt)认为“服

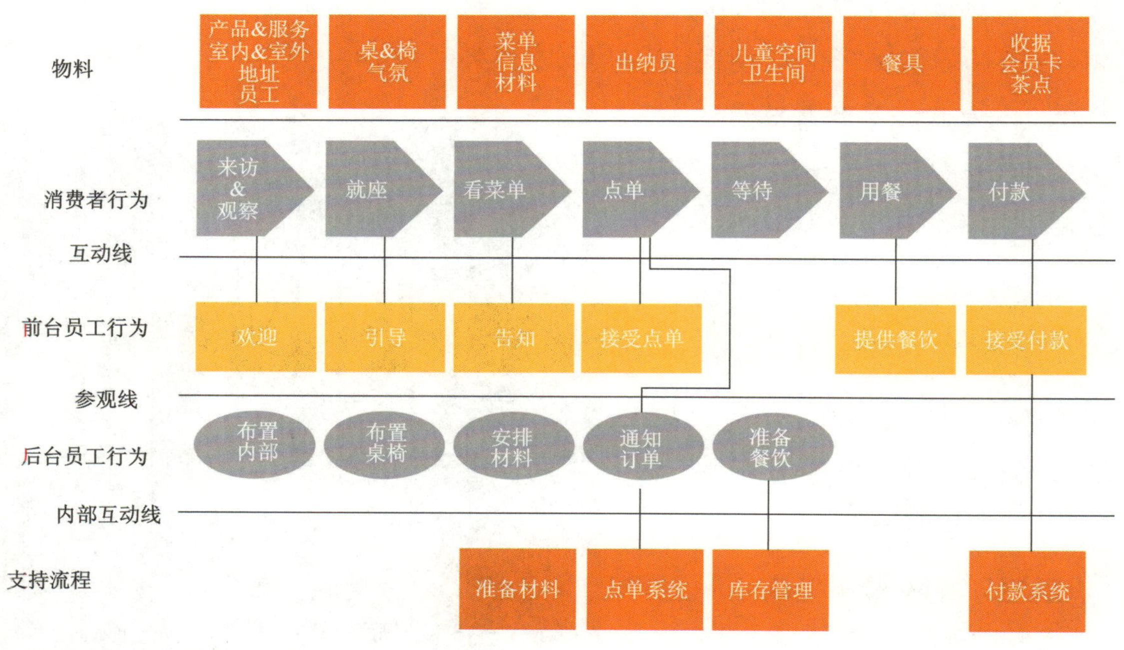

图5–2　某餐馆服务蓝图

务”为无形的产品，实体产品为有形的产品，并主张使有形产品无形化。

和前几章讨论的产品体验设计方法一样，在具体的设计实践中，服务设计的核心内容也是“体验”。服务设计的目的就是使消费者置身于体验当中，与传统设计的区别在于，它不仅仅关注物质形态的产品，更关注人在体验中的感受。

目前大多数服务设计侧重于大型传统行业的服务创新，包括金融、医疗保健、旅游、酒店、零售等。研究的重点是一线员工的工作流程、他们与消费者的面对面互动以及相应的后端配套服务。近年来，互联网、物联网、云计算和智能设备的迅速发展，推动服务设计和数字技术的融合。

5.2

服务设计的发展

5.2.1 市场的变化

1. 后工业社会设计的变化

后工业社会以信息化、知识化为特点。人们的消费支出不再以满足基本物质生活需求为主，而是转向娱乐、健康、教育等精神生活方面。设计的范畴也开始由为工业企业服务扩大到为金融、旅游、娱乐等第三产业服务，设计的内容从物质产品设计发展到精神产品设计，由有形产品的设计扩展到服务、体验、情感等无形产品的设计。正如史蒂夫·乔布斯曾说，电子产品依靠技术和硬件制胜的时代已经过去，与消费者情感共鸣、制造体验才是新的竞争方式。

工业社会与后工业社会中设计的不同表征见表 5–1。

表 5–1　工业社会与后工业社会中设计的不同表征

	工业社会中的设计表征	后工业社会中的设计表征
设计内容	专门的	普通的
	目的专一的	多种目的的
	生命周期短	生命周期长
	以新换旧的	可修理的
	批量生产的	短期的
	标准化的	用户定制化的
	适宜的	满意的
设计过程	独裁的	民主的
	内在化的	外在化的
	排他的	包容的
	集中的	多方面的
	僵硬的	灵活的
设计师	独创的、个人的	合作的、匿名的
	专业的	可分享的

2. 体验经济时代的到来

在后工业社会，物品的附加价值受非物质因素（如服务体验）的影响很大，因此，提供有价值的服务显得更为重要。从产品到服务，从大规模生产到定制化生产，服务意识延伸到价值链的每一个环节。例如，作为近年来具有颠覆性经济形态的共享经济，以优步（Uber）、airbnb（图 5–3）等产品为代表，鼓励人们以“共享”方式共同使用产品或服务，通过改变服务模式给传统行业带来了颠覆式的改变。

1999 年，哈佛大学出版社出版了美国战略地平线公司创始人 B. 约瑟夫·派恩二世（B. Joseph Pine II）和詹姆斯·H. 吉尔摩（James H. Gilmore）撰写的《体验经济》（*The Experience Economy*）一书。书中，作者认为：“‘体验’已是超越产品和服务的一种经济模式，而且‘体验’既适用于现实世界，也适用于虚拟空间，未来创造价值的最大机会就在于营造‘体验’。”尽管相关概念出现的时间并不久，但却直接影响着人们的生活态度及消费观念。从咖啡店到主题式餐厅，从日益盛行的网络游戏到手机终端服务，从各种各样的休闲旅游到体验培训，“体验经济”已经深入社会的各行各业。这种现象的产生证明：体验虽是无形的，但却是真实可感的；体验的价值不可量化，同时其附加值也是不可估量的。事实上，已经可以明显感受到，体验的价值正逐渐从隐性走向显性，体验正逐渐成为一种新的经济生产模式，成为人们实现自我价值的一种途径。

5.2.2 服务设计的形成与发展

当下设计学范畴中的“服务设计”概念

图5–3 airbnb及其产品

出自 1991 年英国设计管理学教授比尔·霍林斯（Bill Hollins）的《全设计》（*Total Design*）一书。同年，迈克尔·埃尔霍夫（Michael Erlhoff）博士第一次将“服务设计”作为一个设计专业学科在德国科隆国际设计学院（KISD）进行课程教学和推广。2001 年，英国第一家服务设计公司——Liveworks 诞生。一年后，美国知名设计公司 IDEO 也将服务设计纳入了其设计范围，并为客户提供横跨产品、服务与空间三大领域的设计服务。2008 年，国际设计研究协会给其下定义后，设计学领域中的“服务设计”概念变得更加清晰。

服务设计关注用户体验。“体验”一词始终伴随着服务设计发生的整个过程，它通过建立以用户为中心的服务立场，追踪体验流程中的所有接触点，致力于打造完美的用户体验。现今，全球各大学纷纷开设服务设计专业及课程，政府机构也纷纷成立了面向公共事务管理创新的服务设计研究机构。此外，欧美的设计咨询公司（如 IDEO、Liveworks 等），以及具有先锋性质的服务设计组织（如 SDN、DESIS 等）都推动了服务设计的发展。服务设计已经发展成为具有固定内容与方法的专业领域，是 21 世纪形成的设计新概念。欧洲的一些设计强国，比如英国和丹麦等，不仅在其经济领域大力推行服务设计，更将其触角延伸至更为广阔的医疗、教育、基础设施建设等相关公共领域。

5.2.3 其他相关设计模式

随着以人性、文化、自由精神为主导的社会观念逐渐兴起，设计不再仅仅是美化的工作，或是服务于商品生产和人的需求，更是为共同创造美好生活，整合艺术和科学的各个门类，超越性地探索可能性。同时，服务理念逐渐渗透到设计师的日常工作中，并从不同维度和途径影响设计行业。

1. 参与式设计

参与式设计（participatory design）是一种很好的设计方法，可以在设计过程中促使所有相关者（合作伙伴、消费者等）积极地参与设计，以确保设计方案符合消费者需求。在与相关者共同设计时，设计师可以形成更多的想法及理念，而不是独自苦思冥想。参与式设计强调参与性，所有的人都是设计者和使用者，并且设计不再是一种由职业设计师扮演重要角色的活动，而是一种社会性行为。参与式设计体现了消费者的主动性，即消费者就是体验的创造者。例如，美国的琼斯苏打水公司（Jones Soda Co.）的网站设计、瓶贴设计（图 5-4、图 5-5）就是参与式设计。消费者可上传照片或视频至琼斯苏打水画廊，该公司从中选出部分照片，将其用于瓶贴上。

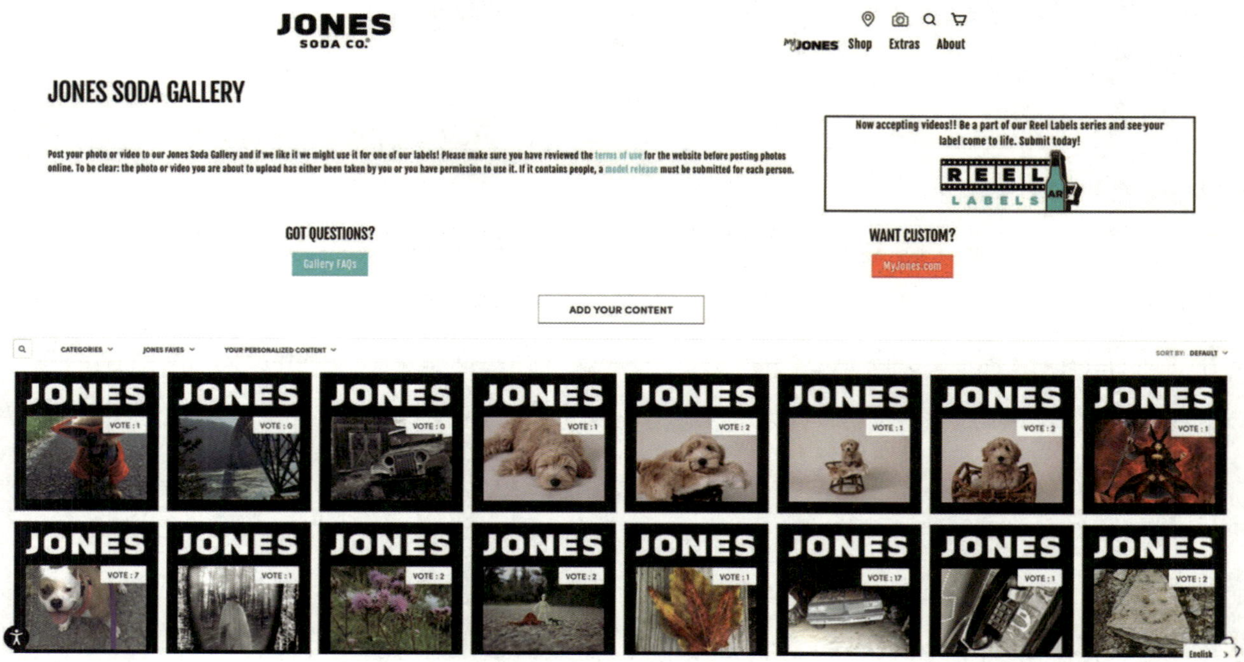

图5-4 美国琼斯苏打水公司的网站设计

图5-5 美国琼斯苏打水公司的瓶贴设计

2. 开放式设计

开放式设计（open design）是通过公开共享设计信息，吸引公众一同开发新产品的一种设计方式。开放式设计包括免费开源软件的制作和开源硬件的制造。这一过程通常是通过网络进行的，并不涉及现金交易。开放式设计的理念来源于“开源运动”，但增加了开源硬件制造的部分。开放式设计和参与式设计类似，也是一种共同创造的设计形式，其最终产品是由公众设计，而不是由外部的利益相关者设计。

2004年，著名开放式设计师罗奈恩·卡杜辛（Ronen Kadushin）提出了开放设计概念，他的产品设计可以下载、复制、修改等，就像在开源软件中一样。这意味着所有符合技术要求的开放式设计都可以无限制生产，随时随地由任何人使用。罗奈恩·卡杜辛并不是做了一系列的产品设计，而是探讨了不同厚度的铝合金板制作产品的多种可能性，并基于此建立了一个开放式的、共享的设计系统，即Ronen Kadushin网站（图5-6）。

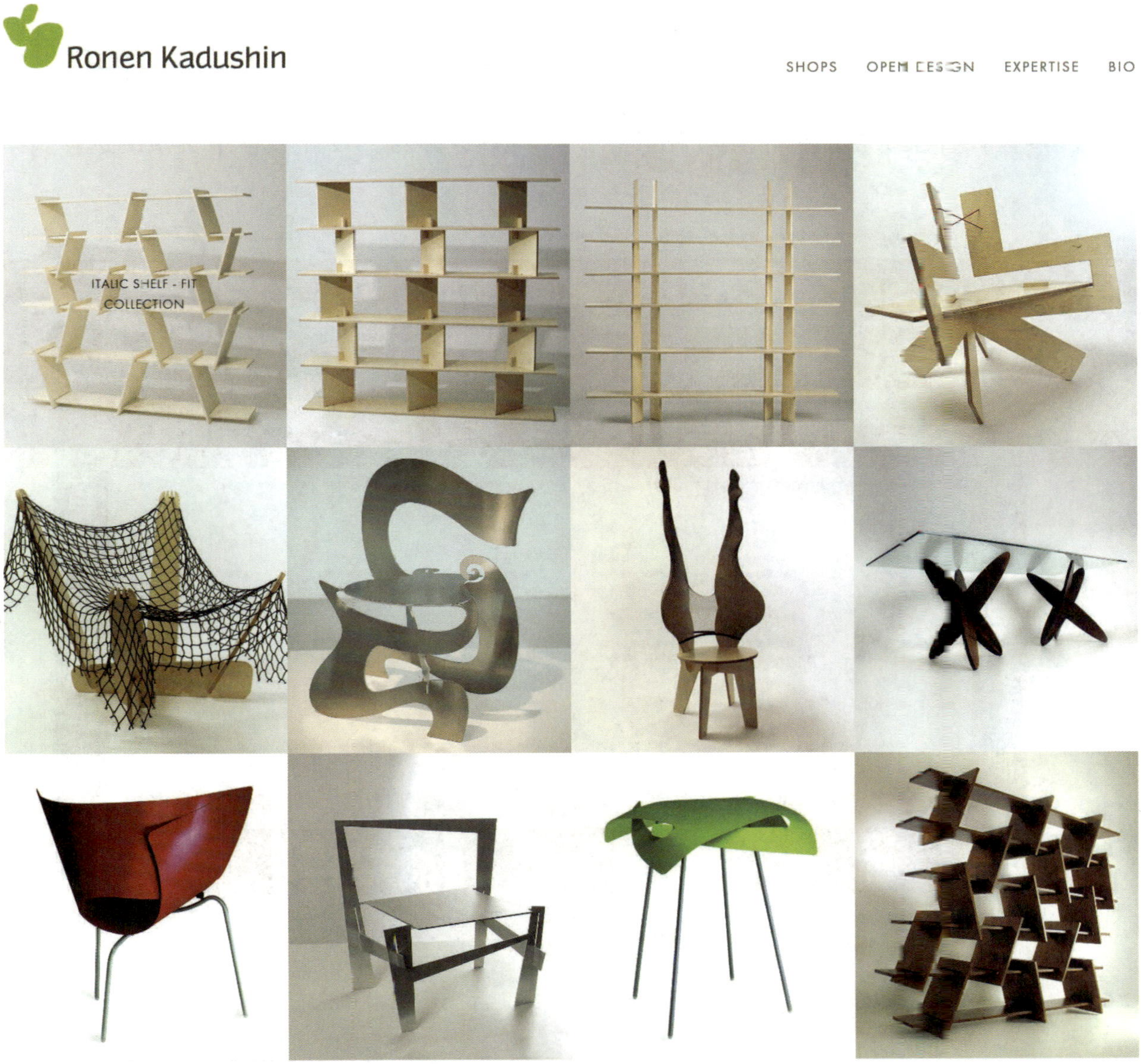

图5-6 Ronen Kadushin网站首页

3. 众包设计

“众包”这一概念是由美国《连线》杂志的记者杰夫·豪（Jeff Howe）在 2006 年 6 月提出的。众包指的是企事业单位、机构乃至个人把过去由专职人执行的工作任务，以自由自愿的形式外包给非特定的社会大众群体解决或承担的做法。众包被视为企业的新战略，企业在线发布问题，大众群体提供解决方案，企业支付给大众群体小额报酬或无偿使用部分解决方案，知识成果归企业所有。

国内设计界最火的猪八戒网（图 5–7）所提供的服务涵盖创意设计、网站建设、网络营销、文案策划、生活服务等多个领域，为公共机构、企业或个人提供定制化的解决方案。虽然其提供的设计方案质量良莠不齐，却也能为设计师解燃眉之急。

4. 社会性设计

维克多·帕帕奈克（Victor Papanek）认为设计师及创意工作者有责任通过好的设计来改变社会现实。例如，设计师可以精心选择产品材料，从而设计出更为环保的产品。设计师应为满足人们的真正需求而设计，并对其设计过程中所做的选择负责，而

图5–7　猪八戒网首页

不是无止境地激发他们的消费欲望。此外，设计师还应该为第三世界国家的人们进行设计，增进全人类的福祉和提高生活品质。社会性设计是整合多学科知识及不同设计思想后形成的一种社会活动，这种活动不是可有可无的设计活动，而是应被视为能为当地经济发展做出贡献的积极的社会性活动。

例如，加拿大温哥华某公园里，通常无家可归的人会在这里搭建用以安身的帐篷，但经常遭到驱赶。2013 年，加拿大的一家广告公司联合温哥华当地的慈善组织对公园里的长椅重新进行设计，将其改造成小型庇护所（图 5-8）。白天，长椅上会出现“THIS IS A BENCH（这是一张长椅）”字样，到了晚上，长椅上显示“THIS IS A BEDROOM（这是一间卧室）”的字样。长椅上还会显示庇护所的地址，引导流浪者找到为他们专设的休息点。

图5-8　折叠式的小型庇护所

5.3

服务设计方法

服务设计涉及不同学科的方法及工具，尤其吸收了交互设计和产品设计以用户为中心的理论和方法，要求设计师具有系统思维，在设计之初就考虑到服务的利益相关者，综合、系统地考虑和规划整个设计过程。服务设计认为，消费者选择某种产品，并不是要购买其本身，而是为了产品的某种功能及用途。这种功能及用途通常是以可视化的事物为载体，并形成一个载体系统。

设计师在工作时，离不开对人、事、物的思考（图 5–9）。因此，在服务设计方法的介绍中，我们以人物、事件为线索进行介绍。

5.3.1 基于人物的服务设计方法

1. 角色扮演

角色扮演是设计和教学中经常使用的一种方法，即以戏剧化的表演方式来了解用户的感受与行为，能够帮助设计师发现问题并找到解决方案。具体做法如下。

①以观察、访谈、扮演、感知等形式获取用户信息。

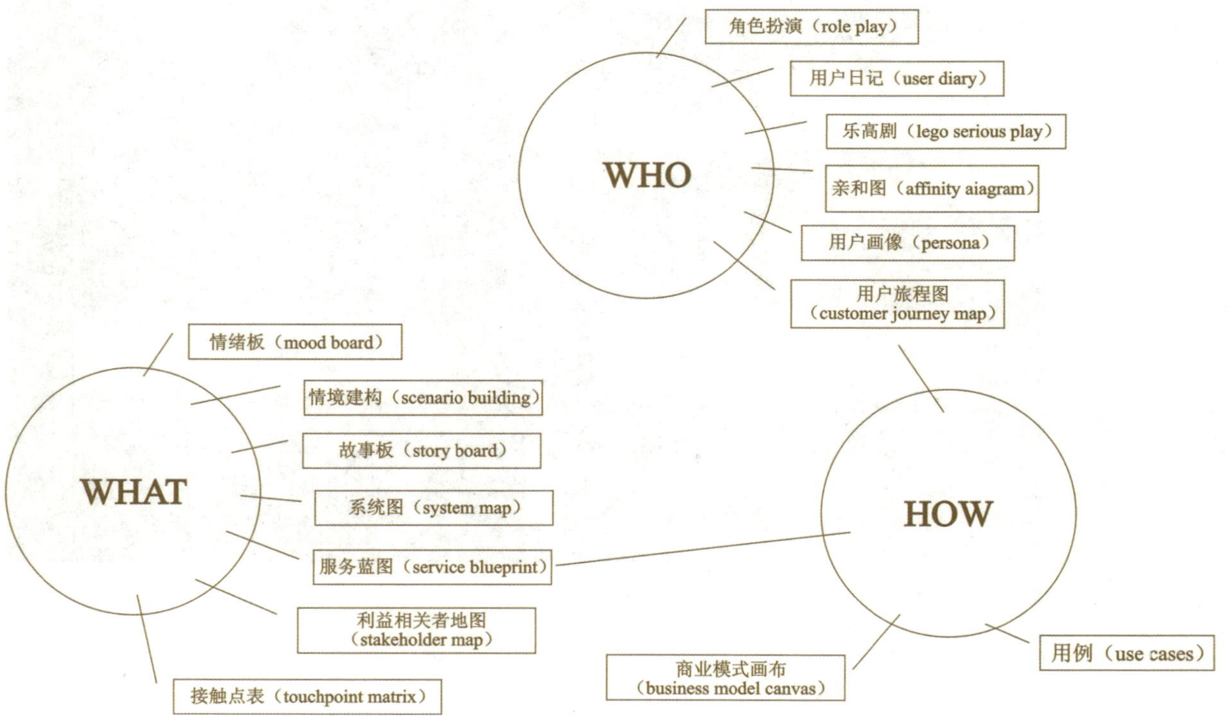

图5–9 服务设计中对人、事、物的思考

②以信息卡的形式写下需扮演角色的性格特征、情绪感受等。

③以抽取卡片的方式来决定由谁进行表演，同时记录下不同表演者的表演过程。

④分析每个角色的表演，提取共性的需求。

角色不一定要真人扮演，可以借助一些道具来完成；演员不仅可以扮演人物，也可以扮演物品。例如，某设计学院教师在服装设计课程中，开展了角色扮演，四组来自不同地区的学生，用不同的音乐、食物和传统服装等展现了不同地区的习俗等（图5-10）。

2. 乐高剧

乐高剧诞生于乐高公司，曾作为乐高公司激发创新的一种设计方法。设计师利用乐高玩具模块拼出服务场景，并通过乐高小人的运动创建服务的使用情境（图5-11）。

具体做法如下。

①搭建模型，在此过程中加深对用户的了解。

②想象未来可能提供的新服务。

③从用户角度出发思考问题：“如果出现这种情况，我该怎么办？”

④形成创意模型。

图5-10　某设计学院服装设计课程上的角色扮演

图5-11 乐高剧的设计

3. 亲和图

亲和图又叫 KJ 法，由日本人文学家川喜田二郎（Jiro Kawakita）首创，是指把收集到的大量关于未知事物的不明确的意见或构思等语言资料，按相互亲和性（相近性）进行归纳整理，如图 5-12 所示。这是一种明确机会点，帮助设计师进行理性思考，并达成共识的工具。

具体做法如下。

①用笔在卡片上记录每个观点，把这些卡片随机地散开在桌子上、地板上，使每个人都能看到。

②设计师们聚集在卡片周围，将自己觉得在某种意义上看起来相关的观点卡片摆放在一起（可以移动他人移动过的卡片），如此反复，直到所有的卡片都被分组。如果一张卡片同时属于两组，就再制作一张相同的卡片。也许最后会有单独的一张卡片，且它看起来不属于其他任何一组。

③当所有的卡片被分组后，为每组选择一个标题。在每组中寻找一张能概括这组意义的卡片，把它放在上方。如果没有这样的卡片，就另写一张。通常使用不同颜色的笔书写以强调这张卡片的重要性。

④将上述步骤的结果进行汇总。

这一方法方便、易操作，可以有效地记录实际问题并加以归纳，以创新性思维解决问题，能提高工作效率，促进意见交流。

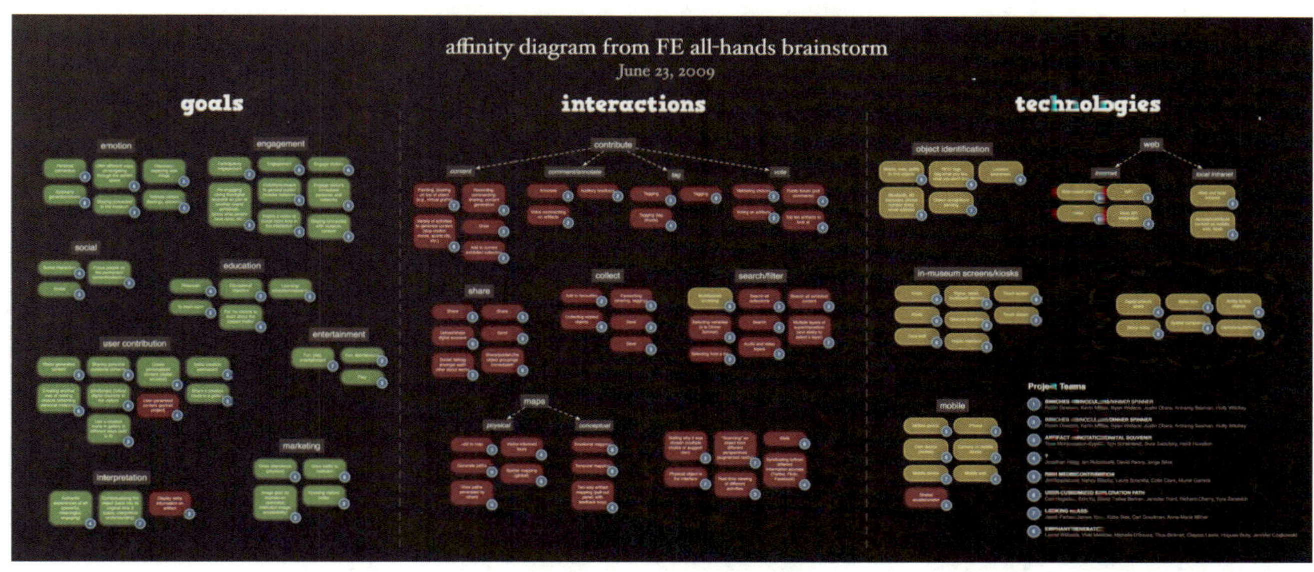

图5-12 亲和图示例

4. 用户画像

用户画像，包含虚拟人物的年龄、兴趣等具体信息，是基于对用户的认知而进行的视觉化表述。基于用户研究结果，将不同类型用户的不同需求全面地容纳进来并予以整合，形成典型形象。

具体做法如下。

①以观察、访谈等方式获取用户信息。

②列出具有共性的用户行为、喜好、习惯、态度，甚至是怪癖等。

③将这些共性的特征变成“一个人”，形成画像。

5. 用户旅程图

用户旅程图是与体验地图类似的工具，有助于用户行为和感知的可视化，分析用户与企业之间的特定用户路径，以及与用户互动。这个工具专注于用户的想法、情感、目标和动机。用户旅程图通常从用户的角度而不是从企业的角度来设计。它可将某种服务或某个服务系统中的利益相关者集合在一起，共同完成创意和设计工作，并在共创的过程中评估每个接触点的可行性、限制条件和可使用的资源。

具体做法如下。

①明确用户角色。

②界定用户需求。

③界定服务接触点。

④描述用户与不同接触点之间的互动过程，形成旅程图。

图 5-13 的用户旅程图记录了用户在线上购物的全过程，形象地用箭头、路线和图形来呈现用户的购物轨迹。

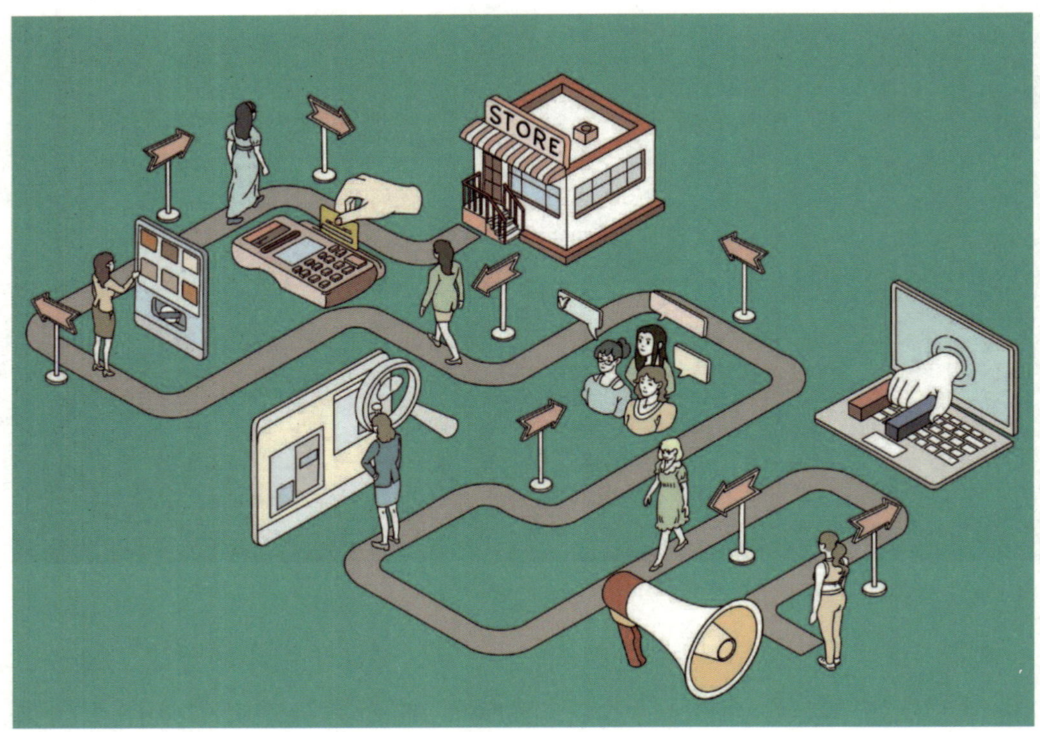

图5-13 线上购物用户旅程图

5.3.2 基于事件的服务设计方法

1. 情绪板

视觉往往和人的情绪紧密相关，不同的设计会引发不同的情感。情绪板（mood board）是一种可视化表现形式，由图像、样本、纹理、颜色和文本拼贴组成（图5-14），旨在传达关于特定主题的一般想法或某种情绪。它具有启发性和探索性，可以作为可视化的沟通工具，快速地传达服务设计师想要表达的想法。

具体做法如下。

①明确想要表达的情绪的关键词。

②通过网络搜索这些关键词，并选出满足相应颜色、版式等条件的视觉图片。

③从用户的视角来拼贴这些视觉图片，也可以邀请用户选择网上的素材进行加工。

2. 故事板

故事板（story board）是用一系列图示进行叙事，通常用于绘制脚本。设计师借鉴这种表达方式阐述服务场景、服务原型等（图5-15、图5-16）。

具体做法如下。

①在不同的卡片上画出不同的事件情境，一张卡片上只画一个情境。

②将这些卡片以事件发展的先后顺序进行排序。

③连成一个故事。

图5-14 情绪板示例

糯米花了太多时间在网络上进行社交。

糯米意识到她很有可能因为花太多时间在社交媒体上而挂科。

糯米知道如果她再不好好进行时间管理和改变自己糟糕的习惯，那么她极有可能大部分课程都会挂科。

糯米听说有款App可以帮助她把日常的坏习惯变成好习惯，她对此进行尝试。

在这个APP的帮助下，糯米能够很好地进行日程安排。

最终她按时提交了作业，让自己避免了挂科。

图5-15 故事板1

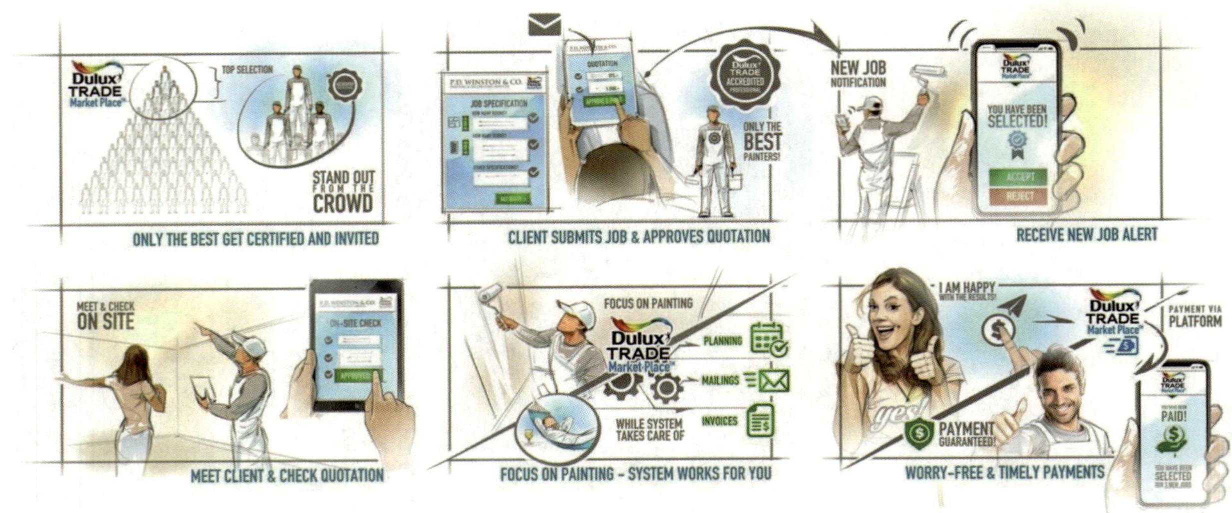

图5-16 故事板2

3. 系统图

系统图（system map）是服务体系的视觉化描述工具，它包含参与服务的对象及其之间的关系，以及物质、资金和信息等的流动。

具体做法如下。

①确定系统元素，将其写在便利贴或卡片上。

②将系统元素划分至不同的系统功能之下，生成子系统。

③建立子系统之间的关系，定义系统元素之间的关系，建立系统结构。

④生成系统图。

设计师以逻辑顺序将系统元素简单地连在一起，并进行功能分类。图 5-17 为某社区支持的生态旅游产品服务设计系统图。

4. 服务蓝图

服务蓝图是一种图表，它使与特定用户旅程图接触点直接相关的不同服务组件（人员、道具和流程）之间的关系可视化，同时还能反映出具体服务内容与用户之间的互动关系。服务蓝图可以直观地展示服务实施的过程、接待用户的地点、服务中的可见要素等（图 5-18）。

服务蓝图更像是一种集合化的工具，包含用户画像、用户旅程图、系统图等工具。

具体做法如下。

①识别用户。在此阶段，可使用用户画像工具来理解用户需求。将用户需求分类整理好后，使用系统图梳理整个服务系统的运作流程，为制作服务蓝图做好准备。

②梳理用户使用服务的流程。在此阶段，可使用用户旅程图工具梳理使用服务的流程。梳理完毕后，将每个阶段的旅程以故事板的形式填入图 5-19 第 1 行的格子里。

③整理服务内容。确定每个阶段需提供给用户的服务有哪些，可以用列表的形式填入图 5-19 第 2 行的格子里。

④明确接触点。即界定每个阶段用户的

行为接触点或与产品互动的关键点，并将结论填入图 5–19 第 3 行的格子里。

⑤确定有形设计。在此阶段，需确定有形展示内容。但并不是所有的有形展示都要重新设计，可根据项目成本以及预估的服务实施情况，尽量选择现有的有形物进行设计以满足用户服务需求。

⑥进行后台设计。后台设计的步骤基本上是重复上述①至⑤。

⑦以连线的方式标出前后台互动的关系。

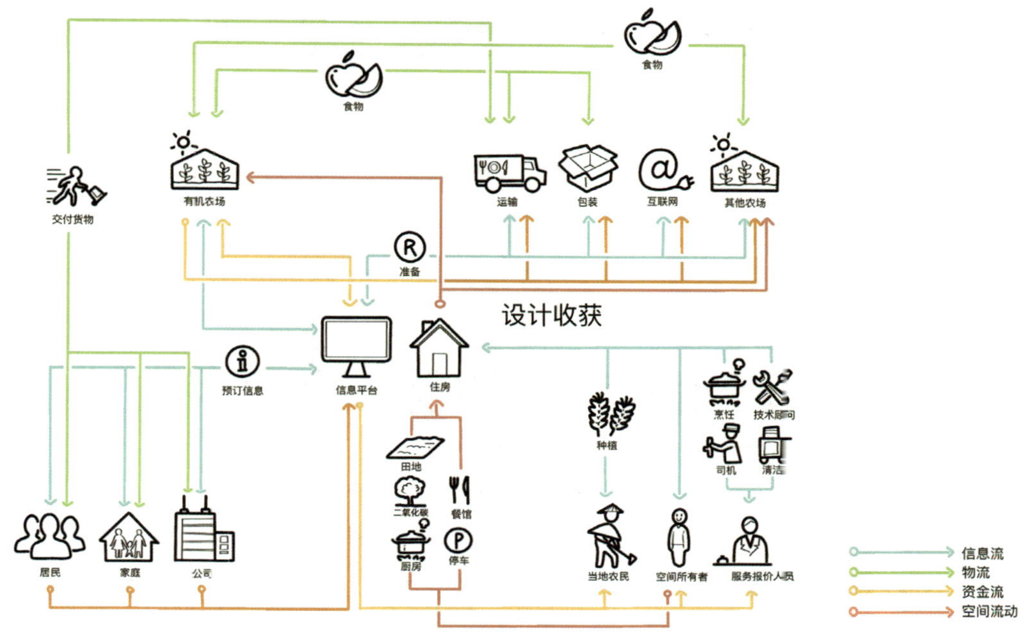

图5–17 某社区支持的生态旅游产品服务设计系统图

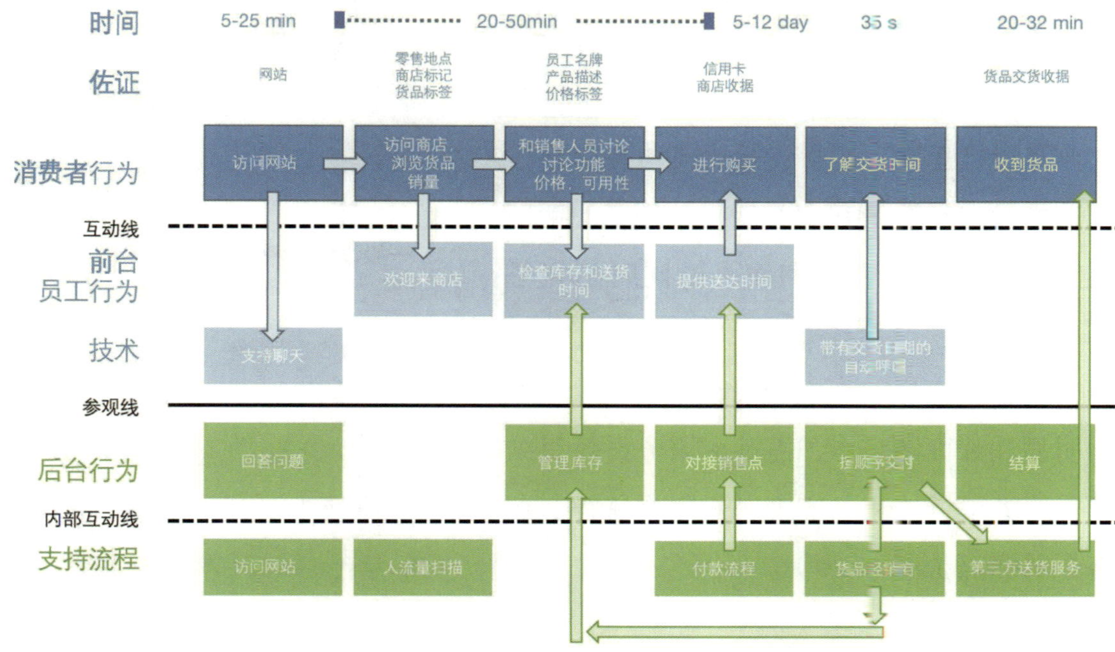

图5–18 服务蓝图示例

图5-19　服务蓝图模板

5.4

基于服务设计的产品体验设计流程

5.4.1　构建设计框架

随着消费水平的提高，人们对于产品的服务感受越来越重视，因此，运用服务设计思维进行产品设计越来越重要。相比一般的产品设计思维，服务设计思维更加宏观，可以指导产品设计开发各流程的创新，帮助设计师深挖用户需求和痛点的同时拓宽思维广度。

对于用户痛点，不局限于一般设计流程中明显和片面的痛点，需利用服务设计思维架构服务设计流程，宏观考虑每个流程节点潜在的痛点（图 5-20）。

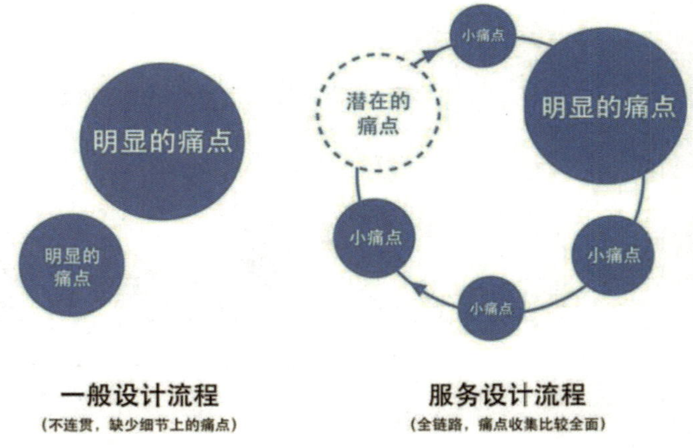

图5-20　一般设计流程与服务设计流程痛点分布对比图

一般设计流程针对痛点提出的解决方案单一且局限于细节，而利用服务设计思维方式，可以更全面地提出痛点解决方案

（图 5–21）。服务设计思维不仅可以帮助设计师优化产品，也可以为企业提供新的思维模式。

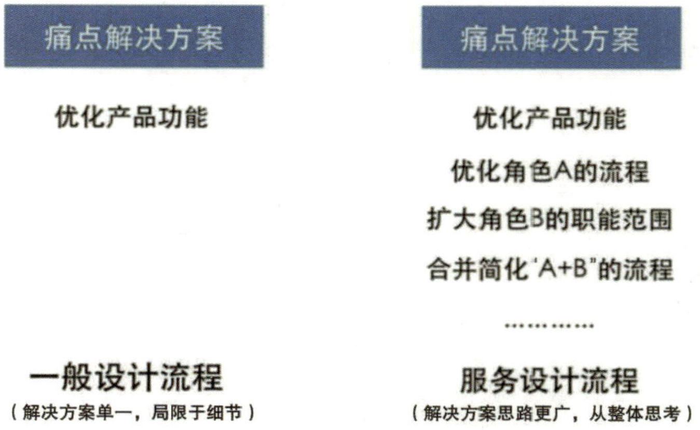

痛点解决方案

优化产品功能

一般设计流程

（解决方案单一，局限于细节）

痛点解决方案

优化产品功能

优化角色A的流程

扩大角色B的职能范围

合并简化"A+B"的流程

…………

服务设计流程

（解决方案思路更广，从整体思考）

图5–21　一般设计流程与服务设计流程痛点解决方案对比图

以用户体验为中心，形成全方位的服务设计思维有助于从更加系统、完整的视角发现、分析和解决问题。根据服务设计思维基本概念、设计原则以及产品开发流程的研究，进一步搭建完整的设计框架，是基于服务设计的产品体验设计的重要一环。设计师可根据不同的用户需求，搭建不同的设计框架，图 5–22 为以用户体验为指导、以服务设计思维为核心的某智能消毒鞋柜设计框架。

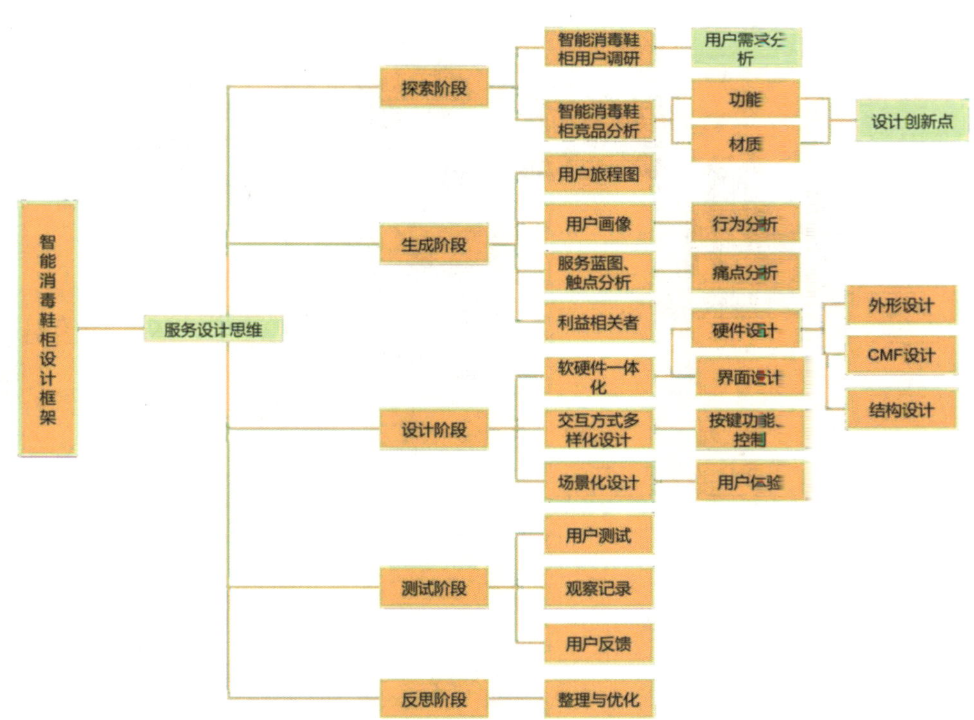

图5–22　某智能消毒鞋柜设计框架

5.4.2 前期调研

在产品设计之前，需要通过问卷调查、资料收集等方式，了解产品的常用功能、用户群体、造型风格等。

1. 市场调研

根据产品购买和使用状况，了解产品的品牌分布、常见款式、功能等信息，并绘制数据图，分析产品市场现状。图 5-23 是鞋柜市场调研示例，图 5-24 是部分智能手环市场调研示例。

图5-23 鞋柜市场调研示例

产品	名称	价格/元	功能	续航/天	充电方式
	穆奇	499	血压/心率/血氧监测、多运动模式、运动计步、心电回放、睡眠监测、久坐提醒、远程关爱、消息提醒、查找手机	15	USB 直插
	爱牵挂 S5 小鲸	328	紧急呼救、播报/健康测量、通话、定位、跌倒识别、导航、离家判定、运动分析	5	磁吸充电
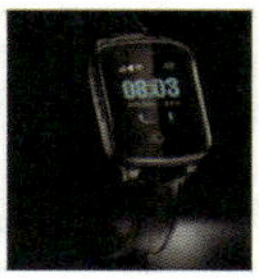	真匠	598	健康监测、定位、摔倒报警、求救、吃药/久坐提醒、戏曲播放、计步、天气预报、视频通话、活动轨迹、扫码支付	7	磁吸充电
	来邦	880	心率/睡眠监测、久坐提醒、求救、计步、定位、报警	7	磁吸充电

图5-24 部分智能手环市场调研示例

2. 用户调研

根据项目需要，采用访谈、问卷调查等方法对特定用户进行调研，以年龄、性别、职业、收入、地域、爱好等特征为参考，研究用户群体的消费和产品使用习惯，对结果进行归纳总结。用户调研有利于设计师对产品市场有较为宏观的认知和了解，发现用户的潜在需求和市场趋势。图 5-25 是针对某类 App 的用户调研，图 5-26 是针对中老年群体的健康消费调研。

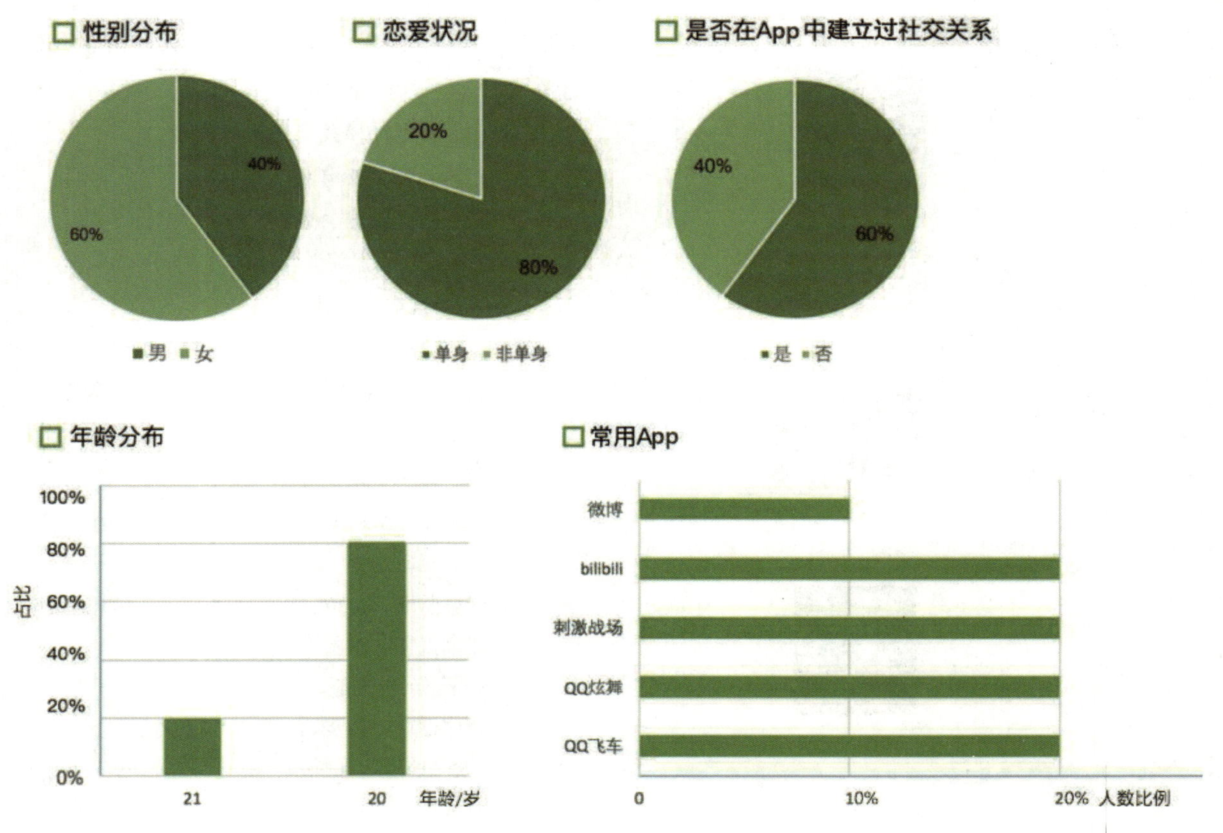

图5-25 某类App的用户调研

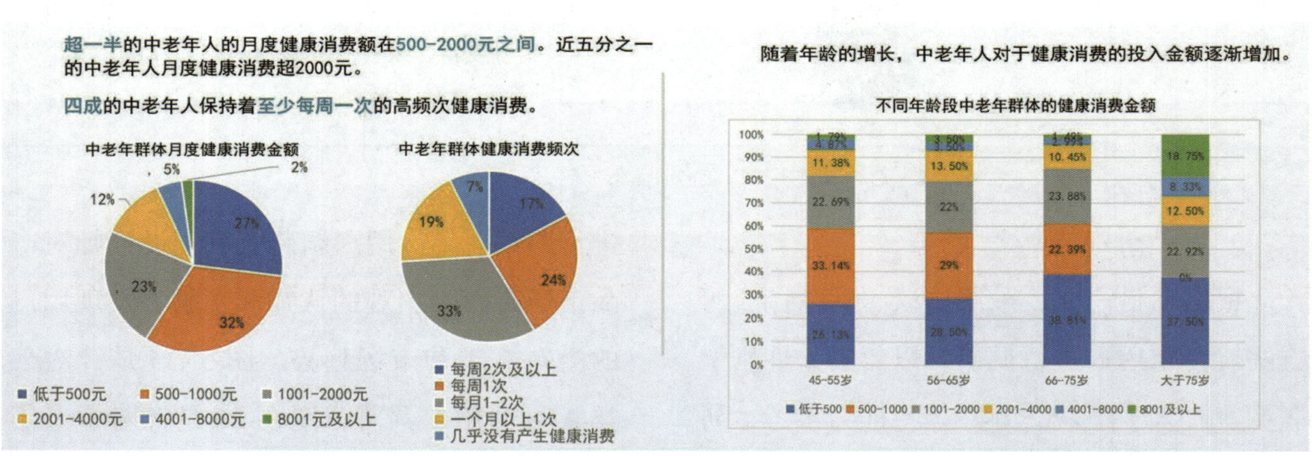

图5-26 中老年群体健康消费调研

5.4.3　用户分析

通过用户旅程图、服务蓝图、用户画像、利益相关者地图、接触点分析等方法和工具，完成对用户使用习惯、用户需求、用户特征等方面的全面分析，以挖掘设计痛点，为产品体验设计提供充足的素材和依据。

例如，绘制利益相关者地图可以帮助设计师从宏观的角度思考产品的服务流程，思考不同的设计会对各利益相关者造成怎样的影响。图 5–27 是智能猫砂盆利益相关者地图，包括主体利益相关者（宠物猫和养猫人群），产品方面的利益相关者（售前硬件设备的设计人员、生产人员和销售人员），以及售后软件服务提供人员。

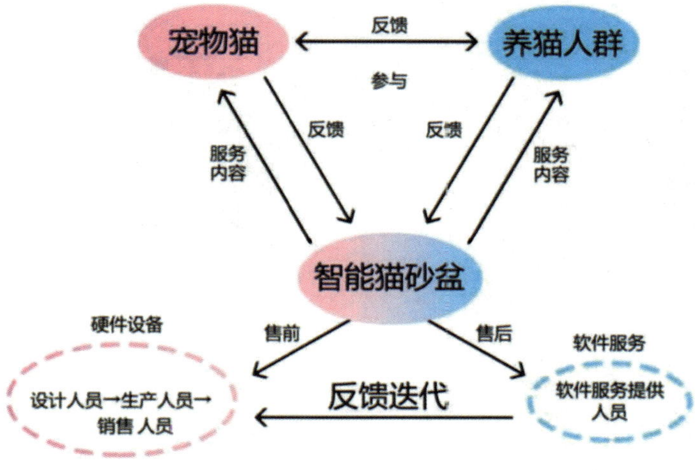

图5–27　智能猫砂盆利益相关者地图

5.4.4　设计

根据前期调研和用户分析，确定产品设计目标。需注意的是，基于服务设计的产品体验设计注重产品使用过程中的服务体验，除了设计产品实体造型和功能外，还应该进行界面交互设计、使用场景设计，甚至与购买行为、产品维护相关的售前服务和售后服务设计。

5.4.5　收集反馈及优化

产品进入市场后，设计师及产品制造商还应继续跟进产品的市场反应和用户感受，通过可用性测试、用户访谈等方式，收集用户的反馈，进行总结，以进一步提出改进方案和措施，在不断优化产品的同时，为用户提供更为全面、合理的服务。

5.5

基于服务设计的产品体验设计案例赏析

本案例是老年人智能药盒服务设计方案（局部展示）。

1. 设计框架

首先梳理出老年人智能药盒服务设计的理论研究框架，如图 5–28 所示。具体分为 4 个阶段：发现阶段是通过自然观察法、问卷调查及非结构式访谈等方式对目标用户和利益相关者进行多方位调研；定义阶段是对服务需求进行归纳梳理，绘制用户旅程图，通过层次分析法对需求重要程度进行优先级排序；发展阶段是结合服务蓝图和服务系统图对服务及利益相关者进行综合分析，完成智能药盒服务系统模型的构建；交付阶段是对智能药盒系统进行方案设计及优化，完成实物样品的开发和用户使用测评。

2. 调研

调研采用线上与线下相结合的形式，在老小区微信群、老年活动中心发放问卷，调查问卷结构如表 5–2 所示。通过问卷调查对老年人的基本信息、用药情况和服药痛点及期望进行定量研究。

通过问卷调查和非结构式访谈，总结老年人使用药盒过程中的问题及需求，如表 5–3 所示。

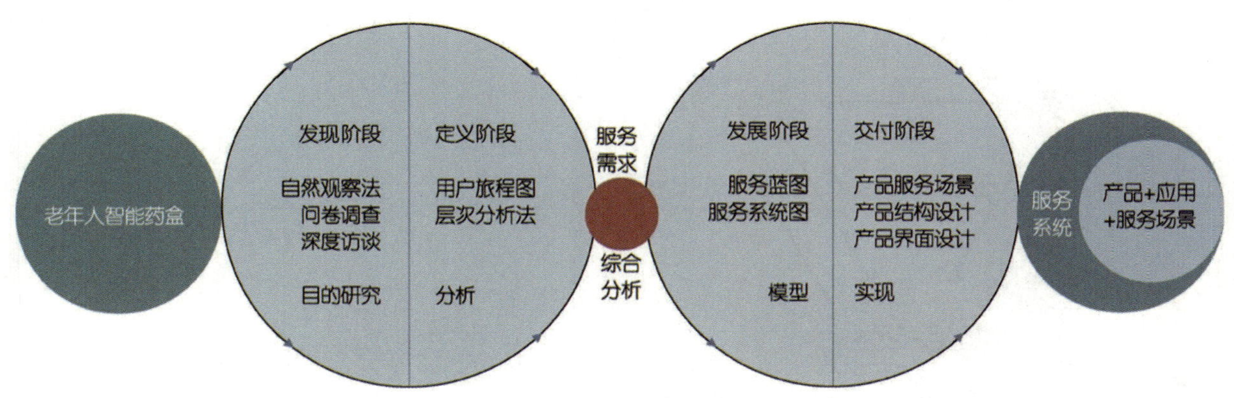

图5–28 老年人智能药盒服务设计的理论研究框架

表 5–2 调查问卷结构

调查问卷结构	调查问卷内容
基本信息	性别、年龄、自理能力、养老模式
用药情况	健康状态、用药量、服药次数、用药依从性
老年人智能药盒	使用情况、满意度、产品使用问题

表 5-3 老年人使用药盒过程中的问题及需求

用户分类	问题描述	产品需求
老年人群体	药盒密封性较差，存在受潮、破碎、粘连等情况； 逐个打开药瓶，取药拿药不方便； 外出时易忘记携带； 老年人难以熟练掌握服药App的使用； 视力下降，看不清药品说明和操作界面； 记忆力衰退，忘服、重复用药、记错药品剂量； 便携式药盒装载量过小； 放置在背包、衣物中难以翻找； 对用药方案不明晰	增强药盒的密封性； 简化服药的取拿过程； 可随身携带； 减少老人手机端的操作设置； 指导用药，适老化的操作界面； 服药提醒，重复用药提醒； 药盒具备一定的存储空间； 可穿戴式设计； 设置用药方案提醒
老年人家属	老年人易用药不当，没有详细的用药记录； 无法及时知晓剩余药品数量； 不清楚老年人是否按时用药	家属信息共享； 药盒半透明； 大数据优化
医生	用药方案难以沟通； 不遵医嘱	搭建医患沟通的信息平台； 设置用药时间，用药量提醒
药剂师	老年人难以准确记清用药处方； 老年人没有及时拿药； 配药流程烦琐	设置用药量提醒； 设置“购药—吃药—管理药”药物云； 简化配药流程

3. 绘制用户体验地图

将典型老年人用户的用药流程以可视化的方式呈现，探索老年人接受智能药盒服务涉及的行为、触点、痛点及服务体验的机会点（图 5-29），为后续老年人服药需求的综合分析提供支持。

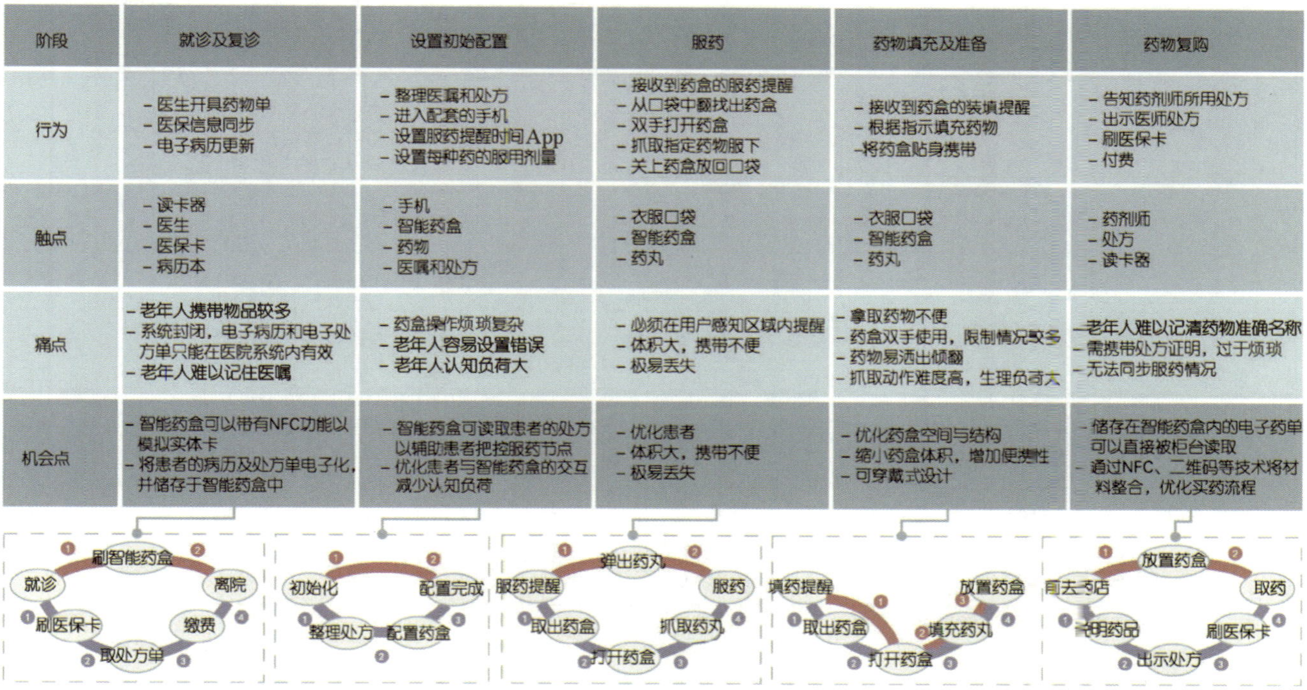

阶段	就诊及复诊	设置初始配置	服药	药物填充及准备	药物复购
行为	- 医生开具药物单 - 医保信息同步 - 电子病历更新	- 整理医嘱和处方 - 进入配套的手机 - 设置服药提醒时间App - 设置每种药的服用剂量	- 接收到药盒的服药提醒 - 从口袋中翻找出药盒 - 双手打开药盒 - 抓取指定药物服下 - 关上药盒放回口袋	- 接收到药盒的装填提醒 - 根据指示填充药物 -将药盒贴身携带	- 告知药剂师所用处方 - 出示医师处方 - 刷医保卡 - 付费
触点	- 读卡器 - 医生 - 医保卡 - 病历本	- 手机 - 智能药盒 - 药物 - 医嘱和处方	- 衣服口袋 - 智能药盒 - 药丸	- 衣服口袋 - 智能药盒 - 药丸	- 药剂师 - 处方 - 读卡器
痛点	- 老年人携带物品较多 - 系统封闭，电子病历和电子处方单只能在医院系统内有效 - 老年人难以记住医嘱	- 药盒操作烦琐复杂 - 老年人容易设置错误 - 老年人认知负荷大	- 必须在用户感知区域内提醒 - 体积大，携带不便 - 极易丢失	- 拿取药物不便 - 药盒双手使用，限制情况较多 - 药物易洒出倾翻 - 抓取动作难度高，生理负荷大	-老年人难以记清药物准确名称 -需携带处方证明，过于烦琐 -无法同步服药情况
机会点	- 智能药盒可以带有NFC功能以模拟实体卡 - 将患者的病历及处方单电子化，并储存于智能药盒中	- 智能药盒可读取患者的处方以辅助患者把控服药节点 - 优化患者与智能药盒的交互减少认知负荷	- 优化患者 - 体积大，携带不便 - 极易丢失	- 优化药盒空间与结构 - 缩小药盒体积，增加便携性 - 可穿戴式设计	- 储存在智能药盒内的电子药单可以直接被柜台读取 - 通过NFC、二维码等技术将材料整合，优化买药流程

就诊 刷智能药盒 离院 缴费 取处方单 刷医保卡

初始化 配置完成 配置药盒 整理处方

服药提醒 弹出药丸 服药 抓取药丸 打开药盒 取出药盒

填药提醒 取出药盒 打开药盒 填充药丸 放置药盒

前去药店 放置药盒 取药 刷医保卡 出示处方

图5-29 用户体验地图

4. 分析

引入层次分析法，根据老年人及利益相关者的问卷调查分析、访谈调研及用户体验地图，获取具有层次化结构的用户服药基本需求，见表 5–4。

进行层次分析和一致性检验，得到各层的目标权重并进行排序，见表 5–5。

表 5–4 用户需求总结

需求层次	需求要素	需求层次	需求要素
R1 实用需求	T1造型美观大方 T2成本低廉 T3材质舒服 T4便携性强 T5密封性强	R3 人机交互	T11及时反馈信息 T12药丸取拿便捷 T13界面操作便捷 T14可随身携带 T15简化服药过程
R2 功能需求	T6装药提醒 T7服药提醒 T8用药记录 T9重复用药提醒 T10健康监测	R4 系统设计	T16建立药物云 T17家属信息共享 T18医嘱管理 T19简化配药流程 T20大数据优化

表 5–5 层次分析和一致性检验结果

准则层	子准则层	最终权重	排序	准则层	子准则层	最终权重	排序
R1（0.141）	R11（0.346）	0.0488	8	R3（0.455）	R31（0.141）	0.0641	6
	R12（0.121）	0.0171	16		R32（0.052）	0.0237	14
	R13（0.111）	0.0157	17		R33（0.150）	0.0682	5
	R14（0.361）	0.0509	7		R34（0.257）	0.1169	2
	R15（0.061）	0.0086	20		R35（0.399）	0.1815	1
R2（0.141）	R21（0.320）	0.0451	9	R4（0.263）	R41（0.353）	0.0928	3
	R22（0.320）	0.0451	9		R42（0.103）	0.0271	12
	R23（0.184）	0.0259	13		R43（0.169）	0.0444	11
	R24（0.109）	0.0154	18		R44（0.301）	0.0792	4
	R25（0.068）	0.0096	19		R45（0.074）	0.0195	15

5. 设计

完成以上步骤后，梳理老年人与老年人家属、医生、药剂师等重要利益相关者之间的关系，整合医疗机构与药店的优势资源，构建老年“购药—服药—管理药”药物云，串联起老年人多个服务场景。其中，药物云负责老年人用药数据的分析、存储，应用端负责老年人用药计划的呈现，智能药盒服务系统见图 5–30。

基于上述需求对老年人的服药流程进行精简优化，并以可视化的方式进行准确描述。设计可穿戴式智能药盒，将老年人智能药盒服务流程划分为就诊及复诊、设置初始配置、服药、药物填充及准备、药物复购等阶段，重新构建服务蓝图，见图 5–31。

图5–30 老年人智能药盒服务系统

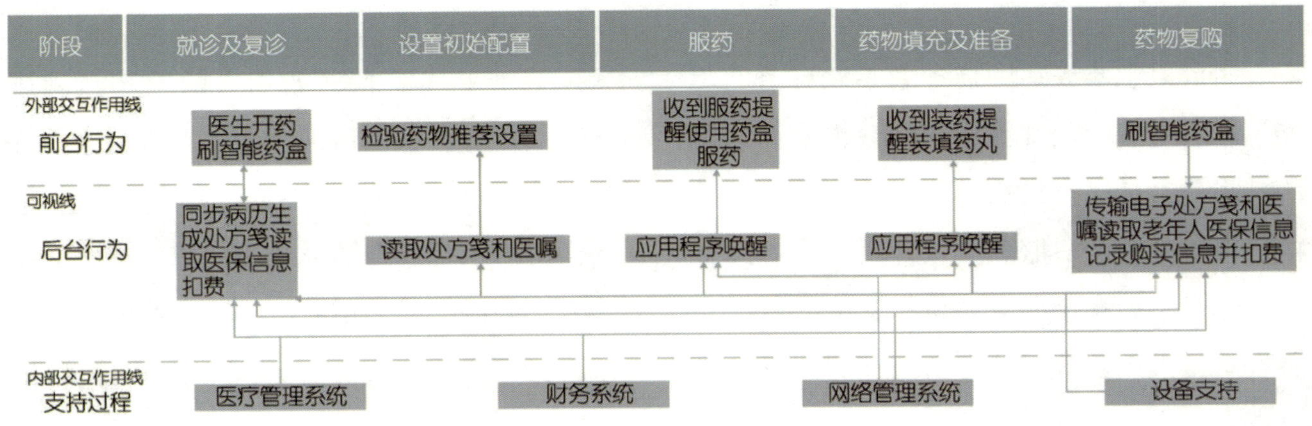

图5-31　智能药盒服务蓝图

根据服务系统图与服务蓝图设计智能药盒手表，实现智能药盒可穿戴化并且将其智能模块集成于手表之中。表带内部设有双轨挡片，采用了弹匣式的装填结构（图 5–32），增强了药仓的密封性，老年人可根据装药提醒将药丸快速置入其中，从而避免药丸遭受污染。此外，对智能药盒手表进行模块化设计，分为智能表盘和表带药仓两大模块，智能表盘具有一定的独立性和集成性，防水且稳定耐用；表带药仓是易损件，采用柔性塑料作为主材料，替换成本低廉，具体的设计渲染图如图 5–33 所示。

服药提醒、同步医嘱处方、NFC 模拟医保卡是智能药盒手表在智能、信息方面的三大特色功能，根据服务功能对表盘的界面进行可视化设计，见图 5–34。

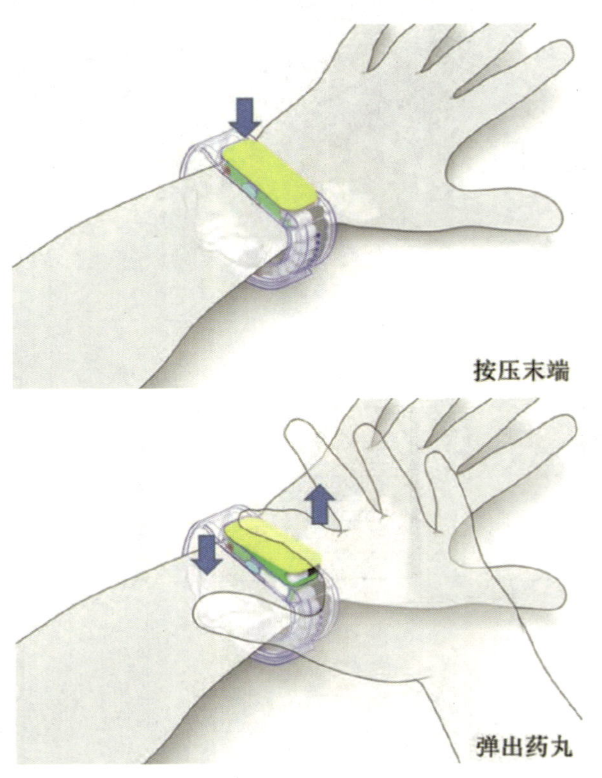

图5-32　智能药盒弹匣式装填结构设计

图5-33 智能药盒手表设计渲染图

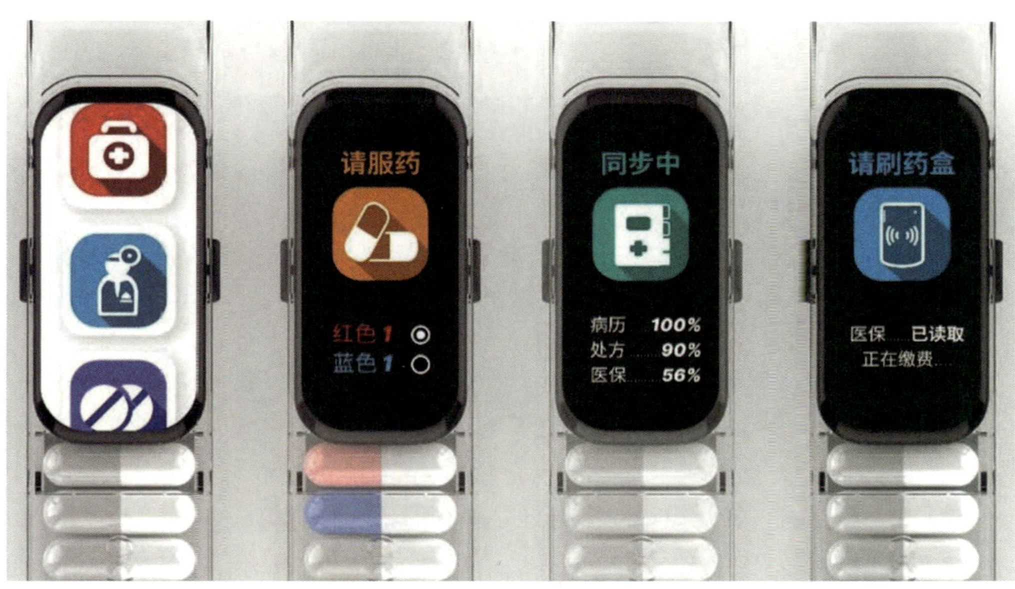

图5-34 智能药盒手表可视化界面

参考文献

［1］ 勒威克，林克，利弗 . 设计思维手册：斯坦福创新方法论［M］. 高馨颖，译 . 北京：机械工业出版社，2019.

［2］ 诺曼 . 设计心理学［M］. 张磊，译 . 北京：中信出版社，2015.

［3］ 王昀 . 设计创新思维［M］. 杭州：中国美术学院出版社，2021.

［4］ 阮宝湘 . 工业设计人机工程［M］. 北京：机械工业出版社，2016.

［5］ 丁玉兰 . 人机工程学［M］.5 版 . 北京：北京理工大学出版社，2017.

［6］ 郭伏，钱省三 . 人因工程学［M］. 北京：机械工业出版社，2018.

［7］ 孙丽丽，宋魁彦 . 人体工程学及产品设计实例［M］. 北京：化学工业出版社，2016.

［8］ 李岩，汤子凤 . 人体工程学［M］. 南京：南京大学出版社，2018.

［9］ 罗丽弦，洪玲 . 感性工学设计［M］. 北京：清华大学出版社，2015.

［10］库伯 .About Face 4: 交互设计精髓［M］. 倪卫国，刘松涛，薛菲，等译 . 北京：电子工业出版社，2015.

［11］ 加勒特 . 用户体验要素：以用户为中心的产品设计［M］.2 版 . 范晓燕，译 . 北京：机械工业出版社，2019.

［12］ 腾讯云计算（北京）有限责任公司 . 界面设计（中级）［M］. 北京：高等教育出版社，2021.

［13］ 陈嘉嘉 . 服务设计：界定 · 语言 · 工具［M］. 南京：江苏凤凰美术出版社， 2016.

［14］ 代福平 . 体验设计的历史与逻辑［J］. 装饰，2018，（12）：92–94.

［15］陈金亮，赵锋，李毅，等 . 基于感性工学的产品设计方法研究［J］. 包装工程，2019，40（12）：162–167.

［16］ 许晓云，解秋蕊，张曙 . 应用感性工学的儿童参与式智能产品设计方法［J］. 包装工程，2019，40（18）：129–134.

［17］ 马嘶风 . 交互界面设计中的情感化因素分析［J］. 包装工程，2022，43（12）：355–358.

[18] 求鲸问道 V1.0 交互设计说明书 [Z/OL]. [2018-08-14].https://www.ui.cn/detail/383439.html.

[19] 刘璐. 基于感性工学的儿童眼部护理产品设计研究与实践 [D]. 济南：齐鲁工业大学，2022.

[20] 陈子禾，颜廷旻，戴子婧，等. 基于服务设计理念的老年人智能药盒设计研究 [J]. 包装工程，2023，44 (8)：216-224.

[21] 罗仕鉴，胡一. 服务设计驱动下的模式创新 [J]. 包装工程，2015，36 (12)：1-4，28.

[22] 董杨芳. 基于用户角色模型的跑步类 App 交互设计研究 [D]. 广州：广东工业大学，2020.

[23] 高萍. 服务设计思维下的宠物智能家居产品设计研究：以智能猫砂盆为例 [D]. 沈阳：鲁迅美术学院，2022.

[24] 杨沛瑶. 基于服务设计理念的养老院老人安全手环设计研究 [D]. 武汉：湖北美术学院，2022.

[25] 张纪鑫. 后疫情时代服务设计思维下的智能家居产品设计研究 [D]. 沈阳：鲁迅美术学院，2022.

[26] 王文萌. 体验经济时代的设计价值研究 [D]. 武汉：武汉理工大学，2019.

[27] 许莹. 基于服务设计理念的老年智能产品设计研究 [D]. 西安：西安科技大学，2021.

[28] MOORE S M，TORMA-KRAJEWSKI J，STEINER L J.Practical demonstrations of ergonomic principles [M]. Department of Health and Human Services，2011.

[29] FRYAR C D，GU Q，OGDEN C L，et al. Anthropometric reference data for children and adults：United States，2011-2014 [J]. Vital and health statistic，2016 (39)：1-46.

[30] NAGAMACHI M，LOKMAN A M. Innovations of Kansei Engineering [M].Boca Raton:CRC Press，2010.

[31] NAGAMACHI M.Successful points of Kansei product development [C] //7th International Conference on Kansei Engineering and Emotion Research，March 19-22，2018，Kuching，Malaysia. Berlin:Springer，2018:177-187.

附　　录

附录一　图片来源

图 1-1：https://www.zcool.com.cn/article/ZNzkwOTMy.html?switchPage=on.

https://web.vip.miui.com/page/info/mio/mio/detail?postId=10961431&app_version=dev.20051.

图 1-2：https://www.zcool.com.cn/work/ZMTkyMzE4ODA=.html.

图 1-3：http://gansu.gscn.com.cn/system/2021/03/16/012557819.shtml.

图 1-4：https://baijiahao.baidu.com/s?id=1730591396257834762&wfr=spider&for=pc.

图 1-5：https://www.sohu.com/a/403469080_120517421.

图 1-6：https://t.cj.sina.com.cn/articles/view/2652582901/9e1b33f5001001rfq.

图 1-7：https://m.163.com/dy/article/GLK7N0B40534171E.html.

图 1-9：http://makhdesign.com/prototype/，作者译。

图 2-1 ～图 2-3：朱诗雨、曹泽琦绘。

图 2-5：https://www.szw.org.cn/20210319/45911.html.

图 2-6：孙丽丽，宋魁彦 . 人体工程学及产品设计实例［M］. 北京：化学工业出版社，2016:52.

图 2-13：朱诗雨、曹泽琦绘。

图 2-14：朱诗雨、曹泽琦绘，参考孙丽丽、宋魁彦《人体工学及产品设计实例》（化学工业出版社，2016）。

图 2-15：丁玉兰 . 人机工程学［M］.5 版 . 北京：北京理工大学出版社，2017：82.

图 2-16：阮宝湘 . 工业设计人机工程［M］. 北京：机械工业出版社，2016：48.

图 2-17：朱诗雨、曹泽琦绘，参考孙丽丽、宋魁彦《人体工学及产品设计实例》（化学工业出版社，2016）。

图 2-18、图 2-19：朱诗雨、曹泽琦绘，参考丁玉兰《人机工程学》（5 版）（北京理工大学出版社，2017）。

图 2-20 ～图 2-22：丁玉兰 . 人机工程学［M］.5 版 . 北京：北京理工大学出版社，2017：64-65.

图 2-23：朱诗雨、曹泽琦绘，参考 https://ergo-plus.com/fundamental-ergonomic-principles/ 。

图 2-24：朱诗雨、曹泽琦绘，参考 https://www.yet2.com/active-projects/seeking-alternatives-for-the-manual-handling-of-heavy-objects/。

图 2-25：《中国成年人人体尺寸》（GB/T 10000—2023）。

图 2-26：《家具　桌、椅、凳类主要尺寸》（GB/T 3326—2016）。

图 2-27：https://tv.sohu.com/v/dXMvMzQ5MzEyMTI3LzQxOTY2NzM4Ni5zaHRtbA==.html.

图 2-28：李岩，汤子凤 . 人体工程学［M］. 南京：南京大学出版社，2018：155.

图 2-29：李岩，汤子凤 . 人体工程学［M］. 南京：南京大学出版社，2018：156.

图 2-30：阮宝湘 . 工业设计人机工程［M］. 北京：机械工业出版社，2016：49.

图 2-31：https://kvntang.com/PEELER，作者译。

图 2-32：朱诗雨、曹泽琦绘。

图 2-33：http://it.sohu.com/a/568462587_121118996.

图 2-34：朱诗雨、曹泽琦绘。

图 2-35、图 2-36：丁玉兰 . 人机工程学［M］.5 版 . 北京：北京理工大学出版社，2017：199-200.

图 3-1：http://guoqing.china.com.cn/zhuanti/node_7251445.htm.

图 3-2：NAGAMACHI M，LOKMAN A M. Innovations of Kansei Engineering［M］.Boca Raton:CRC Press，2010：3. 作者译。

图 3-3：https://www.caranddriver.com/features/g26111823/mazda-mx-5-miata-history/.

图 3-4、图 3-5：朱诗雨、曹泽琦绘。

图 3-6 ～图 3-8：https://hci.cc.metu.edu.tr/en/eye-tracking.

图 3-9、图 3-10：朱诗雨、曹泽琦绘，参考罗丽弦、洪玲《感性工学设计》（清华大学出版社，2015）。

图 3-11（a）：https://woscan.en.made-in-china.com/productimage/mKzxDAuvsqrk-2f1j00nacfAbGRqYru/China-Lllt-650nm-808nm-Medical-Physical-Multifunction-Deep-

Tissue-Cold-Laser-Therapy-Physiotherapy-Equipment-for-Pain.html.

图 3-11（b）：https://lightforcemedical.com.

图 3-12（a）：https://www.healthcarehk.com/product/hemolite-wrist-laser-treatment-instrument/.

图 3-12（b）：https://www.yaopinnet.com/zhaoshang/y33/yy215133.htm.

图 3-13（a）：https://www.indiamart.com/proddetail/laser-therapy-equipment-with-cryo-thermal-17790926462.html.

图 3-13（b）：http://freep.cn/zhuangxiu_5/html/News_382387.htm.

图 3-14（a）：https://www.alibaba.com/product-detail/Class-4-pain-relief-veterinary-laser_1600168984127.html.

图 3-14（b）：http://www.gbs.cn/yiqi/s3235755.html.

图 3-15、图 3-18：朱诗雨、曹泽琦绘，参考罗丽弦、洪玲《感性工学设计》（清华大学出版社，2015）。

图 3-19、图 3-20：朱诗雨、曹泽琦绘。

图 3-21 ～图 3-25：罗丽弦，洪玲 . 感性工学设计［M］. 北京：清华大学出版社，2015。

图 3-26：刘璐 . 基于感性工学的儿童眼部护理产品设计研究与实践［D］. 济南：齐鲁工业大学，2022.

图 3-27、图 3-28：罗丽弦，洪玲 . 感性工学设计［M］. 北京：清华大学出版社，2015：66-67.

图 3-29：罗丽弦，洪玲 . 感性工学设计［M］. 北京：清华大学出版社，2015：60.

图 3-30 ～图 3-34：刘璐 . 基于感性工学的儿童眼部护理产品设计研究与实践［D］. 济南：齐鲁工业大学，2022.

图 4-1：http://cxds.gdcxxy.net:8080/suite/portal/blob?key=2056158.

图 4-2：http://kaoyan.xue63.com/jiaoyuxuexiba/diannao/anquan/xitong/1773049.html.

图 4-3：https://interface-experience.org/objects/xerox-alto/.

图 4-4：https://en.wikipedia.org/wiki/Windows_1.0x.

图 4-5：https://www.sohu.com/a/565174265_121005999.

图 4–8、图 4–9：朱诗雨、曹泽琦绘。

图 4–10：https://zhuanlan.zhihu.com/p/181151953.

图 4–11 ～图 4–13：https://www.qianfan.tech.

图 4–14：https://img2.baidu.com/it/u=1051472219,561567240&fm=253&fmt=auto&app=138&f=JPEG?w=527&h=500.

图 4–15：https://www.edrawmax.cn/templates/file/1040355/.

图 4–16、图 4–17：https://mp.weixin.qq.com/s/uCtDSpP09mTTF1QPZC4JBg.

图 4–18：https://www.jianshu.com/p/cf2b2bd6dab7.

图 4–19：https://www.nipic.com/show/23842551.html?tdsourcetag=s_pcqq_aiomsg.

图 4–22：https://huaban.com/pins/320301052.

图 4–23：https://zhuanlan.zhihu.com/p/39134538.

图 4–26 ～图 4–33：李渝、郭永艳、王卓、沈瑞月、程磊、王斌贝、杨光绘。

图 5–1：https://www.starbucks.com.cn/about/news/.

图 5–2：朱诗雨、曹泽琦绘。

图 5–3：https://cj.sina.com.cn/articles/view/1650111241/625ab30904000srww?from=finance.

图 5–4：https://www.jonessoda.com.

图 5–5：https://www.jonessoda.com/products/fan–faves–variety–12–pack.

图 5–6：https://www.ronen–kadushin.com.

图 5–7：https://www.zbj.com/sem/index?pmcode=137535808&utm_source=bdpz&utm_medium=SEM.

图 5–8：https://www.facebook.com/Fubiz/photos/a.10150832493897746/10152991527627446/?type=3.

图 5–9：朱诗雨、曹泽琦绘，参考陈嘉嘉《服务设计：界定 · 语言 · 工具》（江苏凤凰美术出版社，2016）。

图 5–10：https://fashion.sgtuniversity.ac.in/teaching–methodology–role–play/ .（经 AI 处理）

图 5–11：http://born2behappy.ro/wp–content/uploads/2016/10/DSC00463.jpg .（经 AI 处理）

图 5–12：https://i0.wp.com/lecturehub.ie/wp–content/uploads/2013/10/fluid–engage–all–hands–june–22–24–2009–affinity–diagram–from–brainstorm.png.

图 5-13：https://dmexco.com/stories/the-customer-journey-map-the-key-to-understanding-your-customers/.

图 5-14：https://www.skillshare.com/blog/make-an-interior-design-mood-board-examples-templates-and-classes/.

图 5-15：朱诗雨、曹泽琦绘。

图 5-16：https://www.squidbone.com/v8/wp-content/uploads/akzo_marketplace_s01_034A-crop-uai-2064x949.jpg.

图 5-17：朱诗雨、曹泽琦绘，参考 https://www.researchgate.net/figure/A-system-map-of-Product-Service-System-Design-of-the-community-supported-eco-tourism_fig1_300587103。

图 5-18：朱诗雨、曹泽琦绘，参考 https://www.nngroup.com/articles/service-blueprints-definition/#:~:text=Definition%3A%20A%20service%20blueprint%20is%20a%20diagram%20that,as%20a%20part%20two%20to%20customer%20journey%20maps。

图 5-19：朱诗雨、曹泽琦绘，参考陈嘉嘉《服务设计：界定 · 语言 · 工具》（江苏凤凰美术出版社，2016）。

图 5-20、图 5-21：高萍 . 服务设计思维下的宠物智能家居产品设计研究［D］. 沈阳：鲁迅美术学院，2022.

图 5-22、图 5-23：张纪鑫 . 后疫情时代服务设计思维下的智能家居产品设计研究［D］. 沈阳：鲁迅美术学院，2022.

图 5-24：许莹 . 基于服务设计理念的老年智能产品设计研究［D］. 西安：西安科技大学，2021.

图 5-25：https://www.163.com/dy/article/DR90DK0M0511805E.html.

图 5-26：https://www.sohu.com/a/545499905_121094725.

图 5-27：高萍 . 服务设计思维下的宠物智能家居产品设计研究：以智能猫砂盆为例［D］. 沈阳：鲁迅美术学院，2022.

图 5-28 ～图 5-32：陈子禾，颜廷旻，戴子婧，等 . 基于服务设计理念的老年人智能药盒设计研究［J］. 包装工程，2023，44（8）：216-224.

附录二　表格资料来源

表 2-1：NCD-RisC.Height and body-mass index trajectories of school-aged children and adolescents from 1985 to 2019 in 200 countries and territories: a pooled analysis of 2181 population-based studies with 65 million participants［J］.The Lancet，2020，396（10261）：1511－1524.

表 2-2：《中国成年人人体尺寸》（GB/T 10000—2023）。

表 2-3：丁玉兰 . 人机工程学［M］.5 版 . 北京：北京理工大学出版社，2017:81.

表 2-4：《在产品设计中应用人体尺寸百分位数的通则》（GB/T 12985—1991）。

表 2-5：《中国成年人人体尺寸》（GB/T 10000—2023）。

表 2-6：《家具　桌、椅、凳类主要尺寸》（GB/T 3326—2016）。

表 3-1 ～表 3-5：罗丽弦，洪玲 . 感性工学设计［M］. 北京：清华大学出版社，2015.

表 3-7 ～表 3-10：罗丽弦，洪玲 . 感性工学设计［M］. 北京：清华大学出版社，2015.

表 3-11、表 3-12：刘璐 . 基于感性工学的儿童眼部护理产品设计研究与实践［D］. 济南：齐鲁工业大学，2022.

表 4-2、表 4-3：腾讯云计算（北京）有限责任公司 . 界面设计（中级）［M］. 北京：高等教育出版社，2021.

表 5-1：陈嘉嘉 . 服务设计：界定 · 语言 · 工具［M］. 南京：江苏凤凰美术出版社，2016.

表 5-2 ～表 5-5：陈子禾，颜廷旻，戴子婧，等 . 基于服务设计理念的老年人智能药盒设计研究［J］. 包装工程，2023，44（8）:216-224.

the Defiant

南京大学犹太文化研究所文丛
第十四辑

抵抗者
一个真实的故事

Shalom Yoran
〔以色列〕沙洛姆·约冉 著
孔德芳 王雪梅 徐娅囡 胡 浩 译
徐 新 校

华东师范大学出版社

上海市版权局著作权合同登记　图字：09－2005－176号

谨以此书纪念战胜纳粹政权70周年
纪念犹太抵抗者、大屠杀幸存者
以色列航空工业开拓者
本书作者沙洛姆·约冉先生(1925—2013)

In commemoration of the 70th Anniversary of the Defeat of the Nazi Regime
In Memory of Shalom Yoran (1925 - 2013), Former Jewish Partisan, Holocaust Survivor, Israel Aircraft Industries Pioneer, and Author

nam były potrzebne, Zejrze zgubił swoje 31
złoto przy budowie, tak iż myśleliśmy [illegible]
kupić za złoto, gdyż to nie można dostać, i
to się rozwiało. Kartofle zaczęliśmy kraść z
piwnic chłopów, podkradaliśmy się na podwórze jeden
wchodził do piwnicy, który stał na podwórzu nabierał
po 2½ puda do każdego worka i z tym szliśmy,
10 km. od naszej ziemianki, czasami staraliśmy
się podczas jednej nocy dwa razy obrócić.
a w dzień budowie, ciągnąć drzewo rąbać, było
to ponad nasze siły, padałem pod ciężarem kartofli
i drzew, ale zaciskałem się i szłem. Pamiętam raz
gdy drugi raz kradliśmy z Tadeuszem kartofli,
upadłem z jednym z chłopów okrążających naszą
ziemianki i nie mogłem siły podnieść się, zapłakałem
płakałem pierwszy raz i ostatni, płakałem ze
złości że nie mam siły, pomogli, wyciągnęli
mnie. Mieliśmy jeszcze więcej do śniegu a nasze
zapasy oprócz kartofli słabo się powiększały: jeden
z nas na zmianę gotował. Zjadaliśmy w 5 [illegible]
raz raz miałko kartoflanki. chłopi nie wiedzieli
kto jesteśmy i bali się nas. Byliśmy [illegible]

1946 年书稿手迹

30. VI. 1941 r

8

Postanowiliśmy wrócić do Smorgoń gdyż
bo nie mieliśmy z czego żyć. Spakowaliśmy
trochę rzeczy na konia i ruszyliśmy
z okolicy Wilejki, powiedzieli nam iż na
głównej drodze do Wilejki chłopi strasznie
rabują i mordują, więc pojechaliśmy boczną
drogą do Kurzenica 7 km od Wilejki a
z tamtąd mieliśmy tylko 40 km do
Smorgoń i nie potrzebowaliśmy przejechać
przez Wilejkę. Jechaliśmy razem z kuzynami.
W Kurzeńcu musieliśmy napaść konia by
mógł dalej jechać. Zatrzymaliśmy się u
jakiegoś biednego rymarza, a jego dzieci
wzięli konia na pole by popasł się
trochę. W Kurzeńcu chłopi strasznie rabowali
najpierw kooperatywy i wszystkie sklepy a
potem zaczął się rabunek żydów. Niemcy
rzadko gdzie było widać, czasami
przejeżdżał jakiś na motocyklu i
rozpędzał rabusiów. Wieczorem przyleciał
spłakany syn rymarza iż ukradli mu
konia. Wobec tego nie mogliśmy
dalej jechać, więc postanowiliśmy kilka
dni tu zostać aż przestaną rabować
a potem jakoś przejdziemy do Smorgoń.

南京大学犹太文化研究所文丛

总序

在举国上下纪念和庆祝中国改革开放 30 周年之际，中国的犹太学研究界迎来了又一个有纪念意义的日子——犹太文化研究在中国全面开展 20 周年纪念日。诚然，从广义上说，中国的犹太学研究之萌芽完全有理由追溯到 100 年前，19 世纪末到 20 世纪 20 年代曾有若干关涉犹太文化方面的文章、书籍面世，这在中国可是第一次，是中国学者第一次接触犹太文化并对之产生兴趣。不过，稍加分析便可看出当时的文章书籍主要是个人偶尔之作，或一时之兴所为，很少能够看到这些学者的后续之作，几乎没有任何一位全身心投入犹太文化的系统研究，也没有任何组织机构有计划推进这一研究在国内的开展。30 年代后犹太文化研究在中国的消退也就十分自然。

30 年前在中国开启的改革开放导致了中国人民，特别是中国新一代学者对犹太文化的浓厚兴趣，毕竟，西方社会是与犹太文化紧密联系在一起的。走向世界的中国显然需要了解作为西方文明源头之一的犹太文化。在这一背景下，犹太文化研究再次在中国开展也就十分自然。不过，严格说，真正有意义的中国犹太文化研究尚只有 20 年的历史。它起始于 80 年代末，到了 2000 年后逐步形成高潮，几乎涉及到犹太文化研究的所有方面。回顾历史，中国犹太文化研究在过去 20 年中取得的成就（也是我们界定犹太文化全面开展的标准）主要体现在如下

几个方面:

1. 专门研究机构组织的出现

专门从事犹太文化研究机构的出现极大地推动了我国犹太文化研究的开展和深入。无论是 80 年代末成立的上海犹太文化研究会,中国犹太文化研究会,还是 90 年代成立的分布在全国各地,特别是有关高校的犹太文化研究中心,都是这样的机构和组织。很显然,组织机构是事业推进的最有力保障。

2. 犹太文化研究成果的大量出版和发表

据不完全统计, 20 年来,我国已经出版的涉及犹太文化各个方面的书籍在 600 部之上。国内众多出版社都加入这一出版活动。而已发表的论文更是超过了 1000 篇。从核心学术刊物到流行报刊,从综合性的到专业性的,从全国性的到地方性的,从学报到普及性的刊物都有。其中具标志性和有影响的成果有: 顾晓鸣主编,上海三联书店在 90 年代陆续出版的近 20 部的“犹太文化丛书”;徐新、凌继尧主编,上海人民出版社于 1993 年出版的首部中文版《犹太百科全书》以及傅有德主编,山东大学出版社在 1996 年后陆续出版的“汉译犹太文化名著丛书 ”。出版的书籍和发表的文章在显示我国犹太文化研究取得成就的同时,有力地说明了犹太文化研究在国内的普及和提高,以及中国学者对这一学科的了解和把握。

3. 犹太文化研究国际交往的增加

迄今为止,中国已经举办了十余次犹太文化研究的国际会议,外出参加国际会议或学术活动的人次更是不胜统计。无论是中国学者的走出去,还是国外学者的请进来,无论是在国内举办国际会议或学术活动,还是到国外参加国际会议或学术活动,这类的国际交往显然体现了中国犹太文化研究取得的进步和成就。

4. 犹太文化研究在高校的开展

在高校中开展犹太文化研究和教学是中国犹太研究深入开展和将犹太研究引向深入的一个重要标志。众所周知，高质量的研究只能出于专业研究人员之手，高校自然成为犹太文化研究的主力军。到目前为止，有超过三分之二以上研究成果出自高校也就不足为奇了。高校中开展的犹太文化研究还突出地表现在犹太文化课程的开设和犹太文化研究方向硕士和博士研究生的招收和培养上。高校中犹太文化课程的开设和人才的培养是确保我国犹太文化研究人才辈出和源头活水不断涌入的根本保证。

90 年代初成立的南京大学犹太文化研究所是国内高校中最早对犹太文化进行系统研究、取得丰硕成果，同时享有较高国际知名度的文科研究机构。该研究所的建立是为了满足中国学术界日益增长的对犹太文化了解的需要，并推动犹太文化的研究和教学在国内、特别是在高校系统的进一步开展。近 20 年来，该研究所不间断地开设一系列犹太文化课程，涉及犹太历史、文化、宗教、社会、民族、反犹主义和纳粹屠犹等方面，招收和指导犹太历史文化和犹太教研究方向的硕士生和博士生数十名，有力地促进了犹太文化教学在大学的开展。其自身经过近 20 年的发展已成为中国人民了解犹太文化的重要信息和资料来源，被视为中国犹太学研究领域的领跑者。

组织撰写、翻译出版犹太文化研究方面的书籍一直是南京大学犹太文化研究所工作的一个重要方面。尽管先前并没有以系列丛书的形式出版，但是，无论是涉及犹太文化各个方面的大型工具书（200 余万字，1995 年获得全国图书奖最佳工具书奖）首部中文版《犹太百科全书》（上海人民出版社，1993 年），还是学术专著《反犹主义解析》（上海三联书店，1996 年）、《犹太文化史》（北京大学出版社，2006 年）、《犹太人的故事》（山东画报出版社，2006 年），或者包括《现代希伯来小说选》（漓江出版社，1992 年）、阿格农的《婚礼华盖》（漓江出版社，1995 年）、阿尔弗雷德 · 高乔克的《理性之光——阿哈德·哈姆与犹太精神》（内蒙古人民出版社，1999

年)、马丁·吉尔伯特的《犹太史图录》(上海人民出版社，2000年)、丹·巴哈特和本-沙洛姆的《以色列2000年：民族和地域的历史》(山东画报出版社，2003年)、雅各·马库斯的《美国犹太人：1585—1990年，一部历史》(上海人民出版社，2004年)、拉海尔·伯恩海姆-弗里德曼的《地窖里的耳环》(云南人民出版社，2005年)、沙洛姆·约冉的《抵抗者：一个真实的故事》(华东师范大学出版社，2005年)、《犹太人告白世界——塑造犹太民族性格的22篇演讲辞》(中央编译出版社，2006年)、大卫·格罗斯曼的《狮子蜜》(台湾大块出版社，2007年)、撒母耳·科亨的《犹太教——一种生活之道》(四川人民出版社，2009年)等在内的译著，为国人了解犹太文化和推进犹太文化研究的深入开展作出了积极的贡献。

在纪念犹太文化研究在中国全面开展20周年之际，我们决定组织出版"南京大学犹太文化研究所文丛"，以实际行动进一步推动我国亦已开展的犹太文化研究。该文丛的规模初步定在20本上下，作者既有中国学者，也包括国外学者，预计用5年左右的时间出齐。组织出版该文丛的目的是为我国广大学者、读者提供深入了解犹太文化方方面面的书籍。内容不仅包括纯学术性的理论著作，也包括面向普罗大众的读物；既涉及犹太历史、文化、民族，也涉及犹太宗教、思想。所选书目以现当代作者的著作为主，凸显时代关怀，贴近雅俗共赏是我们的出发点和希望实现的目标。

徐　新

2008年识于南京大学犹太文化研究所

目录

中文版作者序

在纳粹白色恐怖的岁月，我既不是在犹太隔都度过的，也不是在纳粹集中营度过的。我先是一个受害者，后作为一名复仇者加入了抵抗纳粹灭绝人寰暴行的队伍。这方面的事很少有人知道，也很少有人写到。我为自己能够成为游击抵抗运动中的一员感到庆幸，为自己能够幸存下来讲述自己的亲身抵抗经历感到自豪。

纳粹德国使用一切伎俩使犹太人无法生存。他们有计划、有组织地对犹太人进行灭绝行动。他们利用德国人最好的智慧，用了最少的人力，在没有抵抗的情况下达到了他们的目的。他们夺走了犹太人的所有财产和生活手段，将他们隔离，逼迫他们佩戴犹太标志，奴役他们，羞辱他们，使他们在非人的条件下生活。他们通过分发几乎无法维持生命食品的手段，让犹太人在饥饿中劳动。他们玩弄欺骗和虚假承诺的伎俩让一部分犹太人对另一部分犹太人实施纳粹的命令；通过无辜拷打的方法使人们长期处于恐怖之中；用掷向墙壁的方法杀害儿童，并强迫父母在一旁无望地看着；让孩子眼睁睁地看着自己的父母被杀害……这一切的一切都是纳粹摧残人性和杀害无辜人民的手段。

当地人与纳粹的合作曾使我们犹太人无路可走、无处可逃，留给我们的只有绝望。

仇恨的统治可以发生在任何人身上，即便是在今天也一样。我们必须永远记住它曾经发生过，曾经以超出任何人最丰富想象的方式发生过。

我们必须在偏执行为、种族主义、仇恨思想刚一露头，在还没有失控和蔓延前就坚决与之进行斗争。我们必须教育后代对自己的行为负责，而不是推卸给他人。我们必须强调理解、体谅和尊重，而不要仇恨和暴力。我们必须教育后代不要加害他人，但当遭受迫害时要进行反击。

这就是我想通过《抵抗者》所要传达的信息。

沙洛姆·约冉

2004年5月

英文版译者致中国读者的话

将沙洛姆·约冉的回忆录从波兰文译成英文是一项十分艰辛的工作。通常是由他先读他用波兰语写的手稿，然后我们俩用希伯来文进行讨论，最后由我译成英文。

在他个人经历中，沙洛姆亲眼目睹了二战期间纳粹德国对犹太人实行的种种恐怖手段。从他 14 岁开始的 7 年里，他懂得了什么是在痛苦中求生，懂得了对他来讲最为宝贵的东西，包括他双亲、家庭、求学的机会，以及一个正常人的生活意味着什么。

我们着手做这件事的目的就是要让世人了解这一历史。这是他在父母遇害前，对他母亲做出的承诺。

我在那些岁月的生活则完全是另一番景象。我出生在中国，并在那里生活了 20 年，可以说是过着一种受保护的生活。

与欧洲犹太人经历截然不同的是：在中国没有反犹主义。中国城市中的犹太人社团可以自由地生活。我们被允许保留自己的宗教和文化。我们受到尊重，受到关爱，享有尊严。

我和姐姐从小就有一个亲如奶奶的中国阿妈。她如同我父母的妈妈，一直和我们生活在一起，直到我们长大。她是我们家庭的一员。因为有了她，中文成了我们的母语，而对中文的掌握使得我们能与周围所有的人进行交流。

我感到我个人的生活，由于对中国艺术、文化、传统，特别是对中国人民的了解，得到了极大的丰富。

我希望中国人民通过阅读沙洛姆的书能丰富他们的阅历。对这段中华民族没有经历过的历史的了解会使他们意识到，如果魔鬼的企图不能及时得到制止会发生什么。

为了帮助读者对沙洛姆·约冉有所了解，我在这里附上一份他的生平简介供参考。

沙洛姆·约冉生于波兰一个普通犹太人家庭。14 岁起，由于纳粹德国悍然发动的第二次世界大战爆发，他的学业被迫中断，整个青年时代是在纳粹占领时期度过的。从 1939 年德国人占领波兰那天开始，他和父母、哥哥就开始了四处逃亡的生活，经历了战争中受迫害难民所经历的一切。为了不甘心像羔羊一样任纳粹宰割，他在父母于 1942 年被杀害后，和哥哥逃进丛林，参加了抵抗游击队。他先后加入过苏联军队和波兰军队，从事各种反抗纳粹的战斗，包括游击战和全面攻坚战，直至欧洲战场反对德国法西斯战争的全面胜利结束。怀着对犹太民族复兴事业的坚强信念，二战结束后，他利用假文件取道欧洲前往巴勒斯坦。1946 年，作为反抗英国托管当局禁止犹太人进入巴勒斯坦的犹太地下组织的一员，他非法进入巴勒斯坦，当时只有 21 岁。他只身一人、身无分文，除了受过六年的小学教育外，一无所有。在继续学业，开始新生活前，他意识到自己有一项特殊的使命必须完成，那就是他母亲交代他的任务：保存自己、为父母报仇，并让世人了解这一历史。牢记母亲的嘱托，他利用在医院治疗的时间写下了自己在逃亡和抵抗纳粹斗争中的所有经历、过程和思想。在完成这一使命后，他全身心地投入了犹太民族建立和建设自己民族家园的事业中。

1948 年以色列国建立后，他首先加入了新成立的以色列空军。后来他被派往图尔沙和俄克荷马学习航空知识，取得了飞机维护和飞行工程学学位。作为一名以色列空军指挥官，他曾领导过一所军事飞行员学校。

7 年后，他加入了刚刚成立、还处于初建阶段的以色列飞机制造工业公司。他白天工作，晚间进修，取得了航空工程学位。在以后的 22 年里，他为把以色列飞机制造工业公司建成一个达到国际标准、举世公认、以色列最大的企业立下了汗马功劳。在那里工作的最后 10 年里，他是总公司的高级副总裁，兼任负责飞机运作、维护和拆修的贝德克分部总裁。当他离任时，公司已有 22 000 名雇员，其中 4 000 人在贝德克分部工作。

50 岁时，沙洛姆·约冉从以色列飞机制造工业公司退休。1978 年，他移居美国，成为美国一家从事飞机买卖和服务的私人公司——ATASCO 公司总裁。该公司为世界上若干大型航空公司购买和租赁飞机，并且在田纳西的司密亚纳拥有一家飞机维护和翻新工厂。

沙洛姆·约冉一直担任 ATASCO 公司总裁直至退休。他是国际航空业界一位公认的专家。他的名字在多本名人录中提及，其中有《犹太名人录》、《国际学者名人录》、《成功者》、《国际名人录》等等。

1990 年，他在以色列寓所的一只旧箱子里看到了他在 40 多年前写下的回忆手稿，随后将这些手稿带到美国。在夫人的帮助下，他着手将当年的回忆录译成英文。1996 年 9 月，取名为《抵抗者：一个真实的故事》的抵抗回忆录首先以英文版出版，成为第一部以个人亲身经历为内容、在战争刚刚结束后便记录下的反映犹太人逃亡和抵抗历史的回忆录。为了庆祝《抵抗者》面世，纽约曼哈顿行政区主席路丝·梅辛格女士在曼哈顿举行的有关仪式上宣布 1996 年 9 月 12 日为“沙洛姆·约冉日”。

沙洛姆·约冉是一个热情爱家庭的人，与夫人、女儿十分亲近。他关心他人和公共事业，在积极参与他所认同的事业方面是一个慷慨的慈善家。他在以色列参与撰写和出版了一部反映二战期间一群犹太游击队员在白俄罗斯地区开展斗争的希伯来文故事集。他是纽约犹太人遗产纪念馆董事会的创始人之一、特拉维夫

大学董事会主席之一，还参与了以色列犹太隔都战士纪念馆的建设工作。在白俄罗斯的库尔泽涅茨，他出资修建了一座纪念被纳粹杀害的 1 040 名犹太遇难者(包括他双亲)的纪念碑。在特拉维夫大学，他建立了以他父母名字命名的年度研究基金，以资助对欧洲犹太历史进行的研究。他还创立了人类基因研究所。

1997 年，特拉维夫大学基金会授予他"真理的火焰"荣誉称号，以表彰他作为纳粹大屠杀的复仇者所表现出的大无畏精神，以及作为描写犹太人反抗纳粹的出色作家和编年史家而作出的贡献。1998 年，特拉维夫大学授予沙洛姆·约冉名誉博士学位。

瓦尔妲·约冉

2004 年 5 月

中文版前言

近10年来，由于犹太学研究在中国的不断深入，反映二战期间纳粹德国对欧洲犹太人进行种族灭绝式屠杀的书籍不断面世，其中绝大多数讲述的是纳粹对犹太人的屠杀。这类书籍在揭露纳粹暴行的同时，使得广大读者对犹太人在二战期间遭受的迫害有了较多的了解，加深了人们对德国法西斯反犹狰狞面目的认识。然而，在这些书中，人们看到的犹太人主要是被屠杀的对象，是纳粹暴行的无辜受害者。600万手无寸铁犹太人惨遭杀害的事实留给人们的永恒印象是犹太人只是一个逆来顺受的民族，是一个面对纳粹的暴行除了默默忍受之外什么反抗行动也没有作出的民族，从而在认识上把犹太人仅仅看成是二战中的一个受害民族，而不是为战争的胜利同样作出了巨大贡献的民族。

然而，事实并非如此，犹太人对纳粹暴政和侵略扩展政策采取了坚决的斗争，进行了多种形式的抵抗。这一切对世界正义力量最终打败纳粹德国和争取二战胜利的贡献应该说与其他民族同样巨大。研究和统计资料表明，有多达150万犹太人在二战期间在盟军中服役，直接战斗在反对纳粹德国的第一线。犹太人在许多主要参战国军队中服役的人数甚至超过其人口在该国人口中所占的比例。例如，当美国宣布参战时，犹太人在美军服役的人数达60万，尽管他们只占美国人口的3%左右，却在美军中占5%。在苏联红军中，犹太军人数达55万人之众，而犹太人当时只占苏联总人口的 1.8%。此外，在法军中有犹太人 10 万，在英军中有 7.5 万，在澳大利亚、新西兰、加拿大、南非联军中有 20 万。如此数量的犹太人的服役参战，表明了犹太人对战争的胜利所作出的巨大贡献。犹太人对战争胜利的贡献不仅表现在人数上，而且还反映在他们在军队的作用上。例如，盟军中有犹太裔将级军官 300 人左右，指挥着战斗的展开。在美军中，先后有 3 500 名犹太军人功勋卓著，获得军功勋章。在苏军中，更有超过 5 500 名犹太军人因作战英勇而被授勋。

除了通过加入盟军直接参战外，犹太人还在二战打响后，开展各种形式的抵抗活动，打击纳粹。特别值得大书特书的是，有 10 万以上的犹太人面对纳粹的迫害，不甘成为纳粹屠刀下的羔羊，他们勇敢地拿起武器，进入丛林，或是自己组织起来，或是加入欧洲的各种抵抗游击队，在不同地区展开反对纳粹德国侵略战争的殊死斗争。尽管最后仅有不足 3 万人幸存，却有 1.8 万人获得各国政府颁发的勋章，这足见犹太人在反对纳粹斗争中的英勇无畏和作出的贡献。然而，长期以来，犹太人所开展和从事的抵抗活动一直没有得到充分地反映。

摆在读者面前的《抵抗者：一个真实的故事》，就是一本记录着二战期间犹太人展开反纳粹抵抗游击斗争的书籍。它以真实经历为基础，以纪实的手法讲述了两个波兰犹太青年兄弟在面对纳粹德国施加的迫害时，不愿束手待毙，勇敢地拿起武器，进入丛林，展开艰苦卓绝斗争的故事。他们先是加入波兰抵抗游击运动，在丛林中与纳粹周旋；后成为苏联精锐部队的战斗员，潜入纳粹占领区进行各种反对纳粹的斗争，直至纳粹被彻底打败。

《抵抗者》不仅深刻地揭露了纳粹德国发动第二次世界大战，对欧洲犹太人进行疯狂杀戮的过程和犯下的滔天罪行，而且具体形象地描绘了欧洲抵抗游击运动表现出来的艰苦卓绝和勇敢无畏的斗争精神。

由于全书是基于作者的亲身经历写成的，我们通过阅读能够清晰地了解到受迫害犹太青年是如何走向斗争、如何在抵抗中成长、如何锻炼自己的意志和勇气的。无论是烧毁纳粹的仓库、炸毁敌人的火车、袭击德军巡逻队的军事行动，还是为了生存与自然、与环境、与饥饿的斗争都写得有声有色、具体生动。

事实表明，与欧洲其他民族或国家的抵抗运动相比，犹太人的抵抗斗争显然是在更困难的条件下进行的。正如书中所描述，在许多时候、许多情况下，犹太抵抗战士不仅要与纳粹及其扶植的帮凶作斗争，与生存作斗争，而且还要与欧洲长期存在的反犹主义作斗争。然而，尽管他们受到各种反犹主义思想和行为的伤害，但他们抵抗纳粹的意志从来没有动摇过，与纳粹战斗的决心从来没有改变过。为了战胜纳粹德国，他们一切都能忍受。

本书作者沙洛姆·约冉可以称得上是一位传奇式的人物，除了抵抗游击经历外，他还先后在波兰、苏联、英国和以色列四国军队服过役。如果说这样的个人经历不一定是绝无仅有的话，至少也是极为罕见的。有关约冉的经历，虽然其夫人撰写的作者生平简介中有所介绍，本人还是希望借此机会作一些补充。

我第一次熟悉"沙洛姆·约冉"的名字和见到他本人，是在1998年特拉维夫大学授予沙洛姆·约冉名誉博士学位称号的时候。我作为时任特拉维夫大学校长丁斯坦教授的特邀嘉宾参加了授奖大会，遗憾的是，当时是在台下见到在台上接受这一荣誉的他，并没有机会与之交谈和相互认识，也没有机会认识他的夫人。直到2001年4月，我在纽约出席为南京大学犹太文化研究所举办的筹款会上才有了与之接触和交往的机会。为了筹款，我和组织者事先向许多朋友和关心中国犹太学研究的人士发出了邀请。约冉夫妇也在邀请之列。那天晚上，我和夫人在筹款聚会大厅门口恭候每一位嘉宾的到来。在我与一位来宾寒暄并送之进入大厅时，背后传来了"徐新教授，您好"的汉语问候声，而且是纯正的天津口音。我心想，一定是哪位"同胞"前来捧场。随着国人在海外人数的增加和地位的提高，各种活动中都可以看到他们的身影。

待我转过身来,发现站在我面前的却是约冉夫妇。也许是察觉出我脸上流露出的惊诧表情,约冉先生的夫人首先和我握手并自我介绍说:“我叫瓦尔妲,一个在天津出生和生活过的犹太人。这是我的先生,沙洛姆·约冉。”她用天津话,把丈夫介绍给我。我们就这样认识了。自那以后,热情友好的约冉夫妇多次邀请我去他们在以色列特拉维夫和美国长岛的寓所作客,本人自然有了与他们交流,聆听他们的人生故事,同时向他们介绍我们所开展的犹太学研究的机会。

约冉给我的影响极为深刻。他身材不高,但思想深邃,志向高远。每次与他交往,都大有裨益。他是一个长者,却待人平易。他是一个成功者,却为人谦和。犹太民族许多伟大、崇高、优秀的品质在他身上有集中的体现。

约冉首先是一个善于根据形势的变化及时调整自我的人。从事7年抵抗斗争后来到巴勒斯坦的约冉,在他人看来怎么说也应该是一个“老兵”,有可以炫耀的资本,然而,他把自己看成是在新形势下一个“一无所有”的人,一个应该从零开始的人。根据这一认识,他主动、积极、及时调整自我,使自己从一个以“求生和报仇”为基本的生存需要的“抵抗战士”的角色,迅速转换成“掌握现代科学技术和管理才能”的人。具有他那样经历的人,能够在50多年前就有这样的自我意识并拿出具体行动转变自己,是十分难能可贵的。这也是他能够如此成功的内在原因。事实上,大凡对犹太文化有一定了解的人都会察觉,历史上,犹太民族就是这样生存下来的。被迫迁居的犹太人总是根据形势的变化积极地、及时地进行自我调整,而不是消极地等待或怨天尤人。这种“自我调整”,无疑是犹太人常胜不衰的“秘诀”之一。

其次,约冉是一个善于在实践中学习和提高自己的人。尽管他所受的教育不高,但他善于在实践中学习。他在进入刚刚成立的以色列空军后,主要是在实践中学习和掌握对飞机性能的了解和维护。他对我讲述的一个个在没完没了拆卸飞机、然后再组装过程中落入尴尬境地的故事,就很能说明这一点。

再次，约冉是一个富有智慧、善于思考、对自己有信心的人。他曾向我讲述了一个如何为以色列空军获得空中加油技术的故事。20 世纪 60 年代，空中加油技术在世界上尚属最新技术。以色列空军特别希望能够获得这一技术，美国却不愿意向以色列提供，不仅如此，美国当时规定这一技术是不允许出口的。如何获得和掌握这一技术，任务最终落到当时负责飞机运作和维护部门工作的约冉身上。既然无法通过正常渠道获得这一技术，能否有其他合法渠道获得空中加油设备呢？这是约冉所重点考虑的。他认为，如果能够获得空中加油设备，就有可能通过对它的研究琢磨出空中加油技术。经过调查研究，他发现，空中加油机经过一段时间的使用会报废，这样就有可能在旧飞机的拆卸工厂找到。根据这一思路，他的部门通过各种渠道了解到美国一家飞机拆卸工厂从事包括处理空中加油机在内的拆卸，并有出售废旧部件的许可。有关人员在那里找到废旧空中加油设备后，通过合法途径，以购买废部件的费用轻而易举地将所需部件买下并运至以色列。他领导的部门便很快掌握了这一技术，从而极大地拓宽了以色列空军的活动半径。“碰到问题决不能一筹莫展，要自信，要善于动脑筋。”约冉对我如是说。

更为重要的是，他以自己的亲身经历和深刻思考告诫人们：“仇恨的统治可以发生在任何人身上，即便在今天也一样。我们必须永远记住它曾经发生过，曾经以超出任何人最丰富想象的方式发生过。”

作者通过《抵抗者》所传达的“我们必须在偏执行为、种族主义、仇恨思想刚一露头，在还没有失控和蔓延前就坚决与之进行斗争。我们必须教育后代对自己的行为负责，而不是推卸给他人。我们必须强调理解、体谅和尊重，而不要仇恨和暴力。我们必须教育后代不要加害他人，但当遭受迫害时要进行反击”的信息，更是对所有世人的警示。在反恐斗争深入的今天，这样的警示显然意义深远。

总之，在沙洛姆·约冉的身上，我形象具体地看到了犹太人顽

强不屈、永不满足、再生、热爱生活、乐观向上、勇于进取的精神。

在介绍约冉先生之后，还有必要提及一下约冉先生的夫人——瓦尔妲。这样做不仅仅因为她是约冉先生夫人的缘故，更重要的她还是本书英文版的译者，是本书得以与广大读者见面的“催产者”。当然，对中国读者而言，还因为她是一位在中国天津出生的犹太人。她在中国生活了 20 年，在青年时代通过耳濡目染了解到的中国文化对她影响很大。她随家人移居以色列后，在以色列空军服役。在那里，她认识了约冉先生并与之结婚。到了美国后，她在艺术上发展自己，成为一名颇有名气的雕塑艺术家。由她创作的、起名为“太极”的雕塑树立在特拉维夫校园中，成为学校的一景。她在长岛的家简直就是一个雕塑博物馆。在众多的陈列作品中，一个突出的主题是中国文化，无论是“阴阳”、“八卦”、“太极”，还是“灯笼”、“中国姑娘”，都向人们展示了她对中国文化的理解、钟情和热爱。她把中国文化看成是自己文化的一部分，是自己艺术的一个源泉。她一直声称：她不是一个纯粹的“犹太人”，而是一个“中国-犹太人”，是中国-犹太两种文化的产物。对于这一点，她在本书“译者的话”中说得再明白不过了：“我感到我个人的生活，由于对中国艺术、文化、传统，特别是对中国人民的了解，得到了极大的丰富。”老实说，正是由于她的中国情结，本人与约冉先生的关系自认识以来得到了迅速地发展。

《抵抗者》不是一部平常的回忆录，而是一部为数不多、极其珍贵的以亲身经历反映二战期间游击抵抗斗争的书籍，具有重要的史料价值。该书的初稿是作者在 20 世纪 40 年代后期因受伤住院治疗时写下的，尽管直至 20 世纪 90 年代中期才正式整理出版，但仍然被视为是一部最早对抵抗游击战争进行回忆的著作。难怪该书一出版，立即得到评论界、读书界和史学界的一致好评，被认为是与《安娜 · 弗兰克日记》和《辛德勒名单》相媲美的一本好书。本书已被翻译成 10 余种语言，在世界上流传。原稿作为珍贵的史料，由美国大屠杀纪念馆收藏。

我是在他们位于美国长岛的寓所第一次看到《抵抗者》一书的。他当时送了我两本，一本赠我本人，一本赠予南京大学犹太文化研究所。我在仔细阅读后，产生了将它介绍给国人的想法。于是，在以色列的会见中，我向他讲了这一想法。他自然十分高兴，支持我的想法。

我们翻译出版这部书的中文版，除了出于对作者本人的敬意外，也是对即将到来的第二次世界大战胜利60周年的纪念。

我们相信，出版本书的中文版不仅有助于我们从另一个侧面了解纳粹德国发动的第二次世界大战对犹太人的大屠杀，以及二战期间在欧洲开展的抵抗游击斗争，同时有助于我们进一步促进南京大屠杀文学的开展和借鉴。

在译稿封笔、即将付诸出版之际，作为翻译出版本书的倡导者和组织者，本人首先感谢约冉夫妇慷慨地将本书的中文版翻译权和版权赠予我们，使得广大中国读者有机会分享约冉这一不平凡的经历，同时感谢他们特别为本书中文版所作的含义深远和充满激情的序。其次，要感谢本书的译者孔德芳（翻译第1—5章及“中文版作者序”和“英文版译者致中国读者的话”）、王雪梅（翻译第6—11章及第19—20章）、徐娅囡（翻译第12—18章）和胡浩（翻译第21—26章）。他们的辛勤劳动，是本书得以出版的基础。最后，要特别感谢华东师范大学出版社和曹利群、张俊玲同志不失时机地将本书选题纳入出版计划与及时编辑出版该书。

徐　新

2005年1月于金陵结网轩

第一章 波德战争

我渐渐地苏醒过来，感到浑身疼痛。我躺在刚下过的厚厚的雪地上，将头小心翼翼地侧向一边。从眼角的余光处，我看到自己身边的地上有一根折断的棍子。这使我猛然想起自己昏死前的最后一幕是这根击中头部的棍子的断裂声。保护我的头颅免遭破碎的，是那顶皮帽。而那顶皮帽子现在不再戴在我的头上了。我睁开眼睛，清楚地看到白雪皑皑中有五个人影。其中一人正骑在我的身上，背对着我，另一人正在使劲拽下那双紧紧套在我脚上的湿漉漉靴子。其余的三人离得稍远一些，压低嗓音正在为什么事争吵。在我失去知觉时，除了一条内裤，身上的衣服已被剥光。

骑在我身上的年轻人转过身来面对着我。他的左手在我前胸摸着，寻找心脏部位，右手紧紧地握着一把刀子。在他举刀准备猛刺前，他转向其他人问道："要不要杀了他？"

我的思绪顿时翻滚。难道我现在就要死去？在这么年轻的时候？难道连向纳粹复仇的机会都没有了吗？

"我要活！"从我嗓子里突然发出的叫喊声冲破了黑暗的沉寂，吓呆了那五个正在攻击我的人。那个人手中的刀子悬在空中，没有落下。当我意识到我吓住了他们时，我一声接着一声地叫喊："我要活！"

领头的人弯下腰来，用波兰语对我说："不许喊叫！"当我意识到自己的喊叫声使他们感到担心时，越发喊叫得响。

“如果你停止喊叫，我们就不杀你。”那人这样对我说，于是我停止了叫喊。

我的波兰口音和他们的一模一样，他们不知道我是什么人。是一个在逃的战犯？是苏联的支持者？还是一个间谍？倘若他们把我身上最后一件衣服剥去的话，那他们一定会知道我是犹太人。他们不知道到底该怎么处置我。其中一人建议说：“把他送到德国人那里去，让德国人杀了他。如果他是个犹太人，德国人兴许还会给我们一些奖品，说不定会是一瓶伏特加，或一些盐之类的东西。”

他们开始争吵：我的靴子应该归谁，谁拿我的皮外套。其中两个人将我拖起，但我的脚就像没了似的。他们拽着我的胳膊，拖着我那软塌塌的身体往前走。其余三人走在我们的前面，一边走一边还在争吵。寒冷的风雪令我彻底清醒过来，但我仍假装昏迷不醒。几分钟后，当我只能见到那两个拽着我走的人时，我猛地从他们的手中挣脱开，朝另一个方向逃去。极端的绝望，给了我连自己都意想不到的速度。由于身上没有了沉重的衣服，脚上没有了湿透了的靴子，我很快超出那两个家伙，而且离得很远。我听见他们在后面追赶我的喊叫声，但他们的喊叫声渐渐越来越远。10 来分钟后，当我回头时，再也看不见他们的身影了。

我蹲在雪地上，留神地观察周围的动静。四周一片寂静。我开始感到寒冷，于是站了起来。由于担心脚会冻僵，我开始奔跑起来，但毫无目标。我见到不远处有一个村庄，但出于对当地人所持敌视态度的谨慎而不敢去那里。

绕过这个村庄后，我发现朝着树林方向有一条通向另一个村庄的小路。雪还在不停地下着，但路还没有完全被雪覆盖。我不知道离下一个村子还有多远。由于太冷，我不能停止奔跑。寒冷冻伤了我的耳朵，疼痛难受。我停下来脱下内裤，用它包住自己的头，这样可以遮住受冻的耳朵。我一直跑着，跑过很多村庄。渐渐地，我既不知道时间，也不知道方向。

我来到村边的一所房子前，轻轻地敲了敲门，开门的是一个妇女。当她看到我这个赤身裸体的怪人时，惊呆了。她很快地用手在胸前划了一个十字，然后静静地等我说什么。我问她如何去某个村庄，她用手指了指，然后轻轻地在我面前关上了门。于是，我朝相反的方向又跑了好几英里。然而，我意识到自己又一次迷失了方向。一路上，我从晾晒的衣架上偷了点布头，把脚包了起来。我又往回走，设法找到我刚到过的那个村庄。我敲响了另一家门。这一次我问的是我要去的目的地附近一个村庄的方向。开门的是一个男子，他来到院子里，既没有问我是谁，也没有问我为什么光着身子，而是详细地告诉我该如何走。我一路奔跑，绕过一个我所熟悉的村子。当我朝着相对安全的家走去时，天快亮了。

这个家是个刚刚挖的、建造精致、伪装得很好的一个地下洞穴。它在林子的深处，靠近一条小溪，与世隔绝。在我走进树林后，不是倒着走用树枝将脚印扫掉，就是在那些没有雪堆积的树之间跳着走，以便不留下走过的痕迹。终于，我走到了家门口。尽管我知道有可能在我不在时，敌人已经发现了这个地方，现在他们正等着把我杀掉，但我快冻僵了，已经没有别的去处。我移开了遮住唯一入口的那棵树，并设法打开了里面设置了障碍物的机关门。当听到哥哥低沉的声音问谁时，我松了一口气。我回应说："莫西欧，是我，塞立姆！"我小心翼翼地把树搬回原处，他打开玻璃机关门的插销，我从窄窄的进口滑入哥哥温暖的怀抱。

我安全地回到那位于银装素裹的波兰树林、冰土下面的家时，是 1942 年 11 月 18 日，当时我 17 岁。尽管德军入侵波兰才三年，可是我的生活却变了个底朝天，仿佛度过了整整一个人生。我们似乎不能用"家"这个词来描述这个原始的地下住所，但它又确实是我们的家。尽管它离我从小长大的那个小镇上漂亮的房子并不远，但现在的家却像在另一个世界。

拉齐阿兹是一个离华沙约 80 公里、距德国边境 60 公里远的典型的波兰城镇。镇上有居民数千人，其中将近一半是犹太人。在镇的中央，有一个很大的空旷的广场，周围建有商店、市政厅和小学。那里没有中学。犹太会堂、希伯来语学校及天主教堂坐落在广场附近。相比周围那些木结构建筑，砖建的市政厅气势雄伟，它宽畅的台阶直通大门。附近村庄的农民每星期两次赶着马车，带着他们的农产品来到这里，把广场变成了一个露天市场。这儿没有公共交通，人们或是步行，或是赶车，或是骑马到镇上来。每逢雨雪天气，通向小镇的路，甚至街道，都满是污浊的泥水。

尽管有些商店是犹太人开的，但整体说来，这里的犹太社团比较贫苦。他们大多数是手艺人，如裁缝、制鞋匠、铁匠、面包师或小商贩。当然，还有一些是当医生、药剂师和教师的。

我们住在镇边，离镇中心有一公里，位于火车站对面。当时，许多更为偏远的村镇根本就不通火车。

我的父亲撒母耳·辛依瑟拥有并经营一个木材加工厂。我们家的房子周围有许多空地，并有栅栏围住。木材加工厂建在我们拥有的地产上，木头、板材、各种机器和器材堆得到处都是。再向外，便是农田。从火车站过来的货车，可以直接开进我们的院子把木材卸在那里。为我们工作了 20 年的德国籍机械师普拉托、会计库扎克、门卫严先生及其家人，以及管家密沙西亚和其他一些雇员，住在这个木材加工厂院子的一些小房子里。这些房子与我们的屋子紧挨着。

母亲最小的弟弟、沙勒姆舅舅，是父亲生意中一个年轻的合伙人，就住在我们家。母亲共有 13 个兄弟姐妹。有些与他们的家人一起住在巴勒斯坦，还有一些则住在华沙或华沙附近地区。父亲共有兄弟姐妹 6 人，他的家住在离这儿 30 公里的普隆斯克。每逢夏天假日里，我们家住满了来访的亲戚。他们一次能住上好几个月。我家有十来个房间，足够让他们所有的人住下。尽管当时厕所在院子里，屋内也没有自来水，但按当时的标准，我们家仍被认为是一个殷实人家。

母亲汉娜是家中最具影响力的人。她十分聪慧、热情，并且是一个坚定的犹太复国主义者。她是犹太人在市政厅中的代表之一，备受大家的尊敬。她有学识，对文化有着不同一般的品位。她决定给我取名为塞立姆，因为它是一个土耳其苏丹的名字。她喜欢去华沙看戏，回到家里就为我们——痴迷她的观众重演整个戏。

父亲忙于木材加工厂的事务，照顾我们便成了母亲的责任。父亲爱静、守教，但不是宗教狂热分子。周末，他总是希望我和哥哥陪他一起去犹太会堂，但我们情愿留在家中并在床上用早餐。这时父亲来到我们的房间训斥说："如果没有我给你们带来如此舒服的生活，看你们怎么办？看你们自己怎么生存？"这时，我们总会对他说："如果真的落到这一步，我们会对付的。"

1939 年，我唯一的哥哥莫西欧从华沙的中学毕业。他比我大 4 岁，深色的头发，高而瘦，具有一种学者的风度。而我身材不高，脸上有雀斑，喜欢运动，喜欢引人注目的女孩。我在学校的成绩也不错。我当时 14 岁，正准备在秋天进华沙的中学。

有时，我们能从我们的房间听到父母在隔壁关住门的房间里对未来安排的争论。母亲想立即去巴勒斯坦定居，而父亲总是说要等到我和哥哥毕业以后再说。

那时时局紧张，预示着一场战争的到来。父亲总是设法使每个人相信战争不会爆发。而我和母亲，还有莫西欧看到波兰军队正在调防，确信战争不可避免。

1939 年 8 月 30 日，星期四。电台里播放了德国人给波兰政府的包含有 16 项条件的最后通牒，但被波兰政府拒绝了。现在，战争肯定即将降临。为了应付战争，我们花费了整整一天，把房子中的一间房间建成了一个防空袭的住所。我们加固了房间的墙，用圆木顶住了屋顶，封上了所有的门窗以抵御可能发生的毒气袭击。有谣传说这种毒气是德国人拥有的最为可怕的武器。我们还在所有窗户上贴上了防震纸条。

星期五早晨，普拉托跑回家说，他听到了炮弹震撼大地的声音，而炮弹是从德国边境方向发射的。没人愿意相信他的话，而宁可相信他是在制造紧张气氛。从我们的屋子中可以看到火车站上满是调防的大兵。紧张和关注的情绪在不断增长。我们继续建造着家中的防空工事。

当我和会计库扎克到院子里取柴火时，看见第一批从头顶飞过的飞机。我们设法让自己相信这是波兰空军在调防。但就在这时，我们听到一声巨大的爆炸声，大地在抖动，窗户被震得粉碎。一颗炸弹扔下了。等我看到一股浓烟从地面升起时，才意识到这意味着什么。车站上所有的人都惊慌失措地四处逃散。这个时候，我终于明白：我们正在遭受德国人的进攻。

一架飞机向我们飞来，四周的人们都试图躲到我们院子的木材堆后面。有些人跌倒在地，用手抱着头；有些人疯狂地四下奔跑。我没有明确的意图，也来不及考虑，就奔向附近的庄稼地，趴倒在地上，注视着天上的飞机。飞机在盘旋，飞得低到能看见上面的飞行员。我感觉到他们似乎是在为追我而来。

又一轮轰炸开始，大地震动。我被抛上又摔下，一股浓烟向我们袭来，有人喊叫着说那是毒气。于是大家又一阵惊慌。另外一些人喊着说，这只是炸弹冒出的烟。我用手绢捂住嘴，向家中奔去。这时，飞机已经消失。所有的人都平安地呆在防空袭的房间。他们围住我，问我怎么啦，为什么身上那么脏，伤着没有。沙勒姆舅舅身体不好，他说他经不住再一轮的轰炸。

所有这些都发生在 9 月 1 日。两小时后，电台里广播：波兰进入了战争状态。德国军队正跨越边界进入波兰，并开始对波兰城镇轰炸。在这以前，我们只是在学校里学到过战争，听说过战争的可能性。但这回战争真的来了，我害怕极了。

飞机一波又一波地不断飞来飞去。我们不是躲在防空袭的房间里，就是躲在院子的木材堆里，或者庄稼地里。不可思议的是，我们的房子和堆放木材的院子没有被炸着。

装满波兰大兵的火车正开向德国边境。每个人问着同样的问题："将会发生什么？将会发生什么？"

到了星期六，飞机仍在头上盘旋，但不再扔炸弹了。我们可以清楚地听到远处传来的炮声。电台里播放着进行曲和严肃的古典音乐，却没有任何消息。夜幕降临时，已经能够看到天边的火光，爆炸声越来越近了。人们不知道是留下来呢，还是逃离；是室内安全呢，还是室外安全。星期天一整天，飞机继续在我们镇的上空飞来飞去。大炮声更近了。

9 月 3 日,电台里播放了英法对德宣战的消息。这一消息带来了一定程度上的乐观和希望。但就在这天下午,恐怖再次袭击了我们。我们看到从拉齐阿兹撤退下来的波兰军队,他们溃不成军,有的步行,有的骑着马,有的乘着火车。谣言说德国人已经突破了波兰在前线的防守。到了晚上,整个地区被恐怖笼罩着。我们开始打点行李,准备乘火车去华沙。

我们来到挤满人群的火车站。当我们登上火车后,哥哥莫西欧坚持让我们下车,因为他认为德国人肯定会炸所有的火车。火车载着沙勒姆舅舅和库扎克走了。我和父母及哥哥留下了,设法想出另一种抵达首都的办法。

到了星期一,每个人都在逃难。我们选择的路线是经过德罗宾、普罗斯克,渡过维斯拉河,再从那里去华沙。

母亲搭朋友的车去德罗宾,要我们在那儿与她会合。父亲、莫西欧和我则背着箱子,沿着大路步行出发。我们再次目睹曾经高傲一时的波兰士兵正在乱作一团,脸上流露出害怕和恐惧,一边撤退,一边向后张望,仿佛在看是否有德国人在后面追赶。“快跑!”他们喊叫着,“自己救自己吧! 德国人就在我们后面!”

我们刚离开镇子,就听到飞机飞来了。一刻工夫,拉齐阿兹又遭到了新一轮的轰炸。城外的大路上到处是一片乱哄哄的场面,人、羊、猫、狗、车、牛都在慌忙逃命。我们就是这一出逃群体中的一部分。

8 公里去德罗宾的路程,仅是我们今后 4 年所要经历艰难历程的开始。我的脚上已经打泡并开始破裂。

我们在德罗宾预定的地点与母亲会面了。然后,我们一起继续向普罗斯克进发。普罗斯克坐落在维斯拉河的两岸,每一个人都希望德国人会被这条河所阻止。一路上,所有的人都用一切可能的交通工具逃离。我们离开大路,抄近路逃亡。半路上,我父亲的朋友——一个波兰的土地拥有人,把我们接上他的马车。我们坐着他的马车行进着,直到夜幕降临。一路上,我们不停地听到爆炸声。

就在我们停下休息，将马从车上解下套时，一个人向我们飞奔而来。他歇斯底里地叫喊着说，德国人从大路而来，离我们只有 7 公里之遥。他还喊着："自己逃命吧！"我们立刻套上马，让马彻夜跑个不停，一直跑向普罗斯克。

那个波兰地主知道我们是犹太人，便对我们说："让我们各自向自己的上帝祈祷吧！祈求上帝救救我们。"就像我一天来所看到的波兰士兵一样，我们也害怕地向身后的黑暗处张望，看看是否有德国人跟在后面。

天亮前，我们到达普罗斯克，来到了维斯拉河旁。我们在由士兵和难民组成的人群中挤了近 4 个小时才过了河。河对面的波兰士兵、大炮、机关枪，给了我们一种安全的假象。我们真的相信德国人会在这儿被阻挡住。我们与那个波兰地主分手后，继续步行去戈姆宾。这是一个像拉齐阿兹一样的小镇。我们希望在那里找到去华沙的交通工具。

路上，我不知在哪里丢了一只鞋，只好用一只穿着袜子的脚继续行走。我行走的样子一定很特别。所有的人都又累又饿。行走 10 公里后，父亲感到不舒服，于是我们就在路边的一个客栈里歇了下来。在那里，我们能获得的唯一吃的东西是变软的饼干。经过短暂的休息，我们继续上路，于当天下午到达戈姆宾。

镇上到处是从其他地方逃来的难民。最后一班去华沙的汽车已经开走。后来我们才得知：从另一方向过来的德国人已经切断了戈姆宾和华沙之间的交通。我们去首都的计划已不能实现。我们被困在戈姆宾，不知道下一步该怎么走。我们找到一个母亲家那头的朋友，她叫伍尔福维奇，是当地的居民。她热情地把我们接到她家。戈姆宾尚未受到战争的影响，除了能够看到开往前线或从前线撤下波兰军队的混乱景象，以及间或听到远处的轰炸声外，这里似乎比较安全，是难民的一个避难所。食品和其他供应都还不短缺。我们在伍尔福维奇家住下，和他们一起准备过犹太新年。我帮母亲购物和做一些杂事。

尽管前线离我们一天天地近，炮声越来越响，越来越清晰，但是整整一星期我们还是过得相对平静。就像我们所希望的那样，有消息说，德国人在维斯拉河对岸被阻挡住了，但这不是确切的消息。我们一直想着从东面去华沙的方法，但是没有任何交通工具。波兰士兵在附近转来转去，似乎没人知道德国人现在到底在哪里。

犹太新年这一天，我们参加了当地犹太会堂的礼拜仪式。祈祷进行到一半时，我们听到了爆炸声。人们开始四处乱逃。这是德国人对戈姆宾镇的第一次炮击。显而易见，德国人离我们比我们认为的要近。

那天下午，警报声响起。当时，我只身一人在伍尔福维奇家。我赶紧冲出房子，寻找家人。我刚来到一块空地，就面临来自四面八方的空袭。我当时头脑中出现的非理性想法是：任何建筑哪怕再单薄，也能作为防止炸弹飞来的屏障。我卧倒在一个牲口圈后面的泥地上。这时，有 3 架飞机在我的头顶上空盘旋，开始扔炸弹。

飞机每次俯冲下来，我就把头紧贴在泥地里。我数着一、二、三、四、五……飞机飞了过去。就在这时，一颗炸弹在附近爆炸，我被木头和砖头的碎片击中。这时，飞行员开始用机关枪扫射。这下子情况似乎更糟！我的心贴着身子底下的地面怦怦直跳。每次听到一连串的射击声，我都确信自己已被击中。我胆怯地把头从泥地里抬起，看见飞机就在我头顶上，子弹呼啸着，从牲口圈顶上飞来的残片就像撒野的牲畜向我袭来。我想，完了！我躺在那儿，相信自己随时随地都会死去。

当飞机最终在远方消失时，我意识到自己不仅活着，而且没有伤着。真不可思议！就在我头顶上方几厘米处，有从牲口圈上落下的一片片碎物，上面留着许多子弹孔。空袭大约持续了 20 分钟，现在我体力消耗，精疲力竭。我蹒跚着走回家，看到家人都安好无恙时，松了一口气。他们在整个空袭中一直呆在地窖中，替我担心。当我浑身是泥、脸色苍白地走进屋时，母亲将我搂在怀中，宽慰的眼泪夺眶而出。

次日,一整天,炮击和空袭不断。起先我们藏在地窖中,但随后便意识到,如果遇到直接攻击,屋子很可能会倒塌,我们就会被活埋。应该说,呆在地面上要更安全些。

我们紧挨着坐在床上,手拉着手,想用这样的方式来互相安慰。由于持续地处于紧张状态,我们在精神上疲惫不堪。我最大的愿望是轰炸能停一段时间,让我安稳地睡上一觉。但事与愿违,飞机不停地飞来。每当飞机靠近时,我们先听到发动机的吼叫声,然后是俯冲的呼啸声,接下来就是少不了的震耳欲聋的爆炸声。每次,我们都用手抱住头。我听见父亲在轻声地祈祷。每次轰炸,我们都认为炸弹会落到伍尔福维奇家的房子上。事实上,炸弹总是在我们周围爆炸,而没有炸到我们。

周围房子里的人惊慌失措地跑出来冲向我们的屋子,他们被恐惧和痛苦逼得几乎发疯。夜幕快降临时,我们听到一声尖锐的呼啸声,看来被直接击中已不可避免。在随之而来的瞬间沉寂中,我默默地在心中向这个世界告别。接下来的爆炸声是如此巨大,把我们所有的人都抛在了地上。整个屋子就像被抛到了空中,门窗脱落了下来,并随之不见了。

妈妈站了起来,大声地催促着:"趁屋子倒塌前快出去!"

我则大声回答说,我们应该呆在屋内,因为飞机正准备向每一个逃出屋子的人开火。就在这时,我们听到机关枪开火的声音。那些已经跑出屋子的人纷纷倒下。这是德国人的伎俩:先轰炸房子,然后再用机关枪打企图逃脱的人。

伍尔福维奇的房子奇迹般地没有倒塌,而且比较完整地保存了下来,尽管它的前门留下了一个10米深的坑。

第二天拂晓,轰炸又开始了。整个戈姆宾镇一片火海。我们大家又一次挤坐在床上,要死我们也要死在一起。轰炸持续了整整一天,偶然也会出现一些间隔。虽然我们一天都没有吃东西了,但我不觉得饿,只是感到极度的疲劳,非常想睡觉。

人们跑进跑出,相互寻求精神上的慰藉。一个犹太老者突然跑进我们的屋子，眼睛里充满着恐惧，请求我们帮他把埋在倒塌屋子瓦砾里的老婆和孩子挖出来。然而，只要飞机还在轰炸，就没有人会起身去帮助他。

我在拉齐阿兹一个名叫迈纳海姆的同学也来到了戈姆宾。在轰炸间隙时，他曾跑来了解我的情况。当轰炸又开始时，他跑回隔壁的屋子与家人呆在一起。后来，我发现他躺在屋外的地上，两条腿被炸飞了，并失去了知觉。我清晰记得，就在前几天，当我在这陌生的地方见到他那张熟悉的脸时，是多么地高兴。现在，他是这场战争中我见到的第一个死伤者。这件事给我造成的心灵震撼，持续了很长一段时间。

到晚上，飞机飞走了，通宵没再回来。整个镇子变成了燃烧着的废墟，几乎没有一座完整的房子。虽然伍尔福维奇的房子再次幸免于难，但我们决定次日早晨逃离这里。如果再遭遇那天的轰炸，我们知道将难以死里逃生。那天夜晚，我们是躲在庄稼地里度过的。

拂晓时，我们回到屋子收拾东西。计划与我们一道离开戈姆宾的，还有其他 10 个人。当父母在收拾东西时，我站在二楼窗旁，突然听到一声长长的炸弹呼啸声和巨大的爆炸声，我被抛到了一旁。就这样，在大炮的轰炸声中，我们逃离了该城，并设法抵达一个只有几所房子的安全小村庄。我们在附近一家村舍找到了安身立命之所。快到中午时，我们听到飞机又在轰炸戈姆宾，然而这里很平静。我们满以为我们找到了一块安全之地。

突然，在我们呆的农舍上方也响起了小炮和重机枪子弹的呼啸声。紧接着，飞机来了，轰炸着我们周围的树林。

我们从一个危险到了另一个危险。德国空降兵从天而降，其中有两个降落到农舍的院子里。他们一着地，便立即向林子方向用机枪射击。父亲不停地祷告，希望他们不要转过身来，向农舍扫射。极度的疲倦笼罩着我，使我几乎睁不开双眼。

后来，我们得知：德国人是想抓获躲在树林中的波兰军队的几支分队。我们从远处看见波兰的炮手用马拖着四门火炮，设法逃离。大约10分钟后，他们又跑了回来，显然意识到他们被包围了。他们的炮陷到了泥里。士兵拼命地试图用马将火炮从泥里拉出来。最终，他们放弃了这些火炮，徒步躲进了树林。我们又听到了飞机声，但这一次并没有轰炸。当地一个农民给我们拿来了飞机上撒下的传单。上面说犹太人和贝克(当时波兰的一个领导人)已经背叛了他们，意思是要波兰士兵投降。

发生在附近树林里的战斗激烈而短暂。到下午四点，一切沉寂下来了。有人跑来告诉我们说德国人已经进入戈姆宾镇。当时情况就是这样，我们没能逃脱德国人的占领。不过，这个消息还是让我们稍稍地松了口气，因为不会再有轰炸了。但是，我能克服每次听到飞机飞近时在我身上产生的恐惧吗？一种新的担心笼罩了我，接下来会发生什么呢？我和莫西欧站在远处的路上，我们看见德国人的摩托车、他们的头盔和灰色长大衣。德国人的这种样子，我们以前只是在新闻片中看过。“是他们！”我对哥哥说：“我们在显示他们占领布拉格新闻片画面上看到的就是这个样子。”

我们穿过庄稼地返回到遭到极大破坏的戈姆宾，第一次在如此近的距离看到了德国人。一个年轻的德国军官和几个士兵在看着这个成为废墟的城镇。军官身上穿着一件蓝色大衣，头上一顶帽子，一张冷峻的娃娃脸。我不敢看他们的目光。“看，我们的空军干得多棒！”他们在开怀大笑。由于意第绪语与德语相差不大，我们很容易明白他们在说什么。

就在这同一天，我们听到苏联对波兰宣战并开始占领波兰东部的消息。我们现在已无处可去，开始觉得最安全的地方可能还是自己的家，即便是在德国的占领之下。因此，我们决定回到拉齐阿兹的家中。我们开始步行往回走。

一路上，我们见到德国军队，包括坦克、摩托车队、火炮，以及坐着大车、卡车或骑着马、穿戴整齐、兴高采烈的士兵。他们和着手风琴一路高唱。一个军官吸引了我的注意力，只见他满脸雀斑，钢盔磕在眉毛上方，不可一世地命令民众一律靠右行。一个衣衫不整洁的人在给他们指路。他很可能是德国人的一个间谍。是的，我们确实在德国的占领之下了。不过，我那时还没有真正懂得“占领”的含义。

许多人都朝同一方向走去，其中大多数是犹太人。我们组成了一个庞大的人群，各种相互矛盾的传闻在人群中传播。例如，德国人与犹太人相遇并没有对他们怎样，看来德国人并不都是坏的。毕竟，他们无法将犹太人和非犹太人区分开，而且还有犹太人生活在德国。也有人说：一个德国人用手做了一个割断喉咙的动作，对他说：“犹太人都该死！”这旋即成了每个人都关心的主要内容。当波兰人开始指认犹太人群时，德国人朝着我们大声吼道：“我们在等着你们！犹太人都该死！希特勒会收拾你们的！”

我们低着头，忍辱地继续朝前走。我的父母和其他一些人尽量走在远离大路的地方，以便拉开与德国人之间的距离。但德国人朝他们大吼，他们不得不很快回到路边。

路边难民的人数在不断地增加。所有跨越维斯拉河的桥都遭到了破坏，唯一过河的办法就是乘船。在每个有渡船的地方，都有长长的队伍等候。有谣言说，犹太人只要一过河就会被拉出去服劳役。我们沿着河岸往前走。

我们在一所被炸过的房子里呆了三天，没有任何吃的。起先，我们想方设法在地里弄点什么，如挖一点土豆，让母亲为我们煮着吃。后来，我们开始了一个“找食”运动。我们偷偷地溜进农家院子找奶牛挤奶。母亲烧煮我们所能找到的任何东西。饥饿开始成为家常便饭的事了。

第四天的早晨六点钟，我们来到了河边。一个农夫终于同意用他的船将我们摆渡过去。他给了我们一些农民的衣服，我们给了他很多钱。为了不被认出是犹太人，我们穿着破破烂烂的农民服装，继续朝拉齐阿兹走去。

当我们抵达家乡时，天快黑了。从很远的地方，我们便可以看到自家的烟囱。烟囱仍然竖立着。我们受到我们非犹太人雇员的热情欢迎，其中有门卫严先生，甚至还有德国籍的机械师普拉多。尽管我们的房子完好无损，但屋内已被洗劫一空。于是，我们搬进了会计库拉克以前住过的地方。

蜜月中的沙洛姆双亲：汉娜和撒母耳·辛依瑟（摄于1918年）

1940年在斯摩根的沙洛姆，时任照相合作社经理

1930年家庭郊游时的合影。前排最右侧是沙洛姆；前排最左侧是莫西欧

1940年与在斯摩根的朋友在一起的沙洛姆和他的女友哈利娜。这幅照片曾导致沙洛姆和伊凡蹲了三天大牢

抵抗游击战士与他们的半自动步枪、手枪和风琴（摄于1943年）

在执行任务间隙进行娱乐和演奏的游击队员。中立者是汉内尔，左起第四人是她的父亲波斯纳（摄于1943年）

犹太分队的抵抗旅指挥官马尔可夫。1945 年，苏联政府为表彰其英雄气概授予他苏联最高勋章

在拉兹维德卡的雅各（摄于 1943 年）

长相平凡的英雄，因其勇敢精神被苏联政府授予勋章的抵抗运动的线人

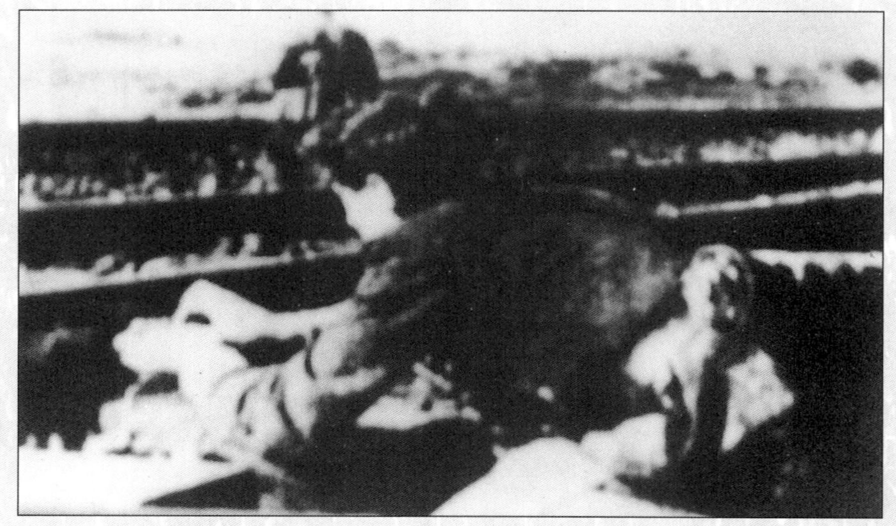

上：在铁路铁轨间放置炸弹的抵抗游击战士

中：被炸毁的敌军火车

下：德国人在公路两侧竖起的警示牌。上面写道：

危险，有抵抗游击队活动，单辆车不得通过！只有8辆或8辆以上并备有武器的车辆方可通行。

总指挥官

第二章　德国第一次占领（1939年9月22日—11月9日）

在战争爆发后的第一个月里，德国人接管了我们的木材加工场，入口处挂有“已征用”的牌子，但我们被允许住在库拉克的房子里。几乎所有从拉齐阿兹出逃的人都在陆续回来，设法适应在德国人统治下的生活。我们都在等待着消息：什么时候英国和法国可以最终打败德国？我们发现，苏联已经接管了波兰布格河以东整个地区。我们考虑过渡过布格河到俄国人占领区去的事，但那太远了。我们不断地争论着是否应该这么做。现在，我和莫西欧已经在很大程度上参与了父母亲的讨论。

一天傍晚，犹太会堂的总管匆匆来到我们的住处，通知我们第二天早上8点所有年龄在17到60岁的犹太男子必须去集市广场。尽管人人感到惊慌，但由于担心惩罚，每个人还是准备去的。我那时还小，但父亲和哥哥得去。那天恰逢赎罪日——犹太敬畏节的前夕，犹太历一年中最神圣的日子。那天晚上，我们就在家里举行了诵读《柯尔·尼德拉》祷词的仪式，然后怀着对次日的恐惧上了床。

赎罪日早上，父亲和莫西欧去了集市广场。他们去了好几个小时，母亲和我不知道该怎么办。突然，父亲冲了进来，匆匆忙忙抓了几盒香烟就要走。他们只给了他10分钟的时间回来拿200支烟给德国人。

从广场到我们家有1公里路，父亲跑得精疲力竭，已

经不可能按时跑回广场了。于是，我接过父亲手中的烟，朝集市广场飞奔。我一直跑到所有人都集中在那里的学校大楼前。在学校的门口，站着一个身穿黑色制服的德国卫兵。他脸色苍白且毫无表情，一颗光亮的脑袋架在他的衣领上——盖世太保的象征。

一群波兰人正在向校园里张望，想看看犹太人会是什么下场。“蠢猪，走开！”那个盖世太保卫兵冷冷地说。人们没有听懂他说的话。他不紧不慢地走到一个波兰人跟前，朝他肚子上踢了几脚。于是，人们明白了，散去了。

我走到那位盖世太保士兵面前，对他说我是来送烟的。“你是犹太人？”他问道，我点点头。他一把抓住我，把我推了进去。学校的院子里站满了犹太男子，四人一组，周围是武装的盖世太保卫兵。有 10 人面对着墙举着手，几个盖世太保用步枪对准着他们。他们是确保无人“捣乱”的人质。院子中间放着若干长条桌，上面摆着命令犹太人带来的伏特加、葡萄酒、香烟和其他一些物品。

拉齐阿兹的市长站在一张长条桌旁。他是一个有德国血统的当地医生，最近被德国人任命为市长。他是我家的一个好朋友。我把烟交给了他，他用很大的声音问我几岁，这样可以让盖世太保听见。

“14 岁，”我回答说。

“出去！”他叫道。

我即刻离开了那里。回到家后，我发现母亲十分焦虑不安。我把所见到的一切告诉了她，试图让她冷静下来。

与此同时，我父亲已经返回了校园。晚上 8 点左右，他和莫西欧回到家里，把所有发生的事情告诉了我们。

当犹太人在集市广场集中后，被编成四人一组，绕着广场边跑边嘴里喊：“犹太人好战！”“犹太人是猪！”诸如此类的口号。为了吓唬他们，德国人不时地向空中开枪。然后，他们被武装的盖世太保用枪押着走进了校园。一个军官开始训话，先骂所有的犹太人，接着骂那些被抓来的人。他说，从今天起，德国人是“优等民族”，而犹太人则是德国人的奴隶。训完话，犹太人被叫去扫广场。他们被告知每天早上年龄在 17 到 60 岁之间的犹太男性必须先到操场，做操跑步，然后清扫整个城镇。莫西欧说，还有许多侮辱性的话让人简直无法忍受。然而，这仅是盖世太保一手制订计划的开始，与以后发生的事相比要轻得多。由于那天是赎罪日，我们已经整整一天没有进食，大家以沉重的心情结束了禁食。

对于我们而言，赎罪日是一轮新生活的开始。我们搬回自己的房子，整修了房子被损坏的地方，安顿下来。严先生买来了我们需要的一些东西，一些村民把自己生产的东西送上门。尽管木材场已被德国人没收，父亲还是被允许继续做他的生意。他卖建筑木材赚来的钱要交给市政府。不过，他还是设法截留一部分，以维持我们的生活。母亲把所有值钱的东西都埋在了院子里。普拉托和他的家人继续和我们住在同一个院子里，为的是在纳粹搞打砸抢和虐待时保护我们。

德国宪兵被派来维持镇上的秩序，并监视犹太人。幸运的是，拉齐阿兹没有长驻盖世太保分队，他们只驻在县政府斯希尔泊兹，只是偶尔来拉齐阿兹“巡视”。他们每次来，我们总要在木材场躲起来，以免引起他们的注意。谁也无法预料哪一天他们就会抓一些人走，并把他们送到没人知道的地方。

地方宪兵每周轮换一次。镇上人的生活取决于轮值宪兵的个性和状态。有些宪兵只收取贿赂，对人还不很恶，这样使人们还能忍受。有些则凶残无比，他们打人、抓人做苦工并虐待这些人。

德国人占领了火车站。由于我们就住在街对面，而我们家又是一所大房子，新的德国车站指挥官接管了我们的房子，但允许我们住其中的一小部分。母亲讲一口流利的德语，能够与他交流，他因此对母亲较为友善。他对我们说，他不属于纳粹党，而是社会民主党。他对纳粹将他的孩子送进希特勒青年组织十分生气，也不赞同纳粹对犹太人的政策。他甚至预言德国人将输掉这场战争。尽管如此，作为一个德国好公民，他仍感到有义务支持希特勒，因为希特勒是为祖国而战。这一点比一个人的政治观点重要得多。

另一个火车站雇员，叫阿尔弗雷德，是一个 20 多岁的铁路工程师。他谈到希特勒时，就像在谈论上帝。他含着眼泪向我们讲述了他在一次游行中站得离希特勒很近的经历。由于我们变得越来越友好，他对我们说，虽然外界传媒把犹太人描写成魔鬼，但他个人对犹太人并无任何敌意。他认为，我们是和他一样的人。尽管如此，他仍认为希特勒的观点毋庸置疑，希特勒所有的命令都应不折不扣地执行。阿尔弗雷德对希特勒的盲目崇拜，终于在某一天当我们看到他用鞭子抽打从火车上卸货的犹太人时得到了验证。

拉齐阿兹所有的犹太人都在服劳役，没有任何报酬。令那些从未干过体力劳动的人去干最重的体力活，并看到他们累倒在地，对德国人来说是最惬意的事了。父亲、哥哥和我没有被叫到镇上干活而是继续留在木材场工作，因为我们这块地方已经在铁路宪兵的管辖之下了。母亲被分配为铁路工人缝制服装，包括制作车站上要悬挂的带纳粹党徽的旗子。从她弯腰在缝纫机上紧张工作的样子，我可以感觉出她的厌恶与仇恨，感觉出她在钉纳粹徽章时需付出的感情上的代价，尽管她从未对我们说过一句抱怨的话，以免增加我们生活中的痛苦。

一切通讯方式，包括在波兰国内的，都已中断。没有邮件，家中的电话也被掐断了。我们无法知道其余的家人怎么样，他们是安全在家，还是到处逃难以避开德国人。我们是一个很大的家庭，但现在天各一方。

德国人开始向犹太人索要所谓的集体“进贡”，向他们要金器、首饰和钱。母亲被犹太社团选为代表，去处理这件事。每次她与德国县长会见回来时，总是身心疲惫。

另一个来自拉齐阿兹姓维格多拉维奇的犹太人家是我家的朋友，搬来和我们住在一起。人多一点住在一起，似乎让人觉得安全一点。他们的独生女儿爱丝托西亚是个很可爱的女孩，她的年龄与我相仿。如此接近地生活在一起，使我们的友谊加深了。

我们不断产生逃往苏联占领区的念头，但一直想不出任何具体的办法。父亲认识的一些波兰人提议将我们藏在他们离拉齐阿兹不远的村子里。这成了我们考虑的另一种选择。

我们的那位市长朋友感到我们的前途暗淡，他不断建议我们逃离该地。但是，我们能去哪里呢？又如何去呢？我们和维格多拉维奇家人一起讨论了我们的处境，结论是目前不作任何决定。

我们家里的德籍机械师渐渐地开始认同纳粹的宣传。尽管他仍然对我们彬彬有礼，但开始把我们看作是低人一等的人了。他神气活现的样子似乎他拥有这里的一切，他开始鄙视我们的波兰顾客。

由于我仍然被看作是一个孩子，经常被派去镇上为家庭和家庭之间传递消息。有一次，我看见一个德国宪兵用木棍打一个犹太人的头，直到他血淋淋的耳朵被撕掉。每次我在镇上溜进溜出时，总是提心吊胆，害怕被抓、被打、被羞辱。

镇上调来了一个新指挥官。他的到来，使我们有了新的不安。幸运的是，常驻火车站的德国部队渐渐地和我们建立了一种亲密的关系，甚至帮助我们。偶尔，他们给我们送来一些吃的，最重要的是保护我们不让宪兵抓去做劳工。

这样的生活一直持续到 11 月 6 日。这一天，我们第一次看见一列装满普通民众的火车进了站，车厢里混乱不堪。没人知道这一切意味着什么，没有人可以靠近火车。维格多拉维奇太太突然尖叫起来，她说认出了在一节车厢里的父亲。她大声叫他，但离得太远，她的父亲无法听见。维格多拉维奇太太父亲的出现，说明车厢里的人是从一个离这儿 20 公里处叫做斯西尔泊兹的小镇来的犹太人。我们疑惑地站在窗前，这时看见两个年轻人从火车上跳下来。卫兵跟在后面追捕，但没有抓到那两个人。

后来我们得知，所有从斯西尔泊兹被火车运来的犹太人都没有任何行李物品，没人知道他们将被遣送到哪里。在这一过程中，任何有违抗命令行为的人都将被处死。

我们开始仔细地思考今后的打算，实在不想继续在恐怖下生活。在权衡了几种选择的利弊后，我们决定在他们遣送我们之前逃跑。于是，我们开始整理行装。然而，天黑前，犹太会堂的总管向全体人员宣布说：第二天早上，所有犹太人不分男女老幼必须去犹太会堂集合，任何被发现躲藏起来的人都将被处死。现在逃跑已为时太晚，因为夜晚老百姓是不允许上路的，而第二天白天，纳粹分子会在路上设岗，用以阻止犹太人逃跑。我们决定不去犹太会堂，希望没人会注意到我们缺席。父亲和莫西欧藏在我们工厂的木材堆中，我和母亲则藏在屋子旁的黑暗中。维格多拉维奇一家也躲了起来。清晨，我和母亲回到屋里。

次日正午时分，市长派人来找母亲，说德国县长盖比耶茨长官坚持要见母亲本人。他已经发现母亲的缺席，因为以往几次母亲作为拉齐阿兹唯一的女代表与他打过交道。她不得不前往。剩下我一个人后，我跑去告诉父亲这一新情况并和他藏在一起。

夜幕降临了，母亲还没有回来。我们极度紧张，特别是父亲。知道我们藏身之处的普拉托跑来告诉我们他在镇上看到的种种骇人听闻的事情：在挨家挨户搜查犹太人的过程中，被发现的犹太人遭到了毒刑拷打。由于某种原因，没人来搜查我们。所有的犹太人被押进犹太会堂。普拉托再也没有见到任何犹太人。

天色黑了，我们从藏身地跑了出来，蹲在离大门不远的地方，这样谁来我们都可以看到。我们极度恐惧，每一次的敲门声都令我们慌乱不安，是母亲呢，还是盖世太保？

晚上 11 点，母亲回来了。她脸色苍白，对我们见到她的喜悦无动于衷。她进入卧室哭了起来。在这以前，我从未见她哭过，至少有半个小时她伤心欲绝。最后，她终于平静下来，叙述了她亲眼目睹的一切：

当她穿过冷冷清清的街道，来到犹太人集中的犹太会堂时，吃惊地发现院子里堆着许多尸体，其中一具是我们的一个朋友，他是被打死的。男人被关在一间大厅里，女人则集中在另一间大厅。

所有的女人都被命令脱光衣服，一丝不挂地从站立着德国指挥官及其随从的约柜前走过。每个女人都将自己的衣服拿过去，让德国人进行彻底的搜查，首饰和贵重物品被洗劫一空。为了使她们处于恐怖状态，德国人时不时地用鞭子抽打她们。然后，这些被吓呆的妇女又被命令唱快活的歌。一个女子因嗓音好，被叫出来，她唱起了《柯尔·尼德拉》，这是犹太人在赎罪日仪式开始时吟诵的祷词。就在这时，德国人将经卷从约柜清出，开始捣毁。他们中间的一人拿起一块祈祷披巾，把《托拉》经卷的碎片放在头上跳起舞来。那个德国军官手拿鞭子，恶狠狠地看着那群被他看作是奴隶的裸体妇女。跳舞的德国人停止了跳舞，除了《柯尔·尼德拉》的吟唱声外，一片沉寂。每一个女子都能够在那吟唱声中听到自己的悲伤、无助、羞辱和痛苦。

军官挥舞着他的鞭子，大声吼道："我要听欢乐的歌，使我感到悦耳的歌！"那位女子随即唱起了一首流行曲子。接着，每个女子都被叫到诵经台上去展示她们的身体美。任何想遮掩自己的人都会挨打。母亲当时是不是在那些女子当中？我不知道，她从来没有对我们说过，我们也没有问过。她不知道为什么会被叫到那里，她在那里根本就没见到盖比耶茨长官。

那位德国指挥官有时也去裸体男子集中的大厅间。他们的衣服统统受到搜查。要是搜到了什么，他们就会因为窝藏罪而被打。如果什么也没有搜到，他们又因为什么东西都没有而被打。他们由卫兵押送到家里取贵重物品。最终，那天晚上，两个大厅都被锁上了。人们被告知，第二天他们将由卫兵押送回家，每家可以取5公斤食品上火车，然后被遣送到别的地方。

晚上，市长来了，并将我母亲放了。他对母亲说："逃吧！"他还解释说拉齐阿兹和靠近德国的周边地区都已割让给大德国了。该地区的犹太人都将被剥夺财产，然后被遣送到东方无人知道的地方。华沙和克拉科夫四周的波兰中心地区，被称为"总政府"。尽管它已在德国人的统治下，但仍视为是波兰领土，犹太人仍可以住在那里。我们应该逃出割让地。

市长助理将母亲送回家。我们装了两个箱子的行李，准备第二天拂晓离开。我们打算去父亲的老家泊隆斯克。那个城市没有被割让给德国，仍属于波兰总政府管辖。

第三章 再度寻求避难

（1939年11月10日—12月29日）

清晨5点钟，我们一夜未睡。我们将再一次离开我们的家——这次是被赶走的。维格多拉维奇一家打算和我们一起走。我们的波兰籍门卫严先生将赶着我们的马车出拉齐阿兹，进入通往泊隆斯克的路，因为他赶车是不会引起怀疑的。我们则步行穿过田野，在路上与他会面。这是一个值得冒的险。于是，在11月10日拂晓，我们穿过围在院子四周的篱笆墙，偷偷地溜出。管家米凯西亚帮助并陪伴我们前往和严先生会面的地点。我们来到约定的地点，含着眼泪和我们忠实的仆人米凯西亚及严先生告别。母亲和维格多拉维奇太太带着仅有的一些物品上了车，其余的人跟着马车行进。

清晨天色灰暗，下着蒙蒙细雨。我们穿着旧衣服，拖着沉重的步子走着。在很远的地方，我转过身去看了看我们的家、我们的木材场，想到了我在那儿有过的整个青春、幸福和安全。现在，这一切都抛在了身后，并在逐步消失。到哪里去呢？我真想放声大哭，但最终还是控制住了自己的感情，继续往前走。

我们最怕迎面碰上德国人。每次我们看见德国人的车子放慢速度时，总觉得他们是来抓我们的。不过，我们一定是看上去像一个普通的农民家庭，没有引起任何怀疑。

当我们快到泊隆斯克时，天色已黑。在城郊，我们听到一声喊叫：“停下！所有的人都下车！”母亲和维格多拉维奇太太迅速从车上跳下来。一个德国巡逻兵搜查了我们的物品，由于没有认出我们是犹太人，因此被放行。

我们抵达了父亲姐姐托拉的家，她和她的丈夫及两个孩子住在一起。维格多拉维奇一家去投奔他们的亲戚。父亲的其他兄弟姐妹及其家人听说我们来了，都跑来见我们。相见虽然很兴奋，但很快被我们讲述的故事冲淡了。我们得知，泊隆斯克相对平静。德国的总督在被重金贿赂后，做得还像个人样子。

我们还得知，爱森堡叔叔在德国占领的第一天就因遭到打骂和枪的威胁突发心脏病而亡。曾和大卫·本-古里安一起在和读学校（犹太人的宗教学校）学习过的祖父长子——瑞力格伯伯讲述了他的经历。他年长、跛脚，当过泊隆斯克的副市长和一家银行行长。他是10个被德国人抓去作为保证这儿的人能与德国合作的人质之一。他被用火车带到一个边远的车站，尽管他跛脚，还是被命令跑回泊隆斯克。骑着单车的德国人用枪恐吓他们，谁跌倒在地就打谁。在跑过一个村庄后，我的伯父成功地逃脱并在一个仓库躲藏起来。仓库的主人让他留了下来，并通知当地犹太人将他安全送回泊隆斯克。由于身体虚弱和受到恐吓，很长一段时间后，他的腿才恢复气力。

我们到达泊隆斯克开头的几天还算平静。我和维格多拉维奇家的女儿爱丝托西亚一起逛街，我们之间的关系已发展成热恋。她漂亮，白肤金发，身材苗条。和她走在一起，我感到自豪。她腼腆、文静但聪慧，我特别喜欢和她在一起。我们接吻，但双方都不愿把关系再深一步。我的表哥、托拉的儿子，与我们年龄相仿，有时也加入我们的行列。我们有很多时间呆在保加提叔叔的面粉厂，打牌、交谈、探讨我们的未来。后来，我的父母决定去华沙，并计划再从那里逃到苏联占领区。在德军占领区，是没有我们立身之地的。我们担心过不了多久，泊隆斯克的犹太人也会在德国人手下遭殃的。

一点儿没错。几天后，把犹太人圈起来的行动就在泊隆斯克展开，采用的是我们在拉齐阿兹经历过的同样手法——打骂、做操、羞辱。由于我们对发展态势随时保持警觉，并大多数时间呆在室内，因而没有被抓去。德国人在街上任意抓人，抓去做工或对他们进行恐吓。

由于我长有一头卷发和雀斑，看上去不像人们头脑中犹太人的样子，所以通常不会被德国人当作犹太人。有一次，我走在街上，正好碰上德国人抓犹太人去做工。我不知如何是好，逃跑反会被认出，于是我决定镇静地走过去。这一着还真灵，我没被抓，逃脱之余真感到后怕。

我们开始琢磨如何识别穿不同制服的德国人：穿纯条绿色制服并缝有骷髅和尖刀徽章的，是纳粹党卫队的军人；穿棕色制服的，是处理民众事务的纳粹党人；盖世太保穿的则是有骷髅和尖刀徽章的黑色制服，手臂上戴有纳粹党徽的红色袖章。我每天趴在窗上看德国人在市场上抓犹太人的情形。当德国人发现一个犹太人，就会悄悄地跟踪围上去。他们假装不看那个人，而是慢慢地靠近，当近到一定程度，就猛扑上去。这时，他们又多了一个给他们擦靴子、擦地板的私人奴隶。他们还特别喜欢抓漂亮的女孩。

为了辨认方便，所有的犹太人都被告之：必须在衣服的左前方戴一个黄色的标记，上面写着“犹太”字样。我没有戴。犹太人不能在人行道上走，而且必须向每个经过的德国人鞠躬。我看见一个老者鞠躬没有鞠得低得使德国人满意，就被推倒在地，被迫在泥地上爬行；然后，10 次经过那个德国人，每次都必须鞠躬到地。

每天，当犹太人被迫去广场做操时，广场旁边放有一支水枪，随时准备把做得不好的人击倒在地。跑步时，德国人会骑着单车设定速度要大家跟上。做不到 50 个俯卧撑的人，会遭德国人骑在背上跳上跳下直到失去知觉为止，以此作为惩罚。

我们轮流在俯视广场的窗口张望，以注意德国人的行动。只要追捕一开始，我们就躲进瑞力格伯伯家的阁楼。

一天，吃午饭时，一个纳粹党卫队队员出人意料地闯了进来，所有的年轻人都想从后门躲进阁楼。他发现了我们，并追了过来。幸好他同意了母亲和托拉大妈妈的恳求，放过了我们。实际上，他是怀着一个特别目的来的，其他一切对他而言都不重要。他让我伯父在一张字据上签字，证明他用 3 万兹罗堤的价格将他的房子卖给了这个德国人。当然，我伯父从没看见过这些钱，但他很快在字据上签了字。

那个年轻的德国人名叫海尔波特·伯莱厄勒，会说一点波兰语。他发现了为巴勒斯坦筹款的蓝色凯伦·凯耶门特盒，就盘问起我母亲。然后，他发表了一通关于犹太人的议论，说犹太人都出来反对他的元首。他说："犹太人都是妖魔鬼怪，应该统统被消灭。但是，由于日尔曼是个非常讲文明的民族，他们是不会这么做的，而是允许犹太人活下去，不过只能作为奴隶活下去。"

我们在泊隆斯克只住了两个星期，然后按照计划乘马车再次上路——去华沙。维格多拉维奇一家不得不去另外一处。这对我是一个打击，摧毁了我和爱丝托西亚继续我们罗曼史的希望。我们伤心地道别，希望能再次相见。

我的布隆卡姑妈竟然从已在苏联人占领之下的波兰东部城镇勒伏坞回到了泊隆斯克。她向我们描述了那里的生活。尽管生活在那里并不容易，但至少犹太人还能像人一样生活。我们强烈地希望去苏联人占领的波兰领土，以免受压迫。

我们设法从地方当局那里搞到了去华沙的通行证，然后在拂晓时分离开了泊隆斯克。与以往不同的是，这次旅途十分平静。路上曾经遭到德国巡逻队的阻拦，但在搜查后，获准通过。废墟和荒芜之地到处可见，不少城镇被整个摧毁。

我们行走了 50 公里，在一个傍晚时分抵达华沙。尽管战争开始之初华沙城在狂轰滥炸中损伤严重，但生活几乎还算正常。虽然窗子已破碎，房屋被烧或倒塌，这座城市仍然充满活力，公交和行人照常。尽管物价飞涨，但几乎所有的东西还都能买到。那里的犹太人还没有被强迫佩带黄色的六角星标志。

我们来到了一间归伍尔福叔叔和兹维亚婶婶拥有的并且空着的寓所。他们不在华沙。伍尔福叔叔在丹麦，由于战争而中断了联系。他的妻子和两个女儿逃到了苏联占领区。我们和爱维格多舅舅——母亲的另一个弟弟，还有他的妻子和两个儿子合住这一寓所。他们也是难民。

在华沙过日子比在泊隆斯克好多了。有 50 万犹太人居住在这里，这是全欧洲最大的犹太人聚集区。尽管华沙也在德国人的占领之下，但看到的德国人很少。

我们抵达几天后，德国人便命令所有华沙的犹太人必须佩戴印有蓝色大卫星的白臂章。大街上开始逮捕犹太人，就像我们在泊隆斯克看到的那样。

不过，我从来不戴臂章。我尽量不走大街，小巷在我看来更为安全。虽然我很警觉，但还是有几次差点出事。每次离开住处的院子前，我总是从门缝里看看大街上的情况。如果大街上看不到戴臂章的人，说明对犹太人的追捕在进行。

推着童车的母亲往往是通风报信者。一天，当我和莫西欧在德鲁加大街上行走时，身后传来一阵奇怪的响声。一位推着童车的妇女从我们身旁经过，她并没有朝我们看，只是低声说："小心！他们正在德鲁加和勒兹诺街角处逮捕人。"我们当即改变了行走的路线。

每晚八点前，大街上总是一片紧张、慌乱。人们抢在宵禁之前匆忙赶回家。任何在八点后还在户外的人，轻则会遭到毒打，有时还有被枪打死的可能。

家里的大人晚上打牌，所有的孩子都趴在他们肩头观看。有一位叔叔还时常给我们一些芝麻糖和巧克力。

有一次，我从窗口望去，看见一个纳粹党卫队队员抓住了一个犹太人，狠狠地打他，直到他昏过去。当我发现整个过程竟然是为了让另外一名站在街角的士兵能够用照相机拍摄打人镜头时，感到触目惊心。

无缘无故打人已经司空见惯，但据我所知，无缘无故杀人在华沙还没有开始。官方的布告贴在墙上，恐吓犹太人。如果想逃跑，不服劳役，或宵禁后被抓就要被处死。他们以此镇住民众，使他们完全俯首听命。不过，那时华沙还没有设立犹太隔都，犹太人可以住这个城市的任何地方，并且可以自由走动。

在德国人接管华沙前，已经有许多犹太人逃到了苏联占领区。使我们大为惊讶的是，有些人后来又回来了。他们声称他们在苏联占领区的经历糟透了,他们宁愿在华沙与自己的家人住在一起。我们对此难以理解。我们对他们说,只有在知道德国人所做的一切后,他们才会懂得什么是真正的糟。我们继续制定逃往苏联占领区的计划。

布格河是德俄占领区的分界线。两边都有人偷渡到对方地区,然而偷渡一天比一天难了。那些住在边界附近的人,由于熟悉地形,靠帮助人们偷渡赚钱,能赚很多钱。

不幸的事层出不穷,有些人付了钱没被带过河,有些则直接被带到德国或苏联的巡逻兵那里。倘若被苏联人抓到,就会被送回德国这边。倘若被德国人抓着,就会遭到毒打,或者被剥光衣服后,送回苏联那一方。就这样来来回回,有些人被杀。人们要么偷渡成功,要么就死在那里。

我们想找个向导,却未能如愿。于是,我们决定和爱维格多舅舅一起搬到靠近德俄双方占领区边界一个叫做西厄尔蒂斯的镇上去住。有消息传说,在那里比较容易找到向导。米查表哥带着我们仅有的一点财物,赶着马车去西厄尔蒂斯。我们则计划乘火车与他在那里会面。

第二天早上,我们所有戴臂章的人都脱掉臂章,然后乘车去华沙郊区的布拉加火车站。我们和爱维格多舅舅两家一共 8 人,在车站整整等了 6 个多小时,一直在害怕被认出是犹太人的恐惧中度过。犹太人是不允许乘火车的。因此,每当看到德国人,我们的心就沉了下去。火车终于来了。我们买通了列车长,上了一节货车车厢前往西厄尔蒂斯。

在安全到达西厄尔蒂斯的那天晚上,我们付了很多钱租用一家人家没有暖气的房间。大家都睡在一起,那是 12 月中旬,刺骨地寒冷。

西厄尔蒂斯几乎没有犹太人留下。他们大多去了河对面的苏联占领区。爱维格多舅舅找到一位向导,并将一家人搬到了向导家里。我们一家则呆在冰冷的房里。第一次霜冻后,河面部分结冰,船已不能通行。但冰还没有坚固得能让我们在上面走。因此,我们被困在了那里。

爱维格多舅舅一家决定与他们的向导一起于 12 月 27 日走。我们通过中介人找到另一位向导，准备在他们离开后的次日动身。然而，我们的向导开始向我们索要比原先协商更多的钱。我们还能怎么样呢？我们的性命攥在他手中，只能答应。28 日，在夜幕降临前，马车把我们带到了边界。当我们抵达靠近边界的最后一个村庄，进入向导家时，天已经是漆黑一片。我们在那里一直等到午夜，这是我们计划渡河的时刻。向导把他的一个女儿送出去和德国卫兵调情，以分散他们的注意力。他和另一个女儿领着我们上路。

地面上覆盖着雪，但我们穿得很暖。向导领着我们沿着河岸走，寻找一个安全渡河的地方。我们每一个人都背着包袱，这是我们的最后一点家当了。我们最终到达了预定要渡河的地方，但那里的河面还没有完全封冻。我们只好拖着沉重的脚步在雪地里继续行走，筋疲力尽。最终，我们找到了一个河面完全封冻的河段。我们按照向导的吩咐，躲在草丛中，直到河两边的巡逻队都走了过去。接下来，我们迅速地开始过河。向导走在前面，探试着冰的牢固度。冰在我们脚下不时发出响声，有一处几乎在莫西欧的脚下破裂，那是很吓人的！在寂静的夜晚，每一开裂声都很响。我们害怕巡逻的士兵会听到我们的声音。

我们终于抵达彼岸，来到苏联占领区。前面是一片空旷地，最近的村庄也在半公里以外。我们开始奔跑，不断回头看是否有人跟在后面。跑了大约 200 米，我们坐下来休息。一支苏联巡逻队在大约 150 米以外的地方经过。幸运的是，我们在他们发现我们之前发现了他们。我们不敢喘气，一动不动。在他们面前，我们要装得像树丛一样。在他们的人影消失后，我们才继续跑向村子。

按事先安排好的，我们先在一农民家住一夜。第二天早上，由他带我们去一个 7 公里以外叫塞米亚梯克的市镇。我们很信任地将最后一笔费用交给了向导，他很快消失在夜幕中。我们敲响了农民家的门，要求进去。但是，这个农民站在有护栏的门里面对我们说，他不能让我们进去，因为他害怕。我们不知道该怎么办？如果让巡逻兵发现，我们就前功尽弃，被送回到德国人手里。出于极度的失望，我们拼命地敲门。

大概是这个农民害怕别人会听到敲门声，知道他参与偷渡活动，终于为我们开了门。他猛地把我们推进一间黑洞洞的屋子里。经过长时间的讨价还价，他同意按照先前的安排，在第二天黎明带我们去下一站，但要价翻了一倍。农民的孩子朝我们的黑屋子喊叫着，说他们听到巡逻兵正在前来抓我们，以此取乐。我被吓得直冒冷汗，衣服都湿透了。早上起来，我们发现父亲的皮衣不见了。母亲装着我们所有钱的钱包也不见了。失望之中，我们大声叫喊，威胁要告发他们。农民把偷去的东西还给了我们，但叫我们离开，否则就要叫巡逻来。出于一种年轻人的冲动，我走上前去，很强硬地告诉他：如果他食言，不把我们带到塞密亚梯克，就去苏联人那里告发说是他带领我们越过边界的。尽管我们也许会被送回去，但他无疑会被枪毙。

又一轮长时间的讨价还价，要价再一次提高，最终他同意了。为了避免被人发现，他坚持要我们把东西留下一半，次日再送给我们。他让我、父亲、哥哥走大路，他和母亲乘马车随后把我们接上。因为急于要走，我们同意了他的一切要求。

这样，在 12 月 29 日，我们到达了苏联人的管辖地塞密亚梯克。这是一个典型的东欧小城镇，大多数屋子是用木头建造的，用砖建造的要贵很多。屋里没有自来水，厕所在院子里，晚上只有几个小时能用上电。镇的中心是集市广场，房子要好看一点。那里有一些商店、一座教堂、市政府、警察局，还有一所学校。镇上没有任何公共交通，人们乘马车或骑马。偶尔也能见到有卡车经过。

对我们来说，战争的第一阶段结束了，我们最终逃离了德国占领区，来到了苏联占领区。我们所有的财产留在了拉齐阿兹，绝大多数的钱为这一趟出走花掉了，但我们不后悔。我们四处打听，看谁能收留我们。经指点，我们去找一位好心的名叫蒙代尔的犹太鞋匠，他同意接纳了我们。我们高兴地看到这儿的街上没有德国人。

第四章　在苏联占领区（1939年12月29日—1941年6月21日）

我们把所有的家当从马车上卸下，搬到了鞋匠蒙代尔给我们安排的房间里。蒙代尔非常热情，他有个舅子是苏联民兵，能为我们安排所有的事情，当然是要付费的。在让那个农民离开以前，我们告诉蒙代尔这个农民是如何对待我们的。蒙代尔威胁他说，如果不把留在他家的东西统统还给我们的话，他就去苏联当局那里告发他。

我们稍事休息就出了门。呼吸着新鲜空气，走在大街上不用再害怕德国人，感觉着平等与自由，这一切是多么让人快活。我们边走边高兴地唱着，我们已经冲破地狱。母亲特别高兴，并充满希望。到目前为止，我们还没有见到苏联兵，只见到戴着红臂章、穿着老百姓衣服的地方民兵。

我们碰到的第一批苏联军队是边防队。他们穿着白色的皮大衣，戴着橄榄帽，给我们留下的印象挺不错。我们确实感到幸运，决定用看电影的方式来庆祝我们重新获得自由。对于苏联电影，我一个字都听不懂，但还是看得好高兴。生活似乎十分美好。

在塞密亚梯克的第一个晚上，我睡得很不好。早上起床后，我发现身上到处是红点。我问母亲，身上到处跳的小黑虫是什么。她认出是跳蚤。这种小东西，我从前从来没见过，但在这以后的很长一段时间里，它们经常出现在我的生活中。

我们的主人有好几个孩子。每个孩子都脏兮兮的,都在忙于捉跳蚤。他老婆不断地唠叨和孩子们不停地争吵,搅得人神经紧张。此外,这些孩子还是偷窃好手。这样的生活方式,对我来说是闻所未闻的,十分让人不安。

我们到达当天,波兰盾就贬值了。唯一的官方货币是苏联卢布。这使得我们身无分文了,只得变卖家当去买吃的。

父亲和莫西欧乘火车去附近的一个叫比亚利斯托克的城市,找罗杰亚姑妈借些钱。母亲和我留在家里,一边等那个农民把留在他那里的东西还来,一边烧饭。尽管有种种不便,我们对获得自由还是感到了满足。

那个农民归还了我们一部分物品,说其余的被苏联人没收了。现在,我们又有一些东西可以变卖了。在等待父亲和莫西欧回来的那几天,我们把晚上的时间用在镇上散步了。我那能说多种语言的母亲会说一口流利的俄语,开始教我说俄语。母亲问一个苏联红军士兵:苏联的生活怎么样?他说那里生活很好,什么东西都很丰富。当然,我们对他的话是深信不疑的。

1940 年 1 月 1 日,父亲和莫西欧借到一些钱回来了。于是,我们搭乘火车去了比亚利斯托克。我们以为,我们有可能在那里找到工作并安全地生活。

很短的旅程竟花费了我们两天的时间。我们乘的火车没有暖气,玻璃窗也是破的。天下着雪,十分寒冷。火车停的时间比开的时间还长。我们不停地从一列火车换到另一列火车上。每次换乘,都要无休止地等待着。没有吃的,但每一站都有全国通用的饮料——白开水为我们准备着。整个夜晚,我们是在捷兰姆兹镇度过的。在那里,我们第一次看到一支正规的苏联红军。不整洁的士兵带着橄榄帽,穿着破旧的棉衣。每个人穿的都不一样,不同颜色的咔叽布服装。他们没有统一制服,有人穿鞋,有人用布条打着绑带。他们用旧布条把刺刀绑在步枪上。士兵看上去一副饥饿相,躺在脏兮兮的地上。军官们穿得略为好一点。蓬头垢面的苏联士兵,和干干净净的德国兵以及波兰兵之间的反差很大。不过,若是和我们相比，他们倒是够体面的了。

我们终于到达比亚利斯托克，见到了罗杰亚姑妈及其家人。我们还碰到了在拉齐阿兹的会计库扎克。他是乘火车和沙勒姆舅舅一起到达波兰东部的，那个地区自 9 月 17 日起已被苏联人占领，因此他们从来没有见到过德国人。库扎克现在有一份在苏联人那里当会计的工作，每月挣 400 卢布，维持生活有困难。我们住在库扎克住的公寓里。我们从他那里得知，沙勒姆舅舅在附近叫利达的地方的一个木材场工作，他对苏联人没有好感。

我每天早上的任务是去买面包，买一公斤面包需要排 4—5 小时的队。不久，我就学会了插队，可以插到离门很近的地方，这样节省了不少等候的时间。

比亚利斯托克仍然有一些私营饭馆和商店。有一家犹太人餐馆，当他们有东西卖时，我们会去那里吃饭。商店几乎空空如也，因为苏联人买走了所有的东西。他们自行定价，拿走他们所需的一切。我们由于无法在比亚利斯托克找到工作，决定离开。

在那些颠沛流离的日子里，我们所选择的去处通常是有可能得到居住在波兰各地无数亲戚帮助的地方。不过，我们的计划不断地变，基点是我们认为能得到安全并能找到工作的任何地方。

我们决定让父亲和我先去罗维诺，那里有父亲的侄子阿维拉姆。如果我们能够找到生活来源，母亲和莫西欧再到我们那里。

1 月中旬，我们离开比亚利斯托克。火车时刻表既不正常，又不牢靠。一路上，无数次长时间的停靠，使人疲惫不堪。

当我们终于到达阿维拉姆的家时，他热情地接待了我们。他是一家酵母厂的总工程师，经济上相当宽裕。他妻子也在那里工作。罗维诺的生活要比比亚利斯托克容易一些，至少面包和工作要好找一些。

阿维拉姆答应利用他的影响力帮助我们安顿下来，再找工作，并使我进入高中学习。他为我们做了不少事。我们打电报让母亲和莫西欧来这里。我通过了入学考试，被那里的中学录取。经过这么长时间的流浪后，我真不敢相信我们开始安定下来。回想自德国人占领波兰，我们开始流浪以来的 4 个半月中，我见到的城市与村庄比我当时一生中见到的都多。我们曾暂住过戈姆宾、波隆斯克、华沙、塞密亚梯克、比亚利斯托克，现在又来到了罗维诺。每到一个地方，我们都以为可以多少过上正常的生活。罗维诺最终能否给我们起码的安全呢？

一周后，母亲和莫西欧来了。由于火车上没有暖气，母亲的脚冻伤了。有一段时间，她只能躺在床上，接受医生的治疗。不过，我们的情绪在高涨：父亲将找到一份工作，莫西欧打算上会计课，生活似乎充满了希望。

两星期后，我们的幻想破灭了。阿维拉姆回家时脸色很难看，他告诉我们说苏联人正在抓难民并将他们用火车送到一个无可奉告的目的地，没人知道为什么。由于当局知道有难民与阿维拉姆住在一起，我们有可能被抓走，因此他把我们藏进厂房的某个地方。这一办法还真灵，当局来找过我们，但没有找到。

由于当局一直在火车站搜寻难民，我们于当天晚上乘马车去了下一个城市。那里没有出现抓人的行动。我们想从那里再乘火车去巴拉诺维奇，听说爱维格多舅舅就住在那里。后来我们得知，罗维诺的犹太难民都被苏联人遣送至西伯利亚的劳改营了。

我们在零下 40 度的寒冷中，在一个没有暖气的陌生火车站上呆了 20 个小时，等候去巴拉诺维奇的火车。我们冷得直发抖，不知道火车什么时候会来。我们轮流在寒风凌厉的户外站台上站着，注视着火车的到来。等火车的人很多，如果我们不使劲挤的话，火车来了，根本不会有我们的立脚之地。

火车终于来了。成千的人涌出候车室，冲向火车。人们推推搡搡，力气大的占先，人们就这样爬上火车。为了怕走散，我们手拉着手一起向前挤。但混乱的人群还是把我们给冲散了，父亲和莫西欧不见了。我仍然抓住母亲的手。我的力气太小，根本无法冲破人群。照这样行事，我们肯定上不了车。失望之中，我从人头上爬了过去，与此同时，一直拉着母亲的手，而母亲则用手肘拨开人群而过。

我们就是这样登上火车的。我们从一节车厢走到另一节车厢，直到找到父亲和莫西欧为止。我们还找到了一个坐的地方。由于我们的火车票不对，列车员要赶我们下车。经过长时间的讨价还价，加上又叫又骂，他最后终于接受了我们的贿赂，让我们留在车上。我们于当天晚上到达巴拉诺维奇。

我们把行李寄存在车站，进城去找舅舅。巴拉诺维奇地上覆盖着一层厚厚的雪。我们找到了所要找的地址，但爱维格多舅舅和他一家人在几天前已经离开了这座城镇。他妻子的一些亲戚住在那座公寓楼内，他们同意我们在那儿住一个晚上。

我们必须再一次重新寻找落脚地。我们决定去奥什米亚尼，那里有父亲的另一个侄子赫什克。

清晨，我们回到车站，在那里等了 24 小时。两天之后，我们来到奥什米亚尼的赫什克的家中。他和他的妻子对我们非常热情。多少天来，我们一直在冰冷的环境下度过，这个温暖的屋子是一种最受欢迎的变化。他们的儿子和我同年。这对我来说是一种意外收获。

苏占区和立陶宛的边境大致在奥什米亚尼和维尔纳之间。奥什米亚尼是一个离维尔纳只有几公里远的小镇，为苏联军队所占领。维尔纳现在成了立陶宛的一部分。立陶宛尽管是一个在苏联控制下的独立小国，但却不在苏联占领下。维尔纳曾经是一个隶属波兰的大城市、一个著名的犹太文化中心。

2—3 月间，我们生活在奥什米亚尼，精神得到了恢复。赫什克和他妻子对我们照顾有加。我在城里到处转转，观察着苏联人，听他们唱动人的歌曲。直到今天，每当听到这些歌，都会引起我对奥什米亚尼的美好回忆。我和赫什克的儿子一块去溜冰，一起沉浸在快活之中。赫什克的妻子丽扎是牙医，而他是牙科技师。白天他教我牙科知识，晚上我去中学上学并开始学习俄语。我的生活非常充实。家中所有的人都有各自的职责。母亲主厨。每天早上 5 点，所有的男子就要去排队买面包，站 4—5 个小时后，每人定量只能买一公斤。食糖一个月只供应一次。买半公斤糖，要排

8—10 个小时的队。

我不是特别喜欢成为牙科技师，因此赫什克安排我到他邻居的照相馆学照相，我对此比较喜欢。莫西欧被送到巴拉诺维奇去三四个月，学习记账。

父亲在离奥什米亚尼 30 公里以外的斯摩根市谋到了在木材场当助理经理的工作。母亲要搬到那里与父亲住在一起。而我则仍留在奥什米亚尼，与赫什克在一起。因为父亲月薪 400 卢布勉强只够两个人用，而且他的工作还不稳定。如果有别人想要这个职位，同时给老板更大的贿赂的话，随时会被解雇掉。如果真是这样，我们不得不再一次流动，我的生活就会再一次被打扰，再一次一无所获。与此同时，一家人不得不分开。这使我感到沮丧和担心。

沙勒姆舅舅突然在奥什米亚尼冒了出来。他在利达工作得很好，但对苏联人满腹牢骚和愤恨。他称他们为说谎者和骗子。我们不久发现，他的话是多么的正确。他来的目的，是讨论和我们一起越过边境去立陶宛的维尔纳。

我们听到有消息说，只要到维尔纳就可能获得去日本和中国的签证，然后可以乘火车穿过苏联到达远东。多少年后，我得知有些人确实成功地实现了这一点。我们找到一个愿意帮我们越过边界的向导。我们与父母亲和莫西欧进行了联系，他们回到了奥什米亚尼。

沙勒姆舅舅回利达去取他的物品，计划 4 天以后就回来。我们将在他返回的次日去维尔纳。但是，我们等了一个星期，未见他的踪迹。他就这样失踪了。父亲去利达找他，但没有任何线索。后来，母亲也尝试去那里寻找，还是没有结果。很多年后，我们得知：利达有一个苏联民兵注意到沙勒姆藏有好几套好西装，因此将沙勒姆告发到苏联情报局（就是后来的克格勃），说他反对苏联统治并且试图逃跑。当舅舅回去收拾行装时，遭到逮捕并被押送到西伯利亚一所劳改营。

与此同时，立陶宛割让给了苏联，所有的逃亡路线都对我们关闭了。于是，我们恢复了以前的生活。父母亲回到斯摩根，哥哥去了巴拉诺维奇。我是唯一留在奥什米亚尼的，继续与赫什克住在一起，在照相馆学习、打工。我甚至被告之将得到一份工资。我激动地等待着拿到我的第一笔 200 卢布的工资，并盘算着如何自豪地将所有的钱交给父母亲。我非常思念家人，特别是思念母亲的慈祥。

3 月下旬，我在照相馆工作三个星期后的一天，一些化学药品溅到了我的一只眼睛里，使视力受到了损伤。我无法再用这只眼睛，当地医生不知怎么办。他们决定让我去比亚利斯托克找专家。

我离开奥什米亚尼去了比亚利斯托克，再次去找罗杰亚姑妈。她把我带到当地最好的一个眼科专家那里。这位专家也是个难民。他立刻诊断出我眼睛的问题。出于对难民的同情，他只收了一点点费用。10 天后，我的视力得到了极大的改善。

我蒙着眼带出发返回奥什米亚尼。路上，我在斯摩根停下来，看望了父母。由于我的第一笔工资全花在看病上，想把它交给父母的伟大计划泡了汤。

在斯摩根，我获悉在我离开时，一项新的法令规定不允许难民住在离老边境很近的地方。由于奥什米亚尼靠近立陶宛边界，我被禁止回到那里。我不得不在斯摩根住下来。这是一个典型的小城，仍然堆着厚厚的积雪。我在照相馆的学习中断了，但是我终于回到了父母的身边！

父亲当时失业了，因此母亲花很大力气找到了一份记账的工作。她以前从来没有工作过，显然根本不是一个合格的会计。但是，她聪慧，善解人意，这使她在短时间内便能胜任工作。

父母住一间从一名犹太赶车人那里租来的极小的房间，里面只能放一张床和一张桌子。晚上，我在桌上铺上毯子，睡在上面。下班以后，母亲还要烧饭，做家务。经过几个星期离别的想念，我高兴地又和他们生活在一起。尽管房间小，有跳蚤，但这一切对我来讲就像天堂。在我看来，母亲的烹调手艺是天底下最好的。午饭时，我在她工作的地方等着她。傍晚，我陪着她一起走回家。那是我一天中感觉最好的时分。我们总是有说不尽的话，无论是讨论未来，还是讨论我们看过的电影，或回想我们的亲戚和在拉齐阿兹的生活，有时甚至像两个孩子装成故事中的人物，母亲总是比我任何一个朋友更容易交谈。她对我的爱、关心、支持是那么的博大，尽管生活中困难重重，我还是过得很开心。

虽然我还未满 16 周岁法定的工作年龄，但感到需要找到一份工作，以帮助支付家庭开支。我试了好几个地方。由于我的年龄和缺乏专业知识和经验，找工作十分困难。最终，我在一家照相合作社找到了一份工作。苏联人接管该地区后，当即将全部的私人手工业者组织起来，如木匠、鞋匠、面包师和摄影师等等都组织进一个由普鲁姆·索约兹组织领导下的合作社。6 位当地的摄影师把他们的器材放在一起，成立了照相合作社。

我对别人说我有两年的工作经验，就这样混了进去。合作社的工作十分繁忙，人手短缺，因为所有的人都要为苏联当局所要求的各类新证件提供照片。于是，我得到了一个干 4 个晚上的临时助理工作，每晚可拿 20 卢布。我的工作是冲印照片，而我在奥什米亚尼只做过 3 个星期的照相学徒。对这一工作，我完全不熟悉。头一天晚上，和我一起工作的人开始测试我的专业知识。我对他说，我以前用的是一种不同的器材，以此掩饰自己的无知。我开始冲洗底片，但冲出的照片不佳。我急得出汗，害怕他发现我是混进来的。我只好极力拖延时间。

等到深夜，我说服老板回家睡觉，答应第二天早上肯定给他满意的结果。只剩下我一个人时，我便开始试验。在浪费一大堆照相材料后，我终于掌握了印照片的方法。黎明时分，我完成了所有的印相工作。尽管质量不算顶好，但说得过去。我筋疲力尽，衣服早已湿透了。我把所有浪费了的相纸塞进外套兜里隐藏了起来。我终于从第一夜的工作中挺了过来。从那以后的每个晚上，我的工作质量都有所提高。干完了 4 个夜晚的试用期后，我要求获得一份固定的工作。

那是 1940 年 5 月初，我被吸收进合作社，成为苏联社会的一名全日制生产成员。我期待着拿到工资，以帮助父母亲。我满怀着希望和青春活力投入工作。我的岗位是在暗室里冲胶卷、印照片和放大照片。没过几个星期，我便成了“专家”。我们的合作社现在有 7 位摄影师了。我是最年轻的，而且是唯一的一个单身汉。其他的人以前都有自己的照相馆，都需要养家糊口。

雇员的正式工资是这样分配的：合作社收入的三分之二要交给普鲁姆·索约兹，其余的三分之一在雇员中分配。我的工资是雇员份额的百分之十三。苏联当局不认为这种分配制度是对工人的剥削。他们解释说，工人应该为能把自己收入的三分之二上交感到自豪，因为这是交给工人自己的政府；而在资本主义社会，工人交的税是给剥削工人的资本主义的。这样的宣传很难令人接受。摄影师的平均月薪是 250 卢布，而维持四口之家的生活需要 1 000 卢布。一个非技术工人只能每月拿 200 卢布。经理一个月能拿 750 卢布，不过，他们还能得到别人得不到的东西，还能与其他行业的经理作易货交易，换吃的、穿的等等，等等。

官方价格一张照片是 10 卢布，交付照片的时间可以 3 个月到 6 个月。在这里，根本不谈工作效率。钱货交换的不固定性和灵活性，与苏联官方的制度无关。对我们而言，幸运的是照片也能作为一种可以交换的商品。假如我为制鞋合作社的经理拍了 3 张不同的照片，并在一星期内就送过去，作为交换，就能得到一双鞋。同样，衣服和其他日用品也可以这样的方式得到。很快，我便了解到不同层次的人是如何在苏联的制度下“补贴”他们的收入的。为了生存，他们把自己的聪明才智和创造力用在了如何向政府骗钱骗物和互相间骗钱骗物上。那些被抓到的就会坐牢。当时很流行的笑话说，所有的苏联公民分为三类：过去的犯人，现在的犯人，以及将来的犯人。

一个单身的工人，没有人帮忙是没有时间排队买面包及其他日用品的。如果不贿赂人，不在工作时间用其他一些不正当方式，他是过不下去的。午餐时间，人们可以去工人餐厅用 5 个卢布买一份饭，但是排队排得很长，根本不可能在上班之前买到饭。于

是，工人们自己延长了午饭时间。为了安排好他们基本的生活需要，他们迟上班，早下班。政府注意到了这一情况，发布了一条新的规定：无论谁迟到超过 21 分钟，或迟到 10 分钟三次，就会因玩忽职守罪被送上人民法庭。对他的处罚，轻的是减少 25%工资 3 至 6 个月，如果是重犯，就被送进劳改营做 3 至 6 个月的苦工，这比关进监狱更糟。

买衣料是又一个问题，即便一个人攥有足够的钱也买不到。商店进货，无论在次数上和数量上都很少。货一来，人们就排起长队，而每次只有前面一部分人能买到。购物是没有式样可选的。有一次，在排队等了很长时间后，我终于进入商店买到了一双鞋。突然，我发现手中的两只鞋都是一顺左。当我向一个女售货员指出时，她对我说，货都在这儿。我只能等到下次进货时看看是否有一顺右的，到那时我说不定可以拥有两双颜色和式样均不同的鞋呢。然而，我从未换到右脚可以穿的鞋。

苏联的宣传机构经常把其他国家的工人描绘成是如何地挨饿、受穷和遭受剥削。但当苏联士兵占领波兰东部以后，他们发现那里的商店里摆满了食品、衣服、鞋子、手表和其他物品，工人阶级可以不排队、不受限制地购买。这使他们感到困惑并对灌输给他们、信以为真的信念产生了动摇。然而，当当地人问他们有关苏联的情况时，他们总说："哦，我们什么都有，连火柴都有。"

有一次，我开玩笑地问一个来我们店里照相的士兵，苏联是否有"卡达哈"，这是个希伯来词语，意思是瘟疫。他不懂这个词的意思，误以为这是个好东西，便说："这个嘛，是有的，比你们这儿要多得多。"

6 月中旬，莫西欧完成了他在巴拉诺维奇的会计课学业，来斯摩根和我们团聚。他在一家储蓄银行里找到了一份总会计师的工作。母亲在县工会总部谋到了一个更好的工作。我继续在照相合作社工作。父亲呆在家里，排队购物。他对不能养家而感到恼火。即便我们四个人有三份收入，还是感到钱不够用。不过，我们搬进了一个好一点的房子，有两间房。母亲在晚上除了烧饭、洗衣，还对跳蚤发起了一场全面战争，用开水浇墙和床板。这给我们带来了暂时的安逸。除了父亲，我们都还算充实。

我们与当地人交了朋友。我交了一些和我年龄相仿的青年人，他们大多是中学生。我的社交生活开始丰富起来。我爱上了一个非犹太人药剂师的女儿，名叫哈利娜。那年秋天，我经历了一个青年男子恋爱的激动和不平静。我甚至开始喜欢苏联电影和其他一些活动。母亲知道我在热恋，还亲切地开我的玩笑。由于我还年轻，母亲没有把这件事当作一回事。比起我们家在很长一段时间经历的种种苦难，这实在是小事一桩。

苏联人继续在大城市抓难民，然后将他们遣送到西伯利亚。由于我们是生活在小城镇的生产者，他们没有碰我们。罗杰亚姑妈寄来一张明信片，说她和她丈夫，还有 11 岁的儿子，在比利亚斯托克遭到了遣送。母亲拿着这张明信片给我看时哭了。在当时，遣送是一种最坏的命运。没有任何预兆能告诉我们，在前面等待我们的将是什么。

我们仍然生活在不安定之中。倘若有人不论是出于什么目的，控告你反共产主义，那你就是“反革命”。不需要审判，不需要对你作出任何解释，根据控告你的罪名大小，决定把你送往西伯利亚还是投入监狱。

在我工作并不断提高自己技能的半年后，新来了一个名叫伊凡的学徒。他是俄罗斯人，他的父亲名叫柯洛内尔·柯伐尔斯基，是我们县里掌管工业大权的人物。由于我们合作社里人人怕和伊凡在一起，他就作为我在暗室的助手塞给了我。

伊凡的年龄比我略大一点，为人很友善、坦率，很快就成了我的朋友。在暗室里，他给我讲述了他的身世。他是在莫斯科长大的。他回忆起他的邻居，包括和他一起玩的伙伴在夜间遭到逮捕的事。被逮捕的人通常很快便消失得没有任何踪迹。稍后，抓邻居的人自己又被抓并遣送去了西伯利亚。无人可猜想到谁会成为反革命。任何事，小到对斯大林或共产主义体制开句玩笑，都有可能成为遭到逮捕的理由。伊凡的父亲柯洛内尔·柯伐尔斯基十分

幸运,成为驻柏林的苏联武官。伊凡和他母亲仍住在莫斯科。在他父亲不在家时,他曾因偷窃被抓,蹲过监狱。后来由于父亲的干预,他被放出来了。他还讲述了一件关于他的一个叔叔的事。20世纪20年代,他的叔叔被派去组织集体农庄型的农业合作社,却被反对合作社做法的农民给打死了。伊凡给我讲的这些事,教会了我很多关于如何在苏联统治下生存的诀窍。

在伊凡来之前,我们制订了一个尽管对当局而言不一定公正、但对我们来说却是公正的制度。我们决定将收入的一半上交政府,其余在我们中间分配。在伊凡来之后,我们担心会被他发现,告发我们。在我了解他后,建议把他也包括进来。我们这样做了,而他没有对任何人说过这方面的事。

一段时间以后,在一次合作社的季会上,柯洛内尔·柯伐尔斯基来了。他建议撤换合作社经理,尽管这个经理是我们当中资格最老的一个。出乎意料,他提议我担任新的经理。他声称提名的理由之一是我年轻,没有受到资本主义的腐蚀。我怀疑真正的理由是我对他儿子很好。他以"有谁反对?"这样的话作为选举开始,当然没人敢反对。于是,他宣布对我的提名被一致通过。这就是我所感受到的苏联式选举制度。

我回到家里并不高兴。我16岁还不到,不知道怎么胜任这一职务。我将提拔一事请教了母亲,从她那里得到一些忠告。我整整一夜都在思考该怎么办这一问题。次日上午,我召集了所有的工作人员,对他们说,由于我在照相和管理上没有经验,我将放弃作为经理可得一份额外收入的权利。我请求他们的合作。起先他们不相信,但慢慢地看出我说的是真的。我没有碰到任何麻烦,大家在一起工作得很协调。

我们的作息制度是工作五天,休息一天。这就是说我每星期休息的时间都不一样。每个合作社都有不同的作息制度。有一天轮到我休息正好是星期天,我和伊凡约女友一起出去玩。我们决定带上一架照相机给女友一个惊喜。当时我匆匆忙忙,应该从工厂那里获得的大盘胶卷上细心剪下一段用,但我随手扯了一段胶卷,装进了照相机。

与哈利娜、伊凡和他的女友在郊外的那一天是我一年中最快活的一天。天气秋高气爽,树叶正在变换颜色。起初,为了显示专业特长,我们拍了不少照片。小溪上有座木桥,我们在桥上互相帮着照相。我们带了一个野餐篮子,坐在树底下吃饭。伊凡带来了口琴,吹了一些俄罗斯情歌。我们和着唱。两年来的苦难烟消云散。未来是光明的。我有了工作,并在这么年轻时就当上了经理。我和父母亲住在一起,有女友爱我。很长一段时间以来,我没有如此快活过。生活真是美好。很少有人从周围经过来打破我们的宁静。后来,我们找到一块隐蔽的地方,与伊凡和他的女友隔开。我和哈利娜互相亲吻、抚抱,倾诉衷肠。这是我第一次真正触摸女孩的身体,同时感觉她也在抚摸我的身体。我们非常兴奋,但不想走得更远。一直到晚上,我们才回到家里。我一直沉浸在幸福之中,并力图保存这种幸福。我多么想与母亲分享这种幸福,但又不好意思启口。

第二天上午,正当我和伊凡冲洗照片时,我们被叫出暗房,两个穿便衣的人自称是苏联情报局的秘密警察,要求看我们昨天在郊游时所拍的胶卷。他们仔细地检查了我们刚刚冲洗出来的胶卷后,将我们拘捕了。他们在情报局总部将我和伊凡分别关在不同的牢房里,开始审讯我们。他们指控我为偷拍军事目标的西方间谍。他们还摆出了他们的证据——一张伊凡和两个女孩站在小溪的 3 米长的木桥上的照片。那张照片是我拍的。由于照片的边缘有被撕的痕迹,在他们看来,已经说明了问题,一定还有许多其他重要战略军事基地的照片被撕下并交给了苏联的敌人。他们对我说,伊凡已经招供并道出了所有细节的详情。因此,我被告诫应该向他们招供我是谁的间谍,谁拿到了那些照片。

我没有办法证明我不是间谍。他们将我带回实验室。我给他们看了撕下的部分与大盘剩余部分的胶卷正好吻合。即使这样,他们还是不相信没有其他任何照片了。他们继续盘问了我两天。

一开始,我对这件事还不以为然。但随着时间的推移,我开始担心了。然而，到了第三天，我突然被带出了牢房。没有任何解释，我和伊凡都给释放了。后来我才得知，当柯洛内尔·柯伐尔斯基知道他儿子在什么地方时，他找到了身居高位的朋友。就这样，将我们放了。

同时，我的家人也焦急地打听我为什么遭到秘密警察审讯的原因，并想办法将我救出。当我突然出现在门口时，他们欣喜无比。

有几个月的时间，日子很平静，没有任何事情发生。苏联的作息时间改为每周工作六天，星期天休息。然而，对摄影师来说，星期天是最忙的，因此，我们的休息日改在星期一。

星期天是指定给军人照相的时间。他们结队而来，一来就是整个部队，包括士兵和军官。有时排的队伍长达一公里。每个士兵可拍两张照片，全身照和半身照。由于他们的制服通常不整洁，我们准备了两种型号整洁的军帽和军衣，另外还有步枪和手枪，供士兵照相用。有些士兵企图诱骗和贿赂我们，让我们给他们多拍几张，但我们不得不拒绝。只有军官例外。

我们每天要把正式收入存入银行，每月一次将我们的工资取出。我的任务是每月初将钱从银行取出，然后分配。当然，钱从没有按时取出过，至少要迟一星期才能拿到。我不得不浪费大量时间排队取钱。作为经理，我感到有责任去做点什么，于是提出与银行行长会面的请求。那位行长斜眼斜得很厉害。我开门见山地提出，我们可以用质量上乘的战前比利时生产的相纸为他照 6 张照片，并保证他的眼睛在照片上是正视的。作为交换条件，他保证我们合作社在月初就拿到工资，既不用排队，也不拖延。他同意了我的意见。我们对他的照片进行了润色，使他看上去一辈子都没有那么英俊过。他非常高兴，而我从此在按时从银行提钱方面再也没有遇到任何问题。

农民拍照通常是用鸡、鸡蛋和其他农产品作交换。如果有人带来自制的伏特加酒，通常是当场就被喝光。这就是我第一次喝醉的原因，当时我还不满 16 岁。我的朋友伊凡为每个人倒满一大杯。作为经理，第一杯送到了我的手里。面对这一杯，我不能拒绝，因为这涉及到面子的问题。我拿过这味道冲鼻的液体，闭上眼睛，一饮而尽。我醉得很厉害，最后只能由伊凡搀扶着跌跌爬爬地走回家。母亲见了我大吃一惊，我醉得如此厉害，以至两天都不能从床上起来。

自从我们收到罗杰亚姑妈从西伯利亚集中营寄来的第二张明信片后，开始给她定期寄一些吃的、穿的。我们还收到沙勒姆舅舅的一张明信片，上面写着一行字："由于住进了医院，我现在感觉好一点了。"这是从一拘留所里寄来的，后来他死在那里。

父亲是能找到什么活就干什么活。一度，他干过夜间值班的活。我们家所有的收入都交到父亲手中，他负责购物和支付一切家庭开支。我们想以此让他感觉他是一家之主。母亲工作很辛苦，还要经营这个家。莫西欧的工作十分出色，他成了一家苏维埃银行行长波波富的助手。我们最大的快乐是一起去看电影，尽管影片主要是宣传、吹捧当局的成就。每逢星期五晚上，我们都要点上蜡烛，吃一顿安息日晚餐。我们谈论着我们的梦想：战后去巴勒斯坦过一种崭新的生活。我们用希望战争不久就会结束的心情迎接 1941 年新年的到来。

我的社交生活主要是看电影和在星期天晚上与哈利娜和其他一些朋友参加派对晚会。星期一，我喜欢去法庭旁听案子审理。我特别喜欢听由婚姻引起的赡养费纠纷的案子。那时，农村女孩未婚先孕的现象很普遍，而新苏维埃法律允许未婚妈妈向孩子的父亲索要生活费。一次，一个女孩拖着一个男人进来，声称他就是孩子的父亲，但那男子坚持说他以前从未对这个女孩感兴趣。检察官的结论简洁而到位："斯大林同志说每个孩子都有一个父亲。由于没有其他男子被说成是孩子的父亲，因此，我宣布，这个男子就是孩子没有争议的父亲。"法官也就接受了这位检察官的观点。

1941 年春天，到处有传闻说德国人与苏联人极有可能交战。我们见到一批批苏联军队经过我们的城市开赴德国边境。到了 6

月，士兵和器材的运输更是不断地增长。我知道德国人有扩张野心，因而感到战争正在临近。尽管当时没有官方消息证实这场战争的可能性，我还是再一次陷入了对战争的恐惧之中。

沙洛姆所在的波兰旅指挥部。左起第三人为马克

1945 年在布达佩斯的留影。从左至右为：沙洛姆、施特菲、马克、莫西欧

1945 年在罗马的留影。从左至右：马克、莫西欧、堂兄格尔松、沙洛姆

着英军制服的沙洛姆。（1946 年摄于罗马）

1995 年在明斯克战争纪念馆留影的沙洛姆、汉内尔和莫西欧

属于伊格纳利亚·毕鲁克的谷仓，在库尔泽涅茨灭绝行动期间沙洛姆、莫西欧、扎尔曼及其他人的藏身地

为纪念在库尔泽涅茨灭绝行动中遭杀害的1040名犹太人而设立的纪念园。纪念碑竖立在当年遇害者骨灰埋葬的地方（摄于1995年）

从左至右：扎尔曼、沙洛姆和莫西欧。他们正在向毕鲁克的女儿讲述当年她的父亲是如何帮助他们幸存下来的情形（摄于1995年）

重访保存下来的马尔可夫指挥官司令部遗址的沙洛姆（摄于1995年）

沙洛姆（中）与孙子和莫西欧一道，坐在保存下来的抵抗游击队遗址前。他们面对的是早已熄灭的抵抗游击队使用过的营火（摄于1995年）

第五章 再一次落入德国人之手(1941年6月22日—1942年2月14日)

关于德国军队在边界集结的消息每天都有传闻。我们不断相互打听,可是没有人知道任何情况。

1941 年 6 月 22 日,星期天,我像往常一样去上班。上午几乎没有任何顾客光顾。下午早些时候,有人告诉我们:德国人已经在进攻苏联了,战争已经打响。我们冲出门去问其他人听到了什么,传闻是混乱的。最终,关于战争已经打响的消息得到了确认。苏联外交部长莫洛托夫在电台上发表了告同胞书。他说,凌晨 4 点,德国军团越过了苏联边境并开始轰炸苏联的城市。他声称,正义在他们一边,苏联最终一定会赢得这场战争的胜利。与我曾听到过的其他宣传讲话相比较,这次讲话语言无力,缺乏信心。但这是唯一我们能得到的消息。莫洛托夫的讲话在电台上一次又一次地播送。如此重要的宣布并没有由斯大林本人亲自发表,我们觉得很难理解。

混乱之中,人们开始到处跑动,打听更多的消息。这一天晚些时候,我听到有德国飞机在头上飞,并用机枪向市中心扫射了一会儿,不过没有造成很大的破坏,只是想让人们知道战争确实已经打响。这种情景又勾起我对德国人攻打拉齐阿兹的回忆。在恐惧中,我想到了会在战争中再次被抓的事。自从德国人进攻波兰,迫使我们过上颠沛流离的生活以来,已经快两年了。我们挨着收音机坐着,听到的只是音乐。与军队不断保持联系的地区党委告诉我们:苏联军队已经冲破了德国人的防线,正

在向华沙挺进。我们的精神不禁为之一振。我开始希望德国人不要再次赶上我们,甚至幻想起苏联打败德国,我们胜利地回到拉齐阿兹家的事。

那天晚上,城里到处是卫兵,让人们提高警惕防止进攻。第一个晚上过去了,没有发生任何事。

星期一,从区党委来的消息说苏联军队正在前进,目前已逼近华沙。然而,由于电台上没有任何消息,我越来越怀疑这一说法的真实性。将近傍晚,装满苏联军人和老百姓的汽车、卡车开始沿着大道从维尔纳向东,朝德国边界的相反方向开去。我们站在路边,大声询问乘车经过的士兵,为什么朝错误的方向行进,而不是去前线。他们则大声地喊着说德国人已到了维尔纳郊区,来势很凶。在一整天都听到苏军胜利的消息后,我们很难相信这是真的。有人甚至怀疑说这些话的人可能是德国间谍,有意散布假消息。但是,随着撤退的队伍越来越多,我们不断听到相同的说法,惊慌的气氛占据了整个城市。

那些憎恨苏联统治的当地人开始扬言,只要德国人一到,他们就将杀死所有的苏联人和犹太人。苏联当局给他们的公民发了手枪,用来对付德国人以及对他们怀有仇恨的当地人。

天色刚黑,苏联公民及其支持者,还有犹太人,开始向东逃离这座城市。所有能找到的交通工具都用上了。大多数是马车,也有一些供苏联要人用的小轿车。

我们家没车。莫西欧工作的那家银行有一辆。但是,银行的苏联籍行长波波福不相信德国人正在逼近的事实,不愿离开。后来一直到午夜,当逃离的人群汇成了一股洪流时,波波福才决定将银行“撤退”。他们首先将银行的文件和贵重物品放在马车上,然后是行政人员的财产。波波福同意让我们也把东西放上车,与其他职员一起跟着马车行进。我们的目标是去摩洛德兹诺或维雷卡,这两个城市都有火车站,在那里我们可以搭乘火车,向东进入苏联。

在波波福指挥人们装车时,我偷偷地跑到哈利娜家,想知道他们家是否也打算离开。他们家决定留下。我想我们恐怕以后再也见不到了。见到这熟悉的、正忙着逃命的马、车以及受到惊吓人群的情景，想到又要过逃亡的生活，我不禁陷入了极度的失望之中。我已经记不清自己到底经过多少次这样的逃亡。简直不能相信这样的事会再一次发生。在不到两年的时间里，我们设法在许多许多的地方安身立命，其中待得最长的地方是斯摩根，那也只不过一年不到。我们一直在幻想，希望总有一天可以找到一个远离战争的地方，平静地生活在那里。

在一个十字路口，我们被告知去摩洛德兹诺的道路已被德国人切断。我们转身去维雷卡，听说那里有火车正在将人们东撤。

黎明时分，我们到达了维雷卡，径直去了火车站。在晨曦中，我看见成千上万的人向同一方向推推搡搡地行走。车站确实有一列长长的火车，但周围都是秘密警察。他们只准自己家人上车。在只准妇女、儿童上车的幌子下，他们将其他所有人拒绝在外。

惯用的行贿方法这时也不生效了。当我们贿赂了一个士兵，又面临另一个，又另一个，再另一个……甚至波波福也遇到了同样的尴尬，他把所有的钱都用完了，还上不了车。

突然，德国飞机出现了，并开始向车站扫射，所有人都惊慌而逃。人们抛下受惊的马，向四处逃去。波波福不见了踪影。我们意识到搭火车无望，便拼命抓住我们的马车。这时有人高喊："让我们去伊利亚。"那是一个靠近波-德旧时边境的城镇。于是，我们与其他 3 辆载着犹太人家的马车一道开始向伊利亚行进。

我们一整天不停地走着。沿路碰到了一些在斯摩根的朋友，像库泊家和兰夫柯夫家。他们加入我们的队伍。后来我们得知，我们想搭乘的那辆火车给炸了，根本没有到达目的地。

我们在天黑时到达了伊利亚，停下来让马和自己都休息一下。第二天一早，我们朝着波-德旧时边境走去，只见通往那里的道路给封了，有苏联边境警察在守卫，谁也不让过。我们被告知回去打德国人。我们决定通过另外一条不同的线路越过边境，这意味着要穿过一些边缘乡村和树林。1939 年，波兰被德国和苏联瓜分以后，这个曾经是波兰的一部分的地区被苏联人占领了。苏联人没收农民的土地，并把他们组织进集体农庄。因此，那里的农民仇恨苏联人，并且抵制苏联的这一政策。那些农民还把一切，诸如共产主义、贫穷，都怪罪在犹太人身上，并以此为借口来表达他们的仇恨。

到处是一片混乱，没有人管，没有人阻止抢劫的发生。当地的农民乘机打劫任何他们可以打劫的人。逃亡的难民，多数为犹太人，易受攻击，成为最容易打劫的目标。

在一个村子前，农民们挡住了我们的去路并开始抢夺我们的东西。我们想抵抗，但他们用棍棒、钉齿耙、镰刀袭击我们，并称我们为该死的布尔什维克。他们对我们说："你们想逃跑，休想！你们必须对你们在我们身上犯下的罪行付出代价！"我们当中两个带枪的人开始鸣枪，农民停止了进攻，但没有离开。他们开始向我们投掷石块，挡住我们的去路。我感到束手无策，不知怎么办。就在这时，德国人的飞机从头上飞过，并开始轰炸。农民四处逃散，寻找躲避的地方。我们乘机快马加鞭逃进了树林。具有讽刺意义的是，德国飞机竟然从当地农民手里救了我们。

在向边境走的时候，我们碰到了成群结队从附近一个村子里逃出来的犹太人。他们告诉我们，那边的情况和我们碰到的一样，一大群农民在路上行暴打劫。有消息说，德国人已经逼近明斯克，我们已被包围了。于是，我们决定返回伊利亚。

我们中间有一个名叫孜伯斯坦的中年律师，他个头很高、秃顶，是个德国的犹太人。他先从德国逃到波兰，后来又从德国占领区逃到苏联占领区，现在他又和我们一起逃难。他说他已无法再经受这一切了。我们在一口井旁停了下来，为我们自己，同时也为我们的马从井里取点水喝。当我们打算离开时，孜伯斯坦说他再去汲点水。他走回井边，当着我们的面投井自杀。我们竭力救他，然而，当我们把他从井里捞起来时，他已经死了。他宁愿自杀也不愿第三次面对纳粹的残暴，这对我触动极大。他知道纳粹是怎么回事，前途对他来说不仅恐怖而且无法忍受。想到这里，我内心震撼了。

在一整夜穿过树林回到伊利亚去的旅途中，我们听到有人遭附近村子农民抢劫的叫喊声。为了躲避这些农民，我们有好几次迷了路。最终，我们还是回到了伊利亚。苏联人已逃离这座城市。当地人则乘机抢劫。每当出现无政府现象，就会有人出来浑水摸鱼。

有些逃跑的苏联人又回到了这里，企图再次控制局面，但没有成功。他们多次撤离又不得不多次回来，是因为他们发现前往苏联的道路已经被德国人切断。当我们试图向当局了解真实情况时，我们总是被告知一切都会好起来。我们不断听到四面八方的炮声。德国飞机多次在头顶上方飞过，并向城市扫射，但没有造成太多的破坏。

那个星期的星期六，有更多的苏联士兵经过城市。这对抢劫的人多少形成某种威慑。许多人开始焦急地等待着德国人的到来，希望到那时至少能恢复一点秩序。

有一个当地犹太居民把我们带到他在城边的家中，他的屋子后面是庄稼地和树林。我们轮流向窗外瞭望，放风。

星期天早晨，莫西欧在窗旁警戒时突然喊了起来，他说看到了正在驶来的德国坦克。我冲到窗前，认出了坦克上的黑色纳粹标志。一辆坦克几乎停到我们房子的前面，我可以清楚地看到坐在转台里士兵得意洋洋的脸。一群苏联士兵开始穿过田野向树林跑去。德国人发现他们后，便用坦克上的火炮和机关枪向他们开火。

苏联士兵纷纷被击倒在地。我们的房屋在枪炮声中晃动。当射击停止和更多的德国人到达时，我们看到令人震惊的一幕：当地的波兰人和白俄罗斯人跑向德国人，用鲜花欢迎他们的到来。姑娘甚至拥抱和亲吻德国兵。街上所有人的行为举止表明好像是救星来了。这就是我在 1941 年 6 月 29 日 16 岁生日那一天再次看到德国人时的情景。

我们生活中的一个新的阶段开始了。后来发生的事实证明，这是我们一生中最悲惨的一个阶段。我们有一种预感：恐怖即将来临。我们在这里没有朋友，没有依靠。我们没有理由再留在伊利亚，于是我们决定回到斯摩根去。我们希望在那里找到一些我们认识的人，并有可能收回一些我们留下的财产。我们带上最后剩下的物品——一些换洗衣服、最基本的炊具和毯子，赶着马车上了路。去斯摩根的大道经过县城维雷卡，我们决定打那里经过，然后走小路抵达距离维雷卡 7 公里的小镇库尔泽涅茨。库泊一家——父亲和两个已失去母亲的儿子格利沙和莫莱克，仍然和我们一起走。我们在库尔泽涅茨停下来，以便让我们和马都休息一下，同时去搞一点吃的。

一个名叫杨克尔的犹太马具匠同意接收我们和库泊一家。他的孩子帮助我们解下了马套，把马拉到田野里吃草。库尔泽涅茨没有德国人驻扎，偶尔有些德国的摩托车经过。如果他们见到当地人抢劫商店或合作社，就会对空鸣枪把他们驱散。这似乎也能帮助维持一些秩序。

太阳落山时，马具匠的儿子哭着从野外回来说，当地的一些恶棍抢了我们的马，他自己好不容易才逃脱出。由于我们没有其他交通工具，决定等到抢劫结束。我们指望德国人来维持镇上的秩序，那时就可以设法回斯摩根去。

我们整个星期都在对暴徒和绑匪的恐惧中度过。这些暴徒和绑匪通常会对犹太人破门而入，抢东西，打人并肆意破坏。有一帮暴徒曾手拿棍棒、铁矛和刀窜进我们的屋子，幸好杨克尔认识他们的头，请求他们放过我们。这一着还真的奏效了，他们离我们而去。

杨克尔一家，包括他妻子、两个儿子以及他年迈的父母，住在一间有木地板的房间里。他同意让我们住进另一间泥地的房间。我们一家四口和库泊一家三口住了进去。我们在房间中间挂了块布，使两家都方便一点。

尽管住房紧张，我们和杨克尔一家相处得很好。我们感谢他们的好心，收留我们这些完全陌生的人。这里没有任何口角，大家都设法在一些小事上互相帮助。

库尔泽涅茨是一个大约有 2 000 人的镇，其中一半以上为犹太人，其余为白俄罗斯人和一些波兰人。不少东欧国家之间的边境经常莫名其妙地发生改变。在地区性战争中，一些白俄罗斯人成了波兰人，或者波兰人成了白俄罗斯人。属于立陶宛和拉脱维亚的土地也经常变换。边境上的城市村庄以各种比例混杂着许多不同民族的人：波兰人、白俄罗斯人和立陶宛人。他们相处还算和睦。当苏联扩张时，这些小国都纳入苏联的版图。能使这些少数民族团结在一起的原因，是他们对苏联占领的仇恨。穿过苏联占领区一直向东进军的德国人通常与他们的忠实追随者，特别是拉脱维亚人、立陶宛人和乌克兰人合作，把他们视为自己的辅助力量。

大多数库尔泽涅茨的犹太人是手艺人，其中有鞋匠、面包师、铁匠、裁缝。还有一些店主和农民。他们当中也有医生、药剂师和教师。白俄罗斯人主要是农民。我们发现，在库尔泽涅茨的犹太人、白俄罗斯人和波兰人关系和谐。镇中央是集市广场，是市政府的所在地。杨克尔的房子在米亚济尔街，距集市广场很近。

有些住在杨克尔家附近的犹太人给我们送些吃的来，我们因此没有挨饿。母亲很快交了一些朋友。这些人当中有药剂师格温特和他的妻子，还有他们的女儿里夫卡。很快，我们和格温特一家变得很亲热。他们善良，乐于助人，和我们有着一样的犹太复国主义的思想。

6 月初，在我们到达库尔泽涅茨一星期后，第一个德国司令来了，开始建立新的占领军政府。一个白发军官和 20 个士兵迅速组织起地方警察并发布了第一号令：要求所有犹太人必须到集市广场集中。有传言说 15 至 60 岁的男子都要被抓去做劳工。人们都害怕被说成无视当局的命令，因此，所有人，包括我们，都到了那里。我们被编成四人一组，由武装士兵包围着，在那里站了一个小时。卡车来了，我们确信要被带走。又一个小时过去了，什么也没有发生。这时，这个司令由几个军官陪同出来了，他从我们中间挑选了一个翻译，发表了一个简短的讲话。

讲话的要点是我们必须为德国人做工。犹太人得选出自己的代表，组成一个犹太委员会。组成的犹太委员会将直接从他那里接受涉及犹太人事务的命令并付诸实施。届时，我们都要在左胸前佩带一枚上面标有“J”字母的 5 厘米见方的黄色标志。我们要对任何穿德国制服的人鞠躬以示尊敬。犹太人禁止在人行道上行走，只能像马一样在街道中央行走。犹太人还被禁止乘火车，禁止和非犹太人接触。对犹太人的宵禁也将实施。接着，使大家都松了一口气的是让我们解散回家。

犹太委员会被选举了出来。一位名叫夏兹、能说一口流利德语的奥地利犹太人当选为主席。任何时候需要劳工，通知就会下达给夏兹。委员会有一份所有全劳力的名单，这些人轮流去做工。这种制度至少比在街上随便被抓要好。

委员会还必须保证犹太人向德国人提供住所，为他们烤面包、做冰淇淋，以及提供其他一切好吃的东西。犹太妇女要像佣人一样，为士兵擦鞋、洗衣和做其他杂事。德国占领军由各种不同的人构成，如总督、宪兵等，有着不同的要求和需要，就像在超市购物一样。委员会为了使他们少施暴虐，就尽量满足他们的要求，执行他们的命令。

在库尔泽涅茨郊外，有一座关押苏联战俘的临时集中营。成群的战俘被押送到那里，关上一两天后又送到下一座集中营。我和莫西欧，还有其他一些人，就在这个集中营为德国人做工，我们烧饭、打扫破旧的营房、挖作厕所用的坑，以及其他一些接受下一批俘虏到来的准备工作。

我们总是吃不饱。不过，由于母亲热火朝天的干劲和想出很多好办法，我们总是可以从我们的犹太朋友那里弄到一些吃的。他们尽量不让我们挨饿。面包和土豆是我们的主要食品。

1941 年 9 月是犹太最重要的圣日期到来的时候，所有祈祷处都挤满了人。父亲在格温特家院子的一个楼里，从早到晚参加祷告仪式。虽然我不信教，但我也加入到祈祷者的行列。我乞求上帝保佑我和我们一家。我将永远不会忘记祈祷人的热诚,他们裹着祈祷披巾,挤在祈祷室,闭着眼睛鞠躬,向上帝祈求帮助。他们的祈祷声使我心寒。我相信上帝肯定在听!

尽管日子艰苦,我们还是设法遵守节日的种种礼仪传统。圣日期的最后一天是西姆哈“托拉”节,也就是欢庆“托拉”的日子,我们见到杨克尔在屋外和他一个认识的警察说话。后来,警察将他带走了。我们溜进邻居家想打听一下是否有人知道镇上有什么不平常的事发生。在那里,我们听到被指控为共产党人的犹太人正遭逮捕的传闻。麻烦大了,我们赶紧回家,想安慰杨克尔的妻子和父母。

不一会儿,一个德国军官在士兵和警察的簇拥下走进屋子,命令我们所有人在院子里排队站着。房子被搜查了一遍,我们不知道他们在搜查什么。随后,那个军官对我们说,士兵将把我们都带到警察局去。母亲走上前去,用流利的德语问他为什么要逮捕我们。出于好奇,他问母亲为什么德语讲得那么好。母亲告诉他说,她在学校里学过德语,在一战期间交了好多德国朋友。军官问我们是否与住在这屋里的人家有关系。母亲解释说我们都是难民,杨克尔一家好心让住在那里。军官吩咐母亲将家人带回屋。她马上挑出我们以及一直与我们一起走的库泊一家,并说他们也是我们的家人。

士兵把杨克尔全家都带走了,包括怀抱婴儿的妻子、两个儿子和老父老母。做奶奶的苦苦哀求,让她再给小孩拿些暖和的衣服,但没有被允许。我们想知道到底发生了什么,他们要把杨克尔和他的一家带往何处?还有谁给带走了?为什么?

一共有 54 人,连家带口,被带到了警察局,然后又带出了城。一个 10 岁男孩次日回来,把所发生了的一切告诉了我们:那些人被带到附近的树林中。在他父亲的催促下,那个男孩在没有人察觉的情况下,找了一个机会溜到树背后躲了起来。他从躲藏的地方看到:先是将铲子发到所有男人手中,强迫他们挖大型坟坑。然后,所有的人都遭到枪杀。杨克尔身体强壮,身上中了七颗子弹后才死。他妻子死时还抱着他们的女儿。遇难者倒下后，警察和一些观望者先剥下他们的衣服，然后将他们铲进坑里。那个男孩在一个洞中躲起来并用树叶盖住自己的身体。他呆在那里直到人都走光了，黑夜到来，才回到库尔泽涅茨。犹太社团为第一次集体屠杀震惊，但他们设法使自己相信这种事只会发生在被指控为共产党人的犹太人身上。

我们家继续住在杨克尔的房子里。我们搬进了杨克尔家住过的房间。库泊一家还住在原来那间。现在大家都宽敞了一点。好心的主人及其全家被害，使我们身心交瘁。对他们的遇害，我们深感悲痛。

库泊家的头面人物是他当律师的大儿子格利沙。他 30 来岁，自私，不讨人喜欢，还经常欺侮年迈的父亲和弟弟莫莱克。我们曾两次在他父亲企图自杀时救了他。库泊想自杀是因为他认为自己对两个儿子来说是个累赘。有一次，莫莱克走进房间时，看见他父亲正在把一根绳圈套在天花板的钩上，立刻阻止了他。莫莱克非常难过，告诉了我们。从这以后，我们意识到老库泊的忧郁，对他一个人在房间里发出的任何不正常的声音都十分警觉。第二次自杀企图发生在库泊和格利沙之间一次严重的不愉快后。我父母亲在厨房听到地板上一声沉闷的响声。他们冲进房里，看见库泊老人的脖子套在梁上挂下的绳圈里。脚底下的凳子刚被踢翻。他们立即用厨刀割断绳子，避免了一场他对自己的伤害。

我们为所有的人提供吃的，而库泊家什么都不拿出来。格利沙认为这一切是理所当然的，他能做的就是批评别人。老库泊和莫莱克倒是很感激我们的帮助。我问母亲为什么在格利沙如此不知好歹时，她还要为他们做那么多。母亲说既然打算帮他们，就要尽她的一切。她为他们失去母亲感到难过。她对我说，我们有个完整的家庭是幸运的。“上帝，请继续保持这样吧，一直到最后。”她轻轻地加了一句。

一个教师出身的名叫马特罗斯的德裔波兰人被任命为市长。这个开明的人想法帮助一些犹太人。母亲用波兰语请求他的帮助。这儿绝大多数人讲白俄罗斯语，犹太人讲意第绪语，很少有居民讲波兰语。在以后的交谈中，市长对母亲的聪敏、口才及个性印象极深，答应尽力帮忙。

他确实帮了我们。他让母亲负责向犹太人发放面包的工作。面包是定量供应，每人每天 100 克。犹太人得去专门的商店购买面包。我帮母亲分发。通过这种工作，我认识了镇上所有的犹太人。我开始熟悉所有人的姓名和每个家庭应该得到的数量。后来，我发现用姓来识别人并不是传统的做法，由于许多家庭有连带关系，姓一样的姓，因此人们通常不用姓，而是用自己的名加父亲的名来叫自己(如平哈斯·兹斯克就是兹斯克的儿子平哈斯)。有的则被人用他们从事的职业来称呼，如鞋匠希莫力克。

每天我们从面包房将面包运到犹太商店进行分配。一只面包要分成 10 份。由于在切面包时会有损耗，通常会有几只额外的面包。我们学会了十分精确切面包的方法，以把浪费减少到最低程度，这样多余的面包就可以为我们自己所有。这不仅使得我们有了足够吃的，甚至可以用多余的面包来交换其他的日常必需品。由于货币已失去了价值，人们只能以物易物。无论我们得到什么，我们都和库泊一家分享。

虽然 6 个星期过去了，我仍然还没有从失去杨克尔及其一家的打击中完全恢复过来。我仿佛仍然可以看到奶奶在和孩子们一块玩，仿佛还能听到他们的声音。

11 月 21 日，当我和母亲在面包房等当天的面包时，代理总督亨德尔和他的卫兵来到了集市广场。他们开始逮捕并殴打过路的犹太人。亨德尔这个人因残暴而臭名昭著。由于我们家和面包店与面包房隔集市广场相望，我们无法跑回家躲藏。因此，我们只能和也是犹太人的面包师傅一道穿小路，逃到野外的庄稼地里和树林里。一路上，我们不断看见人们从窗口探出头来，受到惊吓的人们问广场那里发生了什么。当他们听说这个臭名昭著的代理总督从维雷卡来了，并在残暴虐待犹太人时，一个个全家倾巢而逃，加入了我们的队伍。队伍越来越大。我们在寒冷的树林里躲了一整

天。当夜晚来临时，我们快冻僵了，而且饥肠辘辘。当我们听到德国人上路的声音时，抱在一起相互取暖，我和母亲在为莫西欧和父亲担忧。天一黑，我们便溜了回家。

我们发现所有的人都安全在家。他们告诉我们：亨德尔和他那一伙人把所有能找到的犹太人从家中赶到了集市广场。他们命令所有的人脱下衣服，从他们的衣服里搜找金银财宝。然后，他们又搜查了他们的屋子。有 6 个小时，他们让那些脱去衣服的男男女女站在室外的寒冷中。显然，他们对这场收获不大的掠夺感到失望，于是命令当时也在广场的犹太委员会主席夏兹立刻去取更多的金器来，并称只有取来物品才能放人。夏兹取来了更多的金首饰后，被困的人们才获准回家。这已经不是德国人第一次向委员会索取值钱的物品，委员会当然是从犹太人当中收集，然后交出去完事。这次，除了正常收缴程序外，德国人还多了一层旨在恐吓和侮辱犹太人的涵义。

那年冬天特别的冷，不过，我们想方设法用面包换取了过冬的寒衣。我继续和母亲一道在那爿面包店里工作，直到 12 月初父亲接替我的工作。

母亲和市长马特罗斯进行了多次长时间的交谈，要求为她的儿子找更为安全的工作。市长把我和莫西欧介绍到市政府工作。莫西欧做记账员，我则成为一名通讯员。我并没有佩戴犹太标志。警察知道我为市长工作，没有动我一根汗毛。市政府显然是一个安全的地方。每次德国人来抓捕、殴打犹太人时，我和哥哥就躲进市政府大楼。谁也不会想到那里有犹太人。

莫西欧被吸收到一个犹太青年团体。该组织与躲藏在周围村子里的一些成功逃脱的苏联犯人有联系。我们的朋友扎尔曼·古勒维奇是个英俊、高大、充满自信的人。他是这个团体的组织者和领导者之一。他们的共同目标是组织起一个到春天能进入丛林打击德国人的游击队。这是一个秘密计划，连家里人也不能告诉。莫西欧告诉了我，并让我发誓保守秘密。他对这个团体的人说，我是个通讯员，能帮助工作，因此，我也被吸收了。我深为莫西欧对我的信心、信任感动，为能加入这一团体而自豪。我憧憬着去德国人那儿偷枪支弹药，抗击他们。

该犹太青年团体的秘密会议有时甚至在市政大楼里召开。我和莫西欧都有大楼的钥匙。我们得到的一批武器，有些是偷来的，有些是从村民那里买来的，都藏在大楼的阁楼里，谁都不知道。我们把市政大楼看作是我们能找到的最安全的一个地方。

有一天，正当我站在市政大楼前的台阶上，一辆有点类似吉普的敞篷军车在市政大楼前面停了下来。一群德国军官从车上跳了下来，问市长在哪里。我给他们带路后就到大楼外面。在车的储货箱里，我看到一支左轮手枪。我真想偷来让我们的团体使用，但想到德国人会注意到它的丢失而怀疑我时又不禁有些害怕。我思想斗争了好几个回合，手不知不觉地伸向了那支左轮手枪。我四下张望了一下，没有见到任何人。于是就拿起一块抹布，装出好像擦车的样子。我故意把抹布掉下，正好盖在左轮手枪上。我又一次环顾四周后，便一把抓住了这东西，把它插进我大衣内的皮带里。我想如果我这时跑开，在有人注意到的情况下，就可能引起怀疑。如果我不动声色地走回市政府大楼，看上去好像是擦好了车回到岗位上一样。于是，我走进大楼，朝着哥哥工作的那个房间走去，这时我的心跳得厉害。

我小心地走近他，在他耳边悄悄地说："我从到这里来的德国人那里偷了一支左轮手枪。现在在我大衣里，该怎么处理？"

他四下打量了一下，幸好房间里没有其他人。"快点给我，我来把它藏起来。"他说。我把包好的左轮手枪交给了他，他藏进了抽屉里。他催促我去找一件差使离开大楼，并在德国人走之前不要回来。我对另一个通讯员说我有事要去面粉厂，便很快离开了大楼。

后来，莫西欧对我讲了我不在时发生的一切。当他走进市长办公室，那里空无一人。当时市长在楼里的另一端和德国人开会。莫西欧很快将左轮手枪从他抽屉里取出，藏到市长办公室里一些书籍的后面。半小时后德国人离开，但几分钟后，他们怒气冲冲地

来到市长办公室，咆哮着说他们汽车上有一支左轮手枪被偷了。市长发誓说市政府大楼是没有人会做这种事情的，建议他们搜查怀疑对象和雇员。“你们可以从搜查我的办公室开始。”市长说。“我们怎么会怀疑你，”那个德国军官回答道，“你是真正的盟友，但请你查出谁干了这件事。”市长暗示说有可能是游击队。德国人搜查了几个雇员，然后问游击队有可能从哪里来的。有人给他们指了方向，他们跳上车走了。市长回家后，莫西欧取出左轮手枪，将它和我们其余的枪支一起藏到了阁楼里。

工作时，我可以听无线电广播，可以将德文报纸带回家去。德国人的宣传当然很乐观，声称在两星期后将攻克莫斯科。希特勒发表演说，宣称德军已打到了莫斯科郊外，打到了列宁格勒郊外，打到了多瑙河流域。“军队正在等我的命令，只要命令一下，苏联就会马上完蛋。”但是，对莫斯科和列宁格勒的进攻均以失败告终。这时报纸又吹捧起德军在苏联寒冬条件下与敌军英勇战斗的事迹。

12 月 8 日，我们听说美国对德宣战，我们的士气空前高涨。美国，这个力量和民主的象征，肯定能消灭德国，拯救我们。我们有救了！

这则好消息通过人们的口迅速传递着。所有期望和预言都归成一句话——希特勒注定要失去这场战争！但问题是要等多长时间。母亲从德文报纸上把消息翻译给我们听。我们从字里行间察觉，德国人对这一意想不到的事态转折十分懊丧。德国以前的宣传很少攻击美国，但从现在起美国成了德国人发泄的目标。

这时，德国军队开始不断地遭受挫折，因此，他们对当地居民百姓的态度也越来越糟。下令从莫斯科撤军的勃劳切茨基将军被解职。当德国军队撤退下来时，我们看到他们对苏联寒冷的冬天毫无准备。士兵们身着秋装，头带警备军帽。他们开始从老百姓那里没收皮毛，征收所有的马和车。

从城外被带入临时集中营的苏联战俘的流量来看，我们也能测算出战斗的结果。一开始，那里有大量的俘虏。强迫去集中营做工的犹太人听到许多残酷虐待苏联战俘的故事。有几个晚上，有一半以上的战俘因饥饿、拷打或被杀害而死，有些战俘则成功逃脱。后来我们得知，在战争开头几个月里，有 300 万至 500 万苏联士兵和军官投降成为俘虏。他们受到的待遇如此骇人听闻，以至于决定逃跑和战斗是最好的选择。1941 年 12 月后，苏联战俘的数量明显减少。

1942 年初，对在库尔泽涅茨的我们来说，是非常糟糕的月份。希特勒在电台上对德国民众的新年讲话中声称，犹太人正在试图摧毁德国，但德国人会首先摧毁他们。人们开始琢磨他的这番讲话到底是出于宣传需要，还是果真如此。但我认为他会像他所讲的那样去做。那一天，我们镇上的两个犹太人被一个名叫沙郎克维奇的人杀害了。他是最残忍的白俄罗斯警察之一。当时，他领着一队犹太工人去总督所在地维雷卡。他喝醉了酒，为了娱乐，他开枪打死了两个犹太人木匠。

日子是在无休止的恐惧中度过的，为获得食品的挣扎在继续着。母亲还是在处理社区的面包问题。我和哥哥仍然做原来的工作。我经常被派去为市政府取来定量供应的食品。很自然，我总是想办法藏一些带回家。最宝贵的食品之一，是食盐。由于盐对人和牲口都是必不可少的，它成为可以用来衡量货物交换的东西，几乎代替了货币。

我们的地下团体继续在发挥作用。我们的主要目标是获取武器弹药、地图及其他所有我们在加入游击队时需要用的器材。当我们从农民那里得到一支步枪或一支左轮手枪时，无法知道这家伙是否真的有用。不管是我们买来的或者是偷来的东西，一律藏在市政府的阁楼里。有一次，我背着一捆里面藏有步枪的草，在去秘密藏枪处的路上，被一个要抓我去做工的警察拦住了。尽管我的心跳到了嘴里，但还是冷静地给他看我的身份证，证明我是市长的通讯员。我告诉他草是市长要的，于是他放了我。

自从一批纳粹安全部队的人来到维雷卡附近，从总督手中接过管理犹太事务后，办事的程序就起了变化。我们发现，在由德国人占领的东部地区也发生同样的事情。我们把这帮人称作盖世太保，知道他们与常规部队不一样。虽然他们身穿军队制服，但帽子上的骷髅头标志及黑领带能证明他们的身份。

2 月，库尔泽涅茨的犹太委员会接到命令，要为纳粹安全部队提供 10 名劳工。当时没人知道纳粹安全部队到底是干什么的，为什么要到这里来。这 10 个人去了维雷卡。4 天后，当这些人回来时有的还活着，有的则成了尸体。

在抵达维雷卡时，这 10 个人被命令去打扫为即将到来的一大批工人准备的一个住所。他们完成任务后，被集中到院子里，并被告知他们将获得工钱。谁知这批人遭到的是一顿棍棒打鞭子抽，直到他们瘫倒在地，不是昏死过去就是已经死了。一个电工被命令爬上一座高高的梯子去换一只室外灯泡。当他站在房檐时，纳粹安全部队的人将梯撤去，大声狂笑地告诉他说，他的报酬就是跳下来。在这一过程中，他摔断了两条腿。工人们被告知纳粹安全部队到那里是为了“照看犹太人”。随后，他们中的幸存者被命令将死者和伤者抬回家。这就是我们对纳粹安全部队处置方式的最初认识。

当更多的命令下达让犹太人去工作时，每个人都胆战心惊，但又别无选择。每天都有一批新的派去，经历大同小异。幸运的是，那时还没有其他人被杀。

我们唯一的安慰是战争并不按德国人的意愿进行。德文报纸描述了激烈的战斗和苏联军队的顽强抵抗。每次提到撤退，总是说战线在延长。我们在家花很长的时间分析和解读前线的每一次行动与变化。母亲是最乐观的一个，总是不断从字里行间找出一些积极的东西。她鼓励我们充满希望，说战争结束已为时不远，我们都将重新过上正常的生活。

我们听到消息说前线在向我们靠近。我做梦都想在镇上看到苏联人，希望看到战争的结束。

第六章　不可遏止的野蛮（1942年2月15日—9月8日）

2月，第一批纳粹安全部队人员在巡视员艾格夫的带领下，来到我们库尔泽涅茨查看。艾格夫身材高大，肩膀宽阔，狂傲不驯。他是一个符合希特勒制定的标准属于典型雅利安人类型的人。他懂得俄语，战前曾在苏联呆过几年。那天，城镇及其周围的路都覆盖着大雪，因此纳粹安全部队人员是乘雪橇来的。他们来拜访市长。看到艾格夫时，我正在门厅。只见他头戴俄罗斯皮帽，脚上的高筒靴擦得像镜子般闪闪发亮。他一手拿鞭，一手用皮带牵着一条大狼狗。他询问市长有关该镇犹太人的事——他们在做什么，对第三帝国的战争作了哪些贡献。他要见犹太委员会的领导，我便奉命立即叫犹太委员会的领导来。

夏兹跑着进了房间，我仍留在大厅自己的岗位上。艾格夫下令索要靴子、毛皮、家禽等物品。夏兹在一小时内带着艾格夫所列的物品回来后，纳粹安全部队才未找任何麻烦离开了。我们大家都松了一口气。

几天后，艾格夫再次出现，说想亲自看看犹太人在哪儿工作。夏兹再次被召来。他领着艾格夫及其全体随从人员、纳粹安全部队和当地的宪兵，到各地转了一圈。中午，艾格夫看完了所有的地方。接着，他折回到刚去过的一些地方，冷酷地射杀了13人。他对随从说："这家伙已经太老了，出于内心的仁慈，我以杀掉他的方式成全了他。"由于我做过分发面包的事，认识绝大多数的人。因

此，对我来说，听到这类事的发生与亲眼目睹一样悲哀。在另一个地方，艾格夫声称，将子弹浪费在犹太人身上是可耻的。他拿起一把椅子，活活砸死了一个犹太人。而犹太委员会的人不得不站在一旁，看着他这一番杀人的过程。在这以后，他下令将最好的美食给他作午餐享用。接着，他又要求弄些猫来。于是，在他用餐的时候，海姆·扎尔曼，犹太委员会的一个成员，在大街小巷一边跑，一边喊："快把猫送来，以挽救你们自己的命！艾格夫想要猫！"

艾格夫尚未吃完午饭，海姆·扎尔曼已经收集到整整一布袋猫。艾格夫一边吃饭，一边从布袋里放出猫，一只接一只地统统射杀，以此娱乐。

在艾格夫巡视过程中，他记下了10个所关注到的最迷人的年轻女子的名字。他要求犹太委员会在晚上把这些女人带到市政府大楼。这些吓呆了的女人到来后，挨个等着，一次一个进入艾格夫的房间。房间里面很黑，桌上放着一把手枪。我不知道房间里发生了什么。所有的女人都是哭着出来的，不过，至少她们还活着。

在他第二次造访库尔泽涅茨后，艾格夫成为这一城镇的恐怖之星。无论何时，一听说他要来，人们尽可能地躲藏起来。每次他都开出新的需求令，索要黄金以及其他有价物品。如果他对所得物品感到满意，就会不杀人而离开。否则，总会留下一些尸体。

许多库尔泽涅茨犹太人在维雷卡做工，纳粹安全部队总部也设在那里。这些犹太人中的一些人，每天来回步行。有较好手艺的工匠，则住在维雷卡的一个劳工营。每个人都认为自己是不会受到伤害的特殊人物，因为即使是纳粹安全部队也要用到他们的技术。如果能够的话，人人都试图加入这一群体。

所有犹太人都必须做工。每个人都认为受到德国人欣赏的工作会成为其自身安全的保护伞。尽管日耳曼人与犹太人之间的性关系是被严格禁止的。很多日耳曼人仍有一些被他们称之为"私人奴隶”的犹太妇女。

三月的第一天是普珥节，这是一个犹太人的节日，用以庆祝数千年前波斯大臣试图灭杀其境内所有犹太人计划的失败。现在，大家都害怕过犹太节日，因为德国人通常在犹太节日这一天制造恐怖。那天，到维雷卡工作的犹太人像往常一样在早上离开库尔泽涅茨，但他们很快就返回来说，整个维雷卡都被纳粹安全部队包围了。整个城镇一片恐慌。在维雷卡有家的人开始慌乱地打听到底发生了什么。尽管每个人都很害怕，一些人仍希望这仅仅是为了获取犹太人的物品而吓唬犹太人的一种新手段，而大多数人则担心某种可怕的事情正在发生。

中午，希勒尔，来自维雷卡的一个犹太人，神情迷惑、思维混乱地出现在镇上。他艰难地解释说：在拂晓时分，他听到枪响，于是朝窗外看去，发现纳粹安全部队正挨家挨户地驱赶犹太人，即便出示工作许可证的人也被带走了。

希勒尔是穿过后院和小巷进入庄稼地逃出来的，他发现整个城镇已被包围。他已经说不清自己是如何成功地逃脱并到达库尔泽涅茨的。大家都意识到有重大的事情发生在维雷卡犹太人身上，但到底是什么呢？只能猜测。到晚上，又有几个成功逃出的人到达我们这里。然而，他们并没有说出更多的消息。我们所得到的唯一消息是，卡车正在把维雷卡的犹太人带往一个无人知晓的地方。

接下来的两天里，进出维雷卡是不允许的，我们再也没听到什么。第三天晚上，一个叫杜威德的人逃到库尔泽涅茨，只见他脸部流血，衣服又湿又破。尽管言辞不清，但他还是告诉了我们发生在维雷卡的事情。

几乎维雷卡所有的犹太人——男人、女人、孩子甚至婴儿，都遭到了杀害。他们被卡车运到当地的监狱大院。在那里，身上的一切都被剥夺。接着，总督来到这里，他挑选了几名私人奴隶和最好的工匠。其余的人则六人一组，被带到监狱大楼的后面，那里已挖好了一个大坟坑。那些人被命令面对坟坑站着。在他们后面，

六名纳粹安全部队队员分别对一人的后脑勺开枪。那些没有倒进坟坑的人,被围在处决区的当地警察推了进去。

由于地面已冻结实,只好铲雪来掩盖尸体。杜威德也挨了一枪,倒进了坟坑,但是晚上恢复了知觉。他推掉压在自己身上的雪和尸体,爬了出坟坑,一直爬到库尔泽涅茨。他后脑勺中的子弹奇迹般地穿过嘴巴而未伤及大脑。伤口复原后,他离开了库尔泽涅茨。几个月后,我们听说他在别处又被抓获并且遭到枪杀。

这是我们所在地域的第一次大屠杀。纳粹甚至为这种对整个城镇犹太人进行系统性的灭绝起了个名字,称之为"aktion"(灭绝行动),我们则叫它"akcia"。作为犹太人,我们见过集体迫害①,在那些地方通常村庄遭洗劫、房屋被破坏,同时还伴有邪恶的反犹团体对犹太人的暴力和奸淫。但是,一个20世纪的文明国家竟然将整个社区,包括为他们服务的工人、孩子、妇女、老人有计划地予以谋杀,而除了那些人是犹太人外,根本就没有其他原因。这完全超出我们的想象,简直不可思议!我们私下里这样推想,美国有成千上万的德国人,苏联有成千上万的德国战俘,他们不是可以用作人质吗?此外,这些罪行是无法隐瞒,不可容忍的。难道这些谋杀者就没有意识到他们总有一天要受到惩罚的吗?

我们努力设法不相信所听到的一切,因为相信了这些,就意味着我们处于完全无助的状态。现在是冬天,我们无处可逃。母亲仍然抱有希望,认为我们会有救的。由于她很乐观,人们都聚集在她周围。

几天后,作为副总督的亨德尔来到了库尔泽涅茨,要求犹太委员会交给他200个最好的工匠。这些工匠将被运抵维雷卡,那里正在修建一座犹太隔都。当工匠离开后(夏兹也在其中),库尔泽涅茨陷入彻底的忧郁之中。人们似乎感觉到工匠被带走是因为他

① 指1881年以来发生在俄国,受到当局默许或支持的迫害犹太人行为。

们对德国人有用，他们还感觉到下一次大屠杀有可能就在库尔泽涅茨发生。所有在当地农民中有朋友的犹太人都到朋友那里去寻求避难。我们属于那些无处可去的人，只好留在杨克尔的老房子里。

由我们那个小小的抵抗小组收集到的武器分发给了小组成员，作为抵抗用。我们决心在纳粹屠杀所有人之前，尽可能多地杀死他们。但是，我们并没有足够的武器给所有的人，我和莫西欧就没得到武器。

很难讲述等待死亡又无处可逃时的那种无助感和绝望感。我们总得做些什么，于是决定建一个藏匿所。全家一齐动手，在阁楼上建起一面双层墙。由于缺少材料，墙建得不怎么好，但至少我们做了些什么。我们总有一人警惕着窗外，对任何可疑的活动都发出警告，从而使我们有时间藏匿。就像我和莫西欧一样，父母在持续紧张的状态下表现得特别好。我和莫西欧发誓，决不能不加反抗就落入纳粹手中。我选择了一把最大的厨刀，秘密地练习使用它。

我们和衣而眠。我发现夜晚站在窗口瞭望特别令人紧张。发现任何哪怕是最轻微的声响，都会以为是纳粹安全部队来了，这真让人恐惧不已。整整一个星期过去了，什么也没发生，紧张的气氛终于有所缓和。我们小组把武器放回到柜子里。

正当我们开始稍感安全的时候，又有消息传来，说在伊利亚发生了大屠杀。几天后，几个幸存者到达库尔泽涅茨，证实了这一传闻。纳粹安全部队在立陶宛民兵的帮助下，包围了城镇并开始了屠杀行动。他们把所有被抓获的犹太人关进犹太会堂，然后放火焚烧了犹太会堂。那些试图逃跑者都被枪杀了。不过，他们对挑选下来的工匠则另作处理，把他们送往库尔泽涅茨工匠居住的同一个犹太隔都。

很明显，发生在维雷卡的大屠杀，并不像一些人所试图相信的那样是一件孤立的事件，而是对犹太人一个城镇接一个城镇的有计划屠杀。

战争结束后，我了解到总部设在维雷卡、有150名成员的纳粹安全部队是德国党卫队下属军队的一部分。而党卫队下属军队是专为灭绝犹太人和其他被纳粹认为不值得存活的人而建立的。在1942年1月，由盖世太保和党卫队头目希姆莱的副手海因里希主持的万湖会议会上，制定了一个最终解决方案。之所以给这个计划取这样一个名字，完全是为了灭绝欧洲所有的犹太人。除了现存的集中营外，他们还计划建立灭绝营。四个党卫队下属军队也随之成立，党卫队中最邪恶的成员自愿加入这一组织，接受从事大规模屠杀的特殊训练。他们的长官中，有一些人拥有博士学位。他们学习如何把人集中到隔离区，如何选择进行屠杀的最好地方，如何将人运往这些屠杀场所，如何进行迅速、不折不扣、有效地杀害和掩埋。他们还学习怎样隐藏他们的意图直到最后一刻，以使被屠杀的人们不至于反抗。事先进行的一系列羞辱，如拷打、肉体和精神上的折磨以及时有发生的杀害，都旨在打垮犹太人的精神和意志，以使犹太人完全屈服。这就防止了发生有组织反抗的可能性，从而使犹太人驯服地走向死亡。

当时，我们压根儿就不知道自己是一个主要计划的一部分。我们把德国人针对我们的这些行为归结为战争的走向。我们以为，由于德国不可战胜神话的破灭以及他们军事上的失败，于是将愤恨一股脑发泄在犹太人身上。

恐惧和紧张达到了新的高度，我们都在琢磨哪一个城镇将会成为下一个目标。在接下来相对平静的一个星期内，母亲尽其最大努力树立我们的信念，即相信人的本性是善良的，即便纳粹也是如此，当前的噩梦终将会停止。我们别无选择，生活中唯一积极的事情便是希望。

我们在城镇的生活越来越困难。来访的纳粹和当地警察的残忍性进一步加剧。附近村庄的一位村民谢林基维奇是最具虐待狂性格的一个人。当纳粹安全部队到达维雷卡并接管犹太人事务后，也接管了监狱。就是在监狱里，他们发现了谢林基维奇。谢林基维奇是在带领犹太人工作时杀害了两名犹太工匠而被总督投入监狱的。由于纳粹安全部队不认为那是犯罪行为，不仅把他释放了，而且让他掌管监狱。谢林基维奇把其折磨拷打犯人的方式发挥到了极致，以至于纳粹把他提升为纳粹安全部队的死刑执行官。他经常造访库尔泽涅茨，而库尔泽涅茨的不少犹太人早就听说过他。他每次都索要金子、手表、衣物以及其他有价值的东西，并且还抓获和毒打他能抓到的任何人。尽管他才二十多岁，由于上述特征，他每一次在城镇出现都会引起恐慌。

3 月的一天，当我外出为市长办事时，看到谢林基维奇乘着雪橇来到市场。所有的犹太人顿时从视线中消失了。我没有跑开，以免引起怀疑。反正我也没有佩戴犹太标记，只是迅速地返回市政府大楼，并在那里呆了整整一夜。

第二天早上，我了解到，谢林基维奇在探访了情妇后，开始了其疯狂行为。他闯入犹太人家，见人就杀。当时，我正在市政府大楼，不清楚到底发生了什么。那天晚上，他总共杀害了 32 人。他将妇女和孩子带到室外，围着他们跳舞，并唱道："向你们的上帝祈祷吧，看看他是否能帮你。如果我想杀你，即使是你的上帝也救不了你。"接下来，他杀掉他们，其中一些人被枪杀，一些人被刺刀戳死，还有一些人是被打而死。在一个犹太人家中，他发现了一个妇女和怀抱的婴儿，立即变得激动起来，声称射杀婴儿是不人道的，一脚把孩子踢了出去，使其头部撞墙而死。婴儿的母亲无助地看着这一切，然后，他又枪杀了这位母亲。

谢林基维奇很尊重为他治过病的一位当地犹太医生，因而没有加害于他。他向这位医生吹嘘他参加屠杀伊利亚犹太人时的勇敢和功绩，说他完善了射击方面的技术，成功地用一颗子弹杀死了三人。对于孩子，他不是一个个地杀害，而是把他们扔进一个大坟坑，然后扔一枚手榴弹完事。纳粹安全部队非常赞赏他的这一杀人效率。我曾亲眼目睹他虐待一个老年人，他用巴掌不停地掴老人的耳光，直到这位老人变瞎并且晕倒在地。

大多数库尔泽涅茨犹太人开始变得冷漠和听天由命。不过，我们年轻人并未完全失去信心，而是在寻求机会反抗。

3 月中旬，另一次震惊袭击了全镇。破晓时分，一辆辆满载着纳粹安全部队队员的卡车穿过库尔泽涅茨，向一个不远的小城多尔希诺罗进发。几天后，我们得知那里发生了另一次屠杀。这次屠杀行动用了两天。行动过后，那些成功逃脱的人被允许回来，住在一个建好的犹太隔都中。他们的这一做法，与处置伊利亚屠杀不同。在处置犹太人问题上，毫无可预见性或系统性可言。在不同的城镇，他们使用不同的策略，以迷惑受害者。一旦听说另外地方又有屠杀发生，整个库尔泽涅茨城便重新陷入恐慌。

母亲没有向冷漠和恐慌低头，她的力量鼓舞了我们。我们在恢复精力后，开始建造一个更好的藏匿地，一爿建在与房屋相连的木谷仓中的夹层墙。我们设法弄到了必要的建墙材料，但必须十分小心，不能让人知道我们在建墙。库尔泽涅茨没有隔都，和我们住在同一条街上的一些邻居是白俄罗斯人或波兰人。以往的经验告诉我们：他们在任何时候都可能出卖我们。即使是犹太邻居，我们也不能让他知道我们在做些什么。由于需要保密，建墙的工作进展缓慢。但是，当工程结束时，看上去十分专业。我们用圆木建成的墙与原来的结构相比，几乎分辨不出来。通过房顶的一个隐蔽口，我们能够进入两爿墙之间的一个大约半米宽的空间。我们和库泊一家可以成一字站在里面。

逾越节正在临近，我们十分担心纳粹为这一节日制造暴行。逾越节家宴(标志着逾越节的开始)的前几天，我们看见犹太人从市场跑过来，低声说纳粹安全部队已经进镇了。我们立即藏进隐匿所，并在那里一直站到天黑。我们在听不到任何枪声或骚动后，秘密地从隐匿所爬出来。纳粹安全部队已经离开了。他们这次到来，是为了绞死一个抢劫死去的犹太人房产的农民。他们认为，犹太人所有的财产都属于他们。谢林基维奇是执行绞刑的刽子手。许多当地官员参加了这一绞杀过程。绞死的场面被及时拍摄下来。绞刑过后，尸体在绞刑架上悬挂了三天。

1942 年 4 月逾越节家宴的晚上，母亲很想按照犹太人的传统过节。然而，食物大多是由土豆做的。我们以茶代酒。窗户用被单遮着，以防止有人向里看。我们轮流到窗口瞭望。这是我一生中最悲惨的逾越节家宴。世代以来，这一节日标志犹太人对从奴役到自由的庆祝。但现在，我们的处境却比祖先在埃及时还要糟糕。怀着无比沉痛的心情，我们诵读着《哈加达》。

午夜时分，我们听到了嘈杂声，一辆辆车驶过，上面满载着我们辨不清身份的人。这些人的四周是德国人和警察。车子驶往维雷卡方向。早上，我们了解到纳粹安全部队和警察选择了这个晚上，在一个仅有 200 多犹太人居住小镇实施了屠杀行动。那里，大多数犹太人遭到了杀害。

父母亲仍在商店干分发面包的事。我和莫西欧也仍在市政府大楼上班。父亲比以往任何时候都更加虔诚，将自己完全交到了上帝的手中。每天清晨 4 点，他就去祈祷所祈祷，那是家里留出来供祈祷用的一个地方。相反，我失去了幻想，逐渐远离宗教。我不能接受这一想法，即如果上帝对人类行为有任何影响的话，他也会容忍这种暴行。

我们不断地听到有关战争进展的消息。对德国人来说，情况并不很妙。我们真诚希望在纳粹成功灭绝我们所有的人之前，苏联会穿过前线占领库尔泽涅茨。

天气变暖了，雪开始融化了。我和莫西欧开始准备与抵抗小组一起进入森林。这是一个重要的决定，因为这意味着我们将不得不把父母留在后面。我们不知道没有了我们他们会怎样生存，以及是否能够生存下来。我们的生活将永远改变。但感觉告诉我们，这是一个正确的决定，因为我们唯一的生存机会在森林中。最困难的是，此时我们不能把自己的想法告诉父母，而长期以来，我们一直与父母亲分享思想、感情和希望。

我们开始收集一些不易坏的食物以及其他在森林中生存所需的用品。我们的计划是：我们 20 个年轻的犹太人将联合隐藏在周围村庄的 20 个成功逃脱出来的俄国战俘，以共同组建成一个抵抗游击队。每一个拥有武器的人都被认为是游击队队员、抵抗战士。扎尔曼和我们中的另外两人，秘密地与这些俄国人见面，并且制定了一个详细的行动计划。俄国人坚持认为，我们应该先把武器和供应交给他们，几天后再以小组形式加入他们，从而避免遭到怀疑。

当我们的密使和俄国人在一起的时候，他们遭遇到一个德国巡逻队。在接下来的冲突中，几名抵抗战士牺牲，其中两人是我们镇上的年轻犹太人。德国人并不知道这些人来自何方，于是命令村民把他们给埋掉。一个村民认出其中一个男青年是左斯基的儿子，来自库尔泽涅茨。他便来到这位父亲面前，索要钱财以换取对这位男青年的身份保密，最终他得到了所要的钱。这个故事像野火一样传遍全镇。人们害怕德国人会报复库尔泽涅茨的犹太人。然而，我们的小组决定坚持计划，并且在秘密的状态下达成协议。但不知怎么地，一些做母亲的发现了这一点，并强烈反对她们的儿子离开。这一秘密就这样慢慢地泄露了出去。

父母的反应截然不同。父亲反对，他认为在森林中比在城镇中更容易死亡，况且如果死亡注定要来临，那我们也应该在一起。他认为我们没有权利分解家庭。莫西欧和父亲之间发生了激烈的争论，并且有生以来父亲第一次打了他一巴掌。母亲则希望我们去为生存而战斗。她相信这样生存的机会大一些，我们不应该因为他们而留下。她说，不管怎么说，他们的生命快要结束了(她当时 47 岁，父亲也仅 52 岁)，既然我们年轻就应该努力生存，努力战斗，并且为所有被杀的犹太人报仇。

哥哥和我决心成为游击队员以抗击纳粹。我们计划一旦进入丛林，组织起来，就修建一个地堡，并回来将父母接走。

我们的秘密计划被犹太委员会知道后，他们叫了我们中的几个年轻人，说他们知道我们想成为抵抗游击队员的想法，也知道卷入其中人员的身份。他们禁止我们离开城镇，担心一旦纳粹发现，会对所有犹太人发起可怕的迫害。他们威胁说，如果我们坚持执行计划，他们就会报告当局，我们的家人就会被纳粹安全部队带走。他们并不接受我们这些年轻人的解释：纳粹并不需要理由来灭绝犹太人，看一看他们在伊利亚、维雷卡以及其他地方的所作所为就十分清楚了。

我们面临糟糕的两难困境：如果离开，犹太委员会可能履行他们对我们的威胁，这样我们将对父母的死亡负直接责任。我们不能带上父母亲，是因为俄罗斯同胞坚持要求只有年轻人才能去。当我们把这一切告诉父母时，母亲说我们应该不顾一切地离开。父亲却不这样认为。我们的目标是打击敌人，如果我们被杀害，至少是在战斗中而死。然而，从情感上说，我们不能做任何可能直接导致父母死亡的事情。小组的成员都这样认为。因此，我们暂时推迟了离开的日期，直到能够悄悄地离开。

尽管武器的得来是如此困难，我们仍然同意将武器交给俄罗斯同胞，至少这些武器将开始用于打击敌人。他们允诺说，我们加入后，就能重新得到这些武器。

在经过一个相对平静的时期后，我们镇的恐慌多少有些消退。人们开始相信维雷卡犹太隔都长官的话：对那些努力勤奋工作的人来说，什么也不会发生。食品供应越来越少，但我们仍设法从商店中保留了一些，并且从市政府大楼偷得一些作为储备。

母亲工作十分努力，除了商店的工作外，她还得为家里的 7 口人做饭。这是一项十分繁重的任务，必须有人钻进烤炉点燃劈好的柴火。接着，母亲得用一根长搅棒把一只大锅移到烤炉内。给大锅定位是一件技术活，离火太近会烧焦食物，太远又煮不熟。大锅必须不时转动，即使是做饭也要这样。库泊一家虽然仍同我们住在一起，但一点也不帮忙做家务。母亲消瘦了许多，以至于我们差不多认不出她了。但她对此一笑了之，说她一生都在试图通过节食来减肥，现在却毫不费力地获得了可爱的体型。她从来没有失去其坚强不屈的精神以及对生活的热爱。

我们的朋友里夫卡·格温特是一个年轻敏感的教师，经常来探望我们。临走时，他通常会说："现在我已积聚起大量的精神力量，用以支撑接下来的几天日子。”

库尔泽涅茨迎来了春天，又进入了夏天。德军的士气由于其在东部战线的胜利而大大提高，尤其是当德国军队迫近斯大林格勒时。指望苏联会来拯救我们的希望破灭了。

一天，正当我站在市政府大楼走廊中我通常的岗位上时，一辆卡车带着一些纳粹党卫队员开进了镇里。这些纳粹精英官兵进入大楼后，径直走进市长办公室。几分钟后，市长冲出自己的办公室，眼光落在我身上，并指着我。我吓呆了，以为有人告发了我，德国人要把我带走。然而，市长对我说：“你当党卫队的翻译，和他们一起去附近的村庄。”

于是，我就和党卫队的士兵上了一辆卡车，向下一个村庄进发。我一声不响地坐在那里，看着这些杀人凶手。只见他们一个个脑满肠肥、满面红光，每人配有一挺机枪，腰带上别着手枪，手里还执着皮鞭。突然，卡车停了下来，有人命令我下去坐到司机旁边指路。实际上，我自己也不清楚通往村庄的路，但我知道最好立即干点什么，否则就会引起怀疑。我从司机座位上拿起地图，熟悉了一下，开始指路。在经过一些错误的拐弯后，我们到达了村庄。

我和党卫队员一起挨门挨户地搜查。他们要求得到马匹、车辆、黄油、奶油、鸡蛋、猪油以及其他物品。凭着有限的德语知识，我翻译出我认为他们所说的一些东西。每一个对他们的命令执行不够迅速的农民都遭到了鞭打。

我从来没有见过白俄罗斯和波兰农民如此温顺低下，他们显然害怕惹恼纳粹。我一点也不同情他们。他们是那种村民，不时恐吓和掠夺犹太人，现在该轮到他们见识曾与之合作过的德国人的另一面了。党卫队的面前摆放着宴席，包括一些我很长时期以来没有见过的食品。我慢慢地吃着，以此掩盖我面对这些精美食品时的饥饿感。

在餐桌的交谈中，一名党卫队军官描述了他从殴打直至被打者血流不止过程中得到的快感，另一名军官表达了他对此的嫌恶。

听到这样的反应，第一名军官说："也许你从未经历过我所谈论的事。亲自试验一下，你就会明白。"我坐在那里，听着他们的谈话，感到自己看到了人性最阴暗的一面。最令人毛骨悚然的是，他不仅在揭示个人的邪恶，而且在揭示整个纳粹的邪恶。

当返回库尔泽涅茨时，我们在街上看到了一个佩戴黄色犹太标记的犹太人。其中一个党卫队员对附近竟然还有犹太人表示惊奇。他原以为所有的犹太人已被除掉。我不敢想象，如果他们怀疑到他们中间还有一个犹太人时会发生什么。

他们让我下车。我冲出去告诉市长我回来了，并且要求他不要再派我去执行这样的任务了。

在工作中，我设法探听来访德国要人的谈话内容。尽管语言方面的知识有限，我仍能够将各种信息片断拼起来，了解到纳粹对付犹太人的策略和做法。起初纳粹试图掩盖其真正的意图，宣称他们是在报复抵抗游击队的袭击，或者说是报复德国人在附近被杀一事。后来，逐步撕去了他们的伪装，认为不再需要找灭绝整个城镇和村庄犹太人的任何理由了。

尽管有犹太委员会的威胁，我们反抗小组最终决定，进入树林加入游击队的时机已经成熟。我们已经不可能得到更多的武器，因为当地人不敢卖给我们，德国人则更加警惕。

我们计划分小组离开。莫西欧和我与第一小组在 9 月 9 日晚离开。我们打算穿过铁路线进入森林，在那里与一个已经建立起来的游击队见面。我们打算在自己安顿好后，回去接父母亲。这个具体计划几个星期前就已经制定好了。母亲帮我们准备物品。这时父亲也未加反对。

在我们计划离开的前几天，母亲找了一位算命先生。她拒绝说出算命先生对她和父亲命运的预见，只告诉我们我和莫西欧会生存下去的。母亲身上一直存在的乐观情绪忽然在那一刻消失，她开始怀疑生存的可能性。看到她开始失去生活的希望，我们感到了颓丧。现在，她显然需要我们的精神支持。我和莫西欧尽最大努力给她以力量。父母两人开始变得紧张和不安起来。母亲似乎预感到厄运难逃，尽管我们镇所有的犹太人已经被分配好了下两个月的工作，相信在这份工作完成之前什么也不会发生。根据这一时间表安排计划，我们确信能够及时地回来带走他们。

第七章 库尔泽涅茨的毁灭（1942年9月9日星期三）

赎罪日（即敬畏日，犹太教中最神圣的日子）的前一天，一阵急促的敲窗声将我从沉睡中叫醒。邻居杜巴站在窗外告诫我们将有情况发生。母亲对我说，父亲清晨4点就去犹太会堂祈祷了。我们急急忙忙穿好衣服。母亲颤抖着说："我们有可能活不过今天。"此前，我从没听她说过类似的话。

在后院，我们碰到一些邻居在窃窃私语，试图弄明白到底发生了什么。破晓时分，一场浓雾笼罩着全城，我们仅能看到几米外有模糊的身影在动，但能听见一小队德国士兵从房前经过时的沉重脚步声，分辨出讲德语的声音。库泊一家和我们一起从屋里出来，他们决定躲进我们的隐匿处，即仓库的夹层墙中。母亲、哥哥和我决定不这样做。我们不能容忍见到自己被纳粹发现后像猎物一样被拖出来的样子。我们宁愿跑进通向森林的庄稼地。

所有的人都各自分散开去。我们等了大约15分钟，希望父亲回来。在仍然没有他身影的情况下，我们从后院的铁丝网中钻了出去，猫着腰跑进麦田。树林离这里有5公里之遥。雾仍然很大，根本看不到前面的物体。我们开始听到来自城市和庄稼地等不同方向的枪声。我跑在母亲的后面，看见她背上的黄色犹太标记，一把把它撕了下来。先前她已经撕去了胸前的那一块。在抵达庄稼地边缘的时候，她恳求我们在那儿呆一会儿。她觉得应付不了在到达森林前必须穿过空地的危险，认为躲在

麦田里更安全一些。我们千方百计试图劝说她继续和我们在一起，但她拥抱了一下我们。我永远也不会忘记她当时说的话："去吧，我亲爱的孩子！要努力保存自己并为我们报仇。反正我是活不下去了！"

我和莫西欧请求她不要这样说，不要再浪费宝贵的时间了。我们会活下去的，所有人都会。我们开始猫着腰跑，莫西欧跑在最前面，母亲则跟在我后面。过了一会，我回头看看母亲是否仍跟在后面。只见她在坚持着。她猫着身子蜷缩着，看上去如此瘦小和脆弱。她满脸皱纹，面色苍白，眼泪顺着瘦瘦的脸颊流下来。或许感觉到了我的目光，她向上看了看。我们的目光相遇了。透过泪水，她朝我笑了笑，像是在为我鼓劲。她的嘴似乎在为我们祈祷，眼神向我们告别。就在这一刻，枪声在我们周围响起，子弹从我们头顶飞过。包围城镇和在庄稼地巡逻的士兵发现了跑在前面的莫西欧，开始对着他们所看到的模糊身影射击。我卧倒在地，向附近的一个谷仓爬去。抵达谷仓后，我环顾四周寻找莫西欧和母亲。我发现了在谷仓另一边的莫西欧，但没有见到母亲的身影。我问莫西欧是否知道母亲的下落，他说不知道。

我们开始绝望地在四周爬行，不断地叫着"母亲"，但是没有任何回应。由于大雾，我们也不能看清什么。德国人一定是听到了我们的喊声，枪声朝着我们的方向飞来，子弹离我们很近。我们听到有很轻的脚步声朝着谷仓方向而来，便一动不动地躺在那里。我们终于看见两个年轻人来到谷仓，接着认出他们是扎尔曼和另一个朋友。他们本应该和我们一起在当天的夜晚去找游击队的。他们想从另一个地方进入森林，但和我们一样被发现并遭到射击。扎尔曼和他的朋友对路线比较熟悉，建议我们穿过城镇的非犹太区逃出去。这样，他们在前面跑，我们跟在后面。

我满脑子想着母亲的下落。随着我离最后看到母亲的地方越来越远，想留下来找母亲的愿望与求生本能开始激烈交火。在不知道她是否被子弹击中、是否需要帮助的情况下，我怎能撇下她孤身一人不管呢？我的大脑一片混乱，停下来思考了一下，最终求生的本能占据上风。我们沿着市郊的庄稼地奔跑，路上遇到几个往同一方向奔跑的年轻人。当我们到达非犹太农民的谷仓，并打算躲藏在那里时，我们的人数已经是 9 个了。

我第一个爬上两米高的栅栏并且跳了下来，却听到一声吼叫"站住！"此时雾相对较小，我能分辨出两个头戴德国军帽的人正趴在 10 米外的地上。他们举着类似机枪的东西。出于本能，我立即平躺在地。过了一会，机枪的响声仿佛把我的耳朵震聋了。我能够看到枪管冒出的火光。"莫西欧，你还活着吗？"我大喊道，随后听到了他从栅栏后面的回答。

我开始沿着栅栏往回爬。机枪还在连续不断地扫着，子弹在周围乱飞。我意识到，如果这种情况继续下去，随着大雾的消散，我将没有机会生存下去。尽管站起来我会把自己暴露在开火的机枪下，但唯一的希望就是回到栅栏那边。这样的想法刚出现，我就发现自己已经到了栅栏的另一边。我很快爬回到谷仓后莫西欧和其他人藏身的地方。我不记得自己是否翻越了栅栏，不知道我哪来的力量，也不明白子弹为何没打中我。我四下看了看，发现总共只有 6 个人呆在那里。我们推想其他 3 人被打死了。

还没来得及歇息一下，我就听到德国巡逻队从我们打算撤离的方向走来。由于雾，我们还不能看清他们，但他们的声音是不会错的。我们的前面是曾朝我开火的机枪，左边是谷仓、房屋和市镇广场，从那里正传来连续不断的枪声，右边则是我们曾遇到过的包围城镇的一队士兵，他们正在那片开阔地上。现在我们最后一条逃脱之路也被堵死了。随着德国巡逻队的声音越来越大，我感到死亡也越来越近。我脑中闪现出德国人抓到我折磨我杀害我烧死我的情景。我害怕得头发都竖了起来。"必须救自己"，一个声音在我体内大叫。我的大脑开始飞速地转动。或许我可以冲出德国人的包围圈。假如我注定要死去的话，也要在努力争取生存时死去，而不是在消极等待中死去。

死亡似乎是瞬间之事。一旦死亡来临，一切都会结束，但在那一刻来临之前，我是不会放弃的。我绝望地寻找救自己的方法，但

思维已经停顿，行为也完全受绝望的支配。我爬到附近的一株灌木丛中，欺骗自己说这是安全的地方。

莫西欧看到我躺在那里，脚还露在外面。“塞立姆，你疯了吗？他们会很快发现你在这儿的。”他把我拖出来，看到我眼中迷乱的神情，他拍打着我，并猛烈地晃动着我。顿时，我恢复了意识，并了解到自己的愚蠢。

我们开始向左面跑去，又回到市镇的非犹太区。在路上，我们一个谷仓一个谷仓地查看，但这些谷仓都是锁着的。我抽出那天早上离开房间时带上的厨刀，下决心一旦被抓，就努力使抓我的人同归于尽。

巡逻队离我们已经很近了。我们继续搜寻着躲藏的地方。突然，我发现一个谷仓门没有锁，只是闩着门。就是这儿了！我冲其他人点了点头，便冲向这个谷仓。我们悄悄地把谷仓门弄开一条缝，挤了进去，然后关上门。谷仓里的干草和小麦堆得高高的。我们沿着干草捆向上爬，来到草堆5米高的顶端，将自己藏到草捆和墙壁间的地方。最后一个上来的人尽可能地消除爬的痕迹。几分钟后，我们听到德国巡逻队伴随着当地的警察，来到我们藏身的谷仓旁。他们询问一个牧童是否看到有犹太人藏在这儿。牧童回答说，他看见一些犹太人跑过，但不清楚他们跑到哪里去了。我听到谷仓的门打开了的声音以及德国人进门的声音。我屏住呼吸。接着，又听到门关上的声音，谷仓里一片寂静。从我遭受射击的那一刻到眼下，整个过程不过几分钟。德国巡逻队终于离开了这里。

突然，我们又听到了警报声。当时，我并不知道警报意味着什么。我的手表指向了早上6点，距我们离家整整一个小时。然而，我一生中最难忘的经历就发生在这可怕的一小时里。

后来我们得知，警报声意味着对我们镇屠杀行动的开始。在这一行动中，犹太人被拖出他们的家，带到广场。到行动的这一阶段为止，他们还只是杀害那些抵抗或试图逃跑的人。

我们一动不动地在谷仓里呆了6个小时，甚至没说一句话。谷仓的壁很薄，无论外面发生什么，我们都可以清楚地听到。由于外面什么也没发生，我想也许自己错了，也许他们只是来抓犹太人去干活。就在这时，我听到有人奔跑，一个德国人喊“站住!”接着是枪声，然后是痛苦的尖叫声，再下来是沉默。不过，沉默并未持续多长时间，我听到了一个家庭的声音，由母亲、儿子和两个女儿组成的家庭在为他们的生命乞求着。纳粹安全部队以狂笑作为应答，接着是射击声。小女儿还是一个少女，显然她被留到了最后，目睹了全家人的死亡。我听到她在被拖向广场时发出的可怕的哭喊声。她尖叫着咒骂那些纳粹，要求和她的家人在同一地方死去。一个十几岁的女孩子，刚刚开始她的生活，就绝望地想和她的家人一起死去，这是什么样的情形！然而，她的这一要求竟未获准。我听到她的叫喊声在渐渐远去。

想象着外面发生的事，我禁不住想起了自己的父母亲。我坐在那里咬自己的手指，迫使自己不去做类似迅速从谷仓中冲出去找他们的傻事。

那天下午，有人悄悄地进入了谷仓，但过了一会儿便离开了。我们听到外面有落锁的声音。这个农民一定觉察到了我们的存在。我们掩盖痕迹的所有努力都将白费。我害怕他已经告发了我们。如果不是要阻止我们逃跑，他为什么要把我们锁在里面呢?

我们低声商量着，决心不再做不反抗就妥协的事。我们爬出藏匿地，坐到了草堆上面。我们将在谷仓中发现的镐头和农具作武器，摆好架势，随时准备跳下去攻击进来的任何人。

我们非常紧张地呆在那里，时间在慢慢地过去，但直到黄昏什么也没发生。于是，我们猜测这个农民也许压根就没想把我们交出去。我们的紧张情绪顿时放松了。临近傍晚时，我闻到一股怪味道，起先想不出是什么，突然间我的脑子被触动了一下，那是焚烧尸体的味道！就在我们一声不吭恐惧地呆在谷仓时，这股气味越来越浓。没有人愿意最先说出我们脑海中想的是什么，但是，我无法摆脱对纳粹焚尸做法的了解。母亲会不会在其中？父亲会不会在其中？我一身冷汗，一种极度的疲惫把我给压垮了。我不想思考，不想感觉，不想面对现实。但我的思绪不放过我，一种苟活的负罪感包围着我。

夜幕降临了，枪声消失了。我们开始商量如何利用夜幕的掩护离开谷仓到森林去的办法。我们试图悄悄地撬开其中一面墙的木板，但是谷仓建得太牢固了，我们没法撬开。我们也没能撬开谷仓门的锁。一不小心，我们弄出了一些声响，突然看见一束光线朝谷仓照来，接着，听到机枪的响声，我们爬回干草堆，一动不动地呆在那里。

黎明前，我们听到一些动静和开锁的咔嚓声。谷仓的门一下打开了，有人进入后又被关上。我们听到低声交谈的声音，猜想是那个农民或他家中的一员和其子女来到这里。我们想到要突袭他们，然后逃跑的事。我握紧厨刀，在黑暗中沿着干草匍匐前进。突然，我从干草堆上掉了下来，摔倒在地上。我迅速爬起来，开始寻找敌人，却什么也没看到。我跑向门口，想打开门，但惊奇地发现门已经锁上了。我的手碰到了另一个人，正准备举刀就砍。就在这时，我意识到那人是扎尔曼。在黑暗中，我们不断发现其他人。扎尔曼抓住一个人的手，问道："你是谁？"但是没有应答，只听到牙齿打颤的声音。这时，我们明白，这肯定是另一个犹太人。"是犹太人吗？"扎尔曼用意第绪语问道，一个声音轻轻地回答道："是的。"

谁知，那人竟是扎尔曼的叔叔。从他那里，我们得知这间谷仓的主人叫伊尼亚里利·比鲁科，他把扎尔曼的叔叔及其子女从隐藏地带到这间谷仓，从而救了他们的命。得知这个农民不是我们的威胁，对我们来说，是一种巨大的解脱。

黎明时，谷仓门又开了，这个农民走了进来。由于我们不再害怕，便都暴露在他面前。他要求我们尽快地离开谷仓。我们答应他到晚上就走。他说，他将为我们留着门。

上午，枪声又从几个方向响起。我们不安地等待着，一个小时一个小时地过去。到了中午，门突然打开，那个农民进来告诉我们整个镇在燃烧，并要求我们立即离开他的谷仓。他担心，万一谷仓着火，我们向外跑时被德国人发现，他便会受到窝藏犹太人的指控。我从门向外看了看，看到火在很远的地方燃烧，但庄稼地里到处是德国士兵和警察。我们是不可能逃脱他们的视线的。于是，我们坚决拒绝当时就离开，但再一次保证天一黑就尽快离开。他不情愿地同意了。

后来，我们把各种消息拼凑在一起，获得了导致城镇这场大火的原因。一个叫祖斯卡的上了年纪的犹太人和他的妻子藏在他们房子的阁楼中。屠杀行动的第一天，德国人没有发现他们。第二天，当他们夫妇从阁楼的空隙中看到集市广场发生的一切时，便把煤油浇在了自己身上以及整个阁楼里，然后点火自焚。烧毁他们房屋的火蔓延到与之相连的木楼，致使整个临近的街区都着了火。德国士兵和警察花了好几个小时才控制了火势。

当夜晚最终来临时，我们开始准备离开。扎尔曼的叔叔拒绝加入我们，他认为他和自己的孩子不可能在森林中生存下去。

半夜时，当一切都静悄悄时，我们依次一个个离开谷仓，排成一列穿过庄稼地向森林进发。从很远的地方，我们就能看到带来烧焦尸体味的大火。

就这样，我们一语不发地离开了库尔泽涅茨城。有一次，我们以为听到了脚步声，都卧倒在地。等了一会儿，未再听到什么之后，我们又起身继续赶路。大约两个小时后，我们到达小树林，坐下来休息。

我突然感觉到饥饿和干渴，这才想起来已经两天未吃未喝了。我们开始在树林附近寻找农家，敲开第一家乞求食物，他们给了我们一些面包和水。

正当我们坐在树林中，突然听到树枝的拨动声，大家一下子跳起来，纷纷找地方藏身。这时，我们发现是希姆克·阿尔佩罗维奇，一个来自库尔泽涅茨的人。他一直隐藏在林子中。他在听到我们的声音后，过来加入我们的行列。在屠杀行动中，他被市长藏在市政府大楼里。和我们一样，他在第二天晚上溜出进入树林。他把所见所闻告诉了我们。

在那个星期三的清晨 4 点，纳粹安全部队在为德军服务的乌克兰人的帮助下,包围了库尔泽涅茨,并和立陶宛以及拉脱维亚辅助部队一道进入该城。6点整,屠杀行动开始。他们挨家挨户,从牲口棚到谷仓,从一幢楼到另一幢楼,将犹太人全部抓到手,集中赶往纳粹安全部队重兵把守的集市广场。纳粹安全部队的机枪从广场的各个角落对准那里的犹太人。德国人在搜寻隐匿所时非常细心,夹层墙、地下室以及顶楼都不放过。任何试图逃跑者都被当场击毙。总督赶到广场观看犹太人的集结,趁此机会挑选一些漂亮的女孩和工匠运往维雷卡。接着,纳粹安全部队头目也赶过来,对自己喜欢的东西作了挑选。大约下午3点钟,一辆辆卡车抵达,在每辆卡车装了20个犹太人后驶出城镇。每隔几分钟,那些卡车就回来一次重新装上一拨人,德国人边装运边对犹太人喊骂、推挤、殴打。

犹太人被带到镇郊闲置谷仓附近的庄稼地,每一批都奉命脱去衣服,然后详细地登记上名字和年龄。接下来,他们被带往谷仓,刽子手已排成半圆等在那里。当他们到达谷仓时,就遭到来自各个方向的射击。这些吓呆了的人在混乱中四下拼命躲闪着子弹,直到最终被统统击毙。

第二批运抵的人先被逼着将尸体抬进谷仓,然后被杀。当尸体堆得很高时,为了节省时间,受害者被逼着爬到那些尸体的上面,在那里遭受枪击。在这一过程中,当地警察充当了德国人的助手,其中特别心狠手辣的人获得荣誉,被允许开枪杀人。刽子手的背后是摆满食品和饮料的桌子,以便他们随时能补充能量。当谷仓的尸体堆得足够高时,他们就放火烧仓。

那些死于子弹的人是幸运的,受伤的则被烧死。接下来抵达的人则被迫站在燃烧的谷仓边,在那里被枪决。而在他们后面抵达的人,则被迫把他们的尸体扔进火中。在屠杀行动中,谋杀者还进行取乐,如强迫儿子把他受伤的父亲推进火中然后将其杀害,一些做母亲的则被迫将其死去或受伤的孩子扔进火中。许多受害人在被扔进火堆前就已经疯了,两眼直愣愣地看着。由于这一过程比预期的时间要长,下一批活着的人直接被推进另一个谷仓,谷仓的门在人进入后被关上，机枪透过墙壁把里面的人射倒，接着放火烧仓，任何试图逃跑者都被击毙。

市长也被带到现场目睹这一过程。回到家时，他如此地震惊，以至于用头撞墙。这些事情是他向希姆克描述的，而希姆克当时躲藏在市政府大楼里。

总共 1 040 名犹太人在这次暴行中丧生，留存下的只是一些骨头、牙齿和其他未被烧掉的小物品。

第八章 在丛林中（1942年9月12日—9月末）

我们又累又晕地在离库尔泽涅茨大约5公里的小树林中坐下。这个小树林坐落在干道与铁路线的中间。林中树木过于稀少，使我们很难隐藏在其中，然而这里距最近的大森林还有25公里之遥，况且我们急需休息。又有几个人进入林中，其中包括里夫卡·格温特和她的母亲。当恐怖开始时，她父亲曾经和我父亲一起在犹太会堂中祈祷。现在我们一共有10人，其中4人属于抵抗小组。

一个男子向我们讲述了镇上一些非犹太人在这次屠杀行动中所扮演的角色。很明显，他们挨家挨户地搜，抢掠任何可以抢掠的东西。一些人还站在屠场附近，拣纳粹扔给他们的一些不太有价值的衣物。一些人甚至主动帮助纳粹找寻藏匿中的犹太人。屠杀行动过后，他们仍不停地寻找幸存的犹太人，并把他们交给纳粹。他们劫掠、恶意破坏犹太人的家，拆墙壁、撬地板以及捣毁烟囱，寻找他们认为可能藏在那里的黄金。连孩子也加入这一行动，搜寻藏匿在庄稼地和其他地方的犹太人。一些孩子还将曾经和他们一起玩耍的犹太小朋友出卖。每当他们发现一个，就会跑到纳粹或者警察那里，指出犹太人的藏身地。

犹太会堂也逃脱不了被抢劫的命运。曾经藏在会堂屋顶下的两个犹太人家庭被当地的一名劫掠者发现。他们试图逃脱，但那人却紧追不舍。他抓到那些犹太人后，就把他们交到警察手中。

当地人中的大多数对正在发生的事情漠不关心。伊尼亚里利·比鲁科，隐藏我们的那个农民，则没有把我们交出去。他是库尔泽涅茨为数不多真正挽救犹太人的正义人士之一。

由于原定在林中与游击队碰头的日子已经过了若干天，我们不得不找联络员去打听游击队现在在哪里。

镇与镇之间通常有大片未开垦的土地，上面长着一簇簇或密或稀的树木。一些孤零零的农舍分布在林子的边缘，或在市镇和村庄的周边。就是这些农舍中的某一处是负责与苏联游击队联系的联络员的家。曾经和他见过若干次面的扎尔曼和莫西欧去找此人，其余的人则留下。

他们带回的消息说：抵抗游击队按照计划曾于 9 月 9 日等待我们的到来，后来去了一个不为人知的地方。他们有可能很快会回来。尽管我们很不情愿待在现在的地方，但还是决定再等上几天，直到确切地知道游击队是否会回来。

我们一整天躺在树下，身上覆盖着树枝，谁也不敢乱动。在这些稀疏的树林里，找不到任何吃的东西。那天晚上，饥饿和干渴开始折磨我们，我们当中四个人走出林子，到周围的农舍搜寻食物。我们不知道哪户农民是善良的、愿意帮助我们的，哪一户会把我们出卖给纳粹。然而，除了冒险，我们别无选择。外面一片漆黑，我们迷路了。整个夜晚我们都是在兜圈子，越发地又饿又渴。

黎明前，我们来到一个偏僻的农舍前，敲敲门。一个妇女打开了门，我们向她讨一些吃和喝的东西。她说她只有一些凉土豆和水。她示意我们进去。我们跟随她朝厨房走去，我走在最后面。第一间屋用作猪圈，沿着墙有一槽脏水。用木屑铺的地上有些食物的残渣。当我们进去时，好几头喂得脑满肠肥的猪正站在那里，懒洋洋地看着我们。我渴极了，一见水就再也控制不住。我双膝跪下，开始喝猪槽里的水。随后，我起身和其他人一起进入厨房。那个妇女给了我们一些土豆和清水，我们便离开了。

我们找到回去的路，和其他人一起分享了讨来的土豆和水。由于疲惫极了，我们在灌木丛下躺下，进入梦乡。

早上，树枝的拨弄声将我们弄醒。出于警觉和紧张，我们在灌木丛下缩成一团，力图不被人看见。脚步声既不是向着我们而来，也没有表明离去。我们意识到这些人一定在一个地方坐了下来，决定爬出去侦察一下。等爬近后，我们发现，这些人像我们一样试图隐藏在灌木丛中，当即意识到他们也是犹太人。在他们中间，我们发现了扎尔曼和里夫卡·格温特的亲属，于是有了一次非常感人的见面。

经过低声的交谈、轻声的啜泣，我们了解了他们的经历。他们由于躲在阁楼中自建的藏匿处而生存下来。纳粹搜查过他们的房子，但并未发现他们。第三天晚上，他们离开隐匿所，进入森林。他们还带来了一些镇上犹太人家的消息——谁逃脱了，谁被杀了。但是，没有关于我父母的消息。我们早就怀疑那是一次彻底的谋杀，内心却一直希望不是那回事。他们所讲的事情，对我们来说仍然十分震惊。不过，我们还是对找到父母亲抱有希望。

我们中有一个人认识当地的一个农民。那天晚上，我们去了他的农舍。他为我们提供了好几天的食物，并答应今后到树林中给我们送更多的食品。但他害怕我们在他房屋周围被发现。他是一个好人，我们感到他不会出卖我们。

回到森林中，我们不能生火，因为害怕这会暴露我们的存在。天下起了大雨，下了一整天。我们都湿透了，却没有任何躲避之处。面包和熟土豆的供应也在日益减少。

扎尔曼和莫西欧又去找我们的联络员，带回来的却是令人失望的消息：游击队并未回来。有传闻说他们到东方过冬去了。在我们地区，小规模的抵抗游击团体是在最近开始组织起来的。他们缺少武器，其中过半数的人只能用棍棒作为武器。农民藏匿的一战留下来的旧步枪以及我们提供的武器，是他们的主要武器。显然，他们认为，在东方过冬要更安全些，这样，东部的抵抗游击活动大大增加了。

雨停了，但我们身上都湿透了。因此，尽管有危险，我们还是点起了火，以烘干衣服和暖和身子。莫西欧还用火烘干他的脚。

第二天早上，他双腿麻木，不能站立，慢慢地腿才恢复了一些知觉。

那个农民，我们的朋友，继续给我们送来吃的，并且告诉了库尔泽涅茨的近况：纳粹还在寻找藏匿在地堡或其他地方的犹太人，并在发现后当场杀死藏匿者。

莫西欧和我决定晚上返回库尔泽涅茨，看看我们建造的藏匿处是否还有人活着。我们希望在麦田分别后，母亲回到家中，由于没有地方去而藏匿在那里。她一定需要我们的帮助。基于这一想法，我们决定将危险置之度外。我希望莫西欧能留下来，因为他走路仍然有些困难。但他和我一样热情，马上站起来，说道："你看，我能走路。我们一起去！"

于是，在屠杀行动发生一周后的一个漆黑夜晚，我们动身前往库尔泽涅茨。穿过庄稼地，我们到达第一个有人家的地方。然后，我们猫着腰穿过麦田，向杨克尔家的院子走去。四周一片寂静，我们决定首先查看谷仓。在推门时，我们感到心跳加剧，门无声地打开了。

关上门后，我们走进由自己建的夹墙间。在入口处，我们轻轻地喊着："妈，我们来了。"但是，没有任何回应和动静。我从入口处爬了进去，里面没有任何人。接着，我们寻找埋藏贵重物品的地方，想把藏在里面的东西挖出来。我们找到了那个地方，用手挖一挖，发现里面什么也没了。我们宁愿相信是母亲回来过，取走了里面的金子，然后又走了。如果是那样的话，就意味着她还在某处活着。我们决定到屋里寻找这方面的痕迹。在悄悄走近时，我们发现房间的门窗已被捣毁，房间里面遭到了完全的破坏。除了父亲穿破的皮衣外，我们未发现任何属于我们家的东西。站在碎瓦砾之中，已经看不到一周前我们曾生活在此的任何痕迹。

我们在绝望中走进院子，左边是遭到劫掠的房子，已经不成样子了。离房子不远的谷仓附近可以看到一小火堆，偶尔有火苗冒出。在烧了一星期后的发焦尸体仍在散发出气味，弥漫在空气中。我极力驱赶不断袭来的想法，即这气味是我父母留下的唯一东西。我开始头晕目眩，感到快要晕倒了。我强迫自己理智些，不让感情支配自己的行动。

右边则是先前属于邻居杜巴的房子,现在则被几个白俄罗斯人和波兰警察占据。我们听到了音乐声和女人的笑声。这些快乐活着的杀人者正在庆祝他们因屠杀犹太人获得的荣耀。此刻,我真想有一枚可以扔进那个房子的手榴弹,但手头什么也没有。

房子的侧门突然打开了,一个警察走了出来,站在台阶的最上一层撒尿。我们立即卧倒在地,相互拉着手,防止一时冲动做出冒险之事,例如赤手空拳地攻击那个警察。在一瞬间,透过开着的门,我们瞥见了屋子里面的情景。我们看见醉醺醺的警察正搂着一些女孩子,喊着唱着。接着,门关上了,又是一片黑暗。

我们开始折回树林。刚出了镇,不再有直接危险时,莫西欧突然摔倒并且站不起来。由于震惊,他的双腿已无法支撑。我们默默地在地上坐了一会,然后,在我的帮助下,莫西欧开始慢慢地爬行。尽管不停地停下休息,我们还是在黎明时分到达了森林。我们木然地坐在大家中间,竟没有察觉天又开始下起了雨。

渐渐地,躲藏在湿衣服上的虱子开始骚扰我们。我们有好几天没脱衣服了,因此不管捉到多少,虱子总是无法杀绝。

我们时刻警惕着在树林周围走动的农民。那个农民朋友曾慌乱地跑来告诫我们:会有一次“oblava”(俄语词汇,有“围剿”之意),指德国人为寻找犹太人和游击队有计划地包围和对整个森林进行拉锯式梳理的行动。在当地警察的帮助下,他们组成一个人链,进入树林,包围和切断所有可能逃脱的路线。这类行动通常持续一周或 10 天。

我们分散在树林中,尽可能将自己隐藏起来,然而什么也没发生。那个农民还告诉我们:有传闻说,在科特劳斯卡亚茂林藏有犹太人和游击队。科特劳斯卡亚茂林是 30 里外的一个巨大的、几乎难以穿越的森林,是环绕巨型纳罗切湖的纳罗切森林的一部分。

那天晚上,我们决定先派三个人前往科特劳斯卡亚茂林察看地形,评估其安全性,并了解是否真的有人在那里。在他们返回后,再决定是否带领其他人前往那里。

什洛莫科对这一带很熟，可以带路。他是一个 30 多岁的受过教育的人，是个皮肤白皙、蓝眼睛的单身汉。我也被包括在这三个人之中。晚上 9 点，我们出发了。经过库尔泽涅茨，我们沿着干道走了大约 10 公里，接着穿过庄稼地，避开村庄，不停地向树林进发。这是我有生以来第一次在脑中记下沿途的标志，以备返回时所需。

早上，我们到达了科特劳斯卡亚茂林。经过几个小时的寻找，我们发现一个犹太人营地。我们被告知：有大约 150 名从周围城镇和村庄逃脱出来的犹太人隐藏在该森林中，但是没有抵抗游击队。

什洛莫科找到了他的一些亲属，决定留在那里。我们小组的第三个人想进入森林深处寻找他的亲属，因为他听说他们幸存了下来，藏在森林里。现在轮到我决定该怎么办了。尽管我没有把握自己是否能找到回去的路，但我知道莫西欧在等我。我决定独自返回。睡了几个小时后，我准备出发。

什洛莫科为我描述了返回的路线。天黑后，我带上一根木棍以及这段时间以来一直伴随我的厨刀，朝库尔泽涅茨附近的小树林走去。我一路十分警惕。当我无法确定要走的路时，就坐下来强迫自己回想来时的路标。我特别担心走错了路，落入德国人手中。17 岁的我，单独一人走在不熟悉的地方，心里很是害怕。哪怕是再有一个人，情况也会大有不同。只要是在树林中，我就会感到安全些。我并不害怕树林中的强盗，因为从某种意义上说，我也是其中的一员。但是，当我到达沿着庄稼地的公路上，接触到所谓的文明，就感到了危险。月光为我照亮了要走的路，但也把我给暴露出来。

有好几公里，我沿着两旁有树的路走着，随时提防德国人的出现。我把每个阴影都当成了德国人，每次听到树枝的沙沙声，我就卧倒在地。最终，我意识到，以这种速度将无法在黎明前回到莫西欧和其他人中间。我知道，必须控制自己的紧张心理。我决定只有在德国人在路上出现时，才躲起来。我想，如果德国人开车或骑马而来，我会在很远的地方听到他们的声音；如果他们埋伏在路上，我无论如何是逃不掉的，因此恐惧和害怕不会有什么帮助。我壮起胆开始快步行走。当树影晃动像人一样时，我仍继续赶路。为了自我安慰，我开始轻声哼起来。这一招还确实管用。

黎明时分，我回到我们一群人呆的小树林。所有的人都还在睡觉。当他们醒来发现我一个人时，都对我竟能独自找到回来的路惊讶不已。大伙决定天黑后一起向我刚刚返回的森林进发。经过两夜的奔波，我是精疲力竭，一睡就是好几个小时。我需要力量再次踏上相同的征程。

天黑后，我们开始出发。莫西欧走路仍有困难，一边靠一根拐棍支撑着，另一边由我们中的一人搀扶着，慢慢地向前走，不时还要停下来。起初，大伙都停下等他，但最终为了避免危险，他们很快走到前面，把我们留在了后面。我并不担心，因为我认识路。莫西欧忍着巨大的疼痛继续走着。他的情况越来越糟，我又没力气背他，他开始爬行。我们既没有食物，也没有水，我想在黎明前穿过空旷的公路和庄稼地到达林子里，以便在白天有地方可藏。我们终于进入了一片林子，那里距科特劳斯卡亚茂林还有大约 12 公里的路。

在林子里向前走时，我们来到一条小路上。沿着路，我们小心地走着。突然，我们发现了掩饰得很好的一间小屋，里面藏有一家犹太人。他们是从周围一个村庄逃出来的，由于非常熟悉这一地区，他们通过向善良的邻居乞要食物维持生存。他们与我们分享了他们的土豆。莫西欧当时几乎不能动弹，我也筋疲力尽。我们利用这一天剩余的时间进行休息。

到了夜晚，我发现莫西欧仍无法继续行走，就请求这家人让他和他们在一起呆几天。我担心，如果和莫西欧呆在一起，我们有可能会与在森林中见到的家庭失去联系。我决定先去找他们，然后再回来接莫西欧。莫西欧很不情愿地答应了。这家人给了我一些土豆带着，他们的儿子也决定和我一起去。于是，我们便出发了。

几个小时后，我们顺利地到达了浓密的森林。我们一边寻找小径和人们走过留下的痕迹，一边继续往深处走。我们沿着一条小径走了两公里，来到一个营地前——几个由树枝搭成的棚子，一些篝火，正在烘烤的土豆，几个围着篝火取暖和烘干衣服的犹太家庭。这些人都来自库尔泽涅茨及其毗邻地区。由于我曾帮助母亲在城镇中分发过面包，他们中的大多数人都认识我。我认为他们中肯定有人知道我父母的情况，但没有任何人给我关于父母的消息。我请求他们回忆回忆，询问有没有人在我不在时到过我们家。尽管未获任何消息使我深感怀疑，但至少让我心存一线希望。

我和他们一起呆了几天，了解到他们的日常生活规律。晚上，身上有些钱的男子到他们认识的村民那里去买食物，一些没钱的人仅能靠乞求或偷拿，女人和孩子则通常留在营地。白天，所有的人都呆在森林深处，那里树木稠密，人们不得不开辟出一条路来。

一天晚上，我正坐在火堆旁，一个新来者出现了。我认出他是安托什卡，在库尔泽涅茨时他曾住在我们家左侧的一栋房子里。这是一个普通的、未受过教育的青年。他认出了我并向我打招呼。“你父母都被杀了，我亲眼看见你的母亲被带走时的情景。”他说。

这突如其来的一番话，使我顿时喘不过气来。我无法反应，也问不出任何问题。我既没有哭，也没流露任何情感，一种完全的空虚慑住了我。由于这种空虚，我对周围的一切都失去意识。我有好一会儿坐着处在这种状态之中，听不到周围的谈话声。慢慢地，我的意识恢复，我意识到父母已不在人世了。

我的母亲，一个是多么热心和充满活力的人，一个曾是我们精神支撑者的人，现在已经不在人世了。不，这不可能是真的。这是一个谎言，一个错误。我能看见父亲和母亲，他们就在我的身旁。我把愤怒都发泄到安托什卡身上，恨他把这样一则假消息带给我，然后我站了起来，离开人群。当我独自一人坐在树下时，眼泪开始流下来，心中痛苦万分。我不知道自己在那里坐了多长时间。在这期间，有人来到我面前，拿来了一些食物并试图安慰我。我不记得他们说了些什么。在对他们的关心和帮助表示感谢后，我站起来离开了。

有好几个小时，在不知道自己往何处走的情况下，我穿过树林和庄稼地。突然间，我意识到自己正进入留下莫西欧的树林。我开始重新思考起来。我该做什么？莫西欧还在生病，如果他听到我所听到的一切，说不定会更糟。我决定暂时不提这事。于是，我振作起来，装作什么也没有发生的样子朝前走。

当我走近时，看到快要熄灭的火堆。除了莫西欧，所有的人都还在棚子里睡觉，他在火堆旁打盹。一听到脚步声，他就醒了过来，问道："谁在那儿？"我说是我。他向火堆扔了一些小树枝，火苗又亮了起来。接着，他看着我的脸，问发生了什么。我没有回答，他紧追不舍。

我只能说："他们都不在了。"我在他身边坐下，两个人无语地相互拥抱着哭了起来。

过了一会，莫西欧问："那是真的吗？怎么可能呢？为什么会是这样？"

"这是一个谎言，"我说，"对我们来说，他们将永远活着，和我们在一起。我看到他们正看着我们，保护着我们。"

"是这样，塞立姆，"莫西欧说，"他们将永远和我们在一起。我们的母亲直到现在都在指导着我们，并且将继续如此。现在，我们生命中已经没有任何牵挂了。我们现在的主要任务是遵循母亲的要求：救自己，向杀人者及其帮凶复仇，并告诉世界所发生的一切。"

我们发誓要战斗，要替父母报仇并努力生存下去。即使我们会被打死，也要在战斗中死。

我们和那个家庭在树林中呆了大约一个星期。在这期间，莫西欧逐渐康复。一到晚上，我们就出去到田地里挖土豆，然后放在火上烤。土豆和水是我们每天的食物。

等到莫西欧能够走路时，我们决定离开，向科特劳斯卡亚茂林进发。至此，我已很熟悉这一路线了。在附近的一个村庄，我们停下来讨了一些吃的。一个好心的妇女给了我们一些热土豆饼，这是我们几周来的第一次热饭。

在森林里，我们重新加入朋友的营地，并用树枝建造了自己的棚舍。森林中的犹太人都已分散，加入到几公里外的其他营地。每个家庭和小组都用树枝建造了自己的住所。几个小组共用一处营火。晚上则是到村庄和庄稼地去讨要或偷取食物的时间。

我们打听到在库尔泽涅茨曾经和我们共用房屋和藏匿室的库泊一家。他们就在离我们不远的一个营地。我们非常高兴听到他们的消息，并立即去找他们。大家相互热情地互致问候，然后，我们坐下来倾听他们的经历。

在那次屠杀行动的早上，当我、莫西欧和母亲跑进庄稼地时，库泊一家藏进了我们建在谷仓夹墙间的隐匿所。整个屠杀过程中，他们一直呆在里面。德国人搜查过房屋和谷仓，但没有想到墙壁之间能够藏人。

很显然，是一个当地的男孩发现了藏在麦田里的母亲。他告诉了当地的一名警察，该警察带走了母亲。那天早上大约 9 点，库泊一家听到警察把我母亲从庄稼地带到住所。他们听到母亲用波兰语恳求警察放了她。警察向母亲保证犹太人被带走是去做工，建议她带上一些换洗衣服和食物。她进了房间之后，他们就没再听到什么了。

两三天后的一个晚上，当一切都归于平静，库泊一家就离开藏匿处向森林进发。他们遇到了熟悉道路的犹太人，和他们一起来到科特劳斯卡亚茂林。他们从一个藏在林子中的人那里知道，我父亲是在早上 6 点钟与一批在犹太会堂祈祷的人一起被带走了。这是第一批被带往集市广场的犹太人。那天稍后时间，我母亲也被带往那里，遇见了我父亲。他们是一道走向死亡的。

库泊一家以及认识我母亲的其他朋友对我们说，作为一位如此特殊的母亲的儿子，我们应该感到骄傲。我们的母亲在这段恐怖时期曾经帮助过许多人。尽管听到了所有的细节，我们仍然不能接受将永远再见不到父母了这一事实。

我们决定呆在那个营地，和库泊一家共建一处房舍。在共同经历了这一切之后，他们现在是和我们家联系最亲密的人了。我们感到饥肠辘辘，然而并不熟悉周围的道路，便要求加入知道怎样到达村庄的小组去讨些吃的。但我们的要求遭到了拒绝，理由是太多人的乞讨很危险，农民有可能不再提供食物。

我和莫西欧别无选择，只好自谋生路。库泊老人和他的大儿子格利沙病了，小儿子则要照顾他们，因此他们不能出去乞讨。晚上，我和莫西欧每人带上空袋子，朝有村庄的方向走去。我们沿着小径和车压过的痕迹走了几个小时，终于到达了第一个村庄。我们藏匿了一会儿，听听是否有危险的动静。接着从一家到另一家，轻轻地敲着窗户，乞讨道："好心的主妇，请给我们一些吃的吧。我们饿坏了。"

不少人家给我们土豆、面包片、盐，偶尔还会给个鸡蛋。几个钟头以后，等袋子装满了，我们便沿着来时的路在黎明前返回营地。当我们坐在篝火旁，烤着土豆吃时，感到无比放松。我们将食物与库泊一家分享。

里夫卡·格温特和她母亲也加入到我们营地。她们处于和我们一样的境地，没有人愿意在讨要食物时带上她们。因此，我们答应下次出去时把里夫卡带上。她和我、莫西欧一起在袋子装满食物后便往营地走。当我们以纵队行走在森林深处时，突然听见沙沙的声音。我们顿时在一个小土丘后卧倒，发现动静来自一侧，接着黑暗中出现了一双闪亮的眼睛。我们意识到那是狼。我们屏住气，一动不动地趴着，希望它不会袭击我们。等我的眼睛适应黑暗，发现正从我们左侧经过的是一群狼。它们要么是没注意到我们的存在，要么是不饿。在狼群走远后，我们爬起来。这一意外的遭遇，使在我们浑身发抖之余，还意识到森林中的另一个危险的因素。最终，我们回到了营地。

我们继续在夜间乞讨，但变得越来越困难和危险。周围的农民开始厌恶我们的存在和乞讨。我们不得不去更远的村庄。

我们逐渐适应了森林中新的生活方式，学会了烧土豆汤，学会了以创新的方式延续有限的供应。冬天正在来临，天气一天比一天冷。我们几乎没有任何御寒的东西。我仅有一件逃跑时穿着的薄外衣，莫西欧甚至连这也没有。晚上，我们睡在火堆旁的地上，背靠着背相互取暖。我们使篝火整夜不熄，一为取暖，二为防止在远方嚎叫的狼群。

虱子在拼命地繁殖，脸和手是身体上唯一两处不受虱子咬的地方。我们根本没法洗换内衣。在天气晴朗的日子，我们脱去贴身上衣，进行捉虱大战。但过后不久，又会有虱子咬人前在身上爬的那种令人发痒的感觉，我们只好浑身上下乱抓一气。

在篝火的照耀下，我们的营地看起来很不真实，就像一幅画——由树枝建造的棚舍散落在密林之中，周围是一些破水桶和烂衣服，衣衫褴褛的人们坐在那里，把手伸向火苗以获取一丝温暖。大多数时间里，我们默默地坐着，偶尔会进行接下去怎么办的热烈讨论。假如我们不能去村子乞讨食物的话，该怎样度过即将来临的残酷冬天？大家担心，德国人将会根据我们的脚印进入营地抓住我们。我们没有武器，即使是那些进入森林砍柴的农民，也会掌握我们的行踪，把我们给杀了，或是告发我们。这种无休止的讨论没有任何结果，整个营地弥漫着听天由命的气氛。日子就这样围绕着填充饥饿的肚子和捉拿虱子而流逝着。

我和莫西欧努力地寻找解决问题的办法，我们决心不因漠然不动而死去。

库泊一家手头有些金子，我们则什么也没有。我们建议建造一个公共地下隐藏所，用他们的金子为大伙买一批粮食，这样大家兴许会奇迹般地度过冬天。但是，库泊一家支吾不语，也许担心我们在骗取他们的金子。他们的担心显然是毫无根据和对别人的羞辱，特别是考虑到我们家曾对他们的帮助，我们决定离开他们。

第九章　为严冬作准备（1942年10月—12月）

时间到了10月初，寒冷的波兰冬天不久就要来临了。我和莫西欧不断地思考如何在春天到来之前生存下来的问题，并且想出一个似乎可行的方案。我们认为，最好的解决办法，是在冰天雪地期间有一个与世完全隔绝的地方。这意味着我们必须找一个远离其他犹太人营地、连一般村民也不会去的地方，在那里建造一个藏匿所，收集够吃一冬的食物，像动物一样冬眠在里面，在雪融化前不出去，不与其他任何人接触。我们必须采购一些物品，其余的东西靠乞讨获得。我们需要某个熟悉这一地区且有钱的人加入我们的行列。我们把这一方案讲给几个年长的经验丰富的人听，他们嘲笑说那是痴人说梦。

离预计而来的第一场降雪仅有大约6个星期的时间。一般来说，一晚上乞讨来的东西够吃两天。但是村民越来越厌倦我们，施舍的量开始减少。于是我们决定到远一些的地方，没有人怀疑藏匿犹太人的地方。我们确信德国人知道有犹太人藏在科特劳斯卡亚茂林，只是并不急于进入这一密林干掉这些人。我们推断一旦地上有了雪，德国人肯定会循着脚印来找我们这些犹太人。

由于年长者不把我们当回事，我们便去找年轻人。经过几场激烈的讨论，三个年轻人同意我们的看法。这些人中，第一个人是21岁的铁匠西蒙。他皮肤黝黑，身体瘦削结实，头发又黑又卷，鼻子很大。他是库尔泽涅茨一个铁匠的儿子，从 12 岁起就和他父亲一起挨家挨户为人钉马掌，因此熟悉这一带的所有大路和小路。他从未上过学，几乎连意第绪文也不认识。

第二个人叫耶伊哲，大约 30 岁，是一个商人。他曾经和其兄长一起在小镇的各个集市卖旧衣服。他身材不高，正派，敏捷，手头有些金子。

第三个人是 16 岁的策利希，耶伊哲的侄子。他皮肤白皙，比我稍高，受过小学教育。他善良，乐于助人，强壮，但不太灵活。

这样，我和莫西欧组成了自己的小组。在 10 月初的一个晚上，西蒙把我们领出科特劳斯卡亚茂林。营地的其他人都认为我们这样做是疯了，无异于自杀。但向他们告别时，他们还是祝愿我们一切都好。没有人知道我们要去的方向，那是我们的秘密。

我们的目标是到达哈兹湿地，它的周围是一些大的村庄。西蒙知道这些湿地中有林子，于是带领我们去那里。这是一次困难的跋涉。每个人都背着成袋成袋的物品。在有些地方，我们不得不在圆木上小心地保持平衡走过。这些圆木是为跨越沼泽而置放在那儿的。有时我们要在齐腰深的泥水中涉过。

森林的空地或靠近森林土地有一些零星的农舍。那些农舍是用圆木建成的构造简单、十分原始的棚屋。每个农舍通常由两三个房间组成，未经加工的圆木就是墙，几支蜡烛插在墙缝间用来照明。卧室里有木床，上面铺着草垫及家纺亚麻布床单。通常，床的上方挂有一张圣像，厨房里有一只硕大的用砖砌成的平顶烤炉，供做饭和烘烤食物用，同时是一个温暖的睡觉的地方，是取暖的唯一来源。水是从井中取的。牲畜通常饲养在谷仓，但偶尔农舍里会有一间用来养猪和养鸡的房间。

每当我们经过一个棚屋，我们都会讨些吃的。农民通常会给我们一些，但是我们注意到他们脸上的恐惧。我们后来明白，这些农民害怕像我们这样夜晚出来的人，他们把在夜晚寻觅食物的人称之为“不明身份者”。由于不知道会有什么样的迫害出现，他们既不向德国人报告，也不拒绝给我们食物。

每个晚上,我们都在行走中度过。等到天亮时,我们就在树林中找一个地方睡觉、吃饭,把白天消耗掉。

密所必须建在森林的某个隐蔽之处,部分在地下,部分在地面上,还要用树枝伪装起来,以防止敌人侦察。入口要建得很低,人只能爬进去。大小以需要容纳的人数而定。这大概是集体生活最安全、最理想的方式。

我们用了 5 天才到达想要建房的地方。选择场地前,我们四下转了一圈,以了解和熟悉这一带的大体情况。我们寻找的这个有战略意义的地方,既要离水源不远,又必须在下挖两米左右不碰上水位线。我们选择了森林中的一个小丘,毗连沼泽地,一边有条小溪流过。树林不是太密,在大约一公里以外处有一条通向村庄的小路。我们查看了一下,从小路上并不能看到我们这里。周围有不少防空洞和战壕,都是一战时的遗留物。有可能这儿曾经是前线。我们认为,由于这些战壕的存在,以及搬运木材需越过战壕的困难,村民不大可能在冬天来这个地方砍柴。

我和莫西欧努力做到不忽略任何细节,在权衡了所有利弊后才最终选定场址。我们在承受着生命之重,承担不起任何错误。

我们先制定了藏匿所的基本方案,然后确定式样和所需的木材量。莫西欧在数学和物理方面的知识,使得我们在考虑屋顶所能承受的土壤重量时,能计算出圆木的尺寸和粗细。我们没有忽略雪或雨水可能带来的额外重量。这些对任何一个搞建筑的人来说都是最基本的常识,但我们五个人从未建造过什么,不得不依赖于我们的聪明才智和常识。我和莫西欧竭力回忆儿时阅读诸如《鲁滨逊漂流记》之类的书时所获得的生存知识。

我们在离选址不远的地方用树枝搭了一个临时住棚。我们对于偷盗所需工具的行为丝毫不感内疚。我们从农家院子中拿走斧子、锤子、铲子和锯,以及用来挑水和做饭的水桶。在我们为生存而挣扎时,乞讨和偷窃不再被认为是耻辱,或不当行为。

我们开始动工了,从黎明一直忙到天黑。首先,我们挖了一个深 2 米、6 米乘 4 米见方的坑,接下来开始砍树。我们注意不砍一公里之内的树，砍树是东一棵西一棵，以避免造成可见的空地。我们还用苔藓把树根盖上，以免留下任何砍伐的痕迹。我们将砍倒的松树，连同树枝树叶拖到工地。在那里，我们锯掉树枝，根据需要的尺寸确定树干的大小。我们把 2 米长的圆木紧紧地排在坑的四周，并用苔草护住中间，这样就建成了墙。在四个墙角处，我们把更粗一些的木头桩夯入地下，用来支撑屋顶。我们将两根 6 米长的梁平行放在粗木头桩上，然后用稍细一点的 4 米长的圆木做成房顶，并铺以苔泥作为防水之用。接下来，我们用挖坑的土覆盖在屋顶上，并做了个小土丘；再用草对屋顶进行了伪装，在顶上种了几棵小树。在对着小溪的墙上，我们开了个窗户大小的出入口。接着在出入口的外面，我们挖了个 2 米见方、1 米深的坑。要进入地下小屋，必须先跳进坑里，然后肚皮朝下爬进去。我们在坑里放了棵小树以掩饰入口，不过，在爬进爬出时必须移动这棵树。

下一步要做的事是内部装潢。藏匿所的三分之一用来储藏土豆，中间的三分之一的地方用作睡觉。我们用圆木做了个床，睡在上面很不舒服。但我们没有工具把圆木锯成板材，只好把圆木固定在一起当床。余下的三分之一，则用作餐厅、洗盥室和厨房。

实际的建造花了两个多星期。我们不停地工作，一天 14 小时。我们的体力充沛，一天只煮一桶土豆，土豆是唯一的热饭。

一周有数个晚上，我们去周围的村庄转转，弄些吃的。我们一定是这一地区夜晚上出来乞讨并偷窃粮食的唯一一伙人。他们并不知道我们是谁，而且我们感觉到他们害怕我们。由于我是我们一伙人中最不像犹太人的人，能够流利地说波兰语，而且说俄语时带的是波兰口音而不是意第绪口音，因此我成为经常进屋乞讨的人。尽管这里的村民比科特劳斯卡亚茂林地区的人慷慨，我们还是意识到不可能靠乞讨得到过冬所需的所有物品。我们必须采取其他方法。

我们制定了一个所需储备物品的总体计划，以保证在地下生存 6 个月。我们计算出需要进餐的次数，每餐的食物数量以及其他必需品。我们首先要的是一个供取暖和炊煮用的炉子，还必须储藏大量的粮食。易储藏食品的选择非常有限，我们计划多储藏一些土豆、豌豆、面粉，以及猪油、盐和火柴。当然，任何其他东西，我们都欢迎。由于面包用不了多久就会发霉，因此不能储存太多。计划制定出来后，现在唯一的问题是如何实施。

耶伊哲在树林中拖一棵大树时把衣服给弄破了，先前藏在里面的金块不知去向。我们花了好长时间寻找，但是一无所获。这样，我们曾指望着用来购买食物的金子就永远地失去了。但我们没有陷入绝望，而是开始想其他办法。

很明显，必须更改策略。我们的第一步骤是从农舍院子的地窖中偷土豆。夜里，我们溜进农家院子，悄悄地打开地窖的门，然后其中一个人爬进去，装满 5 只袋子。我们每人背一袋，大概走 10—15 公里，回到我们的藏匿所。

一天夜里，就在几乎要回到我们的藏匿所时，我由于不堪重负跌倒了，掉进一个沟里。由于没有力气推开压在身上装土豆的袋子爬出来，我开始惊慌失措地喊了起来。在其他人帮我爬出沟后，我们才继续赶路。在一种恍惚的状态中，我疲惫地走了一公里又一公里。

离第一场雪大概还有一个月的时间，然而我们的粮食储备还相差很多，只有储藏室的土豆堆在增高。一天晚上，坐在篝火旁边，我和莫西欧想到了一个新的主意。我割下靴子的上半段，缝成一个手枪皮套。做这件事情，花了我一整天的时间。我又将一块木头削成一支苏式左轮手枪的样子，然后把它插入手枪的皮套中。当我把它挂在皮带上时，看起来真像是带有木柄的正宗左轮手枪。接着，我们把计划告诉了大家：我们将不再去乞讨，而是命令人们把粮食交出来！

起初，他们都犹豫不决，担心风险太大。经过一番摆道理后，大家同意试一试。由我一人进入农舍，他们在外面等候。我穿上策利希的靴子和耶伊哲的皮夹克，外面系一根宽腰带，让我的左轮手枪清晰可见。

来到第一个村庄，我敲了敲门，命令里面的俄国人让我进去。

我的朋友待在外面，能听到他们走动声，但见不到人。我命令这一农户交出一些食物：土豆、面粉、豌豆、猪油和盐，并且明确了所需的数量。他并未试图将我赶走，而是在数量上讨价还价。他说如果完全满足我的要求，他自己将没有足够需要的食物。我慷慨地同意他可以留下足够的粮食，但必须得给我一些。他根据我们之间的协议，拿来了我们需要的物品。

这一尝试的成功，使得我们一致认为：这一策略能够保证我们有足够的粮食度过冬天。在实践中，我们逐渐完善了这一勒索的方法。长得也不像典型犹太人的策利希穿着他的俄式软垫夹克和我一块进屋，夹克下也别着一把假手枪。但他不开口说话，因为他的意第绪口音会暴露身份。西蒙、莫西欧和耶伊哲仍留在外面，每人带着做成步枪状的木棍。他们在窗前来回走动，但小心地避开灯光。我还制定了一种征税的方法。根据这种方法，我向每个农户询问其土地面积、牲口数量、家庭人口，然后依法征税。他们很可能会争辩，我们就以各种方式达成妥协。当粮食的数量太多无法背走时，我们就会索要马匹和车辆。农民最值钱的东西就是他的马，因此我们答应物品运到目的地后就会把马放回。我们将物品放上马车来到森林边，卸下东西，运抵我们的密所，再把马放回。

整个过程是很紧张的。尽管我表面很自信，内心却总是在发抖。我制定了一套策略，以尽可能多地得到东西而又不超出极限以免引起愤怒。而且我总是试图同主妇打交道，因为她们灵活一些、胆小一些，急于打发我走。

不过，在看到他们的抵抗情绪增长时，我设法使他们平静下来。我说我们知道他们是好人，不会和德国人合作。然后，我在数量上减少一些。在整个谈判中，我从未透漏任何关于我们的信息，以便让他们继续猜测我们的身份。

我们从一位农民那里没收了一个黑铁炉，并从一所被弃的房屋上取下一扇窗户，这将使我们关上入口的门后仍然能获得一些光线。

每天晚上，我们都列出一张所需物品的清单，据此进行物品的收集。我们一直处于紧张的状态中，害怕有人会发现我们脆弱的一面。

一次，我们碰上了麻烦。在敲了敲村庄中一家的门后，一个妇女让我进去。她那几乎有2米高的丈夫像山一样立在那里。这个妇女回答了我通常提的问题后，我开始列出要求。此时，策利希站在门口。我们在谈话时，她的两个几乎同父亲一样高大的儿子从一间屋子进来，站在父亲旁边。这三个人用怀疑的眼光看着我。我感到他们并不怕我。这时，尽管心里忐忑不安，还是继续着我的要求，同时希望在走出去前不露任何恐惧的痕迹。这时，我听到父亲对儿子说："这家伙是个犹太人，我感觉是这样。"

在局势失控之前，我知道必须立即做点什么。于是，我转向他，开始大吼："你说什么？"看到我发火，他忙说："没什么，没什么。"

我发出一系列俄国式的咒骂，几乎用尽了所掌握的全部词汇。我说道："你以为我没听到你说我是犹太人吗？你一定是个德国间谍！让我教训你我们是如何对付德国间谍的！我们将枪毙你们所有人并且烧掉你们的房子！"

我转向那个主妇，命令道："把火柴给我拿来，我要烧掉你们的房子！"

好在他们不知道我手枪皮套里装的是什么，不知道我只不过在虚张声势。然而，屋内的气氛立即变了。这个像塔一般的男子开始变得越来越小，并且乞求宽恕。那个妇女开始歇斯底里地发怒并咒骂他们，并把他们推进另一间屋子。她向我发誓说，那些愚蠢的男人绝不是德国间谍。她恳求我不要烧掉房子。我回答说我们会调查他们是不是德国间谍，如果是的话，我们将很快回来。

我决定傲慢地离开，并拒绝了她摆在桌上的食物。在发出最后的威胁后，我和策利希离开了这家人。

随着时间的流逝，这种获得食物的方式进行得十分顺利。我们有了一种安全感，认为再没有更大的障碍了。我们变得不那么小心了。

最终莫西欧、西蒙和耶伊哲开始和我们一同进屋,因为屋里比较暖和,同时还能够分享主妇拿给我们的食品。但是,西蒙长着黑胡须,一副典型的犹太外貌,我注意到农民开始怀疑我们的身份。他们看到,除了我的左轮手枪外,其他人并没有什么武器。于是,他们对我们开始不那么害怕,并且变得越来越具攻击性了。

到 11 月份,藏匿所的工程基本就绪,我们搬了进去。我们对里面的食物和用品储存进行了清点,发现已经拥有足够的过冬食物和大多数生活必需品。

但是,缺少火柴。我们手头只有一盒。莫西欧和我建议不再出去,可以通过在炉内留些余火来解决这一问题。但西蒙坚持认为应该再出去一次,弄些火柴和其他用品。起初他非常紧张和勉强,可现在逐渐变得过于自信。

11 月 18 日黄昏,我们离开藏匿所,向村庄走去。天空灰蒙蒙的,好像要下雨或下雪。我有一种不好的预感,但经过最后一次争论,西蒙、耶伊哲和策利希否决了我的看法后,我便没有再提出待在藏匿所不出去的事。

正当我们要走出森林时,开始下起大雪,很快地面就白了。我们决定绕过认识我们的村子,到更远的地方去。我仿佛看到所有农户的窗口都有目光在注视着我们。我担心在雪地上留下的脚印有可能将村民引至我们的藏匿所,因此建议立即从另一条路回去,这样到早上落下来的雪就会将脚印覆盖。西蒙却坚持认为,既然我们已经出来了,就应该弄到火柴。不过,他同意进入一个孤立的农舍而不是村庄。

我们进了一个农户的家,弄到了两盒火柴。我把火柴放进夹克的口袋。这时,雪已覆盖了整个地面。我们决定原路返回,以免留下脚印。我们排成一排急速地走着。我在前面带路,莫西欧断后。

午夜时分,风暴逐渐减弱,雪也开始小了。我们走在两个村庄间的一个两边有树的路上,突然,树后出现了阴影。一大群农民挥

动着棍棒和镰刀向我们冲来，大声喊着："杀死他们！杀死他们！"这一切发生得如此迅速，以至于根本没有时间考虑如何应付。突然，我感到肩上受到重重的一击。

我在冲出包围圈时猛地推了一下一个试图阻拦我的人，他摔倒在地，我跑走开了。回头看时，发现四五个人追我。他们小心地不想太靠近我，可能是他们害怕我的"手枪"。我拼命地飞跑，也不知道其他人到底怎么样了。在白茫茫的雪地里，村民很容易看见我。有两个人顺着我的脚印追着我，其他人则试图从侧面接近我。

这时，我脑中闪现出农民在第一次降雪后追捕狐狸的故事。他们在追赶狐狸时往往从不同方向追，以便使狐狸因困惑而迷失方向。当狐狸筋疲力尽时，他们再用突袭的方法杀死狐狸。我觉得自己就像那只狐狸，不停地跑着、跳着，踏入一个个水塘和小沟。他们不停地追赶着，我累坏了，努力抓住每一个机会在树后休息一下，但一听到他们靠近，我就开始再次奔跑。

偶尔地，他们会从我视线中消失。当我以为他们已放弃追赶时，他们又会出现。他们喊着互相鼓励，逐渐向我围来。跑了几公里后，我开始失去了力气。我解开连着"手枪"的枪皮带，脱下皮外套，把它们扔到一棵树下。这使我跑起来更容易一些。我开始越来越频繁地停下来，越来越长时间地休息。但当我听到他们接近时，又继续跑。我可以看到森林了，但距那里还很遥远。我来到一片灌木丛前，藏了进去。这时，我已经筋疲力尽了，再也爬不起来了。在那里，他们最终抓住了我。

我见到他们中的五个人向我走来，手拿着石块、木棒和镰刀，确信一切就要结束了。我连爬都爬不起来，更别说保护自己了。当我挣扎着站起来时，看见一根木棍朝我头上打来，并听到木棒折断的声音。我没感到疼痛便失去了知觉。当我苏醒过来时，慢慢地意识到自己正躺在雪地里，挨了打并且无依无靠。我感到死亡正在一步步逼近，听到攻击者正计划杀死我。我的眼前出现了母亲、父亲和莫西欧。竟然是这样一种无意义的终结！我想，我还没有用自己的生命去做任何有意义的事情，还没有兑现我对母亲的承诺，还没有杀死过一个纳粹，我不能死！我大喊起来，用波兰语大声喊："我要活！"

在他们脱下我所有的衣服，开始为杀死我后谁得到我的皮外衣和靴子争吵时，我成功地逃脱了。我光着身子在白雪皑皑的森林里跑了一夜，只有头用内裤包着。拂晓时分，我终于到达了我们的藏匿所，发现莫西欧是唯一已经回来的人。当哥哥拥抱着我冰冷的身体时，我们因看到对方活着而高兴地大哭起来。尽管我的头部和身子由于棍棒的打击肿了起来，我还是成功地避免了冻伤，甚至连脚也没有冻伤。莫西欧给我看了他头上的伤口，伤口仍在出血。我急忙从一件旧外衣上撕下一块布条，把伤口给包扎了起来。莫西欧递给了我一件粗布内衣蔽体，然后点着了炉子。他让我上了我们的原始床，把所有能盖的东西都盖在我的身上，让我暖和起来。

他一面在那里站岗，手中拿着一把斧头，以防备万一入侵者发现我们的藏身处，一面把他的经历告诉我。他是队伍中的最后一个。当他看见我们遭到攻击时，转身就跑。他的长腿使他跑得很快，只有一个攻击者看见了他并试图抓住他。他朝莫西欧掷了一块石头，打中了莫西欧的头部。莫西欧倒下了。当攻击者靠近时，莫西欧一下子跳了起来，朝着他脸就是一拳，把他打翻在地，自己也就逃脱了。莫西欧也跑了一整夜，一直到跑回我们的藏匿所。他用东西抵住用作入口的窗，将斧子放在手边，以便一旦有人来抓他，就用斧子保卫自己直到最后。他没有任何其他人的消息。

第二天晚上，策利希和耶伊哲出现了，讲述了他们的经历。他们一直拼命地跑，终于靠隐藏在一所棚舍旁边的干草堆里摆脱了对他们的追赶。在那里，他们硬是一动不动地呆了一天半，直到一切都平静下来。

只有西蒙没有任何消息，我们开始怀疑他是否能够回来。不过，几天后，他也终于出现了。他的黑脸变成了灰色，背上有两处流着血的伤口。他试图逃脱，但还是被抓住。他遭到毒打，直至被打趴在地上，失去知觉。他们脱去了他的外衣——他身上唯一一

件有价值的东西，然后在他背上刺了两刀，最后把他扔在那里等死。

他在恢复知觉后，爬向最近的棚舍。到谷仓后，他在干草上躺下，用旧布条堵住伤口以止血。他再次失去知觉。当他在强烈的日光照射下醒过来时，发现一个农民的妻子正在为他包扎伤口。她是在早上过来取干草喂牛时发现了他，尽管不知道他是何人，还是对他进行了照料。他告诉她自己是一名俄罗斯-格鲁吉亚士兵，刚刚从德国的战俘营中逃脱。他许诺说他一旦能走，就会离开。她不仅给他饭吃，而且照料他的伤口。他在谷仓中呆了几天，直到有了些力气，伤口不再流血。他万分感激地离开了他们，回到我们的藏匿所。

当他脱下衣服时，我们看到他的伤口又裂开了。我们用干净一些的旧布包扎了他的伤口，让他躺下来休息。

我们所有人能从这一打击中生还，不能不说是奇迹。我在雪中裸跑了一整夜也没有患感冒，而且在稍事休息后，身体恢复如初。显然，外部条件在决定我们身体对紧急情况的反应，当然年轻也起了作用。

重新团聚后，我们五个人努力适应在藏匿所的生活。不过，我们不仅丢了那次外出想得到的火柴，而且还搭上了我的皮夹克。

西蒙回来两天后，我们又经历了一次不幸。当时我们躺在床上，轮到莫西欧做饭。他在往炉子中添加木头时，由于有些木头仍很潮湿，冒出的烟雾一下子弥漫了整个藏匿所。他被烟熏了一下，感到有些头晕目眩。他打开窗户，想爬出去呼吸一下新鲜空气，然而刚爬了一半，就晕倒了。他的后背撞在炉子用来从窗子排出烟雾的热管子上。我们跳起来，想把他从入口处拖开，可他已不能动弹了。几分钟后，我们才把他拽进屋。然后耶伊哲和我爬出窗子，拉着他的手，策利希与西蒙则一起从后面推，把他那动弹不得的身子抬出屋子，让他呼吸一些新鲜空气。我们轻轻地把他放在地上，用雪擦他的脸，直到他苏醒过来。直到这时，我们才看到他背后那可怕的烫伤。他的伤口很疼痛，但我们无法帮他治疗伤口。此时，所有干净的布条已经用完了。

我从他的外套上撕下了一块布用水冲洗了一下，替他包扎了伤口。有很长一段时间，他只能趴着或站着。

现在，我们有了两名病人——莫西欧和西蒙。每天，我替他们换衣服，用热水浸湿粘在伤口上的绷带，慢慢地解开来，再换上干净的。由于外套上的布也日渐用完，绷带一天比一天短。我只希望他们的伤口在物品用完之前愈合长好。

这一惨痛的经历使我们有了教训，从那以后，我们只用干木材生火。

第十章 在密所中冬眠（1942年12月—1943年5月）

在11月18日与死亡擦肩而过之后，我们决定在春天雪融化以前不走出森林。我把在接下来的6个月将囚禁我们的环境好好打量了一番：一根约1.5米长的木板被用作床头板，把我们挨着睡的床和土豆堆隔开。一层麦秆用作床垫，粗纺的毯子既垫又盖。如果睡觉时想翻身的话，得先推一下两边的人。莫西欧靠墙睡，我则挨着他，接下来的是策利希、耶伊哲和西蒙。在剩下的空间里，居中靠近出入口的是我们的圆型铁炉子，那儿是我们唯一能够站立起来的地方。对于五个人来说，地方确实太小了点。炉子的金属烟道通过作为进出口窗户底角一个剪开的地方伸出去，而窗子是室内光线的唯一来源。在外面的沟槽里，烟道弯曲向上与地面持平。由于我们在那个位子置放有伪装用的树，因此根本看不到烟道的存在。

该烟道有两个用途，除排烟外，还用作室内取暖。沿着对面墙壁的是一溜储备品袋。3只大袋子装的是豌豆，一只大袋子是装面粉的，稍小的一个袋子是装其他粮食的。另外，还有一大袋盐。洋葱和蒜头悬挂在袋子上方。在大堆的土豆上面的梁上挂下来的是面包干。钩子上挂着腌制的猪肉和板油。我们还在外面的高树枝上挂了一些羊肉和猪肉，肉已冻了起来。冷冻可以保存食品，使它们不会发出吸引动物或人的气味。我们听说大蒜有治疗效果，在没有药的情况下是一种良好的替代品，因此我们在脖子上系上蒜头，以备生病或受伤时使用。

我们有四只金属桶，用来做饭、提水和储水。晚上有一盏煤油灯照明。我们储有3升煤油、一盒火柴、3只盘子、数把汤匙、一把刀，以及几个旧锅，这些组成了我们的厨房。

我们必须走下小丘去溪中取水，我们还找到了一条可用作厕所的沟。事后，我们总是用雪或土把脚印盖住。在我们走不出去时，便使用一只带盖的专用桶，然后等到能够走出去时，把桶拎到沟边倒空。倒"便桶"成为一项重要的杂活，这项工作要频繁地做，以便不使住所内有异味。我们还有一些针线、剪刀、绳子、锯子、斧子、锤子和钉子，还有一把旧的刮胡刀。

为了节省火柴，我们在炉中一直保留着小火直到晚上。在上床前，我们用炉灰覆盖木材的余烬。早上，我们扒开灰烬吹火，让火一直烧到晚上。我们总是用备在手边的干柴点火。夜晚很长，从下午4点到早上7点。我们一天做两顿饭，每顿饭都是一桶土豆加一些豌豆。只要还有肉，我们就会放些肉进去，还放些猪油和盐。肉是预先切好并分成若干份。我们根据拥有的食品以及一共要吃多少餐饭，制定出每天的食谱。只要严格遵守计划，我们就将有足够的食物度过6个月。我们还计算出拥有的煤油能保证每天点两到三个小时的灯。

我们轮流做饭、点炉子、打水和处理各种生活琐事。通常，我们只在下雪或有大风时才外出取水。风会吹走我们的脚印。这就意味着我们需要储存水，用桶来盛水。偶尔水会用光，这时不得不冒险出去，不过我们会用树枝将脚印扫掉。那是我们能做到的。然而，我们还是希望在有人路过这里之前刮一场大风。下暴风雪的时候，是我们外出劈柴的好时候。届时，我们会储存足够用两个多星期的木柴，因为藏匿所的空间只允许储存那么多。

透过窗户射进来的第一缕阳光，通常会叫醒我们。我们通过在墙上刻痕来记住日子，长一些的刻痕代表星期六。我们总是在日出之前做第一顿饭，在日落后做第二顿饭，希望在这样的时候不会有人在森林周围注意到炊烟。起火做饭的时候，屋子里会充满

烟雾。除了值班做饭的人，其他人就用毯子盖住头，透过毯子呼吸，以免被烟呛着。饭做好后，我们打开窗子，让新鲜空气进入。这时，我们才会掀掉盖在脸上的毯子准备吃饭。由于只有 3 只盘子，大家只能轮流吃。偶尔，我们会留下一些土豆加豌豆糊稍后再吃。

这样的过程一天重复两次。主厨宣布一天的菜单，通常每天只是名称上有所变化。我们会有"斯特罗加诺夫牛肉"、"散丝牛肉"或者"今日汤"。晚餐是就着灯光吃的，以不同于早餐，因为早餐是就着阳光吃。

为庆祝每周的安息日，我们会用面粉做饼，以此代替面包干。当炉子不再做饭时，我们会在上面放上一块木板，这样炉子便成为桌子。晚饭过后，通常就熄灭灯，在黑暗中聊会儿天，然后睡觉。夜晚要持续 12—15 小时，我们的骨头由于长时间躺在圆木床上而酸痛不已。久而久之，我对圆木床的每个曲面都很熟悉。

我们的穿着从未改变过，总是穿长长的粗布内衣。这样的内衣有几个特点。首先，所占空间小；其次，虱子的躲藏处少；不过最重要的是，这是我们在屋子里穿的唯一的一件衣服。我们把有限的几件外衣，留着外出穿。

每周一次，我们要烧些水，脱光衣服洗把澡，洗洗衣服。只有在缺少时，我才了解到肥皂这一物品的重要性。因为我们日常生活中主要的痛苦来源是虱子的骚扰。

每天，我们都会脱下内衣，把里子翻出来，在所有的接缝和褶层中寻找虱子，在炉火上烘烤它们。在不烧坏衣服和不烧伤手指的情况下，尽可能地把衣服靠近火苗，看着虱子掉入火中。在每周一次的清洗后，我们穿上干净的衣服，希望远离虱子的骚扰。我们尝试的一个方法，就是把内衣整夜地放在雪中冷冻，然后在融化后穿上。尽管这是一个有创意的方法，但我们身上没有虱子咬的最长时间只有一个小时。每当我们打算庆祝成功地消灭虱子时，就会感到有东西在皮肤上爬。

我的双腿长满了疮。一天，当我穿上靴子（这靴子是我们打水时共用的)后,靴子顶部与腿上开口的疮粘在了一起。脱靴子时是如此的疼痛,以致不得不把靴子割开。

每隔一段时间,我们会刮刮胡子,用那把不快的剪刀彼此理发。我们甚至举办了一次最佳理发师的竞赛,当然,这样的竞赛,我是赢不了的。

在如此狭窄的地方,生活在一起的是一些在另外一种情况下我们根本不会选择共同生活的人。这显然是一场对人的忍耐性和人格的考验。但是,我们适应得很好。大家都是一些朴实无华、心地善良、热情友善的人。我们之间没有大的矛盾和冲突,但也没有什么共同感兴趣的话题。在干家务活和吃饭之余,我们会花很长时间坐在床上作白日梦和闲聊。莫西欧和我对分析和预测战争结局非常感兴趣。我们听说的最新的消息是在 1942 年秋天,德国人包围了斯大林格勒,并深入到苏联腹部。此外,德国将军隆美尔占领了非洲,以及埃及边境的阿拉曼前线。德国人即将进攻埃及。在所有的主要战线,德国人都在胜利推进。虽然德国人在东方战线上有些挫折,但似乎整个世界都在德国人的脚下颤抖。尽管如此,我们仍尽量保持乐观,坚信最终战争的大潮会转向,德国人将会被打败。

我们在地上画了一幅棋盘,用土豆作抵押来对弈。莫西欧是毫无疑问的冠军。从他身上,我学到了很多关于下棋的东西。莫西欧对我讲述文学和历史方面的知识,成为我的私人导师,填补了我在教育上的许多空白。我的教育是在 14 岁时突然中断的。

我们的谈话有时会触及个人的战前经历。我们会追忆在拉齐阿兹家乡的日子和我们的父母亲。莫西欧会谈起他在华沙的中学。耶伊哲会谈论他的家乡、市场以及他作为商人的一些活动。策利希会讲述他如何既在商店里帮助父亲,又在市场的摊子上帮助叔叔耶伊哲。西蒙则会讲起他在库尔泽涅茨的生活、他的出生,以及如何从 10 岁起就帮助他父亲的,他们挨村挨户叫卖,替马钉马掌。

我们都设想如果我们的愿望都能实现,我们会想些什么。莫西欧和我想象着能够再次睡在一张干净的、没有虱子的床上。我们梦想着生活在巴勒斯坦,在犹太人自己的国家成为社会平等的一员。耶伊哲和策利希希望拥有自己的商店,成为成功的商人。西蒙则希望吃到一餐由20只鸡蛋做成的蛋饼外加香肠和黄油的饭。他嘲笑我们关于没有虱子生活的梦想。他说那是不可能的。自他记事起,虱子就是生活的一部分,它们吸走身上的不好血液,而没有了它们人可能无法生存!

炉子的温度逐渐融化了在藏匿所上雪的最下一层,融化的水浸透了覆盖在房顶上的泥土。泥土变得沉重起来。我们注意到房顶开始下陷,有水开始漏进屋内。我们企图顶起屋顶,但没有成功。我们听到了木头的一种不祥的开裂声,担心有一天整个屋顶会塌下来把我们给埋了。

在接下来的一次暴风雪中,我们进入森林。砍倒了一些树,为屋顶增加支撑点。这的确起了作用,屋顶不再下沉了,但屋内变得更加拥挤。

1943年1月的一天,我们听到附近传来的枪声。我们胆战心惊地坐在屋子里,大约1小时后,一切又恢复平静。后来,我们得知,当时是德国人在森林中"拉网"搜索游击队员和"夜间人"。在我们的藏匿所地区,他们没有发现任何人的痕迹,因此把我们给漏了。

到1月底,我们听到有飞机在这一地区进行轰炸。我们还能清晰地分辨出大炮射击的声音,以及从远处传来的机枪的回声。我们不知道发生了什么,思维在不断起伏。令人乐观的是,也许苏联人靠近了,正把德国人赶走。令人悲观的是,这会不会是德国人进行的又一次大扫荡的前奏。几天后,一切回归平静,我们仍然处在黑暗之中,不知道实际上到底发生了什么。

2月份是最寒冷的一个月,雪下得很大,但我们愈加感到安全。因为如果我们出去,脚印将很快会被抹去。偶尔,我们也会听到有农民在树林中砍树。有时,他们会离我们的藏匿处很近。我们制定了一个万一被发现的行动计划。幸运的是,那种情况并没有出现。

莫西欧和西蒙的伤口最终痊愈了，我们又都恢复了健康。尽管由于缺少阳光和新鲜空气，我们的脸略显苍白。

3 月份，我们开始用所有的旧布做衣服。由于没有足够的皮革为所有人做鞋，我们用树皮、细绳和旧布代替。我们的信心开始增长。偶尔太阳透过云层时，我们会冒险出去走走。起初，因为不习惯新鲜的空气会令我们感到疲惫。尽管地面上仍然覆盖着厚厚的雪，春天的气息显然已经来到。虽然仍有一些储备的食物，但我们吃腻了豌豆加土豆，渴望吃上一些新鲜面包。

到 4 月中旬，雪开始融化。在战争期间，我们完全与世隔绝地在地下冬眠了 5 个月。我们对那段时间里发生的一切一概不知，决定和外界重新联系。

地上仍留有成块成块的雪，我们在向边远的地方走去时尽量不走在雪上。几个月以来，我们早已习惯了藏匿所里的寂静，现在连自己走在冰冻地面上发出的咯吱声听起来都很大，很可怕。

在经过第一个棚舍时，我们敲门讨面包，里面的农民很友好地给了我们一些。当问及村庄里发生了什么事情时，他马上把门关上了。在接下来的 3 户人家，每当问及这一问题，我们都会被关在门外。那些农民看我们就像看到鬼魂和疯子一样。我们苍白的脸很可能加强那一印象。我们开始意识到村庄里确实发生了一些事情。我们在心烦意乱和精疲力竭中返回安全的藏匿所。

两天后，我们再一次外出，朝一个不同的方向，去了西蒙在那里的一个朋友的村子。他独自进村问了一些问题，我们则等在村边。

他的朋友——一个农民告诉西蒙：冬天，德军遭受了数次重大的失败。他们没有能够攻占斯大林格勒，整个第六军团向苏军投降。在非洲，隆美尔的军队被英军赶出了埃及。尽管面临上述问题，德军仍在白俄罗斯的森林和附近村庄继续组织围捕行动。很多村庄，包括我们询问的那些村庄都被烧了。村里大多数男人被杀，剩下的被带到德国的劳动营。围捕行动在科特劳斯卡亚茂林持续了几周。就他所知，大多数犹太人被发现并遭到杀害。不过，仍有传言说在扎杰里村庄附近的森林里仍然躲藏着一些犹太人。

回到了藏匿所，在反复掂量了这些消息后，我们决定去扎杰里森林寻找那些幸存的犹太人。我们对藏匿所作了一番伪装。5 个月来，这儿已经成为我们的家和安全之所。当我们告别它时，心情是复杂的，一种暴露在外和没有保障的感觉不禁油然而生。

西蒙领路，我们来到一条河边，请求一个住在河岸上的农民把我们渡过河，可是他的船漏了。他指引我们前往一个临时的小桥。夜晚一片漆黑，我们走在水流湍急的岸边，融化的雪使路面成为泥浆，泥水浸湿了我们简陋的鞋。在我们到达那所谓的桥时，鞋已经湿透了。我们看到的是一些插在土里的木桩，与一些细树干连接在一起，原本是支撑鱼网的。树干被上涨的河水完全淹没了。过河的诀窍是在固定在木桩上的细树干上行走，保持平衡，不掉到水里去。

湍急的水流冲击着我们的腿，使得过河难上加难。我们慢慢地、小心地、一步一步地走着，其间不停地喊着彼此的名字，以确认没有人落水。我们花了一个小时才过了一半。我打了好几次滑，但都尽力地抓住就近的木桩。快到桥的尽头时，水已经不深了，但木桩很短，已被河水淹没，不易看到。领路的西蒙和紧跟在他后面的策利希掉进了冰冷的水中。我们奋力将他们拉上来，最终全部安全地到达对岸。

咆哮的河水、风、夜晚彼此呼喊的声音、防止滑下树干的紧张，一切都似曾相识。我尽力回想以前在什么地方曾经历过这些，最后联想到曾经读过的《鲁滨逊漂流记》中的某些场面。

一到树林里，我们升起了火，忙着烤干身上的衣服，因为天气特别特别的冷。

接下来的那个晚上，我们到扎杰里，碰见了一群犹太人和几个在村子周围巡逻的武装游击队员。那些犹太人建有数个密所，组成了一个温暖紧密的小组。他们中的一些人是我们在库尔泽涅茨的朋友——年轻的西蒙·齐默尔曼，他曾是我们库尔泽涅茨抵抗小组的成员。他的女朋友瑞娃，“爸爸”波斯纳以及年轻的女儿汉内尔，看到我们非常高兴。每个人都认为我们 5 个人被捕了。自去年 11 月以来，没有人听到我们的任何消息。我们加入了他们的群体。

西蒙·齐默尔曼身体瘦长而结实，活跃且精力充沛，他非常清楚自己要走的路。瑞娃娇小可爱，聪明且充满激情，非常支持男友。他们俩真是天生的一对。“爸爸”波斯纳，40 多岁，他的妻子和小女儿均被纳粹杀害。由于岁数比大多数人大，他像父亲一般对待我们，就像他的绰号一样。他非常关心 16 岁女儿汉内尔的安危。汉内尔漂亮、聪明、内向。父女俩都有动人的歌喉，他们为我们唱了几乎所有的俄语以及意第绪语歌曲。生活在这个群体里的一件乐事，就是听汉内尔用她圆润、热情的嗓音唱歌，这时的父亲总是在一旁给她伴奏。

他们向我们讲述了那个冬季在他们居住的那片树林里发生的事：德国军队包围了那片森林，然后乘雪橇和马进入林子。由当地农民给他们带路，他们对该地区进行了彻底的扫荡，见到犹太人就杀。那时，森林里还没有抵抗游击队。藏在里面的 150 名犹太人只有不到 50 人逃脱。在森林其他地区，情况基本类似。幸存者分成小组，分散逃跑。

在这儿，我们遇见了第一批真正的抵抗游击队员。最初，任何组织在一起共同生存和抵御纳粹的有武器的团体都被当作抵抗游击队。但这些抵抗游击队是一支有组织的军队，他们采用一种不同的策略作战。我们告诉他们，先前我们曾和库尔泽涅茨的游击队员联系过，但在他们东去后失去了联系。他们说他们听说过那支抵抗游击队，但就他们所知，那支抵抗游击队的大多数队员在明斯克附近的战役中阵亡了，剩下的解散了。

我们请求加入到他们中去。我们都是强壮的年轻人，作好了打仗的准备，但他们说他们只吸纳带有武器的人。莫西欧和我极力向他们说明我们已经把在库尔泽涅茨得到的武器交给向东去的抵抗游击队了，还是徒劳一场。他们的回答十分明确，他们不吸收没有武器的人。我们到哪里才能搞到武器呢？他们的指挥员给了我们一个聪明的“建议”:“拿根木棍,到德军驻地去杀德国人,然后拿着他们的枪投奔我们。很简单,不是吗?”

由于无法说服他们让我们加入,我们五个人决定留在扎杰里森林。这个森林的生活已经不同于围剿前的生活,相对的安全感已消失殆尽。每次只要有传言说德军就在附近,马上就会出现恐慌。当我们听说在该地区的德军人数增加时,便会立即想到新一轮的清剿。清剿就是用大批德军包围森林,在狼狗、飞机和坦克的配合下进入森林,对森林进行彻底的扫荡。没有这些力量的协助,德军是不愿意进入森林的,因为他们很容易受到抵抗游击队的袭击。尽管抵抗游击队是德军围剿的主要目标,犹太人也算是额外的“收获”。所有藏匿的犹太人一经发现便当场击毙。

一群从维雷卡的一个集中营逃脱的年轻人来到了我们的营地。他们大多来自巴拉诺维奇。那里的犹太人全部被德军赶到一个很小的区域,一个犹太隔都里,他们的行动自由受到严格的限制。他们讲述了该犹太隔都遭毁灭的过程,大多数犹太人都遭到遣送,没有人知道他们的去向。健壮的男人被带到维雷卡的劳动营。他们的工作是清除铁路线周围的树和其他物体,以防止抵抗游击队在进入铁路线300米内而不被发现。趁去森林砍树的机会,他们跑了。德军对他们进行了追击,重新抓获并杀害了其中的大多数。但这一小群人成功逃脱,来到我们这里。

西蒙、耶伊哲和策利希决定离开我们,回到科特劳斯卡亚茂林中去。人们在彼此的生活中来来往往,相遇、分别、寻找安全之所,却真的不知道什么是最佳选择。很难描述那种与曾经共同度过一段漫长而艰难岁月的人分别时的悲伤。

不幸的是,在我们分别后不久,新一轮的围剿就在科特劳斯卡亚茂林开始了。那儿的一小股游击队早已不在,所以生活在森林里的只有犹太人。他们大多数被抓获遇害,耶伊哲也在其中。我们没有得到关于策利希和西蒙的任何消息。

我们害怕围剿也会落到头上,制定了藏匿计划。然而,幸运的是,围剿越过了我们这一地区。

第十一章 向游击队证明自己（1943年5月—6月）

一些在5月份和我们在一起的人，后来成为我们经历不可分割的一部分。他们中有雅各、库德维兹基兄弟（利贝尔和巴鲁赫），以及他们的姐夫克维亚特克和波沙克。我与红头发、蓝眼睛、脸上有雀斑的雅各迅速培养了友情。作为一个专业的电工，雅各那自信且果敢的气质使他在我们中脱颖而出，成为一个领导人物。巴鲁赫是库德维兹基兄弟中的长兄，他个头矮小，肩膀宽阔，黑头发，黑眼睛及鹰钩鼻。他非常精干，虔信宗教，讲话总是援引《圣经》。利贝尔个头较高，蓝眼睛，身体强壮，受哥哥的影响很大。战争爆发前，他俩都是屠夫。克维亚特克个子较矮，身材瘦削，略为驼背，皮肤黝黑。他总爱哀诉和抱怨。波沙克是一个裁缝，个子很高，皮肤白皙，体格健壮。

有若干抵抗游击队小组进入扎杰里的丛林。我们的目标是被他们接纳。这些抵抗游击队主要由从德国监狱逃出来的俄国军官和士兵组成。我们不知道在他们中间是否有犹太人。

我们找了一个又一个指挥官，他们的回答是一致的，没有武器就不可能被接纳。但我们无法获得武器。我们不知道是否能从农夫那里弄到几支来复枪。想赤手空拳伏击一支德国巡逻队，缴获他们的武器，简直就是异想天开。我们必须想出一个好的办法来。

终于，在6月，“攻击者”小分队的指挥官波多利内同意派我们去执行一项考验行动。如果我们能成功地完成任务，就将被接纳。当时，我们还不知道他是一个俄国犹太人。总之，我们12人被选出来执行任务，其中包括雅各、莫西欧和我，西蒙、瑞娃和库德维兹基兄弟。雅各被指定作为头。

我们的任务是潜入德国在库尔泽涅茨的驻地，放火烧掉生产来复枪枪托的木工厂。我怕回到那个度过我一生中最漫长、最痛苦岁月的城镇。我们还必须砍断库尔泽涅茨和维雷卡之间的电线杆。为了完成使命，指挥官波多利内答应向我们提供执行任务所需要的武器。

我们制定出一个详细的计划，就在出发之前，我们得到了许诺的武器，如果你能称之为武器的话。雅各得到一支装有一颗子弹的左轮手枪，利贝尔和我每人得到一枚德制手榴弹，这就是我们的全部武器。有了这些武器，人们指望我们打败驻扎在库尔泽涅茨的600名德国兵和50名地方警察了！

我们得到了一个农民的名字，他是该抵抗游击队的线人。当我们找到他时，他告诉了我们德国警卫的确切位置，并且描述了德国军队的警卫体系。德国军营坐落在小镇的尽头，警察局则位于市场的中央，街上有哨兵巡逻。但是根据情报，工厂里并没有警卫。

必须考虑到6月的夜晚是短暂的这一因素，所以我们计划傍晚到达小镇的3公里处，借着黑暗穿越到小镇的另一边，因为工厂坐落在那里。我们必须绕过一个木材加工厂，那里灯光明亮，并有德军把守。我们准备了几罐燃料和其他可燃物质带在身边。

我们早就到达林边，一直等到夜里11点才向小镇进发。这是一个满天繁星的夜晚，在一年的那个时候是很普通的。我们老远就看到了第一排房子。我们以纵队疾步而行，尽量不发出声响。我们深知，我们得走很长一段路，才能在天亮之前安全返回树林。

在我们走到离木材加工厂还有1公里远的地方，探照灯突然扫过这一带，照明弹射向天空，机关枪响了起来。我们立即卧倒在地，一动不动地趴在那里。根据探照灯和照明弹漫无方向来判断，我们认定德国人并不知道我们在哪里。如果我们保持不动，他们很难发现我们的位置，我们在那儿大约呆了2小时。偶尔探照灯在空中来回扫动，机关枪间断地扫射。最后一切又恢复了平静。不过，那时已是凌晨2点，离天亮不远了。我们已经没有时间去完成我们的使命，于是决定回到附近的树林里。

在树林里大约3公里处，我们躺下睡觉，有人轮班守卫。我们决定在第二天晚上完成我们的使命。

就在我们拟订新计划的细节时，好几人激烈反对完成使命的再一次尝试。他们认为，这不仅是在自杀，而且更为糟糕的是，我们有可能被活捉。他们声称，即便我们成功地抵达那家工厂并放火烧掉了它，我们仍然不得不走相同的路线绕过城镇，经过一条主路到达木材加工厂附近。在这些危险地点，我们的撤退路线非常容易被切断，我们也就落入德国兵的包围圈。到那时，我们甚至没有足够的弹药进行自杀。

雅各和我则坚持我们的计划。我们认为，在这个时候不应该退缩。莫西欧想要加入我们的行列，但我仍然记得在最后一次去库尔泽涅茨时，他的腿是如何不行的。我劝说他不要去。我们问有没有志愿者？如果没有，我们将独自前往。西蒙·齐默尔曼和来自库尔泽涅茨的另外两人加入我们的行列。这样，我们5个人出发了。

剩下的7个人，包括莫西欧，则去完成另外一个使命：即一看到工厂起火就去砍倒电话线杆。如果我们在凌晨3点还没成功地烧掉工厂，他们也要开始砍电话线杆。他们只有一颗手榴弹，我们约好行动过后在森林里的集合地会合。

黄昏刚至，我们便离开了森林。我们到达木材加工厂附近时，天已经黑了。这一次，我们非常小心地爬行，力求不引起任何怀疑。我们迅速、安全地穿越庄稼地和干道。在镇郊，我们特别小心，连鞋也脱了。西蒙对这条路非常熟悉，带领我们径直朝工厂大院走去。我们悄无声息地相互帮助，翻过了工厂的墙。这家工厂是一个长而狭窄的木质建筑，一直延伸到大路边，大路在德军巡逻

队的保卫下。工厂院子的两边各有一排房子。

到目前为止,没有人意识到我们的到来。西蒙手拿一个形似来复枪的棍子,在院子里站岗。一旦有危险,他就会对我们发出警告。我们成功地撬开一个窗户,身上带着旧布头、几罐煤油和一些火柴,开始往里爬。雅各率先爬入,我坐在窗框上,随时准备跳进去。这时,一声尖叫打破了寂静。“有匪徒! 有匪徒!”接着传来打碎玻璃的声音。

由于正处在德国卫戍部队的中心,恐惧一下子传遍全身。我的第一反应就是逃。我确信在接下来的几分钟内,我们会成为德国兵的囊中之物。

雅各第一个做出反应。他冲向声音发出的地方,从一个大厅冲向另一个大厅。看到雅各在跑,我便紧握手榴弹跳了进去,紧随他的后面。趁着透进窗来的月光,我能够清楚地看到他。看见雅各在最后一个大厅里踉踉跄跄地原地打转时,我刚好到了雅各的身后。站在门边的一个人用一根木棒打了他一下。我挥动手榴弹,打在这个人的头上。这种德式手榴弹的长柄给了我优势,用作这种攻击是再合适不过了。与此同时,雅各也恢复了平衡,从背后抓住这个人,并且掐住他的喉咙。看守高大粗壮,试图把我们打翻在地。雅各用他的左轮手枪抵住看守的太阳穴,狠狠地说:“我们不是匪徒,我们是抵抗游击队。再不停止喊叫,我们就杀了你!”

那个人立刻停止了抵抗,恳求道:“我只是夜班看守,别杀我!”雅各开始拖着他往回走,这期间一直用手枪对准他的脑袋。

我则跑去,招呼其他人:“进来,烧掉这座房子。”他们跳进来,沿着第一座大厅的木墙撒碎布头并往上面倒煤油。我拿起一罐煤油就向墙上喷洒。此时,雅各已经将那看守拖到这个大厅。当那个看守意识到我们要干什么时,试图再次呼喊,但雅各立即使他安静了下来。

我们点燃的火以难以想象的速度迅速蔓延开来。当我从烟雾缭绕的窗户跳出来时,其他人已经在外边了。一想到我是最后一个出来的,就撒腿朝安全地方跑。突然,我意识到雅各没有和我们在一起。这时,我听到从大路方向传来的枪响和靴子声。我跑回窗户,在燃烧的大厅中看见雅各正赤着脚站在那里。他的红头发蓬乱,衬衫被撕破了,仍然勒着看守的喉咙,用枪对着他的脑袋。

“雅各,快跑!”我喊道。“全都烧起来了! 离开他! 我们撤! 快跑!”

雅各将看守推到一边,从正在燃烧的窗户中跳了出来。他被轻微地烧伤,但衣服并没有着火。

我们冲到庄稼地,取回鞋子,然后加入了另外三个人中间。我们一边沿着来时的路往回跑,一边回头看,火焰在上升和蔓延。

机关枪和手枪声响起,照明弹朝着各个方向飞起。每次照明弹照亮天空,我们都卧倒在地。趁着周围的混乱,我们穿过离木料加工厂不远的大路,希望在德国人弄清究竟发生了什么之前安全返回林子中。

进入森林后,我们停止了奔跑,穿上鞋,核对了各自的情况。西蒙告诉我们:就在看守大声喊叫时,周围房子里的人都伸出头来询问发生了什么事。“不要出来,不要开窗!”西蒙对他们说。“我们是抵抗游击队,如果你们不遵守命令,我们就打死你们!”那些人迅速关上了窗户。

我们到达森林时,其余的人已经等在预定地点。他们在到达大路后,分成小组,在看到火苗并听到枪声后,立即开始锯电话线杆。每两人锯掉两到三根电话线杆后便跑回树林。

天亮了,我们躲藏在树林中,度过一天的剩余时光。后来,我们听到有人乘马车经过树林。等到那些人开枪射击,我们断定他们是德国人。于是,我们跑向树林深处,躺下并伪装起来。

接下来的晚上,雅各、西蒙和我一起前往一个忠于抵抗游击队的农民那里。西蒙认识那个人。他住在库尔泽涅茨附近。西蒙进入他家,我们则等在外边。一会儿,西蒙拿着一些面包出来了。返回树林后,他对我们讲了一个令人难以置信的事情。

那位农民告诉西蒙:前天晚上,有几百个游击队员攻击了库尔泽涅茨,工厂和部分城镇被烧毁。德国人见到是这样一支队伍,都躲到了床下，从那里进行了猛烈地射击。火势迅速蔓延，因为无人敢离开他们的房子或者他们的岗位去灭火。那个从燃烧工厂跳出来而幸存的看守证实自己遭到一大群抵抗游击队的袭击。没有人知道为什么抵在他脑袋上的左轮手枪没有将他杀掉。如果他们知道这是因为雅各为了省下唯一的一颗子弹以备急需，他们定会感到吃惊的。

对我来说，这是这场战争的转折点。3 年中的第一次，我不再像以往那样要么逃跑要么躲在地下以求生存，我已经实实在在地参加了对德国战争机器的袭击，这是复仇的开始。

经过一天的休整，我们斗志昂扬地回到游击队营地。大家为成功所鼓舞，怀着得到表扬的期待，坚信我们会被接纳为正式战士。我们来到了“攻击者”小分队的司令部。

雅各进去见指挥官波多利内，并简要汇报了胜利完成任务的过程。几分钟后，他在另一个长官和几名武装游击队员的陪同下回来了。我们的手榴弹和左轮手枪当即被收走，我们受到的是训话。那个长官严厉地训斥了我们。他说，尽管我们完成了使命，但并没有根据指示去执行。他说，我们本应该去烧掉工厂，而不是连同部分城镇一齐烧掉。我们太轻率了，仅此一点就可以被认为是反革命。他完全可以枪毙我们，但考虑到我们的确烧毁了工厂，切断了电话线，就只叫我们走。

我们请求同波多利内指挥官讲话，却被告知他不在。我们努力解释我们没有对住房而只是对工厂放火，火蔓延到相连的木结构建筑物，是因为德国人和当地人没有出来救火。难道他真的指望我们留在那儿灭火吗？那个长官对我们敢于反驳非常恼怒，他举起机枪瞄准了我们，所有和他一起的游击队员也把枪对准了我们。他命令我们在他没有改变击毙我们主意之前，从他的视线中消失。

我们非常沮丧和失望地离开了。后来，我们得知这位长官拒绝接受犹太人在他的队伍里。应波多利内的请求，他才同意派我们去执行这一任务，他原以为我们肯定不敢执行这种自取灭亡的行动，这将进一步证明他所宣称的犹太人都是胆小鬼的观点。

我们回到扎杰里森林的营地，重新过起了以往的生活。我们在那里呆了大约一个月。很多个晚上，男人到村子里去找吃的，汉内尔和瑞娃则呆在营地做饭。

一天晚上，我们5个人背着成袋的土豆从一个村子返回。几乎背不动的我，怎么也弄不明白瘦小结实的克维亚特克为什么背得比我还多。我们非常疲劳，但仍走得很快。克维亚特克和我走在队伍的后面。这时，我听到了打鼾的声音。我环顾四处想确定声音从哪里传出来的，接着，我便意识到是克维亚特克，只见他走路时闭着眼睛，睡着觉，打着鼾。我喊了一下他的名字，他猛地睁开眼问："出了什么事？"

"你睡着了，"我对他说，"你会摔跤伤着自己的。"

"哦，这没事，"他回答说，"只不过是打个盹，我经常这样做。"

一天，一个游击队特遣队的指挥官经过我们地区。他来到我们的营地说需要一个熟悉这一乡村的向导来带领他的队伍完成任务。特遣队是一个为了特殊目的而建立的小分队。他的这个特别小分队的任务是从当地人手中获得武器。据说当地的农民藏起了他们从1941年撤退或被杀的苏联士兵那里收集的武器。由于西蒙、莫西欧和我来自于这个地区，所以被选中了。我们被告知，这只是一个临时任务，一旦任务完成，就可以返回营地，而特遣队继续他们的使命。

这是我第一次和全副武装、有经验的游击队员一起前往村庄。他们是俄国人，大部分是被选中完成这一特别任务的前军事人员。我和一个15人的小组在一起，由苏沃洛夫领导。他是一个矮小、强壮、聪明、机灵的人，看上去总是兴高采烈，但是内心有施虐的倾向。

我们的第一个任务是获得食品。从农民和村民那里获取供给的方法，被称为"为抵抗游击队筹粮"。尽管有时只是用请求的方式获得食品，但是更多的是暴力强制性的。为得到土豆、面包和黄油，我们挨家挨户地要。我们能够带走的只是煮熟的蛋。我见到

苏沃洛夫和其他人不愿意留下任何东西，他们通常会敲开刚生下的蛋，将蛋黄和蛋清生吞。我学会的最有效吞生蛋的方法，是在蛋壳上敲一个小洞，然后吸掉里面所有的东西。第一天晚上，我被大量食品冲昏了头脑，竟吞了 20 多个生蛋。后来在一家人家，我发现并拿走了一篮子 40 多个煮熟的鸡蛋。

在返回特遣队基地的路上，我们坐下休息。这时，天快要亮了，苏沃洛夫问我篮子里是什么。一见是蛋，他咧嘴大笑并说："啊，太好了，让我们吃早餐吧。"他拿出一磅没收来的黄油，剥去蛋壳抹上黄油，我们开始吃了起来。我只吃了两只，因为早些时候我已经吃了 20 个生蛋。苏沃洛夫开心地吃下了剩下的 38 个鸡蛋，以及所有的黄油！然后，他心满意足地继续赶路。

我们的"为抵抗游击队筹粮"的行动，很快变得越来越不像话了。我们每进入一个村庄，就有两名游击队员守在村子的两头，剩下的人以四人为一组挨家挨户地搜缴。由于我总是和苏沃洛夫在一起，因而了解他所用的伎俩。

我们通常会找一家富裕的农户作为索要粮食的对象，这样便可以以丰盛的晚餐作为我们这个夜晚行动的开始。苏沃洛夫不希望使用威胁的手段，总是有礼貌地做出请求。当要求得到满足时，他会要一些伏特加酒。如果对所得不满意，他就会掏出他的手榴弹放在桌子上。惊恐的主妇会请求他把"炸弹"拿走，他就以他最迷人的方式说："它不想离开桌子，它想吃一点好的东西，喝点伏特加。"然后，我们会一起离开桌子，朝门口走去。这时，那个可怜的、担心"炸弹"随时会爆炸的女人，会冲去为我们拿来我们想要的任何东西。我们同意坐下享受一顿美餐，苏沃洛夫则把他的手榴弹重新放到他的腰带上。

每到一户人家，我们都会索要武器。农民经常会说他们没有。苏沃洛夫会下令让他说出哪些农民藏有武器以及藏在哪里。如果得不到回答，他就威胁说要没收所有的东西。这通常会起作用，于是我们会得到一些人的名字，但很少知道武器藏在哪里。

我们接下来会去找名字被说出来的那些农户，要求他们交出武器。这时，苏沃洛夫会把他那迷人的风度丢在一旁，转而变成一只咆哮的野兽。他会威胁说，如果不立即交出武器的话，就要枪毙他们，烧死他们，并没收他们的财产。如果他们仍否认拥有武器，他就会走向极端，他会抓住那个农户的耳朵，好像在瞄准他的头，然后让子弹擦着耳垂而过。当这个可怜的人从震惊中还过神发现自己还活着的时候，苏沃洛夫会道歉说他没有射中目标，并保证如果还不满足他的要求的话，他的下一枪会打得准一些。到这个时候，农民通常会交出所有的武器。

有一次，我们所有人都确信一个农民藏匿了武器，但是我们施出的所有方法都未能奏效。那个农民冷静而顽固地说："来吧，杀了我好了！我没有武器给你们。"于是，苏沃洛夫和另一个游击队员把这个人带到外面，命令他自掘坟墓。我们奉命让他的妻子和孩子在窗边看着。

苏沃洛夫让这个农民面对着墓穴，然后开了枪，农民应声倒下了。接着，苏沃洛夫大喊："把那个女人带出来，现在轮到她了。"

这时那个女人崩溃了，她哭着请求饶命，并说她知道武器藏在哪里。她把我们带到一个隐蔽的地方，在一堆干草下面有两把来复枪，我们当场予以没收。重新回到房间时，那个可怜的女人看到她丈夫坐在桌子旁边时，几乎晕了过去。从窗户那儿，她是不可能看到苏沃洛夫是从农民的双腿间开枪并把他推到墓穴中的。

还有一次，一个抵抗游击队的支持者指出一个农民的家，该农民曾被人看见在赶集的路上进入德国人的警察局。对他可能是间谍的怀疑，又由于他参加反对苏维埃政府宗教法令的教堂祈祷而增加了许多。他肯定是在为德国人工作。

在去农民家中的路上，苏沃洛夫对我说："我确信他是一个间谍，让我们干掉他。"

"你怎么就这么确信?"我问。"也许是刚才那个农民出于他个人的原因想整死他。我们还是听听他会说些什么吧。"

"如果他死了，那他就肯定不是间谍了。"苏沃洛夫说。看见我震惊于这种逻辑的时候，他又补充说："好吧，我们让他坦白交

代吧。”

我们进入那户农民家，命令他脱下裤子躺在桌子上。苏沃洛夫开始用来复枪的长枪管抽打他的后背。

“你为什么打我？”他疼痛地叫着。

“你在镇里都干了些什么？”苏沃洛夫大声问道。

那农民最后承认他去警察局是为了获得去另一个村庄看亲戚的许可。他发誓说他不是一个间谍，没有给德国人任何情报。他的话听起来很可信。苏沃洛夫又打了他 20 下，以使他记住再也不要去警察局了，否则就会杀了他。

在我作为特遣队一员的这段时期，我们成功地收集到大量隐藏的武器。为了感谢我们的帮助，苏沃洛夫给了我一支一战时的俄式来复枪。虽然枪托没了，但有一些子弹。经过擦洗，我又让木匠做了一个新的枪托。从那以后，我拥有了一支真正可以使用的枪。莫西欧则得到一支枪管被锯过的来复枪。

在抵抗游击队中，枪是一个人拥有的最重要的东西，是一个最值得信任的朋友，通常是随时带在身边。枪还意味着生与不抵抗死之间的区别。我那支枪存在的唯一问题是，有时在射击后子弹壳退不出来。因此，在再次使用前，我不得不停下来，用枪的清洁器把弹壳清除。

我们与特遣队在一起的任务结束了。我们热情地同苏沃洛夫以及其他特遣队员道别，然后回到在扎杰里森林中的战友身边。

第十二章　在犹太分队（1943年7月—9月19日）

7月初，有传言说在与纳罗切湖相毗邻的茂林地区成立了一个犹太抵抗分队，该分队是作为马尔可夫上校旅的一个组成部分。雅各和西蒙打算去核实该传闻是否属实，并打听我们是否有可能加入其中。

与一个犹太女子结婚的非犹太人马尔可夫上校是该地区1943年初成立的抵抗旅的一个领导人。战前，他是斯文切尼的一名教师。1941年斯文切尼被德国人占领，被占不久，所有的知识分子，尤其是教师，均遭拘捕。马尔可夫与他的几个朋友、同事一起逃到了丛林中。他们成功地伏击了斯文切尼总督的座车，击毙了总督、司机、副官，并缴获了他们的武器。作为报复，德国人杀害了500名无辜的市民。

几位从周围乡村逃出来的苏联俘虏和来自附近城镇的共产党官员加入了马尔可夫的队伍，组成了第一支抵抗游击分队。分队是抵抗组织最小的单位。渐渐地，那些希望避免被投入德国劳动营的年轻人也加入进来了。当越来越多的人成为马尔可夫队伍一部分时，他对人员进行了重组，成立了若干个分队，这些分队共同组成一个旅。到1943年中期，已有大约1 000名战士在马尔可夫的领导下。当时建立起来的各种抵抗组织，都归莫斯科最高抵抗司令部掌管。由于马尔可夫的成就，他被莫斯科当局授予上校军衔。

装备着电台设备的军官从莫斯科空投下来，或者从前线偷渡过来，以组织更多的分队协调行动。每个分队都是一个拥有 80—150 人的独立战斗实体，有自己的指挥官，称作政委的主要政治长官，一名参谋长和若干名排长。各分队基地之间通常相隔数公里。

由马尔可夫领导的战斗旅的武器装备很差，大部分是一战时期的来复枪和机关枪，几乎没有任何重型炮，新式冲锋枪和自动步枪也寥寥无几。

马尔可夫在“FPO”领导圈内知名度很高，FPO 是维尔纳犹太隔都内的犹太战斗组织。该组织通过通信员与马尔可夫联系，双方同意让拥有武器的犹太人从维尔纳逃出来后加入马尔可夫的战斗旅。FPO 的领导人之一的格莱兹曼是带领队伍到达马尔可夫指挥部的第一人。马尔可夫同意组成一个独立的犹太分队，命名为“复仇”分队。他任命立陶宛犹太人布特涅斯为指挥官，格莱兹曼则为参谋长；俄国犹太人包姆卡被任命为排长，从维尔纳犹太隔都逃出来的艺术家舒尔卡·鲍根也被任命为排长。

以上就是雅各和西蒙到达时了解到的这支刚刚建立起来的犹太分队的组织情况。分队迫切需要熟悉丛林和茂林情况，以及拥有来复枪的抵抗战士。格莱兹曼高兴地接收了带着自己来复枪来的雅各、西蒙、莫西欧还有我。至于我们群体的其他人，他仅同意接收那些熟悉该地区的年轻人。

雅各驾着一辆马车回到我们在扎杰里的基地，马车是雅各以某种神秘方式得到的。我们收拾好自己的行李，于当天夜里离去，前往位于茂林的“复仇”基地。

我们决定用偷渡的方式，将我们那个群体的女子和年纪较大的成员带入。在基地外面，西蒙命令那些没有被接受的人下车，然后再让他们偷偷地溜进去。由于不知道指挥官布特涅斯会不会将我们的枪从我们身边拿走，莫西欧和我将枪藏在马车里，然后与雅各一起驾车径直驶过主要入口处到达基地。

我们被告知需要建造自己的密所，成为包姆卡领导下的那个排的一部分。当看到其他抵抗队员带着枪，同时包姆卡告诉我们可以保留自己的枪支，我们从隐蔽处将枪拿了出来，放在我们新建成的密所里。事实上，仅有三分之一的抵抗队员拥有武器。

现在，我不仅是一个真正有枪的抵抗战士，而且编入被命名为“复仇”的犹太分队中，我极为自豪，情绪高涨。

每个分队的首要任务是筹集给养。由于我有枪，被分配执行夜间去附近乡村筹集给养的任务。每10个从事筹集给养小组的成员中，仅有3人有枪。他们既在必要时击退德国人，又在农民不合作时进行恐吓。

靠近我们丛林的村民都支持抵抗游击队，虽然不一定出于自愿。每个分队都有一个特定区域，仅能从该区域的村庄筹集给养。在分配给我们的区域，我们先找村领导，给他一份所需物品的清单，由他来决定每个村民该出多少，并在筹集时陪同我们。然后，我们征用车辆和马匹来装载得到的给养。车主驾车和我们一起到林边。在我们驾车前往营地卸载时，农民不得不在那里等待，因为基地的地点必须保密。然后，所有的马车和马匹集中到一起归还给它们的主人。

再远一些，接近德国卫戍部队的地方，民众更多的是忠于德国人，尽管同样不一定出于自愿。由于不在抵抗战士的管辖范围之内，不受自律条款限制，任何分队都可自由地去那里筹集给养。在德国卫戍部队周围的村子里，我们筹集给养方式是不同的。首先，派一个侦察队去查实该地是否确实没有德国人和当地警察，然后留下一个小组在村子两头站岗放哨。大部分村子建在干道沿线。两个小组从村子两头开始挨家挨户地收集食品、衣服，偶尔也要牲畜。农民会抗议、争辩、乞求，但不敢抗拒。

从维尔纳犹太隔都又有犹太抵抗小组抵达。有这样一个小组，开始有25人，由于遭到德国人的伏击，仅有1人幸存。我们的分队在人数上增加了，但来复枪和机关枪的数量并没有随之增加。大部分从犹太隔都逃出的人带有手枪，然而手枪被认为是个人防御武器，不属于分队能够和德国人正面较量的武器。现在，我们分队有近150名犹太人，大约男90人，女60人。我们拥有大约20

支来复枪、数支手枪和两把冲锋枪。

包括我们在内，马尔可夫战斗旅已壮大为 6 个分队，散布在整个茂林地区。一支特别侦察别动队作为旅司令部的一部分创建起来，在俄语中称作“Razviedka”。该别动队由茂林地区周围靠近德国卫戍部队驻地的几个小组组成，他们的任务是及时向旅司令部报告附近所有德军的动向，并建立一个刺探德国人情报的间谍网。

一天，别动队的指挥官骑马来到我们的营地，挑选熟悉维雷卡地区的人。有好几个站了出来。指挥官在提了几个问题后，选中了雅各。他给了雅各一匹马和一支自动步枪，带着他离开了。雅各很快就被任命为维雷卡地区别动队的长官。维雷卡驻扎着最大的德国卫戍部队，有关雅各的事迹和勇敢的故事流传开来了。

我们在每个村庄都有线人和探子，甚至在德国卫戍部队附近的村庄也有。他们是我们深夜到达后接触的第一批人。只要小股德军一离开驻地，我们就会立刻得到报告，迅速进行埋伏。我们多次成功地击毙德军。逐渐地，德国人不太愿意离开他们的安全驻地，除非是大批人马一起行动。

数位为德国人效劳的地方警察看到战局的变化，带着他们的武器加入抵抗运动。在马尔可夫旅，他们受到热烈欢迎，他们的忠诚不受怀疑，他们过去所有的劣迹一笔勾销。

在我们分队最初的一系列使命中，有一项是由格莱兹曼和其他 6 名抵抗战士在 8 月完成的。他们在外面呆了大约两星期，在远离茂林的地区成功地炸毁了一列德国人的火车。他们和德国人有过一次面对面的遭遇，双方都开了火，最终安全返回基地。

作为马尔可夫旅的一部分，我们分队偶尔能够得到更多的枪支。因为我几乎参加了所有的行动，我们的排长包姆卡同意给我换支新一些的、性能更加可靠的枪。除了装备得到改善外，新枪还增加了我的自信，增强了我作为一名抵抗战士的地位。

一天晚上，格莱兹曼把所有有武器的战士集中起来，带到了司令部。其他分队已经集中在那里了。我们被告知，要前去袭击驻扎在米亚济尔的一支德国卫戍部队。米亚济尔是茂林附近的一座小镇。侦察别动队估计那里大约有300名德军。我们计划在第二天傍晚到达茂林边缘，然后在深夜展开袭击行动。约400名拥有武器的战斗人员或是骑马，或是坐大车，或是步行出发了。我是只能步行中的一个。

我们按计划来到米亚济尔附近。行动前，我们在树林里充分休息。夜幕降临后，我们分散开，扑向小镇。马尔可夫亲自指挥了这次行动。进攻的命令下达后，我握住枪，奋勇向前。德军在掩体后用机关枪和来复枪朝我们射击。

我们继续向前冲，直到抵达第一幢房子，然后开火。当我们抵达中心广场的警察局时，警察朝我们开火。我们冲进去，将他们全部击毙后，缴获了他们的枪支。与此同时，德军仍藏在掩体后，胡乱地射击着。他们没有出来进攻我们，我们也就没有理会他们。

我们接到撤退的命令，在黎明时分返回了茂林。除了武器外，我们还带回了衣服、食品、鞋和炊事用具，其中大部分东西都是我们无法从基地附近的村子里得到的。

我们的伤亡是两人牺牲，数人受伤。这是第一次针对德军驻地的大规模抵抗行动，被认为是一次重大的胜利。我们向当地人民证明我们是有力量的，德国人是怕我们的。

几星期后，我们从侦察别动队那里得到消息：有大约50名德国人来到附近一个村子，正在查抄村民的牲畜。我们很快接到命令，从我们分队抽调25人和另一分队的25人联合行动，在德军返回的公路上设置埋伏。我们选择了一座覆盖着绿树的小山，将两挺机关枪分别安放在公路的两侧。在用树叶伪装了自己后，我们就地等候。

无论是精神上还是体力上，我都极度疲惫。持续的紧张和恐惧开始起作用了。不过，只要一见到有德军，危险感就会令全身警觉。我紧握手中的枪，全神贯注地观察每一个动向。德军或骑在马上，或坐在大车上，牛拴在马车后，前后是骑着自行车的德军。

我们趴在5米外的地方。德军并没有意识到我们的存在，还在靠近。我已经能听到他们的说笑声，我在心里对自己说："一定要保持冷静！一定要瞄准德军制服！一定要想发誓报仇的事！"

在一些德军从我旁边经过后，我们的指挥官才下令开火。他首先开枪。我拉动了扳机，没有再多想，我不停顿地朝着每一个移动目标射击。德军向四面八方逃窜。我们打死了 5 个德军士兵。带着缴获的武器、马车、牛及留下的其他物品，我们返回了森林。

进入森林后，我们听到远处传来了坦克声。大概是德军的增援部队。虽然坦克向森林开火，但并没有进入森林的意图。夜幕降临后，德国人离开了该地区。

还有一次，我们接到砍电话线杆和封锁指定道路的命令，20名抵抗战士奉命出发。用了 2 天的时间，我们才抵达目的地。我们选择了一条穿过森林 3 公里长的路段，分成两组砍树，以使其倒在路中央。我们还用两挺机关枪作为埋伏。两个担任警戒任务的别动队队员骑马带来命令和情报。我背着枪，与另一位同伴一起锯树。我们以最快的速度干着，我浑身上下被汗水浸透。树木倒下的声音如同炮声，我真担心德军会随时出现。我们在忙了一夜，砍断不少电话线杆后，迅速返回基地。途中，没有遇到任何德军。后来我们听说，德国人为了清除我们制造的障碍，花了整整两天才再次打通道路。

还有一项使命，是烧掉主干道上的木桥。我们带着几车干透了的草，将其倒在桥下，然后点燃。

部分妇女参加了这些行动，其余的留在营地，干一些其他的工作，像做饭、洗刷、修补，只要能帮得上的都做。

我们分队的密所部分建在地下，部分建在地上。每间小屋容纳 30—50 人，有的是专供女士居住。床铺沿墙而设，炉子在小屋的一端。屋内通常空气闷热、污浊。大家都紧挨着睡在一起，睡的是草，盖的是大衣或破棉絮。一天有三餐——豌豆汤、土豆块以及肉星。

在与虱子的永恒战斗中，我们创造了一种新式"桑拿"。那是一种门能够关得很紧的木式结构，从底部给巨石加热直至通红。

我们 10 人一组进去，关上门，往石上浇冷水，使之产生蒸汽。站的地方越高，蒸汽越烫。我尽量站在能够忍受的高处，以确保身上的虱子被烫死。我有时怀疑在虱子被烫死之前，我大概会先被烫死！枝条是蒸汽浴标准设备的组成部分。我们通常将其高高举起，使其变得很热，然后用它彼此抽打。尽管很痛，我们感觉毛孔在张开，皮肤被净化。从蒸汽浴室走出来，我们的样子十分引人注目，污垢与石块上的泥灰在我们发红的身上制造出黑色的条纹。我们随后跑出去用凉水冲洗身体。这样的洗浴每周一次。

如前所述，我们分队的大部分成员来自维尔纳犹太隔都。我们听到不少有关他们幸存下来的可怕经历，了解到声名狼藉的波纳里事件。在波纳里，隔都的犹太人遭枪杀后葬于万人坑中。

我和莫西欧与一个叫摩西·马克的同伴建立了特殊的友谊。他比莫西欧年长一点，就像我们的兄长。这个身材不高、近视、秃顶的人，机敏、乐观、幽默。他足智多谋，是犹太隔都中犹太复国主义运动组织的活跃分子。他就睡在我们旁边，我们分享所有的东西。不过，尽管我们在同一分队，并不总是执行同一任务。

我们分队多次成功地完成任务。但作为一个犹太人分队，我们感受到来自其他分队的反犹主义言行。我们遭受其他分队成员袭击的事件时有发生，那些人试图用武力抢夺我们的武器。他们认为，既然犹太人不会打仗，就应该把武器交给他们。针对这种情况，格莱兹曼参谋长向马尔可夫上校提出了申诉，后者这样回答："永远不要放弃手中的武器。杀，或被杀，但永远不要将你的武器交给任何人。"我们中的老兵知道这个道理，但一些新来者尽管义愤填膺，却在威胁之下交出了他们的武器。

最终，在接到白俄罗斯共产党的政治首脑的指示后，马尔可夫上校不得不拆散犹太分队，其理由是一个犹太独立分队助长了反犹主义。在苏联，犹太人并不是受到官方认可的一个民族实体。

这样，在我们分队成立两个月后，指挥官把全体队员召集在一起，马尔可夫上校和他的几位副官骑马赶来。我们被拆散成几个组：有来复枪的；有手枪的；没有枪支的；妇女；岁数大的。摩西·

马克不得不和没有枪支的人在一起。个人之间的关系对小组的建立和拆散没有影响。人们不断经历着分离和再集合。尽管当时我们已经习惯了这种变动，但是真正与朋友分手还是相当难受的。我们无从知晓与马克的分离是永久的还是在人生道路上会再次相遇。

我们的指挥官布特涅斯离开了我们。他被派往立陶宛去组织一个立陶宛抵抗小分队。格莱兹曼参谋长也不在了，他带领一个抵抗小组设法把更多的人带出维尔纳犹太隔都，加入抵抗运动。包姆卡排长成为我们分队的负责人。马尔可夫告诉我们，他已经决定将我们分队和一支非犹太人分队合并。新的分队被命名为共青团分队，沃罗德卡任新指挥官，他是和马尔可夫一起进入丛林的早期战友之一。新政委和参谋长也已任命。

那些没有武器的男子、妇女及岁数大的人，被编入新近成立的后勤小组为抵抗战士服务。抵抗战士则负责为他们提供给养和其他的日常必需品。

就在那时，新政委带着 70 名抵抗战士抵达，他们中只有一部分人有武器。我们不了解新政委和新参谋长，但从他们制服上佩带的勋章判断，他们似乎是苏联军人。

我们每个人都被单独叫到马尔可夫和沃罗德卡面前，他们询问一些诸如我们从哪里来，成为抵抗战士多久了以及其他相关问题。在武器被检查后，我们被安排到了一个密所。

80 名为成立新的分队而从我们原先分队挑出来的人被分成三个排。我有来复枪，莫西欧有一支枪管锯短的猎枪，另外 40 人只有手枪。

随新政委而来的 70 名俄罗斯人和白俄罗斯人也被分成三个排。我们在更多地了解他们之后发现，他们中的大部分人是当地的白俄罗斯人，其中一些是为德国人工作的前警察。谁知道他们中会不会有间谍？

包姆卡被任命为别动队的指挥官。新排长也被选定。白俄罗斯抵抗队员获得了所有的领导位置。战前就与马尔可夫相识的画家舒尔卡·鲍根是惟一一个仍保留排长职位的犹太人。即使在森林里，他仍寻找一切机会为抵抗战士画像。

每个分队的指挥官都拥有对属下的绝对权力。他是惟一的法官，纪律非常严厉，没有人有权利质疑下达的命令，违抗命令者将被处以死刑。

几天后，在我们这支新成立分队发生的一件事再次证实了这种绝对权力的存在。掌管警卫工作的白俄罗斯人控告两名犹太战士在站岗时打盹，他们当即被逮捕，武器被收缴后被带到沃罗德卡面前受审。他们否认对他们的指控，然而沃罗德卡信任哨兵指挥官。他们因此被判死刑，10 分钟之内便遭到了枪决。

一星期后，沃罗德卡命令每个人，实质上针对犹太人，上交所有贵重的物品，如黄金、手表和现钱，以便使他能为分队购买更多的武器。我们一个接一个被叫到他的司令部，在进入以前必须解除武器。在那里，在沃罗德卡警惕目光注视下，伴着反犹主义言词的攻击，我们被搜身，任何被认为有价值的东西都被没收。这种搜身更像是由德国人进行的，而不是由战友进行的。我和莫西欧身上没有任何他们想要的东西，但整个过程如此羞辱，我们非常愤怒。作为个人，我们无能为力，因为任何形式的反抗都将被沃罗德卡视为反革命行为而遭到处决。

只有在政治问题上，政委有权驳回指挥官。由于反犹主义是一个典型的政治问题，我们向政委反映了这一不当行为。他仅仅笑笑说："我们所做的一切都是为了给你们购买武器。知道你们不会乐意放弃财产，我们不得不使用暴力取走。"

犹太人根本没有得到承诺的武器，有价值的东西都落入了沃罗德卡和其帮派的腰包，政委也在其中。

几天后，沃罗德卡发布命令，要求所有持有手枪者，实际上仅指刚刚从维尔纳来的犹太人，将其武器交到司令部。作为回报，他们将会获得来复枪。我们告诫他们，不要相信沃罗德卡的承诺。一些人听了我们的劝告，将枪藏了起来，其余的人上交了手枪后却什么也没有得到。战后，我得知沃罗德卡因为这些事情被送上了军事法庭。

在前“复仇”分队没有武器的犹太人,包括马克在内,被转移到基地的另一侧,被禁止到我们这边来。我们也不允许到他们那边去。他们被告知,一旦有了更多的武器,就能够加入我们的分队。

莫西欧的猎枪出了毛病,于是将枪送到附近村子里的一个铁匠那里进行修理。

从维尔纳来的摩尔曾将手枪藏了起来,从而没有被新分队接受。他请求以前就相识的排长舒尔卡为他出面做工作。舒尔卡拿着摩尔的手枪找到沃罗德卡,把枪给他看了,请求准许摩尔加入分队。沃罗德卡将枪拿到手里,欣赏不已,说了声“我会考虑的”,便拿着枪走开了。舒尔卡跳到沃罗德卡的面前,试图夺回手枪。在扭打中,枪走了火,沃罗德卡倒了下去,他身体一侧受了轻伤。舒尔卡立即被参谋长下令逮捕。我们看到舒尔卡被全副武装的卫兵押送到监狱的禁闭室。舒尔卡,这个身材高大、金发、留有胡须的人,勇敢无畏地走着,一副领导者的尊严。几小时后,沃罗德卡并无大碍的伤口被处理后,舒尔卡被带到他面前,参谋长请求沃罗德卡批准处死舒尔卡。

“沃罗德卡,”舒尔卡说,“如果你拿走摩尔的手枪是正确的,我愿意被这把枪枪决。”

沃罗德卡沉默了几分钟,然后轻轻地说:“留他一条活命。”

第十三章 围剿（1943年9月20日—10月中旬）

我们听说德国人正在茂林周围集结军队，准备发动一次围剿行动。德国人的围剿有时会持续2—3星期，是抵抗战士最头疼的行动。有消息说德国人这次很可能会从附近一座叫做哈托维锡的村庄开始进攻。我们接到命令做好随时转移的准备，携带尽可能少的行装，其余物品一律埋藏进地窖。

从我们分队分离出去的120名犹太人依然不被允许加入我们的行列，但一些人通过行贿的手段回到了分队。

到9月26日下午，我们做好了撤离的准备。大多数其他分队已经离开了他们的基地，但沃罗德卡的妻子即将分娩，他要等到孩子降生才会下达开拔的命令。与此同时，我们在沿着从哈托维锡来的道路上设置了埋伏。仅有少数抵抗战士呆在营地帐篷里，陪着沃罗德卡和他待产的妻子。

我和另一个抵抗战士被派去侦察，匆匆地前往哈托维锡。在抵达村子的路上，我们碰到了几个正在逃命的农民。他们对我们说，大批德军已经进入他们的村子，有坦克、轻型炮、狼狗。德国人正在四处抢夺所有的牛、马，抓年轻人，并用卡车将他们运走。

我们带着这一消息跑回去报告沃罗德卡。他意识到除了撤退别无选择，于是撤掉了埋伏。我们被派往旅司令部送消息。

夜幕降临了。要赶到司令部，我们必须穿越沼泽。

数小时后，包括迷路用去的时间，我们终于抵达了那里，然而却觉得有些不对劲。没有哨兵，也没有人阻拦我们。我们走到司令部掩体跟前，意识到该基地已经被放弃了。一些油灯依然在燃着，意味着那里的人刚走不久。

我们开始返回自己的分队，半夜到达时发现分队依然还在那里。周围一片漆黑，我们径直去向沃罗德卡报告。他指示我去了一个密所，等候进一步命令。和我一起的白俄罗斯战士被派往一个不同的密所。在路上，我听到了有动静，便问："是谁？"我惊奇地听到一个熟悉的声音，莫西欧从树后走了出来，问我发生了什么事情，到哪里去了，我告诉了他。他对我说：沃罗德卡在撤销埋伏时，将分队分成两组——有武器的和没有武器的。20 名配备来复枪的抵抗战士被指定进入一个特殊的密所，莫西欧由于还没有来得及从修理的铁匠处取回自己的猎枪，被排除在外。其余的被命令离开基地，自己照料自己。

我拉着莫西欧的手，走向我被安置的密所。站岗的哨兵让我们进去。我们见到大约 20 名配备来复枪的抵抗战士。我们坐着等待沃罗德卡的妻子生产。大约清晨 4 点钟，她生了一个女婴，我们立即得到转移的命令。

沃罗德卡和几位侦察兵骑着马，他的妻子和新生女儿则坐着马车。我们其余人，包括白俄罗斯抵抗战士都步行。一些不允许加入我们分队的犹太抵抗战士也混了进来，马克就是其中之一。另一些人则小心翼翼地远远地跟在后面。

我们到达被放弃的寇帕耶夫斯基分队的基地，沃罗德卡再次集合所有的犹太人，将拥有武器的与没有武器的战士分开。当他试图将莫西欧和马克与我分开时，我向前跨了一步，手中握着上了膛的来复枪，声明这支来复枪属于我们三个人。他走到我跟前，命令我把来复枪交给他，说他要看一看枪是否擦干净了。我用来复枪对准他说："马尔可夫上校教导我们永远不要将枪交给他人。如果你要拿走我的枪，那就得先杀了我。"

我的这一举动使他愣了一下。接着，他那愤怒的脸上呈现出一丝笑容，“好，好，”他说，“你们兄弟俩可以留下，但你的堂兄必须离开。”马克对我说到此为止，然后便离开了。

沃罗德卡还试图拿走一个名叫列维坦、岁数大一点的人手中的来复枪，他的儿子拥有一挺机关枪。他打算把这些枪支交给没有武器的白俄罗斯抵抗战士。列维坦和他的儿子坚持不让步，这次我们都站在他们一边。见此局面，沃罗德卡屈服了。

这时，那些被分离、但一直跟随我们的犹太人赶了上来，并试图进入营地。沃罗德卡大声斥责他们，并在他们拒绝离开时抓起一挺机关枪向他们的头顶上方扫射。他命令白俄罗斯哨兵道，如果这些犹太人再次靠近就开枪。德国人已经进入森林，但沃罗德卡依然忙着实施将犹太人与他自己人的分离计划。

一次，我被安排去站岗。回来时，我在排里找不到莫西欧。询问了别人后，我得知他被打发到其他地方去了。突然，侦察兵骑马赶到，大喊德国大队的人马已在附近。我们接到命令立即转移，还有不到 5 分钟我们就将离开，但依然没有莫西欧的下落。我问排长他在哪里，排长说他在队伍的最后面。

3 个侦察兵在前面领路，然后是骑马的排长、指挥官和坐在马车上的沃罗德卡的妻子和孩子。

我们疾速走着。侦察兵熟悉道路，他们想在德国人完成对森林的包围之前将我们带出森林。下午，我们抵达一块沼泽地，停下来作短暂休息。我依然在找莫西欧，但没有任何结果。突然，马克不知从何处现身，悄悄地在我身边躺下。他希望我知道他和我们的一群朋友正跟随着我们的队伍，不过，他也不知莫西欧在哪里。随后，他便无声无息地消失了。

我们继续行进着。天快黑的时候，总是走在我们前面约 1 公里的 3 个侦察兵策马而来，拼命地打着手势说前面有德军。沃罗德卡命令我们扔下所有的东西，隐蔽进入远离干道的森林中。在奔跑了大约 1 公里后，我们散开，以排为单位组成面向干道的防线。指挥官和沃罗德卡一家留在最后面。

夜幕很快就降临了。我躲在一棵树后，想看清楚到底在发生什么。如果德军发动进攻，我们幸存的几率将会极小。我的心怦怦地跳个不停，这时头脑中突然闪过这样的念头：如果现在我就被打死，我至少是死于战斗，有枪在手。

我们躲在那里半个小时。四周静悄悄的，德国人显然没有注意到我们的存在。于是，我们重新回到干道上，沿着德军来的相同路线继续行进。从他们靴子留下的痕迹，我们辨认出他们的足迹。

我们一直行军至午夜，这时我们已连续行军超过 24 小时，没有吃饭、喝水，仅有一次短暂的休息。远远地，我们看到了火光，周围的村庄都在燃烧。照例，犹太人是第一批受命担任警戒任务，我被再次派去站岗。那是一个非常寒冷的夜晚，天开始下雨。两小时后，我站岗结束。

我精疲力竭地躺在壕沟里，用大衣做被盖在身上，旋即进入梦乡。我甚至没有意识到雨水在沟中积聚并开始结冰。黎明醒来时，我发现自己蜷曲着，双手抱紧膝盖取暖，衣服硬邦邦地冻结起来。我刚想动，一种可怕的寒气穿透全身。我从壕沟里爬出来，在周围跑步以温暖全身。大衣差不多已成冰块，我索性将它脱了。牙齿冻得直打颤，有一小时，我发不出一个可让人听明白的词。过了很长时间，我才完全暖和过来。

我们继续行进。行了 10 公里后，我们发现少了 6 个人——其中 4 个是犹太人。他们是担任警戒任务的哨兵，主管官员忘记通知他们转移的事。沃罗德卡没有理会这件事，我们一直行进至下午很晚的时间，这时我们到达了尼维耶什科大沼泽地。

稍事休息后，沃罗德卡召集了所有人。他对我们说，根据获得的情报，我们已被德军包围。由于德军在丛林中兵力众多，我们无法以任何有组织的方式同他们作战。我们不得不分成小组，各自为政，选择去向，寻找生存方式。这样，装备良好的非犹太人跟随沃罗德卡，犹太抵抗战士去了不同的方向，其余的到别处去。

在某种程度上，离开沃罗德卡是一种解脱。我们不知什么是正确的决策，也不知哪个方向可以走，我们只能希望不论发生什么都是最好的结果。我们共有 16 个人，其中一个熟悉沼泽地，知道去哪里能找到地面结实的小岛。我们决定前往那些沼泽岛，在那里渡过整个围剿期。我仍想着莫西欧，他并不在纵队的最后，我没能找到他。我对是否能够再次见到他已没有把握。

我们沿着与沼泽地平行的道路穿越森林，设法到达沼泽岛的最近点。我们中的两个走到前面去侦察敌情。不一会儿，我们听到一阵骚乱声，接着侦察兵跑回来了。他们告诉我们说，他们发现附近一条小路上有德军。我们立即疏散，卧倒在地，在仅有的一挺机关枪周围形成防御体系。我开始听到德国人的声音，离我 200 米远处有许多马车。但他们通过时，没有注意到我们。当这一切过去后，我们继续行进。从地上留下的车痕判断，过去的仅是小股牵着牛群、驾着载重马车的德军。我们第一反应是追上去袭击他们，但最终还是理智占了上风。我们的袭击声会引来森林中其他德军，这一后果我们是承担不起的。

我们进入沼泽地时，天已经暗下来。沼泽地中仅有窄窄一条结实地面的通道，倒在水中的树干成为两块干地之间的桥梁。部分沼泽有齐腰深的水，我们中的一个战士用绳索系住自己的身体涉过，到达下一块干地，然后将绳索系在一棵树上。其余的人紧抓住绳索跟上。有些沼泽的水面下有结实的土壤，但有许多地方是非常危险的。沼泽地的淤泥能够慢慢地将人吞没，除非有其他人将他拖出来。众多的树木使得沼泽地看起来像一座森林，在黑暗中找路使得行进愈加危险。

我们走了一整夜，但并没有走很多的路。到了早上，行走容易多了。当我们终于到达一直寻找的沼泽岛时，天空中的太阳已经很高了。

在那里，我们见到了来自我们分队和其他分队的抵抗战士，马克居然在其中！他没有刮脸，头上缠着一条穆斯林式的头巾，几乎让人认不出来。我非常高兴见到他，但他也没我哥哥的消息。

我累坏了，任何事情都不能使我保持清醒。我一倒下，便进入了梦乡。稍事休息后，我们进行了重组，所有拥有来复枪的战士都作为哨兵把守在面向我们到来的方向，那是通向我们小岛惟一的

道路。直到那时,我才意识到自己有多饿,我已有两天时间滴米未进。最起码,我们要找些水喝。我全身湿透,冻得直打哆嗦,但不敢生火,所以想烘干衣服是不可能的。我们始终听见枪声,知道德军仍在我们附近。

第二天,听到一些可疑的沙沙响声,我们立即警觉地跳起来,却发现我们面前是一头迷路的牛。多么伟大的发现——一件上天赐予的礼物!我们把牛杀了,但还是没有敢点火,于是我们割下生肉片,吃了起来。生肉的口感像橡胶,根本嚼不动,即便是切成小块也难以咽下,但我还是照吃不误,直到不再饿了为止。

马克告诉我,小岛的另一侧藏着一户犹太人家。顺着微弱的婴儿啼哭声,我们到了那里,看到坐在污秽不堪的茅屋里的老人抱着一个婴儿。他告诉我们,这是他的女儿两星期之前生的孩子。自从生下孩子后,女儿就消失了,老人再也没有见到她。这孩子大概是她过去寻找食物时经常遇到的一个苏联抵抗战士的产品。老人既没有东西给婴儿吃,自己也没有吃的,非常绝望。我们给了他一些生肉,那是我们仅有的东西。但对婴儿来说,这肉是无助的。我们心绪不安、无奈地离开了,背后传来婴儿的哭声。几天之后,婴儿死掉了。

我们在沼泽岛上呆了 5 天,所有的牛肉都吃完了。远处的枪声已平息了。我们决定走出沼泽,到附近村子看看发生了什么,并找些吃的。

我和其他三个人参与这一行动。我们确保在白天穿过沼泽地最危险的地方,晚上排除困难继续赶路。我们发现一间被弃的棚屋,拿走了那里的一些土豆,然后继续行走。我们非常谨慎地朝着一排棚屋走去,同样没有发现任何人。穿越林子时,我们听到有响声,便躲了起来。随后,我们小心翼翼地朝声响处爬去,发现有几户白俄罗斯农民家庭围坐在一堆篝火旁边。他们看出我们是带着武器的抵抗战士时,松了口气。他们告诉我们,他们在听说德军朝他们的村子开来时,带着一些牲畜逃进了丛林,并一直这么躲藏着。

他们对我们说，据他们所知，大批德军在由德国人指挥的立陶宛部队和拉脱维亚部队的协助下，包围了250平方公里的森林。他们组成人链，从各个方向对森林进行清剿。这不是一次仅针对犹太人的搜查，而是旨在抓住所有的人。所有在村子里被抓获的年轻人都被带走了，很有可能被送往劳动营。所有的粮食和牲畜都被收缴了。德国人离开时，一些村子没遭到破坏，另一些村子则被烧掉了，但所有的村民都被杀了。他们不清楚德军是否已经离开了他们的村子。

带着这些消息，我们回到了小岛。我们希望对其制造的浩劫感到满意的德军已经离开了。我们做的第一件事是生火，马克开始烤土豆。这是一星期来我们的第一顿热饭。我依然在担心莫西欧，猜测他可能在哪里。我真的希望能够找到他。为了确保德国人已经走了，我们又多呆了三天，然后向在纳罗切湖附近我们分队的基地进发。我们曾一直扎营在那里，直到沃罗德卡将我们拆散。

在返回的路上，我们经过两个被烧焦的村庄。甚至在森林小道，都能看到德国军靴留下的清晰痕迹。被丢弃的报纸、巧克力包装纸和其他表明德国人到过的迹象随处可见。偶尔还有小型德国飞机在头顶盘旋。我们遇到好几批抵抗战士，每批都有侥幸逃脱围剿的故事。

回到基地后，我们看到的是一片狼藉，我们分队的人已没有几个了。我们的密所已被德国人炸毁，所有一切，包括我们的“桑拿”浴室都化为废墟。我们挖出紧急撤离前埋藏起来的食品。

每个人都在打听朋友的情况。虽然许多失踪的人被证实已经死了，但没有人知道任何有关莫西欧的消息。我的情绪糟透了。第三天，天快黑的时候，我坐在火堆旁，突然有人朝我大喊：“喂，你哥哥回来了！”

我赶快朝路上跑去，看见莫西欧拖着双腿，拄着一根棍子，帽子已不见了。我们拥抱着，亲吻着，对能够再次相聚感到无比的欣慰。在篝火旁，我递给他一些食物，然后彼此讲述了各自的经历。他先讲。

在我站岗时,沃罗德卡确实将他和一群人派往沼泽地的一个指定的地点,要他们在那里等候。然而并无人到来,他们意识到他们是被恶意派到那里的,于是决定走自己的路,朝沼泽深处走去。我们的朋友波斯纳爸爸和他的女儿汉内尔也在那一群人中。两天后,他们听到枪声和狗吠声,德军已离得非常近了,所有的人都向丛林和沼泽深处散去。德军在后面追赶,子弹从四面八方打来。莫西欧看到几步之遥处有一名德国士兵,撒腿就跑。德国兵在后面追。不知出于什么原因,他似乎是想活捉莫西欧,但莫西欧跑得非常快,德国兵被甩在了后面,开始连续开枪射击,但莫西欧不停地往树后躲。莫西欧跑啊跑,直到他再也听不到声响,然后躲进了灌木丛。当所有这一切平息下来后,人们聚拢在一起。莫西欧的腿出了问题,几乎不能走。

几天平静期后,一些人开始返回基地。波斯纳父女俩和另外几个人留下来,等到莫西欧能够走路,与他一同分享吃的。又过了几天,在波斯纳的搀扶下,他们开始朝基地走去。这类的事件通常是对友谊的真正考验。莫西欧感到自己在逐渐好转,到达基地之时,他已经能够自己走了,不过,身体还是十分虚弱。

有众多的抵抗战士和犹太人在这次围剿中遇害,但具体数目不详。每天都有人归来,每天都会在森林中发现尸体,有些人再也没有看到或听到。

在我们的基地旁边有一个临时医院。在撤退疏散之前,所有的伤病员都被转移到森林的深处,被隐藏、伪装,留在了那里。我们回来后发现,除一人外其余全部遇害。一个患伤寒病的名叫阿夫拉姆的犹太青年奇迹般地活了下来。他在听到德军来时爬起来,在一种半昏迷状态下走进沼泽地。他高烧得厉害。一星期后他回到基地,尽管脸色白得像鬼,但高烧已退。没有使用任何药物,他竟然痊愈。

我们重新在基地安顿下来,恢复分队的日常生活。沃罗德卡尚未返回,但他的通信员回来了。在看到基地发生的变化后,他讲述了他们的经历。在“各自走路”后的几个小时,他们遭遇一支德国巡逻队。在交火中，一些人被打死，其余的人逃进沼泽地，待在一个类似的沼泽岛上，离我们并不远。那个伟大的沃罗德卡，尽管熟识地形并把我们打发走了，其遭遇却比我们更糟。他自己幸存了下来，但失掉了好多人。

有传言说，寇帕耶夫斯基分队的两个犹太战士被捕后，在德国人的严刑拷打下，出卖了自己的同伴。据说，他们供出了 7 名抵抗战士的藏身地。在我们听到这一传闻的几天后，两个被指控叛变之一的乔尔回到了基地。他的脸和头被烧得无法辨认，身上是皮开肉绽。他讲述了德国人对他实施的酷刑，但没有能够获得任何有关同伴的信息。他和另一个犹太战士先是遭到殴打，接着被火一点一点地烧。他们昏死过去，但在苏醒后折磨照旧。然而他们什么也没有泄露。后来，德国人将他们装上车，运到林边，将他们拖出，举枪向他们射击。德军有意留下他们那被折磨得不成样子的尸体，以说明抵抗者被捕后的下场。

在第一轮射击中，那名战士就被打死了，但乔尔没有被击中。他以一种不同寻常的力气站起来，逃进了森林。他的经历再次向我们证实这样的事实：被活捉比被打死更糟。

然而，马尔可夫上校并不相信乔尔的陈述。乔尔遭到逮捕，被带到司令部接受审问。后来，事实证实乔尔没有出卖任何人，是德国人的警犬发现了那 7 名抵抗战士，他们被德国人活捉，人们再也没有听到有关他们的消息。乔尔虽然被释放了，但说他背叛的传闻仍在继续。一些战士还在诽谤我们，声称犹太人是不可信的。

我们还得知格莱兹曼和本来计划去鲁德尼特兹卡亚茂林加入立陶宛分队的 17 名犹太战士在一不大的林间空地休息时被德军包围。大部分人被活捉，没有人知道他们的下场。一个小姑娘回来告诉了我们事件的前后经过，她因藏在灌木丛中而幸存。

后来查明，那些先前为德国人工作、后来加入抵抗运动的警察实际上是间谍。在围剿中，当德国人进入丛林，那些间谍就将他们带到了抵抗基地。而在那以前，马尔可夫天真地认为这些变换忠诚对象的间谍已成为抵抗战士，毫不怀疑地接纳了他们。

一星期后,沃罗德卡和他的人马回到丛林,但没有回到我们的基地。他派通信员通知带枪的战士立即到他的新基地与他会合。我和莫西欧到了那里,被接受了。尽管我们十分憎恨沃罗德卡和他的反犹思想,但在一个有组织的分队比我们自己单独行动要安全。他新组成的分队距哈特兹克地区的一座小棚屋不远。我们被重新组成三个排,犹太人和非犹太人编在一起。犹太人当中,有15 个带枪,15 个没有枪。新成立的分队的名字被叫做卡林斯基分队。

沃罗德卡本人离开了。传闻他已经被降级,将因他在围剿之前和围剿之时的所作所为受到军事法庭审判。但很久以后,白俄罗斯解放后,在明斯克举行的抵抗战士胜利阅兵式上,有人看到沃罗德卡坐在检阅台的荣誉席上。

参谋长成为我们的新指挥官,政委继续留任,包姆卡还是侦察别动队的领导。我们在丛林中建起了棚屋生活区,每个排都有自己的独立区。

我们被告知:我们的分队将前往很远的格卢博克县,袭击德国人通信线路和铁路。政委召集全队,再次挑出那些没有武器的战士。莫西欧由于一直没能取回自己的枪,也被归到没有武器的一组。他们受命留在这个地区,挖断干道,砍倒电话线杆和切断电话线。几个月后,在我们完成任务回来后,他们将会与我们再次联合。我们预定在半小时之内出发。

我不信任政委,更不相信他做出的任何承诺。我预感到一旦与莫西欧分离,可能永远再不会见到他了。我们彼此交换了看法。他的感觉与我完全相同。

在集合解散后,我找到政委告诉他,如果我哥哥不能一块走的话,我也不走。我请求允许莫西欧和我们一起走,并保证为他取得武器。我解释说,我们两个是我们大家庭中仅有的幸存者,不希望被分离。恼怒的政委回答说他不会破例。他拒绝带上任何没有武器的人,如果我希望和哥哥在一起,我可以和他一起留下,但必须交出我的枪。我请求调动到我所知的另一个能够接受我们两个共有一支枪的分队。他的回答是“不行”。他不愿意让我们带着武器加入其他的分队。

我面临一种巨大的两难。我不能设想离开莫西欧,但我同样也不能设想没有我的枪。我问莫西欧该怎么办,但他拒绝影响我的决定。他知道武器对于抵抗战士的价值——它是区分拥有一个抵抗战士的尊严还是处于被逐猎物地位的决定性因素。

再有 15 分钟,我们就要出发。我决定不离开莫西欧,同时也留住我的武器。分队的一个哨兵是我的朋友。我们信任他,我们在一起想出了一个办法:如果被问起我的下落,他就指向我打算去的相反方向,说我答应很快就回来。

带上我的枪,我和莫西欧很快进入了周围的丛林,跑了几里路直到发现一个完全可以作为我们藏身之地的地下洞穴。远远地,我们听到我们的分队出发了。当一切归于宁静,我们从藏身洞出来,前往以前的共青团分队基地、一些没有武器的犹太人待的地方,我们在那里度过了几天。

第十四章 抵抗力量在增强（1943年10月中旬—12月）

我们听到马尔可夫旅正在鲁兹村组建一个新的犹太人特别分队。指挥官是舒尔卡·鲍根，原“复仇”分队的一名排长。我还听说他不但接受有武器的而且也接受没有武器的犹太人，于是我们到那里加入了他的分队。

由森林环绕的鲁兹村已被德国人完全摧毁，仅有两栋房子是完好的，我们的特别分队就以这两栋房子为基地。

我们的首要任务是为所有没有武器的同伴取得武器。我们还担任一个小型飞机场的警戒任务，这一小型飞机场是抵抗运动为小型飞机起落而建立的，也是与在莫斯科的苏联抵抗司令部取得联系的唯一途径。另外，我们负责收集附近村庄德军情况的情报，并传递给大约8公里外的马尔可夫旅司令部。我们手头总是有从林边运入物品的马匹。

不再听到反犹的话语，不再担心来自战友的攻击，我不仅感到更安全，而且更自在。

在无需外出执行任务的夜晚，我们会围坐在篝火旁，唱着优美动听、感人肺腑的俄罗斯歌曲，憧憬着战争结束后的自由和未来。

最能打动我的歌曲是《让我们点支烟》。我喜欢它的歌词和曲调，尽管我不吸烟。最有意义的词句是：“当希特勒再也不会存在，我们光荣凯旋回到家乡，我会记住我的分队，还有你，给我烟的朋友。让我们点支烟。”

取得武器是一件非常困难的行动，我们使用了心理恐吓策略，这是我们先前从苏沃洛夫那里学来的，同时加入了我们的改进。仅仅为了最终能够得到一杆枪，有时我们会用很多天时间去跟踪一个被怀疑拥有武器的农民。通常，他们反抗并不激烈，所以我们在这些行动中从来没有杀害或真正伤害过任何人。

在感情上，我随时都作好毫不留情杀死纳粹及其帮凶的准备，但我又恨去执行这样的任务。因为我不愿意看到别人受苦，无论是精神上还是身体上。一些人是无辜的，他们并没有做任何坏事，是环境和战争的受害者。我能够认同他们的恐惧和不幸。

雅各找到了我们，我们上一次见到他是在那次围剿前。整个围剿期间，他一直藏在他的一个联络人的棚屋里。棚屋非常靠近维雷卡的德军驻地，长期处于德军控制下，因此，德国人没有在那里搜查抵抗战士。围剿结束后，他继续其在马尔可夫旅侦察别动队的重要任务。他是一个颇为引人注目的人物，总是骑马而来，背上背着手提机关枪，腰带上别着手榴弹。

在躲藏期间，他查明维雷卡附近的一个农民的名字和住址。该农民的谷仓曾被用来杀害、烧死了一批犹太人，他还亲自参与了杀害和掠夺那些犹太人财产的行动。

雅各想出一个对该农民采取行动的办法。他家的房子与德国宪兵站相距大约 2 公里。我们有 4 人参与了这次行动。经过两天的准备，我们于一个夜晚骑马来到离他家不远的地方，大概在步行距离之内。我们向房子爬去，然后，我们中的一个敲了敲窗户，用德语说："我们是德国警察，请开门。"由于该农民与德军当局串通一气，没有犹豫就打开了门。当他看到站在他面前的不是德国人，而是没穿制服的 5 个武装人员，看到有 5 支枪在对着他时，立即明白了是怎么回事，没有说任何话。

我们命令他出来，不过，我们留了一人在屋子里看住他的家人。我们一声不响地将他带到一个用来储藏土豆的地窖前。现在地窖是空的，我们将他带进去，两个人开始揍他，一边打一边提醒他曾经帮助杀害、掠夺犹太人的事。起初他哭喊求饶、乞求宽恕，

后来变得沉默不语。在这期间，我仿佛看到了那些犹太人在这个地方被烧的情景，父母、兄弟姐妹、孩子在这里惨遭杀害的情景。于是，我毫不留情地揍他，直到他昏厥过去。

留在屋里的战士将他的妻子带到他身边。我们告诉她这样做的原因，将他们留在那里。然后，我们迅速而悄悄地离开了那个村庄。

我们主要任务是收集该地区德国人驻地和兵力的情报，因此我们需要与当地的联络人保持联系。这些联络人通常住在德国驻地的周围。我们乘坐由农民驾驶的马车，从一个村庄赶到另一个村庄。我们对提供重要情报的联络人，对他们的忠诚给予慷慨的回报。有时，我们会送给他们牛和猪，当然是我们从其他农民那里获得的。联络人和其他村民一样穷困，对这种互惠关系通常十分感激。在靠近德军驻地的一些富余村庄，我们能够获得一些奢侈品，诸如香肠、面包、黄油、靴子、衣服、猪、牛等。有获得如此物品的机会，有时我们会受到贪婪的驱使，忘记自己的主要责职。

一天夜里，我们装了 6 马车的物资。我们将其中一马车的物资和一批牲畜送给了我们的联络人。然后，每个人坐在一辆载重马车上，一手拿缰绳，另一手握着枪，朝基地驶去。我坐在第一辆马车上，穿着一件新得来的羊皮上装。在外出几乎一星期后，我梦到自己睡在一张床上，车轮的吱吱声和马儿的嘶叫声是伴着我们的仅有声音。

到当时为止，德国人已掌握我们的策略和习惯，经常在抵抗战士使用路线的村子外面设置埋伏。刺骨的寒风，长时间的缺少睡眠，被动地坐着，这一切使得保持警觉变得异常困难。

远远地看到一个村子，我被颠清醒了。我们在离村子大约 1 公里的一座孤零零房子前停下来。农民房主送给我们一些伏特加，我顿时感觉令人愉快地温暖起来，想躺下睡一觉的欲望已经无法摆脱，我真不想再次出去走进寒风。那个农民对我们说前一夜很平静，没有看到德国人。但警惕性最终占了上风，我必须放弃睡一觉的美梦，继续我们的行程。

我懒洋洋地坐在马车边缘上，双腿悬着，手中握着横在膝盖上的枪。

村子外有一座树木环绕的小木桥。当马蹄一踏上小桥，我就听到有人用俄语喊："停下！是谁？"我以为是村里另一抵抗小组放哨的。我车上的驾车人勒住了马。

"自己人。"我小心地回答。

接着传来纯正的俄语提问："自己人是谁？"

"抵抗战士。"我平静地说。

随即，机枪和步枪的齐鸣声震耳欲聋，照明弹将黑夜照得如同白昼。

我发现自己躺在路旁的一条沟里，不清楚自己是怎样进这条沟的。子弹在我头顶呼啸而过，拉车的马惊恐万状地狂奔，冲向任何一条道路，有人在大声喊叫。我在沟中猫着腰，拼命地跑着，尽可能地远离村庄。我被绊倒好几次，但仍旧头也不回地向前跑。我经过我们停留过的棚屋，在跑了 2 公里后看到一个小森林。我从沟里爬出来，向森林跑去。一直到进入森林的安全地带，我才停下来对形势进行评估。机枪和步枪依旧在继续开着火，在天空中燃起更多的照明弹。这肯定是个敌人的大部队。

我在一棵树下坐下，听到人踩在树枝上的声音，那人在向我走来。我举起了枪，低声问道："谁？"

传来了标准的回答："自己人。"是战友熟悉的声音。然后他和我呆在了一起。我们一组坐在最后一辆马车上的另一个战友，用差不多同样的方式与我们重聚。我们不清楚其他战友的命运如何。

枪声逐渐平息了，照明弹也不再照亮天空了，一切又归于可怕的黑暗。过了一会儿，失踪的战友匍匐着向我们靠拢。其中一个受了轻伤。我们非常幸运，或者是上帝保佑了我们，或者是夜晚很难击中目标，也可能是这三个因素一起关照我们的缘故。我们一起商量下一步该怎么办。一个人认为，攻击我们的人可能是抵抗战士，错误地向我们射击，留下那么多的物资太可惜了。

小心翼翼地,我们排成一个纵队回到沟里,向村庄爬去试图取回物资。在我们经过最初停留的棚屋后,机枪再次朝我们开火——我们已被发现。现在,我们确信朝我们射击的是敌人。我们朝他们的方向开了几枪,提醒他们我们也是有武器的,希望他们不要追赶我们。我们跑回森林的安全地带,但不得不将物资扔下。我们用了两天的时间才走回我们的基地。

在这种情况下,我们必须特别小心。有时,为德国人工作的俄国人伪装成抵抗战士,以引诱我们出来。同时,一些抵抗战士也穿上从德军身上脱下来的制服。在黑暗中,要完全辨别对方是十分困难的。有时,战士会变得非常多疑,在没有弄清楚对方身份前就开枪射击。还有的时候,一组战士向另一组开火,却认为他们是在同敌人作战。所以,除非双方认出对方,会来来回回地提问,具体说出抵抗组织的名字,直到不再对身份有疑问。

我们是白天到达基地的,向舒尔卡报告了遭伏击的情况。莫西欧非常挂念我们的安全,因为我们迟回来了两天。看到我们平安归来,他如释重负。后来,我们了解到,我们侥幸逃脱的埋伏是德军和警察设置的。

我精疲力竭,脱掉靴子和上衣,刚躺倒在床上便进入了梦乡,全然顾不上虱子在我浑身上下进行的例行漫游。醒来后,我想赶走那些虱子,哪怕是暂时的,就使用我们在基地创建时的原始版本蒸汽浴。为了保持清洁,我通常会用我"访问"农民时得到的衣服换下身上的褴褛衣服,尽管不太合身,但比我身上的要好。

在两次任务之间的间歇期,我把很多时间用在睡觉上,有时也去帮厨。在执行任务时,有时几天不能睡,没有东西吃。因此,我们学会了像骆驼一样预先储存睡眠和食物。

一项任务将我们带到科特洛斯卡亚茂林。在那里,我们碰到好几个犹太家庭组成的群体,他们建造了供居住用的密所,靠向附近村民乞讨来维持生存。有的家庭得不到食物,只得挨饿。在一个密所,我们遇到了里夫卡·格温特和她的母亲,她们是来自库尔泽涅茨的朋友。我们送了她们一些面包和其他食品,起初她们拒绝接受，但在继续执行我们的任务之前，我坚持将食品留给了她们。

德国人有两支重要的卫戍部队，非常策略地部署在我们执行任务必须经过的两个十字路口。一支在乌勒，另一支在斯沃博达。每支部队包括 100 名德军和 50 名忠于他们的地方警察。德国人很少离开他们的驻地，掩体、瞭望塔为他们提供了保护，只是在进行大规模行动时，依靠当地警察为他们提供的有关我们的方位和动向情报才出动。有时还要求驻扎在米亚济尔城的大部队进行增援，以便设置对我们的埋伏。

除了马尔可夫旅之外，现在活动在森林里的还有好几个抵抗旅。终于，所有抵抗旅的指挥官决定将德军从两个驻地赶出去，以控制整个地区。马尔可夫旅（我们特别分队是马尔可夫旅的一个部分）的任务是袭击斯沃博达卫戍部队，另一个旅担任夺取乌勒的任务。

我们在日落前出发，在阴云笼罩、无月光的漆黑夜晚到达目的地。我们包围了斯沃博达村庄，每个排都有明确的袭击目标。德国人躲进掩体，用机关枪、迫击炮和轻型炮向我们射击，然而我们仅有来复枪、手榴弹、手提机关枪和少数机关枪。我们用了近一个夜晚的时间，才将德军赶出掩体。我们付出一些伤亡代价，既有死的，也有受伤的。尽管我们装备简陋，但在人数上超过他们，最终清除了该地区的敌军。到早上，大部分德军和警察被杀死，其余的或是逃走或是投降。

现在，村庄在我们的手中了。我们烧毁了所有的掩体，用手榴弹炸掉瞭望塔，摧毁所有的建筑物，将整个驻地夷为平地，这样德军无法再回来利用这些设施。这是我们第一次展开如此规模的与德军正面冲突，我们欢心鼓舞地返回基地。

在乌勒的行动同样取得了胜利。现在，整个地区都牢牢地掌握在抵抗战士的手中，离我们最近的德军卫戍部队位于大约 45 公里远的地方。

几天后，大队德军回到斯沃博达，在那里待了一个白天，但到了晚上便离开了。他们没有留下任何军队，没有做出夺回对该地区控制权的任何努力。

抵抗战士在两座城镇发布新的命令，组织生产，分配食品，主要是面包。我们控制了交给面包店的面粉总量，定量生产面包，并向农民征税。

后来，德军曾数次试图夺回乌勒和斯沃博达，但均没有成功。最终，他们派纳粹空军和飞机将两座城镇和附近村庄全部炸毁。村民们不是被炸死，就是逃到安全一些的地方。因此，抵抗战士不得不将基地从村庄搬回丛林。

现在，我们要想伏击在德军驻地之间行动的德国军队，不得不走得更远。更多的立陶宛军队来帮助德军与抵抗战士作战。地方警察并不是一种可怕的军事威胁，但通过他们的家庭成员与朋友，他们能收集到有关抵抗战士动向、军力和方位的情报。他们也熟悉抵抗战士的行动路线，引导德军设置埋伏。

于是我们展开一次针对地方警察和其家庭成员、朋友的行动。我们进入他们的村庄，烧掉他们的房子，警告他们不要与德军合作。我们还枪毙了一些我们认为是叛徒的人。在那以后，他们中的大部分人逃进了德国人的驻地。

接着，我们第二次集中力量对付驻扎在米亚济尔的、规模更大的德国卫戍部队，在通向米亚济尔道路边设置埋伏，切断他们的食品和其他供给品的供应线。当德军增援部队赶到修路时，我们就撤回森林。等他们一离开，我们马上回来继续行动。有越来越多的地方警察改变立场，加入我们的行列。不过，抵抗战士现在更加谨慎了。每个旅都成立了特工小组，由苏联情报局人员组成(即以后的克格勃)，他们的任务是清除叛徒和间谍。他们同时审查每个意欲参加抵抗运动的新来者。他们残酷无情，任何嫌疑犯，在一夜折磨式的审问后，不是被接受就是被枪毙。

一天夜里，我在基地站岗时，发现黑暗处有一个人。我突袭了他，命令他举起双手。他惊恐的样子引起了我的怀疑：他为什么来到这个远离任何一条道路和村庄的森林深处？我把他带到司令部，交给了政委，便返回到岗位。等我站岗结束回到基地，发现那个人已经被枪决。

后来，我与一个苏联情报部成员讨论过这件事。他被人们称为“小沃罗德卡”。当我问及他怎样能够肯定某人一定是一个叛徒时，他说：“我不需要有把握，如果怀疑有道理，最好是杀掉他。”

有时，这类瞬间生死的决定是在酒精的影响下做出的。酒精是抵抗战士生活的一个重要部分，是基本需求之一。我们把大量时间和精力用在获得当地产的伏特加上。只要有酒，就不会对喝酒的多少进行限制。这是一个严重的问题，导致不少抵抗战士死亡。在醉酒的麻木之中，他们的反应迟钝下来，判断力受到损害。他们常常无法察觉明显的危险，作出轻率的决定。

一次，4 个喝醉的战士去一个村庄。他们弄到了一辆马车，大白天沿着米亚济尔和格卢博克之间的主干道路向前，结果从米亚济尔来的 50 名警察和他们迎面相遇。警察开枪射击打死两名，活捉了另外两人，带着他们返回米亚济尔。一些警察乘坐马车，一些骑自行车。被抓的两名战士被捆在其中一辆马车上。

碰巧，在离抵抗战士被捉处大约 10 公里的地方，50 名其他抵抗战士在同一条路边设置对德军的埋伏。我也在其中。

我们藏卧在道路两侧，看到正在走近的警察，听到他们的谈话声和戏谑声。当他们到达我们跟前时，我们从两边同时开火，火力非常集中。虽然他们中有人开枪还击，但大部分忙着逃跑。最后，有 14 名警察被打死，包括米亚济尔警察的头目。出乎意料的是，我们发现我们的两名战士醉醺醺地躺着，双手被捆在一辆马车上！

在离开之前，我们将一枚地雷埋在被打死的警察头目尸体之下。后来，我们听说当一个德军小分队前来收拾尸体时，地雷突然爆炸，导致数名德军的伤亡。从此之后，德国人在运走尸体和物品时非常小心，常常利用当地农民去干。

在 11 月底，我们组的 11 人，包括一名叫贝尔克的战士，动身前往斯文切耶尼附近执行任务。斯文切耶尼是该地区有德军驻扎的最大城镇之一。我们的任务是刺探那里的德国军队的分布和兵力状况。

我们用了4天时间才到达斯文切耶尼。4名战士藏在丛林中一个废弃的浴室里，其他7个人到他们认识的一个农民家去，该农民住在离德国驻地非常靠近的一座棚屋里。他们去他那里收集情报，并于白天藏在他家。他热情地迎接了他们，给他们拿吃的，告诉他们附近一切平安无事，答应在他们休息时去获取他们所需的情报。当抵抗战士想派一个人站岗时，这个农民说这不是一个好主意，见到陌生人站在外面可能会引起其他村民的怀疑。他会亲自注意任何危险的信号。抵抗战士在去休息前还是决定派一个人站在窗前警卫。

下午2点钟光景，站在窗边的哨兵突然喊起来："德国人来了！"抵抗战士立即跳起来，钻出窗户，向大约1公里外的丛林跑去。

这时，德国人几乎已经包围了棚屋，机枪和步枪同时开火。尽管逃跑的战士只有几杆枪，但他们还是向袭击者开枪还击。然而，我们的战士一个接一个地被击中。其中一个受伤的战士在林边倒了下去，接着他取出自己的左轮手枪，开枪自尽。

贝尔克继续跑着。在非常靠近森林的地方，他感觉一股热的东西在往下淌，意识到自己被击中，但他继续向前跑，直到林子的深处才停下来。他的裤子浸满了鲜血，半条阴茎已被打掉，子弹从他的大腿肌肉穿过。由于无法再走，他一直爬到一座棚屋前。房主是一个对抵抗战士非常友好的农民，将他搀进屋内，清洗、包扎了他的伤口后，将他放到雪橇上，带他去了一个由抵抗战士控制的村庄。

我和另外两个战士正走在从我们基地到抵抗司令部的路上，碰巧遇到了这个农民，雪橇上有样用毛皮盖着的东西。我们认出那是"黑贝尔克"——他的绰号，他的脸色死一般地惨白。我们小心翼翼地将他抬到我们的马车上，对那个农民表示了由衷的感谢，作为答谢，我们送给他一双靴子。我们把贝尔克送往一家战地医院，在路上他告诉我们所发生的一切。

贝尔克疼痛难忍，尤其在小便时。过了好几个月，他的伤才治愈，恢复了行动自由。

4个藏在浴室里的战士在黑夜外出时，发现了在棚屋发生的事情。在确信附近没有德军后，他们走进那7个战友曾住过的小屋。那个农民和他的家人已不知去向。他们找到了6个战友残缺不全的尸体——不是断了胳膊，就是少了腿。其中一个发现他哥哥也在死者中。4个战士挖了一个坑，安葬了他们的战友，然后返回了基地。

我们一致决定，必须对这种背叛行为进行报复。4个战士重新回到那座棚屋，抓住那个农民。一阵拷打后，他招供说，由于与抵抗运动的联系，德军威胁要杀了他，所以他不得不向德军表明他的忠诚。我们的战士枪决了他，烧掉了他的房子。

这一事件几天后，我们分队和马尔可夫旅的另一个分队开进米亚济尔和格卢博克之间的一个村庄。我们的目标是进行一次伏击。

我们在白天到达。突然，我们听到喊声："德国人来了！"一个策马赶到村里的侦察兵说，他发现有好几辆满载着德军和警察的卡车从米亚济尔驶来，估计大概有200人。

我们的指挥员决定和他们决战，我们也有大约200多人。他派政委带领2个排绕过村子，从后面接近德军；一个排继续留在村里，分布在各家各户；其余的则埋伏在道路两侧的护坡后面。当第一辆卡车到达时，我们从两侧同时开火，狠狠地打击了警察。从其他卡车上跳下来的德军和警察使用机关枪猛烈地还击。我们不想和他们在空旷地段面对面作战，所以撤退进村，将他们吸引过去。他们跟着我们来到介于房屋间的地方。我们在其他战士的配合下，进行了一场激烈的反击战。

警察首先后撤，接着德军也开始向他们的卡车逃走。起初是逐步地撤，后来当他们意识到我们力量的强大时，成了溃逃。他们刚到达卡车面前，就受到绕到他们背后的2个排的袭击，德国兵的那种混乱令人难以置信。然而，仍有一些卡车成功地逃脱。最后，

我们清点发现总共打死 70 人,活捉 14 人。我们仅两死两伤。经过简短的审问后,俘虏统统被处决了。我们返回了丛林。

由于一项使命,我们来到了斯维尔诺附近的一个村庄。斯维尔诺是德军卫戍部队驻扎的地方。我们一行 10 人在夜晚徒步来到这个村庄,进入其中一座棚舍。我们不知村里的人是否忠于德国人。出乎意料,该村的农民拿出几瓶伏特加酒欢迎我们。到吃完饭,我们的情绪已经非常高涨。我们决定好好表扬一下他们对我们的好意。我们召集了村子里的年轻人,向他们讲了最新的战事,我们正在赢得对德国人的胜利,以及苏联红军很快就会回来等。一个战士有一架手风琴,他任何时候都随身带着琴。对于一个俄国抵抗战士和士兵来说,这样做并不是一件不平常的事情,手风琴能帮助提高整个队伍的士气。他开始唱起来,教年轻人一些抵抗歌曲,一直唱到出发的时间。我们套上马,和向导一起朝下一个村庄赶去,它离德国卫戍地有 3 公里远。

向导告诫我们,德国人经常沿路设置埋伏。但在伏特加的兴奋和受骗产生的虚假安全感的支配下,我们失去了害怕,失去了理智。我们告诉车夫兼向导继续前进。

躺在马车后面的一堆干草上半醉半醒的我,大声地唱着所有自己所喜欢的歌曲。此时,我们的马车驶上了一条小道。透过摇摆着的树枝,我瞥见了天空中闪烁的星星。四周是一片宁静,充满田园风情。

忽然,我听到 3 声枪声。我发现自己正站在一棵树后,子弹已经上膛,警觉使自己完全清醒了过来。我们等了大约一刻钟,没有任何声响,不再有枪声。我们想,也许枪声来自其他抵抗团体。于是,我们决定步行,小心翼翼地、悄无声息地走着。在离村子还有大约 1 公里的地方,我们将马和驾车人留在丛林里,一字散开,谨慎地穿过庄稼地。在靠近村子的地方,我们听到响声和行动的声音——在深夜的这个时候,这是一种非常不正常的现象。我想到了回去——兴许这是一次德军的埋伏——但又不想做第一个说出口的人,因为这完全可能被认为是一种怯懦。我们变得更加谨慎了。

就在我们非常接近第一排房子时，我看到一条大狼狗和一个人正小心翼翼地在房子之间走动，然后蜷缩到一棵树后。我断定这是正在设置埋伏的德国兵或立陶宛人，因为当地农民不可能在夜里出来，也不可能放他们的狗出来。现在我真的准备返回了。

突然，我右面的抵抗战士说："我们过去，看看到底发生了什么。"又一次，没有人愿意做建议回去的第一人。

仍然在开阔地的我们，开始向第一排房子匍匐前进。当我们来到大约 50 米远的地方，迎接我们的是一阵密集的弹雨。我立即拼命往回爬。从射击方向的随意性判断，德国人并不真正知道我们在哪里。

我们都回到了丛林，没有人被击中。我们的情绪有所改善。从我们所在的安全位置，我们进行了短暂的反击，使德军明白我们也是有武器的，同时希望他们不会来追击我们。我们找到马车，但车夫都逃走了，只有一个农民躺在地上，身上裹着大衣。我们叫他和我们一起走，他却不停地说："我不能起来。他们还在射击。"不过，当他看到我们跨上马车准备离开时，他从地上爬起来上了马车。

后来，我们了解到，大约 100 名德军和他们的立陶宛联军在通向该村的主干道上设置了埋伏。很幸运，我们沿小路而来，使他们颇感意外。

虽然在不同抵抗组织之间存在着友谊和合作，但也存在着某种程度的竞争。然而，在一个问题上，这些组织似乎并不存在任何分歧，那就是在对待犹太人的态度上。自从地方警察和其他德国忠诚者转变立场加入抵抗运动以来，反犹言行，甚至针对自己战友的反犹事件在明显上升。

曾经发生过这样一件事：立陶宛分队的 4 名战士执行任务归来，其中一名是犹太人。在一个对抵抗运动友好的村子吃早饭期间，村民用伏特加招待他们，不一会儿，他们的舌头就不对劲了。话题指向犹太人，对犹太人的攻击成为主话题。那个犹太战士表达了他对这类反犹话题的不满。另外一个和他一起成功地完成任务的战友竟然操起枪，杀了那个犹太人，然后试图逃跑投靠德国人。不过，他被抓了回来，在审问后被枪决了。

另一事件发生在马尔可夫旅的一个分队。在一个密所，唯一的一名犹太战士是一个女孩。一天夜里，突然响起一声枪声，那个犹太女子被发现死掉了。在调查过程中，被捕的战士声称这是一起意外，因而被免于处罚。

在苏联，尽管不存在官方的反犹主义，但事实上反犹主义在社会生活中根植很深，以致有时超过苏联人对德国人的仇恨。然而，现在我们是与在仇恨犹太人问题上声名狼藉的战友并肩对我们的共同敌人——德国人作战，而德军的目标是毁灭犹太民族，占领苏联。在这种令人沮丧的情况下，我一次又一次地对自己说，我是作为一名犹太人和他们一起战斗的，并不是他们之中的一员。我梦想有自己的国家，梦想为它战斗，甚至为之牺牲。这是我的士气所在。

1943 年夏季结束之时，我们这个苏联抵抗旅的波兰分队被解散，他们的战士合并到苏联分队中。大约在同时，在英国的波兰流亡政府成立了一个独立的波兰抵抗指挥部，叫做国民军。结果，大部分波兰人脱离苏联分队，加入了国民军。

尽管国民军成立的主要目的是同德国人作战，但那些波兰抵抗运动将战斗的目标同时指向苏联抵抗运动。大量以前与德国人一起工作的波兰人发现，在战争格局发生变化的情况下，加入国民军抵抗运动是非常适合的。

国民军具有狂热的反犹主义倾向，不接受任何犹太人。事实上，我们听到的传闻说，国民军在有计划地搜查躲藏在他们控制下的村庄和森林里的犹太人。直到两个犹太人到达我们所在的森林，讲述了他们的遭遇，我们才得知被波兰国民军发现的那些犹太人的命运。这两个犹太人中的一个来自斯文切耶尼附近，另一个来自奥什米亚尼附近。被国民军发现时，其中一个和他的家人正躲藏在森林中的一个密所中，国民军向他们开火。他只身一人逃脱，其余的家人全部被杀害。第二个人和他的家人隐匿在一个农民的村舍中。国民军得到这一信息后，逮捕了这一家人并杀害了他们，他一人逃脱。这座农舍因为隐藏犹太人而被放火烧掉。

我们旅所属的苏联抵抗分队在执行任务的途中，常常需要穿越斯文切耶尼和奥什米亚尼附近的森林，因此，经常遭到驻扎在那里国民军的袭击。

一次，我们旅的 5 名战士外出执行任务需要经过国民军控制区，被他们活捉了，其中一名是犹太女子。后来，我们从联络人那里得知，那 5 个人都被杀害了，那个女子被折磨得尤其残酷。

旅指挥官马尔可夫上校决定除掉该地区的国民军威胁。我们整个旅开进靠近国民军驻扎的地区，对他们实施了包围和攻击。经过三天的战斗，该地区不再受到国民军的骚扰。他们中的大部分被杀死，许多人做了俘虏，其余的人跑到靠近维尔纳的地区，那里驻扎着另外一支国民军部队。

第十五章 犹太后勤分队（1944年1月—2月）

1月初，马尔可夫召见我们的指挥官舒尔卡·鲍根去司令部见他。没有等到舒尔卡回来，我们就从一个来自司令部战士处得知，我们这支特别犹太分队将会被解散。我们要被解除武装，舒尔卡会在司令部得到一个职位，政委将带一个小组到基地来收缴我们的武器。莫西欧和我决定不再等待，而是带着枪逃走。我们穿过森林，到达里夫卡·格温特和其他犹太人生活的密所。我们将枪埋藏在离这个密所很近的一个洞里，和那些人呆在一起。几天后，我们获得特别犹太分队确实被解散的消息，分队的人一部分被转移到其他小分队，一些人的武器被没收。那些没有武器的人被告知：现在他们必须自己照顾自己。舒尔卡被分配到的工作是协助编写马尔可夫抵抗旅的历史，画画插图。

我和莫西欧又呆了几天，然后挖出枪擦干净，前往普罗兹沃德斯特温纳耶分队。那是一支犹太产业分队，有男有女，大部分是有手艺的工匠，如鞋匠、裁缝、制作蜡烛的工匠、皮革匠等，还有一个面包师和一个香肠师。这是一个为其他抵抗分队提供所需要的食物和衣服的特殊分队。分队落户在森林中，所有的车间都在地下的密所中。分队的指挥官是巴尔肯，一个40多岁的人，他拥有一杆来复枪。分队的军士长叫博卢克·库多维斯基，我们在扎杰里森林时就与他相识，他主管生产、厨房、储藏和供应。工匠为森林中所有的战士服务，战士则为其产品提供所需的所有原料。但就自我需求而言，我们必须自给自足。由于我们有枪，所以被吸收进分队。在50人中，大约20人是青年女子，10个男子有枪。有枪的男子负责为整个分队提供保护和供应，我和莫西欧加入武装男子组。我们在那里见到了马克，大家为再次聚首而欣喜万分。在那次围剿后，我们就分开了。他加入了马诺钦旅。我们除在执行任务碰巧遇到一次外，一直没有联系过。

马克在普罗兹沃德斯特温纳耶分队成立之初就调到这里来了。在那里，我们还见到了从扎杰里来的许多密友，其中有库德维兹基兄弟、克维亚特克、汉内尔·波斯纳和她的父亲，还有邦沙科。

我们住在森林深处的几个大型密所中。沿密所的墙壁是两排大通铺，我们一个挨一个地睡在上面。密所的中间是一只炉子，为取暖所用。做饭的地方在密所外面，一只吊在敞口炉上的大锅用来煮土豆和其他的饭菜。一日三餐，以军队方式准备和分发。

每个成员根据自己的技能工作。每日的工作量由马尔可夫旅司令部计划和分配。我的主要工作是寻找给养供应渠道，大多数时间花费在路上。由于在附近地区越来越难获得食物和供给，我们不得不到更远的地方去，到靠近德军驻地的村子去。

我最喜欢那些不必外出的夜晚。我们或者是相聚在外面的篝火边，或者坐在点着蜡烛的密所中，唱起犹太歌曲或者俄罗斯歌曲，气氛融洽亲密，就像一家人一样。波斯纳、汉内尔，还有布尔金，嗓音优美，领着大伙一起唱。雅各呆在马尔可夫旅司令部的侦察别动队中，不过他经常来看我们。我们开始看到他与汉内尔之间罗曼蒂克之花的开放。

我们和马克与一个犹太复国主义者小组建立了深厚的友谊。我们会围坐在火炉边唱着希伯来歌曲，谈论未来在巴勒斯坦的计划。和我们在一起的有尤荻卡，她是一个身材高挑、年轻、聪明、漂亮的姑娘，曾是维尔纳犹太复国主义组织中非常活跃的成员。还有耶胡达，他是一个与莫西欧同龄的年轻人，有教养，有口才，有理想。

在冰封雪地时，我们使用马拉雪橇外出执行任务。乘雪橇要比乘马车安全、快捷、安静一些,乐趣也远比乘马车多。一个夜晚,我们能够走一百多公里,进入数个村庄。冬天的夜晚很长——下午 5 点天就黑了,早上 7 点方才黎明。有时,为了获得一定数量的食物,我们不得不一次在外面呆上数天。这种情况下,我们会在我们熟识的农民家棚屋里过上几天。我们通常将雪橇上所有的食物和牲畜留在农民的院子里。

这是个特别寒冷的冬季。我尽管有皮袄和帽子,还是深受严寒之苦。我用布条一层层把脚裹上,在靴子里塞上稻草,但寒冷依然无孔不入。寒冷使我感到窒息,冻住我的眼睫毛。为了睁开眼睛,我不得不时时用手将眼睫毛分开。我戴着厚厚的手套,可在摘下手套时,得小心地不让手和枪的金属部分接触,否则我的手有可能粘在金属上,皮被撕掉。

最糟糕的时刻,是当我们离开森林走进空旷地,那里的寒风吹来像刀一样割着任何裸露的肌肤。黎明时分,我们走进一户农舍,我已冻僵了,连农民为我们准备的土豆丝饼都拿不住。我不得不等双手和嘴巴稍稍暖和一点再吃。

每当完成采购任务回到基地,我赶紧走进密所,因为里面特别暖和。一进去,我马上脱掉靴子和外套,倒上床睡上一觉。所有的人都和衣而睡。当我在黄昏醒来走出去时,感觉自己刚刚入睡,身子开始暖和起来。

对付寒冷的一个主要方式是喝伏特加酒。于是,我们千方百计从农民那里搞酒。我们通常使用威胁、实物交换、乞求等手段搞到家酿伏特加酒。这种酒闻起来很糟糕,但喝半升后,就不再难闻了,而是越来越暖和,越来兴致越高,同时也使人越来越嗜睡。

有一次,在我们执行一项长时间任务回来的路上,我已经好几夜没合眼了。当我们进入基地所在森林时,天已经破晓。我高高地坐在雪橇上的面粉袋堆上,枪横在双膝上,农民驾着雪橇。正在升起的太阳如同肚子里的伏特加酒,开始温暖我的身躯。我一定是睡得很死。我从雪橇上掉了下来,但即便如此也未能使我醒来。我在柔软的雪地里伸展着身子,梦见自己正躺在一张舒适的大床上。

驾雪橇的农民没有注意到我已经不在车上了，我乘的又是最后一辆雪橇，没有其他人看到我从车上落下去。行了若干公里后，驾雪橇的突然意识到他丢了乘客。很幸运，他是一个忠诚的农民，又回去找我。他在找到我时，发现我睡得正香，于是用雪擦我的脸。我被惊醒了，不知道自己到底在哪里。出自本能，我当即找自己的枪，发现枪紧紧地被两膝夹着，枪带绕在手臂上。我非常感激，好好谢了那个农民，否则我会被冻死在雪地里。这样的事情已经发生在几个战士的身上了。

我已经习惯于从农民那里获得食品与衣服，逐渐地对他们的哭喊声以及至少给他们留下牲畜的乞求有些冷酷无情，感觉迟钝。我知道，与我们相比，他们有更多的方式生存下去。不过，我们总会留给他们一些基本的需要——一匹马或一头牛什么的。

马克、莫西欧和我一起住在密所中。我们分享所有的一切。烟草是很难得到的物资，由于我和莫西欧都不吸烟，我们将所能得到的任何烟草都送给马克。吸烟的人深受烟草短缺之苦。每当他们得到一点，就将它卷进一张报纸，做成一支长烟卷，吸上几口后传给其他人。一支烟会被 10 个人分享。烟瘾特重的人甚至会弄些干马粪来吸。我对烟瘾竟有如此魔力感到吃惊，决定永远不去碰它。因此直到今天，我也不吸烟。

离我们基地不远的一个密所住着抵抗分队不愿意接受的犹太人家庭，因为不是工匠，他们甚至不能加入普罗兹沃德斯特温纳耶分队。我们尽最大所能帮助这些家庭，给他们送去一些土豆和豌豆，有时送去一些面包。他们对此总是感激地不知说什么好。

在我们的营地，无论是犹太人家还是分队都有一些年轻姑娘，即使在那最艰苦的年代，浪漫故事依然兴旺。不过，女孩通常为较年长的战士吸引，因为他们能够为她们和她们的家庭提供安全和帮助。有好几对恋人都是从这种关系发展起来，而且大部分在战后结婚生子。雅各娶了汉内尔，波斯纳的女儿。西蒙与他的高中恋人瑞娃结婚。瑞娃和他一起从库尔泽涅茨逃出，整个战争时期都和他在一起。从维尔纳来的帕列夫斯基在犹太隔都中失去了妻子和孩子，娶了哈耶尔。哈耶尔是一个做护士的漂亮女孩。我也有过几次短暂的浪漫插曲，但没有一次是认真的。马克、莫西欧和我都没有发展出长期的恋爱关系，但我们和姑娘们建立了真正的友谊，一直保持到今天。

虱子依然是一个令人不适的根源。一个农民给了我一些难闻的膏药涂抹叮咬处。药膏的确起到了暂时止痛的作用，但身上的气味很难闻，好在没有人抱怨。

1944 年 2 月，苏联抵抗司令部决定将所有没有武器的男子送往东部，穿过前线到苏联那边去。在那里，他们将分配到枪支，或者加入苏联军队，或者重新回到抵抗分队继续战斗。那时，白俄罗斯前线稳定、相对平静。从那里穿过德国前线进入苏联境内，尽管有危险和困难，却是可能的。马克和莫西欧在被命令离开前往东方的战士之列。我再次进行了干预，哥哥被同意留下来，但马克必须离开。在他离开前的晚上，我们非常伤心，对不得不与马克再次分离感到悲痛难过。

唯一能够减轻离别之痛的方式就是醉酒。我们三人拿着我为特殊时刻保留下的一升伏特加酒，走到寒冷的外面。那是一个寒气逼人、星光灿烂的夜晚，一轮圆月照在雪上，夜色美丽极了。我们轮流喝着酒，直至一升伏特加全部喝光。身子暖和了，思想也放松了，我们开始憧憬战后如何在巴勒斯坦相见。我们一起唱起了动人的希伯来语歌曲，后来在头脑逐步冷静下来后，我们回到密所。所有其他要在第二天离开的人也都喝醉了。一走进温暖的密所，我就感到头脑开始眩晕，但仍能站立。马克本来就喝多了，进屋后又继续喝，直至他感到不行了。他走到外面，醉倒在雪地里。我跟着他到了屋外，与米尔卡一道将他拖进来，抬到他的铺上。米尔卡是一个爱上他的好姑娘。我们脱掉他脚上的靴子，给他盖上。这时，莫西欧躺在铺上，已经睡着了。我在哈耶尔和尤荻卡躺着的铺上坐下来和他们聊天。我对他们讲述了有关我父母亲的事情，叙述了我对他们的思念，尤其是对母亲的思念。我与她们分享我的情感、我与莫西欧和马克的亲密关系，以及对不得不与他们分离的担心。我倾吐了自己的肺腑之言，直到睡着。

天亮后，我和莫西欧陪伴马克来到旅司令部。旅司令部是他们出发的地点，与他作了最后的道别。

令我们高兴的是，几天后，马克竟然又回来了！他告诉我们，当时出发往东的共有两个组，他在第二组。很可能德国人得到了这两个组离开林子的情报，派人等候他们。第一组遭到德军袭击，几乎所有人都遇害。消息传到旅司令部后，司令部命令第二组返回基地。从此，再也没有将人送到东部去的计划了。

天气渐渐地变温，太阳也变暖了，寒冷不再刺骨。有传闻说德军在准备对抵抗基地的另一次围剿行动，新的增援部队装备了坦克和大炮。我们开始挖掘壕沟、掩体，作防御的准备。我们很紧张，所有讨论话题都集中在如何保卫自己以及避免 1943 年秋季围剿的局面再次发生的问题上。

大约就在那时，一支特遣队进入森林。这支特遣队包括两个分队，分别是格瓦尔季亚分队和尼古拉耶夫分队。它们不属于我们地区任何现存旅，而是由苏联军队空降下来的伞兵组成，装备有最新式的武器，包括重型机关枪和反坦克炮。

一天，负责特遣队的指挥官、少校塞尔盖带着他的无线电发报员莉娜来找我们。莉娜，一个俄国女孩，她告诉我们她是犹太人。他们过来是想了解我们小组能否为他们做些工作，同时想知道是否有讲波兰语的战士，以便在深入波兰腹地时帮助他们与当地波兰村民交流。从巴尔肯处得到这个消息后，莫西欧、马克和我都志愿参加。由于塞尔盖不熟悉森林中我们的这一部分，我领着他们返回他们的基地。在路上，我与他们之间发展了友谊。当我发现来自前线的苏联一边的群体并不像白俄罗斯抵抗战士那样反犹后，非常希望加入到他们当中。在我离开他们之前，我与塞尔盖少校商定，第二天早上我们三个人将向他报到。我还询问了我们能否带另一个和我们一起的讲波兰语的抵抗战士去。他答应了，于是我们带上了耶胡达。第二天早晨，我们到少校那里报到，请求接受我们。他告诉我们：到格瓦尔季亚分队的指挥官沃罗诺夫上尉那里报到，他会接收我们并分发给我们新的武器。

我们一行四人来到沃罗诺夫上尉的密所。他已从少校那里听说了我们的情况，但他还是再一次询问我们的经历、对道路的熟悉程度、对波兰语的掌握程度，以及为什么我们要加入他们的行列。我们回答说，我们希望成为一个能更主动与纳粹作战分队的一部分，是为了向杀戮我们父母和犹太人同胞的凶手报仇。我们强调我们早就在一个战斗团体呆过，善于游击战，熟悉该地区。我们被接受了，并告之第二天早上回来领取新武器。

我们回到普罗兹沃德斯特温纳耶分队。我把我的枪交给了指挥官巴尔肯。这个无生命之物已成为我生命中十分重要的部分，离开它就像离开一个忠诚的盟友一样。随着最后的道别话语“战后在以色列地相聚”，我们离开了我们的战友。

第十六章　格瓦尔季亚分队使命的开始（1944年3月—6月10日）

在到达格瓦尔季亚分队时，我们拿到的是手提机枪和装满子弹的短卡宾枪。格瓦尔季亚分队和尼古拉耶夫分队的大部分成员都经受过游击战的磨炼，被空投到德军战线后方。除了这两个分队，塞尔盖少校还掌管一个外国人小组，其中包括两名德国人，汉斯与威利；五名西班牙人，三名法国人，两名波兰人，还有另两名德国人。他们都是和苏联人共同抵御德军侵略的共产党员。我们的无线电通讯系统由一个手动发电机带动，包括莉娜在内的两名无线电发报员，不得不一直携带着这些设备。

整个特遣队由150多名抵抗战士组成，装备优异，状态良好，其中80人属于格瓦尔季亚分队。除苏联伞兵外，还有一些像我们这样的人，都是根据各人长处被吸收进去的。这是我所见过的拥有最好武器装备的一个分队。分队拥有6挺重型机关枪、2件反坦克武器、60挺小型机关枪，还有许多卡宾枪、手榴弹、各种类型的地雷，以及炸药。政委是一等上尉比科夫，参谋长是一等上尉巴比恩科夫。

沃罗诺夫提到他需要一个裁缝。我答应找一个来，于是回到老基地带来了邦沙科和他的帮手尤荻卡。邦沙科在战前是一个裁缝，而尤荻卡是他的女朋友，也是我们的好朋友。现在，格瓦尔季亚分队一共有6名犹太人——马克、莫西欧、耶胡达、邦沙科、尤荻卡和我。

格瓦尔季亚分队最主要的任务是在德军后方制造混

乱。我们要炸毁作为德军给养供应主要运输工具的火车，对沿公路调动的德军进行伏击，以及收集情报传送给在莫斯科的苏联军事司令部。而这一切正是我想干的。

当我们加入时，格瓦尔季亚分队正在为一次长途行动作准备，其目的地仍然不为我们所知。他们在等侦察小组的归来。侦察小组在我们加入这个分队之前就已经出发了。在此期间，我的任务是带领分队成员到森林附近的村子里补充给养。有关即将到来的围剿传闻越来越多，因为人们注意到每天都有越来越多的增援部队涌进该地区的德国卫戍地。

自从进入丛林，我第一次病了。我的咽喉起了一个脓肿包，还伴随着高烧。我躺在铺上，不能动也不能吃。马克和莫西欧喂我热牛奶，希望热牛奶能使脓肿破裂。我不能吞咽，也不能说话，连喝牛奶都很痛。我呼吸困难，感到嗓子里的肿块正窒息着我。军医过来看我，却无能为力，因为弄不到任何药。

我病后第 7 天，警报响起，我们被告知，德国人的围剿第二天早晨就要开始。我神志不清地躺着。大约半夜里，马克冲进我们新近完工的密所，带来消息说整个特遣队随时准备离开，不可能带上病人，因此能走的就走，不能走的只能留下来。莫西欧又是敦促又是哄骗，最终说服我和他们一起走。在他们的帮助下，我穿上衣服，披上皮大衣，将卡宾枪跨在背上；然后在他们的搀扶下，走出密所。我头脑眩晕，膝盖直不起来，但我知道我必须走。这是一个生死攸关的问题。

战士列队集合，我茫然地站在他们之中。夜色漆黑一片，我能听到的声响就是树叶的沙沙声与指挥官低沉的命令声。

第一道命令是到中尉弗拉克森那里去，他正在分发额外的弹药。我得到 250 发子弹和两只手榴弹，我将其放进背包。除此之外，我的背包里没有放任何东西。其他战士都放进一些个人用品，如衣服之类的东西。大约半小时后，我们从基地出发了。

一片静寂中，我们到达大路，三个人一组继续朝一个未知的目的地走去。这就是抵抗战士的生活。在能够安顿下来之前，我们必须赶路,没有永久感。也许是因为我的高烧,我的高度敏感,只要一离开基地,就会有越来越强烈的不安全感。只要还有一个可以返回的基地,一个可以回去的密所,就会在一定程度上给人一种虚假的安全感、一种家的假象。但现在我们正在去一个未知的地方,也不知会有多久。

在马克和莫西欧一边一个的搀扶下,我竭力拖着两条腿向前走,身上早已汗湿了。幸运的是,不久以后,我们遇到一个来自德军卫戍地方向的侦察小组。他们给我们带来了最新的消息:有关围剿即将开始的传闻是一场虚惊。指挥官当即决定返回营地,告诉我们万一围剿开始,我们的计划是冲破敌人的包围圈向西挺进,深入德国占领的波兰。

当回到营地时,我完全虚脱了。莫西欧脱掉了我的靴子和外衣,我陷入死沉沉的睡眠中。当我醒来时,高烧退了,咽喉里肿块的压力减轻了,甚至能够讲话了。使我惊奇的是,肿块在不知不觉之中化脓了,大概是在我们行军的时候,一定是长途跋涉导致肿块化脓。病的危险期过去了,打那以后,我康复得特别快。三天后,尽管还很虚弱,但我已能够下床了。渐渐地,我恢复了胃口,有了力气。

对即将来临的围剿的预料一直萦绕在我们心头。指挥官决定向西转移到鲁德尼特兹卡亚茂林。那是在维尔纳附近的一个大型森林,距我们有数百公里之遥,起码要走 2—3 个星期才能到达。

在参谋长巴比恩科夫的带领下,20 名战士首批离开去侦察路线,同时要选择地点,开始在茂林建立新的营地。马克被选中作为巴比恩科夫小组的向导。当他带着一群犹太人从维尔纳犹太隔都逃出来时,就已经熟识了鲁德尼特兹卡亚茂林地区。他们用无线电和我们联系。在他们离开的数天后,其余的战士为去那座森林的行军作准备。

每个人领到了更多的武器弹药,这意味着我们要背的东西更重了。我尽管依然十分虚弱,但竭力支撑着。我越来越多地被体内右下侧的持续疼痛所困扰。我想不去管它,期盼着它消失,然而疼痛却在不断加剧。渐渐地，我注意到在腹部刀疤下面开始形成一个肿块，这个刀疤是我还是孩子时作阑尾切除手术留下的。当我压住肿块，将它推进骨盆区域时，疼痛便有所减轻。于是，我找出一条长长的布条，用它缠着腹部，尽可能地缠紧。布条一直缠在我身上，由于布条在宽松衣服下面一点也露不出，所以没有人注意到这件事。我担心万一有人发现我的健康状况，很可能会被清除出格瓦尔季亚分队。

我分配到 10 公斤用来炸火车的炸药，炸药条看起来就像肥皂条。所有这些再加上子弹和手榴弹，还有一些我放进背包的衣服，使背包的总重超过了 25 公斤。我的靴子穿坏了，所以发给我一双毛毡做的皮底苏联军靴。它非常暖和，但潮湿时很重。

我们于上午离开基地，前往维利亚。有马车和我们同行，马车上载着我们背不动的食品和弹药。背着沉重背包，我吃力地走着，心情十分沉重。我想，既然我们向西行，再次返回科特洛斯卡亚茂林的可能不大了。我正在远离大多数最亲密的朋友。自从烧毁库尔泽涅茨的德国人工厂的第一次行动以来，我们一起经历了许多。雅各留在马尔可夫旅的侦察分队。波斯纳爸爸和汉内尔、哈耶尔、利贝尔、博卢克·库多维斯基，还有克维亚特克，留在普罗兹沃德斯特温纳耶犹太分队。西蒙和瑞娃大概在马尔可夫旅的另一个分队。舒尔卡依然在马尔可夫司令部。我们偶尔会碰到来自库尔泽涅茨的朋友扎尔曼，他在科特洛斯卡亚茂林附近的另一个旅中。里夫卡·格温特和她的母亲与其他犹太人家庭留在离普罗兹沃德斯特温纳耶分队不远地方的一个密所。我希望他们全都能够活下来，但谁知道我们能否再次相遇？不过，目前至少我们 6 个人依然在一起。

为了到达鲁德尼特兹卡亚茂林，我们不得不通过大约 300 公里敌对居民区，那里主要是波兰人和拉脱维亚人，还要穿越维利亚河和两条铁路线。波兰国民军抵抗力量的基地也位于该地区的森林中。

我们只能夜里赶路，白天在林中搭起临时帐篷休息。每隔几天，我们会多待一夜，以便我们中的一些人能够到附近村庄去弄些吃的。

长途行军的头两天没有任何不测事情发生。我们一夜能行30公里，白天休息。在森林中摸黑行走是极其困难的，被树根绊倒又看不到障碍物。我的瓦伦基军靴很快就湿了。我试着脱掉它们光脚走，但脚趾被碰后，又迅速地穿上靴子。

第三天拂晓，我们离维利亚河大概还有3公里远。我们在森林中停下来，指挥官告诉我们，在渡河之前将先休息几天，过了河就进入了德军重兵把守的地区。能够有一个囫囵觉睡，用不着急匆匆利用吃饭的间隙简直就是一种享受。我们惟一的任务是站岗，每天2小时一班。我的体力得到了完全的恢复。

2天后，我们重新组织起来，扔掉了所有我们不能带着渡河的多余重物。我们将一些马车和食品送给了村民。车上卸下来的额外弹药被埋藏在森林里。当晚5点钟，我们开始向维利亚河进发。

在维利亚河的岸边，我们遇到马诺钦旅。按计划，他们应该在渡口与我们汇合。他们部队中的一个小组于前天夜里渡过了河，在河的对面建立起了一个防御阵地。河面大约有150米宽，没有桥，但我们发现了一条古老的徒步涉水渡河浅水带，那是村民用石头在河床上铺设形成的。我们脱掉了裤子和靴子，将物品顶在头上，在齐胸深冰冷的河水中走着。

我尽量想走快一些，以避免受冻伤。河底的石头如同刀子割着我的脚板底，走到河中间时，脚上的疼痛变得难以忍受。我想穿上靴子，可是已经办不到了。我只好咬紧嘴唇，继续向前，不时地用单脚站立一会儿，以便给另一只脚休息的机会。在抵达对岸时，我的嘴唇已被咬破。我们穿上湿衣服，准备立即与马诺钦旅一起行进。在比科夫政委的指挥下，格瓦尔季亚分队的两个排授命留守该地区，直至最后一批人通过，于是我们留了下来。

在留守之际，我们发现有两个人藏在灌木丛后。当他们意识到我们既不是德军也不是国民军时，走了出来。我开始和他们交谈。他们告诉我们，他们是隐藏在维利亚森林中一处自己建造密

所的 40 名犹太人中的两人。那 40 名犹太人遭到国民军的袭击，他俩是仅存的幸存者。现在，他们处于一种持续惊恐之中，既害怕被国民军发现，也害怕被当地农民交给德国人。他们恳求加入我们。我们向最和善的指挥官沃罗诺夫上尉请求，但是请求没有用。他说，他是不可能接受他们的。最终，他们离去了，我们再也没有见到他们。

一旦最后一批人过了河，我们便立即出发，我们还有 20 多公里的路要走，且必须在当晚越过铁道线，因为白天我们有可能面临遭受敌占区密集防守敌人袭击的危险。

我们沿着森林中的道路悄无声息地走着。在距离铁道线还有两公里的地方，我们停下稍事休息，侦察兵前去刺探情况。所有的人都像我一样筋疲力尽。我甚至没有卸掉肩膀上的背包，就一屁股坐到地上休息。我还没有休息好，便传来了“备枪，开拔”的命令。

我们离开森林，进入旷野，几乎是跑着冲向铁道线的交叉口。我气喘吁吁地拼命向前跑。

我们的侦察兵悄悄出击，勒死两个在路道交叉口站岗的哨兵，控制了他们的哨岗。他们大幅度地打手势示意我们赶快通过，我们开始跑起来。离路道交叉口 300 米处有一座德军碉堡，我们打算以悄无声息的快速行动，抢在德国人注意到我们之前，到达铁道线的另一侧。

突然，从碉堡方向传来了枪声，我们被发现了。这时，我处于离路道交叉口大约 50 米远的地方。我们全都扑倒在地，尽管枪声持续，我们一动不动地卧倒着。当一切又归于平静时，政委比科夫下达了命令：“向前冲！ 开火反击！”我们爬起来，冲向敌人的碉堡，开火。

我向正确的方向一个劲地射击。我们的大炮与机关枪齐鸣，枪炮声之大，我根本听不到是否有枪声从德军方向传来。我到达铁路交叉口时依然在射击，然后穿越铁轨。在铁路另一侧走了大约 500 米后，我们抵达林边，停止了射击。

我们听到一列火车从远方驶来。我们接到命令分散、卧倒、准备自卫，以防火车停下来，车上的士兵向我们进攻。但火车开过去了，并没有停下来。

在点名时，我们发现走失了 5 个人。我们不知道已经丢了人，但已经没有时间去找他们了。我们有既定的目标，不可能对计划进行修正。

大约清晨 3 点钟，我们进入了森林。我们快速、悄悄地行进，每走几公里，就休息 5 分钟。随着时间的推移，我的背包变得越来越重了，在 5 分钟休息后再站起来越来越困难了。我开始担心那个肿块，它越来越多地打扰我。我将环绕在腹部的布条解开，发现肿块的面积有所扩大，周围的皮被它绷紧，给人一种随时都会裂开的感觉。我拉紧了布条，希望能够使我的腹腔免于破裂。我的双脚沉重，不得不脱掉靴子，增加背包的重量。我光脚走着。

破晓时，我们走出森林，进入一片开阔的庄稼地，该庄稼地属于奥什米亚尼附近的一个村庄。这里是国民军的控制区，马诺钦旅和我们特遣队先在那里汇合，然后再分散。如此规模的一支苏联抵抗力量，第一次进入国民军控制地带。

我远远地看到了那个村庄。策马赶回的政委对我们说：有必要将那个村庄从国民军手中夺过来。我们被要求躺下，等待进一步的命令。我又累又饿，非常高兴能够躺下来休息一下。我的双腿实实在在地感受到走过的每一公里路。

村子的右侧有一小片树林，马诺钦旅的一个分队就驻扎在那里。正在我打瞌睡时，听到从那个方向传来的枪声。我立即警觉起来，握着枪坐了起来。但周围又静了下来，这时我看到比科夫政委骑着马，朝我们飞奔而来。走近时，他下达了命令：所有的人向村子前进。

从林子传来的枪声更响了。当我们靠近村子时，比科夫命令我们散开，面向马诺钦旅的分队驻扎的丛林，在村子的外围构筑防御阵地。躺在草地上，我将枪靠在一块巨石上。我的左侧是两个西班牙人。其中一个站起来，举着双筒望远镜观察。突然，我们听到来自丛林中机关枪和步枪的射击声。我们看到马诺钦分队的人朝着我们跑来。我们问他们谁在进攻,然而没人知道。他们被告知在我们身后建立一条防线。我们期待未知的敌人在任何时候从任何方向向我们发动进攻,但没有人出现。

躲在石头后面,我警觉地准备着。但渐渐地,我的眼睛开始合上了。我憎恨自己不能在这紧张时刻保持清醒,然而,我唯一希望的东西是能睡上一觉。但却是不现实的——就像一个梦。我拼命地睁开眼睛,看到我右侧的阿洛什卡正给他的机关枪装子弹,左侧的西班牙人正向大家传递命令,命令我们起来,向村子进发。我拖着沉重的腿,在后面跟着。

比科夫将我们集中到他的周围,讲述了当前的形势。国民军向森林中的马诺钦旅一个分队发动了突然袭击。在该分队准备撤退时,马诺钦旅的另一个分队赶去救援,击退了这次袭击。

我们的任务是绕过村子,从后面包抄国民军。比尔库带领我们穿过一块沼泽,大约半小时后,从丛林中传来的枪声判断,我们已经来到国民军背后,尽管相距很远。我们散开,小心翼翼地靠近,穿过另一个小树林,越过另一块庄稼地,我们最终看到了敌人。他们背对着我们,在向马诺钦旅的分队射击。"开火!"比科夫命令道。

我向任何移动的目标射击。国民军在惊恐中向四面八方逃窜,他们没有料到会遭受来自背后的袭击。我们尽力想将他们击毙或者俘虏。几分钟后,战斗结束了。然而,大部分国民军成功地逃进了沼泽地。我们清点了一下,仅打死 6 人,俘虏 5 人。一些被抓获的国民军穿着德军制服。唯一能够将他们与德国军队区别开来的是他们 WP 臂章,那是波兰军队的标志,还有他们的帽子,上面展示着一只戴着王冠的鹰,那是波兰的象征。4 名马诺钦部队战士被打死,其中两人是违反命令在一座棚屋里吃东西时遭国民军袭击而亡。当一个人饥饿难忍时很难遵守命令,但违反命令有时是以失去性命为代价的。

我们待在村子里,因为大家实在太累了,走不动了。我们轮流站岗放哨。我和莫西欧,还有其他几个人走进一户人家,请求给些吃的东西,并给一个睡觉的地方。我们全都和衣躺下,三个人合一张床。我们告诉房主晚上 6 点钟叫醒我们。经历了一天的紧张——两次小冲突、渡河、穿越铁道,还有战斗——我进入深沉、静谧的梦乡。我的身体无法在 6 点钟起床,但我们计划不迟于 7 点钟走出村子。

在离开之前,我们在村子里埋葬了死去的战友。马诺钦旅的政委以充满爱国激情的讲话,表达了对他们的哀悼。在仪仗队射向天空的枪声中,他们的遗体被放入墓穴。这是我第一次目睹军事葬礼,我被打动了,我不知自己是否也会在某个时刻获得这样的荣誉。我们将国民军的尸体交由村民去埋葬。

当我们集合准备离开之时,一个当地人走来问:你们是不是苏联红军?他从来没见过如此规模的抵抗队伍。

我们急速穿过一些庄稼地,只在休息时才停下,于黎明前到达了靠近奥什米亚尼的一个森林。在森林内几公里的地方,我们搭起了帐篷。在接下来的 24 小时内,我惟一的任务是站 4 小时的岗。我们还有一些食物供应,每天吃两顿饭——煮土豆和一点肉。在那段时间,没有人离开森林,所以没有人发现抵抗队伍的出现。

两天后,我们的供应消耗完了,大家开始挨饿。我们被告知,之所以停留的惟一原因是特遣队正在等待马诺钦旅的指挥官作出决定:是继续和我们一起前往鲁德尼特兹卡亚茂林,还是走他们自己的路。第二天,我们决定派一个小组去弄些吃的。那天夜里,我留下来,而莫西欧和他们一起行动。我让他尽量找双靴子,因为我的瓦伦基靴子已经完全裂开,我不得不赤脚走路。

营地里的主导氛围黯淡,各种传闻满天飞,其中之一是德军对我们刚离开的纳罗切周围的森林展开了围剿行动。另一则传闻是,我们之所以还留在营地并不是因为马诺钦旅指挥官的优柔寡断,而是因为我们被大股德军包围了。

第三天早上,我们获得一些好消息。莉娜通过无线电收听到:在前一天,被称作第二战线的西部战线已经在法国开辟。主要由美军和英军组成的盟军已于 6 月 6 日成功地在诺曼底登陆，正在向法国推进！

这是整个苏联军队和抵抗运动最想听到的好消息。以前也曾出现各种未经证实的登陆欧洲的传言，但后来均被否定，不过，这一次显然是真的。战争的结束越来越成为一种真实。苏联红军现在可以加快推进的速度。因为为了加强在西线的争夺，德国人将不得不把部分军队调离东方战线。我顿时感到精神高涨，也许梦魇般的日子很快就要结束，兴许我会活下来。

大约 4 点钟，莫西欧和外出寻找食物的小组回来了。我激动地把这一好消息告诉了他。很幸运，他们没有碰到任何德国人，倒是带回来几头猪。莫西欧还成功地给我弄到一双靴子。我高兴极了。

在他们回来后一个小时里，我们的情绪很快沮丧起来。我们接到“立即出发”的命令，没有时间烧肉。我们每人分得一大块生肉，既无味又难咬。我饿极了，开始咀嚼令人厌恶的肥肉。莫西欧给了我一个面包，我的饥饿感终于得到了满足，没有吃完的装进了背包。

在我们离开前，马诺钦旅的指挥官骑着马过来和我们告别。他决定不再跟随我们特遣队。在他离开后，沃罗诺夫上尉发表了简短的讲话：“非常艰苦的长途跋涉在等着我们。我们周围是德军和德军控制下的立陶宛军队、乌克兰军队，以及波兰国民军，他们都想置我们于死地。我们不能带马车，只能带走能够背的东西。我们每人都可以背尽可能多的东西，但不允许任何人丢弃任何枪支、弹药、手榴弹或地雷。纪律高于一切。所有的命令必须立即执行、严格遵守。任何人违反纪律都将被处死。我们将穿越开阔的庄稼地。各人必须在各自的单位。我们不会等任何人，掉队者将被丢弃。”

听了他的话，我完全泄气了。继续前进，我再次吃力地站起来。

我们在黄昏出发。侦察兵带路，后面跟着指挥官，有来自格瓦尔季亚分队的沃罗诺夫上尉、比科夫政委，还有尼古拉耶夫分队的尼古拉耶夫上尉，他们手中拿着指南针；还有排成单个纵列的各分队，以及由 15 人组成的后卫部队。

我们在田野、沼泽和森林中跋涉。夜晚一片漆黑，我的脚不停地滑进沟里，或者被障碍物绊倒。背包越来越重，似乎要将我压垮，背带嵌进双肩，双臂感到了麻木。我尝试着用手提，但那简直要使双臂脱臼，甚至连我最珍爱的手提机枪和弹药这时也成为可憎的物品。

在任何情况下我们都不能停下来，即使解小便也不能。任何跟不上队伍的人，都将听天由命。某种内在的力量支撑着我。我的眼睛不断地闭上，磕碰摔倒了好几次，但每次都爬起来，跟上其他人。我拼命地使自己保持清醒状态，不停地在心里说："再坚持一会儿，很快就到休息时间了。别人能做到，我也能。如果做不到，我就会完了。"

后来，每行军 1 小时，就有 5 分钟的休息时间。我一屁股坐到地上，背包也顾不得取下，将头枕在背包上，眼睛便闭上了。没过一会儿，就传来轻声起来的命令。在重压之下，需要很大的意志力才能使自己爬起来。

一路上，我们绕过所有的村庄和房舍，没有碰到任何人。很明显，没有一个人注意到我们的出现。黎明时分，我们到达一个小森林。我们尽量深入林中，安营等待白天过去。

所有的指挥官都在清点人数。我们发现丢失了 5 个人，包括厨师卢欣。没有人知道是怎么回事，我们再也没有见到他们。我很为自己与莫西欧能在这一夜活下来而自豪。与强壮、肌肉发达的俄国战士相比，我们更显得发育和营养不良。我脱掉靴子，很快睡着了。下午 2 点钟，我被叫醒，轮到我值班站岗了。此时，我饥肠辘辘，全身疼痛。我取出一块发的生肉，将它切成三块，咀嚼其中的一片，暂时解决了饥饿问题。

天快黑时，我听到了动静，悄悄地爬起来。我看见一辆马车，车上坐着一个农民。我决定把他抓住。当他跳下车时，我从一棵树后面跳出来，大声用波兰语命令他举起双手。这是个 20 来岁的波兰人，害怕得直发抖。我问他来这里干什么，他说是为他的农场砍柴。我把他带到指挥官面前，很快回到岗位上，直到被另一个战士换下。回到营地时，那个农民还在受一个战士的审问，审问的战士也是波兰人。由于我抓获这个年轻农民时讲的是波兰语，他确信我们是国民军，开始讲述该地区正在发生的一切。

我们发现，附近驻有国民军两个旅，装备很精良，武器是从立陶宛人那里得到的；而作为回报，他们答应和苏联抵抗运动作战。我们抓获的农民因为无法离开农场参加国民军，而充当国民军的一个信使。他讲述了当地农民在苏联抵抗运动到来时袭击他们的方案，那些农民打算使用耙、铁锨及其他手头工具打击苏联人。如果苏联军队抵达，农民就进入森林，成立游击队，与他们认作是敌人的苏联人作战。

听到这些，尼古拉耶夫上尉站起来，用纯正的俄语告诉他，我们是苏联抵抗战士，并用一根木棍狠狠地打了他一下。“你们想用棍子同我们作战，好，现在就是你的机会。”他说道。那个可怜的农民顿时脸色苍白，几乎要昏倒。他乞求饶他一命，发誓做一切我们命令他做的事情，保证与我们通力合作。尼古拉耶夫命令将他看守起来。我们准备行动。

夜色降临时，我们出发了。刚上路，我听到一声枪响，接着看到一名西班牙人跑步追上我们。我再也没有看到那个被抓获的农民。

我们快速穿过庄稼地，避开任何大路。我又饿了，取出第二块生肉，边走边吃。我暗下决心留下最后一块肉以备急需之用。

当发现自己落在队伍后面时，我就竭力想象厨师卢欣的状况，由于他没有能跟上队伍，就再也见不到他了。他可能在某个地方腐烂掉了，要不然就是更糟，被德国人抓获遭受折磨。想象这些情景，敦促我跟上队伍。我努力地走在纵队的最前面，这样在不得不停下一会时不至于被丢掉。在漆黑一片中，我们手拉手穿过小树林，以便没有人被拉下。

快黎明时，我们已经抵达森林的边缘，按计划应该停下来，就地休息等白天过去。然而，指挥官发现这片丛林过于稀疏，决定在天亮之前到达我们看到的地平线上的另一片丛林。于是，我们开始朝那片丛林跑步前进，希望它范围大一些，树木密一些。

当我们到达时，却发现它比前一片更加稀疏，根本不可能藏在里面。这时，我们距离一个大型德军驻地仅有 5 公里，而且天已经完全亮了。我们既焦急又紧张，在这样的环境中待一天将是非常危险的。指挥官拿出地图，发现最近的森林和沼泽大约离我们 8 公里。在争论不休的指挥员交流意见时，我们都站在四周等待。尽管我们筋疲力尽，但都没有坐下。在我右边的远方，能看到一个村庄苏醒了。人们正从他们的房子里走出来，烟囱里冒出袅袅的炊烟。

最终，指挥官做出统一的决定。他们解释说，待在这里无异于自杀，我们将暴露无遗，不可能抵挡住攻击者的进攻。我们能看到的村庄位于前往奥什米亚尼的大路上，过去几公里就是沼泽地和茂密的森林，沼泽和密林环绕着奥什米亚尼镇。我们的计划是抄最短、最快捷的路到达森林中的一个沼泽地，那意味着我们得穿过村子！我们可以在沼泽地休息，然后继续穿过森林，到奥什米亚尼的另一侧。万一有德军的袭击，在那里也比目前的处境更容易保卫自己。

我们快速地朝村庄走去，尽量表现出自信、傲慢和不可一世。从家中出来的农民好奇地打量我们，想知道我们是谁。为了迷惑他们，威利，我们当中两名德国人之一，用德语将他们吼进家里。

我们通过村庄，再次走进庄稼地。半小时后，我们终于到达最近的森林沼泽地。

第十七章 进入沼泽地（1944 年 6 月）

进入沼泽地，我感觉安全多了，但随着深入沼泽地，行走变得越来越困难。我的双腿越来越多地陷入泥泞。我惊奇于女性在整个跋涉过程中的韧性。我同情尤荻卡，她十分勇敢，在以往的行动中和我们一起干。现在她的双腿长满了疮，付出加倍的努力来跟上大家的步伐。还有莉娜，也很坚韧，她还帮着扛无线通讯设备。她们的适应力和精神，让我想起了母亲，无论情况多么困难，她从不抱怨。

沃罗诺夫上尉最终不得不从马上下来，卸下装着德国货币的布袋，把布袋里的钱币分给大家，每人分到 2 万德国马克。所有这些钱，都是由格瓦尔季亚分队从莫斯科带来的。我们扔掉所有多余的用品，譬如衣服和毛皮外套，仅仅带上武器弹药。在沼泽地中，每一公斤的重量都会有天壤之别。

行军数公里后，我们停下来搭建营地，在四周设置哨位。能休息真是太棒了！我早已饥肠辘辘，接受了威利分给我的一小块面包，这个面包是他在一个村子里搞到的，现在和大家分食。我和莫西欧、尤荻卡、邦沙科、耶胡达坐在一起，每人拿出剩下的肉一起分享。我们吃掉了身上带的所有能吃的，但仍旧饥肠辘辘，只好睡觉。

中午，我被叫醒，轮到我站岗了。2 点钟，我被替下。正当我回去想躺下休息时，听到了一声枪响。所有的人都跳起来，准备行动。枪声更响了，听得出越来越靠近了。现在,我们能够听到子弹从身旁呼啸而过。我们不是躲在一灌木丛中,就是躲在树后,但什么都没有看到。沃罗诺夫上尉在离我不远的地方。尼古拉耶夫上尉站起来下令撤退至沼泽地的更深处,那里的树林更密一些。灌木丛遮挡了我们的视线,但是逐渐意识到枪声来自村子的方向,而且越来越近。显然,不像是他们发现了我们,因为枪声杂乱无章。我们有节制地没有还击,以免暴露自己的方位。

我们开始行动,迅速、无声、猫着腰深入沼泽地,力求远离枪声。枪弹在我们周围漫无目标地遍地开花。突然,从侧面传来一排新的枪声,带领我们的尼古拉耶夫上尉马上掉转了方向,我们全部跑着跟上。我担心我们被包围了。

在匆忙中难以找到原木和结实的地面,使我们在危险的沼泽地安全地转移。有人开始陷入沼泽,其他人设法将他们拖上安全地带。我们来到一个既长又阔、充满死水的沟前,它的对面有一个看上去干燥的开阔地。我脱掉靴子和裤子,将手提机关枪、弹药和衣服顶在头上,像其他人一样趟入水沟。到达沟的对岸后,我穿上衣服,躺下来。尼古拉耶夫指派两个侦察兵前去察看那块开阔地远处的情况。10 分钟后,他们跑着回来,大声喊着大约 100 名德国兵正向我们而来。尼古拉耶夫命令我们立即撤退,再次穿过那条沟,回到沼泽地。我又一次跳入沟中,但这次没有时间脱掉衣服。我们返回沼泽地,尽量把自己伪装起来。我爬到灌木丛中,趴在潮湿的地上。我全身湿透,抬起双腿,看到污水从靴子里流出来。我们一动不动地在那里呆了半个小时。德国人显然没有弄清我们的行踪,过一会停止了射击,一切归于宁静。随后,我们爬起来,谨慎而缓慢地朝沼泽地的另一个方向行动。

我所有的力气耗尽了,胃由于饥饿开始疼痛。不时地有人陷入沼泽,大伙一起将其拉出来。我们不是从一块石头跨到另一块石头上,就是跳到圆木上寻找脚下稍微结实的地面。只要脚一滑,淤泥就有可能把我们拽进去。那样的话,不可能凭自己力量出来的,转危为安的唯一办法是抱住某样坚固的东西,等他人把你拉出来。

比科夫政委走在队伍的最后,并组织救援小组。他总是竭力去营救战友而不是仅仅考虑个人安危,以行动证明自己是一个真正的英雄。尽管我们竭尽了全力,仍有几个战友消失在沼泽地里,永远地失踪了。

天在变黑,我们担心会一起陷入沼泽中。尼古拉耶夫上尉见大伙都疲惫不堪,于是一发现有结实一些的地面便下达停下来过夜的命令。我已经完全精疲力竭,用帽子兜了浑浊的水,喝了一些,然后躺下,贪婪地舐水,就像一只狗。现在惟一能够振作自己的,是用浑浊的水将自己的空腹灌满。尽管浑身湿透了,我还是一躺下来就睡着了。我梦见自己躺在一张柔软的床上,在波浪般的褥垫上漂浮。

拂晓,我们被粗暴地唤醒,重新回到现实中来。我们又要出发了,穿越沼泽地。我们希望到达奥什米亚尼的另一侧,希望没有敌人等在那里。饥饿造成的胃痛来了又去,成为身体熟悉的一部分。我变得十分虚弱,老是感到头晕和昏睡。昏睡的我跌跌撞撞地走着,眼泪控制不住地顺着面颊流下。"受够了,不可能坚持下去了。"我不停地想,但同时另一个声音似乎在说:"要坚持!"思想斗争了数小时。沼泽无边无际,无望的形势和无意义的苦难在与内在生存动力进行斗争。

在沼泽地行走变得越来越困难了,人们陷入其中的次数越来越频繁。我至少陷进去 20 次,每次都被拉出来。莫西欧走在我的身边,我们彼此鼓励,或是用言语激励,或是用眼睛交流。我头脑眩晕,眼睛老是要闭上。我环顾四周,发现我们已处于队伍的最后。我能够想象出,在我们后面仍有同伴在淤泥中坚持。我抱紧一棵树,站在根部,小心地移到另一棵树上,竭力避免滑进淤泥中。我的双腿沉重,背包带也松了。我诅咒背包,它犹如一吨的重物破坏我的平衡,可我又不能扔掉它。莫西欧陷了进去,我将他拉出来。我们继续缓慢地走着。站在一个树根上,我想向前跨,突然一条腿滑了一下,我试图用手抓住什么但什么也没有抓着。在淤泥的吸引下，我的腿开始下沉。我苦苦地挣扎着，但无法将它拖出来。这时，第二条腿又开始滑动，我感觉自己在下沉。我抱着树根，用尽全力试图将自己拉出来，但这一切毫无作用。我的双腿正被吞没，越动陷得越深。现在淤泥已达到我的臀部，任何挣扎只会使情况变得更糟。我向前屈身，在淤泥里伸开四肢，终于不再下沉了。我疲倦的身子很高兴能够得到休息。我闭上眼睛，向一种平静感屈服。

在迷迷糊糊之中，我仿佛听见莫西欧的声音在喊："塞立姆，醒醒，快醒醒！否则，我们就会被留在这里了。"

"什么？"我想，"再起来挣扎？为了啥？值得吗？"我的右手仍然握住装有弹药的武器。我摸到了扳机，想结束这种苦难惟一需要做的是对准自己。我睁开双眼，看到莫西欧抱着一棵树站在我的上方。

"为了啥，莫西欧？"我说，"无论如何我们是挺不过去了。我什么力气也没了。这里多平静。"我开始将枪指向自己。

莫西欧明白我想干什么。他弯下身子，迅速地将武器从我手中拿走。"塞立姆，我们会活下来的，我们必须比他们强大。我们有责任为我们死去的父母和人民报仇！只要有活下来的机会，我们就不能主动消失。我们有义务告诉世人这里发生的一切。终将会有一天，我们会坐在特拉维夫的海滨，在蔚蓝的天空下，回忆起现在这一刻。"

没有人注意到我们，因为现在每个人都在全神贯注于自己的生存。

我突然意识到，如果我留了下来，莫西欧也不可能走出去。万一他陷入沼泽，谁会在那里帮他？

牢牢抱紧那棵树，莫西欧将他的枪托伸给我。我抓住枪托，在他的帮助下，我一点一点地移出了泥潭。

重新回到坚实的地面后，我们继续挣扎着向前。没走多远，刚才的一幕又演了一遍。莫西欧滑了一跤，陷入泥潭，他既没有力量也没有意志从中爬出来。现在轮到我来竭力说服他了，我提醒他

15 分钟前他对我说的话。“当然，向死神屈服要容易一些，”我富有哲理地加了一句，“但那不是道路，我们需要彼此，我们不能离开彼此！”接着，我开始将他往外拉。由于他比我高许多，加上我身体虚弱，要将他拉出来非常困难。

突然，比科夫政委不知从何处出现了。他看到我们的困境，小心翼翼地过来，帮我将莫西欧拖了出来。在比科夫弯下身子时，他的眼镜落到了沼泽中。在莫西欧又安全地回到地面后，我们三个抱住树根，跪着用手在淤泥中摸寻，以便找回他宝贵的眼镜。我们终于找到了。意识到我与莫西欧不再完全孤独，意识到有人乐于帮助我们，给了我们继续前进的精神力量。

晚上，我们终于到达沼泽的尽头。我们被告知整个跋涉用去了 4 天时间。我早就记不清哪天是哪天了。

我们在一小片干燥的森林里停下休息。为防止紧急状况的发生，大家没有取下背在背上的背包。尼古拉耶夫上尉接管了两个分队的指挥权，因为沃罗诺夫上尉被恐惧压垮了，在如此的压力下无力承担领导的职责。他是一个军队培养出的军官，离开自己的部队进入抵抗游击环境后失去原有的沉着和冷静。我惊恐地看到，我以前完全信任的一个人陷入如此优柔寡断的境地以至于不得不移交指挥权。

较为年轻、果断的尼古拉耶夫派出侦察兵去侦察该地区的情况。天快黑时，他们回来了，带回的消息说有一支武装部队驻扎在一个不太远的村子里。根据他们的判断，那支部队不是德国人，而是立陶宛部队，或者是德军控制下的同抵抗运动作战的其他辅助部队。

我们奉命准备在这里过夜，需要提高警惕，站岗的哨兵增加一倍。指挥官开始清点失踪的人数：一共有 17 人在沼泽地失踪。

第十八章 与敌共舞（仍是1944年6月）

指挥官与我们面对面坐下，讨论目前的局势。从我所躺的位置听不清他们讲话的内容，只听见他们叫出了特遣队中的“外国人”——西班牙人、德国人和法国人。他们围坐在一起，制定了一个行动计划。我非常好奇，但不一会便睡着了。当我睁开眼睛时，大吃一惊。我看到平时总是身着棕灰色工装的“外国人”脱掉他们的外套，换上全套德国制服。从背包里，他们取出了德国战地帽、军衔、勋章、手枪和刺刀，将这些都佩带上。他们如何将这些用品带在身上穿过沼泽地而没有让人注意到？佩带上所有这些饰品，他们看上去与真正的德国军队没有两样。威利拥有的军衔是中尉，汉斯和奥托则是军士，其余的是下士或一等兵。他们都装备有德式施梅塞机关枪和大型帕拉贝卢姆左轮手枪。甚至其中的法国人和西班牙人也能熟练使用德语。短短的几分钟，10来名抵抗战士竟然变成了德国兵！

他们将自己梳理整洁，抛光皮靴，用德语作着漫不经心交谈状，朝村子走去。“中尉”威利领着这伙人。

在等着看看会发生什么的同时，我躺着与困倦作斗争。大约一小时后，我们听到从村子的方向传来一阵枪声。一定有事情发生了。我们都跳了起来，作好行动的准备。然而，一切又恢复了平静。

大约2小时后，我们的“德国兵”回来了，毫发未损。他们告诉我们，在村子里，他们发现一群为德国人工作的立陶宛士兵。威利对他们的指挥官，唯一说德国语的人，说他们是被派来视察执行包围躲藏在沼泽地里的抵抗战士任务的队伍。立陶宛指挥官召集他所有的队伍接受检查。威利从几个战士手中拿走他们的枪，以检查他们的准备情况。为了加强说服力，他举枪向天空射击，以此作为检验的方式。这就是我们听到的枪声。检查完毕后，那个立陶宛指挥官邀请他们到一座房子里吃饭。在饭桌的交谈中，他们得知整个沼泽地已被德国及德国控制下的武装包围。这些武装包括立陶宛分队、白俄罗斯分队、拉脱维亚分队和维拉索夫分队(维拉索夫将军控制下的俄国军队，他们投靠德国军队，主要被用来同抵抗运动作战)。每个分队负责巡查一个特定地区，奉命击毙任何露面的抵抗战士。

吃过饭，威利对立陶宛部队表示满意，要求他们保持警惕，因为极有可能抵抗战士会从这个村子逃出沼泽。他声称接下来要去视察下一个分队。

威利带着他的人沿着大道离开了。天渐渐黑了，他们一直走到确认不会被人看到的地方，才改变方向返回营地。他们认为，一切顺利，没有引起丝毫的怀疑。

尼古拉耶夫上尉将大家集中到他的周围，轻声对我们说，他知道我们差不多力气耗尽，但我们处于非常危险的境地。为了生存，我们需要再作一次艰苦的努力。根据他从威利那里得来的情报，除了突破德军及其帮凶在这个地区布下的包围圈别无选择。一旦我们开始行动，每个人都将保持最高程度的警惕。除非接到命令，否则在任何情况下都不准开枪。如果我们突围成功，在我们到达下一条铁路线之前还有一段大约 90 公里的危险路程，越过铁路线就是鲁德尼特兹卡亚茂林开始的地方，我们的先头部队将在那里等候我们。我们每个人必须和自己的分队在一起。纪律对于我们的生存来说，至关重要。

我们集合，着手走出森林，走进开阔的庄稼地。天色依然很暗。我们看到前面有许多个棚屋，根据威利的情报，敌人正等在那里。我们成一字散开，小心谨慎地朝棚屋走去。我走在队伍的右侧，紧靠汉斯，现在他又换上棕色的工装了。突然，一挺机关枪在我们左侧响起。我们紧急卧倒，听到子弹在头顶呼啸而过，没有人还击。机关枪不再响了，过了一会儿，我们猫着腰前进。不时地我们卧倒在地听听有无声响。

当我们靠近第一间棚屋时，有人喊道："什么人？"我卧倒在地面，朝远离声音之处爬去。我们又一次听到有人问同样的问题，但没有人回答，几发子弹从喊声的方向射来。当再次恢复平静后，我们站起来，尽可能悄无声息地朝棚屋跑去。天已完全黑了。机关枪再次响起，我们再一次卧倒，继续向前爬行。我感到他们只是听到我们的声音，但没有看到人。

我们到达棚屋，绕过它，来到另一开阔的庄稼地。我们冒着更加猛烈的弹雨奔跑，现在枪弹射击的方向是棚屋。

我们来到一条路旁，沿着这条道路向远离沼泽地的方向跑去。我不知道从哪里获得奔跑的力量，看来生存的本能是没有限度的。此外，这比沼泽地艰难跋涉的煎熬容易多了。回到带几分文明且有可能获得食物的环境中，我感到更有盼头了。

我们沉默不语，快速地走着，直至天要破晓。地平线上看不到任何林子，仅有一个村子位于正前方。我们知道，德国人和他们的帮凶正在四周等着我们，一旦天亮，我们将成为焦点，他们将倾巢出动进攻我们。由于没有地方可以躲藏，我们很容易被包围歼灭。我们大约有 120 人，还缺乏弹药——因为大部分已丢失在沼泽地里。

我们在路边停下，指挥官开始研究对策。然后，他们将我们全部召集在一起，告知他们的策略。我们将以一个维拉索夫分队的面目出现，维拉索夫分队主要被用来同抵抗战士作战。维拉索夫分队通常是在德国军官的领导下。我们将装作在沼泽地打败了的抵抗战士，现在正将俘虏带回德军卫戍地。由于一些真正的维拉索夫分队仍然穿着俄军制服，只是将上面的红星摘掉了，因此只要摘去所有苏联勋章，我们完全可能以这样一个分队的面目出现。

我们的"外国人"再次脱掉他们的工装，重新佩带上所有德军

装饰，成为我们分队的“德军指挥官”。我和穿着看起来像苏联红军制服的抵抗战士在一起。在路上，我们四人一排，分成若干个组，每组都由一名“德国军士”领着。

其余那些衣衫褴褛的男人和女人被集中在一起装扮成由卫兵包围着的俘虏。莫西欧、尤荻卡、邦沙科、耶胡达、莉娜，甚至蜷缩进一件笨重外套里的尼古拉耶夫中尉，都在俘虏之列。威利掌管整个行动。汉斯一边拿着地图走在他身边，一边用德语发出口令。我们沿着干道堂而皇之地走着，进了村子。我尽可能地表现得挺拔、强壮。“俘虏”则拖着脚步，弓着腰，除此之外，他们不需要做太多。

进入村子后，汉斯的口令更加粗暴、响亮，其他“德国人”重复他的口令停下来。我们做得不甚完美，被汉斯用他漂亮的德语咒骂了一顿。我们看到村民的脸出现在窗子里。汉斯将我们分成10人一组。第一项任务就是吃饭。由一个“维拉索夫”士兵作为翻译，他把每组带到不同的农民家里，命令农民招待这些英勇作战、保护村民免受残忍抵抗战士侵袭的士兵。“俘虏的警卫”走进来，为“俘虏”取食物，俘虏都集中在院子里。那些动作不够利索的农民受到“德国人”的诅咒、责骂，甚至踢打，以迫使他们顺从。我们坐在桌旁，妇女送上食品。我不说一个字，怕我那可怜的俄语引起怀疑。但我们的同伴和农民攀谈起来，他们诅咒抵抗战士，吹嘘自己的英雄行为。村民开始讲述抵抗战士是如何道德恶劣，如何行为残忍。

我们扑向食物，主要是土豆、牛奶和黄油，旋即就被一扫而光。家庭主妇不停地给我们添加。威利中尉带着一个翻译走进房间，我们都跳起来立正。我们其中一人用俄语作了汇报，翻译将其译成德语。威利询问大家是否受到款待，听到一些抱怨后，他朝农民大声叫嚷，要求给我们提供充足的食品，因为我们在夜以继日同抵抗战士作战后都饿坏了。通过与农民的交谈，我们发现距离最近的德国分队和他们的帮凶大约5公里远。半小时后，我们接到去干道集合的命令。以相同的方式，我们踏上了通向奥什米亚尼镇方向的道路。

当确定已经走出敌人的视线时，我们离开主干道，穿过庄稼地，取捷径奔向铁路线。根据估算，我们还有60公里的路程要走。不过，现在吃得饱饱的，还得到了某种程度的休息，行进变得容易了，速度也快了。走在队伍前头和侧翼的是侦察兵。他们数次提醒前面有可疑之物，我们以防御架势卧倒在地，但什么也没有发生。我们的策略成功了，我们比他们有计谋！德国人没有注意到我们已经溜出了森林，从忠诚于他们的村庄逃了出来。

黄昏时分，我们到达一个距离铁路线大约8公里的森林。我们非常高兴，因成功而鼓舞。经过短暂的休息后，夜幕完全降临，我们中的少数人去附近棚屋里弄些吃的。我们计划在午夜时分穿越铁道线。

我找到一棵长满苔藓的树桩，将它当作枕头，很快进入梦乡。半夜，我们开始朝铁路线进发。

在距铁路线两公里的地方，我们停下了。其时，沃罗诺夫中尉已经恢复了自控力，重新掌管我们分队。他轻声征集10名志愿者。我和其他9个人一道站了出来，我们的任务是为整个分队越过铁道线选择一个最安全的地点。

钢枪在手，我们排成单行出发了。出了森林，就看到介于我们和铁道线之间的一座座棚屋。我们很快到达第一座棚屋，围绕棚屋走了一圈，查看是否一切安全。一条狗开始朝我们吠叫，我们这群志愿者的指挥官用无声手枪击毙了它。另一名战士走进棚屋，带出一个惊恐不已的农民。我们带走他，让他指出通向铁道线的最佳路线。他走在前面，我们在后面跟着，用枪抵住他的后背，以防有什么不测。我们一直提醒他：必须带我们去一个没有德军碉堡掩体的地方。

他绕过其余的棚屋，将我们带到离铁道线200米以内的地方。在那里，即便在夜间也能看到铁道线。我们看到的是一种令人不快的意外景象：铁道线两侧的整个地区的所有障碍物都已被消除，所有的树木，甚至连小麦，都被砍倒，没有任何可以藏身之处。

我们卧倒观察铁道线两侧,与此同时,指挥官和那个农民一起回去将其余的抵抗战士领来。在我们等候的整整一个小时里,仅有一名德国巡逻兵徒步走过。

当所有人到达后,又有 10 名志愿者被选出来。我们 20 人的任务是跑向铁道线,分散开,面向 4 个方向摆出防御架势,观察敌人的动向。如果在其余人通过铁道线时受到攻击,我们将进行还击,然后,我们将成为后卫部队。

我们快速、悄无声息地向铁道线爬去。我一边爬上路堤,一边帮同伴抬安置在铁道线另一侧的重型机关枪和弹药。我们弓着腰,扛着武器,跑到铁道线的左侧。另两个人加入我们的行列。我们为自己选好地点,卧倒在地。在看到所有的人已准备就绪,我打了一个手势,所有的分队开始向铁道线冲去,跑向铁道线另一侧的森林。我竭力睁大眼睛,以便在漆黑之中能够看得清。我将耳朵贴在铁轨上听是否有火车开来,没有听到任何声音。当最后一个分队通过后,我们爬起来。我摔了一跤,滚下斜坡,重新爬起后,跑着穿过空旷的庄稼地,本能地转过头观察是否有危险。我到达对面森林,加入分队。当天夜里,我们继续快速通过森林。

黎明时分,我们到达了位于鲁德尼特兹卡亚茂林地区的一个村庄。这是一个被遗弃的村庄。我们找到一些生土豆,就地煮熟吃了。莉娜用无线电与先头部队取得了联系,报告了我们的方位,先头部队是在我们前 10 天离开的。晚上,他们来了几个人,将我们领到他们在茂林深处为我们准备的一个营地。塞尔盖少校发表了赞扬我们勇敢和智慧的讲话,作为对我们的欢迎。我、莫西欧与马克重新团聚。我们为我们全都活着、没有负伤并再次团聚而感到欣喜异常。

在美美地睡了一个好觉后,吃了马克特地为我们准备的一顿饭,这可是很长时间以来的第一次。马克为我们留了一条羊腿,我们津津有味地品尝起来。

我的腿与莫西欧的腿都因肿胀而疼痛。在接下来的几天,我们一直休息,渐渐地恢复了力气。

由于食物供给出现了短缺，好几个人出去筹集粮食，但都空手而归。在村子里，他们碰上了一些国民军，双方开了火，我们有一人牺牲，一人负伤。

第二天晚上，另一小组出发，莫西欧是其中之一。他们也陷入了国民军的包围圈，尽管成功地无一伤亡逃脱，但又一次空手而归。第三天晚上，一个小组终于弄到了一些粮食，补充我们的给养。

几天后，我们迁到另一个地方搭建营地，建造简易的茅屋。我们发现了附近几个苏联抵抗分队的营地，其中一个名为巴尔波的分队，是由那些从阿巴·科夫纳领导下的维尔纳犹太隔都逃出的犹太人游击队战士组成。自在犹太隔都呆过以来，马克认识其中的大部分人。一有可能，我们就和马克一起去拜访他们。我们通常在那里坐上几小时，交流各自的经历。他们组织得很好，但缺少武器。对他们来说，国民军分队是个新的威胁。国民军时常与他们短兵相接，伏击他们，试图切断他们的粮食供给。

迄今为止，我们的分队没有出现过任何反犹主义的言行。然而，我们与之几乎没有任何直接接触的士官长皮特卡开始散布偏见和仇恨。我们把问题向特遣队的领导塞尔盖少校作了反映。在西班牙人的帮助下，他制止了皮特卡的行为。我们对他们如何做到这一点不得而知，但格瓦尔季亚分队的气氛再一次变得友好和谐。

第十九章 博里亚的故事

格瓦尔季亚分队和尼古拉耶夫分队通常单独建造自己的临时营地，但彼此相邻。每个分队都有自己的供给队。一天晚上，尼古拉耶夫分队外出补充给养的几个人带回来一个俄国犹太人。他们发现他时，他正藏在村子里。他有些失落，身上散发出难闻的尸体腐烂的味道。然而，他洗了澡，换上干净的衣服后，那股恶臭逐渐变得让人容忍了。

我们听说后，来到了尼古拉耶夫分队，发现他正躺在篝火旁。他对我们讲述了他的经历。他叫博里亚，从莫斯科的工程学院毕业后，加入了苏联军队。1943 年，他被德军俘获投入了监狱。1943 年 12 月，纳粹党卫队军官前往其中一个战俘营挑选 100 名苏联犹太裔战俘，把他们带到波纳里森林。

波纳里森林离维尔纳不远，战前是一处幽雅的度假胜地。纳粹用层层带刺的铁丝网将整个地区围了起来，禁止任何人进入。凡进入的人，再也没有出现过。党卫队及其犹太灭绝队将成群的犹太人从维尔纳犹太隔都及周围城镇圈起来，声称要把他们送到立陶宛首都科夫诺去工作，但最终是被遣送到波纳里，每次都是数以千计。

纳粹命令那些被遣送来的人沿着巨大的壕沟列队站好，每个壕沟都能容纳 5 000 人。在机枪的扫射下，这些人，既有年轻人也有老年人，既有男人也有女人和孩子，其中大多是犹太人，纷纷倒入沟里，就这么一个叠一个地堆了起来。一些人被挑选出来处理尸体，把尸体有秩序地排成排，就像罐头中的沙丁鱼一样，以便使这些壕沟能最大限度地容纳尸体。沟被填满后，盖上泥土，然后再挖新沟。挖沟者会被包括在下一批受害者之中。未被机枪打死的受伤者会和死人一块掉入沟中，最后窒息而死。一个女子由于仅受轻伤，成功地从尸体堆中爬了出来，逃回维尔纳的犹太隔都。她讲述了发生在波纳里不可思议的恐怖事件，但没人相信她的话。然而，随着越来越多的目击者成功地逃脱，这种暴行的内幕开始为人们所知晓。波纳里是一个地地道道的人的屠宰场。在遇害者中也有非犹太人，大约 3 000 个基督教教士穿着教服被枪杀和埋葬在那里。

当苏军开始向西挺进时，纳粹不想留下他们所犯暴行的任何痕迹，开始销毁证据。他们将大批苏联战俘——其中大多是犹太人——带往波纳里，其中包括博里亚，还有他的父亲，他也是一个苏联战俘。这些苏联战俘被迫打开那些巨大坟墓，把尸体搬出来进行焚烧。

博里亚和其他战俘刚一抵达，就被逼着挖 6 米深的大坑。他们是用梯子下到坑里去的。一天的活干完后，他们就住在搭建在坑中的简陋的棚舍中。每个人脚踝上都铐着脚镣，可以行走但无法跑。梯子也被抽走。卫兵从黄昏到黎明守卫在坑边。博里亚的工作就是拖出一具具排放整齐的尸体，运至大约 500 米处，然后堆放在层层木材之间。尸体的气味实在是难闻之极，有些尸体已经分解腐烂，肢体不得不单独堆放。党卫队卫兵监督着这一切。有士兵清点“人数”，每堆 3 500 人，堆成金字塔形，接着在由尸体堆成的金字塔上浇煤油燃烧。每座金字塔要燃烧一个星期的时间。接下来还要使用一种特殊机器碾碎没有烧掉的骨头，三分之一的碾碎物要与三分之二的土混合，这一比例的混合物被用来重新填平被打开的壕沟。在壕沟被填平后，再在上面种上这一地区的自然植物。几个月后，这里和周围其他地方就再也分辨不出来了。

犯人由党卫队特殊分队看守。他们以毒打对待犯人，逼迫他们拼命地干活，完成每天搬运 500 具尸体的量。当这些犯人在坑外时，即使是在工作，也要戴着脚镣，脚镣使他们行动困难。起初，腐烂尸体的恶臭令人难以忍受，但久而久之，犯人对此习惯了。他们感到自己就像干活的动物。党卫队头目舒伊安是个施虐狂，他会在身上喷洒浓浓的香水抵御尸体的恶臭，并且总是带着白手套趾高气扬地在周围走动。

一天，舒伊安监工时，一具妇女怀抱两个孩子的尸体被拖了出来。他对这一情景异常兴奋，他命令将尸体放在一边供他拍照。

干完活后，他把犯人集中到他跟前，问他们是否快乐。当然，每个人都不得不高声回答"快乐"。然后，他命令他们唱些欢快的歌曲。一次，舒伊安问有谁感到不舒服，几个人举起了手，这些人被告之会有人把他们带到医院去的。第二天，人们发现他们已经在死者之中。还有一次，舒伊安问谁受过较高的教育，有三人举起了手。他对他们说这种工作不适合他们，他会为他们找到更好的工作。第二天，人们发现这三人也在刚刚被杀的人当中。

每天都有很多刚被杀死的尸体运来。这些尸体不再被扔进大坑，而是直接烧掉。有的坑填满了赤身裸体的妇女和孩子，有的坑填的全是男人，有的是男女混填，还有的是穿着衣服的。

保密是最为重要的，即使党卫队卫兵也不能离开这一地区，只能住在附近的大院中。

博里亚所在的小组由 100 多名犯人减少到不足 80 人。他们十分清楚，只要工作一结束，他们就会被统统杀掉。因此，他们开始思考逃脱的办法。博里亚和另一个工程师想出了一个主意，即从他们住的坑中挖条地道。他们夜里挖，起初是用两只手，后来则使用他们悄悄获得、扔进坑中的一些金属片。地道的起点与坑底齐平，然后逐渐向上。他们整夜不停地轮班挖，挖出来的土沿坑墙垒实和在坑底填平，确保那些从不进坑的纳粹卫兵在上面不会有任何察觉。

由于地道曾两次塌方，他们偷了一些木料对下一次的挖掘进行加固。他们还偷取了脚镣上的钥匙。经过 3 个月紧张的挖掘，他们终于完成了这一工程：一个大小只能供一人爬入的地道。

在一个漆黑阴雨的夜晚，他们决定逃走。他们以抓阄的方法决定爬出的顺序，因为他们深知生存的机会对第一个爬出的人来说是最大的。由于博里亚是这个项目的领导者，他没有抓阄就得到 2 号，而他的父亲抓到的是 50 号。

大约午夜时分，博里亚和父亲吻别，开始向外爬。和他一起的是这伙人中的另外一名工程师，他抓到了 1 号。博里亚清理了地道顶端的最终障碍物，爬出了营地。在回头看时，他看到大约有 20 个人跟在自己后面往外爬。突然，探照灯的光照亮了这块地方，接着步枪和机关枪响了起来。博里亚认为一切都完了。失望之余，他跳了起来开始奔跑。跑了一会儿，他掉进了一个沟里，在沟里一直等到枪声结束。沟的边缘很陡峭，在往外爬的当中，他跌下了好几次，最后终于成功地爬了出来。他尽力不发出声响，直至来到一个带刺铁丝网的栏杆前。他在铁丝网下边挖边爬，尽管衣服划破了，身体也划伤了，但爬了过去。接着，他一直不停地跑，直到黄昏。这时，他发现自己来到一片小树林前，他在林子里躺下将自己伪装起来。

第二天一早，他听到附近响起了枪声，知道寻找逃犯的党卫队已经到达了他所在的林子。其中一个卫兵经过时与博里亚靠得十分的近，以至于他的靴子都碰到了博里亚的手指。幸好树枝和树叶为他做了完美的掩护。博里亚躺在那里一动不动地呆到天黑，然后跑到了一个村庄。他敲了敲第一个房子的窗户，问这户农民离这儿最近的游击队在哪儿，但没人愿意告诉他或者帮助他。于是，他跑向另一个村庄。在那里，他遇到了尼古拉耶夫分队的人，正是他们把他带到我们基地。后来我们得知，只有 8 个人成功逃出，其余被抓获处死。

博里亚用这番话结束了他的故事："我并不是为了活而逃走的。我用自己的手焚毁了大约 50 000 具尸体，我已不能回到正常的生活，我的家人一个也不剩了。我活着，只不过为了成为纳粹所做的这一令人难以置信暴行的见证人。世人必须睁开眼睛看清纳粹的本质！"

博里亚继续与尼古拉耶夫分队呆在一起。他经受着回忆的打击，经常大声尖叫着说他周围都是死人，他要跑开。人们很难使他平静下来。渐渐地，这样的情景出现得不那么频繁了。随着时间的流逝，他身上的味道也不那么难闻了，也许是因为周围的人逐渐适应了。

我最后一次见到博里亚，是尼古拉耶夫分队离开他们的基地。他仍然很虚弱，被扶上了马，人们用带子系住他那萎靡不振的身子，使他不至于掉下来。另一名游击队员牵着马。以后我再也没听到他的消息。

第二十章　破坏德国人的战争机器(1944年7月—8月)

我们通过战地无线电广播开始得到来自东线的好消息。苏联军队已经突破德军在维捷布斯克和奥尔斯扎的防线,正向我们这一方向挺进。

我们从莫斯科的抵抗指挥部得到命令,炸毁火车和铁道线,以切断对德方前线的兵源和军用物资的供应。我们分成由 6 人组成的小组,分布到特别地区。马克所在的小组和我所在的小组在同一个地区配合行动。莫西欧所在的小组去另一方向担负着不同的使命。每组的目标是炸毁两列火车。我们带上两枚专门用来炸火车的地雷,外带炸药、一挺重机枪和个人武器。

我们要去的铁路在维尔纳和利达之间,有 90 公里远。中士尤西亚科夫带领我们小组,弗拉克森中尉则领着马克所在的小组。我们平静地走着,没有停歇。经过两天两夜,才穿越我们所在的森林,到达了另一片大树林。在那儿,我们建立了一个临时营地,但该地离我们的目标还有 20 公里。休息了一天后,晚上我们出去熟悉地形。

从当地农民那里,我们了解到有许多受德国军官指挥的立陶宛民团分布在铁路两侧数公里处保护铁路。其中一个农民愿意与我们合作,许诺搜集关于火车时刻和立陶宛民团分布及巡逻方面的情报。

然而,从村民那儿筹集到食品后,我们却找不到回临时营地的路了。我们花费了整个晚上四处乱转,终于在天亮的时候回到营地。

整整两天，我们吃饭、休息，等待来自线人方面的信息。当我们开始筹划行动细节时，才意识到我们的基地离目标太远了一些。我们决定把一些不重要的装备和食物留在营地，留一人看守。正当我们要离开时，弗拉克森中尉抱怨说肚子疼痛难忍，说他不能与我们一同去执行任务，所以他留了下来。

我们前往线人的棚屋，获得了他收集到的所有情报。他还提供了两个白俄罗斯人给我们当向导。根据他们的建议，我们向离铁路 3 公里的玉米地进发。那里玉米的高度足够我们在里面藏身。

我们计划在上半夜接近铁路，观察敌军巡逻队的行动，并埋下地雷。共有两条铁路线，每组负责炸毁一条。不过这条路非常难走，当我们隐藏在靠近村庄的玉米地时，天已经很晚了。我们两组分开，在相距几公里的地方潜伏下来。其中一个向导去了村庄，他有一个朋友在那儿，以了解最新情况。回来之后，他告诉我们：德军已经在我们必经之路设下了埋伏，而只有经过那里才能到达铁路线。他不愿意那天晚上继续行动，于是我们决定改变计划，留在原地等待另一天的到来。

第二天天黑后，当一切回归平静，我们开始朝铁路方向移动。一路上都有敌人的地堡，他们的巡逻队也在不断地走动，越是靠近铁轨，越没有什么障碍物，而且埋有地雷。经过与向导的简短商讨后，我们决定从靠近一地堡的开阔地接近铁轨，因为谁都不会想到会有人从那里接近铁路线。

我们再次出发，小心地猫着腰，手中握着武器，尽量努力不弄出任何声响。我们在一座小土丘上停下，藏在树后，四下观察。计划着我们的行动。向导拒绝继续往前走，我们同意他们待在那儿等我们回来。

不断有飞机从头上飞过，我们能看到远处的火光并能听到炸弹爆炸的回音，大约在维尔纳附近。我们注视着巡逻队经过，并记下了往返的时间。尽管晚上很少有火车经过，但巡逻队一直守着铁路线。想到德军火车将被炸毁，我很激动。这将再次实现我个人复仇的誓言，成为与敌战斗的另一次贡献。

第二小组离我们有半公里远。一点整，尤西亚科夫中士发出信号，我们开始向铁道线移动。我信心十足地跟在他后面匍匐前进，清楚地看到了土丘下的铁道线。当我们到达土丘底部时，看见铁轨就卧在路基上，我们必须爬上去。

我们来到铁轨上，尤西亚科夫和他的助手开始埋地雷，我则继续沿着铁轨爬行，来到离他们30米开外的地方。我的工作是保护这两个正在埋地雷的人。另外一人则在铁轨的另一端保护他们。我们应该击退任何试图接近的敌人，以确保其他人得以撤退。我看见马克和另一名抵抗队员扛着重机关枪来到路基的底部，从另一方向掩护两组人员。

我的手指扣着自动步枪的扳机，注视着铁路的前方。我回头一瞥，看见那两个人正飞快地在铁轨下挖坑。这时的恐惧已经全无，我集中精力关注着周围的一切，并且不时地把耳朵贴在铁轨上，听听是否有火车开来的振动声。

突然，我似乎听到了什么，于是全神贯注地把耳朵贴在铁轨上，的确，我听到了有响声，但不能确定那是什么。等了一会儿，我再次把耳朵贴在铁轨上。这次我确定了，振动声越来越强了，很明显，一列火车正在开过来。我稍微抬高了身子，发出了规定好的手势。然而，那两人正在埋地雷，我不能确定他们是否看见了我发出的信号。这时，我已经能够清楚地听到火车的声音，于是我一次又一次地发出信号，但是他们仍然埋头干着。对我来说，似乎每一秒钟都很长。现在，我看见了火车头的轮廓，但他俩还在继续。我绝望地判断了一下形势：前面是开阔的庄稼地，夜色还不很浓，火车在我前面大约500米处。如果地雷在车下爆炸，我也会随之炸毁——或者，如果值班的士兵看见我逃跑，我就很容易成为他们的目标。这时火车开始减速，车头离我大约200米。我向后看了看，发现尤西亚科夫和另一个家伙跳离了轨道，跑进了开阔的庄稼地，手里不再有地雷。松了一口气的我，终于可以离开岗位了。我跳出铁轨，滚下路基，然后爬起来，尽力快跑。我想跑回土丘顶，在它的背后藏起来，但是地面很软，每跑一步脚都会陷入泥土里。我发觉还得跑上百米才能到达丘顶，我拖着双腿向前，气已喘不过来，双膝疼痛。我看见了在我前面的马克，他也在拼命地跑，机枪的弹药压弯了他的身子。在身后，我看见火车正在接近安放地雷的地点。离土丘顶还有 50 米，我实在体力不支了，于是我趴在地上，双臂抱头，等待着巨大的爆炸声，然而什么也没有发生。

我听到火车在放慢速度，就稍稍抬起头，看到火车头正好处于地雷安放的地方，然而火车慢慢前进，越过危险点，开始加速，却什么也没发生。后来，我们估计：一定是机车司机看见了身影或者动静，引起了他的怀疑，从而减速，谨慎前进。当他看到一切平静，便继续前进。

我爬起身跑回到土丘顶，在那里碰到小组的其他人。原来地雷已被安置到铁轨下，但在最后时刻，由于安放地雷的人看到我们没有时间躲避，就把雷管给拔掉了。因为如果火车爆炸，我们都会被炸死的。

等到安全之后，我们返回铁道完成了布雷工作，雷管重新安装好，把经石灰刷的石头重新放在以前的位置上，这样巡逻不会察觉到铁轨下已被做了手脚。引爆管被安放在一条铁轨的下面，经过调节，人的体重或者即使是一列空车厢的重量都不会使其引爆，需要有机车的重量或一辆满载的运货车才能引爆。我们如此行事，是因为德国人经常把一节空车厢置放在机车前面，这样即使发生爆炸，机车和火车也不会被毁，而且铁轨也能很快修复。布雷的工作一完成，两组的人马上撤退，满心喜悦地看到任务的第一部分已经完成。

我们决定到一个离村庄两三公里的小山上去，从那里我们能够看到铁道线。我们的向导很是紧张，竭力对我们说呆到黎明是十分危险的，因为可能会被村民看见。但是，我们决定等一下，以看看地雷是否会爆炸。

大约 6 点钟，在晨曦中，我们看见一辆火车开了过来。从远方，我们无法确定地雷的位置。有人说火车已经过了埋地雷的地点，但他的话音刚落，便响起了一声巨大的爆炸，火车头飞入空中又摔到护沟里，后面拖着一串车厢。这些车厢一列接一列地叠了起来，从我们所在的山上看，就像玩具一般，整个场景具有超现实意味。

我们激动地互相拥抱起来。半个小时后，另一次爆炸响彻空中。虽然我们没有能够真正看到来自相反方向的火车，但我们确信第二组埋下的地雷炸毁了另一列火车。

我们尽可能快地离开了事发地，进入树林深处，在那里我们躺下休息。我们并不想回到临时基地，因为我们太想知道所造成破坏的程度，没有耐心等到第二个晚上。

黄昏前，我们中的两人向棚屋进发去侦察敌情。他们走后不久，我们就听到了枪响。我们立即分散在树林中并且耐心地等待。大约一小时后，我们的人回来了，讲述了发生的一切。

当他们到达我们线人的棚屋时，天仍然未黑。他们碰到了 3 个骑自行车的德国人。这些德国人拿着搜刮来的鸡和鸡蛋。德国人当即跳下自行车开火。在他们还击后，德国人逃离了，没有人中弹。

他们来到线人家，听到了他的汇报：一列从维尔纳开来的火车在清晨 6 点被炸毁，车头连同 30 节车厢被破坏殆尽，火车上满载军火和军事装备。6 点半，另一列来自格沃多诺的火车爆炸，车头连同 35 节满载军事装备的车厢也被炸毁。车上许多德国士兵被炸死和炸伤，确切数目不详。

我们怀着自豪和激动的心情回到了临时驻地。肚子疼奇迹般消失的弗拉克森中尉正等着我们。他听了我们的汇报，大大地赞扬了我们一番。稍后，他向我们读了他准备给司令部的报告。在报告中，他描述了我们在他和尤西亚科夫中士领导下的英雄事迹，当然没有提及他一直呆在驻地的事。

我们发现，在用作桌子的倒伏树干上已经摆满了食物和伏特加。原来当我们出去执行任务时，弗拉克森和卫兵去村子里得到了这些东西。

我们举起倒满伏特加的酒杯庆祝行动的成功。我以为那是普通的伏特加,便一口干掉了整整一杯,谁知接着便开始呼吸急促,昏死了过去。苏醒后,我发现自己躺在地上,朋友正在用水浇我。我逐渐恢复过来,所有的人都在笑我。我这才明白我喝的不是伏特加,而是纯酒精,有 190 标准酒精度。酒精吸收了喉部的所有氧气,因此每喝一口,都要在吸气之前立即喝点水。我是在如此沉痛教训后学到了这一点。

所有人都暴食了一餐,一个个都喝醉了,睡了整整一天一夜。接下来,我们为执行第二次任务开始补充供给。我们筹集了食品、衣物、靴子、毛皮和伏特加。

我们等待一个多云、漆黑夜晚的到来,然后向不同的方向出发。弗拉克森中尉和先前一样,再次生病,没有加入我们的行列。我们很快抵达莫斯提村庄边的一个棚屋,在那里的线人告诉我们村子里有德国人。他们曾带走一些人进行询问,并且把铁路沿线士兵的数量增加了一倍。

我们决定在离车站大约 1 公里的地点放置地雷。我们认为,没有人会想到我们会在那里出现。每组要把地雷埋在不同的铁轨下,彼此距离不远。这样,来自两个不同方向的火车都会照顾到。

在线人提供的向导的帮助下,我们穿过车站附近的庄稼地,趴下来观察那里的地形。我们听到从很远的地方传来的飞机轰炸声,一边是维尔纳,另一边是利达。火光照亮了天空 。我们离车站很近,甚至能听到人们的谈话声、关门声以及巡逻队经过的声音。我们在那里一直呆到午夜过去,周围再没有任何声音。

然后,我们爬上铁道。这次,我成了承担放置地雷任务两人中的一个。我把枪跨在背上,这样可以腾出手来把地雷搬上铁轨。我放下手中的地雷,开始小心翼翼地捡起刷成白色的卵石,把它们放在一边。地雷必须埋在两条铁轨中间的位置,以使被炸的火车翻入护沟中。我们用枪上的刺刀在铁路的轨道下挖了个坑,把挖出来的土放在一旁摊开的雨衣上。我量了一下坑的深度,看看是否达到埋设地雷的深度。我发现不够，需要再挖深一些。我不停地挖，挖得汗流浃背，然后再次量了一下，这次深度正好。我小心地把地雷放在坑里，并把雷管插入顶端，然后在它的上面拧上一个特殊部件——一个带有可连接头的钢轴心，用来炸毁火车。我把它直接放在铁轨下面。

接下来是最关键的一着了。我要把这个连接头调整到几乎碰到铁轨的位置，但是留下足够的空间。这样的话，只有机车的重量才能使铁轨弯曲挤压钢轴，从而引爆地雷。我们开始非常小心地把地雷盖上，用挖出的土填上坑，把钢轴留在超出地面的位置上。人只有在弯下身子查看钢轨时才能发现。我不断地提醒自己：不要不小心碰着活塞。当坑填平后，最后的细节就是放回白色石子，确保看上去什么也没动过。

在把留在雨衣上的泥土移走后，我们开始爬回到重机枪安置的地方，与两组人汇合。

向导向我们发出有危险出现的信号。我卧倒在地，把枪握在手中，但是没有听到任何声音。大约 10 分钟后，我爬到向导身边，问他看到了什么。他说好像有支巡逻队正在过来。我们又等了 10 分钟，然后迅速、悄无声息地离去。

拂晓时分，我们回到了莫斯提村，但我们禁不住想再次看到火车被炸的情景，因此我们又回到小山上等待着。

这是一个美丽的夏天早上，太阳刚刚出来，我朝下面的车站望去，想找出我刚才放置地雷的地方。我看见一列火车离开车站。它看上去是那么的小，就像一个火柴盒。火车开始加速朝着危险点驶去。我屏住呼吸。还有 10 米、5 米，它会爆炸吗？就在那一瞬间，我看到一个火柱升入天空，火车被抛入空中，犹如一条受到伤害的蛇一样扭动着，然后掉到沟里。接着，我听到了爆炸声，几乎震碎了村子里的玻璃窗，然后我看到火车被炸后升起的烟雾和大火。

后来，我们得知：那列火车上载满了德国士兵，总共有 30 节车厢被破坏，数百个德国人死亡，另外数百人受伤。来自维尔纳疏

散伤者和运送增援部队的另一列火车，被安放在另一轨道上的地雷炸毁。

我需要看到我参与制造的这场破坏和混乱。看着成为废墟的火车，我感到，我通过这种方式，正在实现与德军战争机器战斗和报仇雪恨的目标。

我们快速地返回临时营地。令我们惊奇的是，我们看到了莫西欧和另一个抵抗队员，他们带来了少校塞尔盖的命令，要求我们尽快回到鲁德尼特兹卡亚茂林的根据地。苏联军队已经占领了维雷卡，正在向维尔纳挺进。

抵抗司令部命令我们这支特遣队向西挺进，进一步深入德军战线后方的波兰，继续破坏德国人的通讯和运输线，并通过袭击后撤的德军制造恐惧和混乱。

我们中的 14 人立即向鲁德尼特兹卡亚茂林进发。我们排成单列在树林中沿着一条小道行走了几个小时。我走在队伍的后面。随着时间的推移，队伍越拉越长，我已看不到带路人了。尽管我竭力想快些走，但实在太累了。我们中有一个俄国人，总是身背吉他，带着乐器，跨着卡宾枪。这时，他开始弹唱起俄罗斯进行曲。我非常喜欢这支曲子，便随着音乐的节拍行进，其他队员也是这样。随即，大家都跟着唱了起来，拉长的队伍逐渐靠拢了。我们都挺起身子，行进变得不那么艰难了。

当我们回到大本营时，沃罗诺夫上校将我们召集在一起，表扬我们胜利完成任务。他已经向抵抗司令部提议为我们颁发荣誉勋章，以表彰这一使命的完成。

到现在为止，我们得知苏军已接近维尔纳，在一周左右的时间会把德军赶出那里。我们计划在第二天离开鲁德尼特兹卡亚茂林。

我们 6 位犹太抵抗队员在密所碰头。我们已经成为分队中一个联系紧密的小团体，在所有重大决定上互相协商。现在要讨论的议题是：我们是应该继续跟随格瓦尔季亚，还是加入由阿巴·科夫纳组织起来的犹太分队？犹太分队有可能是在苏军夺取该地区后首先进入维尔纳的队伍。尤荻卡、邦沙科和耶胡达赞成加入犹太分队，而莫西欧、马克和我不同意他们的意见。我们认为，这意味着我们在战争结束之前就结束与纳粹的战斗，同时意味着在这个阶段就放弃我们的使命。争论持续了一夜，最后我们决定分道扬镳。第二天早上，我们中的 3 个人离开格瓦尔季亚，加入阿巴·科夫纳的犹太分队。

几天后，苏联红军进入维尔纳，和他们一起进入的有阿巴·科夫纳的分队。进入后，犹太分队被解散。

马克、莫西欧和我与格瓦尔季亚一起继续西行，一直走在挺进中的苏联红军的前面。一路上，我们每天都对急于逃命而不思恋战向后撤退的德军进行伏击。我们想方设法制造恐慌，在一定距离以外杀死或者打伤尽可能多的德军，然后摆脱战斗，躲进树林。这使得我们队伍的伤亡减少到最低点。我们继续炸毁满载德军撤退士兵的火车。在我们进入先前从未有过抵抗游击队活动的地区后，那里的德军通常没有任何防卫的准备，没有任何巡逻队、地堡、铁路线周围的清除区。在那里执行任务，通常不会发生与敌人面对面的冲突。

4 个星期以来，我们埋伏、出击、站岗，不停顿地行进。我们在精疲力竭的状态下抵达了尼门河，河的对面便是另一座茂林的肇始——我们的目的地。

那天晚上，我和政委比科夫的巡逻队被派去侦察河岸区，分队则留在距河岸数公里的地方。我们来到河岸附近的一个棚屋前，我用波兰语与住在棚屋的农民交谈，确保他无法得知我们的身份。据他所说，德军已经在北面数公里的地方架起了一座临时桥梁，作为渡河撤退之用。我们悄悄地来到岸边。河虽然很宽但水流并不湍急，从远处我们辨认出了那座临时搭起的桥。我们观察了一小时，然后返回分队。

第二天晚上，在同一个棚屋附近，我们发现许多不知怎么出现的小船。整整一个晚上，整个分队悄悄地渡过了河，进入茂林。我们朝一个长满高树的小山进发，在中午时分到达山顶。向下俯视，我们可以看到河以及桥附近的活动。

我刚躺下睡着不久，就被大炮的轰鸣声和爆炸声惊醒。我跑到山顶上，看到炮弹在桥的周围爆炸。炮击不断，我们猜想可能是苏联炮兵所为。几个小时后，迫击炮也加入进来。我们意识到苏联红军确实到了附近。炮弹的轰鸣持续了整个晚上，直到拂晓时分才停止。透过双筒望远镜，我们看见了被破坏的桥，但是没有看到任何动静，周围也没有德国兵出现。中午，有部队到达，但我们无法区分是德军还是苏军。他们开始在毁坏的桥旁架设一座浮桥，两个小时内架桥的任务就已完成。有部队开始过河，朝我们这个方向而来。透过望远镜，我们仍然无法辨认部队的身份，直到有人大声喊道："这是我们的队伍！是红军！乌拉！"

顿时，整个分队的人开始朝山下跑去，跑向前来的部队。我在头一批到达道路的人中间，见到一辆大车朝我们驶来。一些苏联士兵坐在车上，带着重型机枪。另外一些士兵在两边走着。这是我第一次见到凯旋归来的苏联红军。我们拥抱他们，大声地欢迎着，笑着，告诉他们我们是苏联游击队。与此同时，更多的队伍到达。我们混夹在他们中间。沃罗诺夫上校与红军领导进行了交谈，然后命令我们收拾东西向浮桥进发。

当我们到达浮桥时，大批苏联士兵已经在那里集结。桥只能单向通过，西进的人流是如此之多，我们得等很长时间才能东行过河。我们利用这一时间与士兵和军官进行交谈，他们对抵抗游击队从事的抵抗战斗很感兴趣。我们讨论了战争的动向，但是获得的信息仍然很模糊。我们了解到纳粹帝国在所有战线都遭受到了重大挫折。美国人和英国人已经在法国站稳脚跟，正在把德军从那里逐出。在中东，德军已被英军击败。在所有苏军战线，德军节节败退。我最不敢相信的是，对我们来说，游击战争已经结束，而我们仍然活着。

2 小时后，我们过了桥，一个苏联军官指出了前往该地区红军司令部的路，那是我们报到的地方。行走了 3 公里后，我们来到一座俯视河流的小山旁，山上是一个布满帐篷的营地。我们的指挥官塞尔盖、沃罗诺夫和尼古拉耶夫命令我们在外面等候，而他们则进入营帐去见值班长官。一小时后，他们在一个给人印象深刻的苏联军官的陪同下走了出来。他和我记得的1941年见过的军衔较高的苏联军官的样子有很大区别。他们不再把军衔佩带在衣领的末端，而是把军衔镶嵌在金丝绣成的肩章上。装饰华丽的肩章一度被认为是帝国主义的象征而受到共产主义的蔑视，但是现在不同了。我问其中一个伞兵："那是什么军衔?"他说是陆军准将。以前，负责旅、师、军的军官通称指挥官。"将军"这个头衔也被认为是帝国主义的称呼。

这位准将把我们召集在他周围，发表了一通讲演。他以苏联军队的名义，感谢我们对纳粹占领进行的英勇斗争。他说，我们的使命对苏军的胜利作出了贡献。但是，他又补充说，战争还未结束，在敌军被完全消灭之前，我们还不能固步自封。同时，所有的前苏联军事人员都要到50公里之外的一个基地报到，在那里将会重组和编入苏军。我们所有的人都要到其中一个帐篷报到，领取去明斯克的通行证。从明斯克，我们将前往白俄罗斯抵抗司令部。在那里，我们将加入其他白俄罗斯抵抗组织，以参加一次胜利的进军。接下来是一阵欢呼声，我们作出了回应。准将以"祖国万岁！斯大林万岁！乌拉！"结束他的讲话。先是祖国，再是斯大林，这倒是有点新鲜。我记得1941年时，每一次讲话结束时都要先喊斯大林万岁，再喊祖国万岁。这是苏联意识形态方面出现的重大变化。

我们15个人，包括马克、莫西欧和我，曾经以平民身份加入格瓦尔季亚分队的人，现在要去明斯克。我们和特遣队的人拥抱道别，特遣队由"外国人"和来自苏联的伞兵部队组成。和他们在一起，我们分享了众多的经历。这是一个令人伤感但也令人兴奋的时刻。我们的指挥官热情地拍了拍我们的肩膀。我给了比科夫政委一个特殊的拥抱，他曾在沼泽地里救过我的生命。在我们与他们挥手之际，他们4人一同离去了。

我们被告知交出除了步枪、轻机枪和炸药之外的所有武器。在我弯腰捡东西时，突然感到一阵头昏，这才意识到自己是多么的虚弱和营养不良。早些时候，由于一直处于紧张状态而没注意到这一点。我坐了下来，多年以来第一次，在大白天，在没有随时会有的紧急危险和任务的压力下，在轻松的状态下，我能有机会好好地打量莫西欧和马克。他们都很憔悴，一副邋里邋遢的样子，穿着不合身的农民装和破靴子，手里却握着枪。他们没有戴帽子，让人看到的是莫西欧凌乱的头发和马克的秃顶，然而，他们的眼睛都炯炯有神。

我对莫西欧和马克说，由于肚子肿块的困扰，我想休息。我解开裤子，脱下衣服，让他们看了看我的腹部。我感到下腹像要裂开一样，肿块足足有 15 公分长。他们十分惊讶，说一到明斯克就带我去医院。

与此同时，我们 15 人中的大多数都不见了，很可能是回家乡了。随后，我们 3 人向着我们该报到的营帐走去。

几个军官坐在桌旁。莫西欧的俄语最好，成为我们的代言人。他向上校简要介绍了我们的情况，希望能够得到明斯克的通行证。那个上校写了封信，允许我们利用任何交通工具通过。一个挨着他坐的少校吩咐我们要小心，路上仍然有从前线滞留下来的带着武器的德军及其支持者，这些人在树林中出没，有时会攻击苏联军队。此外，红军有命令，可以击毙任何携带武器又没有适当苏维埃证明的人，所以我们必须随时做好出示这封授权信件的准备。然后，他叫我们陪同他一起到营帐外。

我们和他一起在能够俯视浮桥的峭壁边坐下。他告诉我们：他也是犹太人，名叫爱泼斯坦少校，是反法西斯委员会的成员。这是他第一次遇到犹太抵抗游击队队员，所以他很想听听我们的经历。他会意第绪语，于是由马克向他讲述了我们的经历。对于那些他不能完全听懂的地方，莫西欧负责翻译成俄文。我们在那儿坐了 3 个多小时，其间他流过几次泪。当我们讲完后，他拥抱了我们，对我们说："你们已经经历了太多，不要再参军了，不要再冒险了。你们必须活着，见证发生在我们民族身上的一切！"他还建议我们去火车站，这就意味着我们要沿着林间小路走大约 20 公里。

他解释说我们有两种选择：我们可以留下武器，这样就可以避免与苏军发生误会，因为苏军有可能在查明我们的身份之前，对持枪的平民开枪。但是，如果我们没有武器，遇到德军或其支持者时，我们就会没有任何东西保卫自己。很自然，我们选择了保留武器。他指给了我们去火车站的路，从那里可以乘火车前往明斯克。由于我们很长时间没有吃东西了，饿得很。爱泼斯坦少校给我们拿来了一些食品，尽管这些食品只能缓解一时的饥饿。我们热情地与他拥抱，然后出发了。我们希望赶在天黑前到达车站。

第二十一章 成为一名红军战士（1944年8月底）

当时是8月的一个大热天，在去车站的路上，莫西欧、马克和我遇到了来自格瓦尔季亚分队的3个前战友。他们和我们去的地方相同，因此加入到我们当中。我们抵达火车站时，天开始黑下来。

在车站，一群苏联士兵看到我们6个人身着便装携带武器，便用枪对准我们，命令我们出示证件。我们向他们出示了由将军签署的信件，声明我们是苏联抵抗游击队队员。他们热烈地拥抱了我们，并且对我们说他们也在等去明斯克的火车，我们可以和他们一起走。他们很想听我们的抵抗经历，他们拿出自己的食品与我们分享。

火车站没有指示牌，没有人知道火车什么时候到站。于是，我们只好躺在站台上休息。我很快就睡着了。

一阵骚动把我惊醒了，天已经亮了。我看到有士兵在边跑边叫。出于本能，我抓起武器，朝着同样的方向跑去。

在站台以外地方的一棵树下，我见到一群士兵正抓着一个身着德国制服的人，对他进行搜身检查。等我走近时，我看到那个德国人衣服散乱。一个军士控制了形势，正在讯问那个士兵，但那个士兵听不懂他说的话。我走上前，主动提出为他们当翻译。军士大声喊道："你是纳粹党卫队队员！你是被留下来炸毁火车的！"

当我把他说的话翻译给那个德国人听时，他开始边哭泣边哀求。他拿出一张家人的照片给我看，照片上有他的妻子、孩子以及他的父母，一张普通的全家福。他说自己是军人但不是纳粹党卫队队员，现在已脱离了军队。他乞求对他的宽大。不知怎么的，面对面地看着这个人为自己的生命作出苦苦哀求触动了我，杀死满满一火车不知其长相的士兵也没有像这样影响我的情感。我正在摧毁德国人战争机器，而此时此地目睹了一个被其敌人所包围的孤独的人，我仿佛看到了一种我深有同感的困境。军士则大声说，所有的纳粹党卫队队员在被俘时都会这么说。

我说我拿不准这个德国人是否在说谎，建议把他送到战俘营去，在那里他会受到恰当的讯问。军士对我非常恼火。他说这里没有战俘营，把他带在身边是很危险的。而且，他认定这家伙就是纳粹党卫队队员，因为把纳粹分子留在后方从事破坏活动是纳粹惯用的手法。他作出决定："我们得将他处决。"

当我再次表示异议时，他转过身十分尖刻地对我说："你作为一个犹太人，知道纳粹对你的人民和家人做了些什么，为什么你仍然对处决他表示异议？"

"如果我知道这个人确实是纳粹党卫队队员，我是不会怜悯他的，"我回答说，"但他很可能仅仅是个士兵，一个像我们一样的人，只是在为错误的一方打仗。"

军士示意那个德国人站起来，跑向不远处的丛林。德国人站起来，没有完全理解"跑"的含义。我翻译给他听。起先他只是走，当他看到什么事也没有发生时，开始跑了起来。

军士端起他的枪，瞄准了他，并大声喊道："全体开火！"我们都开枪了，德国人随即倒下。一些士兵朝他跑去，我却走开了。我以前从没毫无人道地杀害一个手无寸铁的人，这件事让我非常倒胃口。

终于有一列货车到站了。莫西欧、马克和我登上一节封闭的车厢，在靠近门的地上坐了下来。缓慢行驶的火车不断地在沿途小站停下。在一个小站，我们看到在远处有苹果树。我们跳下车，跑去摘苹果，我们尽量在火车开动之前把口袋装满，并且用雨披包

了满满一包。在去白俄罗斯首都明斯克路上的两天，我们一直吃着苹果。

到达明斯克时，天已经黑了。在站台上，一个不愉快的惊奇等待着我们。整个火车站被苏联士兵包围着，他们对每一个下火车的人进行检查。

莫西欧向负责的军官说明我们是苏联抵抗游击队队员，被派往设在明斯克的白俄罗斯抵抗司令部参加一个胜利的阅兵式。我们向他出示了陆军准将签发的通行证。那个军官对我们冷笑着说："阅兵式已经结束，目前正在准备把所有的抵抗队员编入军队。你们就随我们去军营吧。"

我们不仅被搜了身，而且武器被收缴，然后被送上一辆敞篷卡车。被装上卡车的共有好几百人。

到了军营，我们被直接带往一些棚屋。在我们进去之前，来了一辆装着黑面包的卡车。坐在车上的士兵开始朝我们扔面包，顿时人们挤作一团，争抢面包。夹挤在人群中，我也设法抢到了一块。

我找到了莫西欧和马克，我们3人一起在一间棚屋安顿下来，在什么也没有的地板上睡着了。

当早晨第一束阳光射进来的时候，我们不得不到操场上集中点名，军官检查了每个人的证件。莫西欧拿出我们的证件给他看，他看后对我们说，我们将被编入苏联红军。我们请求过一段时间再出发。我们希望到抵抗司令部去领取答应颁发给我们的勋章，我们希望同纳粹在森林里打了这么多年的仗以后能够有一个休整的时间，我们已经精疲力竭了。

那个军官却冷冷地回答说："战争并没有结束，你们在战争结束后会得到勋章和休整的。"他记下我们的名字，并对我们说，我们很快就会被派往前线。随后，集中解散。

我们没有想到会是这样一种令人失望的安排。不仅没有考虑我们是抵抗游击队队员这一点，而且受到嘲笑，没有被当作战士而是被当成了未来的战争炮灰。

每天有更多的年轻人被带到那里，有些人还穿着军装。我们发现在这个地区没有适当证件的士兵都在街上被抓起来。

我们在那个营地呆了几天，随后我们所有的人，大约有数千人，上了一列长长的货车，被送往前线。现在，前线在立陶宛首府克夫诺附近。

我们挤在拥挤的货车车厢里面，空气燥热，没有水，只有很少的一点食物，没有人愿意管这些基本生活品方面的事。偶尔我们也会得到一些热水，但总有一些杂物浮在上面，看起来有些像是肥皂。火车一路不断地停下来，一停就是很长时间。每次停车都有成百上千的人跳下车，跑到附近的庄稼地去疯狂地挖土豆，然后点火。大家用各种可能的方式，通常是用从附近村庄偷来的各种器皿煮土豆。马克是我们当中最有办法的人，成了我们这个大家庭的头。他很敏捷，总是第一个弄到食物。

一次火车停了下来，莫西欧和马克下了车，用手挖土豆，然后放在锅里加水煮了起来。当时，我留在火车上。突然火车开动了，但开得很慢。我喊着叫他们丢下一切赶快上车。马克抓起锅就跑，锅里的水泼得他满身。我环顾四周，看到成百的人手里拿着容器，里面装着他们心爱的土豆，冲向火车。我身子向前，一手抓住锅柄，从马克的手里接过盛土豆的锅，然后把他们两个拉上了火车。半生不熟的土豆只有到下一站再煮了。这是一个很典型的景象，每到一站便会重复一次。

不一会儿，火车在一个大一些的站停了下来，当地的村民都在那里等着，用食品和伏特加换取士兵能够给予的任何东西。士兵知道，到前线后会有制服发下来，因此他们用制服和鞋子交换食品，许多士兵脱得几乎半裸。我们用大衣和棉衣交换食品，仅留下衬衫和长裤。

没有人记录乘火车人的名字，很容易拉下人，或者在下一站才下车。一方面，我们对打仗已经厌倦；另一方面，战争还没有结束，纳粹还没有完全被打败，我们要做的事仍然很多。这些想法困扰着我们，我们一遍又一遍地思考着这些问题。

我们到达了靠近库尔泽涅茨的县城维雷卡，那里曾发生过许多屠杀事件。我们一家在 1941 年曾经来过这个火车站，那时我们试图乘火车进入苏联以躲避不断推进的德国军队。

我们被告知火车要在这一站停留很长一段时间，于是马克建议到一个比较富裕的波兰人家弄些吃的。令人吃惊的是，在他离开 15 分钟左右，火车居然开动了。我们四下张望，叫喊他的名字，但不见踪影。火车开走了。莫西欧认为，马克说不定想留在维雷卡。我对他居然说出这一可能感到气愤，我不相信他不与我们商量就做这样的决定。想到我们可能再也见不到这个“兄弟”，不禁悲从中来。

下一站就是维尔纳，我们在几个小时后到达那里。我们知道尤荻卡、邦沙科和耶胡达早已在那里了，希望能找到一种方式和他们联系上。不过，我们决定先就地坐下等等，说不定马克会突然出现。数小时后，当我们看到一辆人力四轮车，这种车通常是修理工在修铁轨时使用的，朝着车站驶来时，我们几乎不敢相信自己的眼睛，车上载着一名苏联士兵，而坐在他身旁的竟是马克！我们跑到他跟前，为重新团聚而兴奋不已。他是花了钱让那个士兵用车追我们的。

我们一直在考虑是否留在维尔纳，但就是下不了决心。我们决定听从命运的安排：如果遇到我们熟悉的人，就留下。否则，继续我们的征程。

一些应征入伍者在维尔纳被带上了火车，其中有一些犹太人。又过几个小时后，火车开动了，我们也在车上。

第二天我们到达了目的地——立陶宛的克雷佩达。我们下火车后，被带到城外的一个军营。我们在那里登了记，拿到了身份证。我们进行了宣誓，正式成为红军战士！我们剃了光头，身边的物品都被拿走了，发给我们的是苏联制服，有咔叽布的马裤、胶底鞋、连裤衫和背带裤。制服是不论尺寸随意发放的，身材矮小的士兵可能拿到特大号衣服，衬衫长过膝，鞋子大三码，而身材魁梧的士兵可能领到一件他根本穿不进去的衬衫。士兵只能相互调换，最终找到适合自己尺寸的衣服。我拿到的制服正好合身，莫西欧也碰巧如此。

当我们列队接受检阅时，陆军少校喊道："会俄文写作者，向前一步走！"在我们的簇拥下，莫西欧勉强地向前迈了一步，另外三个人也站了出去。少校问了每人几个问题，最后挑选了莫西欧。莫西欧跟着他，当上了司令办公室的秘书。

没有任何训练，不过，每天点名时都会有军官挑选一些人上前线。这时，军乐队会奏响进行曲，被挑选上的士兵会领到枪支弹药以及手榴弹，然后立正聆听政治委员的爱国演讲，最后走向等待的军用卡车。

没过几天，其中一些人受伤回来，住进军营的医院。从他们那里得知，从我们营地挑选出的士兵被直接送往作战部队，顶替被打死者和受伤人员。

每天我们以为会被选中，但是挑选人的官员总是跳过我们，可能是因为莫西欧所处位置的关系。

莫西欧的下半身有伤，他担心在自己到诊所治疗期间我们会被派往前线。如果我们再一次分离，说不定就是永别。然而，他的伤口越来越恶化，我们终于说服他去看医生。他立即被送入医院。我屁股上的伤口也出了毛病，几天后也去诊所看病。他们把我送入同一家医院，但住的是不同的病房。

上午，一名医生带着他的助手进来检查了我的屁股，开了一些软膏和药片给我。由于检查匆匆，我得以隐瞒腹部的肿块。我担心一旦被医生发现，有可能采取更严格的医疗措施，我会被送走，与莫西欧和马克分手。医生为我量了体温，发现我正在发高烧。

我被送进一个住着 6 位病人和轻伤员的房间，紧挨着我的是一个有邪恶反犹思想的乌克兰人。在我告诉他我是一名犹太人后，他不放过任何一个机会激烈地表达他对犹太人的憎恨。在主治医生查房期间，我诉说了此事。主治医生是一名上校，他叫我不要激动，他会找那位乌克兰人谈的。然而，情况依旧。第二天，我告诉这个医生，除非他对此事采取必要的措施，否则我会以自己的方式处理此事，干掉那位乌克兰人。如果出现此事，希望他不要感到惊奇。他又一次安慰我，大约一个小时之后，那个乌克兰人被请出了我们的病房。

在我们住院的 10 天里，马克来探视过好几次。每天上午，点名挑人上前线的军官依然跳过他。在伤口愈合后，莫西欧和我于同一天出院。

当晚回到营地时，我们发现正在进行一场庆祝活动。有篝火、音乐，士兵边跳着哥萨克舞蹈，边喝着伏特加。我们找到马克，他正在一个篝火旁唱着歌。大家能重新在一起，确实是令人高兴的事情。那天早晨他告诉我们，他已经成功地调到一个在苏联指挥下的新波兰军队去了。他说我们应当立即做这一方面的尝试。

第二天上午，他把负责调动的军官指给了我们。阅兵完毕，我们在栅栏外等待接近他的机会。大约一个小时后，他走了出来，进入外屋。在他准备往回走时，我们赶紧追上他，敏捷地先向他敬了个礼，然后向他说明我们是波兰人，想加入新组建的波兰军队。他停了下来，静静地看了我们一会儿，然后招呼我们跟他走。当他坐在办公桌旁翻阅一些文件时，我们立正站着，等待他转过身来对着我们。然后，我们告诉他：我们是在华沙出生的犹太人，一直是与德军作战的苏联抵抗游击队员。他让我们坐下，问了我们一些情况，记下了我们的名字，并说他会为我们办理调动的。他说，波兰军队急需像我们这样一些忠实的苏联抵抗游击队员。我们会听到他的回音的。我们向他敬了个礼，便离开了。

马克在外面等待我们与军官会面的结果。莫西欧和马克很乐观，但我却有些怀疑。

那天晚上我们被叫出营房，一个正在等我们的军官对我们说，第二天上午我们就会调往新成立的波兰军队。

那天上午，我们被带到在克夫诺郊外的一个新的营地，该营地是最近刚刚被苏联人接管的。

营地围有圆木栅栏，里面有不少板材搭成的木屋。我在一间木屋里蹲下，突然注意到木板上写有许多潦草的希伯来字母。我仔细辨认那些字母，有的是人名，有的是意第绪语的字句，写的是："我即将死去"，"如果你看到这字，请通知我家人"，"要让世界知道"，"以色列啊，你要听"（犹太祈祷词）。我感到十分震惊，跑去找莫西欧和马克，喊他们来看。

我们开始打听这里发生过什么事情。我们被告知：该地有过一个小的纳粹集中营，许多来自克夫诺的犹太人在那里受到拷打和遭到杀害。

每天不断有新人被带进营地。几天之后，这里已经有几百人了。点名时，一个政治委员用波兰语给我们作了一个振奋人心的报告。他说，我们现在是波兰军队的一部分，将配合光荣的苏联红军与德国人作战。他要求我们 4 个人一排肩并肩，以豪迈的步伐穿过克夫诺街道，前往火车站。在那里，我们将登上火车去维尔纳。

我周围的一群人看上去根本就不像是一支光荣的军队，一些人穿着俄国军服，一些人穿着旧式波兰军服，绝大多数穿的则是破烂不堪的平民服装。不过，当看到克夫诺的人群注视着我们时，我们竭力挺起胸脯，抬起头，豪迈地行进在街道上。

我环顾了四周，有穿着讲究的男士，有穿着丝袜和高跟鞋的女士，她们抹着口红，戴着很优雅的帽子。我已经多少年来没有看到如此打扮的人群了。我轻轻地推了推莫西欧，对他说："看，我们又重返文明了！尽管有战争，这里看上去似乎生活正常。而我们的世界却是翻了个底朝天。"莫西欧悲哀地点点头。

我们到达火车站，登上了一列驶往维尔纳的火车。

第二十二章 波兰军队（1944年9月—1945年2月）

回到维尔纳，我们被领进一所校园，该校园已经成为波兰军队第二步兵战斗营的营部。现在是 1944 年 9 月，自战争爆发以来已经五个年头了，我成为了一名波兰士兵。

大多数波兰士兵以前都是冷酷无情的国民军成员，是既同纳粹战斗过、也袭击过苏联军队和抵抗游击队的爱国民族主义分子。很少有士兵是来自苏联占领的波兰一边的人，犹太人更是寥寥无几。

在第一天点名时，我第一次见到了米希科中尉。他是这支部队的指挥官，身材高大、英俊潇洒，穿一身整洁的制服，脚蹬光亮的军靴，很像战前波兰军人打扮，突显其优雅的风度。他的身旁站着军士长戈茨基，矮个子、罗圈腿，但很结实，他是惟一的一个战前职业军人，其他被授予军士军衔的士兵，是因为有战争经历而获得提升。

米希科询问我们有谁擅长波兰文的文字工作，马克、莫西欧及其他几个人站了出来。马克被选为营的干事，莫西欧获得米希科中尉助手一职，而我被分配到米希科的连队。

我们都领到了步枪和波兰军服，包括橄榄绿的裤子、上衣、帽子和鞋，与我们以前穿的苏联军服大不一样，我们得把苏联军服交上去。

在校舍安顿下来后，生活步入了常规：每天早晨 6 点点名，接下来是查房。在检查我们身上是否有虱子、是否洗干净时，必须脱下背心，光着上身站着，把背心搭在手臂上。米希科和戈茨基用他们带在身边的小棍棒敲打着每个人的脊背。有时候，我们的裤子也要接受检查，看看上面是否有虱子。如果发现有虱子和脏物，米希科会命令替这些士兵去擦洗，戈茨基会挑选两个士兵把他带到附近的小溪旁，用很硬的扫帚在他身上来回擦。没有人因疼痛喊叫使得这类惩罚显得轻松。

接下来检查的是我们吃饭用的饭盒。这些饭盒必须洗净，没有任何瑕疵。脏的饭盒会被扔到铁丝网外，这样那天早晨饭盒脏的士兵就没有早饭吃。他必须从铁丝网下钻出去，找到自己的饭盒，彻底清洗干净，好用下一餐。检查之后，我们排队吃早饭，一块黑面包和一碗稀汤。一日三餐的饭菜几乎没有任何变化。

7 点钟是武器检查。枪没有擦干净的士兵在训练之后要受到额外处罚，比如清洗公厕和水池，或者下厨房干活。

接着，我们开到城镇郊区进行长达 10 小时的强化训练，中间有半小时时间吃午饭。训练的内容包括怎样行军、列队、敬礼，如何在交火中使用武器，以及在战壕里进行搏斗。米希科是一个要求很严格的军官。他纪律严明，惩罚严厉。有几天，实战训练是在很艰苦的环境下进行的。掉队的士兵必须一遍又一遍地重复训练。我们累得精疲力竭，但米希科要求军队在穿过城镇返回基地时必须精神饱满，给当地波兰人留下深刻的印象，让他们为我们骄傲地欢呼。

回到基地，我们在晚饭前有半小时整洁时间，为检阅做准备。我们的武器和制服再次受到检查。没有通过检查的人被勒令干额外的活，而不是去吃晚饭。晚饭后，我们有两个小时的闲暇时间。然后，军号响起，到了睡觉的时候。

腹部的肿块不断造成我身体的疼痛。每次训练之前，我总是尽量勒紧裤腰带，希望这样能缓解腹痛。一次，剧痛难忍，我站到了伤兵的队伍里。我们的医生其实不是真正的医生，而是一个药剂师，顶多够格做医生的助手。一次我去看病，他坐在房间里的一张桌子旁边，桌子上摆满了医疗用品。当我准备走近让他检查时，他却伸出胳膊挡住说:“不要再靠近了!”

他问我哪里有毛病,我指着肚子说有剧烈的腹痛,想让他检查一下。他说那没有必要,我只要服用他给我开的药后一切都会好的。他给了我一些药,就叫下一个病人。我发现那是治疗便秘的泻利盐,知道是不会管用的,也就没有服用。后来我听说,他看病时,总是和病人保持一臂之间的距离,如果病人的疼痛在腰部以上,他就开阿司匹林;如果疼痛在腰部以下,他就开仅有的轻泻剂——泻利盐。

莫西欧有高中毕业文凭,是军队里文化程度最高的人,所以成为米希科和戈茨基的主要助手,负责处理连队的日常管理事务,他被授予了军士军衔。而马克在营部的管理方面非常出色,成为当班上尉的无价之宝,被授予军士长军衔。我也终于被提升为下士,掌管 10 人。米希科对我们非常器重。由于我们的地位,先前的国民军士兵没有敢发泄任何反犹言论,任何反犹倾向都会被视为反革命。

强化训练持续了六周。周日通常没有训练,但早上的检查照样进行。随后,我们会被允许进城几个小时。

马克、莫西欧和我会利用这段时间在维尔纳寻找其他犹太幸存者。马克与阿巴 · 科夫纳和尼森 · 热兹尼克取得了联系,阿巴 · 科夫纳是鲁德尼特兹卡亚茂林的原犹太分队的领导人,而尼森 · 热兹尼克是我们在犹太复仇分队时认识的。这两个人已经成为维尔纳犹太复国主义运动的最高组织者。我们听说尤荻卡和邦沙科已经离开维尔纳去比尔雷斯克定居了,不过,我们没有与在树林认识的其他人联系上。我们听说他们中的许多人分散在该地区不同的小城镇上。

马克了解到部队计划在一周内开往比尔雷斯克地区,于是我们设法得到了尤荻卡的地址。

部队是乘火车从维尔纳开往比尔雷斯克的。在城郊的军营里,我们见到了从这个国家其他地区来的军队。

我们被重组到了一个步兵团里,由具有波兰血统的俄国陆军上校领导，该上校只会讲俄语。米希科升为上尉并掌管我们这个营，原来的营长现在成了少校，进入团部。马克现在提升为团办公室副主任，属于无委任军官级别。莫西欧继续做米希科的主要助手，也相应地得到了晋升。我升为中士，取代了莫西欧原先在连队中的位置，在一个新任少尉的领导下工作。

我们被告知：我们的部队会很快开赴前线，现在正等着波兰第二集团军的到来。该集团军是在苏联成立的。届时，我们会成为该集团军的一部分，和他们一起开赴前线。我们的讨论集中在猜测我们是被派往北部前线还是中部前线以及我们幸存下来的概率上。当时，北部战线已经固定在普鲁士的边境，中部战线在沿维斯拉河一带。这条河与华沙仍在德军的掌控之中。

所有的训练都中断了，部队的纪律也有所松懈。我们利用闲暇时间去找在比尔雷斯克的朋友。我们发现，尤荻卡和邦沙科住的是一间简陋的小木屋，他们的住所很快成为寻找亲人和朋友的犹太人的聚会场所。那里有没完没了的争论，有政治的、军事的、犹太复国主义的、哲学的，以及对美好未来的憧憬。尤荻卡极力劝我们留在比尔雷斯克，不要再跟随军队。她说，我们已经在一个很长的时间里将生命置于前线，进行了艰苦卓绝的战斗。由于欧洲几乎没有多少犹太人幸存下来，犹太人世界损失惨重，我们现在的责任是活下来，而不是将生命置于危险之中。

在当时混乱的局势下脱离部队，进入平民生活是很容易的。尤荻卡的说法是有道理的，也很诱人。我们再一次面临困难的抉择。这倒不是因为我们对部队忠诚，而是觉得我们不应该放弃同纳粹的斗争。

一天晚上，我们发现有两个新来的年轻犹太人睡在尤荻卡的房子里。他们都来自华沙，同他们的家人一起逃往苏联占领的波兰。后来，他们被苏联人遣送到了西伯利亚。在那里住了几年后，他们逃了出来，历经艰辛来到比尔雷斯克。在交谈中，他们中有一个人提到了他在西伯利亚的卡米待过。我就问他们，是否见到过我的姨妈茹吉尔及其家人。他在仔细打量我们一番后，跳起来喊道："你们是莫西欧和塞立姆！我是你们的表兄纳特克，茹吉尔的丈夫是我的叔叔！我们一直在一起！"我认不出，但莫西欧认出他来了。他仅比莫西欧大一点，但他的腰背已经驼了。他衣着破烂，面容憔悴，鼻子隆起，看上去好像已到中年。他告诉我们，茹吉尔的全家被遣送到西伯利亚的一个劳动营，她的丈夫由于营养不良死在了那里。茹吉尔婶婶与她的小儿子还好，已经从劳动营里获释。他给了我们他们的地址。

我们给茹吉尔姨妈寄了一封信，信中讲述了父母的命运，问她是否知道其他家人的情况。

在比尔雷斯克的犹太会堂，马克碰到一个具有犹太血统的俄国士兵。这个士兵来自马克的出生地——杰拉什维。在参军前，他也曾被派到西伯利亚，见到过马克的父母。他说马克的母亲和哥哥仍活着并住在那里。马克的未婚妻也和他们在一起，但她已嫁了他人，因为她听说马克已经牺牲了。由于马克仍然爱着未婚妻，该消息对他来说无疑是个残酷的打击。

1944年11月初，波兰第二集团军终于从苏联抵达。我们与之汇合后，一起向西开往沿维斯拉河的前线。在那里，苏军的攻势受阻。前线的战斗停止了一段时间，苏军占领着河的一边，德国人则守在河的对岸。

我们现在是波兰第二集团军中的一个步兵团，这不是名义上的，而是名副其实的。我们行军一直靠的是两条腿，米希科和其他指挥官则骑着马。每个连队都有几辆马车，用来拉文件和弹药，同时也拉那些生病的和不能步行的士兵。除了我的正常责任外，我还负责连队的队部工作。我行走在拉着档案和账簿的马车后，因此，走到走累时可以爬上马车休息一会儿。

整个白天我们一直在行军，晚上在路边停下。餐车会来到每个连队，大家排队领取定量的稀汤和黑面包。早上出发之前，我们吃的是同样的食品。

在通向华沙的大路上走了几天之后，我们上了小道，直至到达波兰心脏地区的一个大森林。在那里，我们搭起了临时军营。我们被告知要在那里呆上一段时间，于是开始砍伐树木，搭建简陋的木屋。每个连队都有独立的基地。

波兰第二集团军司令部下达命令，要求我们团将人数从 800 人增至 3 000 人。根据这一命令，我们要在该地区招募 18 岁以上体格健壮的人。一个专门招募新兵的基地建立了起来，并组织了许多小组到附近城镇和村庄招兵买马。根据镇和村政府提供的名单，我们挨家挨户地寻找，将那些符合条件的人带到军营。另有一组士兵监视他们，以防止其逃跑。那些被带来的人在理发洗澡后等着正式入编。各连队接踵而至，根据上级分配的数额接受新兵。

我们营的招募新兵任务由军士长戈茨基负责。他挑选了我、莫西欧以及其他 20 名下士组成新兵注册和安置小组。在这个过程中，我们目睹了他在组织和处理突发情况方面的才能。他将新兵分成四组，每一组分配到一个不同的连队。我负责登记那些分配给我们连队的人。他们一个个进来，将身份资料交给我，由我记录下所有相关的情况。如果没有这方面的资料，我就记下他们口述的内容。然后，我盘问他们在德军占领期间做过些什么，是否曾同德国人合作过。他们往往会担心紧张，我需要凭直觉获得相关的情况，使他们平静下来。我要向他们解释，他们现在正在成为同那些占领其祖国的德国人作战的波兰士兵，而非苏联士兵。

在我查问结束后，他们要填写登记表。填表花的时间之长，差一点使我失去耐心。他们中的许多人连名字都不会写，仅仅在表格上按了个手印。接下来，军需官给他们发制服、内衣、军靴和军帽。整个过程从下午开始，晚上在煤油灯下进行，一直持续到第二天清晨。然后，他们进行宣誓，只有在宣誓后才算正式成为士兵。

在空气污浊的小木屋里呆了那么多小时后，我走到外面呼吸一下新鲜空气。这时天已大亮。当我看到外面发生的事情时，忍不住笑了起来。那是我近来很少见到的情形。大约有 200 名前一天晚上新招的士兵站成好几排，戈茨基正对他们进行检查。有些士兵的制服与他们的身材不符，不是太大就是太小。戈茨基忙着帮他们相互调换。当我朝他走去时，他正朝着一名穿着内裤和上

衣,光着脚,手里拎着裤子和军靴的士兵大吼大叫。那个士兵说,他根本无法穿上发给他的裤子和军靴。戈茨基说,他可以设法帮他找到大一号的裤子,但对靴子却无能为力,因为已没有多余的靴子了。他要求士兵用力穿上那双军靴。士兵坐到地上,在戈茨基的帮助下,努力照办。戈茨基认为问题在于士兵的大脚趾太长,应使之弯曲。如果不能弯,那么除了剁掉就别无选择了。那个士兵拼命地把脚挤进靴子,站了起来,脚指头却弓在那里,看上去很是痛苦。这一做法,真是令人啼笑皆非。过了好一会儿,戈茨基和他的军士终于让每个士兵穿戴整齐,排队立正站着。然后,分发步枪,士兵开始出发训练。

后来我问戈茨基为什么没有剩余的鞋和制服,因为根据我的计算,应该至少有 40 套的剩余。他说,那天晚上在我们忙着登记时,在他的指示下,军需官把所有剩余的军服和鞋子拿到最近的镇上去换伏特加和香肠之类的必需品,以分给他"手下的人",我也会有一份。看来,只要有机会没人会放弃特权。

所有其他的营都忙着招募新兵的事,从早到晚对他们进行强化训练。

我和连队的指挥官一起呆在树林里。莫西欧和米希科在离我们不远的营指挥部,指挥部也在树林里。马克所在的团指挥部则在树林近郊的一个距离我们有几公里远的小村子。

新兵入伍后大约一个星期,我突然在一天晚上被叫到团部,并被告知立刻去见负责情报安全的参谋长。一个军士把我领进了一个房间。房间里有一张桌子,桌上除了一盏煤油灯和一支左轮手枪外什么也没有,旁边坐着一个身着波兰军服、有着上尉军衔的军官。从他不停地摆弄军服硬立领的样子,我可以感到他很不舒服,因为他是一个俄国人,习惯于苏联军服的软立领。

他用俄语叫我坐下,然后直接进入主题。他知道我是一名苏联抵抗游击队成员,一直为斯大林和苏联而战,因此他可以开门见山对我说话。他给我讲了如何反间谍、叛徒和反革命方面的事,特别是对付波兰人当中的间谍、叛徒和反革命方面的事。他对我说,尽管他们在波兰军队中和苏联一起战斗，但还是有必要对他们进行严格的监视和怀疑。接下来，他隔着桌子，弯下身子直逼着我的目光说："明天，你得给我送一份名单来，把你连队里所有的间谍和反革命都列在上面。"

我直面回答说，如果我知道我的连队有那样的人，我早就会对他留意了。

他靠得更近了，说道："我知道你连队有这样的人。"

我心想：不知道这个家伙是怎么看我的？我正在与纳粹战斗，任何帮助纳粹的人就是我的敌人。如果我知道有这样的人，我会放过他们吗？

我笑了笑说："我们是同一条战线的人。"

突然，我感到自己的脸被猛击了一下。那个苏联上尉抓起他的左轮枪，脸更加贴近了我，在对我一通咒骂后，说道："你想让我把你变得连你妈也认不出吗？现在滚出去，明天上午带着你的名单过来！"

我既感到震惊又有些害怕，便跑去找马克，向他求救。他对我说，那个军官是该死的苏联秘密警察的头目，连上校团长都畏惧他，因此没人能帮我。马克建议我翻一翻登记册，看看有没有一些看起来值得怀疑的人，并且不要和任何人谈及与那个上尉见面的事。

我回到连队指挥部，拿出登记册，开始逐个地看。我忙了一整夜。我不认识上面的人，每个名字都令我头痛，我不知道这些人是否真的是德国人忠实的支持者。我想在上交他们的档案前能有一定的依据，因为这关系到他们的命运。天亮时，我凑了 5 个人的名字，这些人曾在占领期间与纳粹有过联系。

我带着这些人的档案去见苏联秘密警察长官，解释说应该对这些档案作进一步检查。他绕过桌子朝我走来，赞许地拍了拍我的肩膀说："我看得出你是一个学东西很快的人。如果你对任何人有任何进一步的怀疑，直接来见我。"我狡黠地敬了个礼便离开了，希望再也不要见到这家伙。名单上的人受到了讯问，之后发生了

什么我永远也不会知道。

训练期过后，我们这个团就要开赴前线。在那之前，每逢周日，莫西欧、马克和我都会在团部相聚，共度几小时的时光。马克总会准备一些吃的喝的东西。在一个星期天，喝醉了酒的我们朝村里走去。多少年来，我们一直处于紧张状态。现在穿着波兰制服走在波兰土地上，我们顿时觉得无忧无虑，无所不能，再也用不着害怕当地的村民了。在醉酒的状态中，我们想做一些无害举动自娱。马克拔出他的左轮手枪开始瞄准小鸟，莫西欧和我狂笑着纵容他这么干。所有的村民立刻躲进了家中。两名宪兵逮捕了我们，把我们关在司令部的一间房子里，直到我们酒醒。我们受到了斥责，尽管不是很严重。马克的枪被没收了几天，作为违反纪律的象征性惩罚。好在这样的不当行为没有被视为严重的违法乱纪。

进入 12 月，训练期结束了。我们开始向华沙进军，以营为单位分散行动，夜里在沿途的村里驻扎。天气非常寒冷。尽管我们分发了棉大衣，行军仍然十分艰难。偶尔还会下雪。我跟在拉着营部军需的车队后面。戈茨基不时把手伸进一辆车里，魔术般地摸出伏特加，这是先前用制服交换得来的。他分了一些给走在他身边的军士和指挥官。我又冷又累，很高兴接受了分给我的一份。这样的情景在随后的几个小时中一直继续着，我弄不清楚自己到底消耗了多少酒。

终于，我们在一个小镇停下过夜，大家都分有可以住宿的人家。我走进一个暖和的房间，壁炉的火在燃烧着。我还没有来得及脱去大衣，享受室内的温暖，便感到脑袋一阵眩晕，昏睡了过去。早上，我发现自己躺在一张床上，头疼欲裂，泼在脸上把我唤醒的水使得我的额头湿漉漉的。

在圣诞夜，米希科上尉邀请了营部的几个军官到一个村民家吃圣诞大餐。他同时邀请了莫西欧和我，尽管他知道我们是犹太人。这是我平生第一次参加圣诞节庆祝活动。我发现圣诞礼仪很有趣。农舍布置简陋，然而没有铺桌布的木桌上摆满了丰盛的食物和伏特加，主人领着大家诵读了祷告，然后将白色的小圣饼分给了大家。这家波兰人十分好客，对能请到波兰军人和他们在一起感到高兴。我对自己受到欢迎而感到愉快。

由于步行到前线要用很长的时间，因此司令官决定设法乘火车去前线。当我们抵达一个大一些的市镇(那里有一个数条铁路线汇聚的火车站)时，我和营里另外几个人被派去了解征用一列火车(至少是一部分车厢)的可能性。

我刚到火车站，就来了一列火车，车上满载着苏联士兵和各种设备。士兵进了城，而军官和卫兵留了下来。几个小时以后，士兵开始返回，拿着各种抢劫来的东西，其中甚至包括一架由马车拉来的钢琴。士兵开始把它装上火车，随后，一名士兵在钢琴旁坐下，开始弹奏起来。

站长告诉我，这列火车是往西开往前线的，于是我设法了解我们的营是否能搭乘。我看见几个军官在站台上喝酒，便上前同一个看起来负责的上尉攀谈起来。他告诉我：他们来自苏联情报部，也到前线去，不过火车太满无法搭载我们。他问我为什么穿波兰军装讲的却是俄语。他在得知我曾是一名苏联抵抗战士后，用同志般的热情拍着我的背，邀请我和他一起喝酒。他谈起他作为一名苏联秘密警察军官，后来又进入了精锐的苏联情报部部队的经历。尽管他醉了，我仍然被他讲述参与处决被控为反革命分子行动时的坦诚所吸引。被处决中的一些人，甚至是他的朋友和同事。他对斯大林和共产主义的盲目忠诚表现得十分明显，他说："我们在这里像朋友一样聊天、喝酒，但是如果我的长官命令我杀了你，我会毫不犹豫地这样做，而不问为什么。"我问他：如果长官让你杀死自己的母亲，你会像现在这样轻松吗？他立刻回答说会的。即便是他的母亲？我不禁打了个冷颤。我说了声再见，便离他而去。

由于我们没有能够登上那列火车，只得继续步行。几天之后，我们到达维斯拉河的东岸、华沙的南面，这儿就是前线：西岸在德国军队的手中。我们的营被分配在前线的一个区，我们团的另一个营在我们的右侧，而一个苏军营在我们的左侧。我们待在沿河

的数条战壕里，守卫在那里，吃在那里，睡在那里。不时地我们与德国军队交火的声音打破了周围的宁静，迫击炮弹像雨一般在我们头上落下，很快我看到我们的炮弹也落到他们的阵地上。走出战壕是很冒险的，因为那会受到狙击手的攻击。不时地，我们会从前线暂时撤退下来作短暂的休息，我们团的另一个营会接替我们上阵。

一次轮到我们休息的时候，莫西欧和我碰到了两个人。他们骨瘦如柴，衣衫褴褛，在周围游荡。我们认出他们是犹太人，就攀谈起来。他们告诉我，他们是从死亡营里解放出来的。他们描述了发生在那里的屠杀暴行：毒气室里装有水龙头是为了迷惑人相信那里有洗澡的水，每天都有成千上万的人被毒死，然后被火化，他们的骨灰被掩埋掉。死亡营是纳粹对犹太人实行种族灭绝的高效工厂。枪杀、掠夺、焚烧、杀戮在一定程度上是与战争联系在一起的，人们对之多少还能理解。然而，死亡工厂，计划和组织得像一种产业，运用职业工程师、医生、建筑师的思想和智慧，利用人体的残存物，如头发、牙齿、脂肪和皮肤等来生产商用目的的肥皂、刷子和灯罩，却完全超出我的理解力。尽管有我自己的经历和听说过许多，还是不能相信那两个人告诉的一切。我知道他们讲的都是真的，但还是不能理解同为人类，怎么能够对另外一些人施用如此暴行。我真不敢想我的一些亲朋可能遭遇的就是这样的结局。在我们给了这两个犹太人一些食品和暖和的衣服后，他们便离开了。接下来的几天晚上，我一直在作噩梦。

几天之后，我们回到前线的战壕，重复先前的生活。我们和德国人之间的零星交火一直在进行。不过，有时在狙击手看不到的地方，我们会走出战壕享受一下和平与宁静。由于有很暖和的棉大衣，尽管天气寒冷，还是可以忍受的。

和以往一样，如何补充有限的粮食配给仍然是我们优先考虑的问题。附近战壕里的苏联军队在获得额外补给问题上特别有办法。有一次，我朝五个苏联士兵走去，他们正围坐着一圈，用两个悬吊在火上的钢盔烧鸡。我开始与他们攀谈起来，想知道他们是在哪儿弄到鸡的。突然，德国军队向我们开火，我跳进苏军战壕，而他们却坐着不动，看着他们那珍贵的鸡。我对他们大声说坐在那儿很危险，但是没有人挪动。他们中有一个人回答我说，离开鸡可能更危险，因为那样的话，鸡就很可能不翼而飞，而射击最终会停止的。

过了几天，司令官命令我们作好进攻的准备。我们进行了政治动员和战略进攻的强化训练。

到 1 月中旬，等待已久的维斯拉防线的全线进攻开始了。苏联军队集中了超过一万门火炮的强大火力网，炮击持续了两天两夜，从未间断过。德国炮兵的反应很微弱，并且在最初的 24 小时之后陷入沉寂。我们蜷缩着坐在战壕里，用手捂着耳朵，我们甚至听不到自己的谈话，轰炸声渐渐麻木了我们的知觉。

我们期待着随时接到命令，冲出战壕强行渡河。终于在第三天的早晨，苏联炮兵停止了炮击，突然的沉寂令人害怕。我们接到命令，离开战壕向维斯拉河进发。岸边停有许多小船。我们跳上船开始划了起来。我环顾四周，看到河面上到处是渡河的船。德军那一边则是一片沉寂。

到达对岸后，我们的连队接到进攻的命令。我们立刻全线出动，扫射着冲进德军的战壕。我们没有遇到任何抵抗。我们跳进一排排的战壕，发现里面躺着许多被打死和受伤的士兵。仅仅几个小时，整个德军的防线就在我们的掌控之中。一定是我们的炮兵火力太猛烈了，以致那些能跑的都跑了，剩下的全是被打死的和奄奄一息的。

我们徒步在波兰继续推进了两周，几乎没有遇到任何抵抗，直至抵达奥得河。奥得河是波兰和德国的战前边界。我们在河岸边停了下来。有命令下达要我们挖战壕和修筑防线，把我们的兵力和火炮都布置在刚刚建立的前线上。这一前线与先前建在维斯尔附近的很类似。有传闻说我们要驻扎在这里直到新的一轮反攻开始，而新的反攻将把我们带入德国境内。于是，我们的生活又转入了常规。

我决定利用这段平静的日子设法寻找家里的幸存者。我请求米希科上尉容许我去华沙一周，并且向他解释了请假的原因。令我吃惊的是，他当即就答应了。

这样，带着半自动冲锋枪，我搭车来到华沙。华沙城已面目全非了，曾经有 50 万人生活的犹太人居住区被完全烧毁，街道和房屋遭到完全破坏，并被夷为了平地，仅有一些建筑物被烧焦的残柱仍然立着。我设法找到了姨妈茹吉尔的家和叔叔沃尔夫的公寓。在从拉齐阿兹逃出的日子里，我们曾住在那里，但现在根本不可能再认出这儿的街道和建筑了。我问街上的人哪里有犹太人公会和组织，想从他们那里打听到亲戚的消息。终于有人为我指了通向一座半损坏的房子的路，那里是犹太幸存者的一处聚集地。每一个到那里去的人都会登记，列出一份要寻找亲人的名单。我写下了自己所在军团的详细情况，然后开始翻阅那些名单。我花了几个小时想找出来自我家的人，我认出堂妹夫伊格纳兹·布莱贝格的名字，他以一个波兰化名扎瓦斯基住在华沙。我记下了地址，便去找他。

我在他曾经工作过的汽车修理厂找到了伊格纳兹。对于伊格纳兹来说，装作波兰人是很容易的，因为他金发碧眼，操一口流利的波兰语。他告诉我，他已经得到消息说，他的妻子、姐姐和母亲，即我的姑妈齐菲尔，都还活着，他们已经从西伯利亚劳改营里放出来。我和他一起住了一天。

由于火车已经正常行驶，我决定去一趟拉齐阿兹。战前，我们居住在那里。80 公里的路程，火车跑了整整一天的时间。我不知道是否会找到我认识的人。普拉托，有德国血统的人，很可能随着撤退的德国军队一起逃走了。不过，门卫严先生及其家人可能仍在那里。

当我到达拉齐阿兹火车站时，天已经黑了。我看到以前我家屋子里的灯还亮着，一切都没有改变。我穿过街道，轻轻地敲了敲门，一个陌生人开了门。我问他严先生是否住在这里。他指了指院里的一座小房子。我们离开前，普拉托和严先生就住在那里。

我走过去，窗户里面点有一盏灯。严先生打开门，但他并没有认出我来。当我告诉他我是谁时，他热情地拥抱着我，把我请进屋。他看到我身着波兰军服，肩上还戴有军士军衔时，显得很吃惊。他告诉我：德国人带走了所有的机器设备和木材，用火车运到了德国。工厂也被拆卸运走了。普拉托和他一家连同设备一起上了火车，剩下的只有这两座房子，即我家住的大房子和这间小房子。大房子已被四户人家占用。严先生很想知道我的家人究竟怎样了，我把情况告诉了他。

他的妻子给我拿来了一些食品。过了一会儿，他把我领进隔壁有门的房间。我锁上门，脱下衣服就睡了。我把半自动冲锋枪放在身旁的毯子下，这是我在游击日子里养成的习惯。在我睡着一个小时左右后，突然被一阵敲门声惊醒。我问是谁，一个男子回答道："我是卡奇克。我们过去一起玩过，你不记得了吗？我现在是警察，开门让我进来。"

我打开门，站在面前的是两个身着波兰警服、手里端着枪的人。我认出了卡奇克，他们走了进来。我回到床上，他们则在椅子上坐下。卡奇克问了问我家人的情况，然后漫不经心地说每一个到镇上的陌生人都必须到警察局登记。警长派他们来带我到警察局去。尽管有些困惑不解，我还是答应了，说明天上午我会去市镇厅，去警察局看警长的。卡奇克坚持说他有命令必须现在就带我去。他的口气变了，变得专横和不友善，这使我感到愤怒和引起了我的怀疑。我把手放到毯子下，确保随时可以用枪。直觉告诉我情况有些不对，没有紧急情况，警长是不会深更半夜派人来找我的。我用坚定的语气对他们说，作为一名军人，我不受警察的管辖，不会遵从他们的命令，如果警长想来见我，他可以早晨过来。我对他们说，我想睡觉，请他们出去。他们坚持站着不走，脸上明显流露出不悦的神情，从他们枪口掉转的方向，我感到他们想威胁我。我猛地从毯子下亮出半自动冲锋枪，对着他们说："出去！不要打扰我！要不我就毙了你们！胆敢再进我的屋子，有好下场等着！"

两人的脸色顿时变得苍白，扔下了手中的枪，举起了双臂，抖

个不停。“我们没有打扰你的意思，不要开枪！不要开枪！”他们开始朝门口退了出去。我吩咐他们捡起枪出去。他们照办了。

我也感到了一些不安，锁上门，关了灯，回到床上。我把枪端在手上，看他们是否会回来。然而，一切平安无事，于是我睡着了。

第二天上午，我沿着很久以前上学的路朝镇中心走去。我最后一次来那里是在五年前战争爆发之初，跑去为纳粹取烟。从那时以来沧桑巨变，我感到自己成了一个陌生人，然而周围又是多么的熟悉。我感觉到有一双双眼睛在看着我，然而每当我注视着一扇窗户时，发现窗帘开始被拉上。

在市镇厅，我受到市长的热情接待。他对我父母的去世表示了慰问，说他们都是善良的人。他把我领进他的办公室，在那里他正式向我移交了我家的房子、土地及剩余财产的产权。稍后，警长也过来，我认出了他。他显得很尴尬并为昨晚发生的事向我道歉，说那是一场误会，因为在他派那两个人带我见他时，他并不知道陌生人是谁。为了宽慰我，他解释说，他并没有叫那两个人当晚将我带去的意思。然后，他和市长邀请我共进午餐。我询问是否有犹太人回到拉齐阿兹，他们给我指了一处房子，说那里住着六个犹太人。

我过去看望了那些人。他们都很年轻，在 20 到 30 岁之间。其中有两人我认识。他们向我诉说了他们的遭遇，我也给他们讲了自己的经历。当我对他们讲述昨晚的事情时，他们并不吃惊，说我很幸运，本能地以那种方式作出回应。回到这一地区的犹太人经常在夜里消失，再也没有人见到过他们。这六个人生活在永恒的恐惧中，通常会在夜间把自己反锁在房子里，用斧头作为自卫工具。他们请求我尽可能长地和他们住在一起，因为那会给他们一种安全感，我同意了。但我只能和他们一起住两天，因为假期已满，我必须回到前线部队去。

回到前线，我把这些事情讲给莫西欧听。几星期后，我偶然碰到从拉齐阿兹来的一个犹太人，他告诉说：在我离开两周后，我曾经与之一起住的六个人在夜里从房子里被带走，从此消失。他们很可能遇害了。

第二十三章 进入德国（1945年3月—8月）

1945 年 3 月，我们获得美英联军已从西面进入德国并正向德国腹地挺进的消息。与此同时，中央前线指挥官朱可夫元帅率领其部队从东面攻入德国，正向柏林推进。我们的军队在朱可夫所率部队的南面，仍在等待攻入德国的命令。我们的进攻目标是德累斯顿，我们非常兴奋，急切地等待着进攻的命令，但是直到 4 月初，才接到进军的命令。

我们在渡过奥得河时几乎没有遇到什么抵抗，接下来便进入了德国。我们接管了风景如画的小镇和村庄，从外观上看这些城镇和村庄并没有受到战争的影响。由于所有年轻和身体强壮的男子都被拉去当兵了，城镇和村庄的周围只有妇女和老人。我们这支正在挺进中的部队也进行了肆意的掠夺。家家户户的地窖里存放着各种香肠、糖果、罐头及其他美味，这些东西是这么多年来我们从来没有见过的。对于饥饿的士兵，这些都是最上等的宝贝，此外他们还可以获得内衣、服装、靴子和其他物品。在小城镇和村庄的每一所整洁的房屋里，都有我们首先想得到的东西。

在靠近德累斯顿的一个小镇，我和其他几个士兵进入一户人家索要食物，很快我们就得到了想要的一切东西。我看着这房子里陈设的漂亮家具，翻过来一看，发现它们都是由遭到德军掠夺的波兰及其他欧洲国家制造的。两个年轻妇女和一对老夫妇住在那房子里。我用不太流利的德语对他们说：我是一个犹太人，纳粹用犹太人的脂肪做肥皂，现在我们要将他们剁成肉泥。他们呆呆地站在那里，结结巴巴地说他们对肥皂是用什么做的一无所知。看见他们眼里流露出的恐惧，我把脸转开说："我们不是纳粹，我们是不会像他们那样做的。"

在另外一座位于镇郊的雄伟庄园里，我们发现了庄园主人身着军装的照片，其中有一个人是纳粹党卫队的官员。在那里，我们觉得理应拿走一切我们想要的东西，捣毁剩下的东西，甚至连床上的羽绒被也用刺刀挑破了，弄得羽绒四处飞扬。

我们继续前进，没有遇到任何抵抗。一天，我们一行 20 人正在一个独家农舍里吃东西，我无意抬头看了看窗外，令我大吃一惊的是，透过敞开的农舍的大门，我看到了若干满载德军的装甲车正开进这个院子里，我于是大声喊叫了起来："有德国人！"

就在德国人向我们开火之际，我们已跳出窗外并从后门逃出了农舍。我们进行了反击，不过，我们的反击与他们的进攻比起来微不足道。与此同时，有越来越多的装甲车和坦克驶来，于是我们迅速向东撤退。在撤退的路上，我们遇到了我们营的其他士兵，他们都有类似的经历。一连三天，那些装甲车和坦克追逐我们，迫使我们后退。我们发现，类似的情况也在前线发生。德军驻扎在捷克斯洛伐克两个未受损的坦克师从南方向我们发动进攻，试图阻止我们进入德国。

我们匆忙退回到奥得河防线。在那里，我们碰到了苏联情报部的军队，他们当即对所有撤退的部队进行了阻止，不让任何人过奥得河。不管你是哪个部分的，不管你是波兰人还是苏联人，都被推进了战壕，命令我们在那里阻止德军。任何试图过奥得河的人都会被击毙。碰巧和我们在一起的两个军官开始争论说，他们接到的命令是过河，加入他们各自的部队。一名苏联情报部的军官对他们进行了审讯，然后把他们拉出来，就在我们的面前枪决了那两个人。之后，再也没有任何争辩了。

渐渐地，我们团的大部分人都与我们汇合。我们进行了重组，并在 4 月 15 日开始发起再次反击。这次我们进展迅速，清除了两个德国坦克师的残部，这两个师几乎损失了全部的装备和人员。4 月底，我们进入了德累斯顿。

德累斯顿在苏军炮兵和盟军空军的狂轰滥炸下正在燃烧着。由于大火和零星的抵抗，穿过城市并不顺利。幸运的是，大部分德国士兵选择投降，成为俘虏。那些抵抗的则被统统打死。我们花了几天时间，才完全控制了城市。

我们团在一个叫普林策斯多夫的小镇驻扎了几天，进行了整编。在那里，我再次见到了马克和莫西欧。

我们的营接到命令出发，向柏林推进。莫西欧和马克留在后方的司令部，我们又一次分开。

我们乘坐美制史蒂倍克式卡车离开了驻地。这时是 5 月初，气候宜人。我们沿着大路，缓慢谨慎地推进。零星抵抗会耽误挺进的速度，但我们逐一解决了抵抗的德军。

有消息传来说，朱可夫元帅领导的军队正在柏林激战。随后，我们听到希特勒死了的消息。尽管这些消息还有待证实，但我们的士气越来越高昂，大家感到战争就要结束了。

1945 年 5 月 7 日，我坐在一辆正向柏林驶去的卡车上。这时，一辆迎面驶来、载着一些苏联士兵的卡车挡住了我们的去路。“我们从柏林来！希特勒死了！战争结束了！”车上的士兵向我们喊道。

一名军官对我们说：“德国已经无条件投降。今晚午夜时分将全线停火，我们不得向任何德国士兵开火了，除非他们攻击我们。下达给我们的命令是解除他们的武装，俘虏他们。”

部队停了下来，我们跳下卡车，搭起帐篷准备过夜。就在午夜时分，我躺在地上，这时大炮、机枪、步枪都在向天空开火，炮火映红了半边天。我们跳起来，以自己的方式加入庆祝活动中去。欢乐的呼喊——俄语的和波兰语的——回荡在夜空中。“战争结束了！”人们都不约而同地唱起了歌，唱起了苏联和波兰的颂歌。

沉浸在兴奋之中，我彻夜未眠。在这个特别的时刻，我真想和莫西欧和马克在一起。所有的战争经历浮现在眼前，我想到了父母亲，他们不可能和我分享这一天了。悲伤和喜悦交织在了一起，母亲临终时的遗言在耳边响起："去吧，保存自己，要报仇！"我忍不住哭了。我们已经实现了她最后的愿望——我们打败了纳粹并生存下来，可以向全世界讲述所发生的一切。她一定会为我们感到骄傲的。

第二天，我们回到了位于普林策斯多夫的司令部，莫西欧和马克在那里。他们在看到我时松了口气，因为他们对我的部队所在位置一无所知。他们以酩酊大醉的方式庆祝战争的结束，但他们的喜悦因对我的担心打了折扣。我们以畅饮的方式，一起再次对战争的结束进行了庆祝。我们一连数小时谈到了过去，谈起了对未来的梦想。我们轻轻地唱起了《以色列民族永生》的希伯来歌曲。

我们和其他的占领部队一道在德国驻扎了两个月，在我们所在地区的城乡巡逻，忙着没收任何被认为是属于纳粹的东西。戈茨基再次展露出他在收集物品方面的天才，包括马匹、供给品以及任何他认为值钱的东西。在必需品清单上，酒是最受欢迎的物品。

一次执行巡逻任务时，我乘坐的卡车在一家药房前停了下来，因为一个军士说他认为那里有酒。三个人进去了，十分钟后，他们抱着一个装满黄色液体的大圆瓶回来。"瞧，我们找到酒了。"军士说，他开始为我们每人倒了一杯。我闻了闻，发现是香水，照实说了。但是，没人在乎。香水里面有酒精，这才是最主要的，所以他们全喝了。后来每次打嗝，都嗝出香水的气味。我则悄悄地把我的全倒了。

7月，我们参加了返回波兰的庆祝胜利游行。用了六周时间，我们抵达目的地——波兹兰。到达后，我们打算一醉方休，从傍晚开始喝起来。早晨醒来时，个个都感到头痛。我们马上又喝了一口伏特加，填一下空胃，这是戈茨基醒酒的办法。由于在德国时掠夺和没收了我们想要的一切，因此到达波兰边界的时候，我们身边是一大队马车，上面堆满了各种各样的物品。在波兰，我们用其中的一部分交换食品和更多的伏特加。

在进入波兰的每一座城市和乡村之前，我们都要列队，在军乐的陪伴下行进。我们这支胜利之师，每到一处都受到欢呼、鲜花和亲吻的包围。每到晚上，我们都要举行晚会，波兰女子都乐意为她们的英雄献身。我体验了生命中的第一次性生活，失去了我的童贞。但由于那是在醉酒状态下所为，我已经记不清楚当时的情形了。

我们到达了大城市波兹兰，参加由我们军团组织的一次盛大阅兵式。所有士兵都身着整洁的制服，骄傲地穿过城市。街道上到处飘扬着波兰和苏联的国旗，人们挤在街道两旁热情地为我们欢呼，波兰和苏联的政界要人和高级军官纷纷从检阅台上走下欢迎我们。阅兵式结束后，我们来到一所战前的军营，那儿成为我们永久的基地。

经过两周的时间，我们团已经整编完毕。我们三人开始考虑我们的未来。我们想到了退伍，离开波兰前往巴勒斯坦。莫西欧给住在特拉维夫沙拉格街 9 号的大姨妈伊达写了一封信。她的地址我永远都记得，因为母亲过去一直提醒我，如果我们能够幸运地活下来，一定要同她联系。莫西欧写了一些我们的情况，并以一种委婉的方式表明我们想尽快见到她。我们到基地司令员那里了解退伍的可能性，而他却给我们讲了一大堆爱国主义道理，说波兰军队需要我们这样的人。作为前苏联抵抗游击队员，我们在新组建的人民军队里宣传社会主义思想起着非常重要的作用。在军队里，我们有着非常光明的前途，有可能得到迅速晋升。他不希望我们退伍，而是在军队里至少再待几年。我们对他的忠告表示了感谢，在向他敬个礼后离开了。回到驻地，我们认为，现在该是把命运掌握在自己手中的时候了。

第二十四章 逃离欧洲（1945年9月）

9月初，马克在得知他的母亲已从西伯利亚回到波兰后，向上校团长请两周假以便到罗兹和华沙去探望母亲。上校同意了他的请求，但要他帮个忙。因为上校的妻子和孩子也安顿在罗兹附近，他想让马克在回家的途中给他们捎点礼物。马克自然答应了。上校所说的礼物，是一马车的战利品。车和马是属于一个农夫的，农夫用马车载着马克和战利品去他们的目的地，然后返回。

我们已经同意由马克去联系犹太人阿利亚移民组织，这是一个将大屠杀幸存者通过欧洲偷运进巴勒斯坦地区的机构。英国委任统治下的巴勒斯坦禁止任何没有获得特许证件的犹太人进入，然而这种特许证件的数量非常有限，去那里的惟一可行办法就是非法进入。如果马克能够与阿利亚移民组织成功地联系上，他将不再返回基地，但会设法通知我们效仿他。如果联系不上，他就回来。

莫西欧和我焦急地等待着来自马克的消息。两个星期过去了，没有他的半点消息。一天晚上，莫西欧被一个卫兵叫到门口，卫兵告诉他有人找他。莫西欧发现来人叫希勒尔·扎德尔，是受马克的朋友、罗兹地区阿利亚移民组织负责人的派遣来找他的。这个信使希望我们第二天早上就离开，和他一道乘火车去罗兹，但我们需要一天左右的时间来安排。莫西欧为我们弄到了前往罗兹和克拉科所必需的假通行证，使用的是他所在营部办公室的介绍信。我们对战友说,我们获得特假去与幸存下来的亲人会面。他们从俄国来,我们用不了几天就会回来的。

早上,我们很早就动身赶往波兹兰火车站。在站台上,我们看到有成千上万的人在候车,其中一些穿着俄军制服和波兰军制服。几个小时后,一列火车从西进站,往东开往罗兹。火车已经超载了,有人站在舷梯上抓着栏杆,有人甚至躺在车厢的顶上。波兰警察和苏联军警在站台上,阻止汹涌的人流,并高喊军人优先。我和莫西欧跟在其他几个波兰士兵后面,极力从人群中往前挤,设法登上火车。尽管火车的每一节车厢都有门,但所有的门都被从里面关上了。我们必须在假通行证被发现之前离开。我们试图透过窗子看看哪节车厢还有地方,然而登上火车的希望似乎十分渺茫。最后,我看到一个大个子苏联军士站在车门内,他的身体挡住了车厢里的情景.我弯下腰从他叉着的胳膊下看到那是一节几乎全空的车厢。我把莫西欧叫来帮我打开车门。他和好几个波兰士兵一起冲过来。我们一起用力扳下把手,而那个苏联兵却从里面抵住不让门打开。我们的力气还是压过了他,门被打开了。那个苏联军士用他的半自动机枪对准我们,对我们这些"肮脏的波兰佬"骂出了一连串肮脏的话,并威胁说谁胆敢上车就开枪打死谁。我脱口而出回敬了他,用上了我所知的全部俄语骂人的话。他被我一连串骂人的话弄得目瞪口呆,转过身问道:"你是什么人?说话竟像是自己人!"我告诉他,我是斯大林的抵抗战士。他顿时拥抱了我,并对车厢里其他几个苏联兵说:"他是我们的人,让他进来吧。"当我告诉他莫西欧和另外两个波兰兵是我的兄弟和朋友时,他也让他们进来了。随后,这个苏联军士继续把守着车门,不让任何人进来。

接下来的几个小时里,每当火车进站停下,我都会看到这个苏联兵冷酷滑稽的表现。一对老年夫妇带着行李站在站台上,请求他让他们上车。他同意了,并主动帮助他们提上行李,而行李箱刚被提进车厢,他突然关上车门,不让他们上车。这对夫妇开始呼喊,说他抢了他们的东西。一个波兰警察过来试着对那个军士说话，可军士却用手中的机枪直对着警察的脑袋大声说道："你们这些波兰佬，居然敢用说我是贼的方式侮辱把你们从纳粹手里解放出来的苏联军队！我看你是不想活了！"警察转身就走，那对夫妇也消失了。军士和他的朋友把箱子里的东西洗劫一空，提议和我们一起分享。我们谢绝了，不过还是接受了军士拿出来和我们分享的伏特加、腊肠和面包。不一会儿，他喝得烂醉如泥。

火车开动后，有两个青年女子站在两节车厢的连接处，一只手抓着栏杆，另一只手紧紧地互相挽在一起。那个苏联军士把头伸出窗子问道："你们冷不冷？想不想进来？"女孩子点点头。"那你们愿意献身吗？"他问道。女孩子羞愧地把头转向一边。"那好，你们就在那儿站着吧！"他对她们说。大概半小时后，火车放慢了速度，他又问了一遍："喂，你们愿意献身吗？"一个女孩不情愿地点点头，他让她进入车厢。然后，另一个也点点头，也被放进车厢。在每个人都喝了不少伏特加后，那个苏联军士带着一个女孩进了一间卫生间，另一个苏联军士则和另一个女孩子进了另一间卫生间。当他们出来时，两个军士一副"性福"满足、得意洋洋的样子，而两个女孩子则双目低垂、一脸沮丧。

火车每到一站都要停很长时间，因此我们直到第二天早上才抵达罗兹。我们按照给我们的地址找到了希勒尔·扎德尔，也见到了马克。我们三个人在那里住了一晚，第二天便乘火车去了克拉科夫。我们有那里的一个地址，还有一封给一位负责安排我们下一段旅行的女子的信。

在克拉科夫，我们找到了我们要去的地方。接待我们的是一个漂亮的年轻妇女和两个男子，他们在组织非法阿利亚移民到巴勒斯坦事务方面很有经验。他们把方案的细节告诉了我们。我们得脱下波兰军服，穿上看上去寒酸的平民服，这标志着我们军旅生涯的结束。我们相互看着对方的新形象，不免有点怀念起着军装时的威武英姿。不过，那也是一个愉快的时刻，使我们离梦想更近了。我们的第一站是布达佩斯。为了到达那里，我们必须穿越捷克斯洛伐克。每个人被分配负责带领 10 个人，其中包括一些年轻妇女，我们要带领他们通过边境。我们得到了需要遵循的具体指示和伪造的红十字会文件，上面称我们是希腊人，正在返回希腊的路上。装作是从德国集中营被释放出来的囚犯，每个人都有一个新的名字和身份。我成了一个出生在迪美梯卡的人。迪美梯卡是一个靠近土耳其边境的边远小镇。要到一个鲜为人知、边远的地方查证我的假身份无疑会困难得多。我们在克拉科夫住了三天，然后在火车站集中。我们所有人携带的都是同一种身份证明。

我们乘坐着拥挤不堪、破旧的火车，行走了两天两夜。车的窗户是破碎的，由于没有电也就没有灯。在穿过波兰—捷克边界时，卫兵检查了我们的证件，没有任何怀疑。其他的乘客中有成群的苏联士兵，他们中的一些人试图调戏与我们同行的年轻女子。我们都假装不懂俄语，只说希腊语，其中夹杂着少量德语。我听见士兵对那些年轻女子说他们想学希腊语，指着一些物品问怎么说。女孩子绞尽脑汁想着她们从祈祷书里学到的希伯来词汇，士兵竟然不可思议地把它们记下来了。窗子被说成了“托拉”，车门被说成了“安息日”等。我担心在士兵失去对希腊语的兴趣前，女孩子会落到不会说希伯来语的地步，但她们都很机灵，没有引起任何怀疑。

旅行的第二个夜里，我们突然注意到有人在黑暗的车厢里偷拿行李架上他人的东西。我听到一阵扭打，接着是一声女人的尖叫，随后看到一个像人一样的东西被从破窗口扔了出去。突然，从两支手电筒里射出的亮光照在了行凶者——两个拿着枪、身穿苏联军服男子的身上。一个平静但具有权威的声音命令他们放下枪，把手举起来，否则就打死他们。两个苏联军官站在那里，一手持左轮手枪，另一只手拿着手电筒。他们是我在车厢另一端坐下前就注意到了的两个人。行凶者举起了手。军官拉响了紧急情况的信号绳，让火车停下来了。然后，他们命令凶手下车，并跟着一块下了车。我们听见了枪声。那两个军官回来对我们说，行凶者是苏军里的逃兵，已经被处决。他们拣起行凶者丢弃的步枪坐了下去。我们也是逃兵，尽管说是来自波兰军队，还是不敢想象被发现后会发生什么。

第三天，我们越过捷克斯洛伐克边境进入匈牙利，并于中午到达布达佩斯。我们一直以为会有人到车站来接我们，就像安排好的那样，然后把我们都带到一个指定的地方——竞技大街 8 号。我们等了一个小时，也没有见到有人来接。莫西欧、马克、穆尔卡和我作为四个小组的领导，决定先进城，找要去的地方，然后派人回来接其他人。我们没有当地货币，无法乘公交电车，只好以步代车。我们一边走，一边不时地停下问路。在一条繁华的大街上，我们突然看见几辆满载苏联士兵的卡车驶来，他们的领口别有苏联情报部的徽章。他们封锁了街道，开始检查每个人的身份证件。我们无处可藏，但对出示自己的希腊证件颇具信心。出乎意料的是，我们没有被允许继续走，而是让我们站在士兵旁等候。一小时过去了，检查继续进行着，又有 4 个行人被拦下来和我们一起等。然后，我们一起被带上一辆卡车，拉到一座军营。军营里关押着很多“有问题的人”。在去军营的路上，我们从交谈中得知另外 4 个人是真正的希腊人，并意识到我们之所以被捕不是因为我们证件是伪造的，而是因为我们被认为是希腊人。

在军营里，我们列队站着，一名士兵对我们进行了登记。在我看来，他很像是犹太人，于是当轮到我走到他桌子前时，我用意第绪语对他说：“我们 4 个不是希腊人，是犹太人。帮助我们离开这里。”

他点点头，用不熟练的意第绪语说：“不要担心，一切会好起来的。”过了一会儿，他起身离开了，我再也没见到他。另一个士兵接班，他没有帮我们的忙，但至少也没有出卖我们。

我们在军营里被关了一夜和第二天的白天。马克有一次在上厕所的路上发现有人跟踪他。跟踪的人用波兰语对他说，他知道他是个波兰犹太人，除非马克给他一些金子，否则他要告发他。马克答应会尽快给他，随即回来把这件事告诉了我们。我们没有金子，但深知如果那个波兰人真按他所威胁的告发我们，我们的真实身份将暴露无疑，我们将会被处决。我们不能坐以待毙。当那个波兰人再次找到马克时，马克告诉他天黑后到厕所来拿金子。当他按时过来时，我们四个人已等候在那里。我们把他按倒在地，开始掐他的喉咙。我们用德语对他说，如果他胆敢讲我们一个字，肯定会干掉他。我们对他说，我们才不在乎他是什么人。如果我们没有机会杀他，以后我们的组织也会。我们没有泄露我们是谁，也没有泄露我们提到的组织是什么性质的组织。他发誓什么也不说。

第二天，我们和那四个真正的希腊人被转交给了匈牙利警察。匈牙利警察对我们进行了再次盘问，记下我们的特征后把我们关进一座临时监狱。我们被推着下了几级台阶，进入一间大的地下室，里面关满了人。由于很热，所有的人都赤着膊。在牢房的中间，有一个人躺在地上抽搐着。我的第一反应是此人遭到了拷打，但随后我发现他正在遭受癫痫病阵痛的折磨。没有人关心他。最令我不安的是谁都不介意，也不愿为他做些什么。我们周围的犯人全都是希腊人。他们找我们攀谈，我们不得不捏造一些让人信服的故事。我们用“洋泾浜”希腊语对他们说：我们是希腊犹太人，在战争爆发前被父母送到巴勒斯坦学习希伯来语。战争爆发时，我们正和父母度假，被困在了欧洲。德国人把我们遣送至集中营，在那里我们幸存了下来，所以我们忘记了希腊语。他们热情地接受了我们，随后问我们从希腊什么地方来。我说我来自迪美梯卡。他们中的一个跳起来，兴奋地拥抱我，说他也是从那里来。他把我带到他床边，让我坐下。他想知道我父亲是做什么的、我们住在哪条街上。我只好应付，说我父亲是一个屠夫，我们住在店的楼上，店位于狄摩西尼街。我特意选了一个著名希腊哲学家的名字，希望有一条街道是以他命名的。我的朋友不能确定那街的位置，我又描绘说是在一个教堂的后面，我确信每个希腊城镇都至少有好几个教堂。他开始说，哦，是的，他记得一个教堂后面一些街道，附近有一家肉店。我说那肯定是我父亲开的店。我的新朋友主动把他的食物与我分享。总之，他把我当成了自己人。在交谈中，我得知他是布达佩斯一个富裕希腊社团的成员，他们中有商人、经纪人和工匠。苏联占领军把他们抓了起来，指控他们从事黑市交易，将其逮捕。现在，他们将被遣返回希腊。

匈牙利人不向被关押的人提供任何吃的或喝的东西，有钱的希腊人通过向看守行贿得到食物。尽管我们身无分文，他们还是慷慨地和我们分享所有的一切。我的那个迪美梯卡的朋友甚至给我一叠匈牙利钞票。

两天之后，我们被告知，我们将在第二天移交给希腊领事馆，由他们安排遣返希腊的事宜。我们知道，我们可以一路迷惑苏联人、波兰人、匈牙利人，甚至我们的狱友，但我们无法欺骗希腊领事馆的人，我们得设法逃走。

第二天早上，来了很多从其他地方押来的犯人，包括妇女，总共大约有 150 人。我们 4 人一排，被告知将在 20 名匈牙利警察的押送下通过街道。当我们来到一处电车交汇的繁忙路口时，由于交通拥挤，我们被告知停下来等候。我们是一群看上去十分奇特的人，大多数人穿着讲究、情绪高昂，但同时有卫兵押送。希腊人对被送往自己的领事馆感到高兴，开始唱起了希腊歌曲。一大群人围了上来，想看看这到底是怎么一回事。我们抓住这个机会溜出了队伍，混到人群中，然后跳上第一辆驶过的电车。我用朋友给我的钱向售票员买了车票。车票上有城市地图，在我们上车的区打有一孔，标明是第七区。我们在电车上坐了半个小时，然后下车打听如何到竞技街去。天快黑时，我们终于到达了目的地。竞技街 8 号是一个大院落，犹太难民集中在那里，住在那里，直至离开。我们受到了热烈的欢迎，原来我们留在车站的那群人已经在那里了。很显然，当这里负责阿利亚移民的库伯格发现本应去车站接我们的人没有去时，又指派了另外一个人把所有的人接了过去。直到那时，他们才发现我们几个人失踪了。通过关系，他们追踪到了关押"被怀疑人员"的军营。在他们设法营救我们时，我们已经被移交给了匈牙利警察局。他们担心假如我们的真实身份一暴露，整个组织有可能面临危险。这是另一个他们见到我们和了解我们经历时感到高兴的原因。

在院子里，马克发现了施特菲，她是他在维尔纳犹太隔都一位最亲密朋友的遗孀。施特菲的头发被剃光了，她的两只又大又黑的眼睛是整个脸庞最为突出的部分。她瘦得皮包骨头，体重不会超过 30 公斤。她被关在一个集中营，是苏联人解放了那个集中营。马克立即把她置于自己的照料之下，编入我们的小组。

接下来的几天里，我们获得了一套新的伪造证件。我们现在是奥地利持不同政见者，从德国集中营返回自己的家园！我们有 50 人左右，分成若干小组再次上路。我们乘坐电车前往火车站，穿过第七区。几天前，我们曾在那里被捕。我们想到了一个完全可能发生的情景：在那里，警察完全可以因某个理由将我们再一次逮捕，把我们带到同一个军营。负责的军官完全可能在检查我们证件时说："真有意思，我觉得你们看上去很面熟。上周你们在这里因为是希腊人，今天你们在这里却成了奥地利人。下次你们来这里会是哪国人呢?"幸运的是，我们这次并没有被阻拦。

我们分散在火车上，以免被人们看出是一个团体。我们中间有两个人对这条路线很熟悉。当我们在接近奥地利边境的一个小镇下车后，他俩领着我们徒步来到一个小村庄，随后进了一个农夫的仓库。这户农夫会带领我们穿过边境，他的协助将会得到丰厚的回报。

我们夜里出发，步行上山穿过边境进入奥地利。我们带着所有的物品，走了一整夜。我紧跟在一对年轻夫妇后面。在行程艰难的地段，我尽力帮助那丈夫把他的妻子往上推。天亮时，我们到达山顶，开始下山。向导对我们说，现在已经身在奥地利了，并告诉我们如何下山到达一个名叫尤登堡的小镇。说完，他便离开了。路上没有人阻拦我们或盘问我们，尤登堡在英国占领军的控制之下。我们最终摆脱了苏军的严密控制。经过这么多年，第一次面对自由。

第二十五章 在英国人手下（1945年10月—1946年3月）

根据我们在布达佩斯接受到的指示，我们在到达尤登堡后应该前往一个国际难民营，以来自集中营犹太人的身份进行登记。该难民营由英军管理，负责人是一个少校。他欢迎我们的到来，在宿舍区为我们分配了住宿的地方。我们睡的是双层木板床，每张床上睡两个人。当然，我与莫西欧同睡一床，马克与施特菲睡在上铺。那天晚上，我们一直坐着谈到很晚才睡觉。我们生活中的另外一章已经结束。现在我们是在英国人的掌控之下，摆脱了共产主义的束缚，再也不用担心被捕的事了。我已经好久没有睡过安稳觉了，一直因可能出现的危险而提心吊胆。

巴勒斯坦犹太旅的一支小分队就驻扎在我们的附近，他们是英国军队的一部分。在获得有一群犹太人难民抵达的消息后，他们中有好几个人过来看望我们。我们一个个开始向他们打听起我们在巴勒斯坦亲人的情况，看是否有人在巴勒斯坦犹太旅中服役。碰巧有一个犹太士兵认识皮尔斯多夫上尉、施特菲已故丈夫的兄弟，他驻扎在意大利。那个士兵允诺将告诉皮尔斯多夫上尉，说施特菲和马克都活着，现在正在这个难民营中。几天后，皮尔斯多夫上尉过来看望了施特菲和马克。他们当时相见的情景非常感人。我们在一起呆了一整天。他答应帮我们四人去意大利，当时犹太旅的大部分军队都驻扎在那里。

掌管该难民营的少校对犹太人难民和巴勒斯坦犹太旅之间友谊的增长一事感到不安。由于英国政府的政策是阻止犹太人难民进入巴勒斯坦，他担心这种友谊会导致向巴勒斯坦的非法渗透。于是，他发布了一项关闭难民营大门、只允许有通行证的人出入的命令。在听到这一新规定后，全体犹太难民决定进行一场绝食斗争。当饭菜送来时，我们正好在院子里，于是将饭菜倒在了地上。我们利用地上的木板搭了一个台子，马克作为绝食斗争的领导人发表了演讲。在他演讲结束时，他领着大家唱起了以色列歌曲。那个英国少校命令他的士兵将我们从院子里驱散。士兵列成一排，举起枪，开始向我们走来。不过，我们并没有让步，而是在士兵举起手中武器的同时，向那些士兵喊话：如果他们要杀我们，那么他们就是在完成纳粹的未尽事宜。由于那些士兵了解犹太难民所经历的一切，不想对我们有任何伤害，于是停了下来，不再设法将我们驱逐出院子。在意识到自己无法控制局势后，那个泄气的少校要求我们的领导与他进行谈判。马克是谈判代表之一。最终，少校同意开放难民营大门，唯一的条件是巴勒斯坦犹太旅的人不能进入。而我们想什么时候出去就可以什么时候出去。难民营的生活随之恢复了正常。

几周后，我们见到了由皮尔斯多夫上尉派来带我们去意大利的两个中士。一起去意大利的，除了我们四人外，还有另外三人。来的两位中士给我们每人发了一套没有正式军衔的英军制服。我们上了一辆有帆布车篷的货运卡车，由那两位中士开车穿过奥地利去意大利。在意大利边境，一位英国武警拦下了我们的车，检查我们的证件，证件上称我们是休假返回部队人员。为了确定我们真是巴勒斯坦人，他们开始问我们一些有关巴勒斯坦地理方面的问题。当其中一个女士被问及卡尔梅勒山的位置时，她回答说在耶路撒冷。英军士兵把她扣留了下来，因为卡尔梅勒山在海法附近，而不在耶路撒冷。其他人都正确地猜对了所提的问题，被允许通过。

天黑的时候，我们抵达了意大利的米兰。我们来到乌尼温街

5号，前犹太人社区中心，现在成为难民中心。令我们兴奋不已的是，在那里，我们见到了离开格瓦尔季亚之前在那个树林里最后一次见面的里夫卡·格温特及其母亲。她们在林子里艰难地生存着，直到苏军的到来。后来，她们通过阿利亚的关系，了解到里夫卡的兄弟在意大利的巴勒斯坦犹太旅服役。里夫卡的兄弟安排她们穿越欧洲大陆来到米兰。

在难民中心，所有的人都在打听有关自己亲人的消息。一个碰巧来那里的士兵突然提到我们的堂兄格尔松的名字，说他在巴勒斯坦犹太旅服役并一直在打听有关我们的消息。格尔松曾给我们留下口信说，他正在去波兰找其未婚妻的路上，回来后，他将再次到这个难民中心，希望我们在那里等他。

大约在德国投降的一年前，意大利就已经被盟军占领。从那以后，意大利人民就一直努力恢复平静、正常的生活。由于米兰并未受到战争的蹂躏，因而我们身处一个对我们来说是极其富裕的物质环境之中，一座美丽、人们穿着华丽、什么东西都有的城市。人们建议我们尝一种名叫卡萨塔的意大利冰淇淋和诸如此类的奢侈品，这些东西我们能买得起，因为阿利亚组织给了我们一些钱。我们参观了米兰大教堂、拉斯卡拉歌剧院，以及其他一些城市景点。意大利人很友好，乐于助人，欢快热烈。到处都能听到美妙的音乐，我们喜欢上了意大利的歌曲和妇女。

我们花了许多个晚上讨论我们的计划。里夫卡和格温特夫人打算在里夫卡兄弟的帮助下直接去巴勒斯坦，因为军人的直系亲属享有优先权。一天晚上，里夫卡回想起在树林里的那段时光，那时我们从军需行动中弄来一些食品，坚持把这些食品留给了她们。那个时候，出于自尊心，她们试图拒绝，但等我们离开后，她和她的母亲激动得哭了，那是她们许多天来吃到的第一顿饭。

马克被派往罗马，担任阿利亚组织总部的某个职位。里夫卡和她的母亲也离开了，前往巴勒斯坦。莫西欧和我留下来，等待格尔松的到来。

在此期间，我被派往靠近奥地利边界一座名叫乌迪内的城市。

我的任务是去接应那些穿越奥地利的难民，并护送他们到米兰。之所以选上我，是因为当时我仍身着英军制服，说得明白一点，就是我更容易被认为是一名英国士兵。我必须坐火车前往，但是又没有足够的钱。阿利亚组织给了我一叠乘车证，上面的英文说此乘车证持有人为难民营的流离失所者。乘车证上有签字，并盖有圆形红色公章。我被告知要尽量使用这些乘车证而不是花钱买车票。每次使用乘车证都很管用。列车员看见我身着英国军服，就会看一下我递上的乘车证，虽看不懂英语，但在看到政府公章之后，他就会在上面打个孔，然后将乘车证还给我。于是，我开始让所有我接应的人都使用这些乘车证而不是买票乘车。

一次，在我单独去乌迪内的路上，我无意拿出了一张已经打过孔的乘车证。由于那是一张使用过了的乘车证，列车员拒绝接受。我担心暴露自己有一叠所谓的"车票"，于是想蒙混过关。我问车里有没有人会说英语或德语，有的话请过来翻译乘车证上的文字。一个被列车员称为"博士"的老者懂一点德语，走过来帮忙。我争辩说这是一张往返票，而列车员却不认可，对我说火车到下一站时带我去见站长。"博士"站在我一边，呼吁车厢里所有的意大利人劝列车员讲道理。支持列车员的一方，与站在"博士"一方的人展开了激烈的争论，这下也不用我去说什么了。车厢里因争论乱成一团，以至没有人注意到我在火车抵达下一站停下时下车的事。火车重新开动后，站在站台上的我仍然能够听到车厢中的争吵声。我搭乘了下一班火车，小心翼翼地拿出一张没有用过的乘车证递给了列车员。

几周以后，格尔松回来了。我们当即就把对方给认了出来，他身材矮小、结实，圆圆的脸，蓄着八字胡，开始谢顶的头上仍稀疏地长着一些头发，看起来很像我母亲家族的人。他对我说他收到过一封姨妈伊达写来的信，信中说我们在战争中幸存了下来，正设法前往巴勒斯坦。于是，他开始打听我们的消息。他通过用香烟进行贿赂的方法，成功地进入波兰，但令他极为伤心的是，他的未婚妻已与其在西伯利亚邂逅的人结了婚。

我们在一起呆了几天。这期间，他带我们外出游览，并款待了我们。他的驻地在那不勒斯附近。他答应设法将我安排到他所在的部门工作，他解释说他只能在他的部门里安排一个人的工作。当时，马克告知莫西欧说，他已在罗马的机构为莫西欧找到了一份工作。很显然，到格尔松那里去的只能是我。不过，那不勒斯距离罗马只有 4 小时的路程，我们彼此间还是可以经常见面的，这一安排只不过是短暂的分离而已。与此同时，我得在罗马等待，直至格尔松来接我过去。

格尔松离开后，我和莫西欧再次用乘车证登上了去罗马的火车。我们见到了马克，与他一道住在电影城（意大利的好莱坞）的难民中心。从难民中心到罗马市中心，乘有轨电车只需 45 分钟。

莫西欧和马克开始从他们工作的机构领取工资了，于是他俩在离梵蒂冈不远的格拉思街合租了一间房。

10 月，格尔松过来带我去他驻扎在马达洛尼的工作单位，马达洛尼距那不勒斯大约 30 公里。他工作的部门是一个由英国军官领导的巴勒斯坦机构，属于英国军营的一部分。该军营负责所有的军事地图。这些地图需要不断更新，并根据需要送至陆军元帅亚历山大所率部队的各部门。作为受过专业训练的土木工程师和建筑师，格尔松负责这些地图的更新工作。通过他的关系，我作为一个领取工资的文职雇员进了地图发送部。稍后，通过他与巴勒斯坦军士长的关系，我在没有办理正式手续的情况下被安排进了巴勒斯坦连队。我顺理成章地领到了制服、床铺及其他士兵该有的一切东西，甚至包括定量配给的烟。我唯一没有得到的是证明我是一名英国士兵的官方文件。我对希伯来语的掌握，已经到了不会引起同事怀疑的程度。除了格尔松外，唯一知道我非法身份的人是那个军士长。

周末，我们可以自由地去那不勒斯，并有军用卡车接送。我充分享受了在和平时期作为那不勒斯占领军中一名英军士兵所能得到的各种福利特权。与格尔松在一起，给了我自信。他从容、冷静、干练。他经常带着我外出，教我如何在举止上像一名英国士兵。为了避免招致不必要的麻烦，我十分注意自己的衣着和举止。由于我肩上佩带的是巴勒斯坦部队的徽章，因此不必担心英语词汇量的缺乏。我学会用“嗨，约翰”跟美国士兵打招呼，用“嗨，汤姆”对英国士兵打招呼。

一天，我和部队的其他两名士兵在那不勒斯的大街上闲逛，突然被两名英国军警叫住。我当即就开始琢磨，如果他们要我们出示身份证明时我需要采取的对策。然而，在他们指责了我的两个伙伴衣着不整之后，指着我对他们说，英国士兵看上去应该像我这个样子。

天正在变冷，而我们营地在马达洛尼的唯一浴室是露天的。格尔松建议我们去卡瑟特洗澡，驻意大利英美占领军的总部就设在那儿。我有一点犹豫，因为我没有证件。可他却说不必担心，他以前去过那里，没有人检查证件。由于在大门值班的军警每周一换，因而我们只需学会如何正确使用“约翰”或“汤姆”向他们问好就行了。

卡瑟特离我们的驻地约有 5 公里远，我们搭便车到了那里，向英美占领军总部走去。在门口用“汤姆”打招呼后走了进去，我们看到有一队士兵在排队等着进浴室，于是就站到了他们的后面。轮到格尔松进去后，等在外面的就剩我一人。我向四周看了看，发现另一个浴室的入口处没有人在等，于是我就走了进去。等浴桶充满水后，我开始边享受着热水澡，边欢快地唱着。我不慌不忙地洗着，这是我几年来第一次在浴缸里洗澡。在我洗完、擦干、穿好衣服出去后，我发现有一队英国军官正在等着。这时我才发现门上有一个牌子，标明这是供军官使用的浴池。尽管意识到自己的过失，但同时不想让人产生怀疑，我就挺直了身体，充满自信地走了出去，仿佛我就是军官一样。我向等候的英国军官敬了个礼，他们也回之以礼。

不要因好奇而提问题是英国人的处世性格。格尔松对我说那次我是交了个好运，但要小心，今后不能再犯类似的过失。

格尔松喜欢音乐，因此每个周末我们都去那不勒斯宏伟的圣卡罗歌剧院，那可是意大利第二个最负盛名的歌剧院。在那里，我平生以来第一次真正欣赏到了歌剧的美。我真希望以后每周都能有这样的享受。我对托斯卡、卡门、帕格利亚斯及其他一些歌剧的咏叹调产生了兴趣。我们还有时间用平静的心态去欣赏周围美丽的景色，游览旅游景点，享受已经失去很久的生活中文明的一面。

作为士兵，可以享有以下设施：餐厅、免费发放避孕套的诊所、播放英文电影的红十字影院（格尔松为我做翻译），这使我尝到了纵容的滋味。对士兵来说，这一切不是免费的，就是非常便宜的。免费配给的香烟，为我们提供了许多其他机会。我们可以用香烟换取任何东西，甚至是女人的服务。不过，与美国兵相比，英国兵要显得寒酸多了。美国兵的餐厅更豪华，香烟配给量、军饷以及军服都更多，质量更好。

那不勒斯拥有港口城市所具有的一切：酒吧、妓院、醉醺醺的士兵和水手，以及来自英美法意四个国家的军警，以维持这个城市的秩序。英、美、法、意军警无论是在衣着还是在处理醉醺醺水手和士兵之间的争执上都有明显的不同。英国军警总是将警棍夹在腋下，将左轮手枪放在白枪套中，两人一队巡逻。对出现的争执，他们通常用说服的方式，很少用暴力将争执的双方分开。美国军警则头戴白色钢盔，脖子上系一条红领带。他们将自动武器别在屁股后面，腰间摇晃着长长的警棍，巡逻时大多三人一组。他们好斗，在处理问题时脾气暴躁，任意使用警棍。法国军警大多四人一组。意大利军警则六人一组。见到麻烦时，他们就吹哨发出信号，将肇事者围起来，从各个方向同时对他们进行围攻。而我，则是这种场面好奇的旁观者。

在马达洛尼，我们驻扎在一座学校里，教室成为士兵的宿舍。十个士兵合住一间。早餐在食堂用，8 点钟停止进入。因此，我们中大多数人通常要睡到最后一刻才起床，在 8 点前的最后一分钟进入餐厅。一天早上，我在 7 点 45 分起来穿衣，可怎么也找不到鞋。于是，我就问同室的其他士兵，请求他们不要捉弄我，赶快把鞋子给我，否则我就吃不上早餐了。然而，另外一名士兵发现他的衬衫不见了，有人丢了内衣，还有人丢了裤子。这时，我们才意识到有人进来偷了我们每个人的东西。看来偷东西的贼还挺不错，并没有将某个人的东西全部拿走。在那不勒斯有大量穷人，到军营中偷东西是司空见惯的事。

我们通常是在大街上把香烟卖掉。有一名士兵是个卡车司机，自以为比别人聪明，能在市场上卖个好价钱。他到市场后就开始讨价还价。当谈好价钱后，他一手递过去香烟，另一只手去接当面点好的钞票。接过钱时，他当即发现他手中的钞票是双叠在一起的，他实际上只得到谈好价钱的一半。他想把钱退回去，索回自己的香烟，而这时香烟已经在周围的人群中从一只手传给了另一只手。他想去追，却不见香烟的踪影。当他回到自己的卡车旁时，发现他的皮马甲以及外套也不见了踪影。他回到军营，既没有得到钱，又丢了他的烟、马甲和外套。

上面下达命令，要求每一辆带篷卡车必须有一名全副武装的士兵坐在车厢里押车，因为去接运军用物资的卡车有时候回来时竟空空如也。那里的老百姓有一整套办法，能够从卡车上拿到物品。例如，当一个小孩穿过街道时，司机不得不减速，或停下来，这时就会有人从后面跳上车。在司机重新开动后，盗贼就会将他能搬动的所有东西一一扔下车，被扔下的东西则由其他人接应拿走。

我每隔几周就会去罗马看莫西欧和马克。我通常是搭便车去，一路上要花 4—5 个小时。我喜欢坐英国军官开的车，因为这样可以不用说一句话，这对我来说是最合适不过的了。一次，我坐上了一个美国军官开的车。他马上就开始和我说起话来，而我几乎完全听不懂他说的是什么。我不得不用我有限的英文词汇向他解释说我是一个巴勒斯坦人，我的英语很差。此人很友好，在路上停车时请我一起吃饭。我对他说将吉普车停在路旁没人看管会很不安全，而他却毫不在乎，认为没有人能对它做什么手脚。于是，我们就进了一家小餐馆，饱饱地吃了一顿午餐。当我们出来时，发现吉普车仍在那里，不过是架在一只支架上，四只轮子早已被人卸走了。而周围的人竟然说什么都不知道，什么也没有看见！那个美国人不得不待在那里，而我则搭乘一辆由英国人开的车走了。

我给莫西欧和马克带去了香烟，以及一些从军队食堂里弄到的必需品。他们的生活已经步入正轨。他们有一个舒适的房间，有足够的食品。他们在阿利亚机构的工作包括为难民非法进入巴勒斯坦做准备。

我们参观了罗马的古迹，从古罗马城广场、巨人竞技场，到梵蒂冈。我们深深为这些艺术、建筑和古代文明的智慧所打动。这些参观，重新确立了我们对人类尊严的信心。而这种尊严在很长一段时间内，由于看到的主要是人类可怕的一面而被忽视了。

1946 年初，犹太复国主义大会召开了一次由欧洲所有难民代表出席的会议，会址设在巴黎。马克被派去出席那次会议，他允诺走后会与我们保持联系的。几周之后，他给莫西欧捎信，要莫西欧去巴黎和他会合。于是，我就去罗马送莫西欧，我们在火车站道别，彼此心情都很沉重。我们不知道下一次见面会在哪里，我是去巴黎与他们会合，还是他们返回意大利，或者我们会在巴勒斯坦重逢。我们在一起待了这么多年，经历了那么多的风风雨雨，我不能想象没有他们的日子。

大约一个月以后，我收到莫西欧寄来的一封信。信中说，他在巴黎找到了我们的姨妈特雷莎，她是我母亲最小的妹妹。二战爆发前，她在索尔伯尼任化学系的教授，同时也为玛丽・居里研究所工作。她与一个法国画家结了婚，生有一个女儿。在德国占领期间，她的同事将她和她的女儿藏在了巴黎附近的一个村庄里，并且给她们准备能证明她是一个法国天主教徒妇女的材料。具有讽刺意味的是，她那信奉天主教的丈夫由于娶了一个犹太人做妻子而被捕并被送进了集中营。他幸存了下来，并在战争之后回到了家里，但健康受到了伤害。他们把莫西欧接去和他们住在一起。特雷莎答应安排莫西欧在不需要任何文件的情况下，在当年秋季进入索尔伯尼学习，因此莫西欧决定留在巴黎。

马克在巴黎找到了一些远房亲戚，并在一个新近创办的犹太周刊获得编辑的职位，因而也决定暂时呆在巴黎。看来，在可预见的将来,他俩都没有去巴勒斯坦的计划。但无论如何,我是打算去巴勒斯坦的,因此我不知道何时才能再次见到他们。至少他俩在同一个城市,能彼此见面,而我在没有他们的时候,感到了极端的孤独。

格尔松拿到了他的退伍证,计划很快离开部队。他与我们的表弟耶胡达·阿拉兹取得了联系。耶胡达·阿拉兹的外号叫"老人",原因是他长了一头白发,尽管他实际上很年轻。阿拉兹是哈加达的领导人之一。哈加达是反对英国在巴勒斯坦委任统治、争取在巴勒斯坦建立一个独立的犹太人国家的组织。英国当局一直想逮捕他,并对他进行了悬赏捉拿,但他逃到了欧洲,目前正在组织犹太难民非法进入巴勒斯坦的活动。他有胆识,富有想象力。他组织起了专门运送难民穿越欧洲到意大利上船的冒牌英国军队,通过买下或雇佣船只、贿赂主管当局的方法,成功地使许多满载难民的船驶入巴勒斯坦。

阿拉兹在从格尔松那里得知我的情况后,答应照看我,保证我进入巴勒斯坦。在与格尔松分手时,我非常难过,但他用一种很平静的方式安慰我,说我们不久还会见面的。我仍待在部队里,唯一知道我非法身份的人就是那位军士长。现在我要彻底地靠自己了。

1946 年 3 月,一个名叫维诺格拉多夫的下士来到了基地找到我。他对我说,他是受阿利亚组织的派遣来找我的,我将和他一起乘下一班船去巴勒斯坦。在一周后的一个特殊日子里,我将会在那不勒斯的一个犹太军事俱乐部见到他。这样,我用不着再回基地工作了。所以,我应该通知我的长官辞去我的文职工作;对我那些在巴勒斯坦连队里的朋友说,我打算离开部队去埃及。

在约定好的地方,我见到了维诺格拉多夫。他把我带到那不勒斯的一个公寓里。在那里,我被引见给两名中士。他们对我讲了如何离开的计划。在接下来的两周里,我同维诺格拉多夫以及那两名中士一起住在那个公寓里。他们教我一些英语短语、基本英语口令,以及作为一名英国士兵应该掌握的几种特殊动作。我拿到了一套新军服,上面有英国士兵应该佩戴的徽章和装饰,以及标有“巴勒斯坦”字样的条纹肩章。他们还给了我一些假身份文件和一本军人证,上面的名字是一个已经牺牲士兵的名字。他们问我希望佩戴几枚勋章,我说五枚。于是,中士在我的文件上写下我有资格佩戴五条胸饰的字样。我记下了我所假扮的那名士兵的名字及其经历。

为了使我适应新的身份,维诺格拉多夫和我在那不勒斯闲逛起来。我甚至还到一个照相馆里拍了几张穿这身军装的照片。

一天清晨,我被带上了一辆军用小货车。一名中士与司机一起坐在前面,维诺格拉多夫以及另一名士兵和我在一起坐在后面。我们在一条靠近港口的路上等着,直至一艘大型护卫舰驶入。我们悄悄地驶过去,通过大门进入港口。司机在一个码头将我们丢下。中士指着远处一艘庞大的军用运输船说,那就是将我们从那不勒斯带到埃及塞得港的船。于是,维诺格拉多夫、另一名中士和我带上背包和步枪向那艘船走去。

有几千名士兵在等着上船,他们大多是苏格兰人,按照自己所属部队站在一起。我们找到了应该加入其中的巴勒斯坦连队。该连队是由退伍或回家探亲后返回巴勒斯坦的士兵临时组成的。我们站着等了几个小时,直至所有苏格兰部队都上船之后,我们才开始走上通向船的码头。在码头上,被指定担任巴勒斯坦连队的军士长将我们分成四人一组,让我们一组一组地上船。在舷梯前,站着一名英军少校及其随从人员。在登船前,每个士兵须报出自己的姓名,由少校根据名单逐一核对。

这是一种事先没有料到的情况,维诺格拉多夫开始紧张起来。他轻声对我说,通常军官只检查士兵人数,那样很容易弄不清,我有机会混上船。现在,由于我的名字不在名单上,我们碰上了麻烦。我们讨论了如何应付一事。我想到了离开这个地方,但是码头上只剩下我们一组了,我担心自己的离开反而会吸引太多的注意力。

维诺格拉多夫在轻声地同其他人商量后,过来对我说:“不要慌,不要提问题,按我说的做。在我说走时,你只管背上包背,提着步枪上舷梯,中途不要停顿。”

我警觉地环顾着四周。几分钟之后,我看到一名士兵沿着舷梯朝下跑,边跑边朝着少校大声说他得下来去取他的第二个背包,并说他的名字叫米斯拉伊。与此同时,另外一个士兵朝舷梯上跑,当少校问及他的名字时,他说自己叫米斯拉伊。第一个米斯拉伊拎着背包开始往舷梯上走,边走边对少校说他已经被清点过了。第三个士兵开始往下走,第四个士兵在往上走,他们都说自己叫米斯拉伊。少校说刚才那个人不是也叫米斯拉伊吗。得到的回答是:“哦,那是我的侄子。”少校这下给搞糊涂了,在名单上查找起来。就在此刻,维诺格拉多夫推了我一下,说:“走!”

按照事先计划好的,我看也没有看少校一眼,就以自信的步伐急步登上舷梯。正当我以为自己已成功上船时,一只手臂在舷梯的顶部挡住了我的去路。挡住我的人向下朝着少校喊道:“这个士兵是怎么回事?”

少校抬头看了看我,问道:“你叫什么名字?”我脑海里首先闪现的词是“Pick”。“怎么拼?”少校问道。就在那时,又有两个自称是米斯拉伊的士兵开始在舷梯上跑上跑下。给弄糊涂的少校由于忙着查找所有叫米斯拉伊的人,顾不上查找我的名字。他问站在他身边的巴勒斯坦军士长是否认识我。这个我以前从未见过的军士长抬头看了看我,可能是出于对巴勒斯坦同伴的友情,他说认识我。少校向上面的士兵喊了声“放行”,便转而查找米斯拉伊了。拦我的士兵给了我一张上面有序号和床铺所在位置的卡片。我终于安顿下来了。维诺格拉多夫也上了船,得到了一个离我不远的铺位。

在所有士兵都上船后的半小时,船舱的扬声器传来了一个通知,要求所有士兵按照部队建制去甲板集合。当所有的人都到齐后,少校开始按部队清点人数。这时,一位穿着苏格兰方格呢短裙的苏格兰上校走到少校跟前,两人展开一番激烈的争辩。我问维诺格拉多夫他们讲的都是些什么,他翻译给我说,上校想知道为什么让所有的人在甲板上集合，少校解释说在统计巴勒斯坦部队人数方面出了一些差错。"我的士兵自清晨一直站着，都累坏了，"上校对这一做法提出了异议，"如果是在巴勒斯坦人上出差错，为什么要让我的苏格兰人也站在这儿？"

少校向他敬了个礼，马上解散了除巴勒斯坦人以外的所有部队。我悄悄地摘下肩章上代表巴勒斯坦部队的条纹，和苏格兰人一起离开了。

我在甲板的外围溜达，和许多苏格兰人一起欣赏那不勒斯落日的景色。为了尽量避免他人的接近，我装着看公告牌上的东西。实际上，我真不知道自己看的是什么。最终，我感到自己在公告牌前站的时间太长了，便走开了。一个十分友善的苏格兰人走到我跟前，开始和我搭讪，他不停地向那不勒斯挥舞着手臂。我理解他是在赞美那美丽的景色，于是朝他笑笑，不住地向他点头，连声赞许道：好看，好看！过了一会儿，我便走开了，烦躁不安地等待巴勒斯坦连队的解散，这样我就可以和他们在一起。

终于，他们被解散了。我在维诺格拉多夫的床铺边见到了他。他对我说，根据每个人所持的证件数，他们发现船上多了一个人。他们清点了一遍又一遍，还是没有能够找出那个多余的人，最后只好放弃。

所有的人都分配到了每天要做的事，或是在食堂帮厨，或是清扫甲板。由于我们的军士长这时已经知道我是非法登船者，便没有再分配我做任何事。起航后的第二天，我们连队的一个士兵向军士长揭发说，他注意到我什么事也没干，因而怀疑我是非法登船者。除非我分担他的活，否则他将向值班军官揭发我。这事是维诺格拉多夫告诉我的，不过，他对我说，他已经把这件事处理了。当我问及是如何处理的，他轻描淡写地说，夜里，两个身强力壮的汉子把这个士兵带到船的尾部，把他拎起来放到很靠近海面的地方，然后对他说，如果他敢开口的话，就把他扔到海里去，这样船上就没有多余的人了，也不会有人注意到他已经不在了。他答应保持沉默，事实上他也是这么做的。

第三天夜里，我们正躺在铺上，这时听到扬声器里传来要查铺的消息，要求所有士兵站在床铺旁边，拿出自己的军人证。我卷起铺盖，把自己的背包放到维诺格拉多夫的床铺上。然后，维诺格拉多夫领着我来到船的货舱，用舱盖布把我盖起来。他说一旦检查完毕，他就回来接我。大约二小时后，他回来接我。我重新铺好自己的床睡起觉来。尽管整个睡觉的厅所有的人知道发生的一切，但没有一个士兵议论此事。这显然是典型的英国人不干涉他人的性格所致，我真够幸运的。

第五天的早晨，我们到达了塞得港。离船要容易得多，因为下船时只清点人数，而不核查姓名。因此，我在没有人注意的情况下轻而易举地下了船。我们被带到一处兵营，在那儿安顿了下来。维诺格拉多夫教我怎样用英语获得进城的通行证。于是，第二天上午，我来到军士长的办公室，向他敬了个礼，用我刚学到的句子提出了请求。他检查了我的着装，问我叫什么名字，在看了看我的伪造身份证件后发给了我可以离开 24 小时的通行证。

维诺格拉多夫和我一起离开基地进城。这是我第一次看到中东：清真寺、在街道中央驮货拉车的驴、拥挤的交通、不停按喇叭的司机、挤满了戴着头巾穿着长袍的人群，包括穿着在膝盖部位分叉长裤的男人和蒙面的女人。坐的尽是男人的室外咖啡店、讲话人发出的有力的带有统一的阿拉伯腔调的话语声、空气中的味道和街上污物，所有的一切与我的欧洲经历大不相同。我们在一个室外咖啡馆坐下，点了刚出炉的皮塔饼、鹰嘴豆泥酱和芝麻酱。维诺格拉多夫教我如何用一块皮塔饼来蘸这些鹰嘴豆泥酱和芝麻酱，而不使用餐具。我觉得非常可口，在吃完后又要了一份。我注意到阿拉伯侍者端走了我的脏碟子，没有洗就将一只手伸进装满鹰嘴豆泥酱桶里，挖出一份鹰嘴豆泥酱放在我的盘子里。他还很有讲究地用手将鹰嘴豆泥酱捏成一定形状，用拇指在中间按了一个孔，将一枚橄榄放在其中。对于这种不讲卫生的做法，我在战争中已经经历过太多，所以一点也不反感，把盘子里的全吃了。

我们接着来到了犹太军事俱乐部，请求见维诺格拉多夫认识的一个名叫莫特克的人。我们被带到另外一个房间,在那儿见到了身着英军军士服的莫特克。维诺格拉多夫把我介绍给他,然后热烈地和我分手,莫特克将负责我今后的安排。

莫特克告诉我,要等几天才能拿到证明我是探亲回巴勒斯坦的伪造证件。在这期间,我只能呆在这个俱乐部。他给了我一些埃及币,以便我能够出去买食品和其他必需品。但告诫我外出的时间要短,他不希望出现我被军警扣留的任何可能性。

我在塞得港军人俱乐部呆了整整三天。这时,我的新证件已经办妥,我得再一次记住新的名字和另外一种身份。莫特克把我介绍给了另外三个将与我同行的士兵。天快黑的时候,我们来到火车站,乘火车去巴勒斯坦的雷霍沃特。我们得穿过西奈沙漠,由于西奈沙漠天气炎热,火车只能在晚上穿越。尽管我有说明我是回家探亲的证件,我的同伴仍建议我在通过边境检查站时假装睡觉。除非万不得已,设法避免检查我的证件的有效性更为安全。在抵达埃及和巴勒斯坦边境时,火车停了下来,检查员和军警登上了车。我在座椅上“呼呼大睡”,我的头和身体都由大衣盖着。我听到他们在谈话,一个人掀开我的大衣,我在有节奏地打鼾。“他睡得这么香,”其中一个人说,“一定是累坏了。让他睡吧。”他又用大衣把我盖上,接着便走开了。

第二十六章 在巴勒斯坦的土地上（1946年4月—6月）

我们在清晨到达雷霍沃特。按照先前给我的指示，要去一个名叫杰瓦特·布伦纳的基布兹，见那里的领导。我的同伴领着我搭上了去杰瓦特·布伦纳基布兹的公交车，便继续他们的行程。我在中午时分到达该基布兹，有人领着我来到基布兹主席办公室。我简单地介绍了一下自己，把装着英国制服的背包、伪造的证件以及我的枪支弹药交给了他。他给了我一套卡其布短裤、一件蓝色短袖衬衫和一双凉鞋。我还拿到了一些钱，一张五英镑的票子，但是没有任何身份证件。该基布兹的一个女子被指派陪我去特拉维夫，并帮助找我的亲戚。

午饭后，我们登上去特拉维夫的汽车。我们找到了沙拉格街 9 号公寓，那是母亲的姐姐伊达和她的丈夫以及小妹埃斯特拉住的地方。家里没有人，陪我去的女子向住在其他公寓的人打听了一下，他们说我的亲戚确实住在那儿，不过，他们出去了。有一个邻居说我姨妈有一个弟弟叫诺亚，就住在附近，并给了他的地址。我们去了那里，诺亚的妻子菲拉给我们开了门。

“你就是塞立姆，对吗？”她当即喊了出来，我们相互拥抱起来。这时，舅舅和他们的女儿萨任卡走了出来。我最后一次见到萨任卡是战争爆发前，那时他们全家在夏天到拉齐阿兹来看我们。在我们对陪我的女子表示感谢后，她便离开了。

多年来，我一直像兔子一样地活着，警惕着周围的一切，利用自己的直觉逃避危险，不允许情绪影响自己的行为。突然间，感情闸门打开，我再也无法抑制自己。这些年来，我一直梦想着能回到巴勒斯坦。现在，我终于站在这儿了，找到了活着的最亲近的人。我走进了他们不大的公寓，一起畅谈了好几个小时。之后，舅舅诺亚去告诉姨妈伊达我来了的消息。

那是 1946 年 4 月，举行逾越节家宴的夜晚。逾越节是一个纪念几千年前犹太人从埃及的奴役中解放出来的节日。我现在也获得了解放。在经历了许多年的迫害、追捕、不断地使自己适应变化的环境后，我现在终于感到自己可以自由地过一种正常生活了。那天晚上，我和诺亚一家一起去了伊达家吃逾越节家宴。伊达已经 70 多岁了，头发花白，但十分精神。她是全家的主心骨，她的家也就成了所有家人认可的中心。我们抵达时，伊达的三个儿子及其全家已经在那儿了。他们都热烈地迎接我的到来，这是一种我许久都未经历的亲情感，太打动人了。我的喉咙里仿佛有东西在哽咽，我感到必须走出去一会儿，以控制自己的情绪。我的外婆，也就是我母亲的母亲，和她最小的女儿埃斯特拉住在同一栋楼的一间房子里。我过去看望了她们。我感到，自己面对一两个人时的能力要比应对一群人强。外婆尽管老了，身体脆弱，但仍然耳聪目明，对发生的一切都很感兴趣。她想知道她女儿——汉娜——我母亲的消息。尽管我没有把那些令人恐怖的细节都告诉她，她仍然因获得女儿的死讯而受到打击，以至于埃斯特拉不得不让她服些药以稳定她的情绪。她还询问其他在欧洲的儿女的情况。我能告诉她的消息很少。我只知道她的一个女儿茹吉亚幸存了下来，她的另一个女儿特雷莎在巴黎，莫西欧正和她在一起。

在吃逾越节家宴时，我讲述了发生在我父母身上的事，大家一起对他们进行了哀悼。所有人都哭了，为他们作了祈祷。我向大家讲述了最后一次见到亲人的情景，讲述了莫西欧和我的一些经历。在逾越节家宴仪式期间，每一个人都应依照传统喝四杯酒，然而我喝完了桌子上的一整瓶白兰地。一家人一定吃惊不小，感到不安，不知是否有一个酒鬼在他们身边。读着摩西带领犹太人出埃及的故事，想起和父母在库尔泽涅茨度过的最后一个逾越节，我需要有某种东西来帮助自己控制感情。此时，巨大损失带来的痛苦和因与亲人相会，以及实现来巴勒斯坦的梦想而产生的喜悦交织在一起，让我实在无法平抑这种激烈的感情。在战争中喝酒，我会感到有帮助我忘记眼前现实的作用。那天晚上，我抱着一瓶白兰地将自己灌醉。在那以后，逾越节家宴上的一切，我都不记得了，而且在姨妈伊达寓所起居室的沙发上睡了一夜。

第二天上午，我去见萨娜姨妈。她是在年龄上和母亲靠得最近的一个姨妈，是母亲最喜爱的妹妹。萨娜姨妈和她的丈夫以及儿子在拉齐阿兹和我们一起度过了不知多少个暑假，我十分清晰地记得她。她的丈夫是一名兽医，不久前被一辆英军军车意外撞倒而去世。她的儿子阿米才十来岁，正在上学。他们住在卡法·马拉拉，一个距特拉维夫不远的村庄。

我们安排在地中海海滨的一家咖啡馆与她见面，该咖啡馆离伊达的家不远。我和外婆、伊达及其丈夫、诺亚及其妻子，以及埃斯特拉一块儿到了那里。我们坐着，盯着咖啡馆门前的街道，等待萨娜姨妈的到来。谁知她从咖啡馆的后面进来，从身后一把抱住了我。她后来告诉我，她不知道在看到我时该如何控制她的情感，所以决定从后面进入咖啡店，从背后看我一会儿，直至她能够面对我。我当即认出了她，她看起来太像母亲了。

我和我的三个姨妈、姨夫，以及外婆坐在一起，一边喝着咖啡，吃着蛋糕，一边眺望地中海的美丽风光，我感到自己被爱和关心包围着。我很难相信这不是一个梦。

大家讨论了我的未来。萨娜姨妈建议我搬到她那里住。由于我没有任何身份证件，住在一个远离城市的村庄里要安全得多。英国人一直在搜查以偷渡方式进入这个国家的非法移民。尽管他们抓到了一些船只，但十分清楚还是有不少人已经成功地上了岸。偷渡进入的难民一般是混进犹太人当中，因此英国人总是检查行人的身份证件，人们必须随身携带这些证件。英国人沿公路设立检查站点，每一次都设在不同的地方。我怎样才能安全地从特拉维夫到卡法·马拉拉？伊达建议她在电力公司工作的大儿子用公司的车经小路将我带到那里，我隐蔽在那里直到拿到某种身份证件为止。

诺亚记得我叔叔阿维格多的一个儿子出生在巴勒斯坦的雅法，后来他们全家回到了波兰。战争期间，我们曾和他们一起在华沙，并且和他们一起进入苏联占领区。在那以后，我们失去了联系，再也没有人听到他们的消息。大家认为，他们已经不在人世了。诺亚提出由他去在雅法的医院弄来出生证明的副本，然后把副本给我。我使用堂弟身份申请证件，这或许能很快获得正式的身份证件。大家都觉得这是个最绝妙的主意，希望我在获得证件之前不要离开卡法·马拉拉村庄。

第二天，我按照计划搬到萨娜姨妈的家。为了避免英国人的盘查，我们走的是小道。萨娜姨妈对我真是太好了。我们几个夜晚一直谈个不停，她想知道发生在我们身上的一切，以及她最尊敬的姐姐的事。从她嘴里，我了解了母亲年轻时的许多事情。阿米通过让我参与其活动的办法帮助我适应那里的生活方式，适应犹太年轻人的思维方式。通过与他朋友认识的过程，我交上了自己的朋友。有更多的亲戚在星期六来看我。一开始，我怎么也弄不清楚那些表兄之间的关系，什么自家的、远房的等等，总共加起来有 60 多人。有时候，阿米和我会穿过庄稼地到乡村电影院去看电影，在回去的路上采上几只西瓜带回家。我在巴勒斯坦看的第一部影片是由炳·克劳斯比主演的，从此对他有了一份崇敬之情。

我让萨娜姨妈看了看肚子上的肿块，以前我一直把它紧紧地包着。姨妈吓坏了，她请了一个当医生的朋友到家里来为我做检查。医生在检查后认为，我需要尽快做手术，并告诫我在手术之前不要进行体力方面的活动。他对我说，我凭直觉将自己的身体绑紧是做对了，这起到了防止阑尾手术缝合处裂开的作用。只要我一拿到身份证，他就会安排我住院。他还告诫我说这个是大手术，在手术后的几周内我不能做任何繁重的体力活。

诺亚去雅法搞到了堂弟出生证明的副本，然后带着我和另外一个表兄去了犹太人登记处。在那里，他们当着一个官员的面证明说这个出身证就是我的。我声称自己的身份证原件丢了，现在需要补一份。于是，他们给我照相，让我填表格，又签了一大堆文件，然后当场给我发了一张临时身份证。有关材料要送报英国当局，几周后我才能从他们那里得到补发给我的正式身份证。在我最终成为巴勒斯坦的一名“合法”公民时，我用的是母亲少年时代的名字和堂弟的出生日期。

我开始考虑自己的未来。由于缺乏教育和社会阅历，我感到自己像一个未开化的人突然间被投入一个陌生的社会。我在成长过程中获得的能力、对剧烈变化生活方式的适应力和应对非正常形势的智力，已经没有什么用了，不可能再为人们所赏识。得体、诚实和体谅，这些父母灌输给我的价值观，尽管还没有忘却，但仿佛已是上一辈子的事了，为危机年代发展起来的不同的价值观所掩盖。我当时最基本的生存需要——求生和报仇——已经变得过时了。

我的青少年时代在没有经历正常的成长阶段就结束了。只上到小学六年级，我的学业就中断了。我没有约会的经历，甚至没有在一个文明社会中与其他人进行日常交往的经历。在历经近 7 年的战争生活之后，我已经 21 岁了。不错，我的梦想是实现了：我现在来到了巴勒斯坦，重新和亲人团聚。但现在，我必须去获得完全不同的能力和习惯，必须去学一门技能以便能够自立，必须去学习与人交往的技巧和方法。我必须克服只能依靠酗酒才能使自己放松的毛病。几年来，我不停地变换自己的社会地位，从受迫害者到抵抗战士到难民再到社会的一个自由成员。现在是该重新适应一个新的现实生活的时候了。最重要的是，我需要找一份工作，继续我的学业。

萨娜姨妈四处奔波，通过各种关系和朋友帮助我找工作。与此同时，我上了一所夜校以继续我的学业。萨娜姨妈带我去见她的一个经营瓶装燃气和家用气灶公司的朋友。经过简短的面试，他给了我一份为顾客修理炉灶的工作，并同意我在手术康复后上班。届时，我将有一辆自行车，用来上门为特拉维夫周围的顾客服务。在完成工作量后，剩下的时间就由我自己支配。这对我来说，是一个非常好的安排。因为我若能比较快地完成工作量，就有了更多的学习时间。在当年的秋季，我在蒙特菲奥雷学校的夜校班报了名，为参加中学同等证书的考试做准备。课程的长短取决于我的能力，但我得先去做手术。

6 月，我成功地进行了手术。令我惊奇的是，尽管这么多年没有医治，竟没有发生病变，也没有造成永久性伤害。手术后，我被送至“康复之家”待了六周，我被告知不要从事任何消耗体力的活动。我虽然没有肉体上的疼痛感，但被禁止下床活动。因此，这些年来我第一次有了充足使用自己手的时间，我意识到有件重要的事在等着我去做。

就是在这段时间，我静心坐在床上，强迫自己写下在过去 7 年中发生在自己身上的一切。我每天一连好几个小时在萨娜姨妈给我带来的笔记本上发狂地写着。我是用波兰语写下这一切的，因为当时我所掌握的最好的语言是波兰语。我没有任何辅助的工具，写故事的手法也没有我希望得那么好。但我知道，随着时间的推移，我所经历过的一切的细节就会消退或变得模糊。因此，在我的记忆还十分清晰的时候，把这一切记下是至关重要的。当我把所有的经历完完全全地写在纸上时，我觉得我完成了一项伟大的使命，同时也做好了在我的祖国开始一种新生活的准备。

后记

我实现了在犹太人家园生活的梦想……确实，在我将自己的名字改成沙洛姆·约冉，并从手术中康复后，我已在巴勒斯坦生活了 30 多年。当以色列于 1948 年建国时，我加入了以色列空军，学习飞机维护和飞机工程。在那里，我遇到了后来成为我妻子的瓦尔姮，她当时也在以色列空军服役，并开始有了我们的两个女儿。从空军退役后，我进入了以色列飞机制造工业公司。在那里，我工作了 22 年，出任公司高级副总裁，负责维护检修部门的工作。

在 1979 年，我们搬到纽约的长岛生活，我和我的妻子至今仍住在那里。现在，我是一个私人飞机贸易服务公司的总裁。我的哥哥莫西欧已改名为莫里斯·什尼塞，仍生活在巴黎。他现在是索尔伯尼大学西闪米特语系古铭文教授，在其研究领域是举世闻名的人物。

在我生活在以色列的几十年中，我与不少在游击日子里结识的亲密战友重新取得了联系，其中好几个人的名字在本书中提及。这几十年间，我们之间的友谊得到了进一步加深。不论他们最终在哪里安身立命，我所有的朋友都有了自己的家庭和子女。

摩西·马克(卡尔海默)在巴黎住了许多年，为一份犹太报纸撰稿和编辑。他后来移居以色列，在继续从事新闻报道的同时，成为犹太代办处的发言人。今天，摩西积极地参与和抵抗游击运动有关的活动和组织。

雅各(沙弗兰)在战争结束后与汉内尔结了婚。他们移居到了以色列。在以色列,雅各成了一名电器工程师,拥有属于自己的电器销售服务业。他的健康不佳,于几年前去世。汉内尔继续参与与大屠杀有关的活动,经常受到邀请到各学校作演讲。

扎尔曼(古勒维奇)是一名职业律师。他在以色列生活了一段时间后定居德国,是一个成功的商人。由于对古代国家文化的兴趣,他经常在世界各地周游。

西蒙(齐默尔曼)与和他一块长大的情侣瑞娃结婚。战后,他们在以色列定居。西蒙拥有并经营一家农场。最近由于心脏病,西蒙失去了瑞娃。

西蒙(格莱泽)曾在战争中与我们一同分享密室中的生活,战后到了比利时,与其兄弟会合,拥有他自己的男装生意。

里夫卡·格温特(多迪克)生活在以色列。她与母亲住在一起,一直悉心照料着自己的母亲直至她去世。

舒尔卡·鲍根(亚历山大·鲍根)定居以色列,是一个著名的艺术家。他经常在以色列和国外举行自己的艺术作品展。

库泊老人和他的大儿子格利沙被发现死在了那个森林里。小儿子莫莱克幸存了下来,战后在美国定居。几年前,我还见过他一次。

1995 年,我访问了明斯克,最终获得属于我的游击队勋章。51 年前,我抵达那里时就已获得这枚勋章,然而却被征召加入苏军。这枚勋章过了半个世纪,终于回到了我的身边。

图书在版编目（CIP）数据

抵抗者：一个真实的故事 /（以）约冉著；徐新译.
—上海：华东师范大学出版社，2015.7
ISBN 978-7-5675-3921-1

Ⅰ.①抵… Ⅱ.①约… ②徐… Ⅲ.①回忆录—以色列—现代 Ⅳ.①I382.55

中国版本图书馆 CIP 数据核字(2015)第 171822 号

抵抗者：一个真实的故事

著　　者　(以色列)沙洛姆·约冉
译　　者　孔德芳　王雪梅　徐娅囡　胡　浩
策划编辑　曹利群　张俊玲
审读编辑　李惠明
责任校对　王丽平
装帧设计　高　山

出版发行　华东师范大学出版社
社　　址　上海市中山北路 3663 号　邮编 200062
网　　址　www.ecnupress.com.cn
电　　话　021-60821666　行政传真 021-62572105
客服电话　021-62865537　门市(邮购)电话 021-62869887
地　　址　上海市中山北路 3663 号华东师范大学校内先锋路口
网　　店　http://hdsdcbs.tmall.com/

印 刷 者　上海景条印刷有限公司
开　　本　700×1000　16 开
印　　张　19
插　　页　4
字　　数　245 千字
版　　次　2015 年 8 月第二版
印　　次　2015 年 8 月第一次
书　　号　ISBN 978-7-5675-3921-1/I·1419
定　　价　38.00 元

出 版 人　王　焰